U0673843

"十二五"国家重点图书出版规划项目

中国森林生态网络体系建设出版工程

江苏现代林业发展战略

Modern Forestry Development Strategy for Jiangsu

彭镇华 等著

Peng Zhenhua etc.

中国林业出版社

China Forestry Publishing House

图书在版编目（CIP）数据

江苏现代林业发展战略/彭镇华等著.—北京：
中国林业出版社，2014.6
"十二五"国家重点图书出版规划项目
中国森林生态网络体系建设出版工程
ISBN 978-7-5038-7541-0

Ⅰ.①江… Ⅱ.①彭… Ⅲ.①林业经济－经济发展
战略－研究－江苏省 Ⅳ.① F326.275.3

中国版本图书馆 CIP 数据核字（2014）第 130315 号

出版人：金旻
中国森林生态网络体系建设出版工程
选题策划 刘先银 策划编辑 徐小英 李伟

江苏现代林业发展战略

统　　筹　刘国华　邱尔发
责任编辑　徐小英　刘香瑞

出版发行　中国林业出版社
地　　址　北京西城区刘海胡同 7 号
邮　　编　100009
E - mail　896049158@qq.com
电　　话　（010）83225108
制　　作　北京大汉方圆文化发展中心
印　　刷　北京中科印刷有限公司
版　　次　2014 年 6 月第 1 版
印　　次　2014 年 6 月第 1 次
开　　本　889mm×1194mm　1/16
字　　数　560 千字
印　　张　23
彩　　插　20
定　　价　149.00 元

序 一

江苏经济社会快速发展，城市化水平不断提高，以森林植被为主体的生态环境建设已成为人们普遍关注的问题，特别是江苏省委、省政府明确提出在全国率先全面建成小康社会和率先基本实现现代化这一具有鲜明特色的"两个率先"宏伟目标，对新时期全省生态环境建设提出了更高的要求，使建设现代林业成为21世纪江苏可持续发展的迫切需求。同时，《中共中央 国务院关于加快林业发展的决定》（简称《决定》）明确提出：在贯彻可持续发展战略中，要赋予林业以重要地位；在生态建设中，要赋予林业以首要地位。江苏省顺应时代发展需求，同时也为落实国家林业发展战略，贯彻执行中央《决定》，率先作出"打造绿色江苏，建设生态家园"的战略决策。

2003年，江苏省人民政府提请国家林业局支持实施绿色江苏，邀请中国林业科学研究院首席科学家彭镇华先生担任"绿色江苏林业发展研究"专家组组长，我有幸与江苏省人民政府黄莉新副省长一同担任项目领导组组长，亲历项目研究的过程。项目组全体成员百余人，历时一年多，全力投入，通力合作，协同攻关，项目研究在江苏现代林业发展理念、总体规划、生态工程与产业发展关键技术研发与集成、评价指标体系、政策保障机制等方面都有所创新、有所突破，取得了重要的阶段性成果，2003年11月通过了阶段性评审，取得一致好评。

2004年2月，江苏省政府审定并批准实施了《绿色江苏现代林业工程总体规划》，省委出台《中共江苏省委 江苏省人民政府关于推进绿色江苏建设的决定》，同时召开全省林业工作会议上，省委李源潮书记、省政府梁保华省长到会作了重要讲话，省委副书记张连珍出席了会议，黄莉新副省长作了工作部署，绿色江苏建设行动在全省大地全面开展和落实。近几年，江苏省各级政府以规划为蓝本，大力开展植树造林，挖掘造林潜力，森林覆盖率每年以1%的速率增长，林业建设取得前所未有的成绩。

绿色江苏建设是我国现代林业建设的一个伟大创举，为省级尺度上开展现代林业建设树立了成功的范例，对指导我国现代林业建设具有重要意义。"绿色江苏林业发展研究"不仅是一个重大理论研究成果，同时还是一个与生产实际、与政府需求紧密结合的研究项目。经过近几年的实施，实践证明，该项目是理论与实践结合的一个典范。本论著是以彭镇华教授为首的项目组专家经过几年深入研究的成果荟萃，是全体项目领导和专家集体智慧的结晶，本书的出版，将为相关省市的林业建设提供可借鉴的依据，也必将推动我国现代林业的建设与发展。

江泽慧

2007 年 7 月

序 二
FOREWORD TWO

　　林业是重要的公益事业和基础产业。加快林业发展，增加森林资源总量，是改善城乡环境、保障国土生态安全的战略措施，是调整农业结构、增加农民增收的重要途径，是绿化美化人居环境、提高人民生活质量、建设生态文明社会的客观要求。林业发展离不开科学的指导，现代林业建设更需要强有力的科技支撑。研究和制定科学的发展战略与规划，是保持林业事业健康发展的重要基础。江苏作为一个发达的平原少林省份，一直非常重视林业建设和发展。2003 年年初，省委、省政府主要领导与时任中国林业科学研究院院长江泽慧教授商定，由江苏省政府和中国林业科学研究院共同组织开展绿色江苏现代林业发展研究。国家林业局对此十分支持并予以立项。在以中国林业科学研究院首席科学家彭镇华教授为专家组组长的带领下，由中国林业科学研究院和江苏省有关单位组成的专家组队伍，经过近一年的辛勤工作，出色地完成了项目研究，编写的总体规划赢得一致好评。

　　江苏各级党委政府高度重视绿色江苏建设，在该项目阶段评审后，省委、省政府作出了《关于推进绿色江苏建设的决定》，全面实施《绿色江苏现代林业工程总体规划》，持之以恒地开展绿色江苏建设，开创了我省林业发展史上一个新的里程碑。为加快推进绿色江苏林业行动计划，全省出台了一系列扶持政策，如确保林业投入与财政收入同步增长；实行长期限、低利息信贷政策；调整采伐管理政策，对商品性人工用材林，允许经营者自主确定采伐年龄、自主选择采伐方式，以满足采伐需要；减轻林业税费负担等。自 2003 年开展"绿色江苏"建设以来，全省共完成造林 634.9 万亩，森林面积大幅增加，森林覆盖率提高到 15.83%，平均每年增加一个百分点，森林质量和效益显著提高，改善了城乡面貌，优化了人居环境，增加了农民收入。

　　绿色江苏现代林业发展的研究与实践，是一项惠及当代、泽被千秋的宏伟事业，对于建立我国经济发达地区现代林业发展的理论体系，为全国的现代林业建设提供宝贵经验，保障江苏生态安全和经济社会可持续发展，都具有重要的理论和现实意义。本书的出版，必将进一步为江苏现代林业发展提供指导，为我国经济发达地区的现代林业建设提供借鉴。借此机会，再次感谢为绿色江苏林业发展提供大力支持的国家林业局、中国林业科学研究院等单位，感谢为此付出辛勤劳动的所有同志！

黄莉新

2007 年 7 月

前　言
PREFACE

　　森林是陆地生态系统的主体，林业是经济社会可持续发展的一项重要的公益事业和基础产业，国家已经赋予林业在可持续发展中的重要地位和生态建设中的首要地位。建设以森林植被为主体的国土生态安全体系，优化人居环境，改善城乡面貌，建设社会主义新农村，再现秀美山川，是国家实施可持续发展战略、构建和谐社会赋予林业的历史使命。进入新世纪，我国林业发展已经进入了重大历史性转折时期，国家确立以生态建设为主的林业可持续发展道路，建立以森林植被为主体、林草结合的国土生态安全体系，加快林业发展，促进人与自然和谐已经成为我国经济社会可持续发展的重要任务。

　　江苏地处我国东部沿海地带中心部位，与上海市共扼长江入海门户，是我国的经济大省，它以占全国 1.07% 的国土面积，承载着占全国 6% 的人口和 10% 的经济总量。改革开放以来，江苏省林业建设取得了长足发展，但全省森林资源总量偏少、覆盖率较低，与经济社会的快速发展和人民生活水平的不断提高不相适应。为了加快经济社会与生态环境的协调、人与自然的和谐，调整农业结构、促进农民增收的有效途径，提高江苏省综合竞争力，根据《中共中央 国务院关于加快林业发展的决定》和江苏省委、省政府制定的实现率先全面建成小康社会、率先基本实现现代化目标，明确以生态建设为切入点，加快林业发展，提出"打造绿色江苏，建设生态家园"的战略决策。

　　2003 年，由国家林业局党组成员、中国林业科学研究院江泽慧院长和江苏省人民政府黄莉新副省长共同担任"绿色江苏现代林业发展研究"领导小组组长，由中国林业科学研究院首席科学家彭镇华教授任专家组组长，中国科学院江苏省植物研究所贺善安研究员为副组长。项目由中国林业科学研究院牵头，会同江苏省林业局、中国科学院南京植物所、南京林业大学、南京大学、江苏省林业科学研究院、江苏省森林资源监测中心等单位有关专家及主要参研人员 70 余名，以《中共中央 国务院关于加快林业发展的决定》确定的"三生态"思想为指导，结合江苏省情、林情和新时期经济社会可持续发展对林业的新需求，分列宏观战略、发展评价、总体规划、生态建设关键技术、产业发展关键技术、江苏数字林业和保障体系七个课题。2003 年 8 月 5~13 日，专家们冒着酷暑，行程 6000 多公里，深入调研和考察了江苏省 13 个地、市的林业建设和生态状况。在广泛收集江苏省及长三角林业、农业、土地、水利、环境等方面相关资料的基础上，首次以省域为单元进行现代林业发展研究，编制林业发展总体规划。项目是在已有研究的基础上，根据国内外和江苏省自然、经济和社会发展形势，针对江苏林业发展的实际情况，进行各课题精心研究，并形成课题研究报告。在江苏省委省政府和国家林业局的直接关心、指导下，在项目领导小组领导下，项目专家组精诚合作，先后召开了十几次由北京和江苏双方研究、管理层面人员参加的课题协调会、讨论会、研讨会。项目历时一年多的探索，经过北京和江苏相关研究机构的 100 多位项目参研人员的攻关研究，经广泛征求意见，多次反复酝酿和修改，形成项目研究与规划总报告。

项目研究提出了"构筑绿色屏障，发展绿色产业，建设绿色文化"的"三绿色"江苏现代林业发展核心理念；从区域景观背景出发，运用点、线、面相结合的森林生态网络体系建设理论、"林网化—水网化"建设理念和系统生态学与规划学原理，提出了"二群三网四片一带多点"的绿色江苏现代林业工程建设布局；从以人为本、科学发展观思想为出发点，依据江苏经济发展快、城市集中等特点，突破了过去以单个城市为独立单元的城市林业发展模式，提出与城市群发展相结合的新型城市林业建设思路；针对江苏现代林业的发展目标，建立了江苏现代林业发展评价指标体系；优选了主要树种、配置模式和持续经营等相关生态建设技术，集成林产品加工、制浆造纸、特色林产品综合利用等产业发展的关键技术，形成了一套从资源培育到加工利用的技术支撑体系和配套技术；构建了省、县二级的全省数字林业建设技术框架，建立了多个示范系统；同时，为总体规划的实施提出了江苏现代林业建设保障体系。

2003 年 11 月 28 日，江苏省人民政府、国家林业局邀请中国科学院、中国工程院有关院士、国务院参事室、国家发改委、国家农发办、财政部、科技部等国家有关部门和单位的专家、领导，以及中国林业科学研究院、国际竹藤中心、中国花卉协会、北京林业大学、南京林业大学、安徽农业大学、江苏省中科院植物研究所等科研院所的 37 名院士、资深专家学者，对绿色江苏现代林业发展研究项目和绿色江苏现代林业工程建设总体规划进行了评审。成果评审后，江苏省委、省政府全面采纳了项目研究成果，作出了《关于推进绿色江苏建设的决定》（苏发〔2004〕5 号），江苏省省绿化委员会召开全体会议，要求各地各部门深入贯彻省委、省政府关于推进绿色江苏建设的决策部署，全省各地积极响应，加大植树造林力度，加快造林机制创新步伐，绿色江苏建设取得了显著成效，森林结构有效改善，质量显著提高，城乡面貌和人居环境明显改善。另外，2005 年，该项目研究成果获"首届梁希林业科学技术奖"一等奖。

为了促进成果的应用与推广，在项目原有研究的基础上，补充江苏发展历史背景和当前林业发展的新理念，经近几年的完善，完成了本书的编写。本论著是彭镇华教授等数十余位专家共同研究的成果，同时也得到了江苏省人民政府、江苏省林业局、中国林业科学研究院等方方面面领导的大力支持，是集体智慧的结晶。希望本著作的出版，有利于促进和推动我国现代林业的发展和研究。值此出版之际，谨向支持和关注本项目的单位和个人表示衷心感谢。由于时间仓促，错漏难免，请批评指正。

目 录
CONTENTS

第一章　现代林业发展的国内外概况

第一节　现代林业的内涵

一、现代林业的理论与概念

现代林业是一个相对的概念，是随着人类对林业需求的改变及认识水平和科技水平的提高而不断发生变化，并被赋予了不同的内涵。自 20 世纪 80 年代以来，世界各国都在探索现代林业的发展道路，相继提出了各种各样的理论。如"新林业理论""近自然林业理论""生态林业理论"以及"可持续林业理论"；同时，我国学者也对林业的发展进行了深入系统的研究和探索。特别是 1992 年世界环境与发展大会以后，林业成为国际社会关注的焦点，对林业的认识出现了质的飞跃。原林业部提出了"建立比较完备的林业生态体系和比较发达的林业产业体系"的林业发展战略目标，为我国林业发展指明了方向。江泽慧和彭镇华等教授（1994）提出围绕"两大体系"建设，探讨我国林业发展的道路，实现传统林业向现代林业转变的研究课题，得到了原林业部及各方面的高度重视，并开创了我国现代林业建设的新局面。

现代林业概念的研究一直是国际社会的一个热点。我国学者在综合分析研究现代林业概念的基础上，结合我国国情，相继提出了一些不同观点。国内较早的现代林业的定义认为：现代林业是在现代科学认识基础上，用现代技术装备武装和现代工艺方法生产以及用现代科学方法管理，并可持续发展的林业。王焕良等（1995）提出：现代林业是适应不断变化的社会需求，追求森林多种功能对社会发展的实际供给能力，结构合理，功能协调，高效及可持续的林业发展方式。张嘉宾（1998）在系统分析近代林业存在的问题及产生这些问题根源的基础上，应用现代科技知识，结合林业实际，提出了建设有中国特色和时代特色的现代林业知识体系，即现代林学观。分经营林业的目标、经营林业的中心、林业的两个基本要点、林业彼此联系在一起的四个产业以及建立高效益的林业持续发展等 5 个方面全面阐述了现代林业的含义。殷鸣放等（2002）认为现代林业的概念应该从几个方面来理解：即现代林业的森林经营应该以森林生态系统为经营对象；森林利用应该以实现"森林零废弃物化"为目标；木质资源开发应坚持"现代利用方式与传统利用方式相兼顾"的原则；森林经营理念应该扎根本地文化、走人与自然协调共生之路。

现代林业的概念反映了人们对林业认识的提高和林业领域的进一步拓展。但是，它们都存在一定的局限性，还不能涵盖现代林业的全部内容。江泽慧等（2000）在《中国现代林业》一书中较完整系统地阐述了现代林业的概念。指出：现代林业是充分利用现代科学技术和手段，全社会广泛参与保护和培育森林资源，高效发挥森林的多种功能和多重价值，以满足人类日益增长的生态、经济和社会需求的林业。其主要内涵是：现代林业是以可持续发展理论为指导，以生态环境建设为重点，以产业化发展为动力，以全社会共同参与和支持为前提，积极广泛地参与国际交流与合作，实现林业资源、环境和产业协调发展，经济、环境和社会效益高度统一的林业。简言之，现代林业就是以满足人类对森林的生态需求为主，多效益利用的林业。其主要内容概括为以下几个方面：

（1）现代林业是以可持续发展理论为指导的林业。

（2）现代林业是依靠科技进步的林业。

（3）现代林业是适应社会主义市场经济体制和运行机制的林业。

（4）现代林业是改善环境，提高人类生活质量的林业。

（5）现代林业是社会广泛参与的林业。

二、现代林业的基本特征

全球环境与生存问题，使可持续发展的思想成为人类行动的共同准则。森林的多功能性和基础性使森林问题成为可持续发展的关键。森林问题的复杂性和其特殊的地位，使得森林问题既是国际政治问题，又是重要的科学问题，更是全人类共同面临的生存问题。全球对森林作用和地位的重新认识和定位，赋予了林业新的时代特征。

（一）功能的多样性

传统林业主要注重木材及有限的林副产品的获取，虽然也考虑森林或树木的生态和环境效能，但后者处于非突出的位置。现代林业则对两者同样重视，但更加突出后者，因而具有鲜明的"环境时代"的特征。森林不仅可以提供木材等生活必需物质，而且还是陆地生态系统的主体和地球生命的基因库，其强大的生态功能和巨大的社会价值是任何物质所不能替代的。

（二）发展的科学性

现代林业与传统林业所在纯自然性和功能单一性方面相比，具有鲜明的科学特征。现代林业是以科学技术的发展和应用为动力，其现代化关键是林业科学技术的现代化，是科学技术应用和转化手段、方法的现代化。主要体现在现代林业科学知识的生产、应用、传播和积累、林业技术的进步、林业基础装备和设施的现代化以及科学管理等方面。

（三）社会经济特性

森林的多功能性及其效益外部性决定了林业的公益性，林业的公益性决定了其社会性。现代林业的社会经济特征，以森林的社会经济价值为基础，以现代社会人类对森林的需求特征为表征，主要体现在：①林业的公益性广泛为社会所接受；②强调资源的高效利用、产业结构的优化和现代市场的引导；③注重全社会的参与，以林业发展的全球化为方向。

第二节　世界林业发展趋势

纵观世界现代林业发展历程和各国林业发展现状，可以从以下7个方面来把握世界林业发展的总体趋势。

一、可持续发展成为主题

20世纪人类最突出的贡献是对"发展"有了新的解读，其重要标志就是提出和逐步完善了可持续发展理论并付诸实践。人口增加、资源紧缺、环境恶化等问题，日益威胁着人类的生存，迫使人类不得不重新审视自己的行为和后果，以寻求经济发展与生态环境保护的正确途径。

20世纪80年代中期提出的可持续发展理论被广泛接受，并越来越深刻地影响着我们的思维，这是历史的必然。也意味着我们对这一基本权利与义务的又一次觉醒。在新世纪里，保护人类的生存环境、实施可持续发展战略已经成为国际社会发展的永恒主题。

1972年，联合国人类环境会议通过的《斯德哥尔摩人类环境宣言》指出："为这一代和世世代代保护和改善环境，已经成为人类一个紧迫的目标，这个目标将同争取和平及全世界的经济与社会发展这两个既定的基本目标共同和协调地实现。"这就是可持续发展思想的体现。

1987年，世界环境与发展委员会通过的《我们的共同未来》中，首次采用了"可持续发展"这一概念，提出："人类有能力使发展持续下去，能保证其满足当前的需要，而不危及下一代其需要的能力。"

1992年，里约联合国环境与发展大会以"可持续发展"为指导，制定并通过了《里约环境与发展宣言》《21世纪议程》和《关于森林问题的原则声明》等重要文件，签署了联合国《气候变化框架公约》和《生物多样性公约》，充分体现了当今人类社会可持续发展的新思想，反映了关于环境与发展领域合作的全球共识和最高级别的政治承诺。《21世纪议程》成为全球可持续发展的行动指南。

第二届地球峰会——可持续发展世界首脑会议于2002年8月26日至9月4日在南非约翰内斯堡召开。包括104位国家元首和政府首脑在内的192个国家的代表与会，中国国务院总理朱镕基出席会议。各国领导人就环境与发展问题阐述各自立场，共商全球未来可持续发展大计。大会通过了两份主要文件——《执行计划》和《约翰内斯堡可持续发展承诺》。《执行计划》被认为是关系到全球未来10~20年环境与发展进程走向的路线图，是国际社会在可持续发展领域积极努力的最新结晶，其重要性不容低估。这份文件的主要价值，在于它就"在促进经济发展的同时保护生态环境"发出了行动信号。《执行计划》针对过去10年来被忽视和未得到解决的一些最紧迫生态问题提出了诸多明确目标，并设立了相应的时间表，其中包括到 2020 年最大限度地减少有毒化学物质的危害；到 2015 年将全球绝大多数受损渔业资源恢复到可持续利用的最高水平；在 2015 年之前，将全球无法得到足够卫生设施的人口降低一半以及到 2005 年开始实施下一代人资源保护战略等；并将重点集中在水、生物多样性、健康、农业、能源等几大具体领域，体现了务实态度。这些时间表能得到各国认可，充分表明走可持续发展之路，在全球范围内已是大势所趋，且这一趋势不会因暂时的阻力而逆转。各国领导人在政治宣言中表示，将联合采取行动以"拯救我们的星球，促进人类发展，并实现共同的繁荣与和平"。由此可见，可持续发展已成为世界各国共同遵循的理念和追求的目标。

二、可持续经营成为主流

森林经营理论在其诞生以来的 200 多年时间里，一直在不断发展和完善。1795 年，德国林学家哈尔蒂希的"森林永续经营理论"，提出了"森林经营管理应该调节的森林采伐量，以致世世代代能从森林得到好处，至少有我们这一代这么多"的永续利用原则。1826 年，德国以洪德斯哈根等为代表的林学家创立了以森林永续收获为核心的"法正林理论"。1898 年，德国林学家盖耶的"近自然林业理论"，不仅在德国得到全面推行，而且使奥地利、法国、挪威、比利时、瑞典、匈牙利、波兰等国也不同程度地受到影响。20 世纪 80 年代末，美国林学家提出的"新林业理论"和"森林生态系统经营理论"，强调了生态优先的森林经营理念，即把发挥森林生态效益放在首要位置，并在美国、加拿大、日本等国得到推行。所有这些，都不断丰富和完善了森林经营理论的内容。

20 世纪 70 年代以来，特别是 1992 年联合国环境与发展大会以来，随着人们对森林功能认识的进一步提高，人类对森林的利用正在发生着新的转变，即由单纯的木材生产向多种功能的利用方向转变。林业在国民经济和社会发展中的主体地位和重要作用也发生了相应变化，在森林经营中，更加注重森林生态效益的发挥。世界各国纷纷调整林业发展战略，以适应国际社会和本国对林业发展和生态环境保护的要求。由于发达国家和发展中国家社会经济发展水平不同，其林业发展战略的调整广度和深度存在很大的差异，共同点是森林经营更加注重于发挥森林的生态和社会效益。

1992 年的联合国环境与发展大会，使森林经营理论得到了进一步的丰富并产生了一个质的飞跃。世界各国首脑签署了《21 世纪议程》和《关于森林问题的原则声明》，不仅丰富了以前森林经营理论的内容，而且将可持续经营作为森林经营和林业发展的目标，极大地丰富了森林经营理论的内涵。森林可持续经营理论的广泛认知和运用，是传统林业理论向现代林业理论的历史性转变。随着这一理论的运用及相关领域研究的不断推进，以可持续发展为目标的森林经营已经成为世界林业发展主流（表 1-1）。

表 1-1 森林资源的国际比较

国家／地区	土地面积（万公顷）	森林面积（万公顷）	2000 年森林面积占国土面积的百分比（%）	人均森林占有面积（公顷）
世界合计	1306390	386946	29.62	0.6
非洲合计	297839	46987	15.78	0.8
中非	6230	2291	36.77	6.5
刚果民主共和国	22671	13521	59.64	2.7
加蓬	2577	2183	84.71	18.2
苏丹	23760	6163	25.94	2.1
亚洲合计	308475	54779	17.76	0.2
印度尼西亚	18116	10499	57.95	0.5
中国	96027	15894	16.55	0.13
日本	3765	2408	63.96	0.2
老挝	2308	1256	54.42	2.4
马来西亚	3286	1929	58.72	0.9
蒙古	15665	1065	6.80	4.1
缅甸	6576	3442	52.34	0.8
韩国	987	625	63.28	0.1
泰国	5109	1476	28.89	0.2
越南	3255	982	30.17	0.1
欧洲合计	225996	103925	45.99	1.4
芬兰	3046	2194	72.01	4.2
法国	5501	1534	27.89	0.3
德国	3493	1074	30.75	0.1
意大利	2941	1000	34.02	0.2
俄罗斯	168885	85139	50.41	5.8
西班牙	4995	1437	28.77	0.4
瑞典	4116	27134	65.92	3.1
北美洲和中美洲合计	213697	54930	25.70	1.1
加拿大	92210	24457	26.52	7.9
墨西哥	19087	5521	28.92	0.6
美国	91590	22599	24.67	0.8
大洋洲合计	84910	19762	23.27	6.6
澳大利亚	76823	15454	20.12	8.3
新西兰	2680	795	29.65	2.1
巴布亚新几内亚	4524	3060	67.64	6.5
南美洲合计	175474	88562	50.47	2.6
巴西	84565	54391	64.32	3.2
智利	7488	1554	20.75	1
哥伦比亚	10387	4960	47.75	1.2
苏里南	1560	1411	90.47	34
委内瑞拉	8821	4951	56.13	2.1

资料来源：联合国粮农组织，《2000 年世界森林状况》。

三、防护林建设

海岸防护林、农田防护林、交通干道防护林等防护林建设历史悠久，在保障国土生态安全方面具有不可替代的作用。在全球经济社会快速发展的今天，防护林建设受到了国际社会和各国政府高度重视，成为各国林业发展和生态建设的重要内容。国外防护林建设历史较长，收效明显，规模较大的国家主要有前苏联、美国、日本、阿尔及利亚、德国、法国、芬兰等国。其中以前苏联的"斯大林改造大自然计划"、日本的"治山计划"、美国的"罗斯福工程"和北非的"绿色坝工程"最具代表性。

（一）前苏联的"斯大林改造大自然计划"

前苏联是营造防护林最早的国家之一。1943 年，在俄罗斯和乌克兰草原地带开始营造防护林；到 1948 年，苏联政府实施了著名的"斯大林改造大自然计划"；1949~1965 年的 15 年间，营造各种防护林 570 多万公顷，营造了 8 条总长 5320 公里的大型国家防护林带；截至 1982 年，苏联防护林总面积已达 5000 万公顷，其中农田防护林面积为 1600 万公顷。此外，前苏联十分注意将许多天然林划为防护林，重视森林保护环境和涵养水源的能力。同时，前苏联也是较早开发低湿地林的国家。

（二）美国的"罗斯福工程"

美国防护林营造的历史可追溯到 19 世纪中叶，在东部开发较早的地区，通过从私人手中购置土地来营造国有林，其目的在于发挥其保持水土、防风等功效，尤其是水源涵养功能。但真正使美国防护林建设飞跃发展的转折点，是 1935~1942 年由联邦政府提出的"大平原各州林业计划"，也称"罗斯福工程"。该工程纵贯北达科他、南达科他、内布拉斯加、堪萨斯、俄克拉荷马、得克萨斯 6 州，南北长约 1850 公里，东西宽 160 公里，整个工程建设范围约 1851.5 万公顷，遵从因地制宜、因害设防的原则，大力发展防护林带。1934~1942 年的 8 年间共植树 2.17 亿株，营造林带总长度为 28962 公里，保护 30233 个农场；美国防护林的主要类型为农田防护林、农舍防护林、牧场防护林和野生动物防护林。此外，美国在太平洋沿岸、墨西哥湾等地区也有一定面积的海岸防护林、水土保持林和固沙林。截至 1995 年，美国人工营造的防护林带总长度约 16 万公里，面积约 65 万公顷。

（三）日本的"治山计划"

日本是自然灾害频发的国家，因此，日本政府历来重视治山治水和防护林的建设工作。日本的经验是，治水必须治山，而治山就必须造林，特别是要营造各种防护林，其中比重最大的是水源涵养林。

从 1911~1948 年，日本连续进行过两期有组织的森林治水工作。1954 年，日本制定了防护林临时措施法。1960 年开始，日本一直在实行治山五年计划（又称"治山计划"）。因此，日本现代治山事业包含防灾治灾、涵养水源和保护改善生活环境三大内容，而建立防护林则是林业治山的主要手段。第一期防护林建设计划（1954~1963 年）以营造控制土壤流失的防护林为重点，防护林面积扩大到 408 万公顷；第二期防护林营建计划（1964~1973 年）则以水源涵养林为主，防护林面积扩大到 697 万公顷；第三期防护林建设计划（1974~1983），计划营建 123 万公顷防护林，用作保健林和水源涵养林。后来，日本又实施了第四期防护林建设计划，使日本的防护林面积增至 847 万公顷。1987 年年底，日本林野厅制定了为期 15 年的全国森林计划，计划中防护林到 2003 年达 903 万公顷。

在海岸防护林建设方面，日本在沿海填埋造地、湖泊周围造林、沿海临风地带造林、排水地造林等方面都开展了卓有成效的工作。日本利用海岸防护林防止飞沙已有约 1200 年的历史，到本世纪初，日本在不毛之地上逐步绿化，进而扩大耕地和推动人口向沿海地区移居，更加强了沿海防护林的以造林治沙为中心的海岸林防风固沙工作。近年来，日本加大了沿海风景林营造，又促进了海岸林的发展。

（四）阿尔及利亚的"绿色坝工程"

阿尔及利亚的绿色坝工程建设是北非正在建设的一项跨国林业项目，涉及摩洛哥、阿尔及利亚、突尼斯、利比亚、埃及等五国。其基本内容是在北部非洲的生态环境脆弱地区，通过造林、种草阻止撒哈拉沙漠的入侵或土地沙漠化，防止水土流失的加剧。根据计划，将在东西长 1500 公里，南北宽 20~40 公里的范围内营造各种防护林 300 万公顷。截至 1984 年，绿色坝工程建设已成片，成带造林 26 万公顷，成活率与保存率均达 80% 以上。

（五）德国的防护林建设

德国林业发展的特点是特别重视森林的生态效益和社会效益，把防护林的营建和环境保护工作紧密结合在一起。根据"森林效益图"，各州依据具体情况把森林划分成各种不同效益的防护林，如水源涵养林：保护水利设施、地下水源、水库、饮水源等；保土林：保护受水和风侵蚀的有山崩和滑坡危险的林地、河岸等；气候保护林：保护住宅区、疗养区、农田和特殊文化要地等；防烟尘林：用于减轻污染、防尘埃、烟气、辐射和噪音等；视野防护林：目的是遮掩有碍于景观的物体和不能暴露的物体等；道路防护林：保护国家的远程公路、道路及铁路线。

（六）芬兰的防护林建设

湿地森林具有重要的生态、社会和经济价值，引起了生态学和林学工作者的极大关注，并开始了对湿地森林的研究和开发利用，取得了可喜的成就和经验。芬兰是一个湿地较多的国家，全国有 6 万个湖泊，其中滩地占国土面积的 1/3。国家很重视该地区的林业开发，在国家林业研究所内设立了沼泽地研究室，对沼泽地的性质、水文、排水、改良和造林等方面开展了科学研究。1970~1981 年间，每年改造沼泽地 17.9 万公顷，20 世纪末将实现 650 万公顷的改造目标，并预计每年增加林木生长量 1500 万立方米。

（七）法国的防护林建设

法国从 1860 年起就开始大规模兴建五大林业工程：地中海防风固沙林、加斯科尼荒地造林、索洛涅造林、香巴尼荒地造林和山地恢复工程。

此外，阿尔卑斯山区各国从 1950 年起在联合国粮农组织欧洲林业委员会中专门设立了山区流域治理工作组。

加拿大、英国、瑞士、意大利、奥地利、阿根廷等许多国家也在防护林的实践方面做了大量工作，取得了明显成效。

四、城市森林建设

在实施城市可持续发展战略中，生态化城市已成为全球城市可持续发展的方向。"生态城市"是城市生态化发展的结果，是社会和谐、经济高效、生态良好的人类居住区形式。这一崭新的城市概念和发展模式刚一提出，就受到全球的广泛关注。

进入 20 世纪，城市建设中的生态思想逐步清晰并得到更广泛的运用。20 世纪初，英国生物学家 P·盖迪斯在他 1904 年所写的《城市开发》和《进化中的城市》中，把生态学的原理和方法应用于城市研究。1971 年，联合国教科文组织在第 16 届会议上，提出了"关于人类聚居地的生态综合研究"，"生态城市"概念应运而生。到 20 世纪后期，"生态城市"已经被公认为是 21 世纪城市建设模式。1999 年 10 月，美国世界观察研究所在一份题为《为人类和地球彻底改造城市》的调查报告中指出，无论是发达国家还是发展中国家，都必须将本国城市放在协调发展的战略地位，实现"人—社会—自然"的和谐发展，走生态化的城市发展道路。

城市森林，主要是指在城市地域内，以树木为主体的植被及其所处人文自然环境，所构成的森林生态系统，它是城市生态系统十分重要的一个组成部分。从生态化城市建设来看，城市森林有着十分丰富的内涵，它是以城市为载体，以森林植被为主体，以城市绿化、美化和生态化为目的，以人为本，森林景观与人文景观有机结合，改善城市生态环境，加快城市生态化进程，促进城市、城市居民及自然环境间的和谐共存，推动城市可持续发展。

在生态化城市的发展中，城市森林植被作为城市之"肺"，具有独特的生态功能。城市森林在生态化城市建设中的地位和作用，已获得人们的极大关注，达成了广泛共识。面对日渐突出的城市生态环境问题，城市森林发展已成为生态化城市建设的重要形式和内容。

五、人工林建设

随着全球经济的迅速发展，一方面国际市场对林产品需求攀升，另一方面天然林保护的呼声高涨，天然林供材压力加大，使人们的目光更多地转向了人工林。近年来，一些国际组织和许多国家的政府，都对发展人工林以弥补天然林供材缺口表示出较大的热情。1995年在芬兰召开的第 20 届国际林联大会，1997 年在土耳其召开的第 11 届世界林业大会，不论是科学家还是政府官员，都对人工林的发展现状和前景表示出极大的关注。1999 年 5 月，联合国粮农组织公布的全球最新森林状况报告，还用专门章节讨论了人工林问题。

最新公布的报告显示，全球森林资源依旧是入不敷出，1990~1995 年，世界森林面积净损失 5630 万公顷，相当于一个法国的面积大小。截至 1995 年，包括天然林和人工林在内的世界森林面积为 34.54 亿公顷，用陆地总面积（不包括格陵兰岛和南极洲）来除，全球的森林覆盖率仅为 26.6%。

近 20 年来，世界人工林面积仍在不断的增加，联合国粮农组织报告认为，这一趋势将持续到 21 世纪。许多国家都制定了长期的造林计划，主要有阿根廷、巴西、中国、智利、越南、印度、印度尼西亚、摩洛哥、泰国和乌拉圭等国家。虽然人们无法得到有关发达国家人工林面积的确切数字，据联合国粮农组织 1999 年公布的世界森林状况报告估计，发达国家的人工林面积约为 6000 万公顷，其中欧洲国家近占一半，约有 2900 万公顷。在发达国家中，处于前 5 位的国家是：俄罗斯（1700 万公顷）、美国（1300 万公顷）、日本（1000 万公顷）、新西兰（150 万公顷）和澳大利亚（100 万公顷）。发达国家的人工林并非都是商品人工林或工业人工林，还包括了较多的生态防护林，如水土保持林、防风林、护岸林等。

在保护和发展森林资源的努力中，尽管许多发展中国家是心有余而力不足，作为地球大家庭的一员，仍应承担保护和发展森林资源的使命与责任，一方面减少天然林的采伐量，另一方面大力营造人工林，取得的成效十分显著。据联合国粮农组织公布的数据，发展中国家的人工林面积，已由 1980 年的 4000 万公顷增加到 1995 年的 8000 万公顷，翻了一番，这当中，中国的贡献尤为突出。到 1995 年，发展中国家人工林总面积约为 8100 万公顷，其中 75% 以上是亚太地区国家所拥有，另有 15% 为拉丁美洲国家所拥有，余下 10% 分布在非洲国家。中国和印度的人工林面积均超过 2000 万公顷，名列前茅，印度尼西亚、巴西、越南、韩国和智利等人工林大国均拥有超过 100 万公顷的人工林。

据联合国粮农组织 1999 年报告称，世界上约有 57% 的人工林栽植的是阔叶树种，针叶树种栽植面积约为 43%。在针叶树种中，松树占 61%。在阔叶树种中，桉树占 30%，金合欢占 12%，柚木占 7%。

值得注意的是，非传统的用材树种加入到木材及木质纤维的队伍中来，保持了较高的发展速度。橡胶、椰子、油棕和香蕉等经济林木提供木材和纤维的份额明显增长，但这部分人工林主要集中在亚洲和大洋洲，其中以印度尼西亚、菲律宾、马来西亚、印度、泰国和中国为主。

在一些国家中，人工林产量在工业木材供应量中已经占有很大比重，例如，1997 年新西兰 99% 的工业原木是由人工林生产提供，智利为 80%，巴西为 62%，赞比亚为 50%。与天然林相比，人工林的供材潜力优势明显，联合国粮农组织 1999 年报告认为，到 2010 年，如果保持现在的毁林和造林水平，估计人工林供材的潜在能力，在亚洲、大洋洲和拉丁美洲将占供材量的 40% 左右，在非洲将占 15% 左右。许多国家大力发展人工林的另一个十分重要的目的是，通过缓解天然林的供材压力以保护天然林。马来西亚是热带林大国，天然林资源十分丰富，尽管如此，马来西亚政府仍在其第七个国家发展计划中制定了人工林发展计划，发展人工林的三大目标之一，就是通过提高集中的人工林供材能力，以减少对热带天然林的破坏压力。新西兰也采用了类似的战略，不同的是，新西兰早在 20 世纪初就开始策划、实施该战略，并且成效显著。

新西兰人工林事业的成功标志，是新西兰用占国土面积 5% 的林地和退耕地发展人工林，生产并满足了新西兰 99% 的工业用材需求，并使人工林产业成为新西兰国民经济的两大支柱产业之一。新西兰的人工林事业始于 1870 年，旨在保护有限天然林资源，提高人工林供材能力，弥补天然林材的需求缺口。20 世纪 20 年代，新西兰的人工林事业进入了第一个兴盛期，短短 10 来年的时间，人工林面积由 1925 年的 2.6 万公顷增加至 1936 年的 32 万公顷。到 20 世纪 60 年代，新西兰政府认识到，人工林将是国家出口型经济的重要支柱产业，极大地推动了新西兰人工林事业的迅速发展。进入 90 年代后，新西兰政府实施了新的林业税收政策，其人工林事业进入了第三个高速发展时期，使新西兰的人工林面积增加至目前的 150 万公顷，创造了被世人誉为"新西兰模式"的人工林奇迹。

六、林产品贸易

人口、经济的持续增长，对资源、环境的压力日益加重，使得世界木材和林产品的供求矛盾日趋突出。而全球天然林资源，特别是热带雨林资源的数量减少和质量急剧下降，已经引起国际社会的普遍关注。进入 21 世纪后，随着人们生态意识的增强和环境保护运动在全球的迅速扩展，林业经营目标将日益趋向多元化发展，而且发挥森林的生态和社会效益将逐渐居主导地位。在这种形势下，过去长期为林产工业提供木材原料的天然林资源（包括温带针叶林和热带阔叶林），由于经营目标的改变和多年开发利用，可提供商品材的资源将大幅度减少，尤其是优质大径材资源将急剧减少。同时，为了保护本国森林资源和生态环境及发展民族经济，预计限制和禁止出口原木甚至初级产品的国家亦将日益增多。另一方面，为了满足林产工业不断扩大的原料需求，通过集约培育的速生人工林木材、间伐小径材、各种回收利用物（含采伐和加工剩余物及废纸等）和非木材纤维（含竹材和农业剩余物）的供应量预计将迅速增加。当然，随着工业原料构成的改变，林产品结构亦将发生重大变化。

联合国粮农组织的预测表明，进入 21 世纪后，全球的林产品生产和消费将继续保持增长的趋势，虽然由于环境保护力度的加大，限制利用森林生产木材的压力进一步增加，由于各种木材代用品的不断增多及其性能的改进，林产品市场的竞争将进一步加剧；但是，随着人工林的迅速发展、木材回收利用率的增加和加工技术的改进，在 21 世纪前期，全球的森林资源依然可以满足人类社会的基本需求。

与此同时，林产品结构将进一步发生变化，预期各种以小径材、速生材、低质材和回收材料（如废纸等）为原料的产品，如集成材、复合材、层积材、各种非单板型人造板和纸、纸板等将继续获得快速发展；传统上以天然林大径材为原料的产品，如锯材和胶合板，其增速将进一步下降。联合国粮农组织的预测表明，在林产品贸易方面，总的趋势是贸易量和贸易量占产量的比重进一步提高，但各区域发展不平衡现象仍存在。据预测，亚洲将继续是全球唯一的原木和林产品净进口地区，北美洲和中美洲仍将是世界上最大的生产和出口地区，欧洲、亚洲和北美洲及中美洲的产量和消费量将分别占全球产量和消费量的 85% 和 90% 以上。

近 10 年来，全球的林产品生产和消费除个别产品（如锯材）外，继续保持增长的势头，工业材原木、人造板、纸和纸板等林产品产量的年均增长速度分别达到了 2.2% 和 3%。尽管增长速度比较缓慢，但是有些新型产品，如中密度纤维板和定向刨花板的发展都十分迅速，在 1991~2000 年期间，中密度纤维板的产量由 550 万立方米增加到 1831.2 万立方米，年均增长速度高达 14.3%；定向刨花板的产量由 4860.5 万立方米增加到 8408.8 万立方米，年均增长速度高达 6.3%。

根据联合国粮农组织的统计，2000 年全球的木材（原木）总产量已达 33.53 亿立方米，其中工业材为 15.87 亿立方米，占 47.3%；薪炭材为 17.7 亿立方米，占 52.7%。全球前 5 位的工业材生产国的产量约占全球工业材产量的 57.8%；工业材的消费主要仍集中在发达国家（1995 年达 72.4%），2000 年，仅美国和加拿大两国就消费全球 37.9% 的工业材。全球主要薪炭材生产和消费国都是发展中国家，而且是分布在亚洲、非洲、拉丁美洲三大洲的主要发展中大国，全球前 5 位的薪炭材生产和消费国的产量和消费量约占全球薪炭材的 45.1%（表 1-2）。

表 1-2　2000 年世界薪炭材的主要生产和消费国家　　　　　单位：万立方米

国别	世界	印度	中国	巴西	印度尼西亚	埃塞俄比亚
产量	176593	29731	19105.1	13240.8	8898.1	8747.1
消费量	176500.9	29732	19111.7	13240.8	8898.1	8747.1

2000 年，全球的锯材（含枕木，下同）产量为 4.21 亿立方米，与 1991 年（4.57 亿立方米）相比，减少了 7.88%。其中，针叶锯材产量为 3.2 亿立方米，比 1991 年产量（3.3 亿立方米）下降了 2.56%，阔叶锯材产量为 1.01 亿立方米，比 1991 年（1.29 亿立方米）下降了 21.52%。世界锯材人均消费量由 1991 年的 0.084 立方米 /（人·年）下降到 2000 年的 0.07 立方米 /（人·年）。

2000 年，世界木质人造板（含单板、胶合板、刨花板和纤维板）总产量已达 18925.6 万立方米，比 1991 年（12021 万立方米）增长了 57.4%。人造板的消费达 15346.7 万立方米，人均年消费量为 0.025 立方米 /（千人·年）。

按照联合国粮农组织的统计（说明：2000 年产量数据为联合国粮农组织统计数），在 1961~2000 年期间，全球各种人造板的产量均有不同程度的增长。其中，增幅最大的为刨花板，其产量由 1961 年的 392.8 万立方米，上升到 1997 年的 8408.8 万立方米，增幅超过 20 倍；其次为单板，产量由 107.5 万立方米增到 1532.7 万立方米，增长了 13 倍多；胶合板和纤维板分别居第 3、4 位，前者产量由 1645.1 万立方米增到 5704 万立方米，增加了 2.47 倍；后者由 1008.6 万立方米增至 3280.1 万立方米，增加了 2.25 倍。

在 1991~1997 年期间，刨花板在人造板总消费量中所占比重有较大幅度增长，增幅达 5.2%，单板亦呈微量增长的趋势。同时，胶合板和纤维板所占份额却都有不同程度的降低。

根据联合国粮农组织统计，2000 年全球的纸和纸板产量已达 32313.9 万吨，比 1991 年产量（24336.4 万吨）增长了 32.78%。在此期间，主要生产国的名次亦发生了明显变化，中国由第 3 位晋升到第 2 位，日本则由第 2 位退居到第 3 位。同时，中国在全球纸和纸板总产量中所占份额也由原来的 7.6% 上升到 11.0%，增加了 3.4 个百分点。根据联合国粮农组织的统计，在 1961~1997 年间，纸和纸板的产品结构已发生了较大变化，突出的是印刷和书写用纸增长迅速，增幅达 4.8 倍。

七、高新技术应用

高新技术对未来经济社会发展的强大推动作用，促使世界各国在加大科学技术投入的同时，更加注重高新科技成果在林业生产领域的广泛应用。谁抢占了科学技术的制高点，谁就赢得市场竞争的主动权。

进入 21 世纪，以生物技术、信息技术和新材料技术为标志的高新技术在林业领域的广泛应用，将在全面提高林业行业科技进步和科学管理水平，促进林业产品和企业升级，增强市场竞争力，创造经济效益中起决定性作用。"3S"技术使森林资源管理迈上了一个新台阶，生物技术为良种培育、无性系林业、组织培养等开拓了新的天地，电子技术和各种自动检测、控制技术对提高森林集约经营水平、木材生产机械化水平和木材加工连续化和自动化水平起到了巨大的推动作用，遗传工程更为林业发展开辟了新的天地，新材料技术使森林的工业利用途径进一步拓宽、木材利用率进一步提高，电子计算机技术在林业上的应用更为广泛，已从科学计算阶段和单项管理阶段进入了信息系统管理阶段。

科学技术，特别是高新技术的发展给林业科学研究带来了新的机遇和挑战，世界各国正在将各项高新科技成果应用于林业生产和实践。今后，科学技术特别是高新技术和交叉科学技术如生物技术、信息技术和新材料技术在林业各个领域的应用将日益广泛，并将进一步推动林业的发展。

第三节　我国林业发展的方向

21 世纪，我国已进入全面建设小康社会、加快推进社会主义现代化的新发展阶段。实施可持续发展战略，走生产发展、生活富裕和生态良好的文明发展道路是我国的基本国策。中共中央、国务院《关于加快林业发展的决定》明确提出"在可持续发展中，应该赋予林业以重要地位，在生态建设中，应该赋予林业以首要地位"。这意味着林业的建设将由过去以木材生产为主转向生态建设为主，林业将肩负着比以往任何时候都繁重的建设任务；同时，林业也不再仅是一个产业，它还是一项社会公益事业，并且是以生态效益优先，兼顾经济和社会效益的发展的事业。在今后在林业的建设中，要与农业、环保、水利、城建、园林等行业和部门的密切配合、协调发展。

一、指导思想和基本方针

2003 年 6 月 25 日，中共中央、国务院发出了《关于加快林业发展的决定》，确立了"以邓小平理论和'三个代表'重要思想为指导，深入贯彻十六大精神，确立以生态建设为主的了林业可持续发展道路，建立以森林植被为主体、林草结合的国土生态安全体系，建设山川秀美的生态文明社会，大力保护、培育和合理利用森林资源，实现林业快速发展，使林业更好地为国民经济和社会发展服务"的指导思想。

加快林业发展的基本方针是："坚持全国动员，全民动手，全社会办林业；坚持生态效益、经济效益和社会效益相统一，生态效益优先；坚持严格保护、积极发展、科学经营、持续利用森林资源；坚持政府主导和市场调节相结合，实行林业分类经营和管理；坚持尊重自然和经济规律，因地制宜，乔灌草合理配置，城乡林业协调发展；坚持科教兴林；坚持依法治林。"

二、实施六大工程，推进五大转变，实现快速发展

为实现党中央、国务院提出的战略目标，国家林业局积极应对新的形势，确立了"快速发展林业六大建设工程，推进林业五大转变，促进人工绿化造林的快速发展，优化林业的生产和质量，以满足国民经济和生态环境的需要"的林业建设总体思路。

（一）启动六大林业重点建设工程

20世纪80年代以来，我国相继启动了一系列林业重点生态建设工程，有力地推动了造林绿化事业的发展。为适应国民经济和社会发展的需要，国家林业局从优化林业生产力布局的角度出发，对原有的林业建设工程进行了系统整合，确立了新时期六大林业重点工程，即天然林资源保护工程、退耕还林还草工程、京津风沙源治理工程、"三北"及长江流域等防护林体系建设工程、野生动植物保护及自然保护区建设工程、重点地区速生丰产用材林基地建设工程。经过整合后的六大林业重点工程已经被纳入了《国民经济和社会发展第十个五年规划纲要》，林业建设迎来了前所未有的发展机遇。六大工程的陆续启动，标志着林业建设进入了一个以大工程带动大发展的新阶段。

（二）推进林业五大转变

我国林业正在实现由以木材生产为主向以生态建设为主的历史性转变，同时，积极推进由以采伐天然林为主向以采伐人工林为主的转变，由毁林开荒向退耕还林的转变、由无偿使用森林生态效益向有偿使用森林生态效益的转变、由部门办林业向全社会办林业的转变。这是中国实现可持续发展的必然选择，也是林业实现可持续发展的必然选择。

林业实现由以木材生产为主向以生态建设为主的转变，就是要对林业的定性定位和指导思想进行重大调整，实现林业认识上的巨大飞跃。实现由以采伐天然林为主向以采伐人工林为主的转变，保持森林生态平衡就是要在尽量满足社会对木材需求的前提下，最大限度地发挥森林的生态、社会效益。实施宜林地区退耕还林，恢复以森林为主体的植被，从长远看，是治理水土流失和土地沙漠化的根本措施；从近期看，又是调整农村产业结构，拉动内需，增加农民收入的有效途径。实现由毁林开荒向退耕还林的转变，就是要优化国土利用结构，治理水土流失，保障国土生态安全。有偿使用森林生态效益，有利于调动各种参与主体造林护林的积极性，同时也使森林生态效益进入更大范围的市场进行交易成为可能。实现由无偿使用森林生态效益向有偿使用森林生态效益的转变，就是要建立起新时期林业发展的良性循环机制。实现由部门办林业向全社会办林业的转变，就是要调动一切积极因素，动员全社会力量，参与林业建设，保障林业的持续快速健康发展。

（三）实现林业快速发展

世界林业发达国家，大都经历了森林原始利用、大规模利用和破坏、边治理边破坏和林业可持续发展四个阶段。林业跨越式发展的实质，就是以可持续发展理论为指导，以现代林业为目标，以六大工程建设为载体，以体制创新和科技创新为动力，加快林业发展步伐，缩短在常规状态下恢复和发展森林资源所需的时间，使我国林业早日跨入可持续发展的新阶段。其具体内涵包括：在发展阶段上，由恢复和发展森林资源阶段转向可持续发展阶段；

在森林经营上，由单一目标转向多项目标；在林业结构上，由很不合理转向比较合理；在发展方式上，由粗放经营转向集约经营；在科技采用上，由低度化技术转向高度化技术。最终实现整个林业生产力发展。

按照全国生态环境建设规划，今后50年森林覆盖率要提高到26%以上，需净增森林面积9066万公顷。由于要弥补100多亿立方米的资源消耗，新造的成林面积相当于2.12亿公顷，按照原有速度，完成这一任务需要140年。实施以六大林业重点工程带动林业跨越式发展的林业发展战略，就是要缩短在常规状态下恢复和发展森林资源所需的时间，用50年完成在常规状态下需要100多年才能完成的林业生态建设任务。

林业快速发展的战略目标分三步：第一步，到2010年，森林覆盖率达到19.4%，生态恶化的趋势初步得到遏制，林业产业结构调整初见成效。第二步，到2030年，森林覆盖率达到24%，人居生态明显改善，林业产业实力明显增强。第三步，到2050年，森林覆盖率达到并稳定在26%以上，建成布局合理、功能齐备、人居环境优美、管理高效的林业生态体系和规范有序、集约经营、富有活力的林业产业体系，从根本上改变我国的生态面貌，实现山川秀美，林业综合实力达到世界中等发达国家的水平。

第二章　江苏现代林业发展背景分析

第一节　社会经济概况

一、行政区划

江苏是中国开发较早的地区之一，在古代最早的地理著作《禹贡》中，属于徐州、扬州之地。江苏正式建省始于清代康熙六年（1667年），取江宁、苏州二府之首字而定名，简称苏。

截至 2000 年年底，江苏省拥有 13 个各具特色的省辖市，下辖 33 个县、31 个县级市和 44 个市辖区；共有 1191 个镇、275 个乡、33190 个行政村（见附图 1）。江苏的行政区划自 1983 年实行市管县体制以来，又做过多次调整，最近的调整主要包括两个方面：一是撤县（县级市）并区，大幅度扩大市区范围；二是撤乡并镇，压缩乡镇数量，扩大乡镇规模。

二、经济发展

江苏省是全国经济发展较快的省份之一。新中国成立以来，江苏经济发展有如下一些特点：

（一）经济规模迅速扩大

全省国内生产总值由 1952 年的 48.41 亿元增加到 2000 年的 8583.73 亿元，在占全国 1.07% 的土地上，创造出了约占全国 9.6% 的国内生产总值。按可比价格计算，1952~2000 年，国民生产总值增长了 47 倍，年平均增长率为 8.4%，其中 1953~1978 年平均增长率为 5.2%；1979~2000 年平均增长率为 12.6%，远高于全国平均水平 8.1%。

（二）经济实力日渐增强

全省资本形成总额由 1952 年的 8.60 亿元增加到 2000 年的 3944.78 亿元，按可比价格计算，增长了 150 余倍，年均增长 11%。

（三）经济水平日益提高

全省人均国民生产总值由 1952 年的 131 元增加到 2000 年的 11470 元，位居全国第六；按可比价格计算，增长了 22 倍，平均每年增长 6.8%。于 1996 年以 8477 元突破人均 1000 美元大关，分别于 1987 年、1993 年提前实现人均国民生产总值比 1980 年翻一番和翻两番的目标。

（四）产业发展不断升级

2000 年与 1978 年相比，江苏省在三次产业构成上有了较大的变化（图 2-1），第一产业的比重明显下降，第三产业比重显著上升，达 36.3%。但在产业构成上，目前江苏仍然以制造业为主，第二产业比重较大，第三产业比重在全国仅居第十六位，尤其是科学研究和综合技术服务业与其经济地位不相适应，第三产业的发展潜力较大。

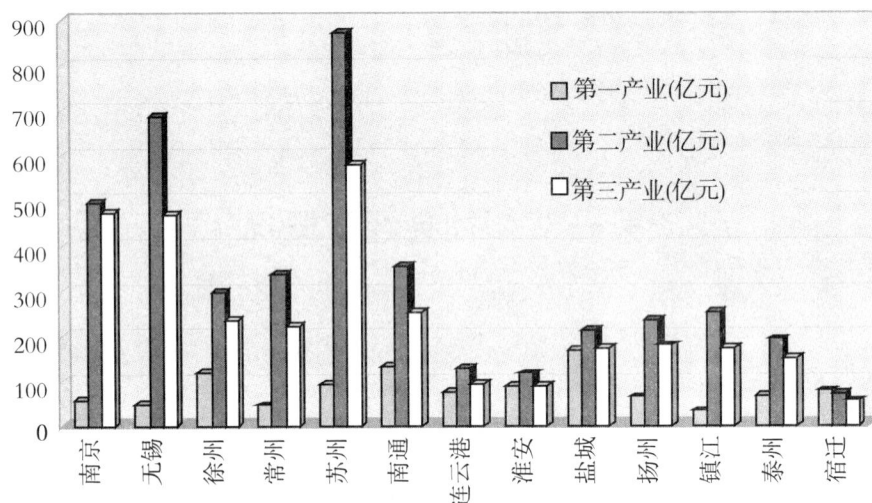

图 2-1　江苏省各地市三次产业产值比较

（五）农业产业结构调整加快

苏南、沿江部分地区正在向农业现代化迈进。全省主要农作物单产水平、农村经济总量、农民收入水平都在全国名列前茅。2000 年，江苏在占全国 1.07% 的土地和 4.5% 的耕地上，生产出占全国 6.7% 的粮食，7.1% 的棉花，7.6% 的油料，5.4% 的肉类，7.2% 的水产品和 16.5% 的蚕茧。

（六）经济发展区域差异明显

江苏省经济发展程度地域差异明显，各地市国内生产总值及构成如图 2-2，总体规律是：苏南（南京、镇江、常州、无锡、苏州）高于苏中（扬州、泰州、南通），苏中高于苏北（徐州、连云港、淮安、宿迁、盐城）；在苏南各市中，又以无锡、苏州两市为最高；在苏北各市中，又以宿迁稍低。从三次产业构成上看，南京第三产业比重最高，已达 46.2%，无锡、苏州、常州、扬州、镇江、泰州、徐州在 35%~40%，其余各市较低；第一产业（主要是农业）比重较高（占 30% 以上）的是宿迁和淮安。

三、人口发展

截至 2000 年年底，全省普查人口为 7438 万人，常住人口为 7327.24 万人，户籍人口为 7069.28 万人。人口密度高达 725 人／平方公里，是全国平均的 5.4 倍，仅次于上海（2640 人／平方公里）和天津（885 人／平方公里），位居第 3 位。就其区域分布而言，苏南人口密度高于苏北，人口密度最高的县区集中于沿江一带，如江阴、张家港、通州、海门人口

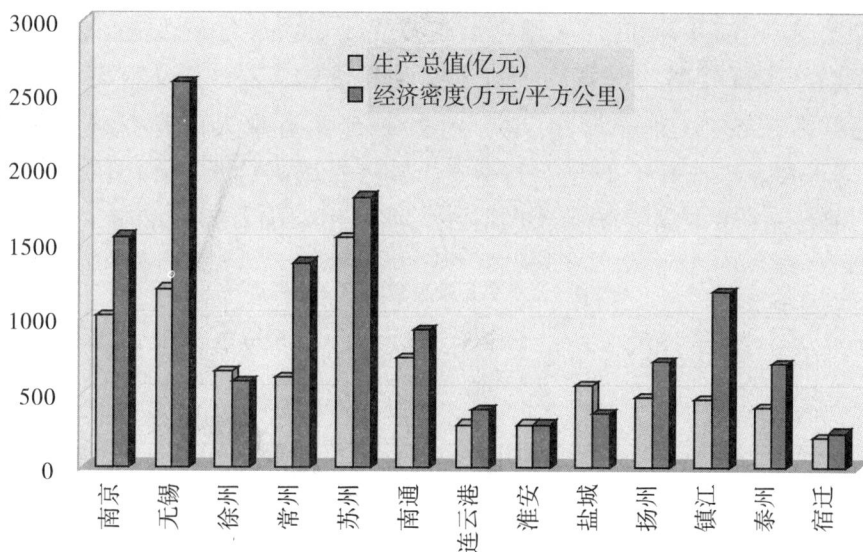

图 2-2　江苏省各地市国民生产总值与经济密度比较

密度超过 1100 人 / 平方公里，泰兴超过 1000 人 / 平方公里。由于苏南人口增长较慢，全省各市人口密度差异趋小（图 2-3）。从人口自然增长率的变化来看。1949~1971 年的 22 年间，人口年均自然增长率为 20.74‰，1963 年高达 28.64‰。1972 年以来，随着计划生育国策的全面推行，人口出生率的显著下降，人口自然增长率也在下降；近 10 余年来，下降趋势尤为明显，人口自然增长率由 1990 年的 14.01‰下降到 2000 年的 2.56‰，远小于全国平均值 8.77‰。但全省各地人口自然增长率差异很大，2000 年人口自然增长率最高的东海县达 24.15‰，而南京的江宁、苏州的常熟和太仓、南通的如东和通州、扬州的邗江、镇江的丹徒和丹阳均已出现负增长。改革开放以来，随着江苏（尤其是苏南地区）经济的迅猛发展，越来越多的外来人口落户或常住江苏，如常州市 2000 年的外来人口已占该市总人口的 1/8。因此，在全省境内，人口的机械增长率较高，人口对生态系统的压力逐年增加。

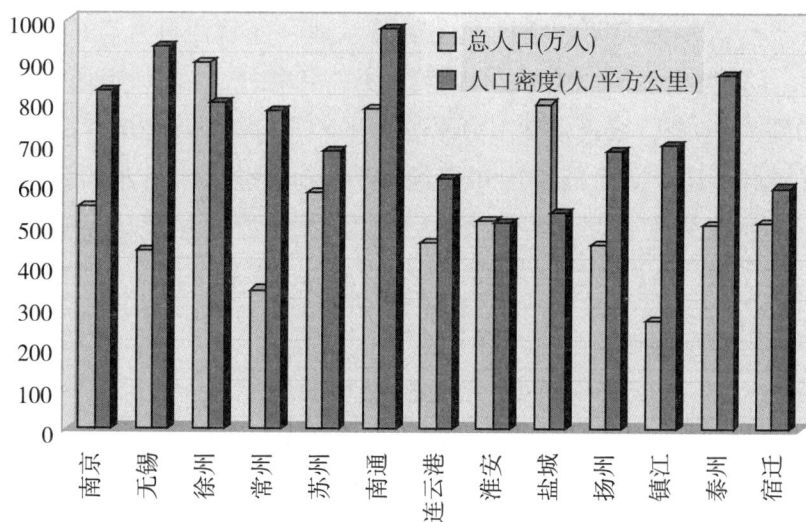

图 2-3　江苏省总人口与人口密度的地区分布

在人口数量急剧增加的同时，人口素质也发生了翻天覆地的变化。由历次人口普查结果来看（表2-1），1964年时，全省高中以上文化程度占1.86%，文盲率39.8%。1986年高中以上文化程度占7.35%，文盲率26.3%。到2000年第五次人口普查时，高中以上文化程度占16.96%，比1964年上升了15.1个百分点，高于全国平均水平14.76%的2.2个百分点；文盲率6.4%，比1964年下降了33.4个百分点，略低于全国6.72%的平均水平。

表2-1　江苏省历次普查人口文化程度

指标	1964年（第二次）	1982年（第三次）	1990年（第四次）	2000年（第五次）
人口按学历分（万人）				
大学	17.9	38.70	98.84	291.35
高中	65.43	422.51	581.37	969.85
初中	233.11	1213.38	1772.02	2705.35
小学	1183.76	1973.75	2332.99	2445.70
每10万人口中拥有（人）				
大学	386	639	1474	3917
高中	1470	6981	8670	13039
初中	5236	20049	26426	36372
小学	26588	32613	34791	32881

从各地区的情况看，高中以上文化人口比例苏南高于苏中，苏中高于苏北。其中南京市最高，达31%以上，其次为南通、镇江，达23%以上。

四、城市化进程

城市是社会生产力发展到一定历史阶段的产物，是人类文明进步的结晶，而城镇的形成与其地理位置、社会环境密不可分。纵观历史，长江、大运河是中国明、清时期东西、南北两大通道，是商品物质运输的主要通道，所以沿长江及运河两岸的南京、镇江、南通、扬州、徐州、高邮、苏州等地经济得以快速发展，同时也都是文化交流的著名城市，具有深厚的文化底蕴，是江苏传统物质文明和精神文明的荟萃地。随着江苏社会经济的发展，城镇数量的快速增加，城镇化进程步伐加快。2000年与1987年相比，江苏城市由21个增加到44个，镇由443个增加到1191个，城镇密度由万平方公里45个增加到120个，13年分别增加了1倍多（表2-2）。主要城市建成区面积由1990年的723平方公里扩大到2000年的1382平方公里，扩大了近1倍。1998年以前，江苏的乡镇总数约为2100个，由于近年实施撤乡并镇，2000年乡镇总数下降到1466个，乡镇平均面积扩大了50%，乡镇平均人口由1986年的2.4万人提高到2000年的3.7万人。

表2-2　江苏省城镇数量变化

年份	地级市	县级市	镇	城镇合计	城镇密度（个/万平方公里）
1987	11	10	443	464	45
1991	11	17	638	666	65
2000	13	31	1191	1235	120

近年来，城镇人口快速增长是江苏人口构成变化的最重要特征之一。1980 年以前市镇人口占总人口比重为 14% 左右；1978 年全省城镇占总人口的比重为 13.72%，比全国水平 17.92% 低 4.2 个百分点；1990 年为 21.5%；到 2000 年已达 41.5%，超过 36.2% 的全国平均水平 5.3 个百分点。

2000 年，江苏的城市发展已经向城市群的组团式发展，形成了以南京、镇江、扬州、泰州和苏州、无锡、常州、南通城市群为代表的沿江都市带，人口和城镇十分密集，成为江苏省经济最为发达的地区，是江苏省社会经济发展的先导和创新中心，也是生态环境亟待改善的地区。据统计，2001 年苏州、无锡、常州、南通城市群城市化水平为 55%，人口密度达到 775 人 / 平方公里，城镇密度 160 个 / 万平方公里，均高于全省的平均值。因此，本地区的林业建设必须与城市化发展趋势密切结合，紧紧围绕两个城市群的生态环境建设，充分体现以人为本、生态优先的建设原则，大力推进以城市森林为主的林业生态环境建设。

第二节　自 然 条 件

一、地貌地形地势与土壤特点

（一）地貌类型

江苏省的地貌类型包括了平原与低山丘陵两大类型（附图 2、附图 3、附图 4）。

1. 平原

江苏省的平原地貌是有江、河所携带的泥沙，经过河、湖、海运行堆积而成的，并经历了强烈的人为改造。除黄淮平原的西部海拔在 45 米外，大部分地区的海拔高程均在 10 米以下，一般为 2~5 米。根据沉积环境、沉积物的来源以及地面高程的不同，全省平原可以划分为黄淮平原、江淮平原、滨海平原和长江三角洲平原等 4 大部分。

（1）黄淮平原。该平原位于淮河与苏北灌溉总渠以北，是华北平原的重要组成部分，由古黄河、淮河以及泗水河、沂河、沭河等河流冲积而成。一般还可以再划分为黄淮冲积平原、黄河三角洲、沂沭河洪积冲积平原和洪泽湖盆地等次一级的地貌类型单元。

（2）江淮平原。分布于苏北灌溉总渠和通扬运河之间，东以串场河与滨海平原为界，西接 10 米等高线与盱眙、金湖、六合、仪征的丘陵岗地相连。习惯上又以里运河为界，而将其再次划分为河西的上河区（又称为运西湖区平原）与河东的下河区（又称里下河平原）。上河区地势较高，海拔 6 米；下河区呈四周高中间低的碟形洼地，海拔不足 2 米，容易遭受涝灾危害。

（3）滨海平原。分布于串场河以东，北起射阳河，南到东串场河，主要有黄河夺淮入海时期所带来的泥沙淤积而成。其总的地势由东南向西北倾斜。目前依然处于扩张阶段，是江苏省后备国土资源的集中分布地区。

（4）长江三角洲平原。长江三角洲的顶点在镇江、扬州附近，北界为通扬运河与东串场河，南界抵达浙江省的杭州湾，总面积3万余平方公里，其主体在江苏省境内。

2. 低山丘陵

低山丘陵主要分布在省境内的东北部和西南部，尤以西南部分布面积较广。

（1）东北部的低山丘陵。该地带的丘陵以岩性古老、地势破碎为特征，它们是鲁中南山地的南延部分，主要可分为两列。一列分布在赣榆、东海两县与山东省的交界处，丘陵的海拔高度介于100~300米之间；另一列分布于连云港市及灌云县一带，山地断裂发育，山体东南面平缓、西北面陡峭，具有单面山的特点。在这些丘陵和低山前，分布有大量的石质岗地。

（2）西南部的低山丘陵。这一部分丘陵北起盱眙，南到宜溧山地，西南与安徽、浙江两省的山地相连，共可划分为仪（征）六（合）盱（眙）丘陵、老山山脉、宁镇山脉、茅山山脉、宜溧山地等不同区域。

（二）地形地势特点

1. 地势南北高中间低

地势以平原和低山丘陵为主。低山丘陵主要分布在省内的北部和西南部，中部为广阔平原。低山丘陵海拔为300~2000米，超过500米的山峰甚少。

2. 平原占多

据统计，江苏省平原面积70580平方公里，占总面积的68.8%；低山丘陵面积14670平方公里，占总面积的14.3%；水面面积（不含海区）17330平方公里，占总面积的16.9%。平原面积的广阔，造就了该省地势平坦、河网稠密、湖泊众多的特点。

3. 地势高差小

江苏省的最高峰为位于连云港市的云台山玉女峰，海拔为625.3米；全省陆地最低之处位于射阳河沿岸，海拔仅0.6米，其次为里下河地区的兴化市，海拔仅1.4米。全省地势高差620米左右，在全国仅次于上海市与天津市。

（三）土壤分布与特点

自然土壤类型地带性分布明显，暖温带分布棕壤和淋溶褐土，北亚热带分布黄棕壤，中亚热带分布黄壤。在同一生物气候带内，由于成土母质、地貌、水文条件和人为作用等地域差异，往往形成不同类型的土壤（附图5）。

1. 棕壤地带

在棕壤地带内，丘陵山地呈酸性反应的花岗岩、片麻岩风化物形成棕壤，呈中性至碱性反应的石灰岩风化物形成淋溶褐土。在新沂、东海、赣榆一带，棕壤的白土型旱作土壤称包浆土，而岗洼和湖洼地广泛分布着发育于古老冲积物上具有黑土层和砂姜层的古老旱地土壤，称砂姜黑土。沂沭河平原的花岗岩、片麻岩冲积物，形成无石灰性的棕潮土。黄泛平原的黄土性冲积物形成强石灰性的黄潮土，一般自高到低依次为飞沙土、沙土、两合土和淤土。黄泛平原的沙质洼地，由于地下水位高，矿化度较大，花碱土分布比较集中，而沙质坡地多为沙土，花碱土只是零星分布。

2. 黄棕壤地带

在黄棕壤地带内，黄棕壤只见于丘陵山地，而其谷地则分布水稻土。黄土岗地的岗、旁、冲，一般依次为黄土（旱地土壤）、黄白土（白土型水稻土）、马肝土（潴育型水稻土）和青泥土（潜育型水稻土）。太湖平原的高平田为黄泥土、白土等，平田为黄泥土、鳝血白土等，圩田为青紫泥（圩区潜育性水稻土）、乌山土（圩区脱潜性水稻土）等，荡田为青泥土（潜育性水稻土）等。长江冲积物上发育的旱地土壤为灰潮土（包括高沙土），水田土壤为淤泥土（渗育性水稻土）。里下河浅洼地边缘分布有红沙土（鳝血乌山土，属潴育性水稻土），中部分布有蒜瓣土（脱潜性水稻土）、土壤为粗骨黄壤，低山坡麓有土层深厚的红黄土。岗地成土母质以第四纪红色黏土为主，非耕作土壤也属黄壤，旱地土壤为红黄土。

3. 黄壤地带

在黄壤地带内，低山丘陵的成土母质有砂岩、石英岩、花岗岩等岩石风化物，土壤为粗骨黄壤，低山坡麓有土层深厚的红黄壤。岗地成土母质以第四纪红色黏土为主，非耕作土壤也属于黄壤，旱地土壤为红黄壤。

全省耕作土壤中，大多为中性至微碱性（pH 值 6.5~8.0）黄泛平原土壤呈强石灰性，碳酸钙含量 5%~15%。土壤质地以壤质居多。土壤有机质含量在 1.5%~2.5%（近年略有下降），黄泛平原土壤含量较低，约为 0.5%~1.5%。土壤阳离子交换量约为 15~25 毫克当量 /100 克土。总的说来，大部分土壤的环境容量较大，但砂质土、有机质含量少的土壤较小。

二、气候特点

江苏省地处我国中纬度沿海，属东亚季风气候区，地处北亚热带和暖温带的过渡区域，南北气候差异显著。从气候区划上来讲，淮河—苏北灌溉总渠以北的区域属于暖温带半湿润季风气候区，该线以南属于亚热带湿润季风气候区域，其中固城湖—溧阳市—太湖北缘—苏州市—上海以南地区属于中亚热带气候区，该线以北属于北亚热带季风气候区域。

（一）气　温

江苏省濒临黄海，各地距海洋的距离均未超过 350 公里，因此海洋对全省的气温具有显著的调节作用，与同纬度的内陆地区相比，其具有全年温度变化平缓的特点。全省年平均气温为 13.3~16.0℃，年气温分布的总趋势是自南往北降低，东西间温差小、南北间温差大，最北部的赣榆年均温为 13.3℃，最南部的吴县东山站为 16.0℃，南北温差为 2.7℃。

（二）降　水

江苏全省年平均降水量为 724~1210 毫米，总的特点是南部多于北部、沿海多于内陆、丘陵多于平原、迎风坡多于背风坡。降水最高的地区在西南部的宜溧山地，其中宜兴以 1167 毫米的降水量而居全省之冠；而西北部的丰县降水量最少，仅为 783 毫米。其降水量等值线的分布大致呈东北 - 西南走向。1000 毫米降水量等值线位于洪泽湖和苏北灌溉总渠以南约 30 公里附近，该线以北地区的降水量小于 1000 毫米，该线以南的降水量大于 1000 毫米。江苏省降水的季节分配特点是苏南多春雨、苏北多夏雨，南部地区的降水季节分配要比北部地区均匀。北部地区的夏雨率可达 60% 左右，且降水强度大，是全省暴雨较多的地区，因此，夏季极容易形成洪涝灾害；而冬春季节由于降水较少，又容易形成春旱与初夏旱灾害。苏南地区由于春雨过多，一方面对小麦生长不利，另一方面也容易形成低温天气，造成烂秧等。就其年降水量的年际变化而言，其变化很小，根据多年的资料统计分析，其平均降水变率为13%~23%，沿海比内陆为大。全省的高变率中心为扬州，其变率值为23%；而低值区的苏南南部和苏北西北部地区为13%~15%。

（三）蒸 发

全省年蒸发量为1210~1900毫米，北多南少、内陆多沿海少。洪泽湖-苏北灌溉总渠以北地区超过了1500毫米，以南地区在1500毫米以下。江淮之间的中部、沿海地区的南部以及太湖西北岸附近在1400毫米以下，其余地区在1400~1500毫米之间。由于海岛环境的特点，全省蒸发量最大在黄海北部近海的西连岛上，为1900毫米。就其季节分布而言，夏季的蒸发量明显大于其他季节，且春季大于秋季，冬季最小。

（四）风速与风向

全省年平均风速为2.5~5.7米/秒，沿海的两港一岛（燕尾港、吕四港、西连岛），以及太湖以东，仪征、句容、金坛、镇江范围内，洪泽湖附近、高邮湖以东地区的平均风速在3.2米/秒以上。全省平均风速最大的西连岛为5.7米/秒。年内各季的平均风速均以春季最大，冬季次之，夏季较小，秋季最小。年平均风向频率在沿海和太湖地区以东南风最多，淮北地区多东北风，其余以东风为主。按季节来看，冬季多西北、北、东北风，夏季多东、东南风，春秋季节为冬、夏季风转换季节，风向具有两季风向。

三、河流与湖泊

全省共有大小河流2900多条、湖泊300余个、水库110多座，江、河、湖、塘等水域面积合计达17300多平方公里，占全省总面积的16.9%。河道与湖泊分别属于三大水系：黄河古道以北属于沂沭泗水系，通扬运河以及仪六丘陵以南属于长江水系，沂沭泗水系和长江水系之间属于淮河水系，江苏省全部居于上述三大水系的下游地区。除长江、淮河之外，其他河流大多是一些流域范围小、流量不大的中小型河流，在长期的人类活动干预下，这些中小型河流大多相互贯通，具有水系错综复杂、分水脊线不明显、流域界限难以划定等特点。因此，淤高的河床、自然河堤、人工河道、人工堤坝等便成为了平原河流水系划分界限的重要依据。沂沭泗水系的河道有中运河、沂河、新沂河、沭河和新沭河等，其河源区均在山东省的沂蒙山区，其河流水流均以大气降水为补充来源，因此，其水文变化与大气降水密切相关，具有汛期集中、水量年际变化大的特点。历年进入省境内的年均径流量合计约为10亿立方米。该流域的湖泊以骆马湖最大。骆马湖南北长27公里，东西最宽为20公里，面积约230平方公里，平均水深2.73米，最大水深4.7米，蓄水量6.4亿立方米。长江水系包括长江干流、长江北岸的苏北沿江水系和滁河水系，以及长江南岸的秦淮河水系、石臼湖水系与固城湖湖区和太湖水系，其在江苏的流域面积3.9万平方公里。汇集了上游15个省份近200万平方公里的径流，历年最大洪峰流量10万立方米，其余诸小河及太湖流域多年平均入境水量为85亿立方米。淮河水系在省境内由洪泽湖西部接纳淮河干流，西北部接纳怀洪新河、新汴河、徐洪河等。向东的出水路径有三条：一支往北经淮沭新河进入新沂河；另一支出高良涧经过苏北灌溉总渠入海；再一支出三河向南经过入江水道、高邮湖、邵伯湖，再经江都水利枢纽诸河进入长江。

四、自然资源

（一）土地资源

江苏省国土面积 10.26 万平方公里，人均 1380 平方米，是全国人均占有土地面积最小的省份。平坦的地形与遍地密布的水文网为土地资源的开发利用提供了有利的自然条件。全省土地利用的开发程度极高，土地与人口的矛盾主要集中在耕地上。据统计，除了 20 世纪 50 年代由于大规模开垦荒地耕地面积有所增加以外，耕地面积变化的总体趋势减少（图 2-4）。1949~1995 年，全省耕地平均每年减少 2 万公顷左右，40 多年来耕地累计减少 107.53 万公顷，超过盐城和扬州两市耕地面积的总和；2000 年与 1996 年相比，耕地又减少了 5.3 万公顷，平均每年减少 1.33 万公顷左右。

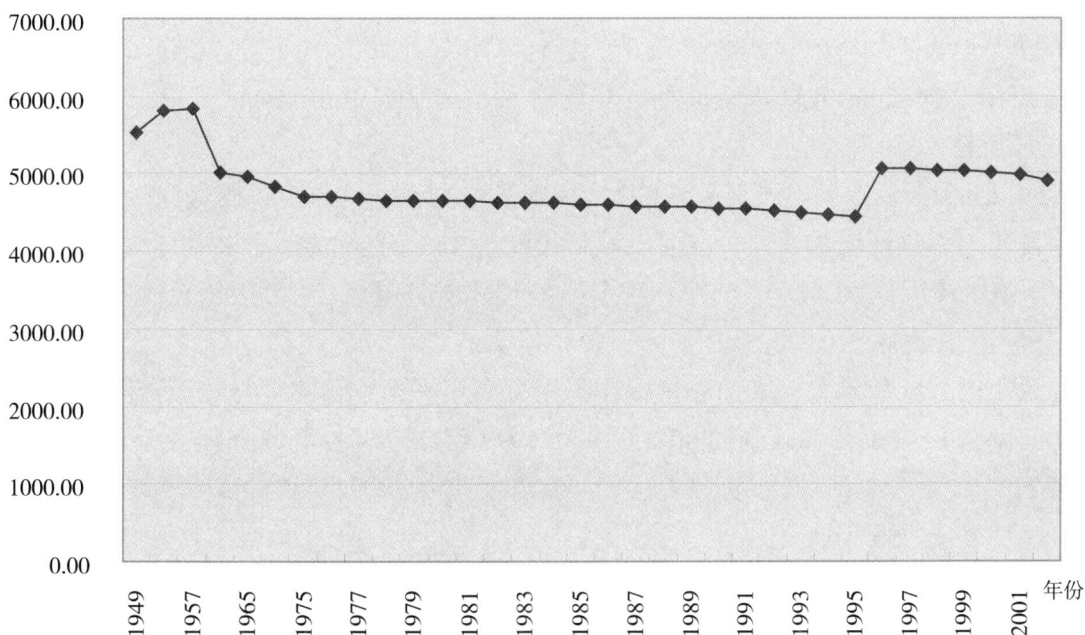

图 2-4 江苏省历年年末实有耕地面积（单位：千公顷）

在耕地面积持续减少的同时，江苏省的人口仍然在迅速增加，20 世纪 90 年代的人口比新中国成立初期增加了 1 倍以上，导致人均耕地面积急剧减少。截至 2000 年年底，全省人均耕地面积仅 680 平方米（若按普查人口计算，则人均耕地面积为 660 平方米），比 1949 年的人均耕地面积（1576 平方米 / 人）减少一半以上，人多地少的矛盾日益突出。

（二）水资源

1. 降水量

江苏省各地多年平均降水量为 800~1100 毫米，自西北向东南递增，最小的 800 毫米等值线在江苏省西北部的丰沛地区，最南部为 1100 毫米，东部大丰、海安、南通一带尚有 1050 毫米的高值区。全省多年平均降水总量为 1018.8 亿立方米，相当于降水深 993.0 毫米。年降水量自北向南逐渐增加，其中淮河流域年降水量为 599.2 亿立方米，相当于降水深 943.7 毫米；长江下游干流区年降水总量为 199 亿立方米，相当于降水深 1051.7 毫米；太湖区年降水总量为 220.6 亿立方米，相当于降水深 1093 毫米（表 2-3）。从行政分区来看，北面的徐州市降水总量为 95.7 亿立方米，相当于降水深 846.5 毫米；淮安市降水总量为 99.6 亿立方米，相当于降水深 959.1 毫米；南京市降水总量为 68.5 亿立方米，相当于降水深 1067.4 毫米；苏州市降水总量为 70.1 亿立方米，相当于降水深 1074.9 毫米。

降水量年内分配不均匀，绝大部分集中在 7 月前后的汛期，汛期降水量与全年降水量之比由北向南逐渐减少。北部沂沭泗地区汛期雨量占年雨量的 70% 左右，苏南太湖地区约占 50%，中部地区在 60% 左右。

降水量年际变化较大。从全省来看，特丰水年 1991 年降水总量为 1440.3 亿立方米，相当于降水深 1403.8 毫米；最枯水年为 1978 年，降水总量 570.1 亿立方米，相当于降水深 555.7 毫米，前者为后者的 2.5 倍。

2000 年全省平均降水量 1080.7 毫米，折合降水总量 1103.10 亿立方米，比多年平均偏大 8.1%，在 1956~2000 年降水量系列中居第 14 位，属平水年。

2. 径流量

1956~1997 年多年平均地表径流量为 250.1 亿立方米，相当于年径流深 245.0 毫米。年径流深自北向南逐渐增加，其中淮河流域年径流量 144.3 亿立方米，相当于 223.7 毫米；长江下游干流区径流量 46.4 亿立方米，相当于径流深 246.4 毫米；太湖区年径流量为 62.4 亿立方米，相当于径流深 310.7 毫米。

径流年内分配差异大，大部分集中在汛期，多年平均连续 4 个月径流占全年径流的比例自北向南由 85% 逐步递减到约 50%。1956~1997 年江苏省各流域分区多年平均水资源总量见表 2-3。

表 2-3　江苏省各流域分区多年平均水资源总量

分区	面积（平方公里）	年降水量（毫米）	地表水资源（亿立方米）	地下水资源（亿立方米）	重复计算量（亿立方米）	总水资源（亿立方米）	产水系数	产水模数（万立方米/平方公里）
淮河流域	63492	943.8	141.31	75.02	23.50	192.83	0.323	30.527
长江干流区	18922	1051.7	46.38	22.34	7.98	60.74	0.307	32.265
太湖区	20186	1093.0	62.41	22.88	10.44	74.85	0.341	37.272
全省合计	102600	993.0	250.1	120.24	41.92	328.42	0.324	32.174

2000 年全省地表水资源量 319.26 亿立方米，相当于年径流深 312.8 毫米，比多年平均地表水资源量大 27.6%，在 1956~2000 年系列中排第 13 位。流域分区地表水资源量与多年平均值比较，淮河流域偏大 55.7%，长江下游干流区偏大 1.5%，太湖流域偏小 24.6%。

3. 地表水资源及其利用的动态变化

地表水资源量随着降水量的变化而波动，干旱的 1978 年地表水资源量仅约 40 亿立方米，约是多年平均值的 1/6，而降水量较大的 1998 年（降水量 1186.9 毫米），比多年平均值多 19%，地表水资源量最高，达 379.33 亿立方米，比多年平均值多 51%。农业（特别是种植业）用水量随着年降水量的变化呈反向波动，而工业用水量、城镇生活用水、地表水量及农村生活用水量呈逐步上升趋势（表 2-4），这与工业的发展、城镇人口的迅速增长、农民生活水平的提高有关。

表 2-4 江苏省地表水资源量及利用动态变化（单位：亿立方米）

年份	水资源量	水资源利用量					
		种植业	林牧渔业	工业	城镇生活	农村生活	合计
1985	292.00	367.00		99.00	15.00		481.00
1994	59.59	353.23	26.6	118.27	14.68	9.73	522.5
11995	96.54	280.63	17.85	113.58	13.52	9.79	435.37
1996	325.36	208.45	17.51	117.81	16.50	10.03	370.3
1997	157.9	296.94	23.42	131.66	17.59	15.39	487.2
1998	379.33	204.81	23.47	139.92	18.68	16.33	403.21
1999	316.80	221.43	23.84	142.78	18.09	16.10	422.24
2000	319.23	234.71	23.11	138.25	18.85	15.29	430.21

4. 地下水资源及其利用现状

江苏省地下水资源主要蕴藏于平原地区，即沂沭河中下游平原、淮河下游平原、长江三角洲平原和微山湖西部平原。据《江苏省环境质量报告（1991~1995）》资料，全省地下水平均每年获得的天然补给资源总量为 178.37 亿立方米，储存资源量 1345.43 亿立方米，可开采资源量 154.53 亿立方米。其中矿化度小于 1 克/升的淡水 129 亿立方米，矿化度大于 1 克/升的咸水和微咸水 48.67 亿立方米。2000 年全省地下水淡水资源量为 143.31 亿立方米，其中，淮河流域 100.64 亿立方米，占全省地下水资源总量的 70.2%；长江流域 42.67 亿立方米，占 29.8%。大部分在平原地区，其资源量为 131.42 亿立方米，山丘区资源量为 16.84 亿立方米，其中重复计算量为 4.95 亿立方米。集中开采地下水的机井约有 6 万余眼，2000 年全省地下水开采总量为 15.39 亿立方米，其中，工业用水量为 4.16 亿立方米，占 27.1%；农田灌溉用水量为 3.60 亿立方米，占 23.3%；城市生活用水量为 3.62 亿立方米，占 23.5%；农村生活用水量为 4.01 亿立方米，占 26.1%。

（三）生物资源

1. 生物资源概况

野生动物资源较少，共 580 种（不含鱼类），与野生动物资源相比，植物资源非常丰富，约有 850 多种。由于其水网发达，又具有 950 多公里的海岸线，因此，其境内的水生动植物资源尤其丰富。共有内陆淡水鱼类 140 种，目前已经利用了 40 多种；近海鱼类共有 150 多种、虾类 35 种、蟹类 44 种，已经利用的有 40 余种。

2. 自然植被

江苏省地跨纬度 4° 以上，从北到南气温、雨量递增，反映在植被分布上，纬度地带性分布明显：植被的种类组成和类型由简单到复杂，地带性植被类型由落叶阔叶林到落叶阔叶 - 常绿阔叶混交林，到最南部的常绿阔叶林。暖温带地区的落叶阔叶林内含有枫香、化香等亚热带树种；过渡性类型落叶阔叶 - 常绿阔叶混交林分布广泛；中亚热带地区的常绿阔叶林内含有多种落叶阔叶树种（见附图 6）。

江苏省灌溉总渠以北为暖温带地区，典型地带性植被类型为落叶阔叶林；从灌溉总渠至本省南缘，自固城湖经太湖北缘至上海一线为北亚热带地区，典型地带性植被类型为落叶阔叶 - 常绿阔叶混交林；在此以南为中亚热带地区，典型地带性植被类型为常绿阔叶林。主要包括以下基本类型：

（1）针叶林。分布于暖温带地区的有侧柏林（亚热带的盱眙丘陵也有零星分布）和赤松林。分布于亚热带地区的有马尾松林和杉木林，在北部地区不含或含有很少常绿阔叶树种，至南部地区则有较多常绿阔叶树种。

（2）落叶阔叶林。分布在暖温带和北亚热带地区。主要群落类型由栓皮栎，麻栎及白栎为主组成。破坏后则出现以化香、黄檀、山槐为主的次生林。在石灰岩低山丘陵区则有含榆科树种如朴、榆、榉等的杂木林。在云台山因受海洋性气候影响，分布着含较多亚热带落叶树种如盐肤木、黄檀、黄连木等杂木林。此外，在苏北平原、丘陵普遍分布着刺槐人工林和林带。落叶阔叶 - 常绿阔叶混交林，分布在亚热带地区混交林中，一部分是常绿阔叶林破坏后出现的次生类型，主要群落类型由短柄枹、白栎、苦槠及青冈栎等壳斗科树种为主组成；在偏北地区则以落叶栎类为主并含有少量常绿树种组成；在石灰岩低山丘陵往往分布着含有铜钱树、榆科树种及女贞或青冈栎等常绿树种的混交林。常绿阔叶林分布在中亚热带地区，以青冈栎、苦槠、石栎、岩青冈、青栲及小红栲等壳斗科树种为主组成，在太湖东岸还出现含马尾松的木荷林。

（3）竹林。分布在亚热带地区，暖温带也有零星分布。主要建群种有毛竹、刚竹、淡竹、粉绿竹、乌哺鸡竹、桂竹、水竹及篌竹等。

（4）灌丛。在全省丘陵山地均有零星分布。大多为森林严重破坏后出现的初期次生性类型。在酸性岩区，往往含有牡荆、珍珠绣球；在石灰岩区，往往含有圆叶鼠李、酸枣、山胡椒、一叶荻等。

（5）草丛。在全省丘陵山地广泛分布。以黄背草，橘草、刺野石草等组成的群落分布最广。在石灰岩山丘则有狗尾草、白羊草群落。此外，还有白茅为主的群落。

（6）沙生植被。单叶蔓荆子和箍草、窝食为主的群落，分布于海边沙滩，面积非常小。广泛分布于黄泛区的为白茅、马唐、节节草群落。

（7）滨海盐生植被。在全省沿海地区有广泛分布。以盐蒿、碱蒿、大穗结缕草及獐茅等为建群种，分别组成单种优势群落。

（8）沼泽植被。主要分布于江湖沿岸、低洼湿地，有芦苇（面积最大）、菱草、蒲草等为主的群落。

（9）水生植被。主要分布在湖泊，其次在溪沟、池塘内。分布广、面积大的竹叶眼子菜为主的群落，常见的有杏菜、菱、莲等为主的群落。海边盐水池沟内有川蔓藻群落。

（四）矿产资源

江苏省地跨华北地台与扬子准地台两大地质构造单元，有色金属、黏土类、建材与稀有金属、特种非金属等资源具有明显的优势。已经发现的矿产品种有 120 种，探明储量的有 87 种，其中建材、黏土等 34 种单矿储量名列全国的前 10 位。已经发现的矿产地 1400 多处。截至 2000 年年底，从业人员 43.2 万，开发利用矿种共 60 种，固体矿产资源开采总量达 2.36 亿吨，矿业总产值 95.83 亿元。

五、自然灾害

1. 旱涝概况

江苏省的自然地理条件和水资源特点有其有利的一面，也有其不利的一面。有利的是东海临黄海、南襟长江，境内河网密布，水资源环境比较优越；不利的是地处江、淮、沂、沭、泗诸大河下游，地势低洼，10 万平方公里的国土要承接上游 200 余万平方公里面积所载洪水入江入海，素有"洪水走廊"之称。遇大洪之年，占总面积 85% 的平原洼地处于洪水威胁之下；大旱之年，缺乏甚至没有上游来水，则淮、沂断流，河湖干涸，卤潮倒灌，工农业生产得不到保证。长期以来，水旱灾害成为影响江苏国民经济持续、稳定、协调发展的重要制约因素。干旱和洪涝是对江苏省工农业生产和人民生活危害最为严重的两大气象灾害。全省性干旱（出现干旱的范围占全省一半以上地区），冬夏季多，春秋季少；江苏省雨涝发生在春夏秋三季，全省性雨涝是夏涝多，秋涝多于春涝。夏季是暴雨集中时期，常遇上游客水压境，东部又受海潮顶托，境内积水一时排泄不出，形成洪涝灾害。

苏北地区的旱灾和洪涝灾害频率均高于苏南地区。具体而言，本省淮北地区多冬春秋旱而少伏旱，多夏涝而少春秋涝。冬旱以赣榆出现机率最大，平均五年四遇。春旱以新沂河北部地区出现几率最大，平均十年六七遇。新沂、淮阴一线以东地区是全省夏涝最高发生区，平均十年六七遇。苏南地区多伏旱而少春旱，多春秋涝而少夏涝。苏南是全省伏旱发生几率高（平均五年两三遇）而春旱发生几率最低（约十年一遇）的地区。太湖地区的干旱雨涝，夏季平均十年两三遇，春季十年六七遇，秋季十年四五遇。江淮之间地区的旱涝发生机率介于淮北和苏南之间，夏涝多于苏南而春秋涝多于淮北，干旱对该区（尤其是里下河地区）的威胁低于淮北和苏南。

根据江苏省 1978 年和 1994 年大旱年份及 1954 年和 1991 年大涝年份受旱、受涝地区的实际分布情况，统计了各县级行政区域的易涝易旱等级，其中易旱等级最大的市、县有泗洪县、句容市、盱眙县、六合县（南京市六合区）和泗阳县；而易涝等级最大的市有吴县市（苏州市吴中区）、锡山市（无锡市锡山区与惠山区）、无锡市、兴化市和东台市。水灾和旱灾的发生次数越来越多，频度也越来越大，尤其是近若干年来洪涝灾害几乎每年都有发生。有关的研究资料表明，20 世纪 50~70 年代水灾累计受灾面积呈下降的趋势，70~80 年代，水灾发生呈上升趋势，到90年代累计受灾面积达到最大；旱灾所导致的累计受灾面积也是在70年代最小，而在90年代达到最大。水灾所造成的累计受灾人数都大于旱灾，这说明水灾的危害较严重。水灾所造成的累计受灾人数与累计受灾面积呈较一致的趋势，旱灾所造成的累计受灾人数在60~80年代都没有较大变化，而在90年代则有显著的增长。

江苏省水灾发生的频次多于相应各年代的旱灾发生频次。随着经济的增长，财富的积累水灾所造成的累计经济损失也随各年代的推移而有较大的增长。尤其是进入20世纪90年代以来，水患频发，1998年的特大洪水对长江中下游地区造成了巨大的经济损失，地处长江下游的江苏省也遭到较严重的损失。

2. 台风灾害

江苏省东部紧邻黄海，海岸线北起赣榆县的锈针河口，南部到达长江口北岸的启东县连兴港，全长953.8公里，受下半年低纬太平洋上热带气旋的影响，常常遭受台风危害。每年的7月下旬和8月下旬是台风最为集中的两个月，而6月下旬和10月下旬均无台风影响。影响江苏的台风路径共可分为登陆北上、登陆消失、登陆江苏、由海穿出和沿海活动等5类。对江苏影响最多的台风路径为登陆北上路径，登陆以后又以东、中两路为主的影响。登陆江苏类是台风中心在长江口到苏北沿海间登陆，并继续北移或深入内陆消失。其余类型的影响范围均不很大。

3. 地质灾害

江苏省虽是以平原为主的省份，山区面积较小，但地质环境脆弱，人类活动强烈，对自然的干扰严重，地质灾害较多；且由于江苏人口稠密，经济发达，地质灾害造成的损失较大。已出现的地质灾害有地面沉降、地裂缝、地面塌陷、滑坡和崩塌以及江岸坍、地震等多种类型。据估算，江苏因地质灾害造成的经济损失每年也在十几亿元之巨，已严重影响了本省经济、社会的可持续发展。江苏省的地质环境背景主要可划分为低山丘陵区和平原区。低山丘陵区是指沿连云港—新沂—徐州—泗洪—盱眙—南京—苏州一带，形成向东开口的半环形，在第四纪时期遭受构造剥蚀，在山坡及山麓地区堆积了一定厚度的洪、坡积物及下蜀黄土，因而在一定外力条件下极易发生滑坡、崩塌、泥石流等地质灾害。平原区主要是东部长江三角洲平原、太湖平原、滨海平原以及里下河平原，主要由古长江、古淮河及海洋合力造就的冲海积平原，第四纪松散层厚度大，成因复杂，黏性土层与含水砂层相互叠置，地质构造条件、地层结构十分复杂，在大量超采地下水的情况下，极易产生地面沉降、地面裂缝及地面塌陷等地质灾害。区内气候温暖、雨量充沛、江海岸线长，松散沉积物复杂的沉积环境致使江海岸极不稳定，在特定的气候条件下极易发生大面积的江海岸坍塌灾害。

六、综合自然区划

以地势、地貌特征为基础，结合土壤、植被类型，进行全省范围内的综合自然区划，全省区划类型共分为7个区（含5个亚区），见表2-5。

表 2-5 江苏省综合自然区划类型特征一览表

区划类型	面积（万平方公里）	地势特征	地貌类型	土壤类型	植被类型
1 沂沭丘陵与平原区	0.92	西高东低，西部10~50米（主要为20~50米）为主，东部2.5~10米。50米以上仅零星散布	以洪积平原、淤积低平原为主体，北部为山丘和岗地	黑土与棕潮土为主，其次为包浆土和山地黄棕壤	北部花生山芋一年一熟，南部水旱二年三熟
2 徐淮黄泛平原区	2.30	西北部高、东南低，北部以20~50米为主，西南部为10~20米，东部为2.5~10米	黄泛低地、废黄河三角洲为主体，洪泽湖西有岗地和岗间洼地	沙土、淤泥和二合土	二年二熟，水旱二年三熟
a 邳赣黑土亚区	0.07	海拔20~100米	山丘、岗地	山地黄棕壤、黑土与棕潮土	针叶林及二年三熟
3 里下河浅洼平原区	1.36	中心低，为0~2.5米，周围稍高2.5~10米	中心圩田平原，东缘为沙岗平原	中心沤田土，周围乌山与青泥土	一年二熟
4 苏北滨海平原区	1.01	以2.5~10米为主，北部0~2.5米	海积平原	以淤泥和二合土为主，有少量盐沙土、盐潮土	以棉麦二年四熟为主；北、西部一年二熟
b 滨海盐土亚区	0.32	2.5~10米	海积平原	盐潮土	水旱二年三熟，二年三熟
c 盐滩	0.17	2.5米以下	盐滩	滨海盐土	滨海盐生植被
5 沿江冲积平原	1.40	以2.5~10米为主，东部滨海区较低，0~2.5米	中西部为高沙平原，东部为新三角洲平原	西部灰潮土，东部盐潮土	棉麦二年四熟，一年二熟，沿江水旱轮作
6 太湖平原区	1.42	以2.5~10米为主，东部低，为0~2.5米 >10米极零散	外围高亢平原，中心水网平原、东部圩田平原	黄泥与淤泥土，东部乌山与青泥土	一年三熟
d 沿江夹沙土亚区	0.15	10~20米为主，次为2.5~10米	岗地为主，其次为高亢平原	包浆土、板浆白土	包浆土、板浆白土
7 宁镇扬丘陵与岗地区	1.15	>100米面积小而零散，周围为50~100米，外围为20~50米、10~20米	山丘零散，周围以岗地为主，其间夹河谷平原和冲谷	山地黄棕壤零星分布，周围为包浆土，河谷平原为黄泥与淤泥土	山地黄棕壤零散分布，周围为包浆土，冲谷为黄泥与淤泥土
e 宜溧红黄土亚区	0.23	起伏大，>100米、50~100米、20~50米、10~20米均有分布	山地丘陵为主体，西部有河谷平原和冲谷	山地黄棕壤，河谷有水稻土	落叶常绿混交林，针叶林，河谷为一年三熟

由于地势、交通和土地利用情况决定人口分布和城市化水平，其中太湖平原区人口密度和城市化水平最高；沿江平原和宁镇扬地区次之；其余各区相对较低。

第三节 历 史 背 景

江苏地处长江三角洲,山温水软,气候适宜,水系发达,土地肥沃,物产丰富,是历史上"富庶江南,鱼米之乡",也是"兵家必争之地"。大运河的开通,使江苏形成一个以长江、淮河、运河、太湖水系为干道的水运网络,加快了物资的运转和流通,促进江苏农工商的迅猛发展。经济的发展,使江苏具有更大的发展空间,因此,人口云集,商贾往来,人文荟萃,促进了城市、人文的发展,江苏也成为历史上繁华喧嚣、纸醉金迷的乐土,成为全国经济文化最发达的地区之一。

一、水利、水运

俗话说:"靠山吃山,靠水吃水。"水利、水运的发展有利于推进地区经济的发展。水是江苏的特色,素有"水乡"的美称。东起黄海之滨,西达洪泽湖畔,北接微山湖,南通太湖。以长江、淮河和大运河为主干,其间河道交错纵横、息息相通,构成了江苏省内繁密的水系网络。发达的水资源不仅是江苏高密度农业生产的基础,同时,四通八达的水运也是江苏商业发展的重要保证,它们极大程度上促进江苏地区的经济、文化发展,使江苏成为历史重地,国家的粮仓,是历代政府赋税的重点。农耕离不开水利灌溉、商品贸易离不开水运,江苏社会经济的发展与水息息相关,故历朝历代大多特别重视江苏的水利、水运事业。

(一)水 利

江南农村,水利是农业生产兴衰的关键,江南的水利主要是太湖流域的治理工程。太湖流域除本体外,上游有湖、常、镇三府,下游有苏、嘉、松三府。明代曾称:"东南民命,悬于水利,水利要害,制于三江。"江南地区水流纡迴百折,其患在"塞",因此疏水排涝是治水工程的重中之重。汉唐以来,政府注重太湖上游的水利管理,其治理重点是天目山上游。三国吴时,在吴兴筑青塘,晋代谢安又在吴兴筑谢塘,唐代后期在荆溪上源修筑五堰,用以控制太湖上游水利的宣泄。

苏州依太湖,湖水由此经吴淞江出海,且地处江南运河中点,为漕运重心所在,故宋代以来苏州府的水利工程得到重视,宋代的水利专家特上言奏疏,认为"天下之利莫大于水,水田之美无过于苏州"。宋代朝廷把整治太湖流域水利工程的重点放在苏州府地区。

江南地区是历代朝廷的赋税重心,苏州则是重中之重,故朝廷对苏州府的水利整治算得上不遗余力,朝廷要员皆"争言水利"。元代对吴淞江的修治,侧重疏通沿江支河港湾,并多设有水闸。明朝前期,十分专注太湖下游吴淞江、白茆塘等地的浚治,根据各具不同的特点总结出了"治田之法""分支脉之法""开瘀塞之法""疏远流之法""障来导往之法"等一些基本水利整治对策。据有关史籍所载,从永乐元年到崇祯元年,有关江南水利政策约有89件,以弘治、正德、嘉靖、万历四朝最多。明朝中后期,因农政废弛,江南水利事业一蹶不振,以致:"吴淞、白茆埋阔殆尽,止娄江一道涓涓细流……水旱交病,十岁九荒。"

太湖流域的水患加深了人们对江南水利重要性的进一步认识。清代针对太湖水利政策有了较大的转变，除了太湖下游的河道浚治之外，上游的水利防护也开始给予较多的关注。康熙十年、二十年，慕天颜主持了两次较大规模的治水工程；康熙十三年江苏巡抚都御史玛祜要求严禁地方豪强违占河湖地区，并将关注重点置于镇江府丹阳县内的练湖；康熙四十六年，清廷再次强调江南水利，要求江南省苏州、松江、常州、镇江以及浙江省杭州、嘉兴、湖州等地所有河渠水口"度田建闸，随时启闭"，疏浚瘀浅地区的支河港荡、修建新旧闸坝，使水流畅通……在清朝统治的 267 年间，慕天颜、陈世倌、庄有恭、林则徐等对太湖下游的水利整治作出了重大贡献。

然而，因种种原因，历史上江苏水利虽作很多建树，但太湖水患并未得到有效根治。

（二）水 运

水运是我国经济发展的重要命脉，"黄金干线"。长江流域和黄河流域历来是我国经济发展的大动脉，成为全国经济重心区。大运河的开通，连通了长江流域、黄河流域、淮河流域和太湖流域，西自关中盆地，北接华北平原，南抵浙江，通航范围大大增加，成为沟通南北的主要运输通道，既加强了南北的联系，又促进了全国物资的交流和转运。江苏湖泊众多、水资源丰富，长江、淮河、大运河贯穿其中，水脉交通、水系纵横，极大地推动了江苏水运的发展，从而为江苏经济的腾飞奠定了坚实的物质基础，对历史上江苏的发展具有重要意义。

1. 漕 运

隋唐以来，历代朝廷大多建立在黄河流域，而北方因战乱频繁，农业生产遭到不同程度的破坏，而江淮流域因得天独厚的地理优势，加上农业的迅速发展，成为政府米粮来源的重要基地。据史书记载，北方"所处不足以给京师，备水旱，故常转漕东南之粟"。漕运是政府运输物资的重要方式。大运河开通的首要目的是把粮食输送到位于华北的京师。在大运河之前，从郑州由北向南还有广济渠和通济渠可连通黄河、淮河和长江。《册府元龟》记载："（唐）高祖武德二年八月，扬州都督李靖运江淮之米，以实洛阳。"武则天年间，因北讨契丹，"江淮诸州租船数千艘已至巩、洛，计有百余万斛，所司便勒往幽州，充纳军粮"。东南漕运，必经运河，但是水线长，水道时复瘀塞，运输极为困难，因此历代政府相应采用各种措施整治水运。明朝时期，朝廷建立漕运军管制度，设立漕军，负责保护漕河渠道，保证漕粮运输。此外，漕运船只也统一管理，统一打造。对漕河河道的维修，由劳役承担。为了确保北方所需的漕粮，清王朝沿袭明制，设置了一套专门的执行机构，负责收漕，大致包括监督巡查、征收监兑、押运、领运、催攒、漕仓监等六类。漕船组织以帮计，打造船只专设有造船厂，运丁实行屯田制。为使漕运畅通，清王朝采用开凿新运河、疏浚水源、修筑闸坝等措施对运道勤加修治。康熙五年，修浚仪真至淮河瘀浅运道；康熙十六年，大挑淮南运河；乾隆二年，挑修淮阳运道 300 余里；道光年间，伴随运道梗塞，挑修尤为频繁。

2. 商 运

水道的畅通有利于商运的发展。历史上江苏的商品运输主要依靠水运。《旧唐书》记载："天下诸津，舟航所聚"，河面上"弘舸巨舰，千舳万艘，交贸往还，昧旦永日"。除全国私人所需的商品外，政府在江苏采购的用品大多也通过商人的采购来完成。

明清时期，随着两淮盐政制度的恢复和改革，江苏，尤其是扬州，盐运发展迅猛。扬州，早在西汉初年，扬州就生产食盐。唐代扬州是淮盐的集散地，也曾以盐业著称。到了清代，扬州已是长江流域许多省份的食盐供应基地。乾隆、嘉庆年间是扬州盐业的极盛时期，当时扬州城里盐商云集，水上盐船如梭。"富者以千万计""百万以下者，皆谓之小商"，扬州盐商的财富达到不可想象的地步，连清乾隆帝也叹为观止，称："富哉商乎，朕不及也。"

水运的发展，使江苏的城镇建设得到进一步的发展，沿河、沿江两岸一些通都大邑兴旺发达。南京、徐州、淮安、高邮、扬州、苏州、镇江、常州等发展成为繁盛的商业港口城市。据史料记载，这些城市"四方商贾，群萃而错处，转移百物以通有无""水陆相交，轮帆毕集，人口稠密，商货纷纭"。

二、古代经济

自古以来，江苏即为我国东南地区经济、文化荟萃之地。秦汉以前，黄河流域一直是中国政治、军事、文化中心，江南地区因地广人稀，生产一直落后。魏晋以来，随着中原地区战乱纷争，黄河流域的农业生产受到极大的破坏，中原人口大规模南渡，长江流域农业、渔业、手工业和商业得到了很大的发展，逐渐成为全国主要经济基地。隋唐时期，长江流域经济水平逐渐超过了其他流域，成为全国首富的农业地区，形成了"国家财赋，仰给东南"的局面，江淮地区，也成为全国的经济文化中心。

（一）农　业

秦汉时期，政府注重北方水利，关中、关东成为国家粮仓。江淮以南依然地旷人稀、生产落后。据《史记·货殖列传》记载："楚越之地，地广人稀，饭稻羹鱼……地势饶食，无饥馑之患，无积聚而多贫，是故江淮以南，无饿冻之人，亦无千金之家。"中原地区战乱频繁，严重干扰黄河流域农业生产，加之水旱灾害频繁，造成农户负担过重，民不聊生，于是中原人纷纷南渡，从而给南方带来先进的农业生产技术和水利方法，同时也带来了巨大的劳动力，奠定了江南开发的基础。魏晋以来，即自南渡开始，江南的水利建设逐渐得到重视和发展。江南人民凿塘筑堤、开河引水，逐渐扩大了灌溉面积，农业生产迅速发展，产量上升，农民生活稳定，人口增加，农村繁庶，一年丰收数郡无饥。江苏土壤肥沃，水量充足，适于种稻。《周礼·职方》记云："东南扬州，其谷宜稻。"东汉末年，徐州牧陶廉曾表东阳县令陈登，在徐州"巡土地之宜，尽灌溉之利，粳稻丰积"。唐代诗人高适在《涟水题樊氏水亭》中道："煮盐沧海曲，种稻长淮边。四时长晏如，百口无饥年。"五代时期，扬、泰、楚、泗等州有大片稻田。唐宋以来，随着生产技术的不断提高，农田逐渐实行稻麦复种，粮食产量不断提高，江南地区成为天下粮仓，正所谓"苏湖熟，天下足"。农业的发展，增进了土地的开发利用，江南地区出现了田种稻、地植桑、山栽茶、水养鱼虾的局面。明清时期，江南地区开始的农村产业结构的调整，米粮生产逐渐退出江南经济格局的主导地位，桑、棉、麻等经济作物逐渐进入农业生产的舞台。明朝初期，朝廷要求凡有田四五亩，要种桑、棉、麻半亩，十亩以上则加倍。清朝康熙年间，政府也要求"勿误农时，勿废桑麻"。朝廷根据区域的特点把江南地区分成"棉-稻产区""蚕桑区"或"稻蚕桑并重区"和"产稻区"，其中太仓州、苏州府的常熟、昭文等县属"棉-稻产区"，苏州府的吴江等县属"蚕桑区"，常州府的无锡、宜兴属"产稻区"。江苏农业的高度发展，使其成为江南赋税最重之地。清人叶梦珠认为："江南之赋税，莫重于苏、松。"

（二）渔　业

江苏河湖水域面积广泛，淡水渔业较为兴盛。明清时期，"直隶苏州府知府况钟言苏松嘉湖四府之地，其湖有六，曰太湖、傍山、杨城、昆承、沙湖、尚湖，广袤凡三千余里……"明代苏州府境专门从事渔业生产的渔民人口众多，如嘉靖年间吴江县有"鱼甲（俗呼鱼头目）三十三人，辖鱼、船户二千四百六十二"。吴俗向来善渔，捕鱼之具尤为多种多样。唐代陆龟蒙、皮日休咏有渔具诗，诗中详细描述了各类渔具、渔法，有网捕、钓取等方式。时至明清，渔具渔法更为丰富。在溪浦、港渎、芦苇之间等不同水体中，渔具、渔法各异，"其在溪浦者为箪，港渎为罾，芦苇之间者为义"。有时候，将数舟串连起来，"发其匿而得之"；又有"薪而招之者为芜"，即在水中积柴薪为荫以引诱鱼类集于其下；各种方法"皆穷极巧妙，以与鱼遇"。此外，渔人甚至不惜采用药鱼，待"鱼游食则药之，令尽浮"。除天然捕捞业之外，淡水养殖业也颇盛行，"鱼秧，细如针缕，蓄之池，三年可食，在乡以此贩鬻"。其地有专门贩运鱼苗的"鱼秧船"，鱼苗主要出产于江西九江，称作"鱼秧"。渔获物如不采取保鲜措施或进行加工则很容易腐败，因此要进行加工贮藏。鱼类贮藏之法通常用冰藏、盐藏、干制、罐制四种。丰富的淡水资源，极大地促进了渔业的发展，渔业经济在区域经济结构中占有较为重要的地位。明清朝廷在江苏淡水区域设有河泊所，征收鱼课。洪武初年，常州府河泊所鱼课钞尚只占课钞总额的极少数，但永乐年间至成化年间鱼课居总课税的比重大为上升，约为15%。时至清代，常州府仍有鱼课之征，但课额较明代后期已大为减少，网户（渔户）大量逃亡，多数渔课成为无征之额。

（三）工商业

充足的物质资源，为工商业的发展奠定了坚实的物质基础，生产技术不断提高，农村的生产效率不断提高，剩余劳动力不断增多，为江苏个体手工业、商业创造优越的条件。隋唐时期，江淮地区手工业出现较为兴盛的局面，从行业来看，主要由纺织业、陶瓷业、造船业、金属器具制造业、造纸业等。手工业主要表现为家庭手工业、个体小手工业及官营、私营的手工业作坊等形式。隋唐以后，随着生产技术的不断进步，江苏地区手工业得到进一步发展，行业分布越来越多，门类越来越细致繁杂。各行各业的分工极其繁多，从而为行业的经营生产提供了极为丰富的技术资源，尤其是清代后叶，行业生活呈现了前所未有的繁荣昌盛景象。按照彭泽益的行业统计，明清时期，苏州府地区存在布染踹业、纱缎宋锦机业、金铂银楼业、刻书业、小木业、红木作业、明瓦水木石作业、漆作业、裘作业、酒行酱坊米业、估衣业、烟叶等27种。发达的水运，给与江苏更多的商机。江苏各大城镇，居民稠密，商业繁盛，到处作坊林立，店铺堆积，水面上商船来往如织，市镇十分繁华。如历史上的扬州城是闻名全国的商业城市。大运河是漕运和盐运的黄金水道，江苏扬州因地处长江与运河相接之处，为南北水路交通枢纽，以致商贾云集，人口猛增，城市逐步扩大，有"东南一大都会"之称。自唐代开始，扬州就是很繁华的都市；明清间更为两淮盐运漕运中心。自明代成化、弘治以来，伴随着两淮盐政制度的重大改革，盐业发展迅速。盐业是百业之首，高额的利润引起四方商人纷纷业盐，且政府每年盐税就占国内一半。得天独厚的地理位置使四方盐商纷纷占籍扬州，从而极大促进扬州工商业的发展，增加了扬州的繁华，故有人认为"扬州繁华以盐盛"。

三、城市的发展

城市是社会生产力发展到一定历史阶段的产物，是人类进步的具体表现。"刀耕火种"时代的来临，人类从游牧和狩猎的生存方式逐步向发展农业的方式转化，改变了人类居无定所的局面，从而为早期城市的兴起和发展创造条件。农业的产生，进一步提高的社会生产力，人口和财富剧增，社会分工日趋复杂，物与物的交换日趋频繁，集市的出现为早期城市的产生奠定了深厚的物质和经济基础。原始社会末期，生产力的发展，剩余商品的不断增加，社会阶层出现分化，社会财富逐步向特权者聚集，促使贫富分化和私有制萌芽，出现了奴隶和奴隶主，奴隶制国家开始形成。为了保护奴隶主的财富，中国古代社会开始了"城郭沟池以为固"的定居时代，标志着中国早期城市的产生。江苏城市的产生和发展是以长江流域为轴线逐步发展起来的。春秋时期，吴王阖闾建立姑苏城（今苏州）。当时吴越地区还处于地旷人稀，生产落后阶段，城市发展缓慢。秦汉时期，中原居民逐渐向南迁移，长江流域农产品的市场流通连开始增加，同时，南方吴、楚、蜀的长江流域也逐渐兴修水利，籍以行船和灌溉，大大促进农业和航运的发展。水运的畅通，也促进了商贸的发展，导致一些商贸城市的兴起和繁荣。据史书记载，西汉末年，江苏吴郡，"东有海盐之饶，章山之铜，三江五湖之利，亦江东一都会也"。魏、晋、南北朝、隋、唐时期，是中国封建经济走向鼎盛时期，长江流域已成为与黄河流域并重的经济区域。随着中原人口的大规模南迁，南方的农业生产更趋发达，农产品流通更趋繁荣，蔗糖、粮食、桑叶、茶叶、蔬菜和水果农产品逐渐成为重要商品，江南地区也逐渐成为中国的粮食基地。商品性农业的发展带动了城市手工业的迅猛发展，导致了这一时期以新兴手工业为主的城市的兴起，江苏扬州成为铜镜手工业中心。航运的发展，促进了商品的全国性集转和流通，有利推动了河港城市和海港城市的兴起和发展。魏晋时期，南朝首都建康（南京）成为长江下游大港，秦淮河两岸市集云立，成为长江流域最大的商业城市。自隋炀帝开通运河以来，长江和运河成了江苏以至全国的物资交流、汇集和运转的主要通道，大幅度地推进了江苏城市的发展。隋唐以来，江苏商品性农业、手工业迅速发展，商品流通更趋频繁，国内商品市场和对外贸易更趋发达，江苏出现了一些交通贸易型和对外贸易型的重要的商业城市。长江下游的扬州，因地处南北运河和东西长江交汇点，为黄河、淮河、长江三大流域以及太湖流域的物资交流的主要枢纽，"当南北大冲，百货所集"，成为唐代的漕运和盐运中心，沿江、沿河两岸的吴郡（今苏州）、金口（镇江）、常州及淮水入海口附近的楚州（今淮安）也因水运得到很大的发展。

隋唐以后，中国经济重心发生改变，出现了全国性都城建于北方，经济重心南移到东南沿海地区，政治中心和经济中心相分离的局面。政治、经济中心的分离，加快了航运的发展（尤其是运河），极大促进了江南地区沿江、沿河两岸的城市的蓬勃兴起。江苏地区因物产富饶，商品性农业和手工业越来越发达，城市化进程逐渐加快。两宋时期，江南地区经济更胜以前，城市得到进一步发展，江苏的苏州、江宁、扬州等城市都是当时商业繁荣的名城。苏州自北宋称为江南一大都会，城市规模较唐代有所发展，城市呈长形，长 4.5 公里，宽 3 公里；江宁，南宋改为建康府，有"陪京"之称；扬州更使宋代的"淮左名都"，这些城市商业发达，市场繁荣，街面上店铺林立，集市热闹非常、昼夜不息。明清时期，江苏地区沿江、沿河两岸的商业、手工业和交通城市得到进一步发展。长江与运河交汇处的扬州和镇江成为当时著名的商埠城市，沿江的江宁（南京）、沿河的常州、无锡、苏州等均以人物殷埠著称于世。长江口以北的通州（南通）、楚州（淮安）、海州（连云港）等地也成为重要的通航海港。据史料记载，其时镇江"四方商贾群萃而错处，转移百物一统有无"；扬州不仅是淮南盐业集散中心，也是江北商业中心，"四方豪商大贾，鳞集麇至"。

总之，自隋唐以来，江淮地区已逐步成为全国经济发展中心，城市发展已具一定规模。随着商品性农业的快速发展，城市手工业、商业也随之发展迅速，对外贸易也趋繁荣。城市也从原来的农业型城市，向手工业型、商业性型城市发展，充分发挥其城市的综合职能。手工业、商业、口岸型城市纷纷涌现，形成以长江、运河等两大城市发展轴线，沿江、沿河两岸人口聚集，市镇林立，江苏地区已建立成为以南京、苏州、扬州等为经济贸易中心的生产、生活、贸易一体化的城市群体。

四、人文资源

充分发挥人文资源优势，发掘和建立具有地方特色的、高品位的人文景观体系，是建立具有独特的文化内涵的城市林业、实现地区生态旅游的重要保证。江苏是我国古代吴越文化的发源地，历史与生态文化底蕴极其深厚。南京古都、苏扬园林名闻中外，此外，徐州汉文化、苏南吴文化、苏中淮扬文化及古运河文化等无一不是我国古代劳动人民智慧的结晶、传统人文理念的积淀。

（一）历史文化名城

1. 南　京

南京山雄、水秀、林茂、城古，自古以来，就是一座风光旖旎、飘洒风流的城市。它东北背紫金山，西北有长江，北有玄武湖，南有莫愁湖，宁镇山脉蜿蜒怀抱，秦淮河水贯穿其中，又有石头城、清凉山等地，素有"虎踞龙盘"之称。南京的兴起，自孙、吴开始，经东晋、南朝的宋、齐、梁、陈相继建都于此，历时三百二十年，史书上称之为"六朝都会"。南朝梁武帝时期，"城中二十八万户""东西南北各四十里"，人口逾越百万，成为中国都城发展史上较早人口超过百万的特大城市。明太祖朱元璋为沟通南京至苏州漕运和供水开通胭脂河，今已成为南京又一旅游亮点。

"江南佳丽地，金陵帝王州"。南京城内，斜阳春树，寻常巷陌，流不尽的千古风流，撒不完"六朝金粉"。历史上的南京留给我们的不是那金陵王气、富庶繁华，而是那温柔艳丽的绿发红妆。所谓"梨花似雪草如烟，春在秦淮两岸边。一带妆楼临水盖，家家粉影照婵娟"。还有那"朱雀桥边野草花，乌衣巷口夕阳斜。旧时王谢堂前燕，飞入寻常百姓家"。曾经六朝繁华的"金陵"——南京，汇集了多少王侯将相、公子王孙、文人骚客，在江南烟雨、风花雪月中，"画船箫鼓"，正所谓"千金散尽""纸醉金迷"。秦淮河畔、乌衣巷里、夫子庙前，王孙把扇，骚客流连，红袖添香，如今沧海桑田，皆成过眼烟云，发人幽思。南京城浓缩了一代代金陵人生活方式和人生梦幻，富贵大方，浮华而又伤感。

2. 扬 州

扬州是我国首批历史文化名城。"三分明月""数点梅花"以及"堂前无字画，不识旧人家"具有深厚历史文化底蕴。素有"淮左名都，竹西佳处"美誉的扬州，古称广陵。自春秋末吴王夫差开筑邗城以来，已有二千五百年的历史。隋大运河的开凿，沟通了江、淮、河、海四大水系，使扬州成为南北水路交通枢纽。自唐代开始，扬州就是很繁华的都市，明清间为两淮盐运漕运中心。万商云集，号称东南一大都会，特别是清康乾时期，扬州成为中国东南的经济中心和文化艺术中心。历史上的扬州，代推雄镇，物产之饶甲于江南。扬州因河工、漕运、盐务这三大业绩而兴。扬州为长江与运河交接处，地理位置得天独厚，商贾云集，打造扬州的辉煌。有书记载：(扬州)"以地利言之，则襟带淮泗，锁钥吴越，自荆襄东下，屹为巨镇，漕艘贡筐，岁至京师者必于此焉是达。盐策之利，邦赋攸赖。若其人文之盛，尤史不绝书。"经济繁荣带动文化的昌盛，南北文化在此碰撞交流，促进了扬州文化的迅速发展。扬州城的神韵在于"烟雨朦胧，小巷人家"，故有人称之"巷城"。"绿杨城郭是扬州"，住宅与园林相结合，使扬州建筑深具特色，《花间笑语》记载："扬州四达之冲，古今素称佳丽……两淮业盐者，城中宅畔，皆设园林，艳雅甲天下"，尤其是南河下"殷商巨族，高楼宅第，通衢夹道，圜匮市桥"，可谓："个园、梅岭、三元路，处处园林，平山瘦湖、念四桥，幅幅山水。"

如今的扬州城水陆便利、风光秀丽、文化馥郁，有中国最古老的运河、汉隋帝王的陵墓、唐宗古城遗址，明清私隶园林等。丰富的名胜古迹赋予扬州得天独厚的旅游资源，有利于扬州经济的发展。

3. 苏 州

"上有天堂，下有苏杭。"苏州自吴王阖闾、夫差以来，已有两千五六百年历史。公元前514年，吴王阖闾在此建立阖闾城。秦统一六国后，设为吴县；三国为吴郡，南北朝为吴州，此时苏州城已具规模。造船和冶炼等技术已十分先进。隋开皇九年，以"姑苏山在吴"为由，更名为"苏州"。此后，苏州更趋繁荣，成为我国东南地区经济中心、江南河运中心。

苏州城精在"小"，妙在"情"，清雅古朴，意韵盎然。城内河道纵横，石桥众多，真所谓水乡泽国，有"东方威尼斯"之美称。街巷临河，"家家门外泊舟航"。宅第凭河，粉墙照水，白壁枕湾，庭园雅素精巧，浑然天成，是一个水乡的城市。苏州又是个"诗书"的城市，街道巷陌，小桥流水，无不渗透出古朴、清雅、恬静、飘逸的古文化气息。夜半钟声、咫尺山林，似儒、似道、似禅。历代文人墨客多汇于此，吟诗作画，品茗操琴，退避尘嚣之外，隐居市井之中，手挥五弦，心游太极，修身养性，所谓"达则兼济天下，穷则独善其身"。

如今，苏州城的古镇、古园、古寺、古塔，再加上历代的诗词书画、风流轶事，显得情深款款，让人魂牵梦萦，流连忘归，不知今夕何年。

4. 镇 江

镇江，至今已有三千多年的历史。公元前 1026 年至公元前 1001 年，曾为周康王所封宜侯的领地。春秋为吴国朱方邑。东汉末年，孙权从苏州迁都于此，修筑城堡，号称"铁瓮城"，又称"京口"。北宋时，在此设镇江节度使，"镇江"之名由此而来。镇江一直是控制大江南北的重要交通渡口，为兵家必争之地。依山傍水的镇江，素有"天下第一江山"之美誉，绮丽的金山，雄秀的焦山，险峻的北固山，被誉为"京口三山"。三山之中，人文胜迹繁多。金山有佛教著名的江天禅寺，旧称金山寺。家喻户晓的《白蛇传》"水漫金山寺"、《西游记》中唐僧幼年被人投入江中，得人救助，成就西天取经等故事传说均发生于此。焦山有"书法之山"的美誉，其最为著名的景观是碑林石刻。焦山碑林（宝墨轩）由北宋润州太守钱子高所建，内珍藏碑刻 460 余方，是江南第一大碑林。北固山有许多蜀吴联姻的历史传说，更有辛弃疾的北固山怀古盛事。故 1987 年，镇江被国务院公布为国家文化名城。

（二）古典园林艺术

中国古典园林是世界园林中的一朵奇葩，它以自身独特的艺术和文化内蕴而闻名于世。它源于自然，却又高于自然，借助于山石、水体、建筑、植物和文化五大要素呈现了几千年中国古代文化中"天人合一"理念，形成了自然，含蓄，意趣盎然而又具内向性的园林风格。它是一种荟萃的文化，融合了文明，充分、具体、形象地呈现出中华民族的精神气质和文化心理特征。作为文化的载体，它呈现出了古代文化独特的魅力和艺术感染力，为全世界所瞩目，被称为"世界园林之母"。中国古典园林可分为皇家园林、江南园林、岭南园林和寺观园林四种类型，其中江南园林为历代文人所喜爱。江南园林中的苏州园林、扬州园林、以其特有的文化特色而闻名于世，为世人津津乐道，成为江苏一道绚丽的风景。

1. 扬州园林

扬州也是江南著名的风景城市，"天下三分明月夜，二分无赖是扬州"。扬州园林始于西汉构筑的"钓台"，成于隋代离宫别苑"长阜苑"。隋唐以来，四方仕宦多侨寓于此，凿陂池、筑台榭，用以游观宴会。不仅士大夫家有林园，而且商贾之流也"富家巨室，亭馆鳞次，金碧辉煌"。自明代成化、弘治以来，伴随着两淮盐政制度的重大改革，大批盐商辐集扬州，扬州通过吸收、消融外地文化的特质，而蕴育出独具特色的扬州城市文化。天下能工巧匠云集，如著名造园家计成等。清乾隆年间是扬州园林的鼎盛时期，这和乾隆六下江南有直接关联。乾隆下江南时，扬州盐商极尽奉承，穷极财力物力，大兴土木，以供宸赏，于是乎扬州瘦西湖两岸，自北门直至平山，数十里楼台相接，交互辉映，正所谓"两堤花柳全依水，一路楼台直到山"。

明清扬州，园林密布，著名园林有百座之多。滨水湖岸，楼台棋列，互为因借，无一重复。姚鼐在《主园图记》中写道："扬州群邑，于天下最名繁会，居其间者，率喜作园馆以靓丽相夸尚，连趾接荫，隐映合分，跨川弥崖，或十余里不绝。"扬州园林有着明显的结集成群的特点，据陈从周先生考证，扬州曾有新城花园巷园林群、城内东关街园林群和瘦西湖沿岸园林群。谢溶生有云："增假山而作陇,家家住青翠城闉；开止水以为渠,处处是烟波楼阁……

保障湖边，旧饶陂泽；平山堂前，新富林塘。花潭竹屋，皆为泊宅之乡；月屿烟汀，尽是浮家之地。"(《〈扬州画舫录〉序》)盐商们的奇思妙想、夸富求名，追求世俗欢娱，从而形成了集典雅朴实、宏丽奇巧于一身、有市井气的独特风格。扬州园林，亭馆鳞次，池台之精，"其壮观异彩，顾、陆所不能画，班、杨所不能赋也"。(袁枚《扬州画舫录·序》)金安清《水窗春呓》记载："江宁、苏州、杭州为山水之最胜处……扬州则全以园林亭榭擅长。"当时"杭州以湖山胜，苏州以市肆胜，扬州以园亭胜"，具有"扬州园林甲天下"之说。至今仍有保存较完整园林，如"个园""何园"等以水而显胜的私家园林，从私家园林走向城市，扩大到城郊则有"瘦西湖"大园林，开创我国私家园林走向大景观、大环境之先河。

2. 苏州园林

苏州，曾被曹雪芹誉为"最是红尘中一二等富贵风流之地"，物华天宝，人杰地灵。唐宋以来，财富聚集，人文荟萃，厚实的经济和文化基础，造就了大量诗情画意、情趣盎然的私人园林。清人沈朝初在《忆江南·春游名胜词》中写道："苏州好，城里半园亭，几片太湖堆峥嵘，一篙新涨接沙汀，山水自清灵。"生动描绘了苏州风物之盛、园林之美。苏州史上最早出现的园林是晋代的顾辟疆的私园，号称"吴中第一"。当时，私人园林具有封闭性，供独家享用。园主之多邀请三朋四友，或赏景宴酒，或游园赋诗，品茗抚琴，剪烛清谈，不让外人任意游憩。唐宋时期，随着禅宗兴起，造园者"外师造化，内接心源"，讲求借物抒情，以少胜多，从而别具风格的文人写意山水园林。宋代文人苏舜钦于苏州建沧浪亭为先端，从此，苏州风景各异的大大小小园林一发而不可收，直至明清逐趋大成。唐宋以后，苏州私人园林逐渐向外人开放，明清时期，广泛性群众游园蔚然成风，成为江南园林的一大闹事，盛况空前。"吴下园亭最胜……（苏州园林）每春秋佳日，辄开园纵人游观。钗扇如云，蝶围蜂绕，裙茎年少，其评骘于衣香人影之间，了不为忤。"(梁章钜《楹联丛话》)这种"春秋佳日，仕女如云""其评骘，了不为忤""听其往来，全无遮拦"的公众审美游园盛况，和魏晋时期的"伧尔便驱出门"的独乐方式截然不同。据清钱泳《履园丛话》记载，当春二三月，苏州各园竞相开放，"合城士女出游，宛如张择端《清明上河图》"。苏州古城，虽说曾经经历的一次次治乱更替、兴废盛衰，但到今朝，幸存的大小园林依然以其独特的艺术魅力呈现在人们面前，为大家所欣赏。1997年，苏州的拙政园、留园、网师园和环秀山庄等4处，作为文化遗产列入《世界遗产名录》；此外，2000年，苏州的沧浪亭、狮子林、艺圃、耦园及吴江退思园等5处作为苏州古典园林扩展地也以文化遗产列入《世界遗产名录》。

3. 南京园林

金陵园林虽说名气上弱于扬州、苏州园林，但其曾为"六朝故都"，皇家和私人园林甚多。南朝时期，围绕玄武湖，先后建成了乐游苑、华林苑、玄圃等不下20余座皇家园林。这些园林既有皇家园林的气派，又有江南园林妙极山水的雅致。此外，自东晋至南朝、五代、宋元、明清，均有私家园林。南朝时期，私人园林不下30余座，明清时的私家园林也不下百余座。

金陵园林无论是皇家园林抑或私家园林，都有很高的艺术成就。据记载，南朝时期，由齐文惠太子萧长懋、梁昭明太子萧统建造的著名园林"玄圃"，"亭榭洲岛，曲尽幽深"。梁代著名的文学家、史学家，于钟山西麓所筑的"沈约园"被誉为"江南山水园创始之代表"。明代中山王徐达所建的府园中，有大而雄爽的，小而靓美的，清远的，华整的……如清代的戏剧理论家李渔南京建的"芥子园"更为人们所熟知。该园不足0.2公顷，却能做到丹崖碧水、月榭歌台、修竹茂林、茅屋板桥无不具备，如入山居。此外，诗人江总所建的"江总园"、曲作家徐霖所建的"快园"、文史学家顾起元所建的"遁园"、诗人袁枚所建的"随园"，地方史学家陈作霖所建的"可园"等，都可为证。这些园林以人工再现的金陵山水为主题，在创作中，立意于布局施工之先，重视淡雅、自然的风格，不追求严整华丽，体现出高雅的诗意画境。

（三）花文化与盆景艺术

1. 花文化

（1）浩态狂香芍药花

俗有云："洛阳牡丹，扬州芍药。"广陵的芍药曾经冠绝一时。芍药花历史悠久，早在四千年前，就已被人认识。《古琴疏》说：夏朝国君帝相曾命武罗伯植芍药于后苑。宋代是芍药大发展时代，形成了以扬州为中心的芍药胜地，与洛阳牡丹相抗衡。据记载扬州龙兴寺内芍药最为有名，此外，私家择优朱氏花园颇为壮观。朱氏园植芍药五六万株，每芍药开时，"饰亭宇以待来游者，逾月不绝"。

扬州芍药的一时兴盛，离不开当时文人墨客的渲染。韩琦曾在一首长达52句364字的诗《和袁陟节推龙兴寺芍药》中生动描绘了扬州芍药的千姿百态。苏东坡《题赵昌芍药》中云："倚竹佳人翠袖长，天寒犹著满罗裳；扬州近日红千叶，自是风流时世妆。"黄庭坚在《广陵早春》中道："春风十里珠帘卷，仿佛三生杜牧之：红芍梢头初茧栗，扬州风物鬓成丝。"王十朋在《芍药》中说："千叶扬州种，春深霸众芳：无言比君子，窈窕有温香。"更有一首《望海潮》叙述了当时扬州芍药的盛态："人间花老，天涯春去，扬州别是风光。红药万株，佳名十种，天然浩态狂香。尊贵御衣黄，未便教西洛，独占花王。困倚东风，汉宫谁敢斗新妆。年年高会维扬，看家夸绝艳，人诧其芳。结蕊当屏，联葩就幄，红遮绿绕华堂。花面映交相。更秉简观洧，幽意难忘。罢酒风亭，梦魂惊恐在仙乡。"

芍药的研究专谱也不少，宋熙宁六年史学家刘攽著《芍药谱》，词人、江都令王观著《扬州芍药谱》，孔武仲搜集整理出的《芍药谱》等。同时，他们都叙述了当时扬州芍药的盛况，孔武仲在《芍药谱序》中记载："扬州芍药名于天下，欲洛阳牡丹俱贵于时。四方之人，尽携金帛，市种以归者多矣，吾见其一岁而小变，三岁而大变。"

明清时代，扬州芍药开始衰落，芍药中心也开始北移。到清代，丰台成为芍药的一大胜地。山东菏泽、安徽亳县的芍药也始兴。

（2）维扬琼花世无双

琼花充满了神秘的色彩，相传隋炀帝为看扬州琼花，开通大运河，劳民伤财，引来三十六路烽烟，最终败亡，而当时的琼花刚好开36朵。后来，琼花犹如昙花一现，在中国花木史上造成了一个不大不小的涟漪。琼花（华）一词最早见于《诗经·齐风·著》，唐人诗歌中偶尔提及，如李白的"西门秦氏女，秀色入琼花"。据考证，实实在在的琼花起于唐，盛行于宋。《辞源》说："旧扬州后土祠有琼花一株，相传为唐人所植。"扬州琼花在北宋盛极一时。北宋文人为此大加赞赏。韩琦《望江南》云："维扬好，灵宇有琼花。千点真珠擎素蕊，一环明月破仙葩。芳艳信难加。如雪貌，绰约最堪怜。疑是八仙乘皓月，羽衣摇曳上云车。来到列仙家。"欧阳修更把后土祠（琼花所在地）改名为"琼花观"，并为琼花建起一座"无双亭"。有诗云："琼花芍药世无伦．偶不题诗便怨人。曾向无双亭下醉，自知不负广陵春。"更有人认为扬州琼花"事纪扬州千古胜，名居天下王化魁"。扬州后土祠中的一株琼花引得世人如此的轰动，可说是中国花木史上绝无仅有的，真值得扬州人骄傲。可惜，随着宋朝的败亡，扬州琼花也随之了结，无从考证，后人聊以八仙花代替。《花镜》说："昔日琼花至元时已朽，后人遂以八仙花补之，亦八仙花之幸也。"

2. 盆景艺术

（1）苏派盆景

传统的苏派盆景清秀古雅，以"六台三托一顶"造型闻名。"六台三托一顶"即为十个圆片，左右互生的六个圆片称"六台"，向后伸出的三片为"三托"，顶上一片叫"一顶"，十个圆片疏密有致，高低错落，相互呼应，浑然一体。树干采用曲干式，宜弯则弯，宜直则直，曲折有致；刚柔相济，刚则刚劲有骨，柔则柔媚秀雅，老干虬枝犹如蟠龙。盆景整形讲究"粗扎细剪"。

苏州留园陈列的一盆大型古桩雀梅盆景，树龄达三百余年，叶青翠欲滴，纯净透明；皮自然枯巧，苍老古稀；干粗壮雄奇；根似露非露，盘根错节。

传统盆景树种为雀梅，榆，三角枫，石榴，梅等。

（2）扬派盆景

在中国盆景中，扬州盆景独树一帜，被称作"扬派"。扬派盆景以"层次分明，严整平稳"流传于世。在制作树桩盆景时，讲究"桩必古老，以久为贵"。传统的扬州盆景最以"云片"为特点，采用棕丝精细剪，云片中每根枝条一般都扎成很细密的弯曲蛇形，称为"一寸三弯"，要求"片必平整，以功为贵"。扬派"云片"造型一般以静态美为主，顶片为圆形，中下片多为掌形，其中层次分明，疏落有致，形式平稳。剪扎也极其讲究棕法，用粗细不同的棕绳及棕丝，从主干到小枝，细细安排，在经过逐年放棕复片，精雕细刻，方能打造出"严整而富有变化，清秀而不失壮观"的艺术精品。在扬州盆景园的中国盆景艺术博物馆中，有数株明代古柏盆景，为镇园之宝。其中一株，树干高二尺，虬曲如瓣龙，树皮仅剩三分之一，顶端和旁侧枝和叶，用棕丝扎成两片绿云，大如缸口，苍翠奇古，气度非凡。

（3）南通盆景（通派盆景）

通派盆景庄严雄伟,威武健秀,素以"两弯半"著称。其主干左弯右曲,由第一弯的座地弯、第二弯的抱驼弯和第三弯的半弯组成。整个主干弯曲自然,刚柔兼顾,端庄幽雅。片干结寸弯,有起手干、出手干和隐干之分,左右分布,枝叶苍劲丰满,层次错落有序。"云头雨足"是通派盆景的又一特色。"云头"即半弯收顶。上翘端正,呈馒头状如白云盖顶。主宰着整个盆景的重心和姿态,"雨足"即侧根裸露盆面,如丝丝雨条。更显苍古幽趣。通派盆景的艺术风格为清、奇、古、朴,传统盆景树种为雀舌罗汉松、黄杨、榆、迎春、六月雪等。

第四节 环 境 问 题

一、水土流失

江苏境内虽然以平原地形为主，但地貌形态复杂多样。平原地区，如徐淮黄泛平原、苏北滨海沉积平原、南通高沙平原等，土质比较松散，有不同程度的水土流失现象。岗地地区由于长期受坡面径流冲刷，冲沟发育良好，水土流失相对较严重。丘陵和低山地区，尽管在全省所占比例较小，但由于局部地区的毁林开荒、开采矿石等原因，致使水土流失比较严重。虽然各地水土流失的范围大小不同，但从水土流失的强度分级来看，除了徐州与连云港两市中度水土流失占有较大面积比重之外，其余各地的均以轻度流失占有绝对优势（图 2-5）。

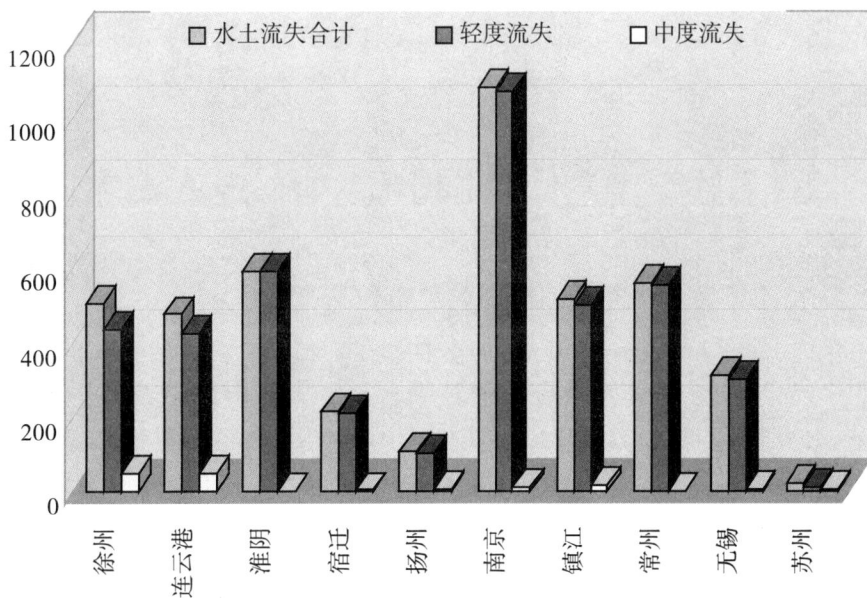

图 2-5 江苏省丘陵山区水土流失分级面积统计（2001 年，单位：平方公里）

根据江苏省 1986 年水土流失遥感调查结果，全省水土流失面积为 9021 平方公里，多年平均年侵蚀模数每平方公里 1900 吨（江苏省水土保持办公室资料）。2001 年遥感调查水土流失面积 4350.9 平方公里，多年平均年侵蚀模数每平方公里 1270 吨。全省水土流失面积 2001 年比 1986 年减少 4670.1 平方公里，治理率为 51.76%。

江苏省的土壤侵蚀主要表现为水蚀。江苏省大部分地区属亚热带季风气候，6~7 月雨季，而这一段时间恰好与夏收作物的收获期以及秋收作物的播种期相重合，地表植被覆盖度低，很容易产生径流，耕地表层土壤因为耕种通常较疏松，造成土壤的水蚀。

二、土壤盐渍化

江苏沿海盐渍土主要分布于北起连云港南至南通，沿海 30~60 公里的狭长地带。另外徐州以北黄泛平原低洼地，斑状分布盐碱化土壤，主要是由于不合理的灌溉导致土壤次生盐碱化。根据 2000 年的生态调查，江苏省盐渍化土地总面积 21.06 万公顷，其中耕地盐渍化面积 105911 公顷。调查结果如图 2-6。

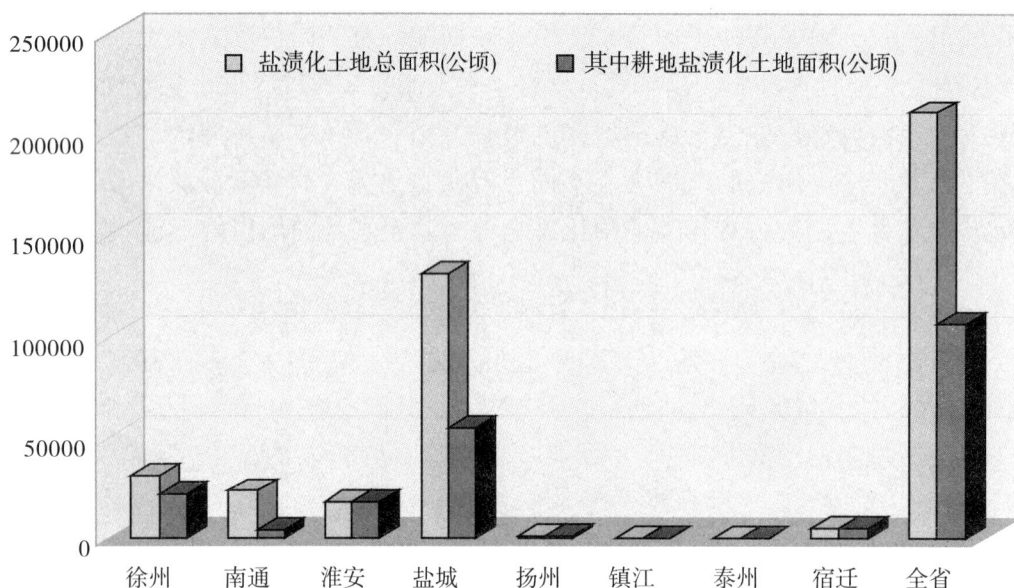

图 2-6 江苏省土地盐渍化状况

江苏省徐州以北的黄河故道盐渍化土地分布区，属于我国黄淮海平原盐渍土分布区。根据水文地质部门的研究结果，整个黄淮海平原盐渍化土地面积，20 世纪 60 年代达 400 万平方公里，1980 年减少到 209 万平方公里，1984 年减少到 171 万平方公里。本省黄河故道盐渍化土地分布区、盐渍化土地面积，与整个黄淮海平原盐渍化的发展趋势一致，也是在减少。

历史上，江苏省淮北地区是盐碱土壤分布比较集中的地区。1949 年以后，伴随淮河流域的整治，开展了大规模改水和改土的工作，盐碱土的面积在逐步减少。据省农业厅调查数据，1980 年第二次土壤普查开始时，全省盐碱土壤面积还有 30.6 万平方公里；经过大面积的旱改水措施，到 1990 年，盐碱土面积已经减少到 16.8 万平方公里，并且土壤耕层的含盐量也大大减少。

20 世纪 90 年代以后，淮北地区降水偏少，严重干旱，有的因旱改水后，水系不畅，水体盐分没有及时排出，盐碱土壤的面积又有扩大。全省各地的蔬菜大棚栽培大面积发展始于 20 世纪 90 年代中期，现有设施栽培面积约 13.4 多万公顷，由于大棚栽培环境基本上是封闭式的，水、气、肥处于封闭环境中循环，经过 4~5 年的栽培，次生盐渍化程度较为严重。全省盐碱土壤大约有 29.33 万平方公里（包括各地大棚栽培土壤的盐渍化）。

三、湿地退化

类型齐全、面积广布的湿地，是江苏生态环境的显著特点之一。湿地因具有重大的生态功能和环境效益，被誉为"地球之肾"，也是自然界最富生物多样性的生态景观和人类最重要的自下而上环境要素之一。同时，湿地在防御洪水、调节径流、蓄洪防旱、控制污染等方面具有重要作用。但是必须看到，由于江苏人口的增长与经济的快速发展，也由于人们对湿地认识上的偏差，长期以来忽视或者淡化了湿地保护工作，对湿地生态环境造成了强烈的冲击，致使湿地受到不同程度的破坏，生态趋于恶化，主要表现在以下几个方面。

（一）围垦导致湖泊湿地面积减少

1949 年以后相当一段时期，江苏省曾经将湖泊围垦作为增加耕地的主要手段，导致湖泊湿地面积大大减少。调查显示，20 世纪 50 年代初，大于 1 平方公里的湖泊有 773 个，总面积达到 8438 平方公里，经过 20 年的围垦，到 70 年代末，有 42 个湖泊消亡，面积减少 1585 平方公里（表 2-6）。苏南地区的丹阳湖，50 年代时面积为 190 平方公里，1974~1996年间全部被围垦，湖泊消失。在中、小湖泊消失的同时，一些大型湖泊由于围垦，面积也比以前大为缩小。

表 2-6　江苏省 20 世纪 70 年代末湖泊面积状况

湖泊面积分级	1949 年湖泊情况		湖泊围垦情况			20 世纪 70 年代末湖泊情况	
	个数	面积 （平方公里）	围垦个数	消亡个数	围垦面积 （平方公里）	个数	面积 （平方公里）
>100	2	4673	2	0	288	2	4385
1000~500	2	1254	2	1	591	1	663
500~50	11	1642	10	1	449	10	1193
50~5	41	466	25	8	129	33	337
5~1	83	182	24	15	44	68	138
<1	634	221	18	17	84	617	137
合计	773	8438	81	42	1585	731	6853

20 世纪 80 年代以后，对河滩、湖滩湿地的围垦得到控制，河滩湿地的面积有所增加，但对海岸滩涂湿地的围垦逐年增加，面积逐年减少（图 2-7）。

（二）生物多样性受到威胁

江苏省海岸线绵长，水域面积广阔，自然湿地类型丰富，具有较高的生物多样性，但强烈的人类活动正对湿地生态环境产生巨大影响，其中生物多样性受到威胁是一个重要方面。

海岸湿地发育着典型的滨海盐生植被和海滩沙生植被，靠近的部分还分布有大面积的芦苇滩，是多种珍稀鸟类的生存场所，在射阳县新洋港至大丰县斗龙港之间，建有盐城国家级丹顶鹤自然保护区，每年数百只丹顶鹤稳定在此越冬。但由于人多地少的矛盾突出，海岸湿地开发的呼声很高，保护与开发的矛盾相当突出。根据建设"海上苏东"的发展战

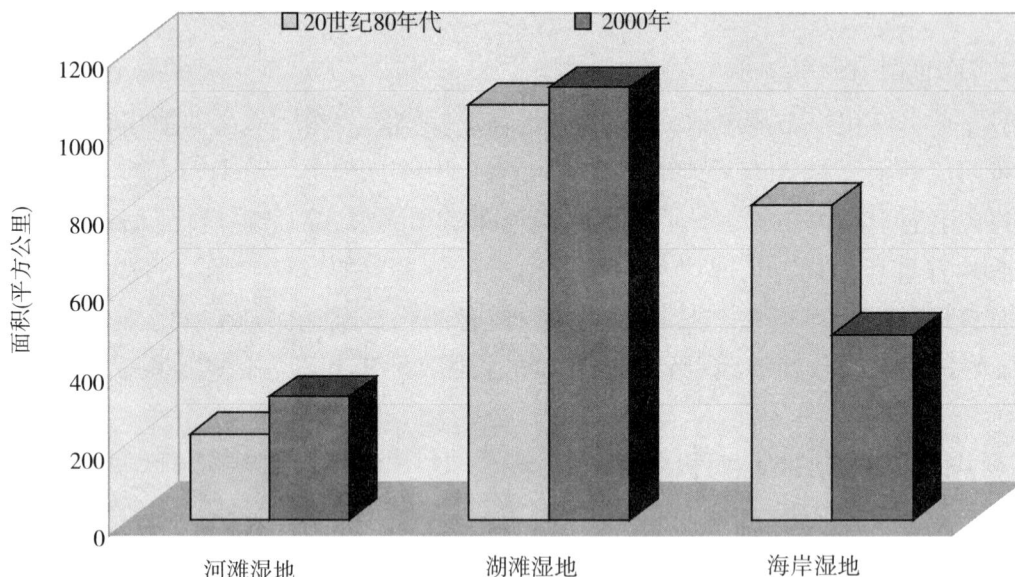

图 2-7 20 世纪 80 年代以后江苏省天然湿地动态变化（江苏省生态环境现状调查办公室资料）

略，从 20 世纪末江苏沿海将以较高速度发展。在实现沿海经济腾飞的过程中，对沿海湿地资源的开发强度将越来越大，珍禽保护与沿海湿地开发的矛盾日益加剧。沿海湿地原有泥螺、贝类和鱼虾的生长，为包括丹顶鹤在内的各种珍禽提供了丰富的食物，在围垦滩涂的过程中，加速了海涂淤长成陆。20 世纪 70 年代引进了大米草，但繁殖过程中的大米草严重影响了贝类、鱼类生长，对各种珍禽的生存构成了威胁。

全省境内的湖泊均为浅水湖泊，水生植被繁茂，成分较为复杂，形成浮水、沉水、挺水等植物群落，主要经济植物种类有菰、莲、芦苇、眼子菜、菹草等。由于农业后备土地资源的不断开发，一些湖泊湿地相继被开发，原有的湿地植物资源遭到破坏，太湖东山附近原有大面积的野生和人工栽培的莼菜，由于太湖水质污染及富营养化问题，野生莼菜已很少，栽培莼菜产量质量也受到很大影响。

随着经济的快速发展，渔业捕捞强度加大，其结果是造成湖区鱼类资源量急剧下降。一些破坏性的捕鱼方法，如电捕、毒鱼、炸鱼、栏河清、打围箔等，对湿地生物资源也造成了极大的危害。

（三）湿地生态系统污染加剧

由于工业（包括乡镇工业）的迅猛发展，江苏工业废水排放量由 1980 年的 19.7 亿吨，猛增到 1997 年的 22.00 亿吨。虽然对水污染开展了大规模的专项治理，2000 年工业废水排放总量依然达到 20.2 亿吨（若包括乡镇工业污水则达 27 亿吨以上）。据水质监测部门调查，全省 157 条河流的 401 条河段，有 393 条河段受到污染，占监测河段总数的 98%；有 3262 公里长的河道受到酚、氰、砷、汞、铬的污染，占污染河道总数的 59%。江南运河全长 313 公里，分布在运河两岸的大小工厂有 2400 多家，每日排放污水 180 多万吨，有机物的排入总量以 COD 计为 700 吨 / 天；另外还有运河船舶含油污水以及两岸农田使用农药化肥部分流入运河，致使运河 2/3 河段水质发臭，溶解氧为零，鱼虾已绝迹。许多湖泊亦遭受到一定程度的污染，太湖的富营养化程度不断加重，根据对湖内的氮、磷的营养成分分析，中等富营养和富营养化水平的湖面面积已占太湖总面积的90%以上。洪泽湖也不例外，该水系每日接纳上游的工业污水为95万吨。由于湖水污染日趋严重，造成鱼类和水生生物的大量死亡，该湖20世纪50年代鱼产量约为2300万公斤，而70年代鱼产量下降到1100万公斤，下降了50%以上，曾发生10多次死鱼事故，水生生物也有所减少。

沿海湿地的受污染程度虽轻于河流和湖泊湿地，但形势也不容乐观。根据1998~1999年开展的江苏省海洋污染基线调查的资料，江苏沿海湿地污染状况已经比较严重，海州湾地区一定程度上受到营养盐类的污染，辐射沙州地区和长江口北支地区营养盐类的污染较为严重，并受到一定程度的重金属污染。

四、耕地退化

江苏省平原面积广大，气候适宜，和全国大多数地方相比，耕地质量较高，但部分地区由于利用方式不当，导致耕地不同程度地出现退化，主要表现在以下几个方面。

（一）土壤养分失衡

由于农产品的价格低而不稳，导致农业收益长期低下，农村的大量壮年劳动力倾向于外出务工，在农村经营土地的基本是妇女、老人，农村对耕地的劳动力的短缺已经难以保持，绿肥种植面积也越来越少。据统计1980年全省绿肥种植面积102.6万公顷，到1990年仅剩下23.4万公顷。与此形成鲜明对比，化肥的施用量却大大增加，到2000年，全省耕地化肥施用总量已经达到273.2万吨（折纯），平均666.7平方米施用量36.4公斤，远远超过全国平均（21.3公斤/666.7平方米）。化肥的施用以氮肥和磷肥为主，而钾肥和其他种类肥料的投入量明显不足，导致土壤养分结构的失衡。根据全省1000多个土肥监测点的监测，相当于1982年第二次土壤普查的数据，近年来土壤全氮由1.08克/公斤上升到1.43克/公斤，土壤速效磷由5.5毫克/公斤上升到10.45毫克/公斤，土壤速效钾由118毫克/公斤下降到109毫克/公斤。由于大力推行秸秆还田，土壤有机质含量有所上升，由16.3克/公斤上升到19.89克/公斤，但在全国依然处于中等偏下的水平。此外，单一追求高产也引起了土壤中的中、微量元素的缺失，如里下河地区的水田缺锌，沿江、太湖地区的水田缺硅、缺硼，徐州、连云港的大蒜生产基地缺硫的现象也比较明显。

（二）土壤基础肥力下降

土壤基础肥力是土壤不施肥时的肥力状况。它通常用当季或当年不施肥时农作物的产量来衡量，称为基础肥力产量，它能反映土壤的肥力基础。监测表明，1981~1986年与1987~1992年两个时段相比，粮、棉、油土壤的基础肥力产量都呈下降趋势，其中稻谷、小麦籽粒、玉米籽粒的土壤基础肥力产量后阶段比前阶段下降75公斤/公顷以上，皮棉、油菜籽也下降45~60公斤/公顷。1981~1991年间，沿海及沿江地区稻麦两熟的土壤基础肥力产量下降1164公斤/公顷，里下河及丘陵区的土壤肥力基础产量也呈下降趋势。

（三）物理性状变差

少、免耕技术的推行导致土壤耕层变浅、物理性状变差的现象普遍存在。南京市20世纪 90 年代耕层一般在 12 厘米左右，现在已经不足 8 厘米；淮安市旱地的耕层由 90 年代的 17.9 厘米下降到现在的 16.7 厘米，水田由 90 年代的 18.4 厘米下降到现在的 17.2 厘米；徐州市 90 年代耕层厚度为 14.6 厘米，2000 年已经下降到 13.6 厘米。土壤耕层变浅的同时，土壤物理性状也有所恶化，淮安市的土壤容重由 1982 年的 1.32 克／立方厘米增加到现在的现在 1.36 克／立方厘米；靖江、宝应的监测资料表明，1982~1991 年，土壤耕层容重增加了 0.002~0.004 克／立方厘米；犁底层容重增加了 0.04~0.06 克／立方厘米，土壤容重增加表明土壤孔隙度减少，持水保水的能力有所下降。

（四）耕地污染

江苏省的农药、农膜等农用化学品的使用量在全国一直位居前列，土壤中农药、农膜的留量大。尤其是重金属对土壤的污染。初步估计，受重金属污染而退化的耕地面积达 20 万公顷，主要分布在苏南和苏中地区，苏南地区问题最为严重。耕地中的重金属相当一部分来自于含汞、砷等重金属的农药，这些农药曾经广泛使用于 20 世纪 60 年代，对农田土壤造成了严重污染，不仅污染表层土壤，甚至涉及 40~50 厘米深的土层。据无锡县 1980 年对水田土壤砷的调查，监测的 296 个土样，检出范围 3.1~27.23 毫克／公斤，部分超过土壤环境质量一级标准，超标率 55.4%；汞平均含量为 0.18 毫克／公斤，最大值 0.968 毫克／公斤，大大超过背景值和土壤质量一级标准。重金属一旦进入土壤，很难去除，尽管在 20 年前就开始对含重金属的农药进行控制，但是其对耕地的影响至今依然存在。此外，工业废弃物，尤其是电镀、有色金属冶炼等行业的废水、烟气、粉尘和废渣，以及城市生活垃圾也是土壤重金属污染的重要来源。进入 20 世纪 90 年代以后，随着大棚栽培的兴起，农膜污染也开始成为耕地污染和生态影响的一个重要方面。一般的农膜在自然条件下，很难降解，导致农作物根系生长受阻并影响耕层的物理性状，有些地区试用可降解农膜，但由于代价相对较高，使用效果不够理想，还难以大规模推广。

乡镇工业发达，乡镇工业的崛起，对江苏省的经济发展起到了举足轻重的作用。但与此同时，大量的工业污水（包括一部分城市工业污水）对耕地造成严重污染。根据生态调查的数据，全省污灌面积 1986 年为 3.96 万公顷，2000 年增加到 4.36 万公顷，其中部分耕地已受污染。

五、地面水污染

水资源丰富本是江苏省的一大优势。虽然还存在自产水不足和污染型水资源问题，且苏北一些地区及丘陵山区因工程设施不足而出现有水用不到的问题等，但总体上包括过境水在内的总水资源量还是相当丰富的。然而由于人口压力过大，致使生活污水的排放量增加，同时工业企业的迅猛增加，也导致了工业废水的大量排放，因此，水污染，以及由此导致的水质型缺水，也是不容忽视的重大生态与环境问题。2000 年全省人均生活用水 56 立方米（其中城市人均用水 97 立方米），万元 GDP 用水 530 立方米，人均排放生活污水 52 立方米，万元 GDP 排放废水 49 立方米。从水环境现状来看，河流水体受到污染非常严重，除河流源头水体水质还保持清洁外，几乎全被污染。如：城区、近郊区及工业排污河道、承接上游淮河污水河道、京杭大运河及淮河污水下泄河道、长江携带上游数千公里的污染水体。一般河流污染水质非常复杂，毒害性大，有的水源地曾检测出致癌物，危害人体健康，影响投资环境及旅游业，彻底治理难度大，投资很高。同时由于农田化肥的大量使用，使得湖泊富营养化问题也凸现了出来。20 世纪 70 年代五里湖最早出现湖泊富营养化问题，几乎已遍及所有湖泊，以洪泽湖、太湖影响为最大。主要为入湖污水河道的工业及生活有机污染、含氮、磷化肥污染、畜禽粪便氮、磷污染。除污染源外，湖泊因多功能利用（给水、养殖、灌溉、航运）的需要，普遍建有节制闸，水流不畅，水体交换缓慢，造成夏季藻类异常繁殖，水体溶解氧衰竭，水质恶化发臭，出现水产减少甚至大量死鱼现象。个别水样中还检测出避孕类药物成分，严重危及供水及水产品品质和人体健康。这是污染型水资源短缺的重要原因之一。

目前江苏的地表水质只有长江江苏段干流尚好，水体污染也迫使部分丰水地区不得不花费巨资，改用水质较好的长江及少数大中型湖泊水或地下水，苏南、苏中沿江八市基本上都用或改用长江水作为水源，苏北的盐城、徐州、连云港也计划改用长江引水做水源。但是长江江苏段将近 80% 的支流水质较差，其中 34% 以上受到严重污染；各城市重污染企业都配置在沿江的众多开发区中，已经形成诸多大范围的岸边污染带；上游来水水质也在逐年变差，未来长江水质并不乐观。如果不进一步加强水环境保护和其他备用水源地保护，一旦长江发生大面积污染，将可能出现严重的用水危机。随着生态省的建设，产业结构的调整，清洁生产的推进，科学技术及管理水平的提高，污染防治措施的加强，单位 GDP 的废水排放量及污染负荷量将下降；随着城市化水平及城乡人民生活水平的提高，生活用水及污水量将会增加，农村和农业排污居高不下。因此，在今后的一二十年内，地面水污染问题，仍将是一个严重的生态环境问题。同时，地面水污染又是一个区域性问题，除了江苏省内区域之间的问题外，还存在外省的排污问题。预计，今后区域水污染纠纷可能会更加突出，应加强对策研究。

六、城市大气污染

在城市化的过程中，由于对于生态环境保护重视不够，因此出现了诸如生活垃圾污染、城市饮用水质变差、噪声污染加大、城市大气质量下降、城市热场效应增加等各类城市化问题，其中以空气质量下降问题尤为突出。

2001 年，全省城市空气质量总体处于中等污染级。13 个省辖市中，除苏州外，其余城市环境空气质量均不能满足国家二级标准要求。颗粒物（总悬浮颗粒物或可吸入颗粒物）是影响城市空气质量的首要污染物，12 个城市颗粒物年均值超过二级标准，其中苏北地区城市污染较重；常州和无锡两市二氧化硫污染相对较重，其年均值超过或接近国家二级标准限值；13 个市的二氧化氮年均值均未满足二级标准要求。

颗粒物主要来自城市就地产生的工业尘和扬尘，以及远距离传输的飘尘，而飘尘的出现和量值与天气条件极相关，因此各年份城市空气质量有较大波动。如 2000 年，13 个省辖市中，主要污染物也是颗粒物，有 7 个城市满足国家环境空气质量二级标准，只有 6 个城市超过二级标准，其中有 3 个城市超过三级标准。2001 年，先后 3 次大范围受到西北沙尘暴影响，沙尘暴经过的地区，空气中沙尘浓度急剧上升，这是该年城市颗粒物年均值较高的原因之一。

江苏省的城市空气污染类型以煤烟型为主，部分大中城市正向机动车尾气混合型过渡。近年来城市交通车辆的尾气污染控制工作成效显著，但由于车辆的迅速增加和城市中心区许多道路平面交叉红绿灯过多且时有交通阻塞现象，车辆常处于逗速状态。随着车辆的迅速增加，氮氧化物的污染将有所加重；此外，由于车辆增多，也会增加一部分颗粒物污染。因此，改善城市交通状况的重点是发展立体交通体系，控制私人小汽车的发展速度并重点发展公共交通（包括轨道交通和电气交通），这样才能减少城市交通对空气的污染。

七、工矿开发造成生态破坏

根据国家环保局南京环境保护科学研究所的调查报告，到 2000 年，全省矿产开发占用的土地面积累计达 6.27 万公顷，占全省土地总面积的 0.61%，其中占用耕地面积最大，达 4.11 万公顷，占 65.5%。而占用耕地绝大多数在徐州市煤炭开采区，其中又以沛县和贾汪区为主，截至 2000 年，2 县（区）矿产开发占用的耕地面积累计达到 3.49 万公顷，占全省矿产开发占用耕地面积的 85.0%。1986 年，全省矿产开发占用的土地面积累计为 1.10 万公顷，1986~2000 年的 14 年间增长了 4.7 倍，可见其增长之快。从占用各类用地的增长来看，也是占用耕地增长最快。截至 2000 年，全省矿产开发占用的 4.11 万公顷耕地已占到 2000 年全省耕地面积的 0.71%。江苏省人多地少，人均耕地仅 0.068 公顷（2000 年末），矿产开发占用耕地已成为耕地减少的一个重要因素，应引起足够的重视。矿产开发造成的生态影响可分为两方面：一是露天挖掘，地下采空塌陷，剥离土石、尾矿及粉煤灰堆放等直接造成土地和植被破坏；二是矿区土地和植被破坏导致水土流失、有毒有害污水流出、尘土飞扬等，造成矿区附近水体淤积和污染、土壤污染等次生影响。

根据徐州、苏州、连云港、盐城、扬州和宿迁 6 市调查资料，6 市矿产开发历年破坏的土地面积，截至 1986 年为 2244 公顷，到 2000 年已发展到 11440 公顷，14 年间增加了 4.1 倍，呈现快速增长（表 2-7）。破坏主要由以下矿产开发类型所造成：①煤矿的地下开采，集中分

表 2-7 江苏省部分市矿产开发破坏土地及其恢复情况

市名	至 1986 年			至 2000 年		
	破坏面积（公顷）	恢复面积（公顷）	生态恢复率（%）	破坏面积（公顷）	恢复面积（公顷）	生态恢复率（%）
徐州	400.1	156.1	39.0	8196.4	1592.8	19.4
苏州	741.0	74.0	10.0	1236.0	123.0	10.0
连云港	131.7	48.0	36.4	136.7	63.3	46.3
盐城	152.4	92.0	60.4	477.7	342.6	71.7
扬州	355.0	107.0	30.1	809.0	774.0	95.7
宿迁	464.2	210.1	45.3	583.8	351.8	60.3
合计	2244.4	687.2	30.6	11439.6	3247.5	28.4

布在徐州市，主要造成地表塌陷；②建材用矿石料的开采，主要分布在各丘陵山区，包括宁镇山地，浦口、六合、仪征、盱眙的丘陵山区，宜溧山地，沿太湖丘陵等，严重破坏植被和景观，造成水土流失；③窑业取土，分布在全省各地，严重破坏耕地和其他土地资源。

矿产开发造成的土地破坏虽然面积不大，就上述 6 市来看，仅占国土面积的 0.19%，但造成的影响极其严重。第一，其造成的土地破坏程度深，使土地的利用价值大大降低甚至丧失。徐州市煤炭地下开采造成的地表塌陷，导致大量耕地因积水、产生地表裂缝等丧失耕作价值，使公路、房屋等基础设施遭到损坏。仪征市开矿已使数百公顷土地成为不能耕作的抛荒山地，致使原本紧张的土地资源更紧张。南京市江宁区境内的汤山 - 阳山碑材风景区，开山取石造成区内水土，植被破坏，绿山变秃山，地表破碎，严重毁坏了原有的山岳景观形象，直接影响旅游资源的保护及旅游事业的持续发展。苏州市开山采石宕口山体裸露，千疮百孔，对自然景观的影响也很严重。第二，矿产开发造成的土地破坏，又导致矿区及附近水体淤积和污染、土壤污染，诱发崩塌、滑坡等次生地质灾害。苏州市浒光运河原是一条由太湖通向大运河的清水通道，自从河段上游几十家私营轧石厂陆续开办后，由于其工艺落后，设备陈旧，加工方式粗放，又缺乏污染处理设施，产生的含泥砂废水直接排放汇集其中，清洁的太湖水流至浒关运河段时，成褐红色泥水，透明度仅为 10 厘米，严重的水污染导致河中水生生物几乎绝迹。仪征市因开矿造成的水土面积破坏曾达到 20.4 平方公里，造成河道和水库严重淤塞。20 世纪 70~80 年代，邵冲水库周围 7 个砂矿，每天随冲砂水进库的淤泥达 130~180 立方米，从而减少了水库的库容，影响到数百公顷农田灌溉。另据淮安市的调查，盐矿开发还导致地表水污染。其次，采矿造成的次生地质灾害还危及人民生命财产安全。2001 年矿山开采引起的滑坡、崩塌造成 10 人死亡，5 人重伤。

第五节 森林资源概况及其存在问题

森林是陆地生态系统的主体，对保持水土、涵养水源、调节气候、净化空气、防风固沙、养护物种等方面具有不可替代的作用。森林又是发展经济、改善人民生活的重要基础，能提供人们所需要的木材、食品、药品、燃料及工业原料等各种物质。发达的林业是国家富足、民族繁荣、社会文明的重要标志。

一、森林资源现状

江苏以平原为主，森林资源相对贫乏，新中国成立初期，全省仅有残次林 8.5 万公顷，1949 年后，林业事业得到很大发展，森林资源得到较快增长，先后进行的 8 次森林资源调查表明，森林资源呈稳步增长趋势（见附图 7）。全省活立木总蓄积 4073.18 万立方米，其中林分蓄积 2285.27 万立方米，疏林蓄积 7.46 万立方米，散生木蓄积 110.55 万立方米，四旁树蓄积 1669.9 万立方米。

全省森林覆盖率为 10.56%，其中有林地覆盖率 7.54%，灌木林地覆盖率 0.18%，四旁树（折算林地面积）覆盖率 2.84%。全省杨树总蓄积 1756.09 万立方米，其中林分面积 240500 公顷，蓄积量 1307.04 万立方米，现有杨树四旁树株数 10001 万株（其中胸径大于 5.0 厘米株数 4291 万株），蓄积量 449.05 万立方米。全省林木总生长量 604.3 万立方米，总消耗量 575.16 万立方米，其中采伐量 416.02 万立方米。

（一）森林覆盖率

江苏省的第三次森林资源清查（即江苏省森林资源连续清查第二次复查）于 1990 年进行，第五次清查（即江苏省森林资源连续清查第四次复查）于 2000 年进行。第五次清查采用了新老两种调查体系，因而可在相同口径下进行森林资源变化的动态分析（图 2-8）。

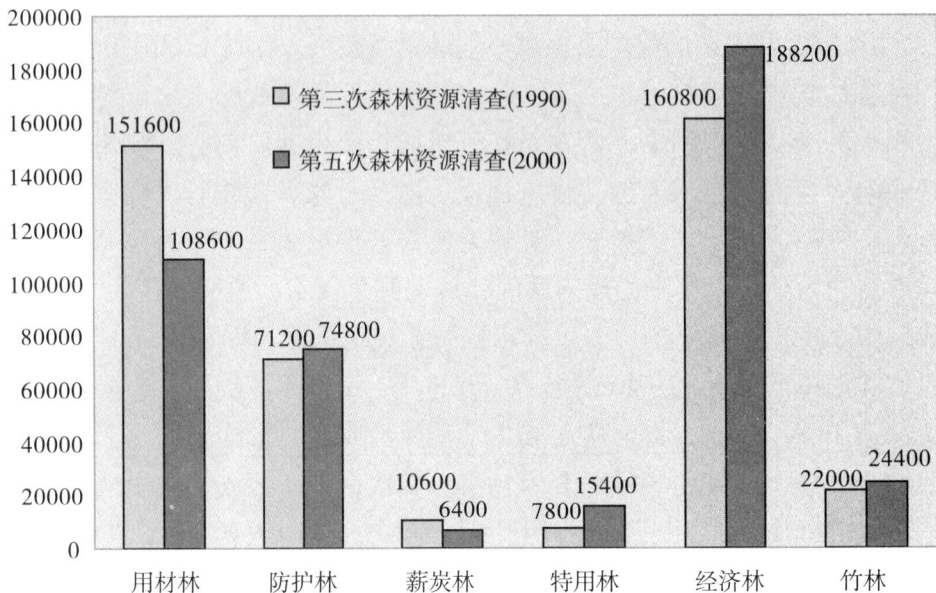

图 2-8 有林地各林种面积动态变化（公顷）

按照江苏省平原林业的特点，新体系将森林覆盖率定义为有林地面积、灌木林地与四旁树折算面积之和占全省总的百分比。据此计算的全省森林覆盖率在 1990 年时为 8.47%，到 2000 年时已达到了 10.56%。根据老体系口径下的调查结果，江苏省的森林资源总的变化趋势是林业用地面积和有林地面积有所减少。林业用地面积由 1990 年时的 63.26 万公顷减少到 2000 年时的 55.58 万公顷。有林地面积则由 42.40 万公顷减少到 41.78 万公顷。

（二）主要林种构成

有林地根据林种可划分为：防护林、用材林、薪炭林、特种用途林、经济林以及竹林等六类，其中用防护林、用材林、薪炭林、特种用途林等四种林种计算林分。根据两次的清查结果，有林地中林分面积由 24.12 万公顷减少到 20.52 万公顷。各种林分中用材林和防护林占较大比重，其中用材林的面积在 1990 年的资源清查中占林分总面积的 62.85%，在 2000 年的清查中占 52.92%；用材林的面积从 1990~2000 年的 10 年中减少了 4.3 万公顷。在两次清查间隔期内，防护林、特用林、经济林和竹林的面积都有所增加，这样在用材林面积减少的基础上全省的林种结构进一步趋向合理。经济林面积在全省有林地面积中占有极其重要的地位，这是由平原地区混农林业的特点所决定的。根据两次的清查结果，在1990年时其面积占有林地面积的37.92%，到2000年时它的面积已占到45.05%，平均每年递增0.7%。

（三）主要树种构成

林分各优势树种主要有马尾松、杨树、杉木、水杉、栎类及硬阔类、桐类、软阔类及杂阔等。各优势树种的面积和蓄积变化动态见表2-8，杨树的面积和蓄积在2000年清查时已达第一位，超过在第三次资源清查时处在第一位的马尾松，杨树树种主要为意大利杨树，主要分布在徐州、淮阴、盐城、连云港四市。

表2-8　林分各优势树种面积蓄积变化表

优势树种	第三次森林资源清查		第五次森林资源清查	
	面积（公顷）	蓄积（立方米）	面积（公顷）	蓄积（立方米）
总计	241200	8305100	205200	9924100
马尾松	54800	1568100	40800	1543800
硬阔类	31600	1005900	9600	297600
杂阔	26200	1068500	30200	1220400
杨树	25600	1437300	47800	3095700
杉木	25600	954100	25200	1057700
黑松	20000	479000	12800	271300
水杉	18000	517300	14000	1434300
柏木	16000	286700	14000	420100
赤松	9200	281000	1000	21800
栎类	6400	286400	7200	363100
桐类	4000	161200	1000	59800
软阔类	3800	259600	1200	14850

（四）林地面积

林业用地包括有林地、疏林地、灌木林地、未成林造林地、苗圃地以及无林地六类。两次调查相比，林业用地面积由63.26万公顷减少到55.58万公顷，共减少了7.68万公顷。林地面积的动态变化如图2-9，其中，灌木林地。未成林造林地、苗圃地面积有所增加，疏林地和无地面积减少。无林地面积的减少反映了林业用地在调查间隔期内得到了充分有效的利用。

两次森林资源清查期间，全省有林地森林覆盖率由1990年的4.13%减少为4.07%。另据1995年第四次森林资源清查资料，全省有林地森林覆盖率为4.51%，这显示，1990~1995期间有林地面积在增加，而1995~2000年期间有林地面积有较大幅度减少。有林地的动态变化表现为其他地类由于人工造林、封山育林等因素转变成有林地，同期有林地由于砍伐、征占林地、经济林的种植结构调整等原因转变为非林地。有林地增加的重要因素是人工造林、更新和种植结构的调整，同时有林地减少的主要原因是有林地的正常采伐和经济林的种植

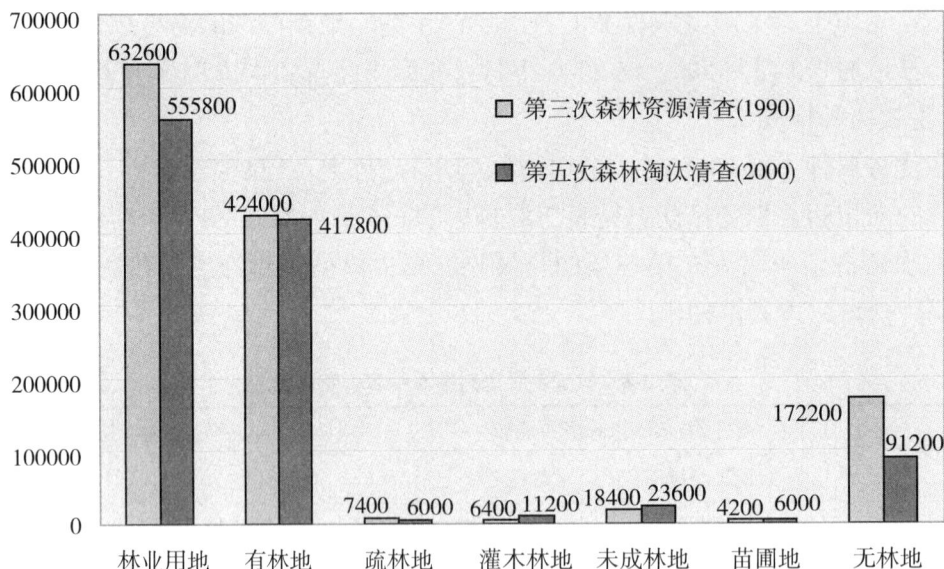

图 2-9　江苏省各林业用地面积动态变化（公顷）

结构调整变成非林地。

可见江苏省森林资源以人工林为主，天然林资源很少。天然林面积仅占全省森林面积的 4.19%，主要分布于苏南低山丘陵地区，且一般都经过了人为活动的干扰。天然林面积由1990 年森林清查时的 2.83 万公顷增加到 2000 年清查时的 3.06 万公顷，天然林面积的增加主要来自人工林、未成林造林地的失管；其次是无林地、疏林地、灌木林地经封山育林产生的。全省人工林面积呈减少的趋势，由 1990 年清查时的 22.48 万公顷减少到 17.88 万公顷。在人工林面积的动态变化中，人工林面积的增加主要是非林地实行林粮间作大面积营造杨树和发展经济林形成的。人工林面积减少主要是经济林转入农林或改为它用，这说明林粮间作和复合经营形成的林地不稳定。人工林虽然没有天然林的生态动能完善，但它的稳定性使其生态功能得以正常发挥的关键所在，对于平原人工生态系统为主体的地区，只有加强对人工林的管理，才能使其走上可持续的发展阶段。

（五）林龄结构

从 2000 年森林资源清查结果与 1990 年的比较结果来看，除成熟林面积有所增加外，其余各龄组面积均呈不同程度的下降趋势（图 2-10）。

成熟林面积较显著的增加对用材林来说可改善其龄组结构的合理性，增加可利用资源；对防护林、特用林等林分来说则增加了其防护功能，如江苏省的农田防护林就取得了较好的生态效益和经济效益。

（六）活立木蓄积量

全省活立木总蓄积量由 1990 年的 3450.5 万立方米增加到 2000 年的 3827.47 万立方米，年均增加 37.70 万立方米。活立木蓄积由四旁树蓄积和林分蓄积组成，四旁树蓄积占活立木总蓄积的 72.8%，林分蓄积占 25.9%。活立木总蓄积的增加是由林分蓄积和四旁树蓄积增加产生的。各林种蓄积变化如图 2-11，图中内容显示，1990 年时用材林、防护林、

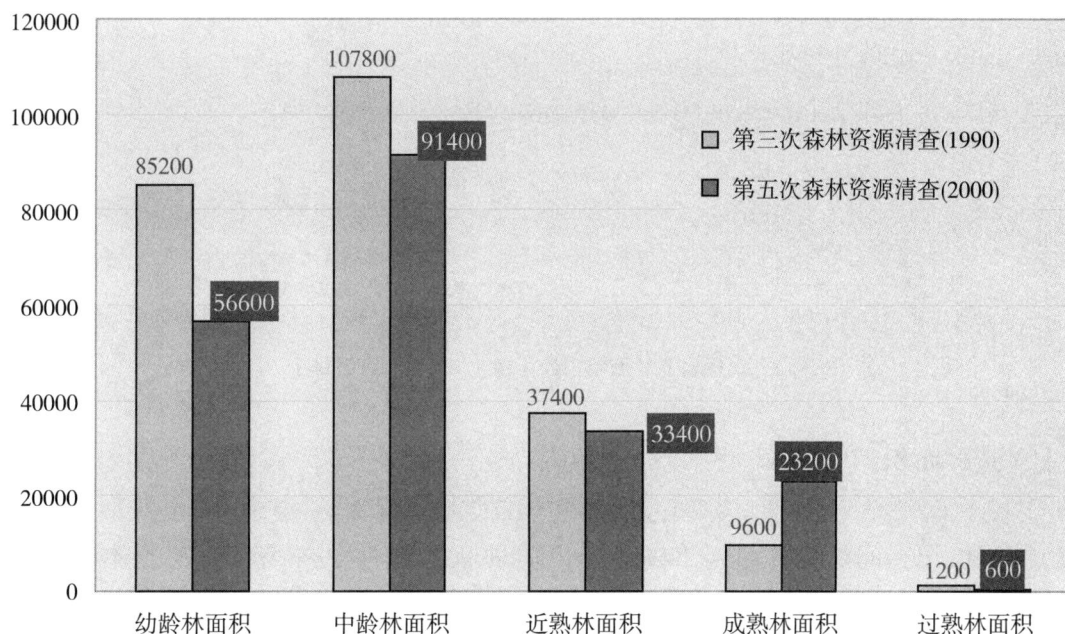

图 2-10　江苏省林分各龄组面积动态变化图（单位：公顷）

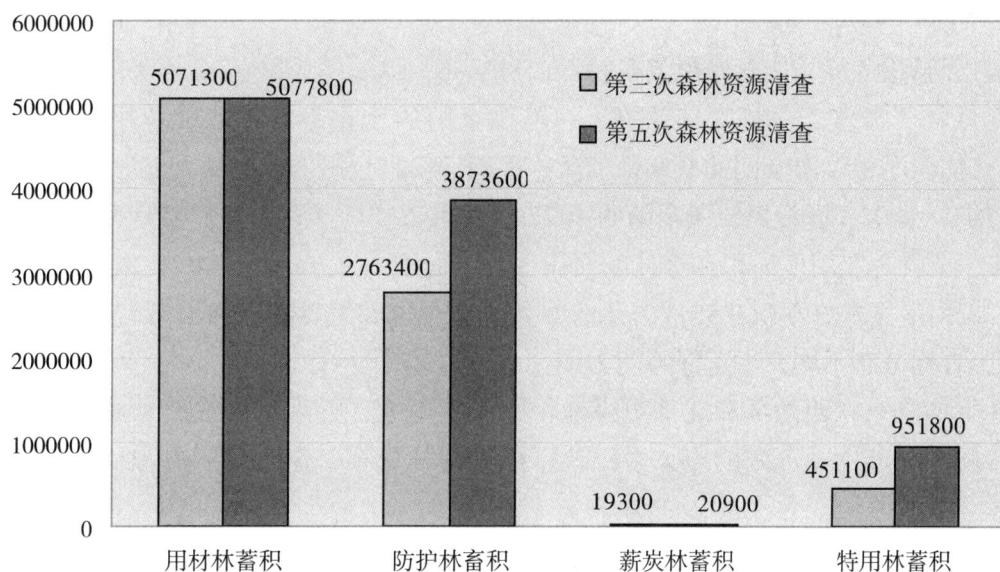

图 2-11　江苏省林分各林种的蓄积变化动态表（单位：立方米）

薪炭林、特种用途林的蓄积量的比为 262.7：143.2：1：23.4；2000 年第五次清查时的蓄积量比为 243：185.33：1：45.53。森林蓄积量是反映森林生态系统功能的一个重要质量指标，森林蓄积增加的同时其调节径流、涵养水源、改善气候等生态功能也相应会有所增强。

尽管林分的面积在两次清查期内是减少的，但林分总蓄积量呈增长态势，林分总蓄积量的增长是由于中、近成熟林的蓄积量增加引起的，说明本省对森林资源的保护和利用率都有所提高。

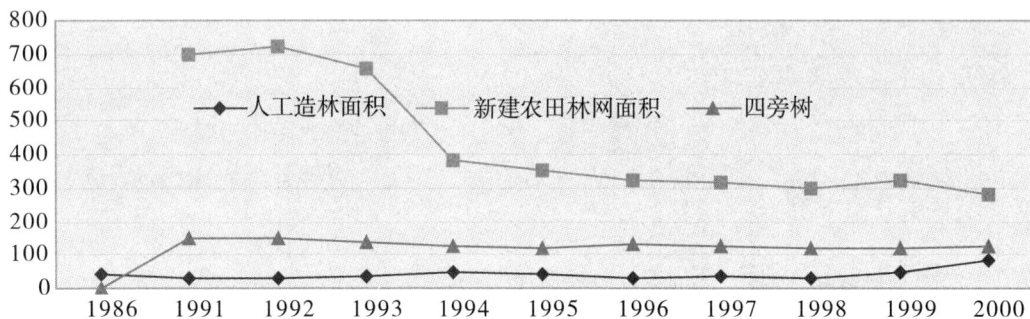

图 2-12 江苏省造林面积统计（单位：万亩，百万株）

（七）造林面积

图 2-12 反映的是 1986 年、1991~2000 年间的造林情况，从图中可看出各年人工造林面积在 20 万 ~40 万亩间波动，而到 2000 年人工造林面积约为 1986 年 2 倍，根本原因在于林业产权制度的改革，使林地价值实现了货币化，激励了社会和群众的造林热情，提高了造林成活率。到了 20 世纪 90 年代，四旁绿化的植树量稳定在 1 亿株以上。

二、存在问题分析

（一）资源总量贫乏，森林覆盖率较低

江苏森林资源贫乏，主要表现在：一是在全国的比重很小，如林业用地仅占全国的 0.38%，有林地面积仅占全国的 0.58%，森林蓄积量仅占全国的 0.35%，全省林业用地面积、有林地面积、活立木总蓄积分列全国的第 27 位、第 25 位、第 25 位。二是按人均占有量的指标比较，全省林业用地面积和有林地面积占国土面积的 9.7% 和 7.54%，人均有林地 106.7 平方米，人均活立木总蓄积 0.55 立方米，大大低于全国和世界的平均水平。

（二）森林分布不均，生态保障能力弱

片林主要分布在西南部和北部边缘地带的丘陵山地，近几年来淮北平原成片速丰林有较快的发展，但苏中、苏南的广大平原地区极少片林分布，道路、河流和村庄的四旁树木和农田林网树木也少。

（三）人工林树种单一，林分稳定性较差

全省约有乔、灌木和木质藤本植物 86 科、213 属、568 种（包括部分变种），不仅有主要的地带性落叶阔叶树种，而且还有不少常绿阔叶树种。但形成大面积人工林的树种却不多，主要是杨树（占林分面积的 54.2%）、松类（占 11.8%）、杉类（占 10.8%）、杂阔（占 17.6%）；林分面积中杨树占主导地位，在苏北地区，阔叶林的比重高达 90% 以上，且大多为纯林，占林分总量 95%，这对森林防火、病虫防治和环境保护十分不利。而许多珍贵的硬材阔叶树种，如榉树、香椿、榆树、青冈栎、苦槠、锥栗、麻栎等树种，几乎没有育苗造林，因而无法满足人民生产、生活的特定需要。

（四）林龄结构

江苏现有森林林分中，大多为幼龄林、中龄林，面积占 84.3%，蓄积量占 81.5%。按照

法正林的理论,森林中幼龄林、中龄林和成熟林的面积配置以各占 1/3 为宜,蓄积量以 1：3：6 为合理,才有可能实现森林的永续利用。当前根本出路在于号召全民参加造林护林,充分发挥森林多功能多效益,逐步调整森林各龄组的结构,首先必须严格控制采伐限额,否则必将造成过多地采伐中龄林,成熟林的比例将越来越小,森林资源不可能做到合理利,森林的永续利用难以实现。

第三章 江苏现代林业建设的必要性及其潜力

第一节 林业评价指标及现状

一、评价指标的研究意义

在进行林业发展综合评价时，要根据森林生态系统的特点确立评价指标。指标是反映系统要素或系统过程的概念和具体数值，包括指标的名称和指标的数值两部分。现代林业指标是反映现代林业数量特征的概念或范畴，是有关现代林业特征指标的集合，构成现代林业指标体系。这不仅能反映森林生态系统所具有的功能、性质和用途，也是由若干相互联系、相互补充、具有层次性和结构性的指标组成的有机系列。现代林业指标体系设计的优良与否，取决于能否准确反映现代林业的本质特征，并有效监测其运行的状态与效果。指标体系一经确立，就形成现代林业的具体价值取向与评价标准。人们对现代林业的认识将从指标开始，并由指标深化。

建立科学有效的评价指标体系是充分发挥林业效益，实现林业可持续经营目标的重要手段。林业建设的内容很多，它不仅包括森林资源，还有林业产业、林业技术、林业机构等，且林业具有多功能、多效益的特点，确定林业发展评价指标，建立综合评价体系是一项复杂而艰巨的任务。

二、世界森林经营指标与标准

以森林的多种功能为基础的各种效益，是随着人类社会发展而产生和变化的。远古时代，森林的各种功能虽然存在，但无效益可言，也就谈不上对效益的评价；在人类社会发展相当长的时期内，森林是以木材利用为特征纳入社会经济发展轨道，经济效益便充当了林业经营的主体效益，而生态效益和社会效益则被放在从属地位。随着时代变迁，人口增长，森林资源短缺，社会发展所必须的生态、社会需求的激增，森林的社会、生态功能才逐步地为社会承认并在观念上转化为社会、生态效益。进而，对森林综合效益的评价理论、方法和指标体系的研究才开始兴起。20 世纪初，中欧国家首先对森林的水利和水文效益进行了评价，随后逐步扩大到农田防护效益、卫生保健效益和环境保护效益。20 世纪 50~60 年代，美国、联邦德国、苏联等国家分别开展了森林综合效益的研究，并建立了相应的法律法规。日本从 20 世纪 60 年代初期以来，在森林综合效益的研究方面作了大量的工作，积累了大量的研究成果。特别是 20 世纪 70 年代开展的森林公益效能的计量评价研究，更使这方面的研究系统化。

自 20 世纪 90 年代以来，联合国环境与发展大会通过了《里约环境与发展宣言》《21 世纪议程》《关于森林问题的原则声明》等重要文件，并签署了联合国《气候变化框架公约》《生物多样性公约》。这标志着人类对自身发展方式的一次全面而深刻的反省。以生态觉醒为核心要求重组林业发展方式的理论和实践正在全球展开。因为人们已经认识到，物质财富的增多并不意味着生活质量的提高。在现实及未来发展中，应探求一种受环境约束的发展方式，不应以牺牲环境为代价。公众价值观的改变直接激发了对森林公共效益的强烈需求，并成为改变传统林业的根本动力。面对现代需求和发展方式的改变，现代林业必须承担更为广泛的历史使命，不仅要满足不断增长的木材需求，而且更要满足不断产生的环境需求，同时也要对森林的持续供给能力予以保证。现代林业作为一种实践，必须要有一种具体的衡量标准。现代林业指标体系的建立，便是确立现代林业量化标准的前提。

世界各国对森林持续利用的标准与指标体系已展开了广泛的研讨和协调行动，一些国家制定了国家级标准与指标，少数国家开展了示范区的实验性研究。目前世界上主要的森林经营指标与标准有：

1. 蒙特利尔行动纲要（温带与北方森林保护与可持续经营标准与指标）

提出了 7 个标准及其相应的 63 个指标。其主要标准是：①生物多样性保护；②森林生态系统生产能力的维持；③森林生态系统健康和活力的维持；④水土资源的保持；⑤森林对全球碳循环贡献的保持；⑥满足社会需求的长期、多种、社会、经济效益的保持和加强；⑦森林保护和可持续经营的法规、政策和经济体制（1993 年 9 月）。

2. 亚马孙行动（Amaironia Process）

分国家水平、经营单位水平和全球服务水平 3 个方面，共提出 71 个指标。其中国家水平的 41 个指标，经营单位水平的 23 个指标，为全球服务水平的 7 个指标（1995 年 2 月）。

3. 赫尔辛基行动

提出 6 个标准 27 个指标。其主要标准是：①森林资源的维持和适当的增长；②森林生态系统健康和活力的保持；③森林生产功能（木材和非木材产品）的维持和鼓励；④森林生态系统生物多样性的保持、保护和适当的增强；⑤森林管理（特别是土壤和水）方面防护功能的保持和适当增强；⑥其他社会经济功能和条件的保持（1993 年 6 月）。

4. 国际热带木材组织（ITTO）

分国际水平和森林经营单位水平两方面，共提出 50 个指标。其中包括国际水平的 27 个指标；森林经营单位水平的 23 个指标（1992 年 5 月）。还有森林政府间工作组（IWCF）、印度 - 英联邦活动、森林管理委员会（FSC）、森林和可持续发展的世界委员会（WSFCD）、国际林业研究中心（CIFOR）在 1994 年 12 月开展了森林可持续经营的国际对话，有世界各国 50 余名代表参加，发表了相应文件，还组织了在加拿大、印度尼西亚、巴西和非洲的森林可持续经营标准与指标的实施示范。

以上标准和指标大多数是在国家水平上，少数包含森林经营单位的标准和指标，也有包含区域和全球水平的标准。由于各国的森林面积、质量和类型以及所有制、社会、经济条件差异极大，因此有些指标只适应于一些特定的国家和区域，而不适应于其他国家和区域。

三、我国现代林业评价指标研究

在我国，对森林效益的评价与指标体系研究起步较晚，但发展较快，近 10 年来作了大量的工作，从理论分析和生产实践上提出了许多独到的见解。如"长江中上游防护林体系的生态经济效益评价技术研究""黄土高原水土保持林体系综合效益研究""中国生态系统结构与功能规律研究"以及"森林效益与福建林业基地建设"等。从已有的文献来看，研究的重点是放在对森林某个效能的计量和效能评价上；在空间层次上多集中在小流域或小区域上，没有在更大尺度上进行系统的研究。同时，制定林业发展标准和指标体系不仅是我国执行 UNCED《关于森林问题的原则声明》和《21 世纪议程》的重要步骤，而且与生物多样性保护，防止气候变化和荒漠化密切相关。自 20 世纪 90 年代以来，我国林业发展的评价研究相继取得了一些进展。向成华等（1994）以生态经济学理论和系统工程学原理为基础，建立了林农复合生态系统的结构评价、功能评价和效益评价的评价指标体系。张建国等（1994）进行了林业经营综合效益评价研究，论述了林业经营综合效益的基本概念及其计量理论的基本思路及在实际中的具体应用。苏喜友等（1995）从多个角度论述了森林资源可持续发展的评价指标体系。同时还论述了森林资源可持续发展的条件与技术手段。李明阳（1997）在概述森林生态评价的尺度和准则的基础上，运用现代森林生态学的原理，借鉴了国内外的先进经验，提出了不同尺度上森林生态评价的指标体系。

吕柳等（1997）从社会对林业的现代需求出发，并根据其必要性与可能性，在宏观层次上描述和评价了现代林业进程的主体框架。并构建了包含经济、环境、科技、社会 4 个子系统的综合指标体系。王鸣远（1998）从现代林业经营的环境价值属性出发，提出了我国林业经营的类型系统，主要包括自然保护区经营、林业生态工程、林区经营和城市林业经营等，并针对不同林业经营类型的环境功能特征进行了林种划分。在此基础上，提出不同林业经营类型的环境功能评价指标体系。刘智华等（1999）概述了我国林业科技进步的现状和国内外林业科技进步评价的研究情况。并进一步讨论了科技进步评价方法以及影响林业科技进步的因素，指出我国林业科技进步评价中存在的问题，并简述了林业科技进步评价的研究趋势。谢金生等（1999）根据我国的国情林情，提出了适于我国的区域可持续林业评价指标体系和标准。并具体提出了县域可持续林业评价指标体系。指标构成为：①社会指标：人均森林面积、人均森林蓄积、人均木材占有量、系统商品化程度、系统就业满足度、林业科技贡献率。②经济指标：林业部门社会总产值年增长率、木材综合利用率、林农人均收入年增长率、系统价值产投比、林业系统产业结构、造林保存率、林地生产力、林地生产力变化率、林地利用率、各龄组面积比。③自然生态指标：森林覆盖率、森林覆盖率增长率、森林采伐量与生长量之比、针阔面积比、混交林比例、濒危种保护率、单位面积蓄积量、森林火灾面积占森林总面积比、森林病虫害防治面积与发生面积比、造林成活率、环境质量提高率、水土流失治理率、沙漠化土地治理率、森林蓄积变化率。雷孝章等（1999）通过分析研究世界各国的森林持续发展的评价指标体系，结合中国生态林业工程的发展状况，运用软系统方法（SSM）、综合集成法（SIM）、定性中的广义归纳法和系统工程（SE）的知识，针对森林系统及其效益评价系统均为软系统，形成了软系统综合集成法（SSMII），作为评价指标体系建立的软件支撑，利用专家知识库和实测数据库，建立了生态林业工程评价指标体系。李朝洪等（2000）根据我国的国情和林情，在可持续发展理论的基础上，把我国森林资源作为一个大系统。提出了兼顾森林资源系统多种效能的可持续发展指标体系。包括可持续发展描述指标体系和动态评价指标体系。他们认为构建森林资源可持续发展指标体系应依据四个方面的基本要素：经济效能可持续水平、社会效能可持续水平、生态效能可持续水平和可持续发展能力。4个基本要素可以归结为两大方面：一是可持续发展水平的描述，包括前3个基本内容；二是对可持续发展能力的描述，即第四个要素。杨多贵等（2001）按可持续发展指标体系的结构，将可持续发展指标归类为四大体系，即生态学方向的"生态服务"指标体系（ES）、经济学方向的"国民财富"指标体系（MW）、社会学方向的"人文发展"指标体系（HD）和系统学方向的"可持续能力"（SC）指标体系。李卫忠（2001）通过分析研究国内外森林效益计量研究文献，结合世界各国的森林可持续发展评价指标体系，在充分考虑生态公益林结构和功能特征的基础上，采用频度分析法、理论分析法、专家咨询法等，初步构建了我国生态公益林效益评价指标体系框架。王金叶等（2001）具体根据张掖地区实际情况，遵循统一、适用、可操作原则制定了张掖地区森林可持续经营标准与指标。该标准涵盖生物多样性、森林生态系统生产力的维持、森林生态系统健康与活力维持、水土保持、森林对全球碳循环贡献的保持、森林长期多种社会经济效益的保持和加强、法律及政策、信息及技术支持等八个方面，共83个指标。张蕾（2003）从分析西部地区的经济社会发展状况与生态环境的关系入手，对当前实施的退耕还林、天然林资源保护、防沙治沙等重大林业政策进行了评价，分析了存在的政策性问题，根据市场经济发展规律的要求，对进一步完善林业政策提出了前瞻性操作性较强的意见和建议。杨学民等（2003）还根据江苏省徐州市林业的区域特点，以林业可持续发展理论为基础，建立了包括生态、经济、社会3个子系统的39个指标的林业可持续发展指标体系，对徐州市林业可持续发展进行了评价。结果表明，徐州市林业处于传统发展向可持续发展的过渡阶段。

　　总体上讲，森林可持续发展指标体系是一个多属性（自然属性、社会属性）、多标准（生态标准、经济标准、社会标准）的动态指标体系。因此研究大多提出了森林可持续发展描述指标体系的框架，更科学、更具有完全可操作性的森林资源可持续发展指标体系。

第二节　林业现状综合评价

一、目的与意义

（一）森林在江苏社会经济发展中的地位

森林是陆地生态系统的主体，林业是经济和社会可持续发展的重要基础，是生态建设最根本、最长期的措施，在生态环境建设中处于首要地位。建设以森林植被为主体的国土生态安全体系，优化人居环境，改善城乡面貌，再现秀美山川，既是实施可持续发展战略赋予林业的历史使命，也是江苏省实现"两个率先"和生态省目标对林业提出的客观要求。但就整体而言，全省森林资源总量偏少，分布不均，质量不高。2000 年全省有林地面积占国土总面积的 7.54%，加上四旁树木折算面积，森林覆盖率为 10.56%，远低于全国平均水平，缺林少绿的局面还没有得到根本改变。林业建设本身，也还存在结构不合理、基础设施薄弱、经营管理粗放、科技进步缓慢和产业规模小、资源利用率低、市场化程度不高等诸多问题。林业仍然是国民经济发展中的一个薄弱环节，与社会经济发展和人民生活的需要不相适应，与其肩负的维护国土生态安全、促进社会经济可持续发展、弘扬生态文明的重大历史使命不相适应。为此，省委、省政府决定实施"绿色江苏现代林业行动"，争取用 8~10 年的时间，实现倍增森林资源总量，健全森林生态网络，优化林业产业结构，丰富森林文化内涵的总体目标，基本满足社会经济可持续发展的需求。

（二）林业评价的意义

随着社会经济的迅猛发展，江苏林业也逐步进入了现代化的发展阶段。现代林业既是现代社会的一个基础产业，同时又肩负着保护和改善生态安全的重任，是一个具有综合功能的行业。较传统林业，现代林业无论在其内涵、内容、性质和任务等方面都产生了质的飞跃。林业的可持续发展，已经成为国家和社会可持续发展的基础和核心。面对人多地少林少的突出特点，如何让森林在地区建设中最大限度的发挥其综合效益，如何保证生态良好、山川秀美的生态环境，直接关系到未来社会的发展和小康目标的实现。因此，建立一套适合江苏现代林业发展水平的评价指标体系，已经成为十分紧迫的课题。同时，林业发展评价研究还是完善林业可持续发展理论及指导可持续发展实践的基础。林业是一个社会 - 经济 - 自然复合生态系统，林业可持续发展指标体系能够反映可持续林业的基本特征，即林业生态系统的可持续性、林业社会系统的可持续性和林业经济系统的可持续性。林业发展综合评价指标体系的建立有助于对可持续林业的各个方面进行综合、全面的评价，防止片面性，有助于用统一的尺度将可持续发展林业的定性指标和定量指标进行综合、评判。积极进行林业综合评价，制定森林可持续发展的标准与指标，还有助于描述森林可持续发展的特征并为评估其进展提供量与质的标准；有助于为有关森林的保护、经营和可持续发展的国内政策制定奠定基础、提供参考；有助于丰富国内和国际间有关森林可持续经营对话的概念与术语，为实现森林可持续经营的国际国内合作奠定基础；有助于阐明包括产品认证在内的有关环境与贸易的问题解决。

二、原理与方法

（一）评价指标的构建原则

20世纪末21世纪初，是中国社会主义市场经济体系基本完成后的经济高速增长期，必然会受到人口、资源、环境等方面的巨大压力，因此中国的林业必须为社会经济可持续发展提供强大的资源支撑，并担负起生态环境建设的重任。林业可持续评价指标体系和评价标准的建立，是一项复杂的系统工程。林业作为一个系统，它既是国民经济大系统中的一个子系统，又是全球生态环境系统中的一个子系统。它是由一系列相互联系、相互影响的有关人力、资源、目标、观念以及过程所组成的整体，和国民经济各个部门有着密切的联系。森林资源是林业经营活动的主要对象，也是林业的核心。森林资源问题涉及到自然、生态、经济、社会等各方面的问题，是一个极其复杂的多种因素相互作用的整体，森林既是一个资源系统，又是一个生态经济系统。必须用复杂大系统的理论与综合集成的方法去研究森林和林业的特点及其运动规律。也就是说，通过分解协调原则，在定性分析指导下结合定量分析，将自然科学与社会科学、软技术与硬技术、现代方法与传统方法等结合起来，把人员、知识、方法、功能协调起来。因此，在制定可持续林业评价指标体系和评价标准时，必须遵循以下原则。

1. 科学性

制定的评价指标必须科学合理，能够反映可持续林业的本质内涵和特征，既能反映系统的自然生态环境状况，又能反映其社会经济差异；既要能够反映系统的静态状况，又要能够反映系统的动态变化。

2. 系统性

评价指标和标准要有全面系统性，能够反映系统的结构、功能和效益，不能遗漏某些重要的生态经济指标。

3. 公平性

评价指标和标准要能够体现代间平等和代内不同地区不同人群之间的平等。

4. 可操作性

设置的评价指标概念明确，计算方便，数据易于得到，便于在实践中应用。

5. 时空差异性

林业的发展是一个动态过程，集目标、状态和过程于一体，江苏幅员辽阔，生态环境各异，苏南、苏中、苏北的经济与社会发展水平很不平衡，森林资源的地理空间分布也不均衡，这使得林业的环境效应在空间上表现出明显不同的地域特征，在制定标准与指标体系时，必须充分考虑上述因素。

（二）指标体系筛选的思路和方法

建立科学、合理的指标体系关系到评价结果的正确性，是评价工作的重要内容和基础工作。国内外虽然提出不少可持续发展评价的指标体系，但在评价标准方面仍存在一些问题：一方面人们为追求指标体系的完备性，不断提出新指标，使指标体系数目不断增大；另一方面，由于缺乏科学有效的指标筛选方法，大多是靠评价者的经验选择指标，故存在很大的主观性。

1. 筛选思路

筛选评价指标时，必须遵循一定原则，不能仅由某一原则决定指标的取舍，而要综合考虑。同时，由于受认识水平的限制，对于指标的主成分性、针对性等目前还难以定量衡量，只能依赖评价者对森林效益内涵的理解程度及其对评价对象的了解程度作出选择。在指标的完备性方面同样缺乏定量的衡量方法。因此，指标筛选的思路一方面应吸收前人的研究成果中的优良指标；同时，根据评价对象的结构、功能以及区域特性，提出反映其本质内涵的指标，以便科学、公正地进行评价工作。

2. 筛选方法

筛选指标的方法主要有专家咨询法、理论分析法、频度分析法及软系统归纳集成法（SSMII）等。本课题组综合运用这四种方法的优点，采取频度分析法，从国内外130余篇研究文献中，对各种指标进行统计分析，选择出170多个使用频度较高的指标，结合对江苏林业的实地考察结果和有关社会经济条件、森林资源状况的资料，对初选指标进行分析、比较、综合选择那些针对性较强的指标。在此基础上，广泛征询有关专家意见，对指标进行补充、调整，由此筛选出了林业发展综合评价的指标体系。借鉴软系统归纳集成法（SSMII）再对评价指标进一步进行精选。软系统归纳集成法（SSMII）有机融合了软系统方法（SSM）、综合集成法（SIM）、定性中的广义归纳法和系统工程（SE）的优点。①SSM法是一个已感知的期待改善问题的开始，未包括问题的发现与形成这一前期阶段；且SSM目标在于探索与改进问题，其变革现实部分比较笼统。②SIM法也如此，但它难于掌握解决问题的"度"，其研究结论通常缺乏量的规定与可操作性；但它能得到有针对性的对策或行动方案，使SSM中失于笼统的变革部分具体而可操作，对剩下的难于结构化的问题也可用SSM法改进。③SE工程偏于硬系统，解决良性结构问题；因此，只有把SSM、SIM、SE和定性研究4种方法有机结合起来，逻辑上才完善，也才能覆盖各种系统。其次，这些方法本身的特点是互补的，因定性研究长于发现问题，提出问题和开发概念，SSM法有可能使整个问题或其部分结构化后成为目标明确的优良结构系统，从而用SE求得问题的解决；再由定性研究→SSM→SIM→SE，定量研究色彩越来越浓，对专家经验体系的利用越来越弱。

SSMII的逻辑程序由4个相互关联部分组成：①任务目标分析阶段。接受了解决目标不明确，结构模糊的复杂软系统问题后，要通过对系统的环境、功能、组成要素、结构与运行、输入与输出、历史与现状等进行调研与分析，来构想问题情景，挑选专家与样本（或典型）。基本上采用广义归纳方法，以专家会议或咨询形式，形成对研究问题明白的、公认的表述形式系统（以后可以再修正）。通过结构化分析分别转入第二或第四步。②用SSM处理不良结构问题使其科学化阶段。在问题系统更新以后，或者再用SSM改进问题提法，或者再作结构化分析并分别转入第三或第四步。③用 SIM 处理半结构化问题，尽管对这种问题的全部我们不一定能把握，但总可以找到供我们行动决策的（当时当地）相对满意方案。④用 SE 处理良结构问题，一般可求得这部分问题的最优解。

三、指标的建立

在建立初步评价体系的基础上，课题组根据上述方法，邀请有关专家填写两种表格：《江苏现代林业发展综合评价专家咨询表》和《江苏现代林业发展综合评价指标重要性比较表》。前一表格请专家对每一待定指标按赞成、基本合理、需修改、不恰当 4 个等级填写；后一表格按很重要（4）、重要（3）、一般（2）、次要（1）和无法表态（0）进行填写。课题组再对专家的评判结果进行统计分析。若专家赞成某项指标的人数大于 60% 时，该指标作为保留指标；对于补充指标，在会上提出，请专家表态，若 60% 以上的人赞成增补的，作为保留指标，由此把课题组整理提出的指标进行调整和归并，并构成第二轮评价指标体系。对第二轮评价指标，运用头脑风暴法和会内会外法对指标框架和各级指标进行归并、补充和重要性表态，经统计、分析、整理，凡评价指标有 70% 以上的专家赞成的，均作为保留指标，同时课题组成员又根据专家的定性和定量信息对指标的重要性进行分析构成第三轮评价指标体系。然后，课题组以第三轮评价指标为基础，邀请 13~14 名专家和高层管理人员，请他们根据江苏林业和区域社会经济特点，按照 SSMII 法的要求，按 5 等 9 级法对指标重要性进行表态和指标两两比较。根据专家判断结果，采用特征根法构造 AHP 群组判断矩阵。计算各比较因素相对于上一层因素（准则）的相对权数，并对各矩阵进行一致性检验。最终得到各层因素对决策目标的合成权数，并进行重要性排序。最终实现各种决策方案的选择，形成比较完善的江苏林业综合评价体系。

四、现状评价

（一）综合评价指标体系

1. 综合评价指标体系的层次结构

（1）总目标层

本指标体系建立的总目标是对江苏现代林业发展进行综合评价。

（2）综合评价层

综合评价层把江苏现代林业分为几个大的方面，用这几大方面价值的非线性相加来反映总目标的价值。本评价指标体系中的综合评价层包含以下 4 个方面：森林资源状况、生态环境功能、社会经济效益和保障体系。

（3）项目评价层

项目评价层是综合评价层的分支，可以从不同角度对综合评价层进行描述，在更细的层次上反映评价总目标。本评价体系中的 4 个综合评价层共包含 15 个项目评价指标。分别是：

森林资源状况（2 个）：森林情况（含湿地资源状况）、生物多样性情况。

生态环境功能（5 个）：维持碳平衡、空气质量改善状况、噪声环境改善能力、降温增湿能力、卫生保健作用。

社会经济效益（5个）：林产品收益、苗圃及林农复合经营收益、景观游憩价值、相关产业带动效益、森林生态工程建设水平。

保障体系（3个）：社会对林业重视程度、林业科技与教育、林业政策体系。

（4）子项目评价层

子项目评价层将项目评价层进一步细化，把项目评价层分化成彼此独立的几个方面，可以从更细的层次上反映评价总目标。本评价体系中4个综合评价层所含的15个项目评价层中共含51个子项目评价指标。

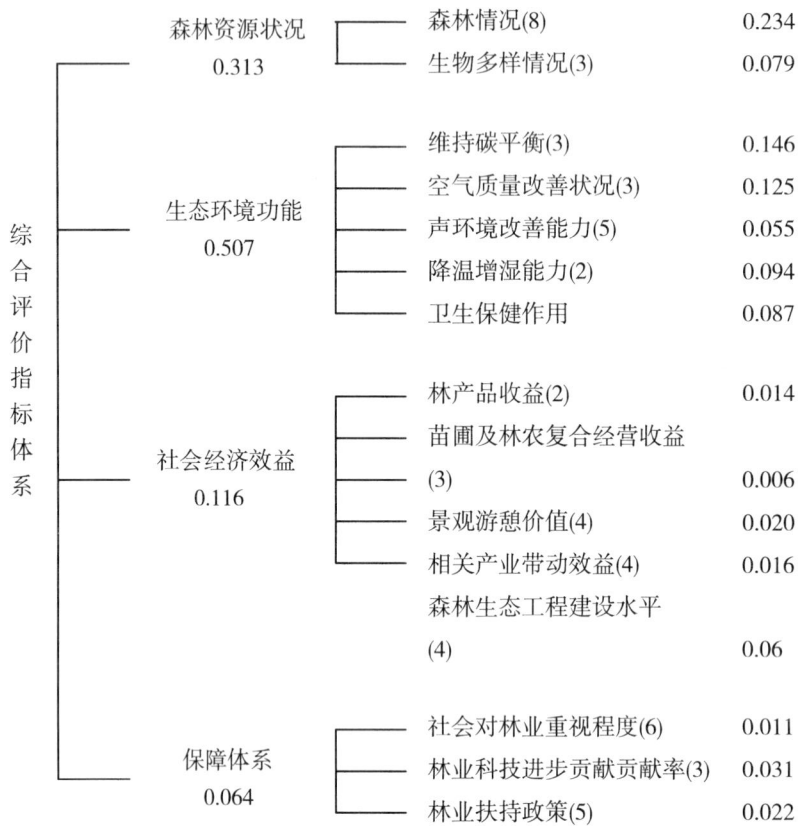

图 3-1　江苏现代林业综合评价体系

据此建立评价指标体系，如图 3-1（未包含子项目层）。

2. 项目层指标含义

（1）森林情况

①森林覆盖率（%）

②城市森林覆盖率（%）

③人均林地面积（平方米/人）

④公益林面积（以总规划中 2020 年公益林的达标面积为标准）

⑤自然保护区和森林公园面积（以总规划中 2020 年自然保护区和森林公园的达标面积

为标准）

⑥森林分布均衡度 E

$$E = 1 - \frac{\sum（总体覆盖率 - 第\,i\,统计小区的覆盖率）}{n\,个统计小区 \times 总体覆盖率}$$

E 接近于 1，表明森林覆盖分布越均衡，最有利于环境功能提高

⑦活立木蓄积量（以总规划中 2020 年活立木蓄积量的达标值为标准）

⑧林分质量：可包括林分结构；密度结构；林分灾害水平等

$$林分灾害水平 = \frac{灾害（病害虫害火灾及其他灾害）发生面积（公顷）}{城市林业面积（公顷）} \times 100\%$$

（2）生物多样性

①生态系统多样性

主要包括：a. 森林生态系统多样性，即不同森林类型占林业总面积的百分比；b. 主要森林类型按龄级划分的面积比值；c. 人工林与天然林面积比值；d. 人工林中针叶树与阔叶树的面积比值；e. 人工植被中乔灌草的面积比值，湿地生态系统多样性。

②物种多样性

主要指：a. 本地区的物种种类、数目及平均每平方公里的种类数目；b. 本地区物种的种群动态；c. 处于不能维持可繁育种群风险的物种状态（珍稀、受威胁、濒危或灭绝的）；d. 外来物种的种类、数目及其占本地物种总数的比例。

③遗传多样性

主要指：a. 分布范围显著缩小或种群数量显著减少的物种数量；b. 主要树种特定基因资源的保存情况；c. 树种遗传性衰退及有待更新品种所占比例。

（3）维持碳平衡

①制 O_2 量

植物在进行生物生产过程中，吸收一定的 CO_2，同时释放一定量的 O_2，理论上可通过光合作用化学式

$$6CO_2 + 12H_2O \xrightarrow{\text{光}} C_6H_{12}O_6 + 6O_2$$

根据林业中的对象（森林和草地）的年生长量平均值进行推算。

② CO_2 吸收效益（固碳量）

固碳量［吨／（公顷·年）］的计算与制氧量的计算相似。

③有机物制造水平

（4）空气质量状况

①悬浮颗粒物 TSP 吸收效益

②有害气体（NO_x、O_3 等）吸收效益；

③酸雨危害减少率

（以上内容具体测定方法参照国家环保总局标准执行）

（5）声环境改善能力

①噪声变化指数（%）$= \dfrac{T_0 - T}{T_0}$

T_0：非林区平均噪声　T：林区平均噪声

②林带吸声模数

（6）降温增湿能力

①温度变化指数（%）$= \dfrac{T_0 - T}{T_0}$

T_0：非林区平均温度　T：林区平均温度

②湿度变化指数（%）$= \dfrac{S_0 - S}{S_0}$

S_0：非林区平均湿度　S：林区平均湿度

（7）卫生保健作用

①负氧离子含量

②单位体积空气中含菌量减少百分比

（8）林产品收益

①木材产值

按考虑的活立木（以树种和树龄分类）来计算，即木材总产值（人民币）= 蓄积量 × 出材率 × 标准林价

②非木质林产品

主要指干鲜果品、药材产值等收入

（9）苗圃及林农复合经营收益

主要包括：①种苗收入　②间作收入

（10）景观游憩价值

主要从满足人的精神需求角度来衡量，包括：①森林景观奇特度　②森林景观完整度　③森林景观愉悦度　④旅游人数和客流率

（11）相关产业带动效益

主要指对几个重要产业的带动作用及所带来的直接经济效益，其中包括：①房产业　②运输业　③加工业　④服务业

（12）森林生态工程建设水平

主要指几大生态林业工程的建设规模及建设水平，包括：①生态防护林工程　②绿色通道工程　③退耕（租地）造林工程　④城郊森林工程

（13）社会对林业重视程度

这是现代林业持续发展的重要保证之一，主要体现在：①林业在地区发展中的地位　②领导重视程度　③公民绿化意识　④农民自主参与程度　⑤义务植树尽责率　⑥林业职工年收入水平

（14）林业科技与教育

①数字林业建设水平　②林业科技进步贡献率　③林业科技人员数量 / 万人

（15）林业政策体系建设

①林业产权政策　②林业采伐管理　③林业税费减免　④林业信贷扶持　⑤林业生态效益补偿基金

3. 综合定量评价参数表

把 100 分按权重赋予整个评价系统，各要素按其权重分得其值，从而得出江苏林业综合定量评价参数表，见表 3-1。

表 3-1　江苏现代林业发展定量综合评价参数表

综合评价层（分值）	项目评价层（分值）	子项目评价层	分值
森林资源状况 31.3	森林情况 22.3	森林覆盖率（%）	7.02
		城市森林覆盖率（%）	5.22
		人均林地面积	0.21
		公益林面积	2.12
		自然保护区和森林公园面积	0.51
		森林分布均衡度 E	0.33
		活立木蓄积量	6.38
		林分质量	1.51
	生物多样性情况（包含湿地资源） 9.0	生态系统多样性	3.46
		物种多样性	4.51
		遗传多样性	1.03
生态环境功能 50.7	维持碳平衡 14.6	制 O_2 量	5.65
		CO_2 吸收效益	6.32
		有机物制造水平	2.63
	空气质量状况 12.5	悬浮颗粒物 TSP 吸收效益	6.92
		有害气体（NO_x、O_3 等）吸收效益	4.25
		酸雨危害减少率	1.33
	声环境改善能力 5.5	噪声变化指数（%）	3.67
		林带吸声模数	1.83
	降温增湿能力 9.4	温度变化指数（%）	6.30
		湿度变化指数（%）	3.10
	卫生保健作用 8.7	负氧离子含量	2.90
		单位体积空气中含菌量减少百分比	5.80
社会经济效益 11.6	林产品收益 1.4	木材产值	0.25
		非木质林产品（干鲜果品、药材等）	0.15
	苗圃及林农复合经营收益 0.6	种苗收入	0.40
		间作收入	0.20
	景观游憩价值 2.0	森林景观奇特度	1.03
		森林景观完整度	0.57
		森林景观愉悦度	0.27
		旅游人数和客流率	0.13

（续）

综合评价层（分值）	项目评价层（分值）	子项目评价层	分值
社会经济效益 11.6	相关产业带动效益 1.6	房产业	0.92
		运输业	0.10
		加工业	0.19
		服务业	0.39
	森林生态工程建设水平 6.0	生态防护林工程	3.65
		绿色通道工程	1.58
		退耕（租地）还林工程	0.47
		城郊森林工程	0.30
保障体系 6.4	社会对林业重视程度 1.1	林业在地区发展中的地位	0.04
		领导重视程度	0.07
		公民绿化意识	0.47
		农民自主参与程度	0.27
		义务植树尽责率	0.15
		林业职工年收入水平	0.10
	林业科技与教育 3.1	数字林业建设水平	2.29
		林业科技进步贡献率	0.52
		林业科技人员数量（个/万人）	0.29
	林业政策体系 2.2	林业产权政策	1.07
		林业采伐管理	0.10
		林业税费减免	0.22
		林业信贷扶持	0.26
		林业生态效益补偿基金	0.55

4. 评价方法

从表 3-1 可以看出，生态环境功能在现代林业发展过程中具有相对重要的作用，在综合评价层各要素中的重要性次序依次大于森林资源状况、社会经济效益和保障体系。在项目评价层中，森林情况、维持碳平衡、空气质量状况、降温增湿能力、卫生保健作用、生物多样性情况、森林生态工程建设水平、声环境改善能力、林业科技与教育等具有相对重要的作用。从更细一级的子项目评价层来看，森林覆盖率、悬浮颗粒物 TSP 吸收效益、活立木蓄积量、CO_2 吸收效益、温度变化指数、单位体积空气中含菌量减少百分比、城市森林覆盖率、制 O_2 量、物种多样性等都在林业发展中起着相对重要的作用。

生态环境功能在江苏林业发展中的突出地位，在一定程度上反映了林业在区域社会经济发展中的重要作用。江苏是一个人多地少林少的省份，传统的经济模式导致能源、资源、水源大量消耗，污染物排放严重，使得资源浪费，环境污染，生态环境遭到严重破坏。同时，随着人口总量、经济总量和消费总量的持续增加，生活废弃物、日用化学品、农业废弃物和工业"三废"也将继续增加，环境污染、生态破坏的趋势将日趋严峻，生态问题已成为制约经济和社会可持续发展的严重障碍。森林是陆地生态系统的主体，对维持地球碳氧平衡、保持水土、涵养水源、调节气候、净化大气、防风固沙、杀菌保健、养护物种等都具有不可替代的作用。林业是经济和社会可持续发展的重要基础，是生态建设最根本、最长期的措施，在生态环境建设中处于首要的地位。因此，生态环境功能既是评价江苏林业发展的首要指标又是一个最重要的指标。

森林资源状况是进行现代林业建设的最基本保障，是"绿色江苏"目标得以实现的直接"载体"，在林业发展中具有决定作用。同时，森林资源总量的多少（主要以森林覆盖率、活立木蓄积量、公益林面积和人均林地面积为表现形式）、物种的多样化与丰富程度、林分质量的好坏以及林地的可持续经营能力还是判断林业发达水平的重要标志，也是衡量地区生态文明状况的最重要因子。

另外，森林又具有明显的社会经济效益。它是发展经济、改善人民生活的重要基础，能提供人们所需要的木材、食品、药品、燃料及工业原料等各种物质；能为人们的休闲娱乐提供舒适、愉悦的场所；还能带动房产业、运输业、加工业以及其他服务行业的发展，不仅可以创造物质财富，提高居民收入水平，而且可以扩大就业渠道，增加就业岗位，维护社会稳定，具有极高的经济价值和社会意义。

保障体系是评价现代林业良性发展的重要支撑。加强政策扶持，保障林业长期稳定发展。既要加大政府对林业建设的投入；又要加强对林业发展的金融支持；并要切实做好减轻林业税费负担工作。同时，要强化科教兴林，依法治林，不断加强林业科技教育工作和林业法制建设。只有各级党委和政府高度重视林业工作，并坚持和完善林业建设任期目标管理责任制，动员全社会力量关心和支持林业工作，才能真正实现山川秀美、生态和谐、可持续发展的美好社会局面，也才能为实现"两个率先"和生态省的建设目标奠定坚实的基础。

（二）林业工程量化评价

上述指标体系中所含内容较多，不仅具有一些定量指标，而且也包含许多定性指标。这主要是由森林的多种属性、用途和功能所决定的。同时这在决定森林评价指标多样性的同时，也决定了评价方法具有多重性的特征。为了简化评价体系，更加利于实际操作，并实现评价指标的完全量化，本课题组紧密结合"绿色江苏现代林业工程总体规划"中所提出的18个能够突出反映林业基本特征的数量指标作为基本指标，另外建立了一套完全量化的"绿量指数＋技术指数＋存量指数"的指标体系。经过同样的权重分析方法，得到了另外一个指标体系（图3-2）。

存量既是一个地区森林资源丰富程度的重要标志，也是该地区林业是否具有可持续发展能力的重要基础。它在地区林业建设中具有相对重要的作用。其中，生态公益林面积（0.182／0.557）和湿地面积（0.126／0.557）在资源存量指标体系中占绝对重要的地位，这主要与其生态环境功能密不可分。生态公益林不仅具有维护和保持生态平衡，保护生物多样性、涵养水源、提高空气质量、改善区域气候条件、防风保土及卫生保健的重要功能，而且还可以增加农民收益、扩大社会就业、提供休闲娱乐场所、带动相关行业及某些产业的发展，人类提供公益性、社会性产品或服务性产品，具有较好的社会效益。特别是在当今全球自然资源趋于枯竭，生态环境日益恶化的大背景下，森林的公益效能越来越被充分的体现出来，生态公益林的建设便成为改善生态环境和优化人居环境的重要保障。湿地有着潜在或实际维

```
                                          ┌─ 森林覆盖率      0.164 ─┐
                                          ├─ 农田林网化率    0.037 ─┤
                            绿量指数 ─────┼─ 城市绿化率      0.073 ─┤
                            0.320          ├─ 水岸绿化率      0.023 ─┤
                                          └─ 绿色通道绿化率  0.023 ─┘

                                          ┌─ 病虫害防治率        0.008 ─┐
                                          ├─ 木材资源利用率      0.032 ─┤
林业工程状况与发展综合评价体系 ── 技术指数 ─┼─ 林业对农民致富贡献率 0.053 ─┤
                            0.123          ├─ 科技进步贡献率      0.012 ─┤
                                          └─ 林业科技成果转化率  0.018 ─┘

                                          ┌─ 活立木蓄积（万立方米）  0.089 ─┐
                                          ├─ 保护区面积（万公顷）    0.06  ─┤
                                          ├─ 森林公园面积（万公顷）  0.041 ─┤
                            存量指数 ─────┼─ 湿地面积（万公顷）      0.126 ─┤
                            0.557          ├─ 林业总产值（亿元）      0.013 ─┤
                                          ├─ 林业用地面积（万公顷）  0.019 ─┤
                                          ├─ 有林地面积（万公顷）    0.028 ─┤
                                          └─ 生态公益林面积（万公顷）0.182 ─┘
```

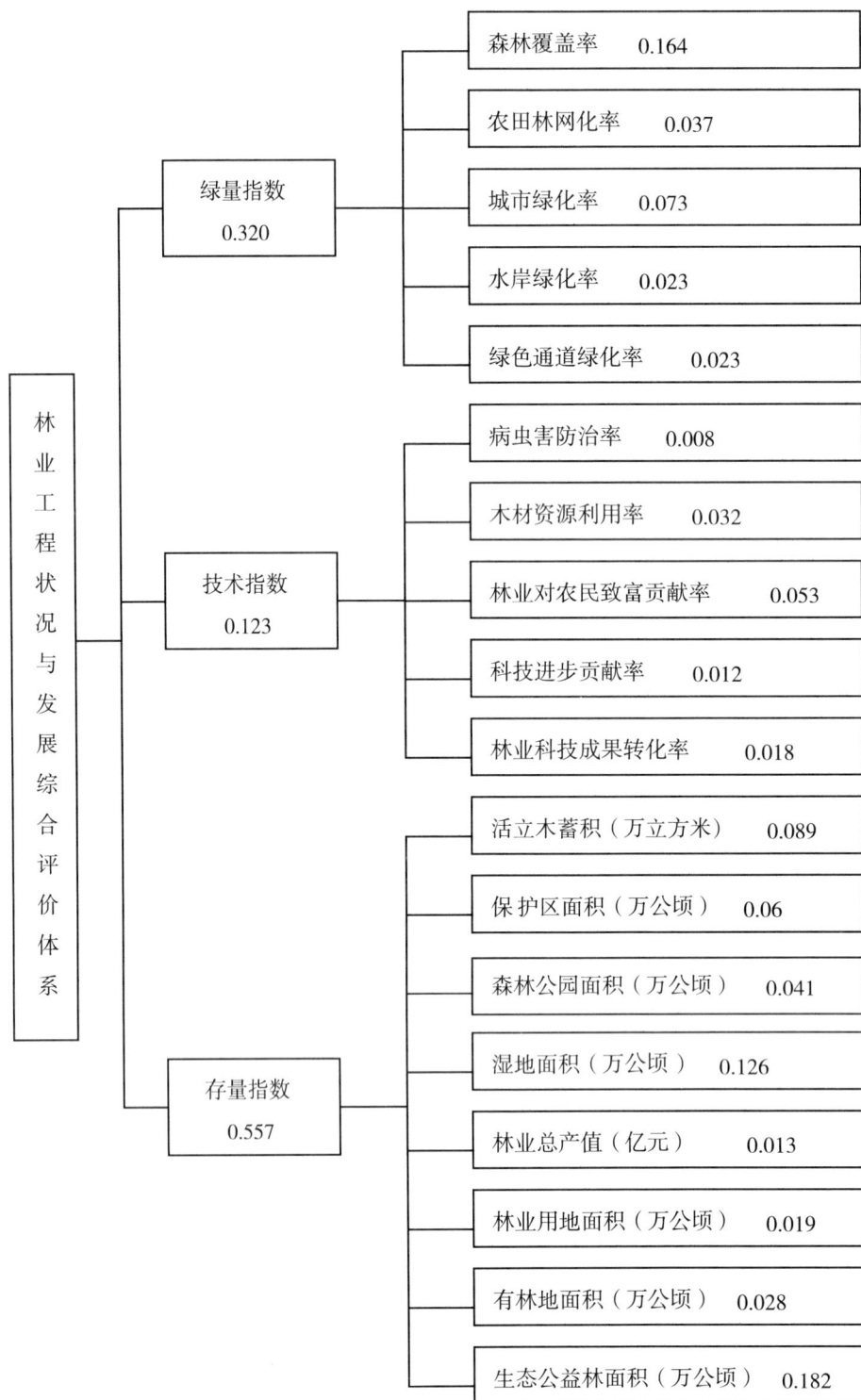

图 3-2   江苏现代林业工程状况与发展量化评价

持、保护人类活动以及人类未被直接利用的财产，或维持、保护自然生态系统的过程的能力；它在蓄水、调节河川径流，补水、维持区域水平衡，防止海水入侵，调节气候，降解污染，防止自然物侵蚀，提供野生生物栖息地，固碳及维持自然系统等方面具有重要作用；并且还可以为人类提供动、植物产品，进行供水和能源生产，提供休闲和旅游场所等。积极开展森林生态工程建设，切实做好湿地保护工作，是维持陆地健康自然生态系统的重中之重。

绿量是表述一个地区森林资源状况的最明显指标。森林覆盖率、农田林网化率、城市绿化率、水岸绿化率、绿色通道绿化率都是地区生态文明的重要标志。其中，森林覆盖率（0.164/0.360）是森林资源丰富程度的一个综合指标，在绿量指数中具有相对重要的作用。技术指数可以较好的反映区域森林资源的健康水平、利用效率、科技含量及经济效益。它也是发展现代林业基础与保障。

第三节　江苏现代林业建设的必要性

通过实施绿色江苏现代林业建设工程，不仅有利于实现林业的可持续发展，而更重要的在于它能够促进经济与生态协调发展，促进林业与农业合理配置，促进城市与乡村统筹发展，促进人与自然和谐共处。为实现"两个率先"的战略目标，为江苏乃至全国经济社会的可持续发展奠定坚实的生态经济文化基础，并产生积极而重要的影响。具体地说，加快林业建设的必要性主要包括以下 3 个方面。

一、是实现经济社会可持续发展的基本要求

人类文明的发展基本上经过了以下几个演变阶段：第一阶段为原始文明时代，这个阶段的基本特征是自然创造了人类；第二阶段为农业文明时代，在这个时期，处于有限度地利用自然的阶段，人类基本上能够与自然界和谐共处；第三阶段为工业文明时代，在这个时期，人与自然的关系基本上是人类对自然的征服，以及自然对人类的报复；第四阶段为新的生态文明时代——这正是 21 世纪人类追求的目标，人类将逐步改变行为方式，建立新型的人与自然和谐共处的关系，最终实现经济社会的可持续发展。因此，21 世纪是可持续发展的世纪，也必然是一个生态与经济协调发展的时代。经济社会可持续发展的核心是生产力的可持续发展。按照生态经济学的观点，经济再生产的基础和前提是自然再生产。要实现经济社会的可持续发展，就必须保护自然再生产的能力，确保自然生态系统结构的完整性，保证其自我恢复和调节的能力。

森林是可以再生和循环利用的自然资源，不仅有经济效益，同时还发挥着巨大的生态效益和社会效益，在实现经济社会的可持续发展，就必须保护自然再生产能力的过程中，具有不可替代的作用。可以说林业的可持续发展，是社会经济可持续发展的基础和前提。江苏人多地少，森林资源相对不足，且分布不均，质量不高。这是与江苏省优越的自然条件和发达的社会经济状况极不相称的。

截至 2000 年，全省有林地面积占总面积的 7.54%，加上四旁树木折算面积，森林覆盖率为 10.56%，远低于全国 16.55% 的平均水平，在 31 个省区市中列第 25 位。有林地面积仅

占全国的 0.58%，森林蓄积量仅占全国的 0.35%。人均有林地 0.16 亩，人均活立木总蓄积 0.55 立方米，均低于全国和世界的平均水平。江苏省森林资源以人工林为主，天然林面积仅占全省森林面积的 4.19%，主要分布于苏南低山丘陵地区，且一般都经过了人为活动的干扰。人工林的树种比较单一，全省林分面积中杨树占主导地位（占林分面积的 54.2%）。在苏北地区，阔叶林的比重高达 90% 以上，且大多为纯林，林分的稳定性差，生态效益不高。而且这种状况对森林防火、病虫防治和环境保护都十分不利。

随着经济的高速发展，生态环境问题已经开始突现出来。土地退化（沿海地区及黄河故道的土壤盐渍化、丘陵地区水土流失、耕地养分失衡、基础肥力下降、农药农膜污染等）、湿地退化（围垦导致的湖泊湿地面积减少、生物多样性受到威胁、湿地生态系统污染加剧等）、地面水污染、大气污染等生态环境问题已经成为制约经济社会可持续发展的重要因素。要想改变江苏经济和生态发展不平衡的局面，加快林业发展是唯一的出路。在当代农业经济结构急需调整的形势下，加快林业发展十分必要。用 8~10 年时间，使全省森林资源在现有基础上翻一番，到 2010 年全省森林覆盖率达到 21%，初步建成资源丰富、布局合理、结构稳定、功能完备、优质高效的现代林业生态网络体系和林业产业体系，可以有效地促进农业与林业合理配置、复合经营，实现良性发展。2002 年末江苏省城镇人口 3299.3 万人，乡村人口 4081.7 万人。出现了苏锡常、南京、徐州三大城市群。在城镇化进程中，城市与乡村差距缩小，城镇环境问题越来越突出，城乡布局、城市之间的布局不尽合理。实现经济社会可持续发展和"两个率先"，客观上要求城市与乡村协调发展。

二、是实现"两个率先"宏伟目标的必然要求

根据党的十六大精神，江苏省委、省政府明确提出了在全国率先全面建成小康社会和率先基本实现现代化的宏伟目标。实现小康社会，不仅要在吃穿住用等物质生活方面达到小康水平，更重要的是城乡居民要有一个处处有草地树木、山清水秀、鸟语花香、街道整洁、空气清新、水体清洁的生活、出行和工作环境。否则，即使人均国民生产总值达到了小康社会水平，生态环境却因单纯追求经济发展而恶化，这是与全面建设小康社会的根本要求相违背的。所以，必须把发展经济与生态环境建设放在同等重要的位置。要率先基本实现现代化，不能没有林业的现代化。现代林业是生态环境建设的主体、是可持续发展的基础，也是国民经济的重要组成部分，担负着维护生态安全、保护生态环境、促进经济发展、美化人居环境、弘扬生态文明的重大使命。但是就林业发展现状来看，远远不能满足社会经济发展和人民生活的需要。具体表现在 3 个方面：

第一，现代林业建设是改善生态环境状况的迫切要求。由于历史开发悠久，人多地少，加上城市化的加速发展，江苏省森林资源匮乏，林业基础比较薄弱，水土流失、土壤盐渍化、耕地退化、湿地退化、水资源污染、大气污染等生态问题相当突出。森林生态系统是地球上覆盖面积最大、结构最复杂、生物多样性最丰富、功能最强大的自然生态系统，在维护自然生态平衡和国土安全中处于其他任何生态系统都无可替代的主体地位。建设以森林植被为主体、乔灌草相结合的国土生态安全体系，减缓温室效应，治理水土流失，遏制荒漠化，

保护生物多样性，是国家可持续发展赋予 21 世纪林业的重大历史使命。通过实施绿色江苏现代林业工程，改善生态环境状况，改变江苏经济和生态发展不平衡的局面，是我们追求的重要目标。

第二，林业是国民经济的重要组成部分，发展现代林业产业是壮大区域经济的重要途径。江苏省自然和经济条件优越，不仅具备生态产业的条件，而且已经有了一定的产业基础。如杨树速生丰产林和木材加工产业，园林苗木产业，银杏产业等。还有一些发展潜力很大的产业，如竹产业、经济林产业、蚕桑产业、茶产业、森林旅游产业等。加快经济林和林木种苗、花卉基地建设，进一步加强林业第一产业的基础地位；大力发展林特产品精深加工，提高综合利用水平，优化产品结构，强化产业素质；积极发展森林旅游为主的服务业，努力培育新的林业经济增长点。发展现代林业生态产业，使产业化程度在更高水平上发展，有利于全省绿色 GDP 的不断增长，实现生态与经济的协调发展。

第三，林业是社会文明的载体，江苏是我国古代吴越文化、长江文化的发祥地，自然资源、人文景观十分丰富，南京古都、苏州园林、太湖风光、扬州古运河、连云港海域码头等世界闻名，历史人文名胜更是如群星灿烂。建设现代林业，就是要充分发挥自然与人文资源丰富的优势，按照以人为本的发展观，不侵害后代人生存发展权的道德观，人与自然和谐相处的价值观，指导林业建设，弘扬森林文化，改善生态环境，推进物质文明、政治文明和精神文明建设。使人们在思想意识、科学教育、文学艺术等方面都与生态伦理价值观相一致，在生产方式、消费方式、生活方式等方面形成生态文明的社会新风尚。发展包括森林旅游、城市与乡村林业、自然保护区为代表的现代林业，本身就是社会文明的标志，其成果必然极大地丰富江苏省历史与生态文化的内涵。

三、贯彻中央《决定》的重大行动

《中共中央 国务院关于加快林业发展的决定》明确提出了"森林是陆地生态系统的主体，林业是一项重要的公益事业和基础产业，承担着生态建设和林产品供给的重要任务"，做出了"在贯彻可持续发展战略中，要赋予林业以重要地位；在生态建设中，要赋予林业以首要地位；在西部大开发中，要赋予林业以基础地位"的重大决策，在赋予林业在全面建设小康社会进程中的重要地位的同时，更赋予了林业改善生态环境的历史使命。确立了以"生态建设，生态安全、生态文明"为核心的新时期中国林业发展的指导思想；确立了以六大林业重点工程为载体，推进林业快速发展，实现从木材生产为主向以生态建设为主的历史性转变的战略途径；明确了到 21 世纪中叶，基本建成资源丰富、功能完善、效益显著、生态良好的现代林业，最大限度地满足国民经济和社会发展对林业的生态、经济和社会需求，实现林业可持续发展的战略目标。这标志着中国林业进入了一个崭新的发展时期。作为落实国家林业发展战略，贯彻执行中央《决定》的重要举措，江苏省做出"打造绿色江苏，建设生态家园"的战略决策，实施绿色江苏现代林业建设工程是非常及时的，也是非常必要的。

第四节 现代林业发展的优势和潜力

江苏省地处我国东部沿海地带中心部位，自古以来就是我国农业、工业、商贸的宝地，有着很强的区位优势。优越的自然环境、高速发展的经济、深厚的历史文化底蕴、发达的科技教育、政府的高度重视和群众的热情参与，为江苏现代林业发展提供了良好的自然环境和社会环境。可以说，与其他省份相比，江苏省林业的发展有着得天独厚的优势。

新中国成立以来，江苏省林业有了长足发展。但是，如果按照现代林业的标准和指标来衡量，江苏林业在总体上还处于现代林业发展的初级阶段，无论是森林资源总量的增长，还是森林生态质量的提高方面；无论是林业产业规模的扩张，还是林业产业结构升级方面，都具有非常大的发展潜力。

一、优越的自然环境

江苏省地处北亚热带和暖温带的过渡区域，属东亚季风气候。气候温和，雨量适中，四季分明，非常适宜树木的生长，发展林业有着得天独厚的有利条件。

江苏濒临黄海，海洋对全省的气温具有显著的调节作用，与同纬度的内陆地区相比，具有全年温度变化平缓的特点。全年平均气温为 13.3~16.0℃，气温分布的总趋势是自南往北降低，东西间温差小、南北间温差大，最北部的赣榆年均温为 13.3℃，最南部的吴县东山站为 16.0℃，南北温差为 2.7℃。多年平均降水量在 724~1210 毫米，总的特点是南部多于北部、沿海多于内陆、丘陵多于平原、迎风坡多于背风坡。降水最高的地区在西南部的宜溧山地，其中宜兴以 1167 毫米的降水量而居全省之冠，西北部的丰县降水量最少，为 783 毫米。降水量等值线的分布大致呈东北—西南走向。1000 毫米降水量等值线位于洪泽湖和苏北灌溉总渠以南约 30 公里附近，该线以北地区的降水量小于 1000 毫米，该线以南的降水量大于 1000 毫米。

江苏地跨暖温带、北亚热带和中亚热带，树种资源丰富。全省约有乔、灌木和木质藤本植物 86 科、213 属、568 种（包括部分变种），不仅有主要的地带性落叶阔叶树种，而且还有不少常绿阔叶树种。另外，还有国家重点保护野生植物共 14 科 19 属 21 种。野生动物资源有两栖类 21 种，爬行类 56 种，鸟类 428 种，兽类 79 种。全省共有湿地 434.9 万公顷，占江苏省总面积的 42.4%；长江横穿东西 400 多公里，京杭大运河纵贯南北 690 多公里，全省有大小河流 2900 多条，湖泊 300 余个，水库 110 多座，江、河、湖、塘等水域面积（不含海域）达 17300 平方公里，占全省总面积的 16.9%，形成了河流纵横、湖泊众多的特点，为林业发展提供了良好的条件。

二、巨大的土地环境容量

平原占土地总面积的 68.8%，地势平坦，土壤资源丰富，土地环境容量大，实行农林复合经营有很大的潜力。农业在国民经济中的基础地位和江苏省属于沿海平原省份的地理条件，决定了包括林农复合经营在内的现代林业生态工程建设在解决农业、农村、农民的"三农"问题上更具有优势。近年来江苏把林农复合经营作为农业产业结构战略性调整的经营模式和关键措施，效果十分显著。21 世纪头两年全省农林业增加值增长 8.6%，林业产值增加到 150 亿元。这种农业产业结构战略性调整的战略意义在于：既在农业内部大力挖掘增收潜力，又在农业外部努力寻求增收空间；既在人多地少的地区解决了长期以来林业用地不足的矛盾，拓展了林业的发展空间，又增加了森林资源总量；既保护和建设了农田生态环境，改善农产品品质，生产绿色农产品，又缓解了我国木材大量短缺引起供需不足的矛盾，还发展了以林产品加工为主的生态产业；既立足当前，采取见效快的增收措施，又着眼长远，寻求解决增收问题的治本之策。因此，现代林业生态工程建设是解决"三农"问题的新思路、新举措，是功在当代、利在千秋的富民工程。大力推进这项富民工程的实施，奋力掀起绿化造林热潮，齐力搞好生态工程建设，合力培育复合农林业产业，是势在必行的和势不可当的，是小事做实、小中见大、大事做好，好事做实的民心工程，是富强农业、富足农村、富裕农民的民意工程。

在江苏省的北部和西南部，还分布着近 1.5 万平方公里的低山丘陵，占全省总面积的14.3%。目前已绿化造林 28.4 万公顷（不包括 2.6 万公顷无林地），宜林地面积约有 100 万公顷。

沿海地区有着比较丰富的土地资源，而且沿海滩地仍在逐年扩展，不断造出新的陆地。结合沿海开发战略，建设沿海防护林带，不仅可以起到保护沿海湿地资源，抵御台风、风暴潮等自然灾害的作用，还可以加快纸浆林基地建设，促进林纸一体化产业发展。同时，江苏省河流纵横，水网密布，加快水网绿化，既是涵养水源、净化水质、防止土壤流失、巩固堤岸的需求，也是美化环境，建设生态文明的要求。

另外，从江苏省农村产业结构调整看，尚有较丰富的土地资源需要调整。江苏是水系较为发达的省份，它给人们带来便利的同时，有时也带来洪涝灾害，如长江、淮河流域等周围部分低洼地经常受到洪涝危害，如 2003 年 7~8 月淮河洪水使洪泽湖周边的泗洪、泗阳、洪泽、淮阴等市县大面积土地受灾，给农业生产造成巨大的损失，而以杨树为主的农林复合经营模式的损失最低；另外，从增加农民收入，调整农业结构来看，2002 年在"江苏省政府组织苏南苏中苏北林业观摩活动"中就明确指出，"凡是把林业和绿化工作作为农业产业结构调整、增加农民收入的重要工作，作为改善生态环境、优化投资环境的关键措施，作为提升城市品位、提高地区文明程度的必要条件，林业工作就能摆上重要位置，林业发展所需的支撑就会得到保证，林业建设才能富有成效。无论是苏南一些地方水平较高的城市绿化、绿色通道建设，还是苏北地区生机勃勃的杨树、种苗产业，都说明了同样的道理"。这说明，江苏省政府已充分意识到林业对农民增收和生态环境建设的重要性，农业结构将会进一步调整。因此，开展以林为主的多种经营或生态环境建设具有巨大的潜力。

江苏省交通发达，公路和铁路密度在全国亦属于较高地区，实施绿色通道工程建设，建设以增加森林植被，减少空气污染，降低噪音危害为核心，绿化布局与城乡人文环境相协调，集景观效应、生态效应和社会效应于一体的景观线、旅游线和生态线，是江苏现代林业的重要内容。

三、经济快速发展

进入 21 世纪，中国林业正在发生着历史性的转变，生态建设已经代替了木材生产，成为林业建设的主题。生态建设作为一项长期的社会公益事业，必须有雄厚的经济实力来支撑。要加速林业的发展，不仅需要财政投入，还要有企业、社会团体以及广大人民群众的参与。

2000 年，全省国内生产总值达 8583.73 亿元，在占全国 1.07% 的土地上创造了约占全国 9.6% 的国内生产总值。1979~2000 年的平均经济增长率高达 12.6%，远远高于全国 8.1% 的平均水平，创造出了约占全国 9.6% 的国内生产总值。2002 年，国内生产总值突破 1 万亿元，达到了 10636.3 亿元，成为全国第二位的经济大省。全省人均国内生产总值由 1952 年的 131 元增加到 2000 年的 11470 元；按可比价格计算，增长了 22 倍，平均每年增长 6.8%。于 1996 年以 8477 元突破人均 1000 美元大关，分别于 1987 年、1993 年提前实现人均国内生产总值比 1980 年翻一番和翻两番的目标。2002 年，人均国内生产总值达到了 14397 元，位居全国第六。

2001 年城乡居民人均消费水平达到 4322 元，高于全国 3767 元的平均水平，居全国第七位。2002 年城镇居民人均可支配收入 8177.6 元，高于全国 7702.8 元的平均水平，位居全国第六；农村居民人均纯收入 3979.8 元，高于全国 2475.6 元的平均水平，在全国列第五位。

由此可见，江苏省的经济发展指标在全国是名列前茅的，这就为林业的发展提供了坚强的后盾。与此同时，通过江河湖海防护林建设、绿色通道建设和农田防护林建设的绿色屏障建设，通过人工林资源、林纸林板、非木质林产品等绿色产业发展，通过森林旅游、自然保护区建设等绿色文化发展，建立起完善的绿色江苏现代林业体系，也必将为江苏经济社会发展提供良好的生态条件，改善投资环境，增强对外资吸引力和国际竞争力，加快经济的健康、快速发展。

四、发达的科技教育

科学技术是第一生产力，在现代林业建设中科学技术同样具有不可替代的作用。江苏省不仅是全国的经济大省，同时也是科技教育和人才的大省。

江苏历来有重视科技和教育的传统。历史上曾产生过南北朝时期的科学巨星祖冲之、元代纺织技术革新家黄道婆、明代科学家徐光启和地理学家徐霞客、现代数学家华罗庚、物理学家吴健雄等杰出人物。

江苏始终坚持以科技为先导、教育优先发展的方针，"科教兴省"已列为经济、社会三大发展战略之一。根据 2000 年人口普查，高中以上文化程度占全省总人口的 16.96%，比全国平均水平 14.76% 高出 2.2 个百分点；文盲率为 6.4%，低于全国 6.72% 的平均水平。已形成了包括学前教育、基础教育、特殊教育、职业教育、高等教育和成人教育的多层次多类型的教学体系和城乡教育网络。在全国各省中率先基本普及九年义务教育，覆盖率达 100%。全省现有普通高等学校 65 所，在校研究生和本、专科大学生人数居全国第一位；全省高校专任教师人数居全国第二位。南京大学、东南大学、河海大学、南京航空航天大学、南京农业大学、中国矿业大学等都是国内外闻名的高等学校。

政府高度重视林业科研教育工作，每年拿出1000余万元的经费，专门用于解决林业建设中的重大技术问题。江苏省不仅有南京林业大学、中国林业科学研究院林产化学工业研究所、中国科学院江苏省植物研究所等一批国家级研究、教学机构，同时还有省林科院、林业规划设计院、江苏省农林职业技术学院等省级林业科研、教学机构，具有明显的科技、教育和人才优势。江苏省林科院立足实际，选择有针对性的研究课题进行攻关研究，现已鉴定成果100多项，获得各级科技成果奖116项，其中国家级成果奖9项，部省级成果奖52项，其他成果奖55项。大部分成果被应用推广后，取得了十分显著的社会效益、生态效益和经济效益，为保护和发展江苏省森林资源，加快绿化和灭荒工作作出了较大贡献。

五、深厚的历史文化底蕴

江苏省历史文化悠久，名胜古迹众多，人文资源十分丰富。全省共有国家级和省级历史文化名城10个，各级文物保护单位375处，苏州古典园林列入世界文化遗产，南京近现代历史遗迹、徐州汉文化、苏南吴文化、苏中淮扬文化、古运河都是人类智慧的结晶和文化遗产的宝典。南京的中山陵、楚州的周恩来故居是世人仰慕的圣地，无锡的天下第二泉以一首名为"二泉映月"的二胡经典之作名扬海内外。

森林文化是人类文明的重要内容，是传承历史文化遗产和建设生态文明社会的重要组成部分，也是全面建设小康社会的必然要求。随着城市化进程的加快和人民生活水平的提高，人们对改善生态环境、保护生物多样性、森林旅游观光等方面的要求也越来越高，以皇家园林、私家园林、庙宇林、名胜古迹林等为代表的文化林发展模式，已经不能完全满足人们回归自然的愿望。建设城市森林，大力发展森林公园、自然保护区、动物园、植物园等集科普教育、休闲观光、旅游度假等多种功能为一体的文化传承林，正在成为林业建设的新领地。

以深厚的历史文化底蕴为依托，融入现代林业理论和生态文明的理念，通过加快自然保护区、森林公园及城乡人居森林建设，大力弘扬城市园林文化、森林旅游文化、花文化、竹文化、茶文化等，构建历史文化与现代文明交相辉映的新型的绿色生态文化，这是江苏现代林业的丰富内涵。

省委十届三次全会提出要"加快建设与经济发展相辉映、与社会进步相符合、与历史传统相承接、与世界文明相贯通的文化大省"。文化是人类在社会历史发展过程中所创造的物质财富和精神财富的总和，特指精神财富，如文学、艺术、教育、科学、信息。森林是人类文明的摇篮，人类祖先"取叶遮身、摘果为食、钻木取火、筑木为巢"的生存劳动是森林孕育人类文明的生动写照。森林或生态文化是人与森林或生态系统的相互关系及物质财富和精神财富的总和，是大自然漫长演进和人类社会发展的宝贵见证，是森林人格化或生态人格化的鲜活体现，其科研、社会、文化和精神价值巨大。一些自然遗产不仅是弥足珍贵的"活化石宝库"和"生物基因银行"，也是绝无仅有的"大自然观止"。而浸染着人类生产、生活气息的森林文化生态遗产，更是增强民族凝聚力，促进国家安定团结，进行爱国主义教育的生动教材。

现代林业是文化大省建设的重要内容。野生动植物、湿地、风景名胜、天然林等是自然文化的珍贵遗产，森林旅游则是森林文化的直接开发利用，以动植物命名的企业商标也是森林文化的二次开发，形成企业文化。例如"红豆"是第一批中国驰名商标，独具中国传统文化幽深内涵和美好的情愫。唐代大诗人王维一首"红豆"诗千古传诵，红豆成为汉文化中相思和爱意的象征。江苏红豆集团受故乡千年红豆古树的启发，为企业和产品起名"红豆"，反映江苏企业家以文化介入商品生产的前瞻性思维。江苏红豆集团锻造富有森林文化底蕴的名牌商标，对内形成制度的创新力和员工的凝聚力，对外以品牌文化的无形资产去盘活社会有形资产，扩大市场占有率，取得了较大成功。这些都说明森林文化是企业发展的灵魂。当企业拥有十分雄厚的森林文化力量的时候，能够产生强有力的经营结果。无论是应对激烈的市场竞争，还是为消费者提供服务，或者是激励员工共同奋斗，森林文化均可发挥重要的作用。

六、社会对林业的多样化需求

森林是陆地生态系统的主体，林业是经济和社会可持续发展的重要基础，是生态建设最根本、最长期的措施，在生态环境建设中处于首要的地位。建设以森林植被为主体的国土生态安全体系，优化人居环境，改善城乡面貌，再现秀美山川，是实施可持续发展战略赋予林业的历史使命。

生态环境是人类生存和发展的基本条件，随着江苏省现代化和小康社会建设事业的推进，人民生活水平和生活质量的提高，社会对林业的生态需求也在不断提高。据 2000 年零点调查公司对我国 10 个大中城市市民进行的抽样调查结果显示，环境问题已经超过了失业下岗、就业、子女教育、社会治安等问题，成为百姓最为关心的社会问题之一；"清新的空气""清澈的水流"和"青草绿树"已经成为市民们心目中生活质量的重要标志。我国城镇居民家庭住房自有率已达 80% 以上，"周边的卫生绿化环境"已经成为影响城市商品房价格的重要因素。

根据国际经验，当人们的收入达到小康水平以上时，就会产生旅游的冲动。调查表明，2001 年全国森林旅游人数达 1 亿多人次，以森林公园和自然保护区为主的旅游综合收入达 500 亿元。江苏省已有森林公园 34 处，其中国家级 13 处，省级 21 处，经营面积 5.2 万公顷。全省已建自然保护区 23 处，其中国家级 2 处，保护区总面积 61.9 万公顷，约占全省国土面积的 6.03%。2002 年，江苏省森林公园共接待游客 217 万人次，其中海外游客 10 万人次，旅游总收入 19869 万元，其中门票收入 2472 万元，食宿收入 3548 万元，娱乐收入 1670 万元，多种经营收入 12179 万元。森林旅游已经成为重要的林业产业之一。可以预见，随着国内人民生活水平的提高和对外开放进程的加快，生态旅游市场需求将越来越大，这也是江苏现代林业发展的巨大潜力。

江苏率先实现小康社会的森林覆盖率指标是 20%，城市绿化覆盖率为 40%，这当中城市森林应该占有很大的比重。因此，城市森林发展要以国家城市林业发展战略为指导，同时结合每个城市的具体情况确定相应的发展规模，以满足居民日益增长的生态文化需求。

社会对林产品的需求也在日益增大。由于我国实施了天然林资源保护工程，全国商品用材林总供给萎缩了近 1/3，而随着人民的生活水平在不断提高，建设规模和家庭装潢的档次越来越高，对木材的需求量不断增加。据预测，2005 年全国木材供需缺口将达到 1 亿立方米，到 2010 年将达到 1.5 亿立方米。江苏省每年加工消耗木材近 900 万立方米，其中自产材近 300 万立方米，占 1/3，其他省区和进口材大体各占 1/3。木材资源供应的树种主要是杨树、松树、杉木、泡桐、水杉、刺槐等，其中杨树蓄积量占 62% 以上，不仅木材资源树种单一，供应量不足，而且珍贵树种木材和大径级工业用材树种将日趋减少，不得不依赖大量进口。以张家港海关（包括江苏省周边其他省市的用材）为例，2000 年为 181.68 万立方米，2001 年已达 195.5 万立方米，2001 年是 1998 年的 2.47 倍，近年来木材进口量大幅上升。张家港 2001 年进口木材品种已达 150 种，其中巴布亚新几内亚原木达 55 万立方米，占总量 30%，用于生产胶合板原料。

江苏省全省人造板总产量已排名全国第二位，全省每年杨树加工产值达 130 亿元。根据木材作为可再生的、生态友好的材料特点和木材产业的发展态势，木材在相当长的一段时间内仍然是人类大量消费的主要原材料之一，其需求量还将继续扩大。随着国民经济发展和人民生活水平的提高，特别是家庭住房装修、家具和文化事业发展的需要，21 世纪将是江苏省工业用材林及木材加工行业迅速发展的大好时机。

我国纸浆、纸和纸板的产量分别占世界的 6.6%、6.1%，纸和纸板的世界人均消费量为 44.5 公斤，而我国平均只有 13.7 公斤，江苏省为 21.2 公斤。我国木浆原料在造纸原料中比重占 17%，废纸浆原料占 41%，污染严重的草浆原料约占 42%。而世界上发达国家木浆占 95% 以上。由于我国纸产品的生产量不及需求量大，尤其是木浆纸张供给量不足。因此，每年都花费大量外汇从国外进口。据《2001 中国林业发展报告》，2000 年我国造纸业约消耗国产木材 900 万立方米，木浆产量 200 万吨。同时进口商品木浆 329.4 万吨，废纸浆 3.3 万吨，废纸 371 万吨，纸及纸板 596 万吨，纸制品 35 万吨，总计耗用外汇 66.3 亿美元。如果转化为国内生产，将为国内木浆造纸企业的发展提供广阔的前景。

据统计，江苏省有"林木种苗生产基地""花木之乡"22 个，其中国家级 11 个，省级 11 个。林木种苗种植面积在万亩以上的大县(市)有 10 个,200 公顷以上的专业乡镇有 36 个，30 公顷以上的专业村有 80 个。林木种苗（含花卉）生产面积为 2.07 万公顷，年产苗总量为 7.1 亿株，商品盆景拥有量 200 万盆，盆栽花卉产量为 5000 万盆，鲜切花产量近 5000 万支，草坪 1600 万平方米。产值突破 14 亿元。已建立林木良种基地 19 处，总面积 412.0 公顷，其中种子园 41.0 公顷，母树林 80.0 公顷，采穗圃 5.0 公顷，无性系繁殖苗圃 7.8 公顷，实验林 89.6 公顷，示范林 88.4 公顷，林木良种的繁育能力基本能满足全省各地造林绿化的需要。各类林业种苗（含花卉）市场达 153 个，其中年营业额在 1000 万元以上的有 15 个；林业种苗经销从业人员达 5 万人；全省已有 2600 余家企业单位从事林业种苗的生产经营；10 多万户的个体投资林业种苗产业，其中经营面积达 1 公顷以上的大户有 1800 多户，3 公顷以上的大户有近千户，7 公顷以上的大户有 200 多户；外商投资兴建的林业种苗生产企业已达 24

家。应该说，江苏林木种苗产业长足发展的态势是令人鼓舞的。

加入 WTO 后，我国的小麦、玉米、大豆、棉花等生产将受到来自美国等发达国家的影响，而我国绝大多数经济林产品价格低于国际市场，竞争力相对较强。江苏处于亚热带向暖温带的过渡区，气候适宜，雨量适中，四季分明，为经济林产业依托其独特的气候资源优势快速发展提供了有利条件。经济林果大力发展名特优新果品，全省经济林果面积 19 万公顷，产量 175 万吨，产值 28 亿元。银杏、板栗、竹笋等传统经济林果产品的生产面积和产量有较大幅度的提高。茶叶栽植面积稳步增加，产值持续增长，2000 年全省茶叶面积 2.1 万公顷，产量 1.3 万吨，产值 3.26 亿元。

国内市场上我国人均鲜果占有量为 43.3 公斤，低于世界 71.8 公斤的人均占有量，发达国家超过 80 公斤的人均占有量；我国人均果汁占有量为 0.1 升，发展中国家在 10 升左右，而发达国家高达 40 升以上，相距甚远。从江苏实际看，地产果品人均占有量仅 23 公斤，而实际人均消费达 60 公斤。银杏、板栗等是我国的特产，在国内外市场倍受青睐，具有广阔的市场前景。例如银杏，目前世界上只有 3 个国家生产银杏（白果），总产量约 2.3 万吨，其中我国银杏年总产量 2 万多吨，位居世界首位，而出口量仅占其 1/3，只能满足世界需求量的 1/8。随着人们对银杏医食俱佳、营养丰富价值的认识加深，需求量会更大。因此，经济林产品无论是在国际市场还是国内市场，都有着巨大的发展空间。

七、深厚的林业基础

江苏省虽然地处平原，但林业基础深厚，是今后林业发展的基石。早在六七千年前，我国祖先就已开始养蚕抽丝，以丝绸闻名于世，蚕桑业成为古代农业的重要组成部分，其中江苏是最为著名的省份之一，桑树的种植非常广泛，积累了丰富的经验，具有良好的基础。江苏省虽然少山，但林业特色明显，已形成了以杨树和杉树为主要树种的高效林业，资源培育形成了蓬勃发展的态势；林业产业发达，木材加工业已成规模，年总产值 124.6 亿元；经济林产品加工业红火，实现产值 54.9 亿元；以城市绿化和资源培育为主的林木种苗业发展势头强劲，年总产值达 28.6 亿元；森林旅游业迅速崛起，2002 年仅森林公园旅游收入就为 19869 万元；林业体制改革进一步深入，大力推进林权、产权制度改革，拓宽融资渠道，优化林业发展的环境。从以上分析可看出，江苏省林业无论在古时或今天都具有深厚的基础，它将为今后林业的发展奠定基石。

八、政府的高度重视

随着可持续发展战略的确立，环境保护意识的不断增强，江苏省各级党委和政府，越来越意识到林业的重要地位和作用，给予林业极大的支持和关注。改革开放后，政府确定了以平原林业建设为主，加强丘陵山区林业建设的方针，作出一系列重要决定和部署，加快了造林绿化步伐。1996 年实现了"灭荒"和平原绿化省的目标。"九五"期间全省围绕建设高效生态林业的发展目标，实施了沿海防护林体系、淮河太湖流域防护林体系、苏锡城乡一体现代林业建设等一批重点林业生态工程，林业产业进一步发展。

《江苏省国民经济和社会发展第十个五年计划纲要》中指出"坚持生态建设与生态保护并重、生态破坏预防与治理恢复相结合的原则，向建设生态省的目标迈进"。2001 年 12 月 24 日，省九届人大常委会第 27 次会议审议且高票通过了《省人大常委会关于加强环境综合整治和生态省建设的决定》；省政协八届十二次常委会议审议通过，并向省委、省政府提出了《关于加快农村环境污染治理的建议案》。2002 年 11 月 22 日，省委十届三次全会上明确提出"把生态省建设摆上重要位置，努力使江苏省走上生产发展、生活富裕、生态良好的文明发展之路"。为此，省委、省政府决定实施"绿色江苏现代林业行动"，用 8~10 年时间，使全省森林资源在现有基础上翻一番，到 2010 年全省森林覆盖率达 21%，初步建成资源丰富、布局合理、功能完备、结构稳定、优质高效的现代林业体系，基本满足社会经济可持续发展的需求。

与此同时，各地、市也十分重视林业的发展，根据各自区域特点作出了相应的林业发展计划，并制定了一系列政策措施。南京市率先提出了"建设古都南京、文化南京、绿色南京"的构想，确立了用 8 年时间使全市森林覆盖率达到 30% 的宏伟目标。张家港市实施了城乡统筹发展建设工程，确立了建设城乡统筹、生态优美、环境优良、山清水秀、鸟语花香的绿色港城的建设方向。围绕这一目标，张家港市在各镇开展了"六个一"工程，即建设一个小公园、一个街头景、一块街头绿地、一条园林式街道、一个园林式居住区、一个生产苗圃，逐步与城市接轨。南通市推出了"八大林业建设工程"和"六大保障措施"。宿迁市紧扣"生态宿迁建设"和"杨树产业建设"两大主题，力争在较短的时间内，把宿迁建成林业种苗繁育中心、工业用材林培育中心、木制品加工流通中心。

九、社会积极参与

全社会参与林业建设的积极性空前高涨，全省人民积极投身造林绿化工作，向荒山、荒地、荒滩进军，造林绿化工作取得显著成效，部分地区的生态环境明显改善。随着市场经济体制的不断完善，江苏省非公有制林业异军突起，农户、私营企业等纷纷投资林业，形成了一批具有很强实力的木材加工企业、速生用材林基地、花卉苗木基地，为江苏林业的发展注入了新的活力。

江苏省不断深化林业分类经营改革，积极探索公益林和商品林资源管理的不同模式。调整了商品林采伐管理政策，放宽了采伐年龄，调整了基地林采伐、抚育采伐、竹林采伐及限额管理政策，充分调动了社会各界造林的积极性。涌现出一大批造林大户和造林企业。2002 年以来，全省非公有制造林面积占全省造林面积的 83.4%，投资 1000 万元用于办厂、建设原料林基地和苗圃的企业有 30 多个，5000 万元以上的有 8 个，1 亿元以上的有 4 个。

随着全球经济格局的变化，世界制造业正在向长江三角洲转移，为林业产业发展带来了新的机遇，"三资"进军林业显示出强劲的势头。2003 年上半年全省"三资"投入林业的资金达 30 亿元，实施项目 100 多个，其中投资造林 6 亿多元，营造原料林基地 1.3 万多公顷，投资木材加工近 20 亿元。"三资"不仅带来了大量的资金，同时也带来了先进的技术和管理理念，极大地提升了全省林业产业水平。

第四章 江苏现代林业建设的理念与定位

第一节 林业建设的理念

一、"三绿色"发展理念的核心

江苏现代林业的建设必须以"三个代表"重要思想为指导，深入贯彻党的十六大和《中共中央国务院关于加快林业发展的决定》精神，以可持续发展理论为基础，以生态建设、生态安全、生态文明为发展方向，立足全省人口、资源、环境和经济社会发展实际，按照省委、省政府"率先全面建成小康社会、率先基本实现现代化"的总体要求，全面构筑绿色屏障，大力发展绿色产业，积极建设绿色文明，推进林业跨越式发展，打造以森林植被为主体的绿色江苏，建设人与自然和谐共处的生态家园。其指导思想为：

——全面构筑绿色屏障，保障经济社会可持续发展；

——大力发展绿色产业，提升林业经济综合实力；

——积极培育绿色文化，实现人与自然和谐共处。

其核心是：构筑绿色屏障，发展绿色产业，建设绿色文化。简称为"三绿色"现代林业建设指导思想。

二、"三绿色"发展理念的内涵

（一）"三绿色"发展理念的含义

1. "绿色屏障"是江苏经济社会发展和"两个率先"对林业提出的主导需求

随着国家可持续发展战略的实施和江苏经济社会的快速发展，国民生态意识普遍增强，生态优先、生态安全必然成为 21 世纪江苏林业发展的主导思想。

生态环境系统是构成社会经济发展的物质基础，人类的生存、进步和发展，都离不开水、土、森林、空气等生态环境要素的综合支持。但是，自然生态环境系统长期维护人类社会经济可持续发展是需要一定条件的，这就是任何自然生态系统都具有自身恢复能力的"阈值"，一旦对生态环境的破坏超出其阈值，就会出现生态安全问题。

长期以来，人们忽视了生态安全在整个国家安全中的地位。如果生态安全不牢固，就意味着大片国土失去对国民经济的承载能力，这与国土的割让一样会给国家造成无法衡量的损失；生态环境的破坏，会造成工农业生产能力和人民生活水平的下降，这与经济危机所带来的损失并无二致。从这个意义上说，生态安全与国防军事安全、经济安全同等重要，都是国家安全的重要基石。国防军事安全、政治安全和经济安全是致力创造生态安全的基本条件和重要保障；而生态安全则是国防军事、政治和经济安全的基础和载体。随着国民经济的快速增长，生态环境破坏加剧，因生态环境破坏造成的经济损失也成正比增长。国内外的相关研究成果表明，因生态不安全造成的经济损失值，一般约占 GDP 的 5%~10%。上述测算只是生态破坏的直接经济损失和部分间接经济损失，没有包括基因、物种消失等许多难以测算的潜在经济损失。据联合国环境规划署评估，这种损失远大于生态破坏造成的直接经济损失，有时为其 2~3 倍，甚至 10 倍。

为了保障江苏经济社会可持续发展，维护国土生态安全，尤其是为沿江开发提供良好的投资环境，就必须按高标准构筑起"点、线、面"相结合的绿色生态体系作为生态屏障，促进生态经济系统的良性循环，发挥森林生态系统的多种功能和综合效益，为江苏"两个率先"目标的实现提供强有力的绿色屏障。

2."绿色产业"是以生态兴产业、以产业促生态的新的经济增长点

在过去的几十年中，我国经济增长主要是一种粗放的外延式扩张。这种以高投入、高消耗为特征的粗放型经济，不仅大量消耗资源，而且造成生态的破坏和环境的污染，使我国经济增长的效率难以持续提高。由于资源承载力的限制，我国已不具备继续沿用粗放外延扩张的发展模式，必须走出一条以提高效益和质量为中心的资源节约型和生态经济协调型的发展道路。

江苏省自然和经济社会条件优越，不仅具备生态产业的条件，而且已经有了一定的生态产业基础。如杨树产业，园林苗木产业，银杏产业等。还有一些发展潜力很大的产业，如竹产业、经济林产业、蚕桑产业、茶产业、森林旅游产业等。结合经济发达和林业产业基础较好的特点，加大森林资源培育力度，为绿色产业发展提供优质原料的基础上，要大力推动林业高新技术产业化，重点是在林板、林纸领域，建立一定规模、技术含量高、附加值高的林产品加工业体系，大大增强绿色产业的实力，提升江苏绿色产业在经济社会可持续发展中的地位和作用。

通过大力发展绿色产业，使产业化程度在更高水平上发展，不仅可以取得良好的经济效益，同时还可产生巨大的生态效益，实现生态与经济的协调发展。

3."绿色文化"是建设小康社会的重要内容

先进文化是人类文明进步的结晶，它顺应历史进步潮流，代表未来发展方向，促进人类社会发展。由竹文化、花文化、茶文化以及林业文化、森林美学、园林文化、森林旅游文化等构成的"绿色文化"，在新时期江苏现代化建设和小康社会建设中，具有十分重要的地位和作用。大力发展"绿色文化"，就是要坚持先进文化的前进方向，就是要在实现林业跨越式发展的同时，大力推动新时期的绿色文化建设，更加充分地显示林业在经济社会可持续发展中的重要战略地位和作用。

发达的林业是国家强盛、经济繁荣、民族兴旺、社会文明的重要标志。人类数千年文明史，充分论证了森林与人类相互依存、不可分割的紧密关系。"森林是人类文明的摇篮"。"树叶蔽身、摘果为食、钻木取火、构木为巢"是森林孕育人类文明的写照。在中华文明、希腊文明、印度文明、埃及文明和罗马文明这五大人类文明中，中华文明是东方文明的代表，中华文明与森林的依存演变史，也是人类森林文明史的缩影。森林文化不仅影响着远古与现代的物质文明、农耕文明、工业文明和精神文明，而且涉及自然科学与社会科学的许多领域。由森林文化而引申出来的若干分支，构成了森林文化完整的架构体系。森林文化的重要性集中表现在，森林的盛衰与人类文明的进程是息息相关的。回顾一下人类的文明进程，不难发现，森林的繁茂曾为人类文明带来光明，森林的衰亡亦曾把人类文明推向黑暗。

江苏是我国古代吴越文化、长江文化的发祥地，自然资源、人文景观十分丰富，南京古都、苏州园林、太湖风光、扬州古运河、连云港海域码头等文化闻名世界，历史人文名胜更是如群星灿烂。建设绿色文明社会，就是要充分发挥自然与人文资源丰富的优势，按照以人为本的发展观，不侵害后代生存发展的道德观，人与自然和谐相处的价值观，指导林业建设，弘扬森林文化，改善生态环境，推进江苏省物质文明、政治文明和精神文明建设。使人们在思想意识、科学教育、文学艺术等方面都与生态伦理价值观相一致，在生产方式、消费方式、生活方式等方面形成绿色文明的社会新风尚。

（二）发展的原则

1. 统一规划、突出重点

现代林业属于整个"生态 - 经济 - 社会"系统的一个组成要素，因此林业发展规划要与其他要素（如农业、交通、水利、城建、园林、工业等）统筹规划、协调建设；同时，林业系统内部又包含诸多要素，也要求协同处理、平衡发展。与全省的社会经济发展总体规划相适应，根据全省林业建设的总体要求对城乡、各地做一盘棋式的整体规划，有主有次，分别轻重缓急。在规划中根据各地自然状况、林业资源、森林生态系统结构、生物多样性和经济社会条件等情况的差异性，因地制宜，顺应自然地分步实施，建设具有江苏特色的林业生态体系和产业体系。而且，随着经济的发展，城乡差距日趋缩小，对城乡做统一规划成为必然。统一规划的原则，要求林业与农业发展统筹兼顾、协调平衡。江苏属于平原水网地区，农业与林业都是占用土地最多的行业。农业的健康发展，有利于保障粮食安全，维护国家安定的政治局面。同时农业的高产、优质、高效发展，反过来又会成为促进全国和江苏林业发展的基础和动力。林业的发展，不仅为农业提供防护作用，提供肥料，而且可以保障国土与生态安全。因此，实施农业与林业的合理配置、复合经营，可以形成生态经济良性循环，有利于经济社会可持续发展。同时，在实施中贯彻分步实施、分区突破原则。区别不同情况，关注焦点，抓住热点，突出重点，攻破难点，率先绿化和治理生态脆弱、生态地位重要的地区。以生态公益林为建设重点，并带动商品林的发展。有步骤、分阶段地全力抓好对国民经济、社会发展和人民生活影响重大的林业工程。

2. 生态优先、效益协调

江苏省作为经济发展较快而生态基础较弱的林业资源小省，必须牢固树立"生态建设、生态安全、生态文明"的发展理念。按照生态优先的原则，把造林绿化作为生态建设的首要任务，确立森林植被在国土生态安全体系中的主体地位，建设山川秀美的生态文明，构筑经济社会可持续发展的绿色屏障。保持森林资源的数量与质量相协调。必须保证一定的森林资源数量，以发挥较好的综合效益。江苏森林覆盖率整体上不宜低于 25%，以对当地和全国生态安全、木材生产起到有力的保障作用。同时，注意提高森林质量，优化树种林种组成与结构，增强森林维护生态平衡的能力，提高林地持续生产能力，最大限度地利用时间和空间资源，建成以高大乔木为主体、结构合理、功能完备、特色突出、效益显著的森林生态和产业体系。在发展林业的过程中，要将森林数量与质量很好地结合起来。同时积极实施森林可持续发展战略，正确处理保护和利用的关系，积极发展商品人工林以增加森林资源供给能力，努力减少森林资源消耗量，提高森林资源利用率，大力发展绿色产业以促进地方经济发展、增加农民收入。在维持生态平衡过程中，更好地满足国民经济、社会发展和人民生活对森林产品及服务的多种需求，实现森林生态、经济与社会效益的协调统一。

3. 科教兴林、依法治林

江苏新时期的林业发展和生态建设，要靠政策、靠投入、靠机制，最根本的还是要靠科学技术。坚持尊重自然和经济规律，因地制宜，乔灌草合理配置，城乡林业协调发展。坚持科教兴林，科学技术是第一生产力。不断研究、引进和推广应用国内外高新技术成果，加大对绿色建设的科学性、可行性和预见性的科技支撑，在保证质量的前提下，全面加快造林绿化步伐。通过科技创新有效解决制约现代林业发展的技术"瓶颈"，以科技进步支撑绿色生态建设和产业建设，以技术推动林业的快速发展。树立人力资源是第一资源的观念，进一步加大对林业建设人才的培养、引进、使用力度。林业建设要坚持以人为本的原则。要充分发扬民主，实现林业决策的科学化和民主化。林业发展规划和实施方案要经过专家们的认真论证，并广泛征求公众的意见。在林业改革和发展的进程中，注意保证森林资源的所有权和经营权属于人民，依靠全社会的力量办林业，不论是公益林业还是商品林业，都要从根本上追求改善人民的生产和生活条件，服务于全面实现小康社会的宏伟目标。

在加快造林绿化步伐同时，必须增强法制观念，强化造林与管护并重的意识，加强和改进森林资源保护管理工作，加大"三防"（森林防火、森林病虫害防治、乱砍滥伐林木防备）和治理"三乱"（乱占用林地、乱设卡收费、乱捕猎野生动物）的力度，巩固造林绿化成果。依法治林是世界各国林业健康发展的成功经验，也是我国必须要长期坚持的一项重要原则。我国初步形成的林业法律体系已成为林业稳定发展的制度保障。坚持依法治林，要求我们必须认真执行我国的《森林法》《野生动物保护法》《种子法》和《防沙治沙法》等关于林业的法律；国务院颁布实施的《森林法实施条例》《森林防火条例》《森林病虫害防治条例》等林业行政法规以及部门规章、地方性法规和地方性政府规章。同时，江苏省还应根据需要加强地方性林业法规的修改和完善工作。加强林业公安机构和执法队伍建设。坚持依法严格保护、积极发展、科学经营、持续利用森林资源。

4. 分类经营、分区突破

坚持政府主导和市场调节相结合，实行林业分类经营和管理。深化林业分类经营改革，按照森林主导功能分别建立相应的管理体制、经营机制、投入渠道和发展模式。《中共中央 国务院关于加快林业发展的决定》要求，实行林业分类经营管理体制。在充分发挥森林多方面功能的前提下，按照主要用途的不同，将林业区分为公益林业和商品林业两大类，分别采取不同的管理体制、经营机制和政策措施。改革和完善林木限额采伐制度，对公益林业和商品林业采取不同的资源管理办法。公益林业按照公益事业进行管理，以政府投资为主，吸引社会力量共同建设；商品林业按照基础产业进行管理，主要由市场配置资源，政府给予必要扶持。凡纳入公益林管理的森林资源，政府将以多种方式对投资者给予合理补偿。加强分类指导，形成区域特色，努力攻坚克难，实施分区突破。

5. 政府主导、全民参与

认真落实造林绿化地方各级政府和部门负责制，加强宣传教育，增强全民生态意识，充分调动全社会参与造林绿化的积极性。强化林业行政管理体系，加强各级政府的林业行政机构建设，健全林业推广服务体系。全民搞绿化，全社会办林业，努力把江苏建成生态大省、经济大省、文化大省。

加快现代林业建设，意义重大、任务艰巨，是一项复杂的系统工程。因此，政府应在林业建设中积极发挥主导性作用。在社会主义市场经济条件下，政府职能主要是经济调节、市场监管、社会管理和公共服务。新时期，林业在很大程度上已成为一项社会公益事业，各级政府要从国民经济和社会发展的大局出发，承担起林业建设的责任。政府要协调好决策、执行和监督的职能。坚持政企分开，按照精简、统一、效能的原则，进一步转变政府职能，调整政府机构设置，理顺部门职能分工，减少行政审批，提高政府管理林业的水平，努力形成行为规范、运转协调、公正透明、廉洁高效的林业行政管理体制。履行政府职责，依法行政，从严治政，维护法律尊严，搞好林业建设，保护好群众的生态、经济和文化利益。同时，实践证明，部门办林业会窒息林业发展的活力。把林业置身于社会经济发展的大潮之中，把部门办林业转变为全社会办林业，才能为新世纪林业发展开辟广阔的前景。全民参与林业建设，是完成新时期林业建设任务的重要保证。这样做，有利于凝聚社会共识，得到公众对林业的关心、重视和支持；有利于充分吸引社会生产要素，壮大林业建设力量；有利于激活林业内部的运行机制，使林业成为有义务、有责任、有利益、有活力的事业；有利于促进林业部门的职能不断向提供公共服务和执法监管转变。因此，在林业建设中，应该将发挥政府的主导作用与积极动员全民广泛参与林业建设很好地结合起来。

第二节　林业建设的目标

江苏现代林业建设的总体目标是：到 2010 年，在全省逐步建成资源丰富、布局合理、功能完备、结构稳定、优质高效的现代林业体系，实现森林资源总量增长，健全森林生态网络，优化林业产业结构，丰富森林文化内涵的总体目标，基本满足社会经济可持续发展的需求。

一、倍增森林资源总量

到 2005 年，全省森林覆盖率接近 16.5%，达到当前全国水平；到 2010 年，森林覆盖率在 2000 年的基础上翻一番，达到 21%，超过全国当时水平；到 2020 年，森林覆盖率稳定在 26%~28%，力争达到当时国际平均水平。倍增森林资源总量是绿色江苏现代林业建设的最根本的目标，也是实现健全森林生态网络、优化林业产业结构和丰富森林文化内涵的基础。

森林覆被率是反映一个国家或地区森林资源总量的重要指标，森林覆被率的大小，在很大程度上说明当地林业发展状况和森林效益的大小，是一个综合性的指标。江苏省的森林覆被率只有 10.56%，远低于全国的平均水平。因此，增加森林资源总量，提高森林覆被率是林业建设的首要任务。鉴于江苏省人多地少的基本特点，就必须坚持以土地定目标的原则，丘陵岗地应该是林业建设的主战场，同时积极发展江海湖河防护林带、公路铁路防护林带、农田林网，推进城市森林建设，是实现森林资源总量倍增的重要途径。

二、健全森林生态网络

重点加强江、海、河、湖防护林和绿色通道建设，积极推进丘陵岗地的退耕还林，扩大生态公益林和商品林基地的建设规模，构筑森林生态网络。初步建成点、片、网、群、带相结合的现代林业生态体系。

健全森林生态网络是"构筑绿色屏障"的指导思想设立的分类目标，体现了林业的生态保障功能，强调的是森林的公益属性。主要包括以森林公园、野生动植物与湿地自然保护区、城镇及乡村人居环境保护为重点，构建江苏森林生态网络体系的"点"；以丘陵山地生态公益林、平原农区速生丰产林基地为重点，构建江苏森林生态网络体系的"片"；以江海湖河防护林带、公路铁路防护林带以及农田林网为重点，构建江苏森林生态网络体系的"网"；以苏南两大城市群为重点，发展城市林业，构建江苏森林生态网络体系的"群"；以沿海地区集产业与防护功能为一体的生态林业产业带为重点，构建江苏森林生态网络体系的"带"。从而形成资源丰富、布局合理、结构稳定、功能完备、优质高效的现代林业生态网络体系，成为中国森林生态网络重要组成部分。

点、片、网、群、带相结合的现代林业生态体系，是传统的点线面相结合的森林生态网络体系建设布局模式的发展和延伸，是现代林业理论与江苏省自然、社会、经济的实际相结合的产物。目的就在于建立起来的一种人、自然、社会的各自及相互间协调发展，立体多层次，具有一定格局动态的复合生态网络系统。该系统具有整体性、多功能性、高效性和可操作性，有利于长期保持森林多功能、多效益、多方位的整体作用。

三、加快林业产业发展

加快优质速生丰产林、优势经济林和林木种苗基地建设，进一步加强林业第一产业的基础地位；大力发展林特产品精深加工，提高综合利用水平，优化产品结构，强化产业素质；积极发展森林旅游为主的服务业，努力培育新的林业经济增长点。

优化林业产品结构是"发展绿色产业"指导思想的具体体现，是实现以生态兴产业、以产业促生态的有效手段。江苏不仅具备生态产业的自然和社会经济条件，而且已经有了一定的生态产业基础。全省人造板总产量已排名全国第二位，每年杨树加工产值达130亿元。林纸、林板一体化产业、银杏等特色经济林产业初具规模，在国际国内市场上已经占有一席之地。随着我国国民经济发展和人民生活水平的提高，21世纪将是江苏发展绿色产业的大好时机。大力发展优质、高产、标准化、无公害，知名度高的名牌产品，附加值高的特色产品，科技含量高的新兴产品，营养性能好的优质产品，安全性能好的绿色产品，有着巨大的市场潜力。优化树种结构、林种结构、产品结构和经营机制，以其避免生态风险和经济风险，实现生态产业的跨越式发展。

四、丰富森林文化内涵

加强野生动植物及湿地自然保护区建设，保护生物多样性，倡导生态文化；加快森林公园建设，推进森林生态旅游；加大古树名木、珍稀濒危物种种质资源和林区人文资源保护力度，保护森林文化遗产；大力发展城市森林，改善城市人居生态环境，走生态化城市发展道路。加大宣传力度，普及现代林业生态知识，提高公众生态意识，弘扬优秀传统文化，充分发挥江苏特有的自然景观和人文历史优势，建设人与自然和谐共处的生态文明社会。丰富森林文化内涵是落实"建设森林文化"指导思想的具体措施，是建设文化大省的主要内容，同时又是建设生态文明社会的重要组成部分。

自然保护区和森林公园建设是自然遗产保护的主要形式，也是经济实用的保护措施。同时可以传承森林文化，弘扬生态文明。要以国家重点保护野生动植物、古树名木为重点保护对象，加强种质资源的保护、研究、开发和利用，通过建立植物园、珍稀濒危树种繁育动物园、养殖场、禁猎区、禁伐区、物种保护区、鸟类和野生动物迁徙繁殖保护区等多种方式，有效保护全省大部分的陆地生态系统类型、野生动物种群和高等植物群落，并在涵养水源、保持水土、调节气候、维持生态平衡等方面发挥重要的作用，同时满足人们文化生活的需要，推动全省旅游业和地方经济的发展，实现生物资源的可持续利用。

森林公园建设要以保护和增加森林资源、修复森林生态系统、保持生态平衡为前提，充分体现森林景观、自然景观、人文景观的特色。其中重点加强野生动植物保护、自然生态系统保持、风景资源利用和文史资源开发这4种类型的森林公园，切实加强森林公园的护养管理和森林旅游资源的开发利用。人口聚集、城市土地资源贫乏、交通繁杂、污染严重、城市树木少、森林绿地结构又不合理，尤其是夏日的持续高温，影响人民的正常生活，单靠中心城的绿色空间提高城市环境质量是绝对不可能的，唯一的出路是走城镇森林绿地建设的道路。按照"人与自然和谐共处"的基本理念，通过风景林上山、园林下乡、森林进城、花木入户等建设措施，构筑城乡融合的多层圈、多功能、多效益的绿色城镇网络系统，创建文化内涵丰富的绿色生态家园。

　　绿色文化建设还要重视深化人对大自然的认识，拓展人类的道德关怀，提升人的思想境界，激发人类对大自然的兴趣和热情，进而养成对自然资源的珍爱感和关爱度。在此基础上，强化政策、法规等文化资源保护与建设的约束力或执法力，构造现代林业可持续发展的精神动力和智力支持。通过建立完善的法规体系和健全的管理体制，普及现代林业科学知识和生态教育，培育和引导生态导向的绿色生产方式和绿色消费行为，形成提倡节约木材和保护森林绿地环境的社会价值观念，使全社会树立起建设现代林业的共同理想和坚持可持续发展的共同信念，实现公众、企业、决策管理者现代林业生态文明程度的显著提高，树立起"破坏森林生态环境就是破坏生产力，保护森林生态环境就是保护生产力，改善森林生态环境就是发展生产力"的森林文化观。

第三节　林业建设的定位

　　江苏现代林业发展的基本定位是：促进经济与生态协调发展，促进林业与农业合理配置，促进城市与乡村统筹发展，促进人与自然和谐共处，发挥江苏林业在全国林业发展和生态建设中的"生态示范、产业带动、科技先导"的作用。

一、促进经济与生态协调发展

　　从总体上说，江苏经济和生态发展很不平衡。江苏地处我国东部沿海地带中心部位，与上海市共扼长江入海门户。全省陆域面积10.26万平方公里，占国土面积的1.06%。2002年末全省常住人口7381.0万人，人口密度725人/平方公里，为全国的5.4倍，仅次于上海市和天津市，居第三位。改革开放以来，凭借沿江沿海的区位优势、较好的经济基础、优越的自然条件和众多的人才资源，全省经济快速持续发展，2002年全省国内总产值突破10636.3亿元，居全国第二位。然而由于历史开发悠久，人多地少，长期以来江苏一直是农业大省、林业资源小省，农、林部门合二为一，林业基础比较薄弱，生态问题相当突出。改变经济和生态发展不平衡的局面，就必须加快林业发展。同时，经济实力的增强，为实施绿色江苏现代林业工程提供了坚实的物质基础。

　　林业的发展能促进经济的发展。这不仅是因为林业本身就是一个强大的绿色产业，如生产木质和非木质林产品，森林旅游等，而且更重要的是因为它的效益外部性，通过生态效益和社会效益的发挥促进全社会经济的持续发展。林业是无可替代的基础产业，并被视为新世纪的朝阳产业。森林是人类宝贵的可再生资源。它为人民生活和经济建设提供直接经济效益。森林的主产品用途广，数量大。森林能提供大量木材，满足建筑、桥梁、造船、矿柱、车辆、家具、造纸等工农业生产和人民生活的需要。而且提供大量的工业原料和非木质产品，如松脂、活性炭、芳香油、单宁、生物碱、干果、水果、油料、淀粉、纤维、药材、花卉等，为国家经济发展和人民生活服务。林木和林产品是国家和地区经济社会发展中无可替代的重要资源。因此，林业能为江苏可持续发展提供重要的物质基础，大力发展现代林业产业，运用高新技术对林产品进行深加工，实现产业化，就能促进区域经济尤其是农村经济的加快发展，作为现代产业的重要内容加大林产品贸易在国际贸易中的重要份额。

当今世界普遍关注的全球十大环境问题，包括温室效应、臭氧威胁、生物多样性危机、水土流失、荒漠化、土地退化、水资源短缺、大气污染和酸沉降、噪音污染以及热带林危机，都与森林资源锐减有直接或间接的关系。森林是自然界最丰富、最稳定和最完善的碳贮库、基因库、资源库、蓄水库和能源库，具有调节气候、涵养水源、保持水土、防风固沙、改良土壤、减少污染等多种功能，对改善生态环境，维持生态平衡，保护人类生存发展的"基本环境"起着决定性的和不可替代的作用。在各种生态系统中，森林生态系统对人类的影响最直接、最重大。离开了森林的庇护，人类的生存与发展就会失去依托。所以，培育森林资源、建设现代林业，是解决生态与环境问题的必然要求和根本途径，也是实现绿色经济与生态协调发展的必然选择。

二、促进林业与农业合理配置

就整体而言，江苏省农业与林业发展不够协调，一直是农业大省，林业资源小省。在当代农业经济结构急需调整的形势下，加快林业发展十分必要。为此，实施"绿色江苏现代林业工程"，用8~10年时间，使全省森林资源在现有基础上翻一番；到2010年全省森林覆盖率达到21%，初步建成资源丰富、布局合理、结构稳定、功能完备、优质高效的现代林业体系，实现农业与林业合理配置、复合经营、良性发展。

森林是农业的生态屏障。培育森林资源，构筑防护林体系，可以有效发挥森林的防护作用，改善小气候条件，促进农业稳产高产。防护林具有防风、调节温度、提高空气湿度等效应。森林能够有效地改善农业生态环境，增强农牧业抵御干旱、风沙、干热风、台风、冰雹、霜冻等自然灾害的能力，促进高产稳产。建设农田防护林网，实行"四旁"绿化，是保障农业生产的有效措施。由于林木根系分布在土壤深层，基本上不与地表的农作物争肥，并为农田防风保湿，调节局部小气候。加之林中的枯枝落叶及林下微生物的分解作用使其共生培肥，改善土壤结构，促进土壤熟化过程，从而增强土壤自身的增肥功能和农田持续生产的潜力。据实验观测，农田防护林能使粮食平均增产15%~20%。此外，森林可以防洪减灾，维护水利设施发挥效能。森林具有调节径流、削洪补枯的作用。森林依靠其径流调节和水源涵养能力，可以削减洪峰流量，推迟洪峰到来时间，增加枯水期流量，推迟枯水期的到来时间，减少洪枯时间比，增加水资源的有效利用率。而且，森林能减少土壤侵蚀和泥沙流失量。森林群落通过减少雨滴对土壤的冲击，减少地表径流对土壤的冲刷，有效地保护土壤。森林通过减少土壤侵蚀，也减少了进入江河的泥沙量。

江苏地势总体上为西高东低缓倾斜，南北高中间低。地貌以平原辽阔、地势低平、河网稠密、湖荡众多为特征。淮河下游地区，雨季因排水不畅，经常发生洪涝灾害。例如2003年，淮河流域发生了自1954年以来的最大洪水，里下河等地区发生了1991年以来最严重的内涝。洪涝过后，农业经济受到严重损失，然而由于林木通常耐水力强，受洪涝的影响较小。所以，在这种情况下，调整农业生产结构，扩大杨、柳、白蜡、枫杨等耐水湿树种的栽植面积，就能够抵御和减少旱灾和洪灾的危害。

此外，丘陵山地和岗地也适宜发展林业，尤其是经济林。江苏省丘陵山地面积很小，不到国土总面积的 5%，主要分布在省内西南部和北部边缘地带，在平原和低山丘陵坡麓之间，分布着西南部的黄土岗地和东北部的变质岩石质岗地，占国土总面积的 10%。因此，在丘陵岗地恢复森林植被可更好地保持水土，也可以与建设森林公园结合进来；同时发展以银杏、板栗、桃、梨等树种的经济果木林，配合以产品的深加工，这样在发挥生态效益的同时还能产生良好的经济效益。

总之，实现林业与农业的合理配置，有利于实现农业生态经济系统的良性发展，有利于维护国家和江苏省的粮食生产安全和国土生态安全，进而为实现经济社会的可持续发展奠定牢固的基础。

三、促进城市与乡村的统筹发展

2002 年年末，江苏省城镇人口 3299.3 万人，乡村人口 4081.7 万人。出现了苏锡常、南京、徐州三大都市圈。在城镇化进程中，城市与乡村差距缩小，城镇环境问题越来越突出，城乡布局、城市之间的布局不尽合理。许多地区还存在着园林与林业分部门管理的情形，极大地制约了经济社会可持续发展。客观上要求城市与乡村协调发展。通过江苏现代林业建设，实现城市与乡村统筹发展。

根据《中国可持续发展战略研究》成果，发展城市林业是一项重要的战略任务。据研究估算，到 20 世纪 50 年代，我国城镇化水平将由 2001 年的 37.7% 提高到 60%~70%，城市环境压力日益加剧。江苏经济发达，城镇化速度快，将走在全国的前列。城市森林是吸收二氧化碳，减缓热岛效应，净化空气，减少噪音的主要载体。加快城市林业发展步伐，建设城区绿岛、城边绿带、城郊森林，使城市生态环境建设由单一绿化型向生态绿化型转变，创造安全、优美、自然、舒适的人居环境。因此，城市林业建设必须纳入城市发展规划之中，构建以森林为主体，与其他植被相结合的绿色生态圈，形成城市林网化、水网化，以及近郊远郊森林公园、自然保护区协调配置的城市森林生态网络体系。

作为城市林业建设的战略措施之一，要求建设城乡绿地相连的森林体系。城市林业建设的总体框架要与农村林业建设的总体框架相结合，以提高城乡林业建设的配套性和互补性。城市周围保存和建设的自然或近自然的大面积片林，以及城市范围内河流、公路、铁路等沿线的主干生物廊道和防护林体系，要与农村边缘的森林连成一体，农村的大面积片林和村镇、水体、农田、公路、铁路沿线的防护林网建设，要一直延伸到城市边缘，与城市的森林体系连成一体，从而实现城乡绿地一体化。更好地发挥城乡森林生态体系的整体功能。

在开展城乡一体绿化工作方面，张家港市探索出了一条成功的道路，其先进经验值得在全省推广。张家港市近年来，在加快两个文明建设进程中，紧紧围绕建设城乡一体生态优美、环境优良、山清水秀、鸟语花香的绿色港城这一目标。到 2003 年春，市区绿地率 36.5%，绿化覆盖率 40.2%，人均绿地面积 46.4 平方米；全市"三荒"已全部绿化，沟、渠、河、路绿化率95%以上，村庄绿化率逐年提高，市区和城镇绿化质量并举，城乡一体协调发展。概括地说，其经验主要包括三方面：一是，领导重视，全面发动，加大绿化投入力度。二是，突出重点，精心建设，提高城市绿化水平。抓道路河滨绿化，构筑城市绿化框架；抓公共绿地建设，提高城市绿化品位；抓居住区和单位绿化，扩大城市绿化总量；保护和开发风景区；抓生产绿地建设，提高苗木自给率。三是，城乡联动，整体推进，加快城乡一体化步伐。因地制宜，切实加强小城镇绿化；抓住重点，加快发展绿色通道建设；积极引导，着力推进村庄庭院绿化。张家港市正瞄准建设生态城市目标，继续高起点规划设计，高标准建设管理，力争创建优美城乡环境。

张家港市和全世界、全国其他地区的经验都证明，城乡一体规划、统筹建设现代林业，就能够实现城市与乡村统筹协调发展，共同建成人民美好的家园。

四、促进人与自然和谐共处

《中共中央 国务院关于加快林业发展的决定》为加快江苏林业发展提供了良好的机遇。加快江苏林业发展，建设以森林植被为主体的国土生态安全体系，优化人居环境，改善城乡面貌，再现秀美山川，实现人与自然和谐共处，这既是实施可持续发展战略赋予林业的历史使命，也是实现"两个率先"和建设生态文明社会的客观要求。

促进人与自然的和谐共处，是现代林业建设的重要责任和神圣使命。现代林业在国内外有许多提法，如新林业、自然林业、生态林业、分工林业、社会林业、高效持续林业等。这些概括都一定程度地指出了现代林业的某些特征，但归结起来就是"促进人与自然的和谐共处"。

探讨人与自然的关系规律，即"究天人之际"，既是中国古老的哲学命题，也是中国涉及政治、经济等诸多领域的课题，对于林业尤其重要。这一命题古今有三种不同观点：一是人定胜天，人是自然的主宰，可以改天换地，为所欲为；二是老庄哲学，主张人对自然应无所作为，返朴归真，当代也有人主张人应是自然的奴隶；三是主张"天人合一"或"天人共泰"，即人与自然的和谐共处。应该说第三种观点是更为科学也更能为多数人所接受的观点。

强调人与自然的和谐共处，保护森林资源，是先秦诸子林业思想的共同主张。天人合一的思想，是中国文化的基本精神。在人与自然的关系问题上，中西文化存在着差异。"中国文化比较重视人与自然的和谐统一，而西方文化则强调人要征服自然、改造自然，才能求得自己的生存和发展"。"天人合一"的思想观念远在先秦时期就已产生。作为明确的命题是由北宋著名哲学家张载最先提出来的。我国古代的天人合一思想，强调人与自然的统一，关注人类行为与自然界的协调，显示了中国古代思想家对于主体与客体、主观能动性与客观规律性之间关系的辩证思考。这种思想就基本涵义而言，是一种正确而有价值的思想，对于解决当代世界生态环境问题具有重要意义。

《中共中央 国务院关于加快林业发展的决定》在开头处就开宗明义地指出："加强生态建设，维护生态安全，是21世纪人类面临的共同主题，也是我国经济社会可持续发展的重要基础。全面建设小康社会，加快推进社会主义现代化，必须走生产发展、生活富裕、生态良好的文明发展之路，实现经济发展与人口、资源、环境的协调，实现人与自然界的和谐相处。"这段论述清楚地说明了林业在实现人与自然和谐相处方面所发挥的重要作用。实施绿色江苏现代林业建设工程，就是为了贯彻落实《决定》精神，在建设生态文明社会、促进人与自然和谐相处方面为全国做出表率，发挥先导和带头作用。

五、促进江苏林业在全国林业中的贡献

研究认为，江苏现代林业的发展，还必须树立加快江苏现代林业建设在全国林业发展中发挥"生态示范、产业带动、科技先导"重大作用的理念。

一是生态示范。20世纪80年代以来，江苏凭借沿江沿海的区位优势、较好的经济基础、优越的自然条件和众多的人才资源，经济快速持续发展，2002年全省国内总产值突破10636.3亿元，居全国第二位。在这样一个经济发达的省份，发展生态公益型的林业，如绿色通道、城市林业等具有更大的潜力。公益林业的大发展，不仅在全国可为其他邻近省市，如上海、安徽、河南、山东等，发挥一定的生态功能，更重要的是还可以为其他省（区、市）的生态林业建设发挥巨大的示范作用。

根据国内外林业发展的基本经验，按照森林主要用途的不同，实行林业分类（分为公益林业、商品林业两类）经营和管理，是加快林业发展的必然选择。2003年6月《中共中央国务院关于加快林业发展的决定》明确把"坚持政府主导和市场调节相结合，实行林业分类经营和管理"作为加快林业发展的一项基本方针。要求"在充分发挥森林多方面功能的前提下，按照主要用途的不同，将全国林业区分为公益林业和商品林业两大类，分别采取不同的管理体制、经营机制和政策措施。"因此，加强公益林业建设示范，推动公益林业发展，是时代提出的重要课题。

在"林业分工论"等现代林业理论的影响下，世界许多国家根据自己的国情大多对林业实行分类经营。有的国家将森林划分为二类，如新西兰、澳大利亚、美国、印度、瑞典；也有的划分为三类，如法国、加拿大、前苏联；还有的国家划分为多类，如日本、马来西亚、奥地利。在这些国家，实行林业分类经营作为一种有效途径，其目标是实现森林可持续经营和发展。世界林业分类经营管理的经验，很值得我们学习和借鉴。

在我国，林业分类经营理论产生于20世纪90年代初。1992年，林业部部长雍文涛主编出版了《林业分工论》的学术著作，提出并系统论证了"林业分工论"。这一理论对林业的改革与发展产生了重要影响。此后，林业分类经营理论进入实践领域。1994年，首先在广东省始兴县进行试点。1995年12月，林业部重点部署了分类经营改革工作。1996年，林业部成立专门领导办事机构，选择示范点，编制分类经营规划。从此分类经营成为指导林业工作的核心理论。林业分类经营理论，随着学术界的争鸣和实践领域的探索而日趋深化、不断地得到验证和发展。实践领域的生态、产业"两大体系"、林业"六大重点工程"是对"林业分工论"的深化。对林业实行分类经营已成为学术界和管理界的共识。2003年6月，实行林业分类经营和管理，写入《中共中央　国务院关于加快林业发展的决定》，成为全国林业改革与发展必须要遵循的政策方针。然而，林业分类经营管理的理论也必将在生产实践

中丰富和发展。绿色江苏现代林业建设，就是一种有益的探索，它的建设经验将会对全国起到示范作用。

二是产业带动。江苏自然条件优越、经济与科技发达、人口高度密集，发展包括经济林、用材林、园林花卉种苗、林产加工业在内的林业产业具有很大的优势和潜力。挖掘这种潜力使之成为现实，就会以其有力的区位优势在很大程度上带动相邻省份森林资源培育业、粗产品加工业的发展，发挥龙头企业、优势产业对周边地区巨大的带动、辐射作用。加快建设以杨树等速生丰产林为主的林业产业基地工程，发展集约林业，建设各种用材林和银杏、竹类等商品林基地，增加木材等林产品的有效供给，减轻生态建设的压力。推进林业产业结构升级。适应生态建设和市场需求的变化，推动产业组合，优化资源配置，加快形成以森林资源培育为基础、以精深加工为带动、以科技进步为支撑的林业产业发展新格局。鼓励以集约经营方式，发展原料林、用材林基地。积极发展木材加工业，尤其是精深加工业，延长产业链，实现多次增值，提高木材综合利用率。优先发展名特优新经济林、生态旅游、竹类、花卉、森林食品、珍贵树种、药材培植以及野生动物驯养繁殖等新兴产品产业，培育新的林业经济增长点。培育名牌产品、龙头企业和优势产业，扩大林产品出口，提高江苏林产品的国际竞争力，为当地和相邻地区的经济发展发挥产业带动作用。

三是科技先导。与全国大多数省相比，江苏省的人才、科技资源优势比较明显，今后这种优势局面可能更加突出，在林业和生态建设方面也不例外。现代林业是高科技人才、技术、装备、管理都实现现代化的林业，包括林业生产的各方面、各环节都将充分体现出来，如生物技术的应用、管理的信息化、生产的自动化等。因此，江苏省现代林业的加快建设，必将对全国的林业发展起到科技先导作用。

在江苏高标准、高起点地建设现代林业以发挥先导性作用，是全国林业发展的客观需要。我国林业发展和生态环境建设进入了一个新的历史时期，对林业科技提出了新的更高的要求。世界上林业科技的发展步伐很快，以"3S"为代表的林业信息技术和以基因工程为代表的林业生物技术快速发展，已经对森林培育、林木育种、灾害控制和资源利用的方式、方法及效率产生重大影响。在许多领域，我国林业科技水平与世界发展水平还有相当大的差距，新时期我国林业科技发展的任务紧迫而艰巨。为此，在经济、科技等条件优越的地区优先引进、消化世界林业科技，并结合我国实际作出创新，就能够提高我国林业科技水平，缩小与世界先进国家的差距，推动我国林业发展。

林业发展离不开科学技术的进步。具体地说，与大面积造林、提高森林生产力相关的林业科学技术高科技包括："数字林业"及森林资源监测体系（"3S"技术）；林木新品种的培育；林业重点生态工程建设方面；森林防火灭火；自然保护区和生物多样性保护；林种规划与搭配；混交林营造；适地适树与发展乡土树种；良种壮苗培育；提高苗木造林成活率、保存率和生长率；低产林改造；森林采伐；林木病虫害防治；人工林经营所产生的地力衰退问题；森林资源动态监测预警技术；林产品加工利用；农林复合经营模式；森林旅游等。发展并运用高科技手段于林业，提高森林生产力，有效制止林地的逆转，压缩对森林的大量和低效的消耗，全面发挥森林的最大效益。

第四节　城市森林生态网络量化体系的建立

城市森林是城市生态系统的重要组成部分。建立点 - 线 - 面 - 体有机结合的城市森林生态网络体系，是实现城市森林可持续发展的重要保证。城市森林建设是一个宏大的系统性工程，要实施这一工程，必须涉及一系列社会、科学问题。目前，随着科技的迅猛发展，城市化进程的逐渐加快，生态环境问题日益严重，如何实现城市森林的"三生态"问题是城市森林建设工作中，必须探讨的一大重要课题。针对这个课题，人们必须在城市森林建设中充分考虑两个方面，即"量"和"质"的问题。城市森林"量"的方面，主要包括城市森林覆盖率、城市森林人均占有量等。"质"的方面，应充分考虑人们所建设的城市森林的群落结构是否合理、功能是否高效。

随着可持续发展理念的不断深入，城市森林建设、利用、管理等方面的观念也在不断演变。城市森林建设逐渐实现了由单纯的追求"量"向"质"与"量"有机结合的转变，并开始充分关注"质"的作用。建立一个结构合理、功能高效、可持续性的城市森林生态系统，是实现城市与森林和谐共存、人与自然和睦相处、做到"林中有城、城中有园、人在园内、园人相依"的基本保证，也是新世纪生态城市发展的根本趋势和主流方向。因此，注重"质"与"量"的和谐统一的城市森林建设，已成为全面提升城市发展品味、改善城市人居环境、提高城市的活力、魅力和综合竞争力以及实现小康社会的重要内容。

城市森林是城市生态环境的主体，是城市有生命的基本设施建设，是增加城市绿色GDP 的有效途径，有利于带动城市生态旅游、房地产业等相关产业的发展。城市森林建设的根本任务是充分发挥森林的多种功能，为城市发展服务，通过全面推进城市森林建设，有利于有效调整国土上的森林资源布局，增加森林资源相对匮乏的城市化地区的森林面积，使森林资源分配更趋合理、有效，从而有利于完善国土生态安全保障体系。因此，为了更好地发挥城市森林在城市区域乃至全国范围内，改善生态环境质量、创建舒适的人居环境等方面的作用，实现"天蓝地绿、山清水秀、空气清新、花香鸟语"，建立合理、科学、完善的城市森林综合评价体系具有重要的作用。

科学合理的量化体系是城市森林建设水平的直接反映，也是引导城市森林可持续发展的重要标杆。城市森林建设中，一套科学合理的量化指标体系可为城市森林规划提供科学的量化依据，在现代城市森林规划设计、建设和利用管理上起到总体引导和控制等作用。建立科学合理的城市森林量化指标体系，关系到能否真正实现从单一的绿化美化向注重"三生态"的转型的问题，关系到如何采用合理的城市森林建设模式、充分发挥森林的最大综合效益的问题，关系到在有限的土地资源中如何改善城市生态环境质量的问题。

一、　城市森林量化体系的建立

国内外直接针对城市森林综合评价体系的研究相对较少，多数研究主要表现在一般性的森林评价和城市绿地的评价等方面。如对城市绿化的评价，过去主要注重森林的水平面积及其平面格局的研究，对森林"体"的概念和作用没有充分考虑，从而导致城市森林建设的思路的偏差和管理的不完善。在城市森林建设过程中，片面追求造林面积、大规模的营造人工纯林、草坪，不但降低了城市森林的生物多样性，削减了森林的稳定性和自组织能力，从而不利于植物群落的演替和植被的恢复；而且在一定程度上，降低土壤肥力和土地承载能力，增加病虫害发生频率。由此可见，建立合理科学的现代城市森林评价体系十分重要和迫切。

城市森林的相关研究尚处于启蒙阶段，尽管有与之密切相关的城市环境质量评价、城市可持续性发展的评价以及一般性的森林可持续经营评价等有关研究可供借鉴，但城市森林自身的评价理论和技术体系尚未成熟，有待于进一步完善。当今有关城市森林评价指标体系的研究，取得了很大进展：一方面试图能够建立全面反映城市森林结构、功能、协调性与生态效益、经济效益和社会效益的完整的指标体系；另一方面，也在不断探讨提出新的评价指标和新的提法，如绿化三维量、城市绿量率、景观可达性，其他如环境污染综合指数、绿地多样性指数、均匀度指数、廊道连接度指数等环境评价和景观评价的指标也不断应用到城市绿化质量评价中，对城市森林建设都起到了一定的指导作用。

根据江苏区域特点，应用水网化-林网化的城市森林建设理念，有利于促进江苏城市森林点-线-面的有机结合，丰富城市森林景观，增加森林覆盖率，从而实现城市森林生态系统物流、能流、物种流、信息流的融会贯通，在一定程度上增强生物多样性保护。然而，针对目前城市地区土地相对紧缺，散生树木、破碎化程度较高的人工绿地、单层结构的人工纯林、人工草坪等所占的比例很高，而复层结构的自然林、近自然林所占的比例低等问题，建立科学合理的城市森林评价体系是一个十分重要却又极其艰难的课题。

（一）建立的原则

1. 生态优先

21 世纪，生态环境问题是世界有待解决的首要问题。城市化进程的加快、人口的急剧膨胀、土地覆盖和土地利用变化等是造成全球生态环境恶化的主要因素，而森林是缓解生态环境问题的首要物质基础，故"生态优先"原则是现代城市森林建设的必须遵循的首要原则。我国可持续林业发展战略中，明确提出："确定以生态建设为主的林业可持续发展道路，建立以森林植被为主体的国土生态安全体系，建设山川秀美的生态文明社会。""三生态"（即生态建设、生态安全、生态文明）为核心的可持续发展战略思想，极大推进了我国城市森林建设的发展，为我国城市森林建设事业提供战略性、理念性的根本保证。加快实现"生态优先"原则，坚持以人为本、人与自然和谐相处，突出"三生态"的城市建设理念，以建设布局合理、功能高效、效益显著的城市森林生态系统为重点。

2. 最大效益

城市建成区的绿地规划设计，主要注重"眼睛"的问题，即注重视觉美感。在城市绿化规划设计中，大多设计成观赏草坪、缀花草坪等，中间点缀园林小品、亭台楼阁，而对自然式、近自然式的植物造景弃之不理，虽说美则美矣，但降低了城市用地的使用价值，难以发挥城市森林的生态效益。此外，为了满足经济发展中人们对木材的需求而大规模的营造单层式结构的人工用材林（纯林），虽说在短时间内可取得较大的经济效益，但随之而来的土壤肥力的下降、林木质量和产量的降低、病虫害猖獗等恶性问题，严重制约着城市森林的可持续发展。可见，追求城市森林的最大综合效益，必须转变注重形式美、视觉美、经济效益等观念，采用自然式、近自然式的绿化造林方式，从而有利于最大限度地利用时间和空间，增加城市"绿量"，营造城市与城郊内外结合、结构合理、功能完备、分布均衡、多种效益兼顾的城市森林生态系统。

"最大效益"原则是充分发挥城市森林综合效益的重要保证。城市森林具有生态效益、经济效益、社会效益，城市森林综合效益是三者的有机结合。在城市森林建设中，一方面要注重其生态效益，改善城市生态环境质量，创造舒适的人居环境；同时也不能忽视城市森林对城市经济发展的作用，它有利于提升城市品味，提高城市的综合竞争力，提高土地使用价值，提供木材和果品，创建新的产业，增加就业机会，增加城郊农民收入，从而有利于解决"三农"问题，建设社会主义新农村。因此，实现综合效益最大化，有利于取得社会和公众对城市森林建设的理解、支持和广泛参与。

3. 量和质

森林是陆地上生产力水平最高、物种组成最为丰富的生态系统，具有多方面的复合功能，在解决生态环境问题中发挥了巨大的作用。然而，一棵树难以和几棵树的综合效益相比，几棵树更难与一片林相比，可见城市森林的"量"是一个重要因素。哲学上认为量变引起质变，"量"只有到一定的"度"，才会引起"质"的飞跃。在城市森林建设中，要充分发挥森林的综合效益，必须拥有一定的量。有些研究表明：城市森林覆盖率只有达 40%~50%，人均绿地占有面积达到 60 平方米，城市森林生态系统才可能形成良性循环。莫斯科的城市森林覆盖率是 35.5%，而我国许多城市的森林覆盖率高于它，但这些城市的生态环境质量却远远不如莫斯科，主要原因之一是"质"的问题。质的不同，其生态功能各异，自然或近自然森林和人工林、草坪相比，其生态功能远远大于后两者，其原因在于前者是乔、灌、藤、草等的有机统一，单位面积的空间利用率大，从而充分发挥其最大的生态效益。

城市森林"质"的问题，一方面主要体现在"体"上。"体"就是体积，是空间占有量。如何发挥城市森林最大的生态效益，一是要增加城市森林用地面积，更重要的应向竖直方向发展，提高单位面积土地的空间利用率，即增加城市森林的体积。提高城市绿地的空间利用率就是向空间要生态，就是采用近自然式植物结构造林，提高光能利用率，充分发挥乔、灌、藤、草的作用，充分发挥其强大的生态功能。另一方面表现在城市森林分布格局的合理性。根据景观生态学的原理，不同的城市森林景观分布格局，所发挥的生态效益具有显著差异。生态景观效应场的大小限制了城市森林景观斑块服务的半径，一块绿化水平优良的绿地生态效益，只能在以此为中心的有限区域（服务半径）的范围内发挥作用，而对超出此范围的地区却影响不明显。因此，要发挥城市森林在整个城市范围内的生态功能，必须实现城市森林斑块分布的均匀性，使大型核心林地、小块绿地均匀分布在城市的各个区域，并通过林带连接，形成相互连通、完善的城市森林生态网络体系，才能有效地改善城市生态环境质量，实现城市森林的可持续发展。

（二）面临的问题

1. 森林概念性的问题

城市森林一词最早出现在 1965 年（Johnston，1996），是传统森林概念的延伸。对于城市森林概念的定义，不同国家和不同的学者理解和定义有所不同（表 4-1）。城市森林的概念要借鉴林业上的森林概念，也要结合城市的特点，考虑中国自然条件和城市环境现状及其特殊性，结合中国城市发展的趋势和特点，可以这样来描述：城市森林是指在城市地域内以改善城市生态环境为主，促进人与自然协调，满足社会发展需求，由以树木为主体的植被及其所处的人文自然环境所构成的森林生态系统，是城市生态系统的重要组成部分。也就是说，城市森林建设是以城市为载体，以森林植被为主体，以城市绿化、美化和生态化为目的，森林景观与人文景观有机结合，改善城市生态环境，加快城市生态化进程，促进城市、城市居民及自然环境间的和谐共存，推动城市可持续发展。具体是指城市地域内的各种林地及其相关植被。它对城市环境有明显的改善作用，能平衡和补偿城市环境负效应，并相对于城市建设用地在面积上占有优势，是中国森林生态网络体系建设的重要组成部分。因而城市森林的组成范围包括城市公园、植物园、动物园、城市绿地、道路旁的树木和其他植物，城市河流、湖泊、池塘边的树木及其他植物，公共场所、学校、机关、部队等的庭院绿化及街头绿化、建筑的垂直绿化及屋顶绿化，城市郊区风景林、防护林、水源涵养林、森林公园等。

表 4-1 欧洲国家对城市森林的定义

国家	城市森林
芬兰	以休闲娱乐为目的的城市及近郊天然森林植被，不含草坪绿地
德国	为都市人群娱乐休闲设计和经营的人造植被
希腊	行道树、公园、花园等各种绿地及城郊绿地和森林植被
意大利	泛指城市当中经常人工管护的林木和森林植被
英国	为提高和美化城市环境所营造、设计和管护的各种木本植被、公园休闲广场等用于绿化的各种植被
荷兰	泛指城市当中的绿地植被

2. 操作的问题

城市森林是一个新兴的领域，涉及林业、园林、城建、水利、农业等多个部门，在评价城市森林建设水平的指标体系方面还没有形成统一的标准，可比性差。实际操作中主要问题表现在以下几个方面：

（1）主管部门：过去由于部门分工的不同，城市绿化建设在建成区基本上是由园林部门负责，而城市郊区则主要由林业部门主管。因此，建成区绿化水平基本上是采用人均绿地面积、绿地率、绿化覆盖率等几个指标，而城市郊区只是沿用一般林业上的标准统计森林覆盖率，没有把城市生态环境建设作为一个整体来考虑，已经不能适应城市生态环境建设的需要，不能够反映城市森林的建设水平。

（2）数量标准：面积的大小反映了城市森林占有城市土地面积的比重，是城市森林发挥生态环境服务功能的基础，目前的评价指标也基本上是对此进行统计的。但从城市的特点来说，城市是立体的，需要改善环境的地方也是立体的，因此城市森林的作用也应该是立体的，仅仅有面积的衡量指标是不够的，它反映的只是一个水平的概念，还必须考虑对城市空间的占有量，即对城市空间环境的影响。

（3）统计范围：统计范围的不同将直接影响统计结果大小，也是目前许多城市的城市森林建设水平缺乏可比性的根本原因。城市森林的建设是涉及城市的建成区、近郊区和远郊区的整个城市地域范围，除了北京、上海等少数特大型城市以外，一般不包括城市管辖的市县。因此，对一项指标的统计要在整个城市地域、建成区、近郊区、远郊区这 4 个不同的水平上分别统计，才能进行不同城市的比较。

（4）类型差异：城市森林的类型不同其生态功能完全不同，同样面积情况下，草坪绿地和森林绿地的生态功能不同。科学的城市森林评价指标应该能够反映出这种类型的比例差异。目前常用的绿地概念过于模糊，无法反映城市森林的质量。

（5）布局影响：城市森林既要有足够的面积、占据较大的空间和多种森林类型配置为主的绿地结构，还要在宏观上充分考虑布局的合理性。同样面积的森林绿地，偏隅的城市一角与均衡分布所起到的景观作用和生态效益是截然不同的。某个公园、居民小区绿化水平的优良并不能代表整个城市的水平，也就是说要有一个合理的城市绿地布局。这里既要考虑保持生态系统的整体性，也要考虑分布的均匀性。通过大片核心林地、小片绿地、林带等多种形式合理布局，形成分布均匀又具有完备生态系统功能的城市森林生态系统。

因此，对城市森林的评价，不能以远郊绿地来代替城市中心区尤其是城市居住区的绿地指标，不能单纯以面积来衡量城市森林建设水平而忽视对城市空间占有率这种质量的差异，否则就会误导城市森林的发展。

（三）城市森林量化指标

城市森林的量化指标既要客观准确的反映我国城市森林建设的真实情况，也要具有广泛的适用性、较强的可操作性，同时具有国际的可比性。具体应包括和反映在质量和数量两个层面：

1. 质量方面

分析城市绿地分布格局合理性，可以借鉴景观生态学均匀度、聚集度、连接度等指标来评价。

（1）城市森林斑块类型指标：林分郁闭度 0.2 以上且面积 1 公顷以上核心林地占绿地总面积的比例。

（2）城市森林廊道类型指标：宽度 50 米以上道路林带和河流林带等主干森林廊道总长度占廊道林总长度的比例。

（3）城市森林分布均匀性指标：指城市绿地斑块的分布均匀程度。

$$E = \frac{H}{H_{max}} = \frac{-\sum_{r=1}^{n} p_r \ln(p_r)}{\ln(n)}$$

其中，p_r，城市森林类型 r 在景观中出现的概率；n，城市森林类型的总数。

（4）城市森林网络连通度指标：常见的计算方法有两种，即 y 指数法和 α 指数法。y 指数即网络中所有结点的连接度，采用网络中廊道的实际数与最大可能出现的廊道数比值。α 指数即网络中存在坏路的程度，采用坏路的实际数量与最高可能的环路数的比。这两个指数都是从 0（网络没有连通）到 1.0（网络具有最大连通度）。

2. 数量方面

一般认为，人类视野中绿色占 25% 以上时视觉感觉最舒服，因此绿地面积是评价一个城市绿化水平最重要的指标之一，应用也最为广泛。城市绿化不同于乡村，除了对裸露地表的绿化以外，还包括对楼房、桥梁、柱体等各种钢筋水泥建筑物表面的垂直绿化。因此，在评价一个城市绿化水平时，不能像过去仅仅注意水平覆盖率是多少，还要注重垂直绿化面积的大小。

（1）林木覆盖指标

● 城市林木覆盖率：城市林木的树冠（不包括城市绿地的灌木）投影面积与城市用地面积的比例。城市森林覆盖率虽说是个量化的指标，但它反映了城市树木的数量，因此在一定程度上具有质的特性。

● 乡土树种比例：指乡土树种在城市绿化树种应用中的重要程度，用乡土树种的个体数占全部树木数量的比例来表示。

● 人均乔木占有量：城市市民人均拥有的各类乔木（包括小乔木）个体的数目。

（2）城市绿地指标

● 城市绿地率：城市绿地面积与城市建设用地之比。它反映了城市土地表面与自然表面的接近程度，城市绿地率越高，城市土地就越接近自然表面。城市绿地是指以各种乔木、灌木、草本植物覆盖为主要特征的、成片的城市土地表面，是人工建设的植被或天然植被的残留，它是城市生态建设的基础。城市范围内以生产为目的，残留的农业用地，不应作为城市绿地。

● 人均公共绿地面积：公共绿地包括公园、街道绿地、街心花园等，单位为平方米。

（3）城市空间绿化指标

● 城市墙体垂直覆盖率：垂直绿化面积与建筑物表面可覆盖面积之比。

● 建成区绿化空间占有率：是指在城市绿化可达高度范围内的绿色植被实际体积与最大体积之比。

$$建成区绿化空间占有率 = 不同类型城市森林绿地占有的体积之和 / 城市绿化最大可达体积 \times 100\%$$

根据城市所处地区城市森林建设主要绿化植物的成熟期平均高度来确定，比如以乔木 12 米为准，灌木 3 米，草本 30 厘米，分别乘以不同类型绿地的覆盖面积，求算出不同类型城市森林绿地的体积之和，其中乔灌草复层结构的绿地只按乔木层高度计算，灌草层不再另行计算；最大绿化体积是指整个城市建成区绿化面积乘以 15 米（一般城市树木的平均高度）的体积。

● 人均公共绿地体积：公共绿地包括公园、街道绿地、街心花园等，人均公共绿地体积单位为立方米／人。

（4）城市森林健康指标：健康指标分析主要基于个体和群体两个水平来考虑，对于个体来说，要了解花朵、果实、枝叶等器官的分泌物、挥发物对人体的影响；对于群体来说，要分析不同的植物组合所形成的群落内，不同植物体的分泌物组成的混合气体环境对人体的影响；不同的树种、配置模式所承载的文化功能也不一样，从有利于人的身心健康和提高城市文化品位的角度，要与城市的历史和地域特点紧密结合。因此，可以有多种指标来表示。比如用单位面积城市森林植物产生的过敏性花粉数量来表示负效应，单位是粒／平方厘米。用单位面积城市森林植物产生的空气负离子数量来表示正效应，单位是个／立方厘米。

（5）城市森林维护成本指标：单位面积森林绿地每年的维护成本（包括同常管护用工费、水资源消耗费、病虫害防治费等）（元／公顷）。作为一种不同于天然群落的城市绿地类型，在一定程度上外貌的维持是建立在人为干预的基础上的，但过多的人为干预活动不仅增加了人力物力投入，也使这种群落的生态功能大打折扣。因此，一种绿地类型的优劣，还要对人力物力投入有一个全面的评价。如果一座城市多数绿地的外在效果和内在生态效益都是靠大量的人力来维持的，那么不可能维持长久，拿出再多的土地搞绿化也难以彻底改善城市的生态环境。

上述 9 项指标应按照建成区、郊区（包括近郊区和远郊区）分别统计，以便全面客观地反映城市森林的发展水平，增强不同城市之间的可比性。另外，为了便于生产单位掌握，实际当中可以重点计算城市森林斑块类型指标、乡土植物种类比例、城市林木覆盖率、建成区绿化空间占有率、城市森林维护成本指标等 5 个指标。

二、适宜城市森林覆盖率的提出

（一）适宜森林覆盖率指标的内涵

森林覆盖率是指一个地区的森林面积占该地区总土地面积的百分比。对于一个地区而言，森林资源和生态环境主要采用综合指标（相对指标）——森林覆盖率来度量。在制定林业发展规划和战略目标中，也是以森林覆盖率作为评价的重要依据，同时为了便于对森林覆盖率的统一理解和计算，规定：森林包括郁闭度（指林冠的投影面积与林地面积之比）0.2以上的乔木林地、经济林地、竹林地、灌木林地、农田林网和"四旁"（村旁、路旁、水旁、宅旁）树面积之和，为理解和计算森林覆盖率提供标准和计算方法。这一概念被人们，广泛用于评价某一地区森林资源与生态状况，甚至被作为考核林业工作成效的重要指标。如果某一地区森林覆盖率越高，就被认为其生态状况越好，森林资源越丰富，反之亦然。但是，随着人们对自然和社会的逐渐深入认识，发现情况并非完全如此，即有的地区森林覆盖率很高，但也照样经常受洪水灾害的侵袭，而有的地区虽然森林覆盖率不高，但其生态性能却较稳定。因此，许多学者试图对森林覆盖率的内涵进行完善和充实，或者在评价指标上进一步完善。熊野威等学者（1998）从森林水土保持和涵养水源的角度提出概念认为，森林覆盖率应以有效森林覆盖率为衡量指标，其应包含四层意义：林分结构、森林郁闭率、地被物厚度和森林空间分布等方面，并总结为针阔叶混交林分结构，林分郁闭度大于 70%，林下地被物厚度在 15 厘米以下，位于山坡陡地及岸沿上的森林面积占地区土地面积的百分比称为有效森林覆盖率。而郭忠升等（1996）学者从和自然环境的角度提出，认为森林覆盖率应建立两个较为通用的概念，即最佳森林覆盖率和合理森林覆盖率：最佳森林覆盖率指一个国家或地区所拥有的森林，既能满足人们对木材和林副产品的需要，又能达到人们对生态效益和社会效益的要求，使之形成一个较稳定的生态环境，称为最佳森林覆盖率；而合理森林覆盖率是指在一定时期内，一个国家或地区，从人们对森林所需求的直接效益（经济效益）和间接效益（生态和社会效益）出发，能够在自然、经济与技术条件允许的范围内所达森林覆盖率。当然，相关的学者还提出了许多关于森林覆盖率内涵或评价指标方面的研究，总体而言，尚有失偏颇，尚有几个重要问题值得探讨。首先，森林的效益问题，对森林覆盖率大小的确定，主要都是从水土保持角度进行研究，尤其是山地森林角度提出，而较少从森林覆盖率对良好人居环境改善（如气候、空气质量等方面），生态系统维持机制等方面影响的研究相对不足。森林的直接效益和间接效益是森林覆盖理论研究中的两个有机构成部分，仅根据森林某方面生态效益或将森林满足人们对木材及林副产品方面的需要与对环境方面的需要割裂开来，作为不同的确定方法是欠妥，应该全面考虑森林多方面效益。其次，传统森林覆盖率的计算问题，森林覆盖率主要借鉴于前苏联的计算模式，把它等同于绿化面积，即森林面积近似等于成片造林后保存的面积。简单地说，仅仅只有一个量的概念，没有或很少有质的内涵，即没有与其所能发挥的生态、经济和社会效益的大小相结合，因此，出现了森林覆盖率大，而其森林综合效益不一定高的现象，这也是较多学者提出对森林覆盖率内涵补充或重新确定评价森林生态效益和资源状况指标的原因；另外，随着社会的发展，人们对生态环境的关注，对于与人们生活环境密切相关的城市、河流、湖泊等森林建设，日益受到人们的重视，如果沿用传统的森林覆盖率计算方法或作为评价生态环境的方法，显然已经不适合，因为这部分森林无论从营造面积、材料、方式方法，或者其主要的生态服务功能等方面都与传统的森林不同，因此，仍然沿用传统的森林覆盖率作为评价森林生态环境，应当建立与其相适应的评价体系。

（二）世界森林覆盖率及其研究现状

世界各类林地覆盖面积大约为 48.9 亿公顷，森林覆盖率为 27%，约占陆地面积的1/3，其中俄罗斯森林蓄积量为 859 亿立方米，占世界总蓄积量的 1/4，居世界之首。其次是巴西（584 亿立方米）、加拿大（230 亿立方米）和美国（201 亿立方米）、中国居第五位，蓄积量为 91.41 亿立方米。以森林覆盖率为度量标准，法属圭亚那森林覆盖率居世界第一，为 98.6%；苏里南名列第二，为 95.6%。森林覆盖率不足 1% 的国家有巴巴多斯、埃及、利比亚、西撒哈拉、约旦和沙特阿拉伯等 13 个国家，其中埃及只有 0.03%，是世界上森林资源最少的国家。在世界主要城市中，东京市域面积 2187 平方公里，人口 1212 万人，森林覆盖率市区为 33%、郊区为 50%。巴黎市区面积 1.2 万平方公里，人口 1065 万人，郊区森林覆盖率为 27%。伦敦市区面积 6700 平方公里，人口 1110 万人，郊区森林覆盖率为 34.8%。但是世界森林损失每年高达 1800 万 ~2000 万公顷。从全世界普遍关心的热带雨林来看，

1980~1990 年，每年以平均 1540 万公顷（0.8%）的速度缩小。1990 年年末，热带森林的面积估计为 17.56 亿公顷，其中南美洲和加勒比海地区占 52%，非洲占 30%，亚洲和太平洋地区占 18%，热带森林的一半集中于巴西、刚果（金）、印度尼西亚和秘鲁四国。巴西拥有世界著名的亚马孙原始森林，那里蕴藏着世界木材总量的 45%，是世界上最大的热带林区，被称为地球"供氧的超级肺"，覆盖着巴西 337 万平方公里（3.37 亿公顷）的土地。自从 16 世纪开始开发森林以来，巴西东北部大西洋北里奥格朗德州，原始森林的痕迹已荡然无存，在中西部和亚马孙地区，仅 1969~1975 年就毁掉了 1100 多万公顷森林。近年来，亚马孙地区滥伐森林的速度仍在加快，大量砍伐森林，使巴西森林面积已从占全国总面积的 80% 减到 40%，同 400 年前相比，整整少了一半。全世界每年由此引发的土壤流失量达 250 亿吨，形成的沙漠化土地面积每年增长 500 万 ~700 万公顷，照此发展下去，世界耕地会越来越少，人类的生存和发展将受到严重的影响。

从总体上讲，全球森林覆盖率正在下降，但各地区情况不同，1966~1986 年，非洲森林覆盖率由 26% 降至 23%，中美洲和北美洲由 33% 降至 32%，南美洲由 57% 降至 52%，亚洲由 21% 降至 20%，而欧洲则由 31% 升至 33%，前苏联由 38% 上升到 42%。

我国的森林资源情况大致如下：根据国家林业局公布的第五次国有森林资源清查结果，截至 2000 年年底我国林业用地面积 26329.5 万公顷，森林面积 15894.1 万公顷，森林覆盖率为 16.55%；活立木总蓄积量 124.9 亿立方米，森林蓄积量 112.7 亿立方米。除台湾省外，全国人工林面积 4666.7 万公顷，人工林蓄积 10.1 亿立方米。与第四次全国森林资源清查相比，我国的森林面积净增 1370.3 万公顷，森林覆盖率净增 1.43 个百分点。我国森林面积继续稳居世界第 5 位，森林蓄积量居世界第 7 位，人工林面积居世界首位。由此可见，森林面积和蓄积量继续保持双增长。但我国森林资源的平均水平依然很低，森林覆盖率只相当于世界森林覆盖率（27%）的 61.3%；全国人均森林面积和人均森林蓄积分别相当于世界人均水平的 1/5 和 1/8。因此，林业问题依然是目前环境与发展中的一个核心问题。为了保护和发展森林、制定一个国家或地区林业发展的远景规划，应确定该区的适宜森林覆盖率。关于森林覆盖率的研究，世界各国已经取得了许多研究成果。

据哈塞尔（K.Hasel）计算认为，一个国家的森林覆盖率在 20% 以下为低，在 20%~33% 为中，50% 以上为高。原苏联国家技术委员会组织协调全国广泛开展研究和确定当地最佳森林覆盖率问题时，他们根据国家水文气象局多年观测的径流资料，A·A·莫尔恰诺夫等学者为其欧洲部分 87 个州的森林确立了最佳森林覆盖率，使这些州的森林能充分地发挥水源涵养和防护功能。前苏联欧洲部分平原流域适宜森林覆盖率被确定为 10%~30%，马克兰彼列西耶各个河川流域适宜森林覆盖率被确定为 35%~65%，森林草原地带为 20%~35%，草原区为 15%~20%。各区在上述森林覆盖率情况下，地下水径流增加 1~1.5 倍。尤其重要的是，夏秋季节将保持较高的地下水位。而彼列西耶河总径流量平均增长 20%，草原区则增长 32%。地形切割严重流域的最佳森林覆盖率应高于地形切割弱的流域。（邓炳生，1981：Iverson，L.R.，1994）

据 1987 年中国林业出版社出版的《中国林业区划》报道（中华人民共和国林业部林业区

划办公室，1987），在研究我国为保护生态环境需要多少森林时，只能分不同类型，根据与这些类型最相关的生态效益来考虑。如对于平原区，要从保护农业生产的角度来考虑；对风沙严重的地区，要从防风固沙角度考虑；而对于山区和丘陵地区，则主要从蓄水保土的需要来考虑等。

近年来，鉴于森林覆盖率的理论研究对于宏观环境治理和农业发展决策具有重要的参考价值，我国的许多学者对此进行了大胆和有益的探索。韩珍喜（1982）应用系统工程中线性规划的理论和方法，根据影响赤峰市黄土丘陵区农林牧发展的主要限制因素（水土流失、群众吃粮和烧柴困难），建立约束方程，使各业都能够发挥其最大的经济效益。计算结果表明，该区最佳森林覆盖率为45%。王大毫（1996）根据土地利用现状（林地、荒山都应全部绿化）、海拔指标（海拔2500~4200米的中高山区都应绿化）、坡度指标（坡度大于25°以上面积，应退耕还林，只准进行抚育采伐，不许主伐）等，结合森林资源消耗及防护效益的综合指标（包括薪柴、木材消耗，经济林及防护林综合需要），得出该区适宜森林覆盖率为63%。林斯超（1987）从森林的作用方面，分析森林覆盖率与降雨、蒸发量、气温和风的关系，依此确定三江平原合理的森林覆盖率为36%~40%。胡慧璋（1988）根据林业用地现状、山地坡度、森林对水库的防护作用。保证森林资源消耗以及对经济林和防护林面积等综合指标的需要，确定淳安新安江水库集水区适宜森林覆盖率为70.2%。杨俊平（1988）按照合理森林覆盖率概念，根据6个原则：①注重生态经济系统总体建设，追求总体效益；②突出强调改善生态经济条件；③依据土地自然属性；④考虑生态经济系统区域差异性；⑤保持农林牧副渔各业协调稳定综合发展；⑥兼顾土地利用历史沿革、经营现状、生产建设方向等计算出了内蒙古自治区合理的森林覆盖率为27.65%。董承德（1989）利用森林覆盖率与5个主要生态因子（降水、陡坡所占面积、沟壑密度、农业人口密度、平均海拔）之间关系，建立数学模型，并根据5个综合治理典型区的抽样材料联立方程组，从共性与个性的辩证关系出发，求出覆盖率与5个因子之间的关系系数，并以此模型计算出了黄土高原15个类型区的综合森林覆盖率（其值介于0.1~0.68之间）。郭养儒（1992）分别按保护生态环境、保证全省人口林产品供应和利用运筹学中的线性规划理论，分别求出陕西省适宜森林覆盖率为49.5%、50.4%（2000年）、56.5%（2020年）；30.09%（2000年），46.22%（2020年）等。

可以看出不同地区有着不同的最适森林覆盖率。针对不同地区测算的指标也不尽相同。江苏优越的气候条件十分有利于森林的生长发育，发达的社会经济条件为发展林业提供了有利的经济保障。但社会发展要求各个行业协调发展，林业的发展必须建立在和其他行业相协调发展的基础之上。

（三）适宜森林覆盖率研究的意义

20世纪末期以来，全球环境变化一直是国际社会关注的焦点，对森林功能提出了新观念，认为森林对全球环境有重大影响，突出表现在3个方面（E. Gregory 1997）：森林的物质生产是固定、积累二氧化碳和释放新鲜氧气的过程，在全球碳循环和碳平衡过程中起调节作用，对净化大气、抑制"温室效应"作用重大，是地球上最好的空气净化器和可靠的碳库；森林植被如同地表覆盖了一层海绵，具有涵养水源和防止土壤流失的功能，在自然界的水循环中，起治水和理水的作用，如同一座天然的大蓄水库；森林是众多生物种类的栖息地，是生物多样性的保护库。生物多样性是各种有生命资源的总汇，是维持生态平衡、保障食物供给的基础。人们十分担心当前生物多样性在迅速消失，这将引发生物圈链环的破碎和整个生态系统的破坏。以生态环境建设为目的的植树造林工程，一方面可发挥森林具有调节气候、净化大气、阻隔噪音、美化环境、卫生保健、休闲游乐等功能；另一方面也是维护自然生态平衡的有效措施，具有水土保持、防风固沙、国土保安、减灾防灾的效益。在一些经济比较发达的国家如日本，森林的保持水土、涵养水源、生态环境等公益效能作为支撑社会资本以及社会保健的重要财富，被视为构成国民生活水平的重要组成部分。为了在人类社会与自然界之间建立和谐的关系，以达到森林的保护、林业的发展与社会经济发展之间相互协调，维持全球生态平衡之目的，森林资源应具备相应的面积和蓄积。那么需保持多大的森林资源水平才算最为适宜呢？这要视这个地区的自然条件，社会经济发展以及人类对环境的需求等要求而定（郭忠升，1996）。江苏省委省政府认识到江苏实现"率先全面实现建成小康社会率先初步实现现代化"需要在林业生态建设方面进行整体规划、加大投入。因此提出了"绿色江苏"的规划性研究。本课题作为规划研究的一部分基于江苏目前林业发展状况试图回答在未来20年内江苏省最适宜的森林覆盖率。

第五节　城市林业生态工程植物选择

　　建立"人与自然和谐共生"的城市森林植被，是实现城市林业可持续发展的基础。随着城市化进程的加快，生态环境问题日益突出，城市森林建设已成为现代城市建设的一项重要工程。目前，我国城市普遍存在城市森林资源总量不足、结构布局不合理的现象，此外，城市绿地建设中，植物材料单调、品种单一、配置结构与层次简单，城市森林各种功能难以得到充分发挥。因此，加强植物材料的选择、增加城市森林覆盖率、改善森林植被的结构与层次、提高生物多样性、实现近自然式设计和管理，不仅有利于提高城市森林的稳定性，充分发挥其多功能的综合效益，而且还有利于维护现代城市的生态健康、生态安全，实现城市的可持续发展。

　　江苏省地势较为复杂，其中，苏南、苏北多以低山丘陵为主，苏中地区则为平原。湖泊众多、水资源丰富，长江、淮河、大运河贯穿其中，水脉交通、水系纵横，一片江南水乡景象。城市发展极富特色，既有南京、苏州、扬州等文化重镇，又有连云港、张家港等新兴城市，组团式城市群发展方向使江苏形成了以南京和苏锡常为中心的两大沿江都市群（即"两片"）。此外，全省自然土壤类型复杂、植被地带性分布明显，植被资源、植被类型丰富。以上这些，为建设具有特色的江苏城市森林提供了丰富的物质和文化资源。

一、植物选择的理念

（一）植物选择的理念

● 城市森林的人文理念

江苏是我国古代吴越文化的发源地，历史与生态文化底蕴极其深厚。南京古都、苏扬园林名闻中外，此外，徐州汉文化、苏南吴文化、苏中淮扬文化及古运河文化等无一不是我国古代劳动人民智慧的结晶、我国传统人文理念的积淀。

中国几千年的历史为中国古代城市建设、园林设计、植物选择和配置等赋予了极其独特的文化内涵。"天人合一"综合了中国"儒""道""释"的文化精髓，从而为中国古代城市规划、园林设计奠定了坚实的文化基础。"外师造化、内接心源"是中国古代城市建设和园林设计的方法论。"外师造化"即"法天、法地、法自然"。庄子说："天地有大美而不言"。自然以其含蓄的艺术魅力表现出了宇宙生机和人生真谛。"内接心源"即注重心灵的感悟。中国古代人注重"以心观物"，追求"物我为一""物我两忘"，到达"天人合一"的最高境界。中国古典园林崇尚"自然"，以造化为师、自然为本，实质上是探求潜埋在自然中的"道"和"理"，以期达到"天人合一"，从而使古代文人能从"天光云影、春花秋月、虫鸣鸟唱"等自然景观中感悟一种理性的美，体验自我与自然融为一体的和谐和愉悦。

此外，中国古代文人注重寓意于物、以物比德。传统的"君子比德"思想赋予了自然景观一种人格的美。所谓"仁者乐山、智者乐水"。古代人往往把自然景物看成是一种品德美、人格美和精神美的象征，从山水植物中体味物与我、内与外、彼与己、人与自然的和谐统一。如在造园中，利用松、竹、梅、荷等植物材料以及形貌奇伟的山石小品和盆景等寄寓某种高尚的品德，显示自己的人格。

- 城市森林的建构理念

森林是"城市之肺"，湿地是"城市之肾"，"肺"与"肾"的有机结合，有利于完善与城市发展相适应的森林生态网络体系，改善城市生态环境，增强城市的亲和力、凝聚力和竞争力，实现城市的"山清水秀、天蓝地绿、鸟语花香"，创建一个风景优美、空气清新、舒适宜人的人居环境。

江苏气候适宜、物种丰富、水脉纵横，从而为实现城市的"林网化 - 水网化"奠定了坚实的基础。"林网化 - 水网化"是我国水乡城市环境建设的一个重要理念，林网、水网相互依存、密不可分，具有"林水相依、林水相连、依水建林、以林涵水"等特点。加强"林网化 - 水网化"工程建设的实施，有助于江苏实现"林茂气爽、山青水绿、草阔鱼肥、花香鸟唱"的美好城市生存环境。

- 城市森林的发展理念

随着城市化的快速发展，城市环境问题越来越成为现代城市发展中一个重要的、必须解决的问题。因此，城市发展必须古今结合、与时俱进，既要继承我国古代城市建设的传统文化精髓，维护其民族特色；又要适应现代城市发展潮流，满足当前人民群众的物质和精神的需求。为此，城市森林的发展必须遵循"山水园林城市""生态城市"的城市建设理念，实现城市森林的可持续性。

"山水园林城市"是钱学森先生提出的一种适合中国国情的、具有中国特色的城市建设模式，是中国传统造园模式与现代城市发展的有机结合。它引森林入城市，把城市建设在园林之中，做到城中有园，园中有城，犹如一幅优美的山水画，做到人在其中，如入画图。"山水园林城市"的提出，一方面有利于继续发扬中国文化的优秀传统，遵循中国古代园林的文脉意境，充分利用自然资源，因地制宜，精心创造，充分发挥古典园林的审美游憩功能；另一方面有利于利用现代科技，保护城市生态环境，增加城市的生物多样性，维护城市的生态健康、生态安全；从而实现人民共享、"城市－自然－人"的共荣共生，实现城市的可持续发展。

"生态城市"是城市生态化发展的结果，是一种实现生态、环境、人文等各方面的有机融合、协调发展与可持续性的人居模式，具有社会和谐、经济高效、生态环境优良等特点。在全世界范围内，被公认为21世纪城市建设模式。其基本结构是构建城市生态功能带或功能圈，主要包括城区绿化生态圈、城郊防护生态圈、远郊防护生态圈和风景区生态圈。

（二）植物选择的原则

● 适地适树、因地制宜

适地适树是树种选择的一个重要原则，主要包括因地制宜、因时空制宜、因功能制宜。因地制宜主要是根据立地环境条件来选择适宜的树种。不同的气候条件、土壤条件、地形地势等立地环境，应选择不同的树种。因时空制宜，即要求充分考虑时间的变化和空间的大小等因素，在植物选择和配置上，要求做到四时的季相不同、景观各异，空间配置的尺度协调。因功能制宜，即根据城市不同区域所要求的功能（包括生态功能、经济功能和审美功能等）来选择适宜的植物材料。

因此，在树种选择过程中，必须掌握树种的生长特性、物候期、生态习性、观赏习性以及生态功能；同时，必须了解城市不同区域的立地条件、功能要求。此外，应以乡土树种为主，考虑物种的演替，做到常绿树和落叶树相结合、速生树和慢生树相结合、乔灌藤草相结合。

● 生态优先、多功能协调

城市环境污染、噪音污染、绿岛效应等环境问题的存在，要求城市环境建设要打"生态牌"。植物选择应优先考虑其生态功能，以建群性、地带性树种为主体，要求基调和骨干树种适应性强、耐瘠薄、无植源性污染、抗性强，建构丰富多彩、景观多样、具有吴越风格的城市森林景观，发挥其最大的生态效益，从而确保其城市生态服务功能的综合性、稳定性和可持续性。

● 植物物种多样性

物种多样性是实现城市森林景观稳定性、持续性的根本保证。增强物种多样性，有助于提高空间的利用率，实现近自然式森林景观的配置，提高植物群落的层次性和复杂性，提高森林生产力及自我维护能力，增强抵抗力。以建成区的绿地为例，种植单一的绿化树种，不仅降低绿地的生产力、承载力，造成物种本身的退化，而且还会降低植被的抵抗力，导致病虫害的发生，给城市绿地管理和维护带来很大困难；而选择和应用多种植物材料，采用近自然式种植，不仅有利于发挥其最大的生态效益，减少绿化管理和维护，还会丰富植物景观，增强城市森林景观的艺术魅力，提高城市品位。

● 文脉意境、文化特色

传统花卉、古树名木是城市绿化的重要植物资源，也是表现城市历史文化内涵的特色树种。保护和利用现有的传统名花异卉、造型技艺对于形成独具特色的植物景观，呈现城市的文化特色具有十分重要的意义。江苏省历史文化悠久，尤其是南京、苏州、扬州等文化重镇，具有其独特的区域人文优势和文化魅力，因此，选择地方性的传统名花异卉古树名木、发掘其历史文脉，是实现地方性特色的重要保证。

● 自然美、生态美与艺术美相结合

城市森林景观具有科学性和艺术性，既能满足生态环境对植物本身的要求，具有综合的生态服务功能，也能体现植物个体和群体的自然美、形式美和意境美，供人们观赏游憩。植物形态上的风姿色彩、生态上的生理性质以及神态上的内涵意蕴都能使观赏者触景生情，产生无限的遐思和联想，沉浸在无限的诗情画意之中。在植物配置中，以诗画为蓝本，以自然为对象，通过植物的形态、生态和神态的具体表现，从而产生了中国园林植物景观独特的人文魅力，呈现出清雅脱俗的人文风格。

二、植物选择的要求

城市森林的生态学要求，使近自然式植物配置成为一种重要的植物造景模式。自然植物群落的形态和结构、组成和层次、植物的种间相互联系等，都为城市森林景观中植物造景提供科学的理论基础。近自然式植物配置要求乔、灌、藤、草的有机结合，以期能够充分利用光能，向空间要效益，同时，还能够增强森林景观的稳定性，实现城市森林景观的可持续发展。

（一）乔木选择要求

乔木是城市森林重要的建群种及优势种，是城市森林建设不可缺少的部分，是城市森林群落的骨架。在近自然式植物配置中构成森林群落的林冠层和林相同时，因其树冠高大、枝繁叶茂，在城市环境建设中发挥着巨大的作用。乔木选择的适宜与否，决定了城市森林建设的成败，因此，加强乔木的选择，有利于发挥城市森林最大的生态综合效益，从而，改善城市环境质量。

筛选乔木，应符合以下要求：

①植体通直，枝繁叶茂，生长表现好；

②适应性强，耐瘠薄，抗病虫害，抗逆性强；

③速生树（生长迅速，树冠成型快）与慢生树相结合；

④落叶树与常绿树结合，并偏重于落叶树；

⑤对人畜无害，无植源性污染；

⑥种苗资源充足，能耐大苗移植，成活率高；

⑦观赏价值高。

（二）灌木选择要求

灌木是森林群落的下木，组成森林群落的下层，是植物景观复层结构中一个重要的组成部分。灌木层的配置有利于有效利用空间，提高光能利用率，同时，和乔木层有机结合，构成完整的植物景观，增强美感。灌木的选择，必须充分考虑与其他物种的种间相互作用，从而有效地增强森林群落的稳定性，提高林地的生产力。

灌木的选择，应符合以下要求：

①生长表现良好；

②耐阴性较强；

③适应性强，抗病虫害，抗逆性强；

④对人畜无害，无植源性污染；

⑤具有一定的观赏性，尤以观花树种为多。

（三）地被植物选择要求

地被植物是城市森林生态系统中不可或缺的部分。它一般是指植株低矮、枝繁叶茂、可成片种植、具有较强的扩展能力、能快速覆盖地面的植物群体。除草本植物外，木本植物中的矮小丛木、偃伏性或半蔓性的灌木和藤本等均可作为地被植物。它具有覆盖地面、削弱杂草优势、减少地表尘土飞扬、防止水土流失等功能，此外，地被植物个体小、生长速度快、能短期内弥补乔木生长缓慢、下层空隙大的不足，还能降低人工养护等花费。随着生态城市建设步伐的加快，地被植物越来越得到国内外的重视。

筛选地被植物，应符合以下要求：

①植株低矮，高度不超过1米；

②生长期能适应露地栽培；

③生长迅速，覆盖力强；

④耐践踏；

⑤适应性强，抗病虫害，抗逆性强；

⑥对人畜无害，无植源性污染；

⑦能够控制，不会泛滥成灾；

⑧具有一定的观赏性。

（四）草坪植物选择要求

草坪是城市建成区绿地应用中一种常见的绿化方式，主要分布在地势开阔的广场、公园，具有很强的观赏性，能为居民提供运动、游憩、嬉戏的空间。

草坪植物的选择，应符合以下要求：

①生长期长，绿叶期长；

②与杂草有很强的竞争能力，能有效地抑制杂草丛生；

③生长整齐，耐践踏，耐修剪；

④抗性强，抗病虫害。

（五）垂直绿化树种选择要求

垂直绿化，是一种常见的向空间要效益的植物攀援型生长方式，又称为立体绿化。在城市建成区绿地面积狭小，或植物绿化难以触及的角落、边缘地带，进行垂直绿化，能够有效地增加城市绿化面积，美化城市景观，改善城市生态环境。垂直绿化的范围包括边坡、挡土墙、围墙、天桥、建筑物墙面以及廊柱等。垂直绿化树种主要是一些具有气生根、吸盘、卷须等结构或具有缠绕性的蔓性植物。

筛选垂直绿化植物，应符合以下要求：

①吸附性、缠绕性强，抗风伏；

②适应性强，耐瘠薄，抗病虫害；

③生长期较长，绿叶期较长，生长表现良好；

④无植源性污染；

⑤具有一定的观赏性。

（六）水生植物选择要求

湿地是"城市之肾"。在可利用资源不断减少、水体生态环境遭到严重破坏的状态下，如何恢复自然水体景观、减少水体污染、改善水体质量、提高湿地的生态服务功能，是当今世界上湿地生态恢复的一个重要课题。水生植物不仅具有较高的观赏价值，丰富城市景观；还能吸收水中的有机养分，缓解水体的富营养化，此外，还能够分解水体的有毒成分，净化水体，让人们能够真正享受到"碧波荡漾、清澈见底、锦鳞成群"的自然美景。

筛选水生植物，应符合以下要求：

①适应性强，抗病虫害，抗逆性强；

②生长期能适应露地栽培；

③有较强的吸收和分解毒素能力；

④能固定和吸收水体的重金属物质；

⑤有抑制有害藻类繁殖的能力；

⑥能够控制，不会泛滥成灾；

⑦具有一定的观赏性。

第五章 江苏森林覆盖率确定

第一节 森林覆盖率内涵

一、森林覆盖率评价指标及研究意义

（一）指标的评价

森林覆盖率是指一个地区的森林面积占该地区总土地面积的百分比。对于一个地区而言，森林资源和生态环境目前主要采用综合指标（相对指标）——森林覆盖率来度量。在制定林业发展规划和战略目标中，也是以森林覆盖率作为评价的重要依据，同时为了便于对森林覆盖率的统一理解和计算，规定：森林包括郁闭度（指林冠的投影面积与林地面积之比）0.2 以上的乔木林地、经济林地、竹林地、灌木林地、农田林网和"四旁"（村旁、路旁、水旁、宅旁）树木面积之和，为当前理解和计算森林覆盖率提供标准和计算方法。

一直以来，这一概念被人们广泛用于评价某一地区森林资源与生态状况，甚至被作为考核林业工作成效的重要指标。如果某一地区森林覆盖率越高，就被认为其生态状况越好，森林资源越丰富，反之亦然。但是，随着人们对自然和社会的逐渐深入认识，发现情况并非完全如此，即有的地区森林覆盖率很高，但也照样经常受洪水灾害的侵袭，而有的地区虽然森林覆盖率不高，但其生态性能却较稳定。因此，许多学者试图对森林覆盖率的内涵进行完善和充实，或者在评价指标上进一步完善。熊野威等（1998）从森林水土保持和涵养水源的角度提出概念，认为森林覆盖率应以有效森林覆盖率为衡量指标，其应包含林分结构、森林郁闭率、地被物厚度和森林空间分布等四层意义，并总结为针阔叶混交林分结构，林分郁闭度大于 70%，林下地被物厚度在 15 厘米以上，位于山坡陡地及岸沿上的森林面积占地区土地面积的百分比称为有效森林覆盖率；而郭忠升等学者（1996）从自然环境的角度提出，认为森林覆盖率应建立两个较为通用的概念，即最佳森林覆盖率和合理森林覆盖率：最佳森林覆盖率指一个国家或地区所拥有的森林，既能满足人们对木材和林副产品的需要，又能达到人们对生态效益和社会效益的要求，使之形成一个较稳定的生态环境，称为最佳森林覆盖率；而合理森林覆盖率是指在一定时期内，一个国家或地区，从人们对森林所需求的直接效益（经济效益）和间接效益（生态和社会效益）出发，能够在自然、经济与技

术条件允许的范围内所达到的森林覆盖率。当然，相关的学者还提出了许多关于森林覆盖率内涵或评价指标方面的研究，总体而言，有失偏颇，还有几个重要问题值得探讨。首先，森林的效益问题，目前对森林覆盖率大小的确定，主要都是从水土保持角度进行研究，尤其是以山地森林角度提出，而较少从森林覆盖率对良好人居环境改善（如气候、空气质量等方面）角度进行研究，生态系统维持机制等方面影响的研究相对不足。森林的直接效益和间接效益是森林覆盖理论研究中的两个有机构成部分，仅根据森林某方面生态效益或将森林满足人们对木材及林副产品方面的需要与对环境方面的需要割裂开来，作为不同的确定方法是欠妥，应该全面考虑森林多方面效益。其次，传统森林覆盖率的计算问题，一直以来，森林覆盖率主要借鉴于前苏联的计算模式，把它等同于绿化面积，即森林面积近似等于成片造林后保存的面积。简单的说，仅仅只有一个量的概念，没有或很少有质的内涵，即没有与其所能发挥的生态、经济和社会效益的大小相结合，因此，出现了森林覆盖率大，而其森林综合效益不一定高的现象，这也是当前较多学者提出对森林覆盖率内涵补充或重新确定评价森林生态效益和资源状况指标的原因；另外，随着社会的发展，人们对生态环境的关注，对于与人们生活环境密切相关的城市、河流、湖泊等森林建设，日益受到人们的重视，如果沿用传统的森林覆盖率计算方法或作为评价生态环境的方法，显然已经不适合，因为这部分森林无论从营造面积、材料、方式方法，或者其主要的生态服务功能等方面都与传统的森林不同，因此，仍然沿用传统的森林覆盖率作为评价森林生态环境，应当建立与其相适应的评价体系。

（二）研究的意义

森林作为重要自然资源，与人类社会的生产和生活具有密切的联系。自 20 世纪末期以来，全球环境变化一直是国际社会关注的焦点，对森林功能提出了新观念，认为森林对全球环境有重大影响，突出表现在 3 个方面（E. Gregory，1997）：森林的物质代谢是固定、积累二氧化碳和释放新鲜氧气的过程，在全球碳循环和碳平衡过程中起调节作用，对净化大气、抑制"温室效应"作用重大，是地球上最好的空气净化器和可靠的碳库；森林植被如同地表覆盖了一层海绵，具有涵养水源和防止土壤流失的功能，在自然界的水循环中，起治水和理水的作用，如同一座天然的大蓄水库；森林是众多生物种类的栖息地，是生物多样性的保护库。生物多样性是各种有生命资源的总汇，是维持生态平衡、保障食物供给的基础。人们十分担心当前生物多样性迅速消失，这将引发生物圈链环的破碎和整个生态系统的破坏。以生态环境建设为目的的植树造林工程，一方面可发挥森林具有调节气候、净化大气、阻隔噪音、美化环境、卫生保健、休闲游乐等功能；另一方面也是维护自然生态平衡的有效措施，具有水土保持、防风固沙、国土保安、减灾防灾的效益。在一些经济比较发达的国家如日本，森林的保持水土、涵养水源、生态环境等公益效能作为支撑社会资源以及社会保健的重要财富，被视为构成国民生活水平的重要组成部分。为了在人类社会与自然界之间建立和谐的关系，以达到森林的保护、林业的发展与社会经济发展之间相互协调，维持全球生态平衡之目的，森林资源应具备相应的面积和蓄积。那么需保持多大的森林资源水平才算最为适宜呢？这要视这个地区的自然条件，社会经济发展以及人类对环境的需求等的要求而定。江苏省是中国的经济强省，社会发展要求林业的协调发展。江苏省委省政府充分认识到江苏实现"率先全面实现建成小康社会率先初步实现现代化"需要在林业生态建设方面进行整体规划、加大投入。据此提出了"绿色江苏"的规划性研究。本课题作为规划研究的一部分基于江苏林业发展状况试图回答在未来 20 年内江苏省最适宜的森林覆盖率。

二、城市森林评价

城市作为人口主要集中居住的地区，其生态环境的日益恶化已经受到普遍关注。建立人与自然和谐相处，健康、安全和可持续发展的现代城市是全球人类的共同理想。森林具有多种生态功能，发挥森林在改善城市生态环境方面的重要作用已经成为现代城市建设的主体之一。我国在城市生态环境建设方面投入了大量的人力和财力，环境质量特别是绿化水平有了明显的提高，但城市森林资源总量明显不足，且结构布局不尽合理。通过建设城市森林来改善城市环境，维持和保护城市生物多样性，提高城市综合竞争力，促进城市走可持续发展道路，是现代城市生态环境建设的重要内容和主要标志。林木具有比其他类型植物更强大的生态功能，与城市生态环境的变化息息相关，是城市生态系统第一生产者的主体和重要的功能单位。在我国现代林业发展中已被纳入森林资源的一个重要组成部分。因为她更加贴近城市人类、更加影响着人们的生活，同时具有森林的诸多优点，在城市具有特殊作用，如减少噪音、美化环境等。但是如何科学评价城市森林建设是当前城市森林建设的重要问题之一，因为科学合理的评价指标，是城市森林建设水平的直接反映，也是引导城市森林发展方向的标尺。如何在城市生态水平基础上来评价城市森林，直接关系到城市森林建设模式，影响其生态功能、系统稳定、投入成本、经营成本等综合效益，关系到能否真正实现从单一的绿化美化向生态建设转型。

第二节　适宜森林覆盖率计算依据

根据前人研究经验和江苏省的自然、社会与经济条件，确定出江苏省 21 世纪初期适宜森林覆盖率的依据如下。

一、创造良好人居环境

森林是大自然的空调机，制氧厂，空气净化器，消声器和加湿器。所有这些在人们还为吃饭而忙碌的时候并没有得到应有的重视，随着中国经济的发展和社会进步，森林的作用越来越受到关注。江苏作为中国经济大省经济的腾飞更加激起领导的重视和普通民众的认可。创造出良好的人居环境需要多少森林成为今后林业发展的重要课题。

二、生物多样性保护

森林中的生物总量占陆地生物总量的 80% 以上，现在地球上的物种数量正在以惊人的速度减少，这与人类强度砍伐树木，破坏了他们的赖以生存的栖息地有密切相关。建立自然保护区是保护物种多样性的有效手段。保护物种多样性应是林业发展规划考虑的重要内容。

三、抵御自然灾害能力

江苏省是一个自然灾害多发地区，所以以防灾为主要目的的防护林建设显得刻不容缓。洪水与干旱并存，水土流失日益严重，沿海地区饱受台风之苦等都与森林覆盖率低下有关。要抵御这些自然灾害，要求江苏省的森林覆盖率必须达到一定的水平，才能保证全省人民的生命安全和经济建设的稳步发展。

四、土地容纳量

一个地区可利用的土地总量是有限的，既要能满足不断增长的人口所需的住房，粮食供给、交通、共用设施的需要；又要能有足够的林业用地，这就需要全面考察江苏省的土地利用情况，得出合适的林业用地面积。

五、产品需求量

森林可以为人类提供大量的木材、各种工业原材料、能源、食品和饲料。江苏省最近几年平原林业得到了长足的发展，对木材等原材料的需求增加。营造多大的森林才能满足这样的需求是林业规划应考虑的问题之一。

六、经济发展

社会经济发展是制约林业发展的重要因素之一，林业实现跨越式发展，达到森林覆盖率的适宜，经济的发展是保障也是动力。当人均国民生产总值达到一定水平时人们便会自觉的发展林业美化家园。当然林产业的发展也能够带动林业的发展，提高森林覆盖率。目前，在苏南是经济发展带动生态林业的发展，在苏北林产业的进步拉动了用材林和商品林的发展。

七、政策保障

2003 年，江苏省委、省政府作出决定，在全省范围内实施绿色江苏林业行动，加大造林绿化工作力度，用 10 年左右的时间，完成森林覆盖率倍增计划，即到 2010 年，全省森林覆盖率在 2000 年的基础上翻一番，达到 21%，达到或超过全国当时的平均水平。这为江苏省逐步达到 21 世纪初期适宜森林覆盖率提供了有利的政策保障。

第三节　适宜森林覆盖率的确定

一、创造良好人居环境

我国城市生态环境面临巨大压力：大气污染、水资源匮乏、气候变暖等一系列问题日益突出。城市森林建设已成为城市发展中不容忽视的课题。应该切实推进城市森林建设，以求保持大气中二氧化碳与氧气平衡，有效缓解热岛效应和温室效应，吸收和固定大气中的有毒有害物质，减轻城市噪音和电磁波污染。

（一）气　候

森林能改善区域的气候，这是毋庸质疑的。首先森林能显著增加相对湿度。Akbari 等（1987）认为在相对湿度 50%~80% 时，人感到舒适。秋季，如相对湿度低于 50%，皮肤、嘴唇易干裂出血；且空气中臭氧少，易使人发怒，反应迟钝。当森林覆盖率达 35%~50% 时，年降水量可增加 20%~26%。秋季城市居民点水泥建筑物间的相对湿度为 37%，而行道树的林间为 55%，公园林荫绿荫间为 76%。Dwyer 等（1992）认为当地区森林覆盖率达到 35% 时，就能产生适于人类生产和生活的气候，因为森林能创造冬暖夏凉，夜暖昼凉，温差小、湿润清新的环境。

森林对气候最直接的影响就是调节降水量。森林对降水的调控作用主要是通过林冠截留、减少地表径流和增加土壤的蓄水性能来实现的。严平等（2002）根据研究得出随森林覆盖率增加，年降水量增加，森林覆盖率每增加 1%，年降水量增加 10.4 毫米；淮北平原在受大气环流影响大范围年降水量呈减少趋势的时期，森林覆盖率高的地区，年降水量降低少，森林覆盖率低的地方，年降水量降低得多。森林覆盖率大小对调节季节间降水有重要作用，森林覆盖率高（20.5%）且增加多（10.9%）的地方，1 月月平均降水量呈增加趋势，7 月（高降水月）月平均降水量呈减少趋势，而森林覆盖率低（6.6%）且增加少（4.5%）的地方，月平均降水量最少的 1 月反而减少，而月降水量最多的 7 月降水量呈增加趋势。

（二）空气质量

2001 年，全省城市空气质量总体处于中污染级。13 个省辖市中，除苏州市外，其余城市环境空气质量均不能满足国家二级标准要求。颗粒物（总悬浮颗粒物或可吸入颗粒物）是影响江苏省城市空气质量的首要污染物，92.3% 的城市颗粒物年均值超过二级标准，其中苏北地区城市污染较重。

1. 粉　尘

2001 年，全省烟尘排放总量 42.9 万吨，其中工业烟尘排放量 40.8 万吨，生活烟尘排放量 2.1 万吨，工业粉尘排放量 26.8 万吨。植物滞尘能力的大小和树叶的大小、树叶的疏密、树叶表面的粗糙程度等因素有关，较好的防尘树种有：构树、桑树、广玉兰、刺槐、蓝桉、银桦、黄葛榕、槐树、朴树、木槿、泡桐、悬铃木、女贞、臭椿、桧柏、夹竹桃、丝棉木、紫薇、沙枣、榆树、侧柏、油松、毛白杨等。森林的降尘量按每年每公顷 45 吨计算，可见要过滤这些烟尘至少需要 0.95 万公顷的森林，而森林的位置是否得当是能否完全吸收这些粉尘的关键。在产生粉尘污染物的建筑物周围要种植各种乔木、灌木和绿蓠，组成浓密的树丛，发挥其阻挡和过滤作用，粉尘污染源与其他建筑物间应种植高大的乔木，最好能有数行树木形成的林带加以隔离。

2. 二氧化硫

常州和无锡两市二氧化硫污染相对较重，其年均值超过或接近国家二级标准限值；全省工业废气排放总量 13344 亿标立方米，废气中二氧化硫排放总量 114.8 万吨，其中工业来源的排放量 108.8 万吨，生活来源的排放量 6.0 万吨；森林吸收二氧化硫的作用是相当可观的。每公顷森林每年能吸收 0.748t 二氧化硫（张佩昌 等，1994），照这样计算要想完全吸收这些 SO_2 需要森林 153.457 万公顷。但是森林对 SO_2 的吸收是基于低浓度上的而且受到湿度，树木种类的影响。相对湿度在 85% 以上，森林吸收 SO_2 的速度是相对湿度 15% 的 5~10 倍。而阔叶林的吸收能力是最强的。工厂周围如有 500 米宽的林带，就会减少空气中 SO_2 含量的 70%，氟氧化物含量的 67%（兴安盟 等，2002）。

（三）噪音污染

2001 年，全省 13 个省辖市区域环境噪音平均等效声级在 53.1~57.9 分贝之间。盐城、无锡、南通、徐州、淮安、宿迁和镇江 7 个城市平均等效声级超过 55 分贝，属轻度污染，占 53.8%；其他城市声环境质量较好。从声源的构成分析，影响城市声环境质量的主要声源依然是生活噪声，所占比例达 48.4%；交通噪声源占 21.8%，仅次于生活噪声，但因其声级较高，对城市声环境的冲击较大。13 市道路交通噪声平均等效声级在 67.2~69.8 分贝之间，均低于 70 分贝的标准值。全省主要交通干道平均车流量为 1237 辆 / 小时，开展监测的道路中有 36% 的路段等效声级超过 70 分贝。森林作为天然的消声器有着很好的防噪声效果。Cook 等（1977）实验测得，公园或片林可降低噪声 5~40 分贝，比离声源同距离的空旷地自然衰减效果多 5~25 分贝；汽车高音喇叭在穿过 40 米宽的草坪、灌木、乔木组成的多层次林带，噪声可以消减 10~20 分贝，比空旷地的自然衰减效果多 4~8 分贝。城市街道上种树，也可消减噪声 7~10 分贝。要使消声有好的效果，在城里，最少要有宽 6 米（林冠）、高 10.5 米的林带，林带不应离声源太远，一般以 6~15 米间为宜。

（四）城市环境

良好的人居环境还包括完善的城市绿化景观建设。据测定，树荫下与裸露地面相比，可降温 5~10℃，而草坪仅能降低 0.5~1.0℃。对于吸收 SO_2、二氧化碳、粉尘污染，降低噪音的能力，林木又是草坪的 4 倍以上。因此，城市绿化的生态功能主要是由城市森林来完成的。城市森林的存在，可以减轻水土流失，消除污染，降低噪音，调节城区小气候，等等，具有巨大的生态价值。按吴勇（2002）以广州为例的计算，城市森林的生态价值达 5170 元 /（公顷·年）。至于在景观上的价值，就难以金钱来衡量。

如素有"火炉"之称的南京，因其有良好的悬铃木林荫路，夏季气温已较其他"火炉"城市有明显下降。在中华民国时期营造的完善的城市道路绿化体系下，夏日骑车几十里阴凉，成为南京人的骄傲。美国城市林木覆盖率平均已达 27%，最高的为 55%。占美国人口 3/4 的城市居民，平均每人拥有树木 17 株，其生态与景观价值极为可观。根据 American forests（2001）的工作报告，若要显著地改善城市生态环境，全市林木（即树冠）覆盖率平均需达到 40%。其中：郊区 50%，商业中心区 15%，居民区与商业外围区 25%。到 2002 年，江苏城区平均绿化率已达到 35%（江苏省统计年鉴，2003）。因此，将来全市林木（即树冠）覆盖率平均达到 40% 的目标是可能实现的。为了达到应有的绿化生态作用，必须大力提倡多种树，乔灌草结合立体建设，营造以城市森林为主体的生态功能良好的城市绿化系统。

森林公园对于城市人群来说，是重要的接触自然，放松身心的地方。目前江苏省已有国家级森林公园 11 个：虞山国家森林公园、上方山国家森林公园、徐州环城国家森林公园、宜兴国家森林公园、惠山国家森林公园、东吴国家森林公园、云台山国家森林公园、第一山国家森林公园、南山国家森林公园、宝华山国家森林公园、西山国家森林公园。此外还有省级森林公园 14 个，市县级森林公园 1 个。

加强城市绿化与城郊森林建设。以防护、分隔、优化为目标，在三大都市圈的特大城市、大城市、中等城市和城镇的森林公园、城市广场、主题乐园、单位绿化、居民区绿化、道路绿化等景观建设单元上，重点增加总绿量和森林比重，充分发挥森林绿地的生理保健功能、心理美学效能和改善生态环境的作用，提高文化品位和景观效益，建设各具文化内涵特色的森林绿地系统，创建省级和国家级园林城市。利用城镇间及与郊区的边界用地或者道路、水系沿岸，重点建设景观型防护林带和多功能隔离林带，以阻挡台风、沙尘暴、酸雨等危害和城镇的连绵扩展，保障城镇生态系统的平衡。总之，从人居环境的角度，江苏省的城市森林覆盖率应达到 35% 或以上较适宜。

二、生物多样性的保护

生物多样性是一个地域内基因、物种、生态系统和生态过程的总和，包括遗传多样性、物种多样性、种群多样性、生态系统多样性和景观多样性。人类要可持续发展，就必须和自然和谐相处，维护自然界的生物多样性。生物多样性丧失的原因是多种多样的，但综合分析起来也不外乎这么几个方面：一是生境片断化、栖息地的减少和丧失；二是无节制的生物资源消耗，环境商品的消费是免费的这种思想根深蒂固；三是商业化和集约化的经营模式，降低了森林生态系统的生物多样性水平；四是工业化造成的污染加剧了自然界生物多样性的下降过程。

维护生物多样性是森林的重要功能之一，也是森林可持续发展的重要内容。森林生态系统具有高生物多样性的特点，是生物多样性保护的重要领域。诚如严承高、陈建伟先生所述（1994）：森林是陆地生态系统的主体，其面积占陆地总面积的 34%，生物总量占陆地生物总量的 80% 以上，在生物圈中所占的重要地位可见一斑了。当然，森林物种的多样性主要体现在森林植被种类的多样性。植被群落的多样性，生境的多样性以及遗传因子的多样性和形成生态过程的多样性。如果一片森林面积减少为原来的 10%。森林中的物种将灭绝一半。并且 1 种植物的灭绝将导致 10~30 种生物的生存危机（严承高等，1995；Murcia，1995）。说明了物种的消亡，将造成严重的生态后果。江苏省地处我国东部的中纬度地带，水热条件有明显的过渡性，面积约占全国总面积的 1.06%。有维管束植物 197 科，2350 种，其中木本植物计有 86 科、213 属、568 种，占全国总数的 7.1%（江苏省植物研究所，1977）。生物多样性丰富地区主要集中在沿江一线以南。因此，江苏省生物多样性保护工作更显得任重道远。根据江苏省农林厅 1988 年公布的野生动、植物保护名录（征求意见稿），属于国家级保护的植物 15 种，江苏省境内地方重点保护植物 30 多种（洪必恭，1990）。

珍稀危植物的种群及分布面积一般都不大，除上述原因外，它们大多还是经济价值高的资源植物，其中属于名贵药材的有：明党参、大血藤、珊瑚菜、华重楼、独花兰等；庭园观赏植物有：宝华玉兰、天目木兰、紫树、红豆树等；优良木材有：香果树、木荷、天竺桂、紫楠等。其中有些植物兼有几种经济价值，这也是造成它们分布局限、种群减少的主要原因；另一些植物如珊瑚菜、单叶蔓荆、华重楼等对生境条件要求特殊或较高，生态幅度小，一旦遭到破坏，就面临着灭绝的危险。因此，迫切需要对它们进行生物学、生态学特征、种质资源的保存和扩大研究，为引种栽培扩大种群、增加经济效益提供依据。

自然保护区是我国生态系统、自然资源和生物多样性保护的主要区域，是我国自然保护事业的重要组成部分。保护动植物的基因库、生态系统和动植物种群尽可能小地受到外界的侵扰；保持遗传资源的进化演替；保持现有的生态进化过程。全世界共有自然保护区63000多个，占陆地面积的11.3%。全国自然保护区建设工程2010年的目标是：使全国自然保护区总数达到1800个，其中国家级自然保护区数量达到220个，自然保护区面积为1.55亿公顷，占国土面积的16%左右，初步形成较为完善的中国自然保护区网络。到2002年年底共有23处自然保护区，其中国家级2处，森林自然保护区6个。①江苏宝华山自然保护区：保护类型为森林生态系统类型，保护对象是北亚热带常绿落叶阔叶混交林。区内植物有124科352属529种。保护区占地139.00公顷。②江苏云台山自然保护区：保护类型为森林生态系统类型，保护对象是暖温带针叶落叶阔叶混交林。区内野生动物有鸟类20目40科128种，一级保护动物有：丹顶鹤（*Grus japonensis*），二级保护动物有：天鹅（*Cygnus cygnus*）、鸳鸯（*Aix galericalata*）、黑喉潜鸟（*Gavia stellata*）。区内植物有124科401属660种，三级保护物种有：青檀。保护区占地66.00公顷。③江苏龙池自然保护区：保护类型为森林生态系统类型，保护对象是中亚热带常绿阔叶林。区内植物有144科491属844种维管束植物。保护区占地123.00公顷。④江苏光福自然保护区：保护类型为森林生态系统类型，保护对象是北亚热带常绿落叶阔叶混交林。区内植物有141科462属692种维管束植物。保护区占地61.00公顷。⑤江苏泉山自然保护区：保护类型为森林生态系统类型，保护对象是暖温带石灰岩山地落叶阔叶林。区内植物有种子植物82科260属429种，三级保护物种有：青檀。保护区占地370.00公顷。⑥江苏铁山寺自然保护区：保护类型为森林生态系统类型，保护对象是北亚热带森林生态系统。保护区占地2180公顷。全省保护区总面积61.9万公顷，约占全省土地面积的6.03%。这相当于全国的7.8%，世界的11.3%仍有较大的差距。

按照江苏确定的目标，到2020年，自然保护区数量达到80个，总面积1.560万平方公里，占国土面积的15%，形成一个以自然保护区、重要湿地为主体，布局合理、类型齐全、设施先进、管理高效、具有国际重要影响的自然生态保护网。保护区包括部分森林和部分湿地。

三、抵御自然灾害能力

（一）洪水与干旱

2003年汛期，江苏省淮河流域发生了1954年以来最大的洪水，里下河地区和沿江大部分地区发生1991年以来最严重内涝，滁河、秦淮河也发生了较大洪水，受灾地区损失严重。据初步统计，灾害已造成江苏省受灾人口达2376.4万人，被困村庄2537个，紧急转移安置80.1万人，农作物受灾面积224.4万公顷，漫溢鱼塘24.1万公顷，倒塌房屋9.2万多间，直接经济损失达189亿元，为历史最高。

一方面洪涝灾害每年给江苏省带来无法估量的损失，而另一方面却面临着水资源缺乏的困扰。江苏人均水资源占有量为 481 立方米，只相当于全国人均的 15%。不断膨胀的人口数量增加了对水资源的压力。如果以 1949 年平均单位水量（100 万立方米）的供水人数为 1079 人，人口对水资源施加的压力为 1，那么 47 年后的 1996 年平均每单位水量的供水人数为 2080 人，人口对水资源的压力为 1.93，即比 1949 年增大了近 1 倍，按国外有人建议把每单位水量的供水人数超过 2000 人作为将遇到水资源短缺的预警线，则江苏早已踏上了这条预警线。

森林对河川径流的调节作用主要表现在削减洪峰流量和增加枯水期流量两个方面。国外的研究表明，森林覆盖率每增加 2%，约可以削减洪峰 1%。当流域森林覆盖率达到最大值即 100% 时，森林削减洪峰的极限值为 40%~50%。国内的研究也表明，于 10 平方公里以下的小流域，森林削减洪峰的能力可达到 50% 以上。而在枯水期，森林则能增加并延长枯水期流量。根据对祁连山水源涵养林效益的研究结果，天涝池河、寺大隆河和黑河上游等 3 条河流的森林覆盖率、冬季枯水期和春季枯水期的流量情况看出，天涝池河、寺大隆河和黑河上游等 3 条河流的森林覆盖率分别为 65.9%、32.0% 和 5.9%，冬季枯水期径流量分别为 78.13 毫米、36.46 毫米和 23.54 毫米，春季枯水期径流量分别为 62.50 毫米、61.97 毫米和 12.20 毫米，可见，冬、春两个枯水期内的径流量随着森林覆盖率的减小而同步减小，说明森林能增加枯水期流量（王礼先，2001）。全省有大中型湖泊、水库 1143 座，总库容达 19 亿立方米，在太湖、洪泽湖及其他湖泊、水库上游地带汇水区，充分发挥阔叶树蓄水、保水性能强的优点，选择适宜的阔叶、针叶混交树种，营造一定面积的水源涵养林，弥补本省现有水源涵养林的不足，做到涝能蓄、旱能补。专家认为，一个区域若森林覆盖率达到该地区总面积的 30% 以上，且分布均匀时，就能起到调节水源的良好效能。

（二）水土流失

水土流失与植被的发育有着密切的关系。湖南省 1984 年较 1953 年森林面积减少 9.3%，森林覆盖率由 1957 年的 43% 减少到 34%，其间水土流失面积由 1949 年的 1.3 万平方公里增加到 3.94 万平方公里，提高了 3 倍。而据福建省统计，森林覆盖面积 >60% 时，水土流失面积 <5%；覆盖率 50%~60% 时，水土流失面积 10%~20%；覆盖率 <40% 时，水土流失面积 >20%，这说明森林面积是与水土流失面积成负相关关系的。当前各省区的森林覆盖面积极低。大部分省区不足 20%，这也是我国水土流失日益严重的重要因素之一。江苏省流失面积 0.9 万平方公里，年流失量 0.1 亿吨，占省面积的 8.79%，虽然相对全国来说不是很严重，但年均损失也达 1000 万元。

在水土流失区，从无林覆盖算起，随着森林覆盖率的提高，森林植被都可起到有效的保持水土功能。但这并不能说所有有效果的森林覆盖率都可称为"有效覆盖率"。作为一个专用术语，水土保持林有效覆盖率应该是指森林控制水土流失的功能（作用）满足人们对控制水土流失的需要或要求时的森林覆盖率（林地面积与总土地面积的比率）。为了科学地定义水土保持林有效覆盖率，让我们先对水土保持林系统，水土保持林覆盖率和土壤流失量，水土流失现象等作一分析：

水土保持林系统　水土保持林是为满足人们对控制水土流失，改善退化生态环境系统，提高自然环境承载力的需要而在水土流失区营建的一种专用防护林。它是通过森林林冠层，林地死、活地被物的覆盖效应，根系固土和增强土体抗冲抗蚀性等途径而达到控制水土流失之目的。因此水土保持林保持水土功能是一种立体、全方位的系统功能。在经营时，其重心应放在维持该系统长期、持续稳定地发挥保土固土功能上。据报道，生态系统在其形成和发育过程中，有两个具经济学意义的阶段，即系统净生产力最高和整个系统相对稳定的平衡阶段。对水土保持林系统而言，实现该系统长期稳定地保持水土功能比追求净生产力最高更符合水土保持林的经营目的。要实现这一点首先应满足水土保持林系统的物质循环与能量交换在较长时间内保持平衡，即维持树木生长的无机物供应保持在一定水平之上（其最低供应量应大于引起该系统自调功能丧失时的物质供应量）。对于水土保持林系统而言，首先应保证林地，乃至整个防护范围内土壤养分状况的长期稳定。

水土流失现象　长期以来，人与自然分属两个系统，从而造成人类可以绝对控制自然的错误观点。任意掠夺和滥用自然资源，造成了自然资源的极大浪费和消耗，土地退化，水土流失严重，造成了自然环境系统承受能力的下降和生态环境问题。与土壤流失现象相反，成土母质在各种成土因素的协同作用下，土壤还处在不断的形成过程中。当土壤流失速率（或流失量）与成土速率（或形成量）处于动态平衡时，土壤的流失就不会破坏持续发展所要求的土地生产潜力（或土壤肥力），此时的土壤流失量即为一般所说的土壤允许流失量。作为水土保持林主要防治对象，防护区的土壤流失量最起码应小于或等于土壤允许流失量。

森林覆盖率与土壤流失量　森林植被能有效地控制水土流失。关于森林覆盖率与土壤流失量的研究，国内外均有报导。随着水土流失区森林植被覆盖率的提高，森林保持水土的功能增强，而且水土保持覆盖率与土壤流失量或侵蚀模数的关系是一个连续、动态的反相关关系。当森林覆盖率达90%时，土壤流失量非常轻微，此时的土壤流失量一般远小于土壤允许流失量。从森林覆盖率与土壤流失量（或侵蚀模数）的定量关系研究结果来看，森林覆盖率（F）与土壤流失量（或侵蚀模数）M之间的关系可表示为：

$$M=ae^{-bF}$$

王球生（1991）进一步研究指出：系数a为植被覆盖率为0时的侵蚀模数（M_m），系数b为植被覆盖率为100%时的侵蚀模数（M_0）与M_m之比的自然对数：$b=\ln(M_0/M_m)$，则上式可以写成：

$$M=M_m e^{-\left(\ln\frac{M_0}{M_m}\right)\cdot F}$$

鉴于上式具广泛的适用性，他又称上式为植被覆盖率与土壤流失关系的一般方程。通过上述可以看出：欲合理地定义和确定有效覆盖率，首先应在尊重自然规律的前提下，将F–M定量关系曲线与水土保持林经营目的结合起来考虑，而不能简单地在F–M关系图上随意截取。同时还应兼顾人民生产生活需求，社会经济发展状况与可能实现的程度。当然对经营目的的理解不应仅限于水上保持林的高效、优质与稳定性上，还应有一个宏观的总目标，这个目标最好能与人们生产生活（对控制水土流失）需求相吻合。作者认为将等于土壤允许流失量时的覆盖率作为有效覆盖率，不仅能保持土地生产潜力（人们需要），而且在现有条件下易于实现。据此可定义：水土保持林有效覆盖率为在一定防护范围内土壤流失量等于允许流失量时的覆盖率。大于该覆盖率的统称有效覆盖范围（图5-1）。（郭忠升，1996）

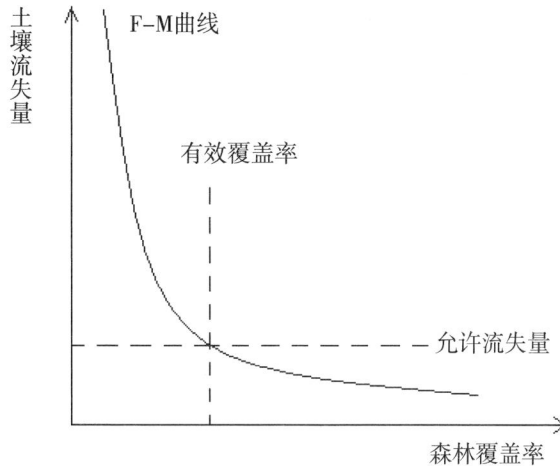

图 5-1　水土保持林有效覆盖率示意图

江苏省丘陵山区仅占 14%，主要分布在宜溧山区、茅山山脉、宁镇山脉和徐州、连云港石灰岩山地的 19 个县（市、区），共有林业用地 30.9467 万公顷，有林地 2.686 万公顷，林分 15.13 万公顷，而生态林只有 3.18 万公顷，仅占有林地面积的 13.3%，林分面积的 21%，即在江苏省丘陵山区，平均每 7 公顷有林地中只有 1 公顷生态林，5 公顷林分中只有 1 公顷生态林，由于过度开发，造成水土流失加剧，岩石裸露，土层瘠薄，地力下降，林相退化，为彻底扭转上述局面，必须大力发展丘陵山区水土保持林。应将这些林业用地彻底利用起来。

（三）台风侵袭

江苏省沿海有近 1000 公里的海岸线，沿海地区特殊保护林带是抵御台风和强热带风暴等自然灾害的第一道屏障，对保护沿海地区人民生活和财产安全，改善农业生态环境、保障农作物的稳产高产，具有决定性作用。目前，全省已建特殊保护林带 762.5 公里，还有 82.2 公里的林带未合拢，根据国务院办公厅关于将沿海基干林带划为特殊保护林带的决定，应尽快将特殊保护林带建成合拢，建成沿海地区特殊防护林。海堤基干林带作为国家特殊保护林带，泥质海岸的林带宽度应大于 100 米，这样就需要 1000 公里 × 0.1 公里 =100 平方公里的林业用地。

总之，要想彻底解决以上问题，必须依照地形，发展各类防护林。①以大江、大湖、大河、海岸沿线等生态环境脆弱区为主体，治理水土流失，减少风沙危害，减轻水体污染，保护江海河（湖）堤，形成网、带、片、点相结合的多功能、多层次、多效益的综合防护林体系。②在全省丘陵山区和淮北风沙化危害严重地区，大力开展退耕造林，调整农村经济结构，优化农业生态环境，提高农副产品国内外市场竞争力。在坡度 15° 以上土层贫瘠的丘陵山地，采取严格的封山育林措施，人工促进其自然更新；在低坡岗地积极营造生态林，涵养水源，保持水土；在风沙化地区提高森林植被覆盖率，缩小沙化面积，固定流动沙地，根除风沙危害。将全省的森林覆盖率提高到 30% 以上，才能较有效地抵御自然灾害的侵袭。

四、土地容纳量

一个地区容纳量有限，既要能满足不断增长的人口所需的住房，粮食供给，交通，公用设施的需要，又有足够的面积植树造林，这就需要全面考察江苏省的土地利用情况，得出优化并可以实现的林业用地面积。

（一）原则与目标

1. 优化原则

（1）考虑人口的自然增长率，农作物单位面积产量的增长，在人均农产品产量不下降甚至有所提高的前提下进行退耕还林。

（2）在确保粮食产量的前提下，使林地、园地、居民点和工业用地有所增加，未利用土地有所减少。对不合理或占用土地的村庄进行并村发展，减少占地。

（3）坚持保护与开发并重；统筹兼顾各项用地，优先满足环境、能源、交通、水利和符合产业政策的项目用地；积极开发复垦土地。

（4）因地制宜，发挥优势，突出综合效益，保护生态环境，实现土地经济、生态和社会三大效益的统一。

2. 优化目标

（1）保护生态环境，提高森林覆盖率，改善人民生活与生存环境，为区域社会经济的可持续发展奠定坚实的基础。

（2）发展粮食生产。在土地适宜性允许范围内和确保林牧渔有所发展的前提下，尽可能地增加粮食生产。

（3）发展城市、工业及交通。在满足耕地等各类土地一定发展前提下，尽最大可能地增加城镇面积和工业用地，实现城市及工业的发展。

（二）决策因子分析与变量设置

根据土地利用分类系统，设置了耕地、林地、园地、居民点及工业用地、绿色通道、水域、未利用地的约束决策变量。决策变量的设置，考虑了现阶段的土地利用情况，也考虑了2010年、2020年的土地利用的规划要求。各决策变量的设置见表5-2。

表 5-2 江苏省土地利用类型决策变量设置（单位：万公顷）

		现阶段情况	决策变量
耕地		490.5	X_{10}
林地	总计	72.78	X_{20}
	商品林（经济林、用材林）	51.86	X_{21}
	公益林	20.92	X_{22}
园地（桑园、果园、茶园）		30.52	X_{30}
居民点及工业用地		121.82	X_{40}
绿色通道		36.17	X_{50}
水域（江河水面、湖泊水面、坑塘水面、水库、芦苇地、滩涂、沟渠等）		242.32	X_{60}
未利用地		31.89	X_{70}

（三）2010 年土地容纳量的约束分析

1. 农耕面积的约束

全省现有耕地面积 490.5 万公顷，根据 2003 年中央农村工作会议确定，江苏省近阶段耕地面积不能少于 441 万公顷。在此基础上进行退耕还林，得到以下约束方程：

$$441 \leqslant X_{10} \leqslant 490.5 \tag{1}$$

2. 林业用地约束

为了达到生态效益的要求，并满足人们对木材和林副产品的需要，在人均林地面积有所增加的前提下，得：

$$X_{20} = X_{21} + X_{22} > SA \tag{2}$$

其中，SA 为江苏省人均林地面积。

根据估算，有：

$$X_{20} = X_{21} + X_{22} \geqslant 74.24 \tag{3}$$

其中：

$$X_{21} \geqslant 52.90 \tag{4}$$

$$X_{22} \geqslant 21.34 \tag{5}$$

3. 果园用地约束

为保证蚕桑、茶、水果的供给，2010 年对果园的用地面积有以下要求：

$$X_{30} \geqslant 31.13 \tag{6}$$

4. 居民点及工业用地约束

考虑城镇乡村发展及工业的发展，根据预测，居民点及工业用地在 2010 年应不小于 134.0 万公顷。有如下约束方程：

$$X_{40} \geqslant 134.0 \tag{7}$$

5. 绿色通道面积约束

根据交通用地的需求，到 2010 年绿色通道的面积必然有一定数量的增长，应不小于 43.4 万公顷：

$$X_{50} \geqslant 43.4 \tag{8}$$

6. 水域面积约束

水域面积基本保持不变：

$$X_{60} = 242.32 \tag{9}$$

7. 未利用地面积约束

江苏省现有未利用地 31.89 万公顷，占江苏省面积的 3.08%。由于生产条件和生产技术的限制，到 2010 年还存在有不可开发或开发代价昂贵，收益小的未开发地。到 2010 年，以未利用地为 2% 计算，有：

$$X_{70} = 20.52 \tag{10}$$

（四）2020 年土地容纳量的约束分析

按 2010 年土地容纳量的约束分析方法，可以相似地得到 2020 年的土地容纳量的约束分析。有以下一组约束方程：

$$400 \leqslant X_{10} \leqslant 490.5 \tag{11}$$

$$X_{21} \geqslant 54.45 \tag{12}$$

$$X_{22} \geqslant 21.97 \tag{13}$$

$$X_{30} \geqslant 32.05 \tag{14}$$

$$X_{40} \geqslant 158.37 \tag{15}$$

$$X_{50} \geqslant 50.64 \tag{16}$$

$$X_{60} = 242.32 \tag{17}$$

$$X_{70} = 0.5\% \times \text{ST} = 5.13 \tag{18}$$

其中，ST 为江苏省总土地面积。

最后，有：

$$X_{21} + X_{22} + X_{30} + X_{40} + X_{50} + X_{60} + X_{70} = \text{ST} \tag{19}$$

（五）土地持续利用的优化配置

1. 优化方案

针对环境目标，江苏省要在保证人均粮食产量及城市、工业、交通的发展的前提下实现林业面积最大化的目标，有：

$$X_{20} \in Q \tag{20}$$

$$Xm_{20} = \text{Max}（X_{20}） \tag{21}$$

其中，Q 为方程（1）、（3）、（6）、（7）、（8）、（9）、（10）联立时满足条件的 X_{20} 的集合，Xm_{20} 为该集合中 X_{20} 的最大值。

以式（20）、（21）作为一级优化目标，计算出 2010 年以环境为目标的各种土地的最优化配置。结果见表 5-3 "以环境为目标（2010 年）"列。

同理可以计算出 2020 年以环境为目标时江苏省各种土地的最优化配置。结果见表 5-3 "以环境为目标（2020 年）"列。由表 5-3 可以得出以保护生态环境，提高森林覆盖率为目标时，江苏省 2010 年和 2020 年的最优森林覆盖率分别为 24.2% 和 29.6%。

应该注意的是，要达到 24.2% 和 29.6% 的森林覆盖率目标，除了以该优化方案进行土地的优化配置，还需使耕地、居民点及工业用地、绿色通道的绿化面积达到要求的面积。

针对粮食产量为目标，同样按照类似环境目标的方法求得其 2010 年、2020 年最佳土地利用结构，见表 5-3 "以粮食产量为目标（2010 年）"和 "以粮食产量为目标（2010 年）"列。

针对城市、工业发展目标，以条件范围内，以

$$Xm_{4050} = \text{Max}（X_{40} + X_{50}） \tag{22}$$

为一级优化目标，得到 2010 年、2020 年最佳土地利用结构（见表 5-3 "以城市、工业发展为目标（2010 年）"和 "以城市、工业发展为目标（2020 年）"列）。

2. 综合分析

表 5-4 的各项森林覆盖率，耕地面积，居民点、工业用地和绿色通道的最优化都是在单一目标下计算得出。在单一目标下，其他方面的发展达到可持续发展的要求，但发展速度受到制约。在确定森林覆盖率时，应联系江苏省的实际情况，以实现土地经济、生态和社

会三大效益的统一为总目标。因此，最后得到的森林覆盖率应略低于在单一环境目标下得出的最优森林覆盖率，从而给予其他方面的发展更大的空间。综合各方面情况，为使林业发展与社会经济发展之间相协调，最终确定江苏省 2010 年和 2020 年森林覆盖率应分别为 21% 与 30%。

表 5-3　江苏省土地利用结构优化方案（单位：万公顷）

		以环境为目标（2010年）	以粮食产量为目标（2010年）	以城市、工业发展为目标（2010年）	以环境为目标（2020年）	以粮食产量为目标（2020年）	以城市、工业发展为目标（2020年）
耕地	总面积	441.00	480.39	441.00	400.00	460.47	400.00
	林网面积	39.69	43.24	39.69	40.00	46.05	40.00
林地	总面积	113.63	74.24	74.24	137.49	76.42	76.42
	商品林	52.90	52.90	52.90	54.45	54.45	54.45
	公益林	60.73	21.34	21.34	83.04	21.97	21.97
园地（桑园、果园、茶园）		31.13	31.13	31.13	32.05	32.05	32.05
居民点及工业用地	总面积	134.00	134.00	167.16	158.37	158.37	208.25
	绿化面积	46.90	46.90	58.51	63.35	63.35	83.30
绿色通道	总面积	43.40	43.40	49.63	50.64	50.64	61.83
	绿化面积	17.36	17.36	19.85	30.38	30.38	37.10
水域面积		242.32	242.32	242.32	242.32	242.32	242.32
未利用地		20.52	20.52	20.52	5.13	5.13	5.13

五、林产品需求量

从用材的角度来讲，全国人均消耗木材 0.4 立方米 / 年（中国林业区划，1987），江苏省如果要想达到全国人均消耗木材的自给自足，则需要每年应向市场供应 2975.2 万立方米的木材，速生丰产林颁布标准即 20~30 年内每公顷生产木材 120~150 立方米即 5.0~6.0 立方米 /（公顷·年），平均 5.4 立方米 /（公顷·年），全省需要建立速生丰产林 5509.6 万公顷，将占江苏省面积的 53.7%。

按另外一个统计方法来计算，国外有专家提出，一个国家或地区要达到木材自给自足的标准，人均需要森林面积 0.33 公顷（约 5 亩）。结合我国实际情况，中国林业区划（1987）是按每人 0.2 公顷用材林和 0.067 公顷经济林计算的。如果采用中国林业区划（1987）这一指标，按照全国第五次人口普查（以 2000 年 11 月 1 日 0 时为标准时间）全省总人口为 7438 万人，共需用材林 1487 万公顷和经济林 498 万公顷。而全省面积也不过 1026 万公顷左右，大大超过了土地资源的可能性。如果从保证全省人民林产品需求出发，必须尽一切可能来发展林业，这样是不可能也没有必要的。

与人民林产品需求直接相关的是林产品加工业。江苏省较低的木材生产能力并不意味着没有发展林产品加工的潜力，不需要发展本地森林工业。现实的情况恰恰相反，在苏北平原林区，林业正成为农村甚至区域经济新的增长点。比如 2002 年，徐州市区工业总产值为

349.85 亿元，林产品加工业年产值亿元以上规模的有 5 家，行业总产值达 70 亿元，成为支柱产业之一。随着木材加工能力的增大，产品质量和档次的提高，木材价格不断上扬。苏北林区速生丰产林生长速度可达 15 立方米 / 年，市场价格约 500 元 / 立方米，产值可达 7500 元；种粮食年产粮食按 7500 公斤 / 公顷，价格 1 元 / 公斤计，年产值也是 7500 元 / 公顷。然而栽树比种粮单位面积所投入的人工、肥料、农药等等成本远少于种粮，因此种树变得比种粮更加有利可图。速生丰产林栽培有取代粮食种植成为农村主要经济支柱的趋势。尽管江苏省的土地资源不足以生产足够的木材满足需求，需要从外地购买林产品或木材，但林木年均总生长量 604.3 万立方米，其中年采伐量为 416.02 万立方米，活立木蓄积量净增 188.28 万立方米。林业的发展，将大大降低木材加工业的成本，促进产业发展。林产品加工业的发展，促使木材价格上升，农民提高了种树的积极性，反过来促进林业的发展，森林面积不断扩大。

表 5-4　各项森林覆盖率及用地面积优化

最优解	森林覆盖率（%）	耕地面积（公顷）	居民点、工业用地、绿色通道面积（公顷）	森林覆盖率（%）	耕地面积（公顷）	居民点、工业用地、绿色通道面积（公顷）
	24.2	480.39	216.79	29.6%	460.47	270.08

另外，森林在保持水土，防风减灾，控制大气污染等方面，相对于粮田有更大的生态价值。如此一来，农民增收，木材加工业发展，森林覆盖率不断提高，木材资源不断再生和增加储备，形成全省经济不断发展的同时，环境不断改善的可持续发展的良性循环。

六、经济发展

社会经济发展是制约林业发展的重要因素之一，林业实现跨越式发展，达到森林覆盖率的适宜，经济的发展是保障也是动力。

目前在苏南是经济发展带动生态林业的发展，在苏北林产业的进步拉动了用材林和商品林的发展。当国民生产总值达到一定水平时人们便会自觉的发展林业，美化家园。随着国民经济的发展，人类在满足温饱后追求更好的生存环境，追求与自然的和谐融洽。这时人们对森林的需求，将不仅仅因为木材和其他物质的产品，更因为森林作为生物圈最基本最重要的构造元素而具有的巨大生态价值，人们对森林的需求从物质层次转向了精神层次，而且这种需求更加迫切，林业的发展也从用材林转向了生态林，并且能得到更大的发展！

国外研究得出，林地面积和居住密度以及家庭收入有着显著的关系（Louis，2000）。一个地区的林地面积与人口的居住密度成明显得反比关系。而家庭收入和林地面积是成正相关。实有林地面积相对于当年国内生产总值的情况（图 5-2）。

用最小二乘法拟合林地面积与国内生产总值的回归线：

$$Y = 391.76 + 0.03X$$

算得的相关系数 $r=0.96594$。这说明用一元一次方程拟合林地面积 Y（千公顷）关于国内生产总值 X（亿元）的关系是合理的。这一方程也表明，林业面积随着国民经济发展而成比例地增加。

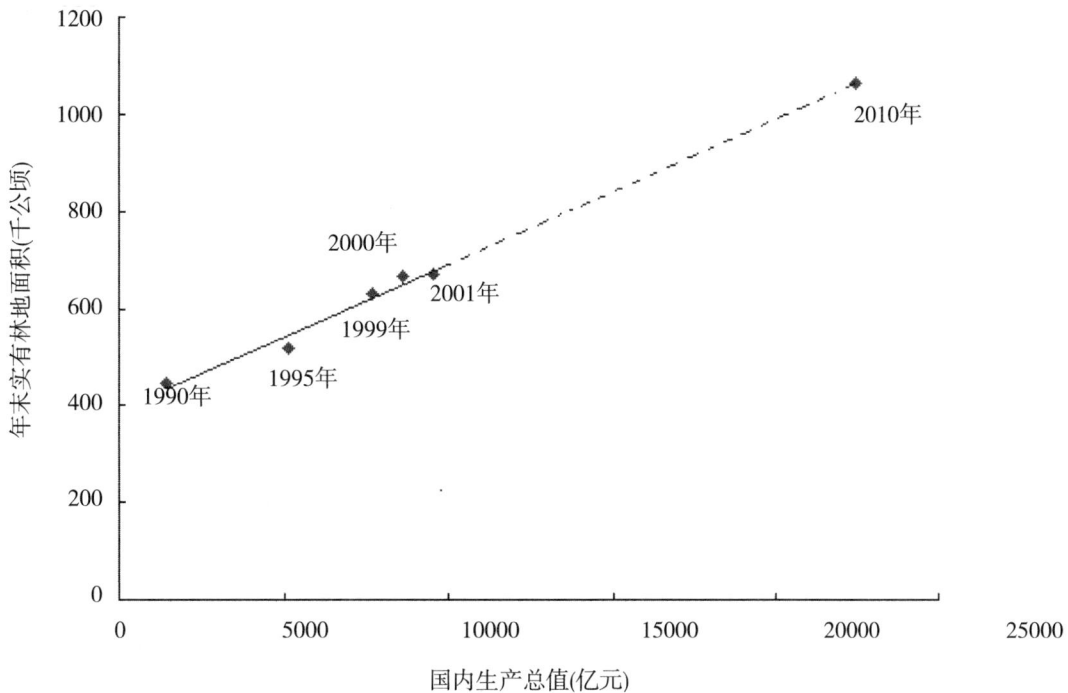

图 5-2 江苏省林地面积相对于国内生产总值关系

我们可以通过这一方程预计今后林地面积随着国内生产总值的增长情况。

根据江苏省宏观经济模型测算，如果在今后 10 多年内国际上不发生大的动乱，江苏省建设发展的可能趋势是：继续保持经济快速增长，到 2010 年全省国内生产总值将在 2000 年基础上增加 1.5~1.6 倍，达到 22400 亿元左右（2000 年价格），将这一数值代入以上拟合出来的回归曲线中，得到：

$$Y=391.76+0.03X =391.76+0.03 \times 22400=1063.76（千公顷）$$

所以预计随着经济的发展，到 2010 年林木面积将会增加到 1064 千公顷左右。江苏省的林木覆盖率将会达到 20% 以上。整体经济的提高对于林地面积的增加是一个极大的促进作用。全省木材加工企业 6640 家，2002 年产值 124.6 亿元；林木种苗花卉 48.7 千公顷，产值 34.5 亿元；野生动植物驯养加工利用、竹产业、银杏产业等产值 24.1 亿元。2002 年，全省林业产业总产值 183.2 亿元。计算得到每万公顷的林木种苗花卉的产值为 0.7084 亿元 / 千公顷，而根据 2002 年 1165.49 亿元的农业总产值和 7797 千公顷的总播种面积来看，算得 0.1495 亿元 / 千公顷的产值。可见单位面积的林木种苗花卉的产值远远大于平均农业产值。这说明生物多样化而且合理的经营林业也是对全社会经济发展的有力支持。林地面积对整体经济的发展的支持也许更多的体现在，良好的生态环境的建立，会更加适合人们的工作和生活，从而能够为这个地区吸引更多的投资，使得地区的经济更加健康，并符合可持续发展的需要。

从而得出这样的结论，即随着总体的经济发展，人们会更注重周围的生活环境，有意识的保护和发展林地，使得林地面积和总体经济成一个正比的关系。同时合理的开发利用现有林地，又会产生良好的经济效益。所以这两者之间是相辅相成的关系。

七、法规政策和外部环境

2003 年 6 月，《中共中央 国务院关于加快林业发展的决定》中，首先肯定了我国林业建设取得的巨大成就，同时也指出了加快林业发展面临的形势依然严峻，必须把林业建设放在更加突出的位置，加快林业发展的指导思想、基本方针和主要任务，坚持不懈地搞好林业重点工程建设，以推动生态建设，不断优化林业结构，促进林业产业的发展，还强调了要加强政策扶持，保障林业能够长期稳定的发展。我国已经确立了以可持续发展理论为指导的林业跨越式发展，其战略目标是：通过严格保护、大力培育和合理利用森林资源，力争到 2010 年，使我国的森林覆盖率达到 19.4%，生态环境恶化的趋势初步得到遏制，林业产业结构调整初见成效；到 2030 年，森林覆盖率达到 24%，生态环境明显改观，林业产业实力明显增强；到 2050 年，森林覆盖率达到并稳定在 26% 以上，全面建成布局合理、功能齐备、管理高效的林业生态体系和规范有序、集约经营、富有活力的林业产业体系，从根本上改变我国生态环境面貌，这对于扩大其总体生态效益，尤其是避免和缓解局部地区恶化，保持整个生态环境的稳定具有重要意义。随着世界可持续发展模式的推进，国家林业局经过系统整合，确立了"三北"和长江中下游防护林，退耕还林等六大林业重点工程。这六大工程，得到了国务院的批准并纳入了《国民经济和社会发展第十个五年计划纲要》。这是我国林业生产力布局的一次重大创新，充分体现了我国政府和人民整治国土、改善环境、实现可持续发展的决心。绿色工程建设已成为一个时代主题，近年来，大连、长春、厦门、杭州、贵阳、景德镇、马鞍山等城市，都加快城市绿化建设，城乡一体，同步发展，千方百计地扩大全市林木覆盖率与绿化覆盖率，使广大市民生活在绿色海洋之中，从而实现人与自然的和谐共处。1999 年，湖南林业提出"为实现 55% 的森林覆盖率和 5.5 亿立方米的森林蓄积量而奋斗"的目标，在三湘大地上再次掀起造林绿化的热潮；2002 年，上海正式启动"城市森林"建设规划，计划最终在 2020 年完成后，上海森林覆盖率达 30% 以上，而在 21 世纪初，上海森林覆盖率仅为 9.4%，为全球平均水平的 1/3，全国平均水平的 1/2；江苏省各级党委、政府充分认识到实施绿色江苏现代林业行动计划，对于促进经济和社会可持续发展，全面建设小康社会和率先实现现代化的重要性和紧迫性，把此行动计划提高到"纳入国民经济和社会发展计划"的高度，调整有关政策，加强政策支持，加大绿色投入力度，把林业基础设施和生态公益林的建设投资纳入各级政府预算内基本建设投资计划，建立长期稳定的森林生态效益，补偿财政投入渠道，实行退耕还林财政补助政策，以及强化信贷扶持和规范林业费的征管，完善育林基金的管理办法，同时加强重点林业工程的科技支撑和法制保障，制定切实可行的科技实施方案，从而形成林业良性发展的运行机制。在科学政策的引导下，江苏省各地也涌现出城乡绿化的新局面：连云港市在加快两个文明建设进程中，紧紧围绕建设城乡一体绿色港城这一目标，坚持绿化和经济同步发展，始终把城乡绿化工作摆上政府工作的重要议事日程，全面发动，城乡联动，抓注重点，加大绿化投入力度，在绿化投入上求突破，2003 年，苏州市政府在农村绿化面积突破 0.6 万公顷的基础上再接再厉，将城乡绿化定位为重点发展生态林，并提出了要学习上海拿出 1/3 土地发展绿化的胆识和气魄，规划到 2010 年要至少拿出 1/4 的土地发展城乡绿化的战略构想，进一步加快绿化步伐。

　　森林覆盖率是衡量林业发展的重要指标之一。根据江苏的社会发展，为在 21 世纪初期实现"两个率先"，按照各种不同的要求确定了江苏今后 20 年森林覆盖率的发展目标。在 7 个确定森林覆盖率的指标中，根据各项因子的分析和论述，特别是林业用地与其他用地的相互制约关系，确定江苏省在 2010 年和 2020 年的适宜森林覆盖率应该分别达到 21% 和 30%。

第六章　江苏现代林业发展战略

第一节　现代林业发展总体战略

　　建立完备的林业生态体系、发达的林业产业体系和丰富的森林文化体系是绿色江苏现代林业发展规划的三个主要目标。江苏现代林业发展总体规划的制定，将以现代城市林业理论为指导，充分吸收《中国可持续发展林业战略研究》的研究成果，全面贯彻《中共中央　国务院关于加快林业发展的决定》，按照"绿色屏障，绿色产业，绿色文化"的江苏现代林业发展思想，把本地区内的森林生态环境建设作为一个整体，进行系统布局设计。

　　森林是地球之"肺"，湿地是地球之"肾"。在江苏的特定条件下，林水密切相关，是江苏生态环境的主体，林业工程建设总体规划必须注重林水结合。具体就是采取林网化与水网化的新途径，实现森林生态系统内部的有效连接，形成覆盖全省的森林生态网络体系，以及满足改善人居环境、旅游休闲等多种生态文化需求的丰富的森林文化体系。

一、总体规划布局原则

（一）突出区位优势

　　江苏地处我国东部沿海地带的中心，经济发达。境内除少量低山丘陵外，地貌主要以平原为主，河网稠密，湖荡众多。按照国家林业发展"北休南用，东扩西治"的总体战略布局，是要提高森林资源总量和质量的重点地区，江苏林业建设所取得的经验对华东各省乃至全国其他省市的林业发展都具有很好的导向和示范作用。因此，绿色江苏林业发展规划要根据《中共中央　国务院关于加快林业发展决定》的精神，充分吸收《中国可持续发展林业战略研究》的研究成果。要以中国森林生态网络体系建设点、线、面的理论为指导，把江苏作为省级森林生态网络体系建设的一个典型，立足本土，同时还要结合周边的安徽、山东、上海、浙江等省市林业生态环境建设现状和发展趋势进行总体考虑，与本省未来社会经济发展的总体规划相统一，点、线、面相结合，制定绿色江苏现代林业发展的规划。

（二）立足林水主体

　　从江苏林业发展的现状来看，林业产业体系比较发达，成为带动林业发展的主要动力之一，而相对来说，林业生态体系的建立正处在发展和完善阶段。因此，绿色江苏现代林业发展规划首先必须着手建立全省的林业生态保障体系，这是林业产业能够可持续发展的根本保障，也是社会经济发展对林业提出的必然要求。林业生态规划要体现生态学的观点，最主要的就是生态学的理论指导，保护生物多样性是很重要的一个方面。生物多样性的保护不仅仅是保护珍稀物种的问题，更重要的是有利于增强森林生态系统的稳定性。林业生态体系建设要从有利于建立健康的森林生态系统的角度，在水网发达的现实条件下注意林水结合，进行林水一体化的发展规划。因此，林业规划要以大型水体、片林、森林公园和现有的森林、湿地等自然保护区为主体斑块依托，使之成为完备森林生态体系的核心，成为保护生物多样性的基础，和珍贵用材树种的培育基地。通过各种廊道把这些相对孤立、分散的"岛屿"连接起来，在整体上形成覆盖全省、生态功能完备的森林生态网络体系。

（三）构建生态网络

江苏省地势平坦，水网稠密，交通路网发达。以自然林为主的丘陵岗地森林分布相对较少，广阔的平原地区基本上是以人工林为主的各类防护林，树种比较单一，自然林成分很少，森林生态系统抵抗病虫害的能力差，适应社会经济发展对林业多种需求的能力不高。把丘陵岗地森林、主干防护林靠农田的一侧建成以地带性森林植被为主的自然林，提高森林生态系统的稳定性。同时，针对森林资源分布不均、林水结合紧密的实际情况，加强各类林种之间、森林斑块之间的廊道连接，是提高森林生态系统整体性、功能性的根本途径。因此，要采取林网化与水网化的新途径，通过完善农田、水系、道路沿线的防护林建设，加强丘陵岗地等集中连片的重点生态公益林区建设，使平原与丘陵、水体与陆地的生态保障林建设形成一个统一的整体，建立覆盖全省的健康的森林生态网络体系，为江苏生态环境提供长期而稳定的保障。

（四）推动产业发展

发达的林业产业体系是江苏林业的一个特色，也是未来发展的一个主要目标。在江苏平原多、水系发达的条件下，发展特色林业产业是实现农村产业结构调整的有效途径之一。除了建立有一定规模的、高技术含量的林业产业加工体系以外，首先要根据江苏的地域特点、不同地区的比较优势确定合理的产业发展布局，提高经济效益。产业林的发展既要根据目前市场的需求确定发展规模和种类，同时也要做好后备替代资源的开发和培育，增强适应市场变化的能力。经果林、用材林以及其他林副产品的生产基地，在满足产业发展需求、农民增收的同时，其发展方向、发展规模、经营水平等都是受市场调节，存在很大的不确定性。因此，这部分林地主要发挥的生产功能，其生态功能是主体生态保障林体系的重要组成部分。从布局上来说，这部分林种主要应该依附在主体生态保障林体系之上，比如道路、水系等线状廊道林带的外层，农田林网的网格之内，以便于随着市场的波动来调节产业林的林种和规模。

（五）建设城市森林

通过加快建设城市森林来改善城市生态环境，走生态化城市发展道路已经成为一个潮流，是建立丰富的森林文化体系的主要内容。江苏省有13个主要省辖城市、31个县级市、1160个镇和33190行政村，人口密集，城市化进程快，形成大中小城市和小城镇齐头并进的态势。2000 年与 1987 年相比，城市由 21 个增加到 44 个，建制镇由 44 个增加到 1191 个，城镇密度由 0.45 个 / 百平方公里增加到 1.20 个 / 百平方公里。城市发展由单个城市向都市圈区域组团式发展迈进。对以城市森林为主的人居环境林发展需求迫切，具备优先发展城市森林的多种便利条件，是林业未来发展的一个主要方向。根据《战略》要求，2020 年的城市林木覆盖率要达到 35%，许多城市在这方面还有很大潜力。因此，确立城市森林发展战略必将成为江苏林业发展的一个重点领域。在苏南地区，城市化进程迅速，城市森林发展要围绕南京城市群和苏锡常城市群的发展进行整体规划，而在苏北地区主要是以城镇化发展更为突出，应以县级以上城市为主，开展城市森林建设。城市森林建设要根据城市特点和城市不同功能区的差异进行规划。在城市建成区，主要是提高林地质量，增加乔木树种比重；在近郊区要发展大面积的景观生态林；在远郊区要结合农村产业结构调整建设以经果林为主的多种模式的产业林。

二、结构布局

基于江苏现代林业发展"三绿色"的建设思想和上述总体规划的基本原则，我们提出绿色江苏现代林业发展的森林资源总体规划结构与布局：

——建立以自然林为主，片、带、网相连接的森林生态保障林体系；

——形成以杨树、银杏、特色林果等优势产业为主，林农、林牧、林药等多种模式相配套的产业发展林体系；

——建设以自然保护区、森林公园、城市森林等为主，人文与森林景观相结合的文化传承林体系。

建设重点是：生态保障林体系，产业发展林体系，文化传承林体系。

以上三种森林体系的划分并不是把现有的森林资源划分成截然对立的三类，而是根据国家林业发展战略提出的"三生态"思想，结合江苏林业的现状和发展趋势，按照森林的主导功能进行定位划分的，是一种相对的划分，他们共同构成江苏森林资源的整体。生态保障林体系是基础，体现了现代社会对林业"生态优先"的主导需求，是产业发展林体系和文化传承林体系实现持续、健康发展的保障，而产业发展林体系和文化传承林体系是对生态保障林体系生态功能的有效补充，缓解了生态保障林体系面临的压力，为江苏林业的发展带来了活力。具体内涵是：

（一）生态保障林体系

是指自然或近自然的丘陵岗地森林和平原区的各类防护林。改善生态环境是社会经济发展对林业提出的根本需求，也是林业规划的核心。生态保障林体系对全省的生态环境起着控制作用。主要针对防灾需要、生态敏感区维护、人居环境需要等设置，具有阻隔病虫害传播，降低台风危害，减轻水土流失，净化土壤水体等多种生态功能，有利于保护和增加生物多样性。其要求：

1. 保证自然林占主体

生态保障林体系建设的核心是提高森林生态系统的稳定性，增强抵抗各种自然灾害的能力。因此，这部分森林要突出地带性森林植被的特点，发挥乡土树种的优势，无论是目前分布相对集中、森林结构比较复杂的丘陵岗地森林，还是已经和正在建设的各类防护林，都要强调森林结构、树种组成、经营方式的自然或近自然性。特别是在平原地区，以杨树为主的道路、水系、农田防护林已经基本成型，面临病虫害威胁比较严重，要把主干道路、水系、农田林带建设和改造成以乡土树种为主的自然林模式，也可以采取生产性纯林与生态自然林相结合的途径，增加防护林中自然林的比重，提高防护功能和阻隔病虫害的传播。

2. 合理选用乡土树种

乡土树种适应性广，抵抗病虫害的能力强，容易形成结构稳定的地带性森林群落，是建设生态保障林体系的主体。在丘陵岗地的森林植被建设中，造林树种的选择应以地带性森林群落为样板进行，这当中乡土树种特别是建群种的选择非常重要。目前江苏平原防护林建设基本上是以杨树居多，病虫害的潜在威胁大。在防护林网建设中增加以乡土树种为主的防护林带，对于阻隔病虫害传播尤为必要，对于一些主干防护林带以乡土树种为主的自然林成分是今后的发展方向。

3. 强化森林斑块间的连接

森林分布不均和破碎化是影响森林生态系统稳定性和生态功能不高的重要原因。对于江苏山地少、平原多的具体情况来说，大面积营造平原林是不现实的。通过建设一些以自然林为主的主干森林廊道，强化不同森林斑块之间的生态连接，提高森林生态系统的整体性，有利于增强森林的生态功能和抵抗各种外来干扰的能力。

4. 减少人工干扰

对于以自然林为主的生态保障林体系，强调的是要使森林群落具有自我维持能力。因此，要尽量减少人工干扰。特别是在平原地区，防护林建设往往为了追求整齐和所谓的视觉效果，修剪、除草、割灌等人为干扰是比较常见的，这与提高森林的生态功能，保持森林群落的自然性是相悖的。

（二）产业发展林体系

是指以提供木材、果品、药材、苗木等产品为主的各类生产性林地。发展林业产业是江苏林业的一大特色，也是农村产业结构调整、提高农民收入的重要途径，是全民参与的主要动力。产业发展林体系是对生态保障林体系的补充，对改善全省的生态环境起着增强作用，但更主要受产业发展的经济效益影响，选择的树种、规模只在1~2个经营周期内是相对稳定的，长期来看是随市场波动的。因此，产业发展林体系的发展规划可以根据市场来确定，但这部分林地面积、树种的波动不会对全省的生态环境产生大的影响。其要求：

1. 结合农村产业结构调整，采取多种模式提高综合效益

产业林发展地带处于传统的农业、牧业、渔业生产区，以林为主长短效益结合的复合经营模式与单纯的农业、牧业、渔业经营相比，抵抗自然灾害的能力强，具有稳定的、较高的经济收益，农民的积极性高。因此，广大农村地区林业发展必须与农村产业结构调整相结合，采取林农、林牧、林药等多种模式提高土地的综合效益，促进林业产业的发展和农村生态环境的改善。

2. 适应产品市场需求变化，合理选择树种和发展规模

林业产业林的发展必须与国内外林产品市场的需求变化相结合，才能获得稳定的经济收益。根据市场的现实需求和潜在发展趋势，确定发展的林种和规模，加快培育具有市场发展潜力的优良品种，增强适应市场变化的能力。

3. 因地制宜突出地方特色，发挥地区优势

江苏省的地域跨度大，各地的自然环境条件、经济发展水平不尽相同，森林植物资源丰富，具有很大的发展潜力。除了做好传统用材树种、经果林、绿化树种的开发以外，还要根据不同地区的环境特点、市场发育程度等因素确定发展的种类和规模，重点要发展最具地方特色的类型，发挥不同资源的特色优势和同类资源的地区比较优势。

4. 稳定传统用材、经果等优势项目，积极培育新兴林产业

江苏的林业产业已经形成以杨树、银杏、林木种苗、特色经果等为主的优势项目，也建立了一些大型龙头企业，发展的前景很好。除了要稳固优势项目以外，还要结合社会经济发展对林业产业需求的新变化培育一些新兴的产业，增强发展后劲，拓展新的发展空间，提高市场应变能力。

（三）文化传承林体系

是指以改善人居环境，满足人们旅游休闲、科普教育、丰富森林文化为主的森林，笼统地称为文化传承林。森林文化是人类文明的重要内容，是传承江苏历史文化遗产和建设生态文明社会的重要组成部分，也是全面建设小康社会的必然要求。通过加快自然保护区、森林公园（包括树木园）、城市森林、村镇绿化建设，大力弘扬城市园林文化、森林旅游文化、花文化和竹文化等；把森林建设与历史文化遗迹保护、古典园林传承相结合，使森林文化更加绚丽多彩，使城市、乡村更加充满生机和活力，建设历史文化与现代文明交相辉映的生态文明社会。主要是根据历史文化景点分布、城市森林发展需求、自然保护区发展规模等特殊地点的生态、景观需求确定，通过主干森林廊道与生态保障林体系连为一体，增强森林发展布局的合理性，促进生物多样性保护，提高森林生态系统的稳定性。其要求：

1. 森林类型主体是生态风景林

文化传承林重点要体现森林景观与人文环境的有机结合，发挥森林的生态功能和景观效果是非常重要的两个方面。无论是传统的园林还是比较现代的森林公园、树木园、自然保护区、城市森林等，森林的建设都讲究的是自然，追求与自然的协调或自然的保护；因此，生态风景林是文化传承林的主要类型。

2. 主体树种选择考虑人体保健功能和景观需求相结合

由于这类森林主要分布在人口比较稠密的地区，也是人们旅游休闲的主要场所。因此，树种选择和森林群落的植物配置除了要与人文景观相协调以外，还要考虑对人体健康的影响，营造空气清新、能够保健身体的森林环境，把弘扬森林文化与提高森林生态功能和营造优美环境结合起来。

3. 结合自然保护区、树木园等建设，保护生物多样性

保护生物多样性是文化林建设的重要内容，也是体现生态文明的重要标志。加强自然保护区、森林公园、树木园等建设，形成布局合理、规模适当的生物多样性保护重点区，不仅有利于保持全省生态环境的稳定，也为江苏林业产业的发展储备了丰富的物种资源和基因库。

4. 结合城市森林、村庄绿化，提高人居环境质量

社会经济的快速发展对生态环境建设提出了更高、更迫切的要求，以城市森林、村庄绿化为主的人居环境林建设将极大地改善人们的居住环境，提高人们的生活质量，是建设生态文明社会的重要内容，也是生态环境急需改善的薄弱地带。这些地带的森林建设要与绿化、美化相结合，树种选择和模式配置要考虑改善生态环境、旅游休闲、文化教育等多种功能。

总之，通过构筑布局合理、长期稳定的生态保障林体系，为生态环境的改善提供保障；通过发展经济效益好、具有市场弹性的产业发展林体系，稳固生态保障林体系，促进林业产业发展；通过建立满足森林旅游发展和改善人居环境的各类自然保护区、风景名胜区、城市森林、村庄绿化等具有人文历史内涵的文化传承林体系，弘扬森林文化，从而建立以生态保障林为主的完备的林业生态体系和依附于生态保障体系之上的发达的林业产业体系和丰富的森林文化体系。

三、空间布局

江苏现代林业发展总体规划，就是基于江苏特点，以中国森林生态网络体系点、线、面布局理念为指导，全面整合丘陵岗地森林、自然保护区、城市森林、防护林网（农田、道路和水体防护林）、村镇四旁绿化等多种模式，倍增城市资源总量；恢复水系网络，改善水质，使森林与各种级别的河流、沟渠、塘坝、水库等连为一体。建立以江海河湖生态防护林和公路铁路绿色通道为框架，以长江、淮河、沂（沭、泗）河三大水系汇水区生态林和平原农区商品林为主体，以城郊森林、森林公园和自然保护区为嵌点，四旁村庄绿化相配套，点、线、面相结合的森林生态网络体系，实现森林资源空间布局上的均衡、合理配置。现代林业建设首先要通过生态保障林体系规划和建设，搭起一个能够满足改善整体生态环境、建立起不同成分之间的生态连接、有利于提高和保护生物多样性的森林生态网络体系，这个森林生态网络体系要具有超前意识，而随着林业建设的不断拓展，依附于这个森林生态网络之上的各种产业发展林、文化传承林不断发展和完善，将最终构筑起适应江苏社会发展需求的现代林业体系。

具体布局框架为：二群、三网、四片、一带、多点（见附图8）。

（一）"二群"

1. "二群"的形成及其区域特征

1）"二群"的形成

美国经济学家、诺贝尔经济学奖获得者斯蒂格利茨认为："21世纪对全人类最具影响的两件大事，除了新技术革命外，就是中国的城镇（市）化。"当今中国令人瞩目的城市化进程和城市群的发展，使中国生态城市建设遭遇新的机遇和挑战，为中国生态城市建设提供更多探索和发展空间。城市建设的迅猛发展，一方面是大量的农业人口向城市转移，进而

导致其生活方式的"城市化";另一方面经济的持续发展,也促使城市人群对工作、学习、生活等物质环境提出更高的精神要求。

21世纪是城市的世纪,城市群的形成是现代城市发展的必然趋势,有利于实现区域产业化的空间聚集、产业的结构转换和调整,有利于实现城乡间以及城市间的优势互补和相互融合,促进技术的进步和快速发展,有利于充分发挥城市的各种职能,从而形成一个区域水平上的宏观城市生态系统,实现城市和城乡一体化。

江苏地处长江三角洲的中心,这地区长江贯穿东西,大运河沟通南北,又有沪宁铁路,水陆交通十分发达。丰饶的物质资源、馥郁浓厚的文化特质、丰富的人文景观、优势的地域环境、快速发展的经济基础使江苏形成了南宁、镇江、扬州、泰州和苏州、无锡、常州、南通两个城市群(简称"二群")。"二群"的形成具有其历史渊源。长江、京杭大运河及太湖水系所组成的发达水系网络体系,在"二群"的形成和发展中具有重要作用,它促进沿江、沿河两岸地区物资运输和商品贸易,从而加快这一区域的经济、文化的快速发展,使其成为江苏历史上经济、文化荟萃地。

秦汉以前,黄河流域是中国政治、经济、文化的中心,而江南地广人稀,农业技术落后,农业产业发展缓慢,农村综合开发程度较低,生产力低下,城镇化程度不高。自东汉末年,中原地区战乱纷争,农业生产受到严重抑制,经济饱受摧残,人民流离失所,中原居民大规模南渡,为长江流域地区带来较发达的生产技术,长江流域农业有了较大的发展。至南北朝时,尤其是在南朝刘宋初年和北朝魏孝文帝时期,长江流域农产品市场流通有较大的发展,长江流域已逐渐成为与黄河流域并重的经济区域。隋唐时期,中国的经济、文化中心逐渐南移,江淮地区的经济发展迅速,商品性农业生产更加发达。商品性农业的蓬勃发展极大促进了手工业的发展,导致这一地区手工业城市的兴起。尤其是大运河的开通,沟通了南北的联系,江淮地区的商品性农业、手工业、商业更趋繁荣,江苏地区沿江、沿河两岸市镇林立。苏州、扬州、常州、南京、淮安、徐州等已成为重要的江苏城市,其中扬州"富甲天下",苏州为"浙右第一",常州为"江左大郡",城市繁荣可见一斑。唐代后期,在中国人心目中,江南地区,特别是江淮地区已成为备受关注的地区,其地位不亚于汉唐盛世时的关中地区。自唐宋以来,"天下财赋仰东南,东南财赋多出吴郡"。明清时期,"江南"实际是指太湖及其边沿地区,当时商品性农业发达,手工业、商业更加繁荣,江苏沿江、沿河两岸"城镇化"程度越来越高,市镇数量越来越多,相对来说农村的数量越来越少,城镇也由农业型向手工业型和商业型转变。各种市镇大多分布在交通要道,且与大、中城市密切相连,形成以各府大、中城市为聚散中心,周围市镇密集的城镇群体。

2)"二群"的区域特征

● 宁镇扬泰城市群

该地区地处中国东部地带与长江流域交汇处,是沿海发达地区县和内地过渡的区域,在中国区域经济发展中占有十分重要的地位。该区机械、电子、化工工业发达,同时又是中国重要的粮油副食品生产基地。全区又可分为南京城镇群和扬州城镇群。

南京城镇群:南京城镇群由南京市、镇江市组成。其经济实力比较雄厚,具有比较突出的交通优势,成为以南京为中心,包括镇江、丹阳、六合、浦口等组成的以机械、电子、化工、石油、原材料、港口为主的城镇群体。

扬州城镇群:淮扬地区是江苏省新兴的商品粮油基地,农业非常发达,乡镇企业发展迅速,此外还拥有中国巨大的地下卤水资源以及苏北油田。雄厚的区域资源优势使该区形成了以扬州为中心,包括淮阴、淮安、仪征、泰州、高邮、兴化等组成的以农副产品加工为主的工业体系。

● 苏锡常通城市群

该区以长江为界可分为苏锡常城镇群和南通城镇群。

苏锡常城镇群:该区位于长江三角洲南岸,是江苏省重要的外贸出口基地和发展外向型经济地区。该区沪宁铁路、江南运河贯穿其中,水陆交通便捷,技术力量雄厚,经济繁荣昌盛,形成了以无锡为中心,苏州、常州为两翼,包括江阴、张家港、昆山、常熟、宜兴、靖江等组成的轻纺电子工业体系。

南通城镇群:该区位于长江三角洲北岸、苏北沿海平原东南部,是江苏省重要的粮棉产区。该区形成以公路为骨干,南通港为窗口,包括南通、如皋、海门、如东、海安等组成的轻纺城镇群。

2. "二群"城市林业发展思路

新时期我国城市森林建设,应以生态建设、生态安全、生态文明为核心,以"以人为本""适地适树""最大效益"等为原则,以建设总量适宜、结构合理、布局均衡、功能完备、效益显著的城市生态系统为重点,实现人与自然和谐相处。加强城市森林建设,是充分体现区域的现代城市特色,实现城市之间及城乡之间的有机统一,实现城市、城乡一体化,提高城市的综合实力和国际竞争力,改善城市生态环境,提高城市人居环境质量的重要战略举措。

"二群"地区是江苏经济最发达、城市化水平最高、人口最密集的区域。这一地区资源开发比较充分,经济实力雄厚,外向型经济发达,科技文化昌盛,人口和城镇密集,具有发达的现代农业(种植、水产、养殖为主)和以轻型加工为主的综合性工业体系。同时,也是历史悠久、文化深厚,人文资源丰富的地区。南京、苏州、扬州、镇江等城市先后被评为中国历史文化名城,苏州园林、扬州园林闻名中外,此外,环境文化、竹文化、茶文化、盆景艺术等极具特色。因此,"二群"地区的城市森林建设,一方面应加强城市林网化、水网化建设,完善城市森林生态系统,保障城市生态安全;另一方面,充分发挥着地区城市的人文资源,大力弘扬森林文化,建设城市生态文明。

保障城市的生态安全,必须以林木为主体、增加城市乔木的比重,优化城市森林的层次和结构,通过增加城市森林单位面积的绿量,发挥森林中乔、灌、草及地被的作用,使之发挥最大的综合效益。一方面,加强城市防护林体系建设,通过城市绿化隔离带、绿色通道、水源涵养林、农田林网、道路林网、河岸防护林等改善城市生态环境质量;另一方面,增强城市森林的生物多样性,维护城市森林的稳定性,实现城市森林的可持续发展。

建设城市生态文明,必须遵循城市历史文脉,充分发挥区域文化艺术优势,实现自己的城市文化特色,提升城市的文化品味。通过发展城市森林美学、园林艺术、花卉盆景艺术等,建立自己的城市森林文化特色。城市森林文化是城市文化和城市生态文明的重要组成部分。城市森林以其独特的色、香、形、韵，表现自身所蕴含的文化内涵，具有独特的形态美、艺术美和意境美，让人产生联想，从而能够陶冶情操，培养审美观念。在"二群"城市森林建设中，以苏州古典园林、扬州古典园林、南京古典园林等园林为基础，恢复城市原有园林风貌；以各个城市的名花异卉（如扬州的琼花、芍药）、盆栽盆景（如苏派盆景、金陵派盆景、扬派盆景、南通盆景等）为重点，发展城市花文化、盆景文化，打造城市自己的文化品牌。

3. "二群"地区城市森林建设重点及具体操作

从"二群"地区的城市自然环境特点和生态环境现状分析，建立完善的城市生态网络体系，必须以林网化和水网化为核心，全面整合城市之间、城乡之间的林地、林带、市区绿地及散生林木，疏浚和沟通城市的河道、恢复和拓宽城市各种水体，以自然林和半自然林的方式建设城市的林片、林带、林网，增加城市绿量，实现林水相依、林水相连、依水建林、以林涵水，形成以核心林地为生态基地，以贯通性主干廊道为生态连接，以城市之间、城乡之间的林带、林网为生态网络，林水一体化的城市森林生态系统，充分发挥城市森林"肺"及城市水体"肾"的功能，在整体上改善城市生态环境、提高城市生命力和竞争力，以期形成林荫气爽、鸟语花香、清水长流、鱼跃草茂、山青水秀的美好景象。

在"二群"地区，建立一个区域水平上总量适宜、布局均衡、结构合理、生物多样、景观秀美的城市森林生态系统，必须以实现区域产业化的空间聚集、产业的结构转换和调整，实现城乡间以及城市间的优势互补和相互融合，充分发挥城市的各种职能，促进技术的进步和城市持续发展为目的，以林木为主体，以自然林或近自然林为造林方式，全面考虑城市之间、城乡之间结构功能的分隔和联系，充分发挥各个区位的自然和文化优势，以"以人为本、适地适树"为原则，均匀布点，见缝插绿，增加城市林木数量。其建设重点主要包括：

（1）大力加强城市之间的生态防护林建设，实现城市之间的联系和分隔。生态防护林在限制城市盲目发展、保持城市传统特点、提供郊外游憩场所、改善城市生态环境、保护水源和为城市提供农副产品等方面具有积极作用。不少国家把绿带原则运用于城市规划以至区域规划中。例如荷兰经济、文化最发达的中西部地区的区域规划，以大片农业地区为核心，以绿带穿插于海牙、鹿特丹、阿姆斯特丹等几个城市之间，形成既有分隔、又有便利联系的城市群。"二群"地区城市之间应以铁路、公路、河流等廊道为依托，建立自然林或近自然林式的宽带林网。

（2）大力加强城市建成区的绿化建设，大力弘扬森林文化。"二群"地区多数城市是中国历史文化名城，文化馥郁、人文景观众多，在城市建成区既要保护和恢复古典园林的风貌，又要与时代相符合，大力开辟城市现代园林，做到古今结合、古为今用。如南京的秦淮河、莫愁湖、玄武湖，扬州的瘦西湖，风光秀丽、人文风流，这些区域的环境绿化，要充分发挥其独特的文化特质，采用现代技术，恢复其原有古典园林风貌。

（3）大力加强城市周围的生态风景林建设，实现森林拥抱城市。城市建成区的绿地有限，难以满足城市对生态环境的要求，加强城市近郊、远郊及城乡结合部的森林建设，有利于发挥城市周围自然资源优势，补充市区绿量的不足，实现城区绿地与近郊、远郊森林的协调配置，形成城区公园、园林、绿地与城郊的大型核心林地、森林公园、自然保护区、生态保护区及生态旅游区等有机结合的城乡一体化的城市森林体系。

（4）结合农村产业结构调整，大力发展花卉、盆景、苗木等城市绿色产业。充分发挥该地区花卉、盆景、苗木的资源优势，在城市周围的广大农村，建立农林复合型生态农庄，满足城市居民的生态旅游、文化休闲的需要。

城市中土地宝贵，用较少的土地换取较高的生态效益是城市发展过程中必须要走的道路。在具体操作上可以从两方面着手，一是要把森林引入到城市，充分利用空间，特别是要使5~30厘米地上的空间处于林冠、绿叶状态，建立林网化；二是与林网相配合，实现水网化。使二者有机结合成为一个高效稳定生态系统。同时在植物材料选择、引种及配制的各个环节上体现注重生态效益的意识。具体包括以下几个方面：

（1）按照城市区位特点，进行合理布局。城镇环境问题的日益突出是由多种原因造成的，除了城市规模不断扩大、城市建筑不断增多、工厂和车辆等污染源不断增多等因素的影响以外，一个主要的原因是以林木为主的城市生态环境建设发展规划相对落后，一直处于"亡羊补牢"的状态，总是处于被动防守的地位。现在许多城镇虽然对城镇森林生态环境建设的发展作了规划，但在主导思想上仍然是对建筑区周围修修补补的原料设计为主，没有从整个城镇生态环境建设的要求来考虑不同类型绿地的配置与布局，城镇绿化建设仍然在重复过去老城区建设的路子。因此，城镇森林生态网络体系建设规划应该基于现实问题和长远发展的超前规划，这样可以尽早协调建筑用地和绿化用地的矛盾，避免一些老城市绿地建设先建后拆而造成的经济损失。在时间上，要针对城镇存在的热岛效应、大气污染等现实的环境问题和城镇景观的分布格局进行规划，还要考虑城镇发展的趋势做好长远规划，比如未来的经济开发区、居民小区、商贸金融区等潜在发展地带；在范围上。影响城镇环境的不仅仅是建成区本身的绿化问题，还包括与之相关的近郊及远郊地区的森林生态环境建设，因此在范围上将建城区和近郊及远郊作为一个整体来考虑；在模式上，要考虑建设一处或几处大型森林作为城镇的"肺"，这些森林要有足够的面积，可以根据实际土地资源情况拿出几十、几百甚至上千公顷的土地建设高郁闭度、乔灌草结合、近自然结构的森林；同时，还建设几条穿越整个城镇、有足够宽度（20~100米）的森林带，从而构成城镇森林生态环境保障体系的主体框架，再与林网化和水网化相结合，构建起城镇森林生态网络体系；在手段上，要运用最新的景观生态学原理、地理信息系统和卫星遥感等技术手段，对城镇景观格局、城镇森林分布格局、污染源分布格局、热岛分布格局等本底特征进行全面的分析，针对现实城镇存在的污染问题和现在的发展方向进行规划设计，基于上述技术建立城镇景观动态监测系统，从而保证城镇森林生态环境建设的健康发展。

在注重林网化与水网化建设相结合同时，还要尽可能增加城镇水体的面积，充分发挥水体在改善城镇环境方面的独特作用。城镇水网化建设在南方的许多城镇已经初具规模，对于相对干旱的北方地区城镇来说，加快城镇的水网化建设对于改善城镇环境更为重要。增加城区水体面积，城镇空气质量将明显改善。

（2）以森林为主体，向结构要效益。森林是陆地上生产力水平最高、物种组成最为丰富的生态系统，根本原因就在于森林具有最大的包容性。森林是由乔木、灌木、草本、藤本植物已经将这些植物和森林环境为生境的各种动物构成的一个复合体。因此，林木（包括乔木和灌木）、藤本植物、草本植物并不是互不相容的，在城市里只是为了满足人们的某种需要而被强行割裂开来。因此，城市森林建设要以地带性分布的林木为主体，除了一些特殊用途的绿地以外，主要采取具有相容性的乔灌草结合的复层模式，在有限的土地上发挥森林各个成分的优势，产生最佳的生态效益。

（3）以乔木为主体，向空间要效益。乔木树种具有高度的形体，可以形成庞大的树冠，在地面上筑起绿色的平台，而林下又可以生长灌木、草本、藤本植物，这样就使有限的绿地面积增加了使用效率。而且高大乔木所形成的遮阴环境有利于人们的休憩，有利于空气流通，有利于减缓热岛效应。这种做法是中国城市绿化作用紧缺的情况下最为合适的，要改变城市栽植的乔木树种普遍2米截干的做法，在有些片状绿地可以不截干，行道树没有特殊要求也可以不截干。

（4）以生态效益为主，兼顾多种效益。城市森林建设树种的作用是多方面的，最主要的是生态功能。在不同的地类有不同的要求，居民区，通常要选择具有杀菌调温、遮阴防风、减噪除尘功能，不能有毒、有刺、易引起过敏反应的植物种类，既要美化环境，又要便于驻足休憩；在工业区主要强调抗污、除尘、减噪、净化、遮阴、降温功能；医院区主要考虑杀菌、美化、休憩，还不能有毒、有刺、易引起过敏反应的植物种类；主要街道、主干公路以滞尘、减噪、公路美化、遮阴、没有妨碍交通安全为主；河道则对减污、美化、吸污，降污、固持堤坝功能更看重。因此，城市森林建设树种选择和配置要尽可能多使用适应性强、生态效益好的，同时也要兼顾视觉效果等多种效益。

（5）重视绿化植物对人体健康的影响。城市森林建设的宗旨是要改善城市环境，为居民提供舒适健康的生产生活环境，因此，有利于人体健康是第一位的。过去我们只知道杨柳飞絮等绿色污染会给人带来不利，而在植物体其他分泌物方面研究的很少。在城市绿化材料选择的时候用现代的眼光、生态的眼光看问题，对于不同树种和不同植物组合与人体健康的关系要进行更全面深入的研究，要知道我们造这个林子，造这种组合，究竟在改善居住环境当中起多大的作用，要有指标，要用定量性的东西。搞好城市森林树种选择和组合模式，要源于生活，要高于生活。要建成一个物种丰富、模式多样、结构稳定的，对于城市生态环境特别是对人的生活环境有巨大改善作用的城市森林网络体系。

（6）加强建筑物的垂直绿化。城镇里用石料、钢筋水泥搞得建筑是产生"热岛效应"的主要原因之一。夏季，人走在广场和水泥路面上，会感觉到像处在蒸笼里一样，地面温度甚至达到 50~60℃，难以长时间停留。因此，加强这些城镇"硬化"面的绿化建设对于减轻热岛效应尤为重要。目前，我国很多城镇对于桥梁、屋顶、墙面的绿化还没有引起足够的重视，大多采取见缝插针的做法。对于这些人为活动、车辆行驶比较集中的地段，在设计之初就应该考虑绿化的问题。新加坡在桥梁建设中,专门留有种植藤本和地被植物的地方，北京的一些立交桥也留有种植五叶地锦的土带，这些做法在楼房建设以及各种灯柱、电线杆等水泥石柱表面的绿化上都可以借鉴。

（7）疏通城市现有水系，构筑沿河植被廊道。城市内河流、湖泊、池塘等各种水体，对改善城市环境发挥着重要作用，要尽可能使这些水系相通、河岸植被相连，特别是太湖，应结合引水排水通道工程的实施，搞好沿线的防护林建设，形成以湖为中心，林水一体的森林水系景观带。因此，护堤固岸、美化环境应尽量避免采用简单的建筑垂直堤岸来约束河道的做法，在次级河道保持堤岸的自然性，建设以林为主近自然的河道植被带。同时，要保护沿河自然湿地，控制污染排放。

（二）三 网

即水系林网、道路林网和农田林网建设。网带一方面与周围地区隔离开来，保障内部系统的安全；另一方面，网带又与外部不同系统连接起来，进行生态系统物质流、能量流和信息流的重要纽带。对水系、道路、农田林网而言，它对本身生态系统起着保护隔离作用，创造生态系统内部的小气候，同时，林网本身就是资源，且相对于片林而言，其林木具有更明显的边缘效应优势，林木资源培育效率更高。

1. 水系林网

长期以来，江河湖泊流域是人口密集的区域，水的质量和数量直接关系到人们的生活、生产安全。江苏省除长江、淮河、新沂河、京杭大运河及通榆运河等大水系外，还有较多的湖泊和中小河流。近十几年，由于人们生产、生活及江、湖、河本身连通度较低等因素，河道、湖泊水污染严重，难以满足净化和改善环境的功能，应加强水系林网建设，即在河流、湖泊、海洋等水体岸带建设防护林带，起到涵养水源、净化水质，增加湿度，减少尘埃，防止土壤流失，巩固堤岸，促进疏导，抵御台风、风暴潮等自然灾害等作用。同时加强水系的连通、综合调度水资源，使死水变活水，净化水质；增强水系调蓄洪水能力，减少或减缓洪水灾害的发生。

水系林网建设应以大江、大河、大湖、海岸沿线等生态环境敏感区为主体，治理水土流失，减少风沙危害，减轻水体污染，保护江海河（湖）堤，形成网、带、片、点相结合的多功能、多层次、多效益的综合防护林体系。重点建设"二纵三横"为主的水系防护林网，其中二纵是指京杭运河和通榆运河两条纵贯全省的骨干水岸沿线防护林建设，三横是指新沂河、淮河入海水道、长江等三条横向的骨干水系防护林建设。

2. 道路林网

随着社会的发展，交通运输作为经济发展的基础设施已为各级政府及民众所重视，因此，道路建设迅猛发展。但是，道路建设在为经济建设提供良好通道的同时，也打破了沿线大自然的生态平衡，如：水土流失，植被破坏与减少，动植物栖息地的破坏，汽车尾气与粉尘对大气的污染，交通的噪声污染及水质污染等。因此，通过道路林网建设改善和美化环境，维护交通安全已成为道路建设的一项重要内容。

道路林网是以道路系统为骨架，在道路两侧规划林带，形成道路林网系统。目的是利用不同种类植物的合理搭配栽植，能防止冲刷、防噪、固定土壤、保护路基、路段；能防眩、防风、诱导视线、消除疲劳而增强行车安全；能防治污染、净化空气（汽车尾气、防尘）、调节气温，美化景观而达到改善和美化环境的目的。

全省已建成高速公路、国道、省道、铁路、市县乡级道路总里程 9.6 万公里，其中高速公路 1705 公里，国道 2944 公里，铁路 1280 公里，省道 6495 公里，县道 10761 公里，乡道 37770 公里，村道 35045 公里；按地貌分平原区 8.9 万公里，丘岗区 0.7 万公里。重点建设"六纵八横"为主的道路防护林网，其中六纵是指连盐高速（赣榆至浙江嘉兴）、宁连高速（到漆桥）、京沪高速（新沂至宜兴）、徐宿—宁宿高速（在建，到马坝）、新沂—长兴铁路、赣榆—盐城—苏州（204 国道和盐靖高速）等六条纵向主干道路沿线的防护林带建设；八横是指陇海铁路（徐州至连云港）、徐连高速、宿淮高速（宿迁至大丰）、宁通高速（到启东）、沪宁高速、沪宁高速二线、沪宁铁路、宁启铁路等八条纵向主干道路的防护林建设。

3. 农田林网

农田防护林的作用已逐渐超出了护田防灾、增加作物产量的范围。国内外大量的生产实践和科研成果表明，农田防护林不仅有防风固沙、调节气候、保护农田的功能，而且改变了农区以农田为单一类型的景观格局，增加了植物种群和与之相依存的动物及微生物种群，稳定和增强了农田系统的整体生态功能，从而直接或间接地保证了大农业的生产与发展，并且能够利用较少的土地获得较高的生态和经济效益，对于改善农业生态条件，保障农作物丰产稳收，提高农产品质量，增加农民收入，具有不可替代的重要作用。因此，长期以来，农田林网已成为农田基本建设和绿化的重要内容，既是增加江苏森林资源总量，也是充分合理发挥土地资源潜力，解决与农争地矛盾的有效途径。农田林网建设应依托农田水利工程和道路配置林带，实行沟、渠、路、林相结合，坚持多林种、多功能、高效益的复层林结构。建设以农田林网为骨架，村庄绿化、小片丰产林、经济林、农林间作为主要内容的网、带、片、点相结合的平原综合防护林体系。建设重点主要是徐淮平原、沿海平原、沿江平原、里下河平原、宁镇扬丘陵岗地和太湖平原农区。从因害设防及区域建设而言，苏南地区要建立抗风吸污能力强、景观效果好和网络大小适宜的农田防护林，统筹人与自然的协调发展。长江以北地区要建立乔灌草立体配置、大中小网络配套、多道防线联防的高标准农田防护林，增加高大乔木抗御农业自然灾害的能力，在单位土地面积上实现比其他土地利用方式更高的生物生产力、生态经济效益和产品多样性及可持续发展能力，统筹农业与林业的协调发展。

（三）四 片

主要是指以自然林为主、分布比较集中的生态公益林，包括徐州、连云港、盱眙等 3 个集中连片的丘陵岗地区（以生态公益林建设为主）和宿迁、淮安为中心的平原区（以重点商品林生产为主）。江苏省是一个以平原为主的省份，山地资源相对较少，长期以来林业发展的基本资源相对不足，森林结构较为单调，树种单一，存在生态环境恶化的隐患，严重制约林业和生态环境的可持续发展。该区域生态公益林建设具有重要意义，它是江苏省林业发展战略的重要内容之一，也是江苏省实施林业可持续发展战略的基础。由于过去战争、人为活动频繁或成片过度开发等原因，自然环境受到较大干扰，引起生物多样性的丧失，影响到生态系统的相对平衡，导致自然资源日益枯竭，许多再生资源严重失调。因此，应根据不同地域生境特点，在丘陵岗地构建多样性保护为主要内容，建设以保持水土、涵养水源、休闲旅游等多种功能的生态公益林；在平原区和洪泽湖周围的低洼地区结合农村产业结构调整，建立以杨树为主的重点商品林生产区。全省低山丘陵岗地总面积148.7万公顷，已绿化造林28.4万公顷（不包括2.6万公顷无林地），其中有林地25.6万公顷，疏林地0.7万公顷，灌木林地1.47万公顷，新造林地0.6万公顷。全省可退耕造林面积为100万公顷，其中生态区位特别重要、生态环境特别脆弱的面积为20万公顷。同时，宿迁、淮安等洪泽湖周围地区经常受到洪涝危害，急需进行农业产业结构调整。2003年7~8月淮河洪水使洪泽湖周边的泗洪、泗阳、洪泽、淮阴等市县大面积土地受灾，给农业生产造成巨大的损失，而以杨树为主的农林复合经营模式的损失最低。因此，在本地区低洼滩地和低产易涝农田开展农林复合经营具有巨大的潜力。

1. 邳州 - 徐州 - 丰县片

徐州附近的相山山地是本片的中心，属于鲁南山地向西南的延伸部分。本地区丘陵主要是由寒武奥陶系石灰岩组成的残丘群，错落分布于淮北平原上，高度大都在100余米，是经过长期侵蚀形成的岛状残丘。岩层坚硬，风化层很薄。丘陵孤散，石灰岩容易漏水，山体蓄水条件差。平原区属于黄淮海平原区，容易发生风沙危害。因此，本片林业建设的重点是山地森林植被恢复和平原区速生丰产林基地建设，结合退耕还林建设以常绿针叶落叶阔叶林为主的丘陵岗地森林，同时发展一些具有地方特色的经济果木林。

2. 连云港 - 赣榆 - 东海片

主要是指江苏东北部丘陵山地，包括赣榆、东海、连云港等市县境内的大吴山、夹山、抗日山和云台山，属于鲁南山地向东南的延伸部分，其中云台山海拔625米，是全省最高峰。山地岩层主要由太古界古老结晶变质岩（片麻岩为主）组成，经过抬升及其伴随的剥蚀、侵蚀作用，地形破碎，岩石风化较深，下坡及山麓往往形成较厚的堆积。林业建设的重点是山地森林植被保护与恢复，结合退耕还林建设以常绿针叶落叶阔叶林为主的丘陵岗地森林，平原区以农田防护林建设为主，同时发展一些具有地方特色的经济果木林。

3. 仪征 - 六合 - 盱眙片

主要指集中分布在仪征、六合、盱眙（包括安徽的天长市）境内的丘陵，海拔在100~200米。岩层以玄武岩为主，以顶部平坦为特征的方山地貌，地势平缓，风化较深，土层较厚。林业建设的重点是保护好现有的森林资源，结合退耕还林加快森林植被恢复，建设以常绿落叶阔叶林为主的山地的生态风景林建设，同时发展一些具有地方特色的经济果木林和苗木培育基地。

4. 宿迁 - 淮安片

主要是指以宿迁、淮安为中心的商品林主产区。由于本地区处于淮河下游，经常受到洪涝危害，急需进行农村产业结构调整。2003年7~8月，淮河洪水使洪泽湖周边的泗洪、泗阳、洪泽、淮阴等市县大面积土地受涝，给农业生产造成巨大的损失，而以杨树为主的林业产业的损失最低。因此，从提高经济效益、增强抵抗洪涝灾害能力、促进生态环境恢复等方面考虑，结合生态防护林和速生丰产林建设，对本地区低洼滩地和低产易涝农田，积极退耕还林。

（四）一 带

指建设沿海生态经济型防护林带。江苏省有海岸线954公里，沿线是科技文化发达，商品经济较发达的地区，然而该地区的林业明显滞后于本地区经济的发展。由于沿海地区自然灾害重而频繁，生态系统相当脆弱，且在沿海经济建设过程中，又不可避免地引起一系列的生态环境问题。如人工大面积围垦对沿海湿地生态系统生态平衡干扰,生物多样性(基因多样性、物种多样性、景观多样性、生态系统多样性）减少，海洋灾害加剧；另外，能源工业、石化工业为主体的海洋工业建设所引起的空气、海域、陆地环境进一步污染。过去沿线通过林业途径的开发与治理存在着物种单一、结构简单、自我调控力弱和经济效益低等重大共性问题。因此，加快沿海生态经济型防护林带工程建设，完善林业可持续发展的技术体系，在千里海疆构建起一道绿色"长城"，增加森林资源，改善生态环境，提高抗御自然灾害的能力，减轻海岸带极易遭受台风、盐碱等自然灾害危害，开发沿海森林旅游对江苏经济进一步发展具有重要的现实意义。该带重点建设海岸带国家基干林带、农林复合经营工业原料林。严格按照国家有关标准，在沿新老海堤两侧或临海一侧堤面，分成淤泥质海岸、沙质海岸和基岩海岸，营建不同宽度要求和乔灌草相结合的高标准国家基干林带，构筑起区域性防护效果显著的绿色屏障。充分利用潮上带滩涂湿地和低产农田，大力发展工业原料林。在保障粮食安全的前提下，积极利用中低产农田，尤其是无法进行农业耕作的返盐荒地，进行农林复合经营，加快发展工业原料林。

（五）多 点

主要是指全省范围内的各类自然保护区、森林公园、树木园、城市森林和村镇防护林等呈点状分布的生态建设网点。随着我国经济的发展，城市化的趋势不断加速，大量人工环境的建成以及由此带来的生态环境日益恶化、自然资源迅速枯竭、许多可再生资源严重失调等系列负面影响，已给人类带来生存危机，制约着社会经济的发展，也对人类本身的生存和发展提出严峻的挑战。自然保护区、森林公园、树木园、城市森林和村镇防护林等建设，不仅为人们提供美化的生活环境和游憩空间，同时能产生巨大的生态和社会效益。在探索这些网点建设时，需要把森林建设与生物多样性保护和可持续发展战略的实施结合起来，健全森林生态功能，将森林生态系统建设成为物种丰富、结构稳定、能自我调节的生态系统，促进人与自然的和谐共存。拟规划到2010年建设80个自然保护区，总面积1.6万平方公里，占国土面积的15％；新建省级以上森林公园70个，使总数达到106个；重点在全省13个省级城市、31个县级市开展城市森林建设；结合1160个镇和33190个行政村的环境整治，加强村镇绿化建设。这部分地区的林业建设与人们的日常生活、休闲旅游、身心健康等关系最为密切，有利于保护生物多样性，有利于改善人居生态环境，能够体现人与自然协调发展和丰富森林文化内涵，是建设小康社会的重要内容，也是新世纪林业发展需要加强的重点领域。

四、典型城市示范——扬州市

素有"淮左名都，竹西佳处"美誉的扬州，古称广陵。地处江苏中部，长江下游北岸，江淮平原南端,位于长江与京杭大运河的交汇处,地理位置十分优越。京杭大运河纵穿腹地,由北向南经过白马湖、宝应湖、高邮湖、邵伯湖,与长江交汇;宁通高速、宁启铁路和京沪高速为主要的交通枢纽,润扬大桥,使扬州成为苏北交通的大动脉。扬州市自然资源丰富。境内河道纵横、湖泊众多,水网密布,水资源丰富,物种繁多。

扬州具有悠久的历史,自春秋末吴王夫差开筑邗城以来,已有2500年的历史。隋大运河的开凿,沟通了江、淮、河、海四大水系,使扬州成为南北水路交通枢纽。自唐代开始,扬州就是很繁华的都市,明清间为两淮盐运漕运中心。万商云集,号称东南一大都会,特别是清康乾时期,扬州成为中国东南经济和文化艺术中心。扬州文化底蕴深厚,人文资源丰富,既有闻名中外的古典园林,为世人青睐的花卉盆景,园林文化、花文化、竹文化、茶文化等风靡全国。富庶的植物资源、适宜的自然条件、深厚的文化内涵,繁荣昌盛的经济状况,使扬州一度成为魅力四射的历史文化名城。然而,随着扬州社会经济的高速发展、城市化进程加快,不合理土地利用方式使得耕地退化严重,全市耕地面积持续下降,土壤盐渍化程度增加;局部地区毁林开荒、开采矿石、建窑取土等造成水土流失严重;围网养殖、滩地开发使得享有"地球之肾"的湿地正面临着面积减少,大气污染、水污染和噪音污染等生态环境问题已成为困扰扬州市人民工作、生活的三大敌人。此外,扬州市林业发展跟不上经济和社会发展步伐、林业服务体系建设薄弱、林地保护不力、林产品的深加工和林业资源的综合开发滞后。因此,进一步发展扬州林业对改善城市环境、加快城市经济发展、提升人民生活质量等方面具有重要意义,有利于把扬州市建设成为古代文化和现代文明交相辉映的名城。通过现代林业建设,成功地建成和谐完美、城乡一起的森林生态系统网络,扬州必将对我国长江三角洲地区的林业建设具有重要的示范作用。

(一)城市现代林业发展理念

扬州市林业发展以"打造绿杨城郭,建设特色生态扬州"为基本理念,使林业更好地服务于扬州经济社会的全面、协调、可持续发展,全面实现小康社会。其核心可概括为"三个绿色"理念,即发展生态林业以构筑绿色屏障,发展绿色林业以壮大绿色产业,发展人文林业以弘扬绿色文化。

1. 发展生态林业构筑绿色屏障

生态环境系统是构成社会经济发展的物质基础,为了保障扬州经济社会可持续发展,维护国土生态安全,尤其是为沿江开发提供良好的投资环境,就必须按高标准购筑起"点、线、面"相结合的绿色生态体系作为生态屏障,促进生态经济系统的良性循环,发挥森林生态系统的多种功能和综合效益,为扬州经济协调发展提供强有力的绿色屏障。

2. 发展特色林业壮大绿色产业

扬州市自然和经济社会条件优越,不仅具备绿色生态产业的条件,而且已经有了一定的生态产业基础,还有一些发展潜力很大的产业。结合扬州经济发达和林业产业基础较好的特点,在加大森林资源培育力度,为扬州绿色产业发展提供优质原材料的基础上,要大力推动林业高科技产业化,大大增强扬州绿色产业的实力,提升扬州绿色产业在经济社会可持续发展中的地位和作用。通过大力发展绿色产业,是产业化程度在更高的水平上发展,不仅可以取得良好的经济效益，同时还可产生巨大的生态效益，实现生态与经济的协调发展。

3. 发展人文林业弘扬绿色文化

由竹文化、花文化、茶文化以及林业哲学、森林美学、园林文化、森林旅游文化等构成的"绿色文化"，在新时期扬州现代化建设和小康社会建设中具有十分重要的地位和作用。在扬州市建设绿色文明社会，要充分发挥自然与人文资源丰富的优势，按照"以人为本"的发展观，指导林业建设，弘扬森林文化，改善生态环境，推进扬州市物质文明、政治文明和精神文明建设。使人们在思想意识、科学教育、文学艺术等方面都与生态理论价值观相一致，在生产方式、消费方式、生活方式等方面形成绿色文明的社会新风尚。

（二）扬州市林业发展总体目标

在中国森林生态网络体系工程建设理论和绿色江苏现代林业发展规划指导下，以建设国家级现代市为目标，进行扬州森林生态网络建设，坚持以生态优先、生态效益与经济效益兼顾为主线，突出"水乡生态"与"历史文化名城"两大特点，实现生态环境、建筑空间与文化环境相结合、点—线—面—体相结合，进而实现"城乡一体，相互联动，整体推进，协调发展"，建成生态林业优良、特色林业发达、人文林业先进的现代林业系统，达到森林资源总量实现跨越，林业产业发展稳步推进，森林生态网络基本健全，森林文化内涵更加丰富。基本满足经济和社会可持续发展的需要，充分发挥林业在"绿杨城郭、生态扬州"建设中的主体作用。

在中国森林生态网络体系工程建设理论和绿色江苏现代林业发展规划指导下，以建设国家级现代市为目标，进行扬州森林生态网络建设，将生态环境、建筑空间与文化环境有机结合，坚持以生态优先、生态效益与经济效益兼顾为主线，突出"水乡生态"与"历史文化名城"两大特点，点、线、面结合，实行"城乡一体，相互联动，整体推进，协调发展"，建成总量适宜、生态优良、景观优美、与扬州古城文化协调、区域特色明显的森林生态网络系统。

规划到 2010 年，扬州市域森林面积新增 31500 公顷，达到 78167 公顷，其中生态公益林达到 31100 公顷，商品林 47067 公顷（用材林达到 23667 公顷，经济林达到 15133 公顷，其他 8267 公顷）；农田林网化面积达到 233334 公顷；苗木培育面积达到 13334 公顷；总活立木蓄积量达到 500 万立方米；林业产值达到 26 亿元，其中花木产值达到 10 亿元；森林公园总数达到 10 个，自然保护区总数达到 6 个；森林覆盖率达到 20%。

扬州市区森林面积达到 24500 公顷，绿化覆盖率达到 25%。建城区绿地面积达到 3845.5 公顷，绿化覆盖率达到 42.7%；下辖 4 县（市）建城区森林面积达到 1800 公顷，森林覆盖率达到 20%。绿化覆盖率达到 40%。

（三）扬州市林业发展规划布局

1. 市域林业发展布局

为了改善城市及周边生态环境，突出区域林业发展特色，扬州市林业建设目标重点是建立与悠久的园林文化和城市特色相结合的城市森林。根据扬州市域自然特点及林业发展趋势，提出了林业发展总体框架，即"二带、两片、三网"。

（1）二　带

扬州市现代林业建设要围绕上述总体目标并结合城市发展趋势，重点加强东西走向的"沿江城市发展带"和南北走向的"沿运城镇发展带"的城市林业建设。

沿江城市发展带绿化建设：沿江地区经济发达，以扬州市区为核心，东西连接江都和仪征市区，形成"一体两翼"主城区沿江城市发展带。沿江城市发展带中，有政治、经济和文化中心，全国重要的旅游城市和历史文化名城扬州市区，以水乡园林特色的重要水陆交通枢纽城市江都市、以优越的滨江区位优势和港口条件而成为该区域的重要工业城市仪征市，应成为扬州城市生态建设的重点。利用长江丰富的自然资源和优美的自然风光，合理建设沿江湿地森林公园；积极引种抗污染乔木、灌木树种，大力发展成片林。营建城市功能区之间的隔离林带，充分发挥森林的减灾、治污、调节气候、净化空气、美化环境的生态功能。

沿运河城镇发展带绿化建设：南北方向以京沪高速公路和京杭大运河为纽带联结宝应县、高邮市和将都市有关乡镇，形成沿运河城镇发展带，并与沿江城市发展带在江都交汇。沿运河城镇发展带林业建设中，除了加强城镇森林建设外，还必须加快特色鲜明的工业原材料和经济林果建设，同时大力发展经济林果及木材加工业。依托高邮湖、邵伯湖、宝应湖丰富的湿地资源，积极发展沿湖生态防护林和湿地自然保护区及具有水乡特色的森林公园。

（2）两　片

在扬州市政区内，根据城市地貌特点和区域内审理分布特点，以京杭大运河和扬州运河为界，分为西南部的低丘岗地生态和里下河地区的商品林。

低丘岗地生态公益林：根据不同生境特点，低丘岗地片林主要分布在仪征市、　江市、维扬区和高邮市。在低丘岗地加强以常绿落叶阔叶林为主的山地生态风景林建设，构建以保持水土、涵养水源为主，包括生物多样性保护、休闲旅游等多种功能的重点生态公益林建设区，加快森林植被建设，同时发展一些具有地方特色的经济茶果林和苗木培育基地。

里下河地区商品林：里下河地区的宝应、高邮和江都水资源丰富，灌溉条件便利，使扬州主要的商品粮和水产品生产基地。该地区应围绕湿地生态系统的恢复和保护，结合农村产业结构调整，把滩地开发与林、农、渔、牧、副相结合，根据因地制宜和生态效益与经济效益兼顾的原则，以该地区域重点林业城乡为核心，建设以杨树为主体的生态公益林和速生丰产林。从而形成杨树资源集聚效应，促进木材加工业的发展。同时发展一些具有地方特色的经济林果。

（3）三　网

即水系林网、道路林网和农田林网。

水系林网　以大江、大河、大湖沿线等生态环境脆弱区位主体，结合湿地保护，沿水体建设保护林带，形成网、带、片、点相结合的多功能、多层次、多效益的综合水网保护林体系。主要起到涵养水源、净化水质，保持水土，固堤护岸，促进疏导，抵御台风等作用。

道路林网　在尚未绿化或绿化未达标的县级以上公路两侧营建防护林带，形成道路林网系统。起到保护道路、减轻污染、净化汽车尾气、防尘滞尘和减低噪音、美化景观、兼具廊道作用。

农田林网　在沿江和里下河平原农区，利用沟、渠、路，新建和完善农田防护林体系，使扬州的Ⅰ级农田林网（13.33公顷一个网格）率达到80%。建设完备的农田防护体系，既为扬州农业优质高产稳产提供重要的生态屏障，又是增加农民收益的汇总欲途径。

2. 市区城市森林规划布局

根据扬州市域范围的林业发展总体规划，结合扬州市区森林资源分布、结构、功能等特点，提出了市区范围城市森林总体布局框架，即"一环、四楔、两廊、多核"。

（1）一　环

是指由润扬大桥北接线、西北绕城公路、大运河（廖家沟）和长江围成的扬州城区的外环。重点构建由城东廖家沟滨河生态防护林，城西润洋大桥北街县级西北绕城公路风景林带和南部长江沿岸及滨江大道绿化带，共同构成议自然林为主的大面积环型生态林带，以防护、分割、优化作为目标，有效补充城内绿地不足，并在沿江城市间建立起生态隔离带，防止城市无限扩展。

（2）四　楔

依托长江、京杭大运河、古运河和夹江、仪扬河等市区主要的水体，分别从市区西南、东南、东北、北部4个方向规划渗入内部的楔形绿地，直接补充市区绿量不足，将城市外围清新的空气引入城区内部，有效改善城市生态环境。具体布局分别为西南部润扬大桥滨江公园、东南部的夹江自然保护区、东北部的茱萸湾 - 太安凤凰岛风景区和北部的瘦西湖 - 蜀岗风景区。

（3）两　廊

借助古运河和京杭大运河贯穿城区并直达长江的水环境优势，依水建林，构建林水结合的绿色廊道，成为连接城市内外森林斑块的重要纽带。古运，河是扬州城市的"主脉"，将文化、政治、经济（经商）、旅游融为一体，是孕育扬州历史文化名城的母亲河，具有较高的人文景观价值。古运河生态环境林和绿色文化观光林建设，是强化历史名城的整体形象和环境价值的一条重要的观赏走廊。京杭大运河是南北贯穿扬州市域和市区，连通扬州市域湖泊群与长江航线的重要水上交通要道，在扬州城市发展中具有重要的地位。以城区丰富的水网为脉络，古运河和京杭大运河为主脉、城河水系为副脉，依托水网建设城市森林网络，实现扬州市区林网化、水网华的城市森林网络系统，连接片状和带状城市森林，并将沿线及城市区域内历史文化景观串联起来，形成富有扬州自然景观和文化特色的城市森林生态体系。

（4）多　核

在上述城市森林骨架基础上，通过古运河和主要河流等形成的水网，串连沿河分布的个园、何园、普哈丁墓等历史文化名园，并扩建荷花池公园、茱萸湾公园、竹西公园等主要公园。根据扬州城市总体规划，因地制宜地新建一些区级公园和森林生态公园；补充建城区内部城市森林的不足，调整城市绿地分布的均匀性。

基于城市总体规划的要求和城市森林规划布局的提出，借助林网化水网化的生态连接作用，最终达到"绿带环绕、四楔穿插、两廊相连、多核镶嵌"的城市森林建设效果。并与扬州市域林业总体布局相衔接，西与仪征相连，东与江都相接，共同构成沿江一体化的城市森林建设布局，最终形成空间合理、功能完备的城市森林生态网络系统。

第二节　现代林业发展数量指标

在江苏现代林业发展规划结构布局中，我们已经对生态保障林、产业发展林和文化传承林三大林业体系建设提出了一些质的要求，这里重点规划到2010年林业发展的数量指标。

一、总量指标

江苏以平原为主，森林资源相对贫乏。全省森林覆盖率为10.56%，其中有林地覆盖率7.54%，灌木林地覆盖率0.18%，四旁树（折算林地面积）覆盖率2.84%。全省先后进行的8次森林资源调查表明，全省森林资源呈稳步增长趋势，但总体表现为数量增长，质量下降，森林分布破碎化和树种单一化问题突出，存在潜在的脆弱性，尚未建立健康稳定的森林生态系统。因此，江苏提出到2010年倍增森林资源总量的发展目标，除了有一个面积上量的概念以外，还必须改善树种、林种结构，合理布局，使全省林业建设有一个质的飞跃。

从省政府提出的林业发展目标来看，到2005年，全省森林覆盖率接近16.5%，达到当前全国水平；到2010年，森林覆盖率在2000年的基础上翻一番，达到21%，超过全国当时水平；到2020年，森林覆盖率稳定在26%~28%，力争达到当时国际平均水平。因此，从建立完备生态体系、发达产业体系和弘扬森林文化的角度，必须对森林的数量指标按照三方面的需求进行科学分析。当然，生态林、产业林和文化林并不是截然分开的三种森林类型，而是根据发挥的主体功能差异进行划分，特别是文化林，主要是与旅游、休闲的社会发展需求紧密结合而产生，在山地少、天然森林资源少的情况下，森林公园、自然保护区等在这方面的社会需求尤为突出，因此也是结合江苏的特点考虑进行的划分。本规划在提出倍增森林资源总量的基础上，通过合理分配不同林种的发展比重、不同地区的发展规模以期达到提高林业整体质量的目标。

二、生态保障林体系

森林是陆地生态系统的主体，林水结合的森林生态系统建设对生态环境的改善至关重要。从改善生态环境和建立健康森林生态系统的角度考虑，连续大面积片林的面积越多，连接各类林地的生态廊道越宽，越有利于森林生态系统的稳定。但在土地资源相对缺乏的条件下，以发挥改善环境为主的生态公益林的比重不能无限的扩大，合理的比例就是能够保持生态环境良好、生态系统健康的最小面积。因此，确定生态公益林的数量标准必须与其主体生态功能紧密结合，以满足主体生态功能需求的最小值为基础。

（一）成片生态林

1. 基本依据

从江苏的现实情况来看，人口密集，土地资源十分紧缺，森林分布比较集中的主要是一些丘陵岗地，这些地带是发展生态公益林的主战场，也是发展森林旅游的主要基地。随着速生用材林、特色经果林、苗木花卉产业的发展，在一些条件比较好的丘陵岗地、沿江沿海滩地和平原地区发展起许多具有一定规模的产业林。因此，成规模的片林发展，必须稳固传统的低山丘陵林地，积极拓展规模化产业林。

2. 发展规模

根据现有林地分布情况、城市生态环境建设发展需求和国家及地方的林业生态工程确定。总体上要保护好现有的森林资源，通过封山育林、人工辅助等措施加快宜林荒山荒地的森林恢复，通过引进目的树种等提高低质林分质量；针对一些生态脆弱地带，结合农村产业结构调整和防灾减灾需求建设一定规模的生态林。增加乡土树种、珍贵树种的比重，使之成为珍贵用材树种的培育基地。

在全省丘陵山区、低洼滩地和风沙危害严重地区，大力开展退耕还林。在坡度 15°以上土层贫瘠的丘陵山地，采取严格的封山育林措施，人工促进其自然更新；在坡度 6°以上及二级以上的低山丘陵岗地积极营造生态林，涵养水源，保持水土，使丘陵岗地森林生态系统基本得到恢复，水源涵养能力显著提高，水土保持能力明显得到加强。在风沙危害严重地区采取生物措施，缩小沙化面积，根除风沙危害。建设总规模为 25.59 万公顷，其中丘陵岗地退耕造林 20.59 万公顷，封山育林 5.0 万公顷。工程建成后，全省森林覆盖率提高增长 2.26个百分点，森林蓄积量增加 750 万立方米。

（二）水系防护林

1. 基本依据

从世界范围来看，20% 以上的河岸植被已经不复存在，剩余部分也在迅速消失，而保留下来的部分河岸林带在结构、功能和稳定性等方面与过去相比，都呈现退化的趋势。河岸林带作为水陆交错带，不仅影响着河谷内部的生态过程，也制约着洪水等自然干扰的扩散与传播，是湿地保护的重要内容和缓冲屏障。它的缓冲作用对于保持沿河景观的安全是非常主要的。从河岸植被带的类型来看，既有以自然因素为主体的类型（以自然的地貌类型、植物种类保持着河岸植被带原有的景观特征），同时也大量存在着用人力来塑造和维持的人工化河岸植被类型，而且这种情况正变得越来越突出。不管是人为因素还是自然因素控制着河岸植被带的结构和布局，河岸植被带的类型、宽度和空间配置等都会对河流水体和岸上土地的稳定产生很大的影响。在许多河谷地区，自然的河岸植被几乎被破坏殆尽，取而代之的是农田、村镇、道路、工厂等大量的人为景观。失去了河岸植被带保护的河流，河岸容易受洪水冲刷而踏岸溃堤，使洪灾范围扩大，损失增大；沿河两岸农田施用的化肥、喷洒的农药，以及工厂、居民区的生产生活污水都难以被河岸植被带过滤、吸收而通过地表径流直接进入河流，使河水水质退化；河水有毒物质污染、富养化以及河岸植被提供的多样生境消失，从而使以鱼类为主的水生生物失去了食物和栖息环境，许多河流正在变成没有生物的"死河"，这些问题在许多国家都受到了广泛的关注。据日本国内 109 条主要一级河流的调查表明，1997 年人工河岸林总长度为 2441.5 公里，与河流源头相比，原始的连续的河岸林已经不复存在，全国有 35 个植物种已经灭绝，146 个种濒临灭绝，678 个种处于危险边缘，其中以适生于水边的物种为多见。因此，河岸植被的结构、功能对于保持河流生态学系统的整体性和生物多样性保护十分重要，开展此项研究，对于实现沿河两岸土地的持续利用和整个流域的稳定都有特别重要的意义。

近年来在德国、奥地利等国家发展起来的近自然河溪治理思想，其核心就是要尽量保持河流的自然属性，在治理的河流上恢复自然河流所具有的各种各样水流断面、不同水深和不同流速的特征，其中河岸植被带的恢复与重建也是河流生态恢复的关键措施之一。Budd等 1987 年以能满足鲑鱼适宜生境条件为前提，在分析河道配置、河岸坡度、土壤和河道林隙密度（forest gap density）的基础上，认为在多数情况下河流两侧河岸上河岸植被廊道的宽度应为 11~38 米；Peterjohn 等 1984 年在农田景观区以缓冲作用为依据提出了确定河岸植被宽度的方法。美国自然资源保护中心（NRCS）提出了河岸带的人工林配置及其与耕地配置的规划，他们把河岸带的人造森林划分为三个区域：①从河岸开始，至少延伸 15 英尺（约 4.6 米），种有本地的阔叶树种。这个区域是永久性植被，如果不是要把择伐下来的树木或倒木拉走，就不要去碰它。②至少有 20 英尺（约 6.1 米）宽，土地所有者可以根据自己的爱好种上松柏、阔叶树或灌木。只要第一个区域没有受到破坏，第二区域就可以用来生产木材和其他森林产品。③最靠近耕地的区域是一个充当过滤器的狭长植物带。它能固定泥土，并阻止水土从排水渠中流失。在瑞典，研究者通过对比污染处理厂与河岸带的清污效率，发现河岸带植被营养物质吸收能力的价值相当于建立一个污水处理厂的成本，因此瑞典政府采取了相应的经济刺激政策，鼓励营造薪炭林，计划沿河岸边建立一条 2~4 米宽永久植被带。

湿地与人类的生存、繁衍、发展息息相关，是自然界最富生物多样性的生态景观和人类最重要的生存环境之一，它不仅为人类的生产、生活提供多种资源，而且具有巨大的环境功能和环境效益，在抵御洪水、调节径流、蓄洪防旱、控制污染、调节气候、控制土壤侵蚀、促淤造陆、美化环境等方面有其他系统不可替代的作用；因此，湿地被誉为"地球之肾"。在世界自然保护大纲中，湿地与森林、海洋一起并称为全球三大生态系统。自 1971 年《关于特别是作为水禽栖息地的国际重要湿地公约》诞生，截至 2000 年 1 月已有 117 个国家加入了这个公约，我国政府 1992 年 7 月 31 日正式加入《湿地公约》，并将中国湿地保护与合理利用列入《中国 21 世纪议程》和《中国生物多样性保护行动计划》优先发展领域。目前，湖岸、海岸防护林建设宽度主要是从护岸、防风等方面而进行研究，而从湿地保护、生物多样性增加及生态系统稳定性维护等方面的研究也逐步开展各地发展湖岸、海岸防护林带建设的宽度基本都在 100 米以上，但各地的差别很大，比如上海提出海岸防护林带的宽度是 1000~1500 米，沿黄浦江防护林宽 500 米，淀山湖周边的防护林为 1000 米。因此，这些地带的防护林宽度应该根据防护目的需要确定相对较宽的范围。

2. 发展规模

针对江苏水网发达，河湖库渠水岸防护林比重大的特点，首先按照水体的级别确定防护林带的建设宽度。对于重要水体沿岸的防护林建设，要营造近自然岸林带模式，同时结合周围产业发展和农民接受程度，把它划分为保护林带和利用林带两个层次。保护林带的群落结构是自然或近自然林模式，要适当增加乡土树种、珍贵树种的比重，使之成为珍贵用材树种的培育基地，多种生物的栖息地和生态廊道，以及病虫害传播的阻隔带。而且保护林带的宽度要基本能够满足岸带林建设主体生态功能的需要，利用林带的宽度则可以相对灵活掌握。

一级、二级河流两侧按照保护林带和利用林带两个层次，次要河流（乡镇级河流）、乡村河道两侧只规划林带宽度（表 6-1）。具体单侧宽度标准为：

一级水岸（沿海长江淮河、流域性河道及湖泊）：林带单侧总宽度 50~100 米，其中保护林带宽 15 米，利用林带 35~85 米。

二级水岸（区域性河道及水库）：林带单侧总宽度 50~100 米，其中保护林带宽 10 米，利用林带 40~90 米。

次要水岸（一般河道）：林带单侧总宽度 30~50 米，其中保护林带宽 6 米，利用林带 24~44 米。

表 6-1　江海河湖生态防护林工程主要技术指标

河道等级	总长度（公里）	单侧（周边）建设宽度（米）	已绿化面积（万公顷）	单侧规划宽度(米)/面积(万公顷)		规划面积	最大新增绿化面积（万公顷）
				保护带	缓冲带		
合计			11.44			13.80~25.14	13.70
沿海长江淮河	2203	50~100	2.36	15/（0.22）	35~85/（0.77~1.87）	2.20~4.40	2.04
流域性河道	4158	50~100	3.99	10/（0.42）	40~90/（1.66~3.74）	4.16~8.32	4.33
区域性河道	12410	30~50	5.09	6/（0.74）	24~44/（2.99~5.46）	7.44~12.42	7.33

注：水体防护林规划建设中没有包括普通河渠（江苏有 75373 公里），主要是考虑这部分防护林基本上属于农田林网的组成部分，避免统计上的重复。

（三）道路防护林

1. 基本依据

交通设施建设是一项影响地方经济发展的重要基础设施建设，江苏的路网建设发展很快，特别是近年来高速公路快速发展。道路建设不仅占用了大量的耕地，也带来了许多的环境问题（表 6-2）。道路防护林的设置重点要起到降噪、防尘、水土保持、稳定边坡等保护环境和改善视觉效果、增进行车安全等改善环境的作用。

表 6-2　高速公路生命周期及对应的环境污染问题

时期	主要污染类型	主要表现
建设期	生态破坏	动植物栖息地的破坏、植被破坏与减少、水土流失、占用耕地
	大气污染	粉尘污染
	噪声污染	施工噪声
	固体废弃物污染	生活垃圾和建筑垃圾
运营期	生态环境污染	铅等重金属的污染
	大气污染	汽车尾气、CO、NO 等氮氧化物
	噪声污染	交通噪声
	水质污染	路面迳流及危险品运输对水质的影响
	其他	生活服务区废水和垃圾

不同植物群落降低噪声的能力也存在很大差异。现已证明，具有浓密树叶，而且具有叶柄，多汁植物最能吸收声波。一般而言，乔木所组成宽大的林带对于减少音响最为有效。树种对减轻噪音而言，在生长季并没有显著的差别，但落叶树落叶后，减少噪音的效果较差，常绿树木终年不变。据报道，在 12 米宽的乔灌木树冠覆盖的道路可降低噪音 3~5 分贝，30 米宽的乔灌木树冠覆盖的道路可降低噪音 5~8 分贝，乔、灌、草结合的多层次的 40 米宽的绿地，就能减低噪音 10~15 分贝。单层法国梧桐的行道树，可减噪 10~20 分贝。一般公路两边各造 10 米林带（乔、灌、草结构）可降低噪音 25%~40%。

对于道路防护林带滞尘能力、影响交通安全、减轻大气污染等方面也有深入的研究，但主要集中在树种选择、林带配置结构方面，总体认为乔灌草复层结构比较好，宽度越宽防护功能越强。对道路防护林过滤、吸收沿线土壤铅等重金属污染的研究表明，2 行林带（4 米左右）可以有效防护县乡一级公路的铅污染。据此，高速公路两侧 1~2 行树木显然是不足的，所以林带应适当加宽。

2. 发展规模

根据国家交通部 1998 年 7 月 21 日颁发的《公路环境保护设计规范》（JTJ/T006—98）规定，公路环境保护设计的范围一般是指公路中心线两侧各 200 米。从降噪、防尘、水土保持、稳定边坡等保护环境和改善视觉效果、增进行车安全等改善环境的角度综合考虑，确定一个满足主要功能需求最小宽度是比较适宜的。因此，道路防护林带的设计宽度和目的与水系防护林相类似，即把道路防护林划分为保护林带和利用林带两个层次。对于快速干道（含铁路）、国道、省道两侧按照保护林带和利用林带两个层次。县道以下级别道路两侧只规划林带宽度（表 6-3）。具体单侧宽度标准为：

表 6-3　绿色通道工程建设主要技术指标

道路等级	总长度（公里）	单侧建设宽度（米）	已绿化面积（万公顷）	单侧规划宽度（米）/面积（万公顷）		规划面积（万公顷）	最大新增面积（万公顷）
				保护带	利用带		
合计	96000		17.92			21.29~37.61	19.69
高速公路	1705	50~100	1.44	10/0.17	40~90/（0.68~1.53）	1.71~3.41	1.97
铁路	1280	50~100	0.77	10/0.13	40~90/（0.51~1.15）	1.28~2.56	1.79
国道	2944	50~100	1.89	10/0.29	40~90/（1.18~2.65）	2.94~6.00	4.11
省道	6495	30~50	3.23	10/0.65	10~20/（0.65~1.30）	3.90~6.50	3.27
县道	10761	10~20	3.54	5/0.54	5~15/（1.08~3.24）	2.16~4.30	0.76
乡道	37770	10~15	6.05	5/1.89	5~10/（1.89~3.78）	7.55~11.34	5.29
村道	35045	5~10	1.00	5/1.75	0~5/（0~1.75）	1.75~3.50	2.50

注：道路防护林规划建设中没有包括田间机耕道，主要是考虑这部分防护林基本上属于农田林网的组成部分，避免统计上的重复。

- 快速干道（含铁路）：林带单侧总宽度 50~100 米，其中保护林带宽 10 米，利用林带 40~90 米。

- 国道：林带单侧总宽度 50~100 米，其中保护林带宽 10 米，利用林带 40~90 米。

● 省道：林带单侧总宽度 30~50 米，其中保护林带宽 10 米，利用林带 24~44 米。
● 县道：林带单侧总宽度 10~20 米，其中保护林带宽 5 米，利用林带 16~26 米。
● 乡道：林带单侧总宽度 10~15 米，其中保护林带宽 5 米，利用林带 5~10 米。
● 村道：林带单侧总宽度 5~10 米，其中保护林带宽 5 米，利用林带 0~5 米。

（四）农田防护林

1. 基本依据

由于树篱在农业生态系统中对维护生物多样性、防风、保持水土和风景美学方面的重要作用，欧洲学者在这方面开展了大量研究，Firbanks（1997）认为由于大量林地被开垦为农田和城市化，野生动物已经越来越依赖于农田周围的绿色通道。据研究，林层发育好的树篱存在 20 多种繁殖鸟类，而缺少分层的仅 7~8 种，树篱为动物提供景观因素中去寻找食物的通道，也可以掩蔽一些动物遭受其他肉食类动物的袭击，树篱上的许多鸟类、哺乳类、爬行类和昆虫的数量有明显的季节性变化，许多益虫冬天在树篱上越冬，夏天则进入农田捕食害虫。2000 年，Ingrid 等人研究发现：树篱内植物的多样性明显受到树篱的宽度、密度和发展层次的影响。而这些侵入种的种子大多是靠动物传播的，因此动物活动的增加直接导致了植物的增加。

我国从 20 世纪 60 年代开始，从林带空气动力效应、热力效应、水文效应、生物效应等方面阐述农产品产量、质量提高及生态环境改善的机理，总结出农田防护林带营造技术。苏北徐淮平原、里下河平原等地的防护林建设也有许多成功的经验。比如在盐城的灌云县等沿海地带，网格为 2000 米 × 200 米，即迎风主林带之间为 200 米带距，而顺风副林带之间带距 2000 米；在徐州地区，农田林网的网格宽度在 150~200 米，而随着农林复合技术的不断发展，出现了 50 米 × 50 米、50 米 × 20 米的微型林网，徐州的铜山县采用 20 米大行宽，4 米小行宽与大豆等农作物进行林农复合经营，取得了很好的经济和生态效益。因此，农田林网的林带宽度、网格大小可以根据当地防护功能需求和网格种植模式等实际情况确定。另外，农田防护林树种单一，不仅本身容易遭受病虫害的危害，同时网状结构也加剧了病虫害的传播。因此，除了丰富防护林造林树种、选育抗病虫害能力强的杨树品种以外，在布局上要通过设置隔离带来提高防护林网的抗病虫害能力，即每隔若干个林带设置一条树种不同的林带。

2. 发展规模

根据江苏省标准局 1993 年 5 月 26 日发布的地方标准《江苏省农田林网建设工程技术标准》（DB32/T026.1—93），江苏省农田防护林类型主要分为徐淮平原、里下河平原、沿海平原、沿江平原、宁镇扬丘陵岗地和太湖平原农 6 大类型。主林带间距，沿海平原区以林带设计高度的 15 倍（即 15H）为标准，其余五个区以林带设计高度的 20 倍（即 20H）为标准，均允许相差 ±5H。林带设计高度，以主栽乔木树种 1/2 轮伐期时的高度为依据。副林带间距为主林带间距的 1.5~3.0 倍。据 2002 年统计，全省的农田面积为 490 万公顷，按农田林网覆盖达标率 80%、每 0.0667 公顷折合森林覆盖率 5% 计算，全省农田林网相当于 19.6 万公顷林地和 2% 的森林覆盖率。苏北地区农田林网比较发达，苏南地区还有很大发展空间，特别是结合城市森林建设，处于多个城市中间地带的农田将发展一些成片的城市森林和农林复合的种植模式，因此以农田林网建设为主的农林复合经营模式将是苏南地区的一种趋势。

农田林网建设普遍存在树种单一、林带结构简单、生态功能薄弱、抗病虫害能力差等诸多弊端,应结合新的林网建设和农田林网更新,增加乡土树种比重,提高树种多样性。到 2010 年,全省通过建设丘陵岗地林、水体防护林、道路防护林将新增森林面积 45.59 万公顷林地,新增森林覆盖率 4.70%（表 6-4）。

表 6-4　生态保障林体系规模统计

类　　型	2002 年现有面积（万公顷）	2010 年新增数量	
		面积（万公顷）	森林覆盖率（%）
丘陵岗地片林	28.40	20.59	2.26
水体防护林	18.89	12.6	1.23
道路防护林	17.92	12.4	1.21
农田防护林			
合计	65.21	45.59	4.70

注:农田林网折算成面积为 19.6 万公顷林地,2% 的森林覆盖率。由于农田林网的发展不便于进行硬性规定,而且与乡村道路、水渠防护林建设紧密结合,为了避免重复,这里没有进行另外统计。

二、产业发展林体系的

江苏林业产业发展已经形成了杨树速生用材林、银杏、梨、板栗等各类果木林、绿化苗圃基地等优势产业,极大地推动了林业发展。特别是在苏北地区,平原林业的发展已经形成了"白天不见房,夜晚不见光。平原造森林,林中有粮仓"景色,成为江苏林业产业的一大亮点。产业林发展受经济利益驱动,随市场变化而变化。因此,林业产品加工企业要立足江苏,面向周边省市乃至全国和世界市场,而产业林基地发展规模在总体规划中完善相应的政策法规,更主要是以市场为导向。在生态保障林体系的规划过程中,道路、水系、片林等生态林的外围已经设计一些以开发利用为主的产业林发展空间。这里所规划的产业林是指成片的规模化的生产基地,包括杨树、竹林等各类用材林,银杏、梨、板栗等各类果木林,以及苗圃基地等林业产业。

（一）杨树等板纸一体化基地

引进、选育速生、丰产、抗逆性强的杨树新品种,大力推广名优杨树品种,健全杨树良种繁育推广体系;调整和优化林种、树种结构,建立高效、优质林纸（板）一体化的工业原料林基地,抓好定向培育,发展定向林业生产;加强杨树病虫害预测预报和综合治理;提高木材加工水平,搞好产品更新换代。杨树产业基地县 33 个,共营造杨树丰产林 21.2 万公顷,工程建成后,全省森林覆盖率提高 2.07 个百分点。

（二）银杏等林副产品生产基地

发展银杏、板栗等优势特色林产品生产基地,加速经济林品种更新和改造,积极发展林产品精深加工,增加产品附加值。发展国家准许的野生动植物驯养繁殖、经营利用。新增经济林 14.2 万公顷,低产林改造 15.1 万公顷,总面积达 49.5 万公顷。工程建成后,全省森林覆盖率提高 2.07 个百分点。

（三）竹业基地

在现有 4.03 万公顷竹林面积的基础上，加快优质竹种繁育基地的建设；加大全省用材竹和笋用竹的培育力度，优先发展竹纸浆、竹胶板、竹炭等竹制品加工业；大力发展观赏竹栽培。新造竹林面积 2.8 万公顷，改造竹林 0.5 万公顷，建成后全省森林覆盖率增长 0.27 个百分点。

（四）林木种苗花卉基地

在现有 4.47 万公顷种苗基地的基础上，加强名优新品种的引进和培育，以及杨树、银杏、板栗、耐盐树种、耐水树种、竹类、月季、兰花等种质资源保护，建设相应的林木良种繁育基地，省级示范苗圃和重点苗圃基地；以及建设林木种苗花卉市场，组建林木种苗产业集团。全省种苗基地总面积为 8 万公顷，年产苗量 27 亿株；建立林木良种基地 28 个，主要造林树种良种使用率达 95% 以上；进一步完善种苗质量标准，全省苗木自检率达 95%，种子受检率达 85%。

根据上述发展规划，全省建设杨树等速丰林、银杏等经济林、竹林将新增森林面积 38.20 万公顷林地，新增森林覆盖率 3.72%（表 6-5）。

表 6-5　产业发展林体系规模统计

类　型	2002 年现有面积（万公顷）	2010 年新增数量	
		面积（万公顷）	森林覆盖率（%）
杨树等速丰林	7.76	21.2	2.07
银杏等经济林	36.1	14.2	1.38
竹林	4.03	2.8	0.27
林木种苗花卉基地	4.47	3.53	
合计	47.89	38.2	3.72

注：林木种苗花卉基地没有进行森林覆盖率计算。

三、文化传承林体系

随着城市化进程的加快和城市生活水平的提高，人们对改善城市生态环境、保护生物多样性、森林旅游观光等方面的要求也越来越高，以皇家园林、私家园林、庙宇林、名胜古迹林等为代表的文化林发展模式，已经不能满足人们回归自然的愿望，建设城市森林，大力发展森林公园、自然保护区、动物园、植物园等集科普教育、休闲观光、旅游度假等多种功能为一体的森林文化传承林体系，正在成为林业建设的新领地。

（一）自然保护区

到 2002 年年底，江苏已建自然保护区 23 处，其中国家级 2 处。全省保护区总面积 61.9 万公顷，约占全省国土面积的 6.03%。到 2020 年，使全省自然保护区数量达到 80 个，总面积 100.56 万公顷，占全省国土面积的 15%。森林生态系统类型保护区有重点建设大丰麋鹿国家级自然保护区、江苏省盐城国家级珍禽自然保护区及拟建宜兴龙池、句容宝华山、连云港云台山、溧阳天目湖等 6 个自然保护区。湿地生态系统自然保护区重点建设太湖、洪泽湖 2 个国家级保护区及拟建高邮湖、骆马湖、长江口湿地、长江白鳍豚和中华鲟保护区等 6 个自然保护区。

（二）森林公园

截至 2002 年 12 月，全省共批建森林公园 34 处，其中国家级森林公园 13 处，省级森林公园 21 处，森林公园经营总面积达 5.2 万公顷。重点建设常熟虞山国家森林公园、苏州上方山国家森林公园、东吴国家森林公园、西山国家森林公园、无锡惠山国家森林公园、宜兴国家森林公园、句容宝华山国家森林公园、南京老山国家森林公园、连云港云台山国家森林公园、徐州环城国家森林公园等 31 处国家级森林公园，46 处省级森林公园，29 处市级森林公园。到 2005 年，森林公园总数达到 82 处，总经营面积 11 万公顷，建成在国内外享有较大影响的森林公园 10 处；到 2010 年，森林公园总数达到 106 处，总经营面积 14 万公顷，建成在国内外享有较大影响的森林公园 15 处。

（三）城市森林

《中国可持续发展林业战略研究·战略卷》中确立了中国城市林业发展战略，到 2010 年的中期发展目标是：制定和完善城市森林发展规划，建立城市森林生态效益补偿机制，城市范围内的森林得到有效的保护，通过营造各种类型的森林和以林木为主体的绿地，使全国 70% 的城市林木覆盖率达到 30%，城市规划建成区绿地率达到 35% 以上，绿化覆盖率达到 40% 以上，人均公共绿地面积达到 10 平方米，城市中心区人均公共绿地达到 6 平方米，基本建成以林木为主体的城市森林生态网络的框架。江苏率先实现小康社会的森林覆盖率指标是 20%，城市绿化覆盖率为 40%，这当中城市森林应该占有很大的比重。因此，江苏城市森林发展要以国家城市林业发展战略为指导，同时结合每个城市的具体情况确定相应的发展规模。

根据 2000 年遥感影像，城市建筑用地总计 152 个斑块，面积达 1842.22 平方公里，其中 13 个地级市总计 28 个斑块，面积达 928.22 平方公里，33 个县级居民点总计 124 个斑块，面积达 914.00 平方公里。初步规划，到 2010 年，南京、苏州、无锡、常州、徐州、淮安、扬州、镇江等 8 个大城市，南通、泰州、连云港、盐城 4 个大城市，宿迁等 35 个中等城市为重点的人居森林面积 4.2 万公顷，新增森林覆盖率 0.41%。

（四）村镇绿化

村镇绿化建设是绿色江苏林业发展的重要内容之一。长期以来，许多农村地区的环境卫生问题一直没有得到很好的重视，"垃圾靠风刮，污水靠蒸发"的现象比较普遍，村镇的生态环境亟待改善。以植树为主的村镇绿化建设是改善农村居民居住环境的主要措施，也是建设小康社会的必然要求。根据 2000 年的卫星遥感影像分析，全省城市及乡村建筑用地总计 57674 个斑块，面积达 12254.80 平方公里，其中县级以下乡镇居民点 57524 个斑块，面积达 10412.58 平方公里。

2003 年 9 月，我们在苏南、苏中、苏北三个地区选择典型村镇，对绿化现状进行了实际调查，结果表明：苏北的村镇绿化在杨树用材产业发展的拉动下，村镇内的空地、住宅四周、道路两侧等能够造林的地方大多被用来栽植杨树，村镇的林木覆盖率可达 35%~50%。苏中地区地势低洼，水网发达，村镇分布相对分散，很多沿着水体沿岸高地呈带状分布，村镇绿化与水体、道路防护林建设紧密结合，村镇的林木覆盖率平均可达 18%~25%。苏南地区的经济发达，村镇的城市化进程发展快，许多村镇随着城市化的发展而变成城市，因此，村镇的变化很大，城乡一体绿化特点明显，村镇的林木覆盖率平均可达 10%~15%。

根据 2000 年卫星遥感数据统计，全省乡镇面积为 104.12 万公顷，按照 2010 年平均达到 30% 林木覆盖率计算，折算森林面积为 31.24 万公顷，即对森林覆盖率贡献 3.04 个百分点。

根据上述发展规划，对文化传承林体系的建设面积进行了统计，结果见表 6-6。到 2010 年，江苏全省通过建设自然保护区、森林公园（包括植物园、树木园）、城市森林、村镇绿化将新增森林面积 19.02 万公顷林地，新增森林覆盖率 1.94%。

表 6-6 文化传承林体系面积统计

类 型	2002 年现有面积（万公顷）	2010 年新增数量	
		面积（万公顷）	森林覆盖率（%）
自然保护区	61.9	38.66	
森林公园	5.2	8.8	
城市森林		4.2	0.41
村镇绿化	15.41	15.82	1.54
合计（仅统计森林面积）		19.02	1.95

注：1. 由于新建的自然保护区和森林公园基本是在现有的湿地、林区或新建的城市森林的基础上发展起来的，为了避免重复，这里没有进行另外统计。

2. 城市森林的现状缺乏统计标准，这里只统计新增数据。

3. 全省乡镇面积为 104.125802 万公顷，2002 年的村镇绿化对全省森林覆盖率的贡献为 1.5 个百分点。按照 2010 年平均达到 30% 林木覆盖率计算，折算森林面积为 31.2377 万公顷，即对森林覆盖率贡献 3.04 个百分点。

根据上述生态保障林、产业发展林和文化传承林三大林业体系的发展规划，对 2010 年江苏林业发展的面积进行了统计（表 6-7）。

表 6-7 江苏省 2010 年林业发展数量指标

类 型		2002 年现有面积（万公顷）	2010 年新增数量	
			面积（万公顷）	森林覆盖率（%）
生态保障林	丘陵岗地片林	28.40	20.59	2.26
	水体防护林	18.89	12.6	1.23
	道路防护林	17.92	12.4	1.21
	农田防护林	–	–	–
	小计	65.21	45.59	4.70
产业发展林	杨树速丰林	7.76	21.2	2.07
	银杏等经济林	36.1	14.2	1.38
	竹林	4.03	2.8	0.27
	林木种苗花卉基地	4.47	3.53	
	小计（仅统计森林面积）	47.89	38.2	3.72
文化传承林	自然保护区			
	森林公园			
	城市森林		4.2	0.41
	村镇绿化	15.41	15.82	1.54
	小计（仅统计森林面积）		19.02	1.95

注：1. 表格中的数据统计为了避免重复，没有对自然保护区、森林公园增加的面积进行额外统计；

2. 林木种苗花卉基地没有进行森林覆盖率计算。

根据本规划开展江苏现代林业建设，到 2010 年，将新增森林面积 102.81 万公顷，新增覆盖率 10.37 个百分点，加上现有的森林覆盖率 10.56%，全省的森林覆盖率将可以达到 20.93%，可以实现省政府提出的"倍增森林资源总量"的数量指标。同时，通过生态保障林、产业发展林和文化传承林三大林业体系的协同发展，也将达到"健全森林生态网络，加快林业产业发展，丰富森林文化内涵"的目标，基本满足社会经济可持续发展的需求。

第三节　林业十项工程发展战略

一、城市森林工程

城市森林工程建设主要与江苏城市化进程发展相适应，发挥森林在改善城市生态环境方面的主体作用，是落实"二群""多点"规划的重点工程之一。以现代城市森林建设理论为指导，把城市地域内的建成区、近郊区、远郊区等地区的森林生态环境建设作为一个整体，进行系统布局设计，建立相对稳定而多样化的城市森林生态系统，有效控制和改善城市的大气污染、热岛效应、粉尘污染，解决城市居民游憩休闲、生态保健等实际需要，全面提高城市环境质量，实现城市社会经济可持续发展。

（一）建设范围

以苏州、无锡、常州（包括南通、泰州）、南京（包括镇江、扬州）两大都市群为龙头,南京、苏州、无锡、常州、徐州、淮安、扬州、镇江等 8 个大城市，南通、泰州、连云港、盐城 4 个大城市，宿迁等 35 个中等城市为重点，以各城市建成区为核心，以其周围城市公共交通覆盖的地域尤其是城郊作为主要建设区。

（二）建设目标

以防护、分隔、优化为目标，新建城市森林 4.2 万公顷，城镇绿化率达 40% 以上；基本达到"林荫气爽，鸟语花香；清水长流，鱼跃草茂"的建设要求，初步建成以林木为主体，总量适宜、分布合理、植物多样、景观优美的城市森林生态网络体系，实现城区、近郊、远郊协调配置的绿色生态圈，形成河流及道路宽带林网、森林公园及自然保护区、城区公园及园林绿地等相结合的城市森林体系。工程建成后，全省森林覆盖率提高 0.41 个百分点（见附图 8 ）。

（三）主要建设内容

以生态环境敏感区防护林、水系及道路林网和城市核心林地建设为重点，在全省特大城市、大城市、中等城市和城镇的森林公园、城市广场、主题公园、单位绿化、居民区绿化、道路绿化等景观建设单元上，增加绿量和森林比重，发挥森林绿地的生态保健功能、心理美学效能和森林景观效益，提高文化品位，挖掘文化内涵。优先建设森林公园、景观防护林带和多功能分隔林带，构造布局合理、功能完善、各具特色的城市森林绿地系统，为推进全省城市化进程和实现"两个率先"作贡献。

二、江河湖海防护林工程

江苏林业发展一个很大的特点是林水结合，江河湖海防护林工程具有林水相依、林水相连、依水建林、以林涵水的特点，既能够节省土地，也有利于提高生态效益，是落实"三网"规划当中水系林网建设的主体工程。全省江河湖海总长度9.4万公里，其中通航里程24361公里（六级以上航道4447公里）。"十五"期间规划新增航道500公里。江河湖海堤防长度18771公里（标准较高的江河湖海干堤6361公里），普通河渠堤长75373公里。可绿化长度7.3万公里，绿化已达标里程2.0万公里，已绿化里程1.9万公里，未绿化里程3.4万公里。

（一）建设范围

全省范围内所有河流、湖泊、海岸、渠道两侧，其中沿海、长江、淮河、黄河故道沿线建设带状生态林，宽度50~100米，京杭大运河、望虞河、太湖、洪泽湖等流域性河道湖泊每侧（周围）建林带宽30~50米，区域性河道两侧和周围营造防护林20~40米，其他河道两侧营造防护林20米。工程涉及全省13个省辖市，108个县级行政区（33个县、31个县级市、44个市辖区）。

（二）建设目标

人工造林12.6万公顷，其中沿海长江淮河两侧营造防护林1.17万公顷，流域性河道及湖泊两侧（周边）营造防护林2.66万公顷，区域性河道及水库两侧（周边）营造防护林7.32万公顷，一般河道两侧营造防护林3.11万公顷。工程建成后，全省森林覆盖率提高1.23个百分点，活立木蓄积量增加500万立方米（表6-8、表6-9）。

表 6-8 江河湖海防护林工程主要技术指标（一）

河道等级	建设宽度标准	绿化率指标（%）		
		目前水平	2005 年指标	2010 年指标
沿海长江淮河	每侧 50~100 米	89.2	95	100
流域性河道及湖泊	每侧（周边）50~100 米	80.5	90	100
区域性河道及水库	每侧（周边）50~100 米	54.7	85	95
一般河道	每侧 30~50 米	49.4	75	90

表 6-9 江河湖海防护林工程主要技术指标（二）

河道等级	总长度（公里）	单侧（周边）建设宽度（米）	已绿化面积（万公顷）	新建防护林面积（万公顷）
合计	94144		18.89	12.60
沿海长江淮河	2203	50~100	2.36	1.17
流域性河道	4158	50~100	3.99	2.66
区域性河道	12410	50~100	5.09	7.32
一般河道	75373	30~50	7.45	3.11

（三）建设内容

以大江、大湖、大河、海岸沿线等生态环境脆弱区为主体，治理水土流失，减少风沙危害，减轻水体污染，保护江海河（湖）堤，形成网、带、片、点相结合的多功能、多层次、多效益的综合防护林体系。通过一定时期的努力，逐步形成以长江、淮河、沂水（沭、泗）三大河流为主干，以京杭大运河、秦淮河、滁河、太浦河、望虞河、引江河、淮河入江水道、淮河入海水道、苏北灌溉总渠、通榆河、废黄河、沂河（含新沂河）、沭河（含新沭河）、徐洪河等20余个一级支流及众多二级支流为分支呈"树型"分布的水源涵养林、水土保护林、护岸林为主体，以太湖、洪泽湖、骆马湖、固城湖、石臼湖、高邮湖、邵泊湖、微山湖、石梁河水库、小塔山水库、安峰山水库、横山水库、天目湖水库周边等呈"块状"分布的水源涵养林、水土保护林、风景林等为补充的生态防护林体系。

重点建设融生态防护和森林景观于一体的沿江景观防护林体系；以防沙治沙为重点的黄河故道、大沙河沿线防风固沙林体系；以国家特殊保护林带为重点的沿海防护林体系建设；加快淮河流域水土保持林体系建设；加快太湖流域水源涵养林体系建设；加强南水北调东线工程大运河沿线环境保护林建设（见附图12）。

三、绿色通道工程

绿色通道工程建设是改善交通环境的主要途径，也是森林生态网络体系建设的重要内容，是落实"三网"规划当中道路林网建设的具体工程。全省高速公路、国道、省道、铁路、市县乡级道路总里程9.6万公里，其中高速公路1705公里，国道2944公里，铁路1280公里，省道6495公里，县道10761公里，乡道37770公里，村道35045公里；按地貌分平原区8.9万公里，丘岗区0.7万公里。在总里程中可绿化长度8.0万公里，绿色通道建设已达标里程1.8万公里，已绿化但未达到2.4万公里的标准里程，未绿化里程3.8万公里。

另外"十五"期间规划新增和改造公路20700公里，其中新增高速公路1200公里，改造完成一级、二级公路3000公里，新增和改善县乡村公路16500公里。2006~2010年规划新增高速公路1300公里。

（一）建设范围

高速公路、铁路、国道、省道、市县乡级道路两侧，其中高速公路、铁路、国道每侧建设林带宽度50~100米，省道每侧建设林带宽度30~50米，市县级干道每侧建设林带宽度20~30米。工程涉及江苏省13个省辖市，106个县级行政区（27个县、27个县级市、52个市辖区）。

（二）建设目标

新建绿色通道面积12.4万公顷，工程建成后，全省森林覆盖率提高1.21个百分点，活立木蓄积量增加550万立方米。其中高速公路两侧造林3.04万公顷，国道两侧造林5.71万公顷，铁路两侧造林1.45万公顷，省道两侧造林2.37万公顷（表6-10至表6-12）。

表 6-10 绿色通道工程建设主要技术指标

道路等级	建设宽度标准（米）	绿化率指标（%）		
		年水平	2005 年	2010 年
高速公路	每侧 50~100	61.6	95	100
铁路	每侧 50~100	42.6	85	100
国道	每侧 50~100	81.5	95	100
省道	每侧 30~50	80.7	90	100
县乡道	每侧 20~30	50.5	70	90

表 6-11 绿色通道工程建设主要技术指标

河道等级	总长度（公里）	单侧建设宽度（米）	已绿化面积（万公顷）	可建绿色通道面积（万公顷）
合计	96000		17.92	19.13
高速公路	1705	50~100	1.44	1.12
铁路	1280	50~100	0.77	1.13
国道	2944	50~100	1.89	2.51
省道	6495	30~50	3.23	1.40
县道	10761	20~30	3.54	1.42
乡道	37770	20~30	6.05	5.54
村道	35045	20~30	1.00	6.01

表 6-12 "十五"期间新增绿色通道工程建设主要技术指标

道路等级	总长度（公里）	单侧建设宽度（米）	可建绿色通道面积（万公顷）
合计	20900		13.19
高速公路	1200	50~100	1.92
铁路	200	50~100	0.32
国道	2000	50~100	3.20
省道	1000	30~50	0.80
县道	4000	20~30	2.00
乡道	6000	20~30	3.00
村道	6500	20~30	1.95

（三）建设内容

以增加森林植被，减少空气污染，降低噪音危害为核心，以高速公路、铁路、国道、省道为重点，高起点、高标准、高质量地建成绿化景观与公路等级相匹配，绿化布局与城乡人文环境相协调，集景观效应、生态效应和社会效应于一体的绿色廊道。逐步形成以京沪、同（江）三（亚）、宁连、宁徐、沪宁、宁通、徐连、沿江等"四纵、四横、四连"高速公路绿色通道以 104、204、312、328 等"五纵七横"国道主干线绿色通道为框架，以铁路、省道绿色通道为支撑，以县乡道路绿色通道为补充的护路林网络。重点建设京沪、沪宁、宁通、宁靖盐、宁连、宁杭、徐连等 23 条高速公路，京沪、陇海、新长、宁启等 6 条铁路，104、312、328、204 等 10 条国道两侧的绿色通道（见附图 11）。

四、丘陵岗地森林植被恢复工程

丘陵岗地主要分布在省境内的东北部和西南部，是林业的传统阵地。丘陵岗地森林植被恢复工程既是规划当中"二群"林业建设的重要内容，也涵盖了"四片"中 3 个丘陵岗地重点公益林建设区。全省低山丘陵岗地总面积 148.7 万公顷，土层浅薄、灌溉困难、水土流失严重的坡耕地达 100 万公顷，其中生态区位特别重要、生态环境特别脆弱的面积为 23.19 万公顷，急需恢复森林植被。

（一）建设范围

全省范围内所在坡度大于 6°、二级以上提水的生态区位特别重要、生态环境特别脆弱的丘陵岗地。工程涉及全省 10 个省辖市，63 个县级行政区（12 个县、10 个县级市、41 个市辖区）。

（二）建设目标

人工促进恢复森林植被 20.59 万公顷，封山育林 5.0 万公顷。工程建成后，全省森林覆盖率提高 2.26 个百分点，活立木蓄积量增加 750 万立方米。丘陵岗地森林生态系统基本得到恢复，水源涵养能力显著提高，水土保持通力明显得到加强（见附图 10）。

（三）建设内容

在坡度 15° 以上土层贫瘠的丘陵山地，采取严格的封山育林措施，人工促进其自然更新；在坡度 6° 以上及二级以上提水的低山丘陵岗地积极营造生态林，涵养水源，保持水土，使全省丘陵岗地森林生态系统基本得到恢复。重点完成丘岗地区现有林业用地中 2.6 万公顷无林地的封山育林；坡度在 15° 以上土层贫瘠的丘陵山地采取人工促进天然更新的办法封山育林 2.4 万公顷；坡度在 6° 以上的坡耕地营造生态林 20.59 万公顷。

五、野生动植物资源和湿地保护工程

野生动植物资源和湿地保护有利于保护生物多样性和增强森林生态系统稳定性，是规划当中"多点"建设的重要内容之一。以保护为根本，以发展为目的，以野生动植物栖息地保护为基础，以加快野生动植物及湿地自然保护区建设为突破口，以完善管理体系为保障措施；加强资源环境保护、积极驯养繁育、大力恢复发展、合理开发利用的方针，坚持保护第一、科技先导、就地保护为主迁地保护为辅的原则，加大执法、宣传、科研和投资力度，保护生物多样性，实现野生动植物及湿地资源的良性循环和永续利用，为经济发展和社会文明进步服务。

（一）建设目标

新建自然保护区 57 个，使全省自然保护区总数达到 80 个，总面积达 1.6 万平方公里，占全省国土面积的 15%。建立 5 个国家级示范区和 10 个定位监测站，遏制野生动植物资源和天然湿地下降趋势。通过工程的实施，建设比较完善的野生动植物就地保护体系、野生动植物迁地保护体系和野生动植物科研、监测、培训体系，拯救一批国家重点保护野生动植物，扩大、完善和新建一批国家级自然保护区和禁猎区。恢复一批天然湿地，建设湿地保护与合理利用示范区。形成一个以自然保护区、重要湿地为主体，布局合理、类型齐全、设施先进、管理高效、具有国际重要影响的自然保护网络（见附图13）。

（二）建设内容

（1）国家重点生态系统类型自然保护区建设

①森林生态系统类型

重点建设宜兴龙池、句容宝华山、连云港云台山、徐州泉山、盱眙铁山寺、苏州光福等6个森林生态群落类型保护区。

②湿地生态系统自然保护区建设

重点建设太湖、洪泽湖、高邮湖、骆马湖、阳澄湖、沿海滩涂、长江口湿地等重要湿地保护示范工程。重点保护丹顶鹤、白鹤、灰鹤、大鸨等珍稀鸟类和长江白鳍豚、中华鲟等。

（2）国家重点野生动物保护工程

重点建设大丰麋鹿国家级自然保护区、盐城国家级珍禽自然保护区，拯救麋鹿、华南虎、扬子鳄等国家一级重点保护野生动物。实施麋鹿、扬子鳄放归自然项目。

（3）国家重点野生动物繁育工程

重点建立蛇类、龟鳖类、河麂、鹤类、金钱豹、大鸨、中华鲟、中华虎凤蝶等国家重点保护野生动物的人工繁育及野生放养基地。

（4）国家重点保护野生植物保护工程

重点保护野生银缕梅、宝华玉兰、天目木兰、秤锤树、香果树、银杏、金钱松、琅琊榆、青檀、榉树、香樟、短穗竹、明党参、珊瑚菜、独花兰、野大豆、中华水韭、水蕨、莼菜、野菱等20种天然分布的珍稀濒危或国家重点保护植物群落。

六、杨树等板纸一体化工程

杨树等商品林的发展已经成为江苏林业产业发展的一大优势，实施杨树等板纸一体化工程有利于提高产业的整体水平，是"四片"规划当中平原重点商品林生产区的主体，也是"三网"建设的重要内容之一。

（一）发展目标

加快杨树等树种速生丰产用材林基地建设。充分利用江苏水、气、热资源丰富的优势，合理调整林种、树种结构，优先发展造纸原料林和加工用优质大径材，实行集约化经营和短周期轮伐，加快定向培育步伐。调整产品结构。优先发展中高档木浆造纸工业，在沿江和沿海地区集中力量建设几个大型造纸项目，创造条件组建林纸一体化的木浆造纸企业集团；调整人造板产品结构，稳定胶合板产量，重点发展定向刨花板、中高密度纤维板以及阻燃、防潮、无污染的多功能、成型材的新产品，加强精深人造板产品开发力度，拓宽人造板在高档家具、室内装修、车船装修等方面的应用，加大特种用途胶合板和层积材、集成材等新品种生产。

扩大企业规模，积极采用先进技术、装备和现代管理技术。新建以杨树为主的原料林基地21.2 万公顷，全省森林覆盖率提高 2.07 个百分点；全省林板林纸一体化工程总产值达 300 亿元，出口创汇 8 亿美元（见附图 13 ）。

（二）发展重点

建设淮北林板加工密集区、沿海林纸一体化产业区、沿江木材加工高新技术区。

新增工业原料林基地 21.2 万公顷，林板林纸工业原料林面积达 60 万公顷。建成 20 万公顷高效林农复合、集约化栽培示范林，10 个万亩无节良材标准化示范区，10 个万亩中小径材丰产栽培示范区，10 个无公害杨树病虫害防治技术示范区。重点扶持快乐集团、胜阳实业、新大纸业、东方人造板、丹阳人造板、宏扬木业公司、中阳木业、海豹木业、东盾人造板、新概念木业等 10 个木材加工企业。

培育邳州官湖镇杨木市场、丰县木制品市场、洪泽朱坝杨木市场、常州木地板及家具市场和苏州蠡口国际家具城等 5 个大型木材及加工制品交易市场。

七、银杏等林副产品综合利用工程

实施银杏等林副产品综合利用工程有利于提高银杏产业的发展水平，促进其他高经济价值植物资源的开发利用，在"二群""三网""四片""多点"的建设中都涉及这方面的内容。

（一）发展目标

积极发展以银杏为代表的经济林果，建立高品质的名特优新经济林产品生产和出口基地；大力发展森林食品和工业原料等名特优经济林种植基地；依靠技术进步，开发适销对路的经济林新品种，提高经济林产品的单产和品质。以经济林产品深加工为龙头，带动经济林基地建设。加快建设一批带动面和辐射面广、技术含量高、产品附加值高的森林食品、森林药材系列产品加工龙头企业，扩大果品储藏、加工、运输、保鲜和创汇能力，逐步形成产供销、贸工林一体化的经营格局。

新增经济林基地 14.2 万公顷，低产林改造 15.1 万公顷，经济林基地总面积达 49.5 万公顷，年加工能力达 90 万吨，经济林产业产值达 100 亿元（见附图 14 ）。

（二）发展重点

1. 生产基地建设

建设泰兴、邳州等地银杏产业区，大沙河及沿海地区优质水果产业带，环太湖地区水蜜桃产业区，宜溧山区板栗产业区，沿江地区蛇类等野生动物驯养繁育及综合利用产业带，苏南丘陵岗地优质茶果产业区，太湖及沿海蚕桑产业区等。

2. 产品加工、贮藏保鲜和市场流通体系建设

新建一批经济林产品加工企业，扶持培育 20 家省级加工企业，年加工能力达到 90 万吨。在区域中心城市建设经济林产品专业批发市场，在市县一级建设经济林产品集散市场或季节性批发市场，兴办各类经济林产品产地或地头市场，在广大城乡合理布设经济林产品销售网点，鼓励各方面人士参与或从事经济林产品的营销活动。新建、扩建一批经济林产品贮藏保鲜重点企业，增加贮藏保鲜能力。

八、竹业工程

传统竹业在南方是一项巨大的产业,人们吃、穿、住、行都与竹子密切相关。但竹业相对于目前江苏而言,有待于进一步发展,除了传统的材用竹、笋材两用竹以外,竹子的深加工和新型材料制作等科技含量较高的产品有待于进一步拓展,同时,观赏竹种也今后江苏竹子挖潜的重要方向之一。因此,实施竹业工程有利于提高竹产业的发展水平,在"二群""四片""多点"的建设中应重视这方面的内容。

(一)发展目标

加强竹类种质资源的收集和保护;加速竹类资源的利用特别是高效、优质的定向竹林基地的培育力度;调整竹林资源结构,大力开展特种竹及观赏竹繁育基地的建设,以短养长,扩大出口创汇能力,促进竹产业发展。拓宽竹产品应用领域,优先发展竹质人造板、建筑模板、车厢板、竹地板、竹工艺品以及竹笋系列加工产品,大力培育产加销一条龙、贸工林一体化加工企业,依靠科技进步提高竹材和竹笋的附加值。

新增竹林2.8万公顷,全省森林覆盖率增长0.27个百分点;新建加工企业50家,全省80%以上的竹材和竹笋通过加工实现增值;竹业总产值达到12亿元,其中资源产值9亿元,加工产值3亿元(见附图16)。

(二)发展重点

在苏南丘陵山区及徐州、宿迁部分地区和沿海新老海堤、滩涂,建设材用竹林基地;在苏中扬州、泰州、淮安、南通等市的适宜地区建设笋材两用竹林基地;在苏南经济发达地区和连云港云台山建设观赏竹林基地。扶持扬中市银河竹业有限公司、无锡兴实竹业有限公司等8家产值超500万元的竹加工企业,重点发展竹纸浆、竹纤维、竹炭、竹饮料、竹笋、竹沥、竹叶黄酮、竹汁保健品等加工业,新建重点加工企业50家。

九、林木种苗花卉工程

林木种苗花卉的发展是江苏林业产业的重要内容,具有很大的发展潜力。实施林木种苗花卉工程能够为江苏现代林业建设提供充足的苗木资源,有利于促进农村产业结构调整,是新世纪林业发展的朝阳产业,主要是在"二群""四片""多点"的建设中涉及这方面的内容。

(一)发展目标

引进、培育名优新品种,筛选优良乡土树种,完善良种繁育体系;加强苗木标准化建设,提高苗木质量;规范苗木市场管理;组建产业集团,逐步形成布局合理、运转高效的产业体系。充分发挥林业在培育花卉方面的资源、土地、人才、技术等方面的巨大优势和潜力,加强林业花卉的生产、流通、科技推广等方面的管理和信息服务。抓好花卉科研和新技术推广工作,建立花卉示范基地,提高栽培水平和单产效益;面向国内外市场,加快花卉生产基地建设,实行规模经营;增加盆景、切花生产能力,积极开发利用野生花卉资源。

新增种苗花卉基地面积3.6万公顷,全省苗木花卉基地面积达到8万公顷,年产苗量达27亿株;林木良种基地40个,总面积2500公顷,主要造林树种良种使用率达95%以上;

完善种苗质量标准建设，全省苗木自检率达95%，种子受检率达85%；培育建成40家产值超5000万元的苗木龙头企业（见附图15）。

（二）发展重点

重点建设淮北（徐宿淮连盐）造林苗木主产区、沿江（如皋、江都、江浦、张家港等地为龙头）花木盆景主产区、苏南（武进、锡山、吴中、吴江等地为龙头）园林绿化苗木主产区。加强杨树、银杏、板栗、耐盐树种、耐水树种、竹类、月季、兰花等种质资源保护，建设相应的林木良种繁育基地；加强名优新品种的引进和培育；建设省级示范苗圃和重点苗圃基地；建设林木种苗花卉市场，组建林木种苗产业集团。

良种繁育：重点建设2个种质资源保护和开发基地，2个科技园区和13个林木良种基地。

生产基地：建设1个省级示范苗圃（吴江苗圃）和18个重点苗圃，培育10个龙头企业和40个年产值5000万元以上的苗木生产重点企业以及10000个年产值5万元以上的育苗大户。

流通服务：培育5个重点苗木中心市场和250个苗木交易市场；大力培育苗木经纪人和苗木运销队伍；组建种苗信息网络，发展信息中介。

十、森林旅游工程

根据全国旅游发展总目标，到2020年，中国将实现从亚洲旅游大国向世界旅游强国的跨越，入境旅游人数将达到1.35亿~1.45亿人次，旅游总收入超过3.3万亿元，相当于国内生产总值的8%。而其中，以森林公园为主要场地的生态旅游将成为不可忽视的重要力量。森林旅游事业体现的是森林的整体效益，江苏在这方面具有很大的发展潜力。因此实施森林旅游工程是现代林业发展的重要方向，在"二群""三网""四片""多点"的建设中都涉及这方面的内容。

（一）发展目标

合理开发和充分利用林区丰富的自然景观、人文景观、历史遗址和动植物资源，积极发展森林旅游业。在综合规划，合理布局的基础上，重点加强森林公园、自然保护区以及国有林场的旅游基础设施建设，有计划地建设适度规模的森林旅游宾馆、饭店、商业服务、文娱设施，开发具有森林特色的旅游产品，提高森林旅游业收益，促进生态林业与商品林业的有机结合。在全省构建3带3区多点的森林旅游格局。新建省级以上森林公园70个，森林公园总数达到106处，总经营面积14万公顷，建成在国内外享有较大影响的重点森林公园15处，推出7条独具特色的生态旅游线，形成景观丰富、布局合理、管理科学、功能齐全、效益良好的森林公园群体和森林旅游网络，年接待森林旅游人数达到1000万人次，森林旅游综合社会产值达到10亿元。建设31处国家级森林公园，46处省级森林公园，29处市级森林公园，10个森林自然保护区，3个自然遗迹类自然保护区，30个湿地自然保护区（见附图17）。

（二）发展重点

1. 沿海野生动植物及湿地生态旅游带

以大丰麋鹿、盐城沿海珍禽两个国家级自然保护区和连云港云台山森林植物群落省级自然保护区为依托，充分利用山海风光、沿海滩涂、丹顶鹤家园、麋鹿故乡等珍稀动物旅游资源，充分发挥海岛、海港、欧亚大陆桥、滩涂湿地等有利条件，打造沿海野生动植物及滩涂湿地生态旅游带。

2. 黄河故道林果观光带

以黄河故道的森林公园为依托，利用大面积高大挺拔的杨树林、大片果园及高标准平原林网的景观优势，充分发挥两汉文化、酒文化及民风民俗等特色优势，开展农林业观光、民俗探访、文化博览等系列活动，打造林果观光及民俗文化游特色品牌。

3. 沿江森林旅游带

以南京江心洲、八卦洲、江阴要塞、南通狼山、启东圆陀角等森林公园为依托，充分利用江中岛屿、江滨丘陵等自然资源和江阴要塞、南通狼山的人文资源，充分发挥长江黄金水道的独特优势，开展沿岸观光游览、江湾水上游乐、洲岛林农观光和休闲娱乐等系列活动，打造林水风情游特色品牌。

4. 太湖山水森林旅游区

以环太湖的森林公园、自然保护区、古典园林、古城古镇、太湖湿地和宜溧山地的茂林修竹、溶洞为依托，利用长江三角洲旅游核心区等区位优势，进一步开发山明水秀、花果飘香、田园风光及人文荟萃等旅游资源，完善旅游设施和服务设施建设，开展游山玩水、观花摘果采茶、休闲度假、民俗民居、民间工艺品等内容的观光旅游、生态旅游、文化旅游、商务旅游等系列活动，打造山水风情游特色品牌。

5. 洪泽湖周边湿地生态旅游区

以洪泽湖周边湿地保护区及森林公园为依托，充分利用里下河地区湿地辽阔、林农复合经营、水生资源丰富及鸟类众多等优势，开展生态观光、爱鸟护鸟、水上游乐、农家休闲、淮扬美食等系列活动，开辟江苏新的旅游区和游览项目。

6. 宁镇丘陵森林旅游区

以宁镇山脉、茅山山系的森林公园及自然保护区为依托，充分利用森林景观、自然景观与人文景观融为一体的旅游资源，发挥"律宗第一名山"——宝华山和"第一福地、第八洞天"——茅山的道教文化优势，开展森林旅游、文化旅游、休闲度假、山地运动等系列活动，打造名山文化游特色品牌。

7. 各市城郊森林旅游点

以各市城郊森林公园为依托，充分利用城市山林交通便捷、人文资源丰富、客流量大等有利条件，充分发挥城市森林的"绿肺"和"氧吧"的生态优势，为城市居民创造一个晨练、休闲、娱乐的良好场所。

第四节　林业工程总体规划未来实施的建议

现代林业发展不仅仅是林业部门的工作，还需要其他相关部门的通力协作，共同建设江苏的生态环境。因此，为了更好的实现本规划制定的宏伟目标，就规划实施过程中需要注意的问题进行分析，并提出了建议。

一、水网建设

江苏林业发展一个很大的特点是林水结合，特别是在平原地区林水结合的发展模式具有林水相依、林水相连、依水建林、以林涵水的特点，既能够节省土地，也有利于提高生态效益。我们在上海提出了林网化与水网化结合的城市森林建设理念，对于江苏林业生态环境建设也是适合的。

前面已经对水系防护林体系建设进行了比较详尽的论述，这里需要讨论水网化中如何改善水质的问题。江苏地处淮河、长江水系下游，京杭大运河纵贯南北，东临大海，境内水系众多，河湖港汊纵横交错。就水资源的丰富程度来看，江苏在全国是一块少有的宝地，但面临的水患也非常严重，2003年夏秋，淮河洪水给地处下游的江苏造成了巨大的损失。同时，地面水污染是最突出的生态环境问题之一。江苏河流除源头水体还保持清洁外，几乎全部被污染，湖泊富养化几乎已遍及所有湖泊，其中以洪泽湖、太湖影响为最大。局部地区甚至出现了"身在水乡无水喝"的反常现象。因此，为提高水网林网结合的综合效果，建议通过一些灌溉工程和净水工程等完成"引江水入大海，变死水为活水"的目标。以太湖为例，应该在加强湖区综合治理的基础上，加快水资源的综合调度、水系景观建设，带动中小河道整治和加快水体沿岸林网建设，实现清水、绿岸、佳境的目标。有关部门研究提出了太湖改水的多条途径，共规划设计了5条可供选择的引长江水入太湖路线，4条排水通道（图6-1）。建议重点实施由安徽芜湖经固城湖引水路线，不仅引水的水质好，而且更重要的是可以减轻汛期芜湖以下长江沿线的泻洪压力；排水路线可以与上海和浙江的水网建设规划结合起来，引太湖水改善黄浦江的水质，或经浙江嘉兴排水入杭州湾，即重点疏通、拓宽太浦河—黄浦河、瓜泾港—吴淞江和太浦河—杭州湾排水路线使太湖水流动起来，彻底改善太湖及与之相关湖河的水质。林业与之相配套，搞好沿线的防护林建设，形成以太湖为中心林水一体的森林水系景观带，再现太湖地区的秀美风光。

二、城市森林建设

城市森林建设在我国处于蓬勃发展阶段，江苏在这方面有迫切的需求，也最能体现江苏现代林业的特点。在总体上，要针对城市发展和城市生态建设的特点，结合国内外城市森林建设的实践经验，遵循四个原则，抓好四个结合。即：遵循"以人为本的原则、综合效益最大化原则、规模化原则和科技先行原则"这四个原则；抓好"城市森林与城市建设布局的结合、城市人工生态景观与自然生态景观的结合、林网化与水网化的结合以及重点林业工程与城市森林建设的结合"这四个结合。

城市森林建设已经得到比较广泛的认同，但在实际建设中也暴露出一些不容忽视的问题。为了保证城市森林的健康发展，建议要做好以下几个方面的工作：

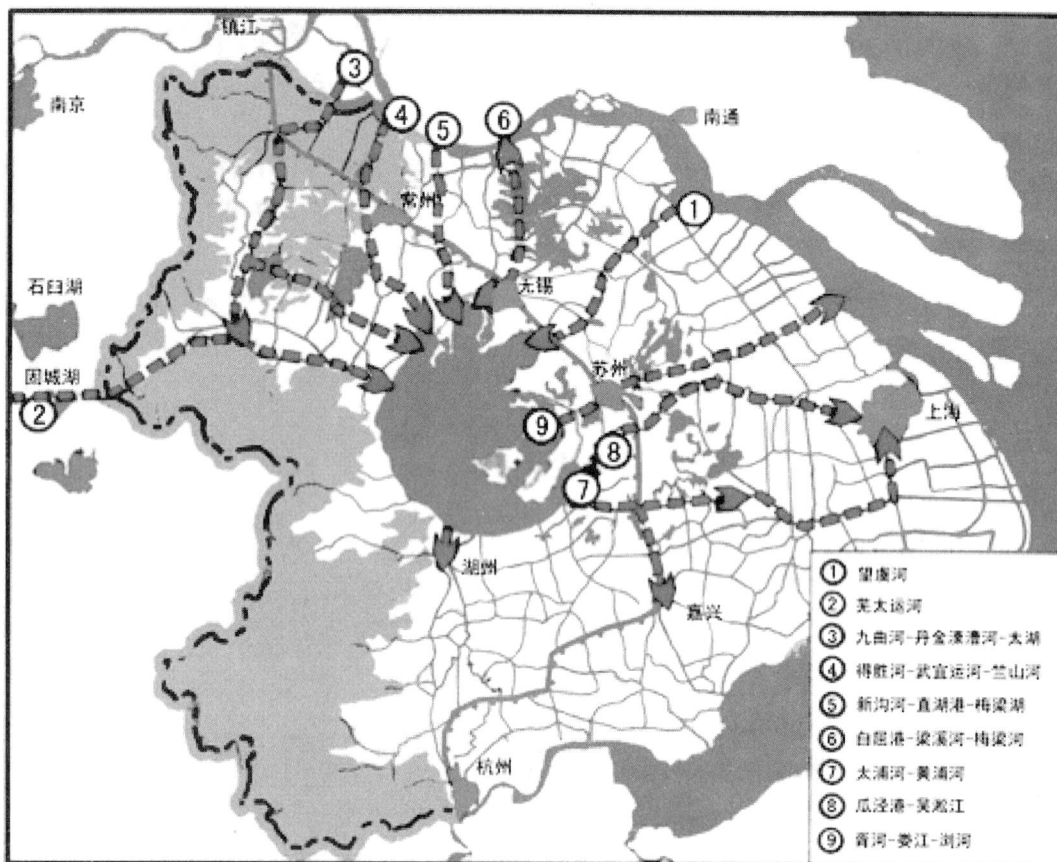

图 6-1 太湖水系改造工程示意图

（据杨桂山、王德建等编著，2003，《太湖流域经济发展水环境水灾害》）

1. 建设城市生态隔离林，防止城市规模的无限扩大

江苏的城市规模不断扩大，特别是苏南地区已经形成了南京和苏锡常两个城市群，有连成一片的趋势。这种趋势对本地区的生态环境建设是不利的，在长远上也会危及本地区实现可持续发展的目标。从林业建设的角度，核心的任务就是要发挥切割作用，在城市外围、城市之间规划建设生态隔离林。

2. 与古典园林保护结合，建设具有江苏特色的城市森林

城市园林同森林及森林文化有着千丝万缕的联系。在长期的发展过程当中，以扬州园林、苏州园林为代表的形成了独具特色的江南园林风格，成为中国森林文化的一枝奇葩。因此，江苏特别是长江南京和苏锡常两个城市群的城市森林建设要把保护古典园林与建设城市森林有机地结合起来，为全国其他城市提供示范。在庭院等特殊地带借鉴古典园林"师法自然"的手法，但要讲究增加植被、增加绿量；而对于一些大绿地特别是城市隔离绿地，要特别强调生态功能，建设以森林植被为主的森林绿地，大力使用乡土树种和自然的配置模式，即营造近自然的森林。

3. 近自然的设计与管护，提高城市森林的生态功能

城市森林建设的目的是要改善城市的生态环境。许多城市在绿化建设中偏重于视觉效

果而忽视的生态效益，乐于修剪造景。无论是行道树还是片林树，都进行整体的除冠，限制了树木向空间发展，不仅增加了维护成本，而且降低了单位面积林地的生态功能，是得不偿失的。一些城市在建设片林的过程中虽然强调的树种的多样性和多种组合，但人工主观意识明显，树种都是采用高档的外来绿化树种，根据视觉效果进行了所谓的混交林设计，这种做法的危害更大。花了很多钱打造的绿色江苏并不是中看不中用的"景观"，而是要满足居民身心健康、改善生态环境、满足社会经济，实现可持续发展的需要。因此，城市森林建设必须体现生态优先的现代林业发展理念，建设的应该是以地带性森林植被为主体的自然林或近自然林。

三、造林树种选择和模式配置

生态保障林是林业发展的最重要任务，也是森林生态系统健康、稳定的基础，这类森林的建设必须是以自然林为主。自然林就是注重森林的自然恢复，封山育林是主要措施；而对于广大的平原地区来说，防护林建设是主体，所谓的自然林就是要营造以乡土树种为主的近自然林带。

平原地区的农田林网、水系林网和道路林网基本上以杨树为主，树种单一，潜在的病虫害威胁大。而一些乡土树种却没有得到很好的利用，据统计宿迁就有乡土树种152种以上，但基本没有应用于防护林建设，许多树种还因杨树的大发展而受到排斥甚至濒于消失。因此，一些主干防护林建设中，在划分出来用于建设生态保障林的宽度范围内，要充分挖掘乡土树种特别是一些建群种的潜力，发挥其抗病虫害能力强的优点，按照地带性森林植被的特点进行造林模式配置，使之成为真正的生态屏障林。同时，产业林培育的树种也尽可能进行空间的合理配置，避免连续整个地区营造相同树种的大面积纯林，从根本上防止病虫害的爆发，形成树种多样化，乡土化的生态功能强的防护林。

四、生物多样性保护与物种储备

本规划虽然没有针对生物多样性保护进行单独的规划，但无疑它是贯穿本规划的一个核心理念。强调以自然林为主的生态保障林体系建设，就是要逐步把相对破碎化的森林斑块通过森林廊道连接起来，形成一个整体，建立健康、稳定的森林生态系统，从而为保护和提高生物多样性提供基础，这是一项长期的、根本的措施。产业林的发展将减轻生态林面临的采伐利用压力，促进生物多样性的保护。同时，还要充分利用好现有的自然保护区、树木园和植物园，做好物种储备工作。一方面针对杨树产业市场潜在的不稳定性和病虫害的威胁性，储备多种备选的替代树种；另一方面为林业的纵深发展提供充足的后备资源，保持可持续发展的后劲。

第七章 现代林业生态工程建设关键技术体系

第一节 现代林业生态工程建设技术思路

一、技术体系

现代林业是以信息工程技术、生物工程技术和生态工程技术这三方面的高新技术为核心，带动传统林业技术的升级换代所形成的知识体系。现代林业十分强调"工程"这一技术系统的科学原理、实践经验及实际应用。而"工程"据《辞海》解释，就是"将自然科学的理论应用到具体工农业生产部门中形成的各学科的总称。这些学科是应用数学、物理、化学等基础学科原理，结合在生产实践中所积累的技术经验而发展出来的。其目的是在于利用和改造自然为人类服务"。现代林业建设的技术关键和技术路线是以工程为中心和纽带，采用工程运筹、工程化技术和工程管理的办法来组织、引导、协调现代林业的生产经营及发展。因此，现代林业也可以狭义地称之为工程林业（并非是设施林业）。工程林业的技术主导是工程运筹，即对林业的一般性指导，转移到关键工程、关键技术的落实上来，而工程运筹是现代林业可持续发展的重要原则，在林业发展上选准少量的关键工程与项目，有利于森林生态屏障的建设和支柱生态产业的形成，又会进一步推动生态环境和区域经济的协调发展，如国家林业局将原有17个林业工程整合为六大林业生态工程，就是这一原理的重大实践。

二、技术重点

（一）信息工程

现代林业的技术重点是信息工程技术、生物工程技术和生态工程技术。其中，信息工程技术正以任何一种科学技术无法比拟的速度和广度影响着人类的生产生活，带动着全球知识经济的迅猛发展，信息化已成为社会发展的必然趋势。通过现代林业信息工程建设，以信息化带动林业现代化，推进林业建设的技术升级，提高林业行业整体管理水平，同时加快林业现代化建设，更好地为国民经济和社会发展服务，是务林人的必然选择。

（二）生物工程

与生态工程一脉相承的生物工程　　力支撑现代林业建设的高新技术。小平同志早就指出："中国农业问题的最终解决，还要依靠科技"，"将来农业问题的出路，最终要由生物工程来解决，要靠尖端技术"。生物工程技术在世纪之交已经以众多的成就为我们展示了新世纪的宏图，从医药革命到绿色革命，从新能源到生态环境。未来的发展取决于技术平台的宽度和高度，已有的生物技术主要有三个平台，即 DNA 重组、细胞培养和 DNA 芯片。已经取得的成果和已经形成的产业，诸如基因治疗、基因工程药物，转基因植物、克隆动物，诊断试剂等都是这些平台上的产物。

（三）生态工程

生态工程的简单理解是生态系统的工程。根据实践和研究进展，将生态工程的定义修订为：为了人类社会和自然的双双受益，着眼于生态系统，特别是社会-经济-自然复合生态系统的可持续发展能力的整体工程技术。目前生态工程的研究成果主要表现在生态工程原理、方法论和技术手段及工程建设等方面。生态工程的原理从整体、协调、自生、循环生态控制论四项基本原理出发，进一步拓展了开拓适应、竞争共生、连锁反馈、系统乘补、循环再生、多样性和主导性、结构功能、最小风险原理。生态工程的方法论从物理过程量化走向生态程序化，从工程结构优化走向生态格局化，从产品生产功能钢化走向社会服务功能柔化，从机械人工智能走向人的生态智能。生态工程的技术手段是通过硬件、软件（体制、机制、法制、规划、技术）、心件（行为诱导、能力建设）耦合，按照系统的自然、经济、社会条件，因地因类制宜去设计、评价、规划和调控人工生态系统的过程、结构和功能，即物流、能流、信息流、资金流及人力资源流的全生态过程，系统的资源结构、环境结构、体制结构和纵横耦合的网络结构，以及系统的竞争、共生、再生和自生功能。生态工程强调资源的分层多级综合利用，技术的系统整合，学科的边缘交叉，产业的横向联合。

生态工程既是一门新兴的多学科交叉渗透形成的边缘学科和包括信息工程、生物工程在内的综合工程学，也是一种现代林业建设的实用技术。生态工程的同义语是生态工艺技术而不是欧美学者认同的生态技术。因为生态技术仅仅是生态工程的一个环节，不能代表生态工程这一多技术系统。显然，它比生态技术要高一个层次。生态工程作为我国生态学领先国际前沿的少数几个领域之一，它的主要目标是要解决生态环境保护和社会经济发展的协同问题，也可以说是要解决现代人类社会的可持续发展问题。用于现代林业建设，主要是解决林业的可持续发展问题。因此，选择生态工程作为现代林业建设的技术支撑和基础平台，有科学的理论基础和广泛的应用范围及巨大的使用价值。

信息工程技术、生物工程技术和生态工程技术这三者共同构成现代林业科技体系的核心，尤其是信息化带动生物工程和生态工程的技术进步，又以生物工程带动生态工程的技术发展，将信息工程和生物工程的材料或成果应用于生态工程建设，现代林业的科技创新能力将大大加强。可以设想，由于在林业发展过程中广泛使用现代先进科学技术，使传统的以劳动集约为主的林业转变为资本积累到技术积累并以技术集约为主的知识密集型现代林业，使落后的、粗放的生产方式转变为用现代工业技术装备、物质投入和科学管理武装起来的高度集约化经营方式。这是林业肩负两大体系建设重任和面对 WTO 挑战的一个极其重要的战略选择。

三、技术方法

中国森林生态网络中提出"点、线、面"方法论是现代林业建设布局的一种思维模式，它源于生产实践和经验的总结，因此，点线面方法论支撑现代林业建设，具有强大的生命力和不可限量的潜在能力。对传统林业建设采用点线面相结合的方法，是经过理性认识到课题研究实践再到演绎归纳和抽象，将点线面方法升华到点线面方法论，并用于中国森林生态网络体系建设和生态农业技术体系建设的研究及实践。关于点线面方法论的主要内容和基本思想是根据自然、经济和社会状况，按照物质流、能量流和信息流相互联系的规律，将整个陆地看成一个生态系统，将受自然干扰和人类活动强烈影响的不同类型的森林、草原、农田、荒山荒地、水域、城市、村庄等不同的斑块，以各斑块为生态点，以人类活动线、水量分布线、热量分布线为3条主线，以生态系统的功能特点为面而组成的点、线、面相结合的形式，建立起来的一种人、自然、社会的各自及相互间协调发展，立体多层次，具有一定格局动态的复合生态网络系统。该系统具有整体性、多功能性、高效性和可操作性，长期保持森林多功能、多效益、多方位整体作用的目的，从而使我国大部分地区的水土流失、荒漠化得到控制和改善。减轻风沙、旱涝、台风、海潮等各种自然灾害所造成的危害。提高国土保安能力，保障人民安居乐业，促进社会文明进步和我国资源、环境与社会经济可持续发展。

四、技术思路

传统的林业生态工程建设虽然在改善生态状况，保障人居安全、农业稳产高产等方面发挥了重要作用，但大都注重从防护效能最大的角度出发，进行树种择优及复合配置，而对景观、经济效益考虑不够，且在时间上没有考虑林业生态工程的可持续性、结构的稳定性和生物多样性，在空间配置上忽略了生态、经济效益的长期性，忽略了生态工程建设中病虫害的生态防治问题。

本课题根据现代林业生态工程发展的特点和趋势，应用可持续发展理论、系统工程学原理和技术创新原则，以组装关键技术、熟化配套技术、转化重大技术、推广成熟技术的技术路线，确定现代林业生态工程抗逆性树种选择、现代林业生态工程复合配置（区域性配置技术和高效配置技术）、现代林业生态工程可持续经营技术这三大关键技术。围绕提高林业生态工程特殊困难、立地造林成活率低和生长差的技术问题，以耐水胁迫（耐水、耐旱）、风胁迫、盐胁迫和污染胁迫为主攻目标，择优耐水、耐旱、耐盐、抗风、耐污染等抗逆性强的树种，为林业生态工程建设提供植物材料，重点解决林业生态工程特殊立地造林困难的问题。围绕现代林业生态工程空间格局高效配置结构的核心，以中尺度流域为单元，集成了江河湖海防护林体系空间配置技术、林分结构设计、立地类型划分和植物择优等组合技术，从宏观上解决了林业生态工程建设与重大自然灾害防御、农业增效、农民增收、农村增益和社会经济增稳的问题。又以小尺度生态系统为单元，集成了江河湖海防护林体系高效培育的一组技术，从微观上解决了高效模式种群间的配置技术，突破了林业生态工程建设的单一物种、单层配置、单居种群、单效农林的常规技术。

围绕林业生态工程高效结构及功能调控的核心，提出林业生态工程持续经营的衍生技术，包括：林带疏透度模型及调控技术、强热带风暴下农作物倒伏模型及主林带修复技术、复合农林业产业结构及调控技术、林带胁地调控增益技术、林带树木遮阴胁地模型及其调控技术、林冠遮阴调控技术、林带树木根系管理技术、农田防护林更新改造技术等，重点解决了林业生态工程林带更新和模式更替与潜在生态位的开发等，调控复合系统的状态和通量，使复合系统达到高效可持续经营状态。

第二节　现代林业生态工程抗逆性树种选择

一、城市森林的树种选择

树木是构成城市森林的基础。树种选择的好坏和适应性是城市森林建设成败的基本前提。城市森林建设的树种，应在考虑当地自然条件以及树种生物学、生态学特性的基础上，结合城市特点与人类需求，进行科学选择。

（一）原则和思路

确立适地适树的原则、符合功能的原则、生物多样性原则。以高大乔木为主，可以最大限度地利用城市空间，提高城市绿量，增强城市森林生态功能。同时乔木与灌木相结合。大力发展乡土树种，既可提高树木成活率，降低培育成本，又能维持城市森林较高的稳定性。适当选择优良引进树种，长效树种与速生树种相结合，在时间上实现城市森林功能的快速、持续发挥。常绿树种与落叶树种相结合丰富了城市森林景观及其动态变化特征，发挥了落叶树种较好的水土保持、土壤改良等生态作用，特别是对于江苏省城市地区，落叶树种的叶生长阶段及其落叶阶段，恰恰符合了人们对光热季节性变化的需求，具有良好的生态、景观效果。选择特定功能性树种，主要是在污染防治、人体保健等方面，利用它们独特的功能，能够产生独特效果。

（二）树种选择

1. 道路林网

对于道路林网的树种来说，要具有较好的遮阴效果，较强的抗污，吸污能力，较好的观赏特性以及利于交通安全。如：

银杏、女贞、合欢、悬铃木、含笑、槐树、水杉、雪松、香樟、榉树、栾树、广玉兰、白玉兰、紫玉兰、乌桕、喜树、臭椿、落羽杉、鹅掌楸、适宜的松柏类植物、樱花、冬青、桂花、枇杷、红枫、海棠、紫薇、夹竹桃、蜡梅、紫叶李、石楠、棕榈、木槿、金叶女贞、小叶黄杨、瓜子黄杨、铺地柏、洒金柏、红花檵木、紫叶小檗、海桐、蜀桧、丝兰、凤尾兰、小叶女贞、丰花月季、火棘、杜鹃、龙柏、洒金桃叶珊瑚、狭叶十大功劳、金丝桃、南天竹等。

2. 水系林网

水系林网的树种选择，要具有较强的耐水湿特性、良好的固土护岸功能以及一定的景观价值，利用带树种还具有较高经济价值。如：

柳树（如：旱柳、杂交柳、杞柳、垂柳等）、杨树优良品系、池杉、落羽杉、墨西哥落羽杉、桑树、榔榆、重阳木、枫杨、水蜡树、白蜡树、水杉、水松、白榆、黄连木、榉树、柿树、丝棉木、棠梨、大叶黄杨、紫薇、月季、栀子花、龙爪柳、石榴、黄荆条、扶芳藤、络石、紫藤等植物。

3. 居住区与单位绿化

居住区与单位绿化树种，应具有良好的调节小气候、净化空气等生态功能以及较高的观赏价值。对于工厂等特定污染区，选择的树种应具有优良的抗污、吸污能力。

抗二氧化硫：罗汉松、侧柏、蚊母、女贞、小叶女贞、阔叶十大功劳、大叶黄杨、柳杉、珊瑚树、樟树、棕榈、广玉兰、龙柏、桧柏、夹竹桃、构骨、石楠、海桐、山茶、栀子花、凤尾兰、丝兰、桂花、夹竹桃、水杉、银杏、槐树、臭椿、泡桐、悬铃木、刺槐、榔榆、栾树、无患子、丁香、合欢、木瓜、黄连木、鸡爪槭、白玉兰、七叶树、青桐、构树、枫杨、紫叶李、连翘、珍珠梅、石榴、月季、蜡梅、木芙蓉、紫薇、木槿、无花果、结香、金银花、络石、紫藤、木香。

抗氯气：构骨、香樟、柳杉、侧柏、罗汉松、小叶女贞、大叶黄杨、石榴、栀子花、珊瑚树、锦熟黄杨、石楠、棕榈、千头柏、龙柏、黄杨、广玉兰、凤尾兰、山茶、蚊母、女贞、海桐、木芙蓉、夹竹桃、云杉、桂花、木槿、梓树、皂荚、连翘、紫薇、丁香、丝棉木、臭椿、柿树、黄连木、朴树、五角枫、白蜡、石榴、合欢、喜树。

抗氟化氢：香樟、侧柏、广玉兰、大叶黄杨、蚊母、海桐、棕榈、构树、槐、龙柏、夹竹桃、凤尾兰、珊瑚树、女贞、喜树、石榴、木槿、无患子、香椿、臭椿、泡桐、五角枫、乌桕、垂柳、茶、榆树、梧桐。

滞尘力强：女贞、珊瑚树、棕榈、夹竹桃、广玉兰、桧柏、龙柏、小叶女贞、榆树、朴树、泡桐、榉树、刺槐、臭椿、悬铃木、紫薇、石榴、蜡梅、木槿、木芙蓉、木本绣球。

4. 广场绿化

广场绿化树种，乔木应树体高大，夏季具有较好的遮阴效果，同时选择的植物要具有较高的景观价值。如：

香樟、银杏、雪松、榉树、栾树、女贞、广玉兰、白玉兰、合欢、水杉、鹅掌楸、枫香、桂花、重阳木、乌桕、樱花、冬青、红枫、海棠、紫薇、夹竹桃、蜡梅、棕榈、紫叶李、石楠、木槿、金叶女贞、小叶黄杨、瓜子黄杨、铺地柏、洒金柏、红花檵木、丁香、海桐、蜀桧、丝兰、凤尾兰、小叶女贞、鸡爪槭、丰花月季、紫叶小檗、火棘、杜鹃、龙柏、洒金桃叶珊瑚、狭叶十大功劳、金丝桃、红花檵木、南天竹等。

5. 城市公园树种

城市公园中，生态林模式的树种具有较强的适应性、良好的生态功能，景观林模式的树种观赏价值较高，科教等特用林模式树种具有特定用途。城市公园树种如：

槐树、刺槐、水杉、枫香、榆树、香樟、麻栎、苦槠、青冈栎等栎类、松柏类、枫杨、女贞、广玉兰、玉兰、合欢、水杉、落羽杉、雪松、榉树、栾树、鹅掌楸、银杏、桂花、乌桕、樱花、悬铃木、无患子、七叶树、三角枫、五角枫、柳、杨、木莲、含笑、石楠、椤木石楠、白玉兰、紫玉兰、二乔玉兰、朴树、柿树、薄壳山核桃、黄连木、棕榈、冬青、红枫、鸡爪槭、海棠类、紫薇、夹竹桃、梅、李、蜡梅、紫叶李、木槿、木芙蓉、金叶女贞、小叶黄杨、瓜子黄杨、铺地柏、洒金柏、大叶黄杨、红花檵木、紫叶小檗、丁香、海桐、蜀桧、丝兰、凤尾兰、小叶女贞、月季、火棘、杜鹃、洒金桃叶珊瑚、珊瑚树、狭叶十大功劳、金丝桃、南天竹、金钟花、连翘、素馨、迎春、绣线菊类、琼花、绣球、竹类等。

6. 建成区核心片林树种

建成区核心片林树种具有很强的适应性以及良好的减缓热岛效应、净化空气等生态功能。如：

雪松、圆柏、侧柏、马尾松、湿地松、火炬松、水杉、合欢、香樟、槐树、枫香、麻栎、栓皮栎、化香、黄连木、苦槠、青冈栎、紫楠、华东楠、红楠等。

7. 城郊森林

根据类型不同，城郊森林中树种一是适应性强以及水土保持、水源涵养等生态功能较好；二是具有较高的经济价值。城郊森林树种如：

五角枫、麻栎、栓皮栎、槲树、白栎、黄檀、化香、黄连木、苦槠、青冈栎、紫楠、华东楠、红楠、茶树、银杏、板栗、桃、梨、柿等。

二、抗风耐盐树种择优

以抗氧化酶活性、叶绿素含量、树型参数和木质部的生态解剖等32项指标为基础，在海岸带滨海盐土上设计并实施了近似盆栽试验的局部控制地栽耐盐试验法，研究海岸带4种盐度梯度12个杨柳新无性系的耐盐阈值。结果表明：杨柳新无性系的成活率、保存率和生长量随着土壤含盐量的增加而降低，且不同树种、不同无性系在不同生长期的耐盐能力不同（表7-1）。

表7-1 杨柳新无性系不同时期的耐盐力（%）

无性系	I-74 杨	I-69 杨	I-35 杨	J35-13 柳	J30-16 柳	J4-34 柳
春季成活期	>0.24	>0.24	0.18	0.10	0.10	0.09
夏季生长期	0.26	0.24	0.19	0.15	0.14	0.14
秋季保存期	0.34	0.33	0.33	0.20	0.16	0.20
平均	0.30	0.29	0.23	0.15	0.13	0.14

以50%的保存率所对应的土壤含盐量作为杨柳新无性系的耐盐阈值（表7-1），I-74杨为0.26%~0.34%，I-69杨为0.24%~0.33%，I-35杨为0.18%~0.33%，J35-13柳为0.10%~0.20%，J30-16柳为0.10%~0.13%，J4-34柳为0.09%~0.14%，说明I-74杨、I-69杨适宜于中盐上造林，I-35杨、J30-16柳适用于轻盐土上造林；不同时期同一杨柳新无性系的耐盐量相差0.06%~0.15%。

在如东县海岸带引种20种刺槐无性系和9个梨树品种，东台市林场引种8个银杏果用品种进行造林对比试验，筛选出适宜海岸带不同生态位上生长的杨树、刺槐、银杏、梨树、榉树、青桐、朴树、重阳木等20多种树种（品种、无性系），结果如图7-1、图7-2。模拟台风影响下树干的风压应力分布，确定抗风树种的择优标准：枝下高／树高比、冠宽／冠高比以及根系分布型等，筛选出10多种抗风耐盐树种（品种、无性系）。

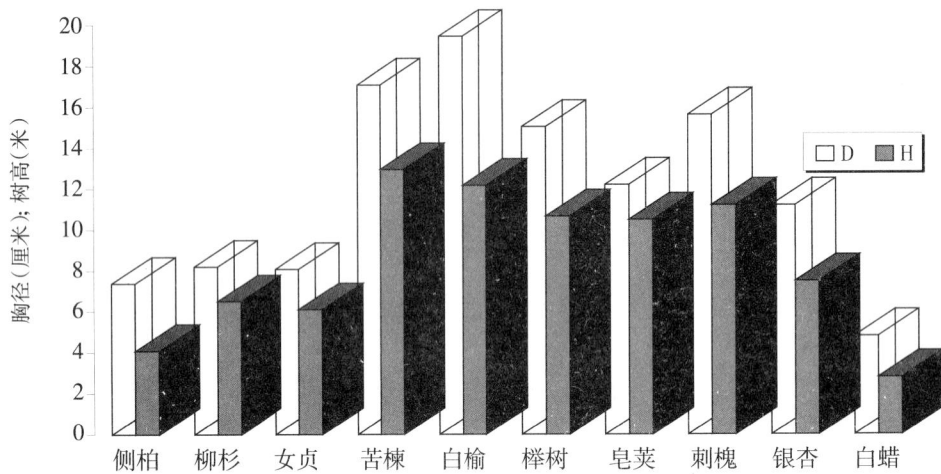

图7-1 海堤基干林带树种生长量

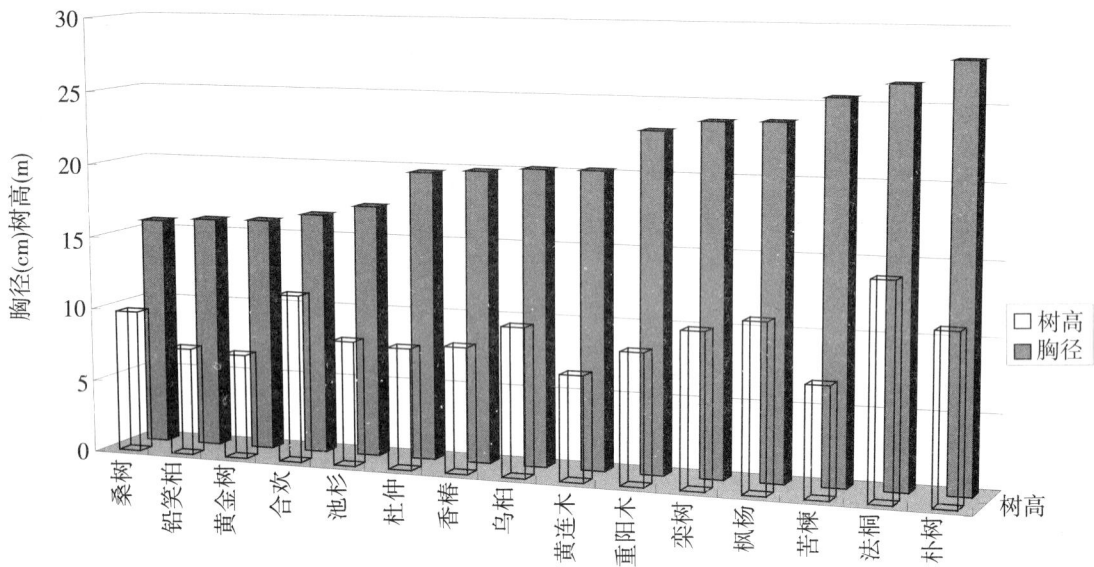

图7-2 胸径年生长量大于1厘米的海岸带15种造林树种

三、公路绿色通道树种选择

（一）公路绿色通道树种

树种选择是构建公路绿色通道的关键技术之一，公路主景观区是公路绿色通道建设中的重中之重，骨干树种的选择应满足以下几个条件：①无病虫害，以确保生态系统的健康稳定；②风景价值较高，能体现景观和生态特性；③寿命长，这些树种主要有墨杉、池杉、落羽杉、水杉、柳杉、银杏、香樟、竹类、杜仲、喜树等；④树体高大，可以充分利用地上空间，具有较高的生物生产力和生态生产力。次景观区的主要树种有：杨树、银杏、落羽杉、水杉、柳树等速生用材树种，以及梨、桃、杏、梅、竹子、桑等经济类果树和特用经济林。

（二）抗污染树种

1. 公路大气污染物

高速公路是汽车云集的地方，也是汽车运行中所产生的污染物最为集中的地方。汽车的运行除大量消耗空气中的氧气（O_2）外，汽车尾气排放物中最多的是二氧化碳，其他主要的大气污染物有一氧化碳（CO），碳氢化合物（如甲醛、苯丙芘）、氮氧化物（NO_x）、二氧化硫（SO_2）及微粒（如铅化合物和碳粒）等；在阳光（紫外线下）、无风或微风等条件下，氮氧化物和碳氢化合物还会发生光化学反应，产生浅蓝色的光化学烟雾，形成臭氧（O_3）、二氧化氮（NO_2）、醛类（RCHO）和过氧乙酰硝酸酯（PAN），从而构成二次污染。这些大气污染物在空气中达到一定浓度时都会导致人和植物的伤害，甚至死亡。

2. 行道树

（1）对 N 的吸收：根据公路行道树叶片中污染物含量调查检测：见表 7-2 所示，在连徐线、淮江线和沪宁线公路两侧生长的塔柏、女贞等树木叶片中含氮量大多高于对照水平（虽然这些地域土壤中氮素水平很低），其中以女贞叶片中氮素增加较明显，增幅在 15%~31% 之间，说明是公路上汽车尾气排放物中 NO_x 的污染影响所致。

（2）对 Pb 的吸收：实例之二见表 7-3 所列，在上述公路行道树塔柏、女贞等树木叶片中铅含量均明显高于对照水平（虽然这些地域土壤中铅值均很低）。

表 7-2　江苏高等级公路行道树叶片中全氮量检测比较

采样地域	塔柏		女贞	
	比例（%）	相比指数	比例（%）	相比指数
连徐线	1.45 ± 0.33	88	2.18 ± 0.24*	131
淮江线	1.78 ± 0.23	109	2.05 ± 0.69	123
沪宁线	1.69 ± 0.42	103	1.91 ± 0.49	115
对照（中山植物园）	1.64	100	1.66	100

注：* 与对照相比在 α<0.05 水准上差异显著。

表 7-3　江苏高等级公路行道树叶片中铅含量检测比较

采样地域	塔柏		女贞	
	毫克 / 公斤	相比指数	毫克 / 公斤	相比指数
连徐线	0.032 ± 0.026	188	0.028 ± 0.017**	140
淮江线	0.036 ± 0.004***	212	0.028 ± 0.018*	140
沪宁线	0.046 ± 0.026*	271	0.045 ± 0.019**	225
对照（中山植物园）	0.017	100	0.02	100

注：t 检验差异显著性水平：* α ≤ 0.10，** α<0.05，*** α<0.01。

上述测定结果表明：公路绿化树木在公路小环境中发挥着重要的净化大气环境功能，高大的乔木树冠与大气接触并进行物质交流的空间比草坪和灌木大得多，因而净化大气环境功能更显著。

3. 公路绿化环境效益预测和评估

（1）对 CO_2 和氧气的调节功能评估：高速公路大流量的汽车运行，大量消耗掉空气中的 O_2 并排放出大量的 CO_2。大气圈中的 O_2、CO_2 平衡主要靠绿色植物的光合作用调节。世界上的树木，特别是热带雨林，是大气中 CO_2 的主要消耗者和 O_2 的补给者。通常按一公顷阔叶林在生长季节一天可以消耗 1.0 吨 CO_2、释放 0.73 吨 O_2，江苏高速公路绿化远景规划目标得以实现后，路域两侧生态防护林净化空气的环境容量可达到较高水平，见表 7-4。

表 7-4　江苏高速公路两侧绿化林带远景规划环境效益评估（一）

规划年限	公路总里程（公里）	绿化里程		绿化带面积（公顷）	植物		相比指数
		长度（公里）	绿化 %		释放 O_2（吨）	吸收 CO_2（吨）	
2000	1000	700	30	105	8.4×10^3	1.15×10^4	1.0
2005	2230	1561	50	781	6.8×10^4	9.32×10^4	8.1
2010	3500	2450	70	1715	1.79×10^5	2.45×10^5	21.3
2015	3600	2520	90	2268	2.73×10^5	3.74×10^5	32.5

注：2000 年林带宽度按 5 米计算，余均按 10 米计算。

从表 7-4 可以看出，2000 年年底路域两侧具有绿化林带的高速公路还较少，有的还是残缺不全，林木长势和管理水平也较差，因而绿化林带树木吸收大气中 CO_2 和释放 O_2 的贡献量均很少。按高速公路发展远景规划要求，加强绿化带生态防护林的营造，预期到 2005 年、2010 年和 2015 年，高速公路绿化林带树木吸收 CO_2 数量和 O_2 的贡献量将大有提高，分别是 2000 年的 8.1、21.3 和 32.5 倍，不但对路域和周围的局部大气环境中 CO_2 和 O_2 的平衡起着重要的调节作用，而且对缓解全球的温室效应和 O_2 的补给也将起一定的作用。

（2）对大气污染物的吸收功能评估：高速公路两侧生态防护林带的树木和土壤形成的生态系统，在维持树木正常生长发育的前提下，林地对净化大气污染物的环境容量是按照美国环境保护局为探究城市树木改善空气质量能力的示范计划而建立的公顷模式森林通量率来估算，见表 7-5。

表 7-5　江苏高速公路两侧绿化林带远景规划环境效益评估（二）

规划年限	总里程（公里）	绿化		绿化面积（公顷）	树木和土壤系统去除大气污染物数量					相比指数
		长度（公里）	绿化（%）		CO（吨）	O_3（吨）	SO_2（吨）	NO_x（吨）	PAN（吨）	
2000	1000	700	30	105	138.6	6.05×10^6	4.71×10^4	24.2	10.5	1.0
2005	2230	1561	50	781	1123.3	4.90×10^7	3.82×10^5	195.4	85.5	8.1
2010	3500	2450	70	1715	2951.1	1.29×10^8	1.0×10^6	511.6	226.2	21.3
2015	3600	2520	90	2268	4503	1.96×10^8	1.53×10^6	778.9	346.9	32.5

　　从表7-5可以看出，2000年年底江苏高速公路两侧绿化林带较少，有的长势较弱，因在路域和周围大气环境中的净化功能甚微。按江苏高速公路发展远景规划要求，大力开展公路绿化美化和两侧生态防护林带的营建，在良好的树种配置和精心管理条件下，以落叶阔叶乔木林为特色的常绿和落叶混交林带的树木对公路汽车排放的大气污染物净化功能将大大提高，预期到2005年、2010年和2015年，江苏高速公路两侧的生态防护林带吸收CO、O_3、SO_2、NO_x和PAN等大气污染物可达到的环境容量与2000年相比，分别提高7.1、20.3和31.5倍，不但可使公路地域和周边地区的大气环境质量大为改善，而且对来自附近城市和工厂排放的污染物也可起到一定的净化调节作用。

四、林业生态工程主要造林树种推荐

　　根据全省区域环境条件，提出主要绿化树种，供应用时参考（表7-6）。

表7-6　绿色江苏现代林业工程主要树种推荐表

编号	树种	学名	科名	生态特性						主要用途				宜林工程	宜林地区
				抗旱性	抗风性	耐盐性	耐水性	耐污性	其他	用材林	生态林	经济林	珍稀濒危		
1	金合欢	*Acacia farnesiana*	豆科	II	I			II		√	√			1, 2, 4,	苏南
2	三角枫	*Acer buergerianum*	槭树科	III	I			II		√	√			1, 2, 4,	全省
3	猕猴桃	*Actinidia chinensis*	猕猴桃科	I	I		I	II		√		√		7	全省
4	七叶树	*Aesculus chinensis*	七叶树科	II	II		II	II		√	√		√	2, 4, 5	全省
5	臭椿	*Ailanthus altissima*	苦木科	III	III	II	II	III		√				1~4	全省
6	合欢	*Albizia julibrissin*	豆科	I	II	II				√	√			1, 2, 4	全省
7	桤木	*Alnus cremastogyne*	桦木科		II		III	II			√			1, 2, 3, 4	全省
8	紫穗槐	*Amorpha fruticosa*	豆科	II	II	III	II	II			√	√		1, 2, 3, 4	全省
9	楤木	*Aralia chinensis*	五加科	II	II			II			√			3~5, 7	全省
10	短穗竹	*Brachystachyum densiflorum*	禾本科		II						√		√	3, 5, 8	苏南
11	黄杨	*Buxus sinica*	黄杨科	III		III	II	III			√			2, 4	全省
12	茶	*Camellia sinensis*	山茶科	II			II	II				√		3, 7	苏南、苏中
13	喜树	*Camptotheca acuminate*	珙桐科	II			II	II		√	√	√	√	2, 4, 5	全省
14	山核桃	*Carya cathayensis*	胡桃科	III		II		II		√	√	√		1~4, 7	全省
15	薄壳山核桃	*Carya illinoensis*	胡桃科	III	III	III	II	II		√	√	√		1~4, 7	全省
16	板栗	*Castanea mollissima*	壳斗科	III	II			II		√	√	√		3, 7	全省
17	苦槠	*Castanopsis sclerophylla*	壳斗科	II	II		II	II		√	√			4, 5	苏南
18	楸树	*Catalpa bungei*	紫葳科	III	I	I				√	√			1~4	全省
19	雪松	*Cedrus deodara*	松科	II	II	I	I			√	√				全省
20	朴树	*Celtis sinensis*	榆科	III	II	II	II	II		√	√			1, 2, 4	全省

（续）

编号	树种	学名	科名	生态特性						主要用途				宜林工程	宜林地区
				抗旱性	抗风性	耐盐性	耐水性	耐污性	其他	用材林	生态林	经济林	珍稀濒危		
21	香樟	*Cinnamomum camphora*	樟科	II		II	II	II		√	√			2，4	苏南
22	山楂	*Crataegus pinnatifida*	蔷薇科	III		II	II	III			√	√		3，7	苏北
23	日本柳杉	*Cryptomeria japonica*	杉科	II	II	II	I	I		√	√			1，2，4	苏南、苏中
24	杉木	*Cunninghamia lanceolata*	杉科	II	III	II		II		√	√			1~4	苏南
25	黄檀	*Dalbergia hupeana*	豆科	III	II	II		II		√	√			1~4	全省
26	柿	*Diospyros kaki*	柿树科	III	I	III	III				√	√		7	全省
27	香果树	*Emmenopterys henryi*	茜草科	I	I	I	I	I		√	√		√	2~5	苏南
28	枇杷	*Eriobotrya japonica*	蔷薇科	II	II	II	II	II			√	√		3，7	苏南、苏中
29	杜仲	*Eucommia ulmoides*	杜仲科	II		III		II			√	√	√	5，7	全省
30	无花果	*Ficus carica*	桑科	II		III	I	II			√			7	全省
31	梧桐	*Firmiana simplex*	梧桐科	III	III	III		III			√			1~4	全省
32	银杏	*Ginkgo biloba*	银杏科	III	III		III			√	√	√	√	1~5，7	全省
33	皂荚	*Gleditsia sinensis*	豆科	III	II	II		II		√	√			1~4	全省
34	枸骨	*Ilex cornuta*	冬青科	III	III						√			2~4	苏中，苏南
35	大叶冬青	*Ilex latifolia*	冬青科	II		II		III		√	√			2，4	全省
36	核桃	*Juglans regia*	胡桃科	III	I			III			√	√		2，4，7	全省
37	栾树	*Koelreuteria paniculata*	无患子科	II	II	II	II			√	√			2~4	全省
38	女贞	*Ligustrum lucidum*	木犀科	II	III	III	II	II		√	√			1~4	全省
39	枫香	*Liquidambar formosana*	金缕梅科	III	II		III			√	√			1~4	苏南
40	马褂木	*Liriodendron chinense*	木兰科	III	II	I				√	√		√	2，4，5	全省
41	忍冬	*Lonicera japonica*	忍冬科	II		II	II	II			√			2，4，5	全省
42	枸杞	*Lycium chinense*	茄科	III	III	III		II			√			2~4	全省
43	红楠	*Machilus thunbergii*	樟科	I	II		I	II		√	√		√	2，4，5	苏南
44	广玉兰	*Magnolia grandiflora*	木兰科	I		I					√			2，4	全省
45	宝华玉兰	*Magnolia zenii*	木兰科	I			II				√		√	2，4，5	苏南
46	苹果	*Malus pumila*	蔷薇科	III		II	II	II			√	√		7	苏北
47	苦楝	*Melia azedarach*	楝科	III	III	III				√	√			1~5	全省
48	水杉	*Metasequoia glyptostroboides*	杉科	II	II	II	II			√	√			1，2，4	全省
49	白玉兰	*Michelia alba*	木兰科	I		I					√	√		2，4	全省
50	厚朴	*Mognolia officinalis*	木兰科	I		I	I	I			√	√	√	2，4，5	全省
51	桑	*Morus alba*	桑科	III	III	III	III	III			√	√		3，7	全省
52	杨梅	*Myrica rubra*	杨梅科	II	II		II				√	√		3，7	苏南
53	紫树	*Nyssa sinensis*	蓝果树科	II		II	III			√	√			1~4	苏南
54	桂花	*Osmanthus fragrans*	木犀科	II		II		II			√	√		2，4	全省

（续）

编号	树种	学名	科名	生态特性						主要用途				宜林工程	宜林地区
				抗旱性	抗风性	耐盐性	耐水性	耐污性	其他	用材林	生态林	经济林	珍稀濒危		
55	悬铃木	*Platanus acerifolia*	悬铃木科	III	III	II	III	III		√	√			1，2，4	全省
56	泡桐	*Paulownia fortunei*	玄参科	III	II	II		III		√	√			1~4	全省
57	石楠	*Photinia serrulata*	蔷薇科	II	II						√			1~4	全省
58	淡竹	*Phyllostachys glauca*	禾木科	II	II	II					√			3，4，8	全省
59	早园竹	*Phyllostachys propinqua*	禾木科	II	II						√	√		3，4，8	苏南
60	毛竹	*Phyllostachys pubescens*	禾木科	II	II		II	II		√	√	√		3，4，8	苏南
61	金镶玉竹	*Phyllostachys spectabilis*	禾木科	II	II						√			3，4，8	连云港
62	刚竹	*Phyllostachys viridis*	禾木科	II	II	II					√			3，4，8	全省
63	湿地松	*Pinus elliottii*	松科	III	III		II			√	√			2，3，4	全省
64	火炬松	*Pinus taeda*	松科	III	III		II			√	√			2，3，4	全省
65	黄连木	*Pistacia chinensis*	漆树科	III	III		II			√	√			1~4	全省
66	海桐	*Pittosporum tobira*	海桐花科	I	III	III	III				√			4	全省
67	侧柏	*platycladus orientalis*	柏树科	III	III	II					√			1~4	全省
68	美洲黑杨	*Populus deltoides*	杨柳科	III	III	III	III	III		√	√			1，2，6	全省
69	欧美杨	*Populus euramericana*	杨柳科	III	III	III	III	III		√	√			1，2，6	全省
70	毛白杨	*Populus tomentosa*	杨柳科	III	III	III	III	III		√	√			1，2，6	苏北
71	梅	*Prunus mume*	蔷薇科	II		II		II			√	√		4，7	苏南
72	桃	*Prunus persica*	蔷薇科	II				II			√	√		4，7	全省
73	李	*Prunus salicina*	蔷薇科	II	II	II		II			√	√		4，7	全省
74	金钱松	*Pseudolarix amabilis*	松科	II						√	√	√	√	2~5	苏南
75	枫杨	*Pterocarya stenoptera*	胡桃科	III	II	II	III	III		√	√			1，2，4	全省
76	青檀	*Pteroceltis tatarinowii*	榆科	III	II	II	II			√	√		√	2~5	全省
77	石榴	*Punica granatum*	石榴科	III		II	II	II			√	√		7	全省
78	麻栎	*Quercus acutissima*	壳斗科	III	III			III		√	√		√	3，4，5	全省
79	栓皮栎	*Quercus variabilis*	壳斗科	III	III			III		√	√		√	3，4，5	全省
80	盐肤木	*Rhus chinensis*	漆树科	III	III		II	II		√	√			1~4	全省
81	刺槐	*Robinia pseudoacacia*	豆科	III	III	III	III	III		√	√			1~5	全省
82	月季	*Rosa chinensis*	蔷薇科	II		II	II	II			√	√		4	全省
83	龙柏	*Sabina chinensis* cv. Kaizuca	柏科	III	III	II				√	√			1~4	全省
84	铅笔柏	*Sabina virginiana*	柏科	III	III	II	II			√	√			1~4	全省
85	河柳	*Salix chaenomeloides*	杨柳科	III	II	II	III	III		√	√			1，2，4	苏北
86	杞柳	*Salix integra*	杨柳科	III	III	III	III	III			√	√		1，2，3，5	全省
87	乌桕	*Sapium sebiferum*	大戟科	III		II	III	II		√	√	√		2~4	全省

（续）

编号	树种	学名	科名	生态特性						主要用途				宜林工程	宜林地区
				抗旱性	抗风性	耐盐性	耐水性	耐污性	其他	用材林	生态林	经济林	珍稀濒危		
88	木荷	*Schima superba*	山茶科	II	II						√			3，4	苏南
89	银缕梅	*Shamadendron subaequalum*	金缕梅科	II	II						√		√	3，4，5	苏南
90	秤锤树	*Sinojackia xylocarpa*	安息香科	II	II					√	√		√	3，4，5	苏南
91	槐树	*Sophora japonica*	豆科	III	II	II	II	III		√	√			2，4	全省
92	池杉	*Taxodium ascendens*	杉科	II	II	I	III	II		√	√			1，2，4	全省
93	落羽杉	*Taxodium distichum*	杉科	II	III		III	II		√	√			1~4	全省
94	红豆杉	*Taxus chinensis*	红豆杉科	I		I	I	I			√	√	√	4，5	苏南
95	南京椴	*Tilia miqueliana*	椴树科	III		III					√			2~4，5	全省
96	香椿	*Toona sinensis*	楝科	III	III	III	II	III		√	√			1~4	全省
97	榔榆	*Ulmus parvifolia*	榆科	III	III	III				√	√			4，5	全省
98	白榆	*Ulmus pumila*	榆科	III	III	III				√	√			1~5	全省
99	花椒	*Zanthoxylum bungeanum*	芸香科	III		II	II			√	√			3，7	全省
100	榉树	*Zelkova schneideriana*	榆科	III	II	II	III	III		√	√			1~5	全省

注：

① 生态特性各分项用三级表示。以抗旱性为例，抗旱性强表示为Ⅲ，抗旱性中等表示为Ⅱ，抗旱性弱表示为Ⅰ。其余类推。

② 宜林工程代码分别为：1- 江河湖海防护林工程；2- 绿色通道工程；3- 丘陵岗地森林植被恢复工程；4- 城市森林工程；5- 野生动植物资源和湿地保护工程；6- 杨树等板纸一体化工程；7- 银杏等林副产品综合利用工程；8- 竹业工程。

第三节　现代林业生态工程复合配置技术

一、现代林业生态工程区域性配置

（一）江河湖海防护林基干林带区域性配置

全省范围内所有河流、湖泊、海岸、渠道两侧，其中沿海、长江、淮河沿线建设带状生态林，宽度 50~100 米，京杭大运河、望虞河、太湖、洪泽湖等流域性河道湖泊，每侧（周围）建林带宽 30~50 米，区域性河道（水库）每侧（周围）营造防护林 20~40 米，其他河道每侧营造防护林 20 米。工程涉及江苏省 13 个省辖市，106 个县级行政区（27 个县、27 个县级市、52 个市辖区）。

以大江、大湖、大河、海岸沿线等生态环境脆弱区为主体，治理水土流失，减少风沙危害，减轻水体污染，保护江海河（湖）堤，形成网、带、片、点相结合的多功能、多层次、多效益的综合防护林体系。通过不懈努力，形成以长江、淮河、沂（沭）泗）河三大河流为主干，以京杭大运河、秦淮河、滁河、太浦河、望虞河、太湖水、引江河、洪泽湖、淮河入江水道、淮河入海水道、苏北灌溉总渠、通榆河、废黄河、沂河（含新沂河）、沭河（含新沭河）、徐洪河等 20 余个一级支流及众多二级支流为分支，呈"树型"分布的水源涵养林、水土保护林、护岸林为主体，以骆马湖、固城湖、石臼湖、高邮湖、邵泊湖、微山湖、石梁河水库、小塔山水库、安峰山水库、横山水库、天目湖水库等呈"块状"分布的水源涵养林、水土保护林、风景林等为补充的生态防护林体系。为加固堤防、改善环境而营造的的基干林带，其规划包括以下几个部分：堤前削浪促淤带，堤脚灌木护坡带，堤坡防风固堤带。为提高护坡效果，通常采用乔、灌混交立体配置模式。平地开河、两岸堆土可形成几十米宽的河堤，在河堤上栽植的防风固堤林带，也是基干林带，其布置可参照堤防林带；大型河道两侧的绿色通道也是一种基干林带。这些基干林带处在防风防寒、护堤护路的第一线，发挥着重要的防护作用，是防护林体系的骨架。

规划面积为新增生态防护林 8 万公顷，主要建设内容为江海湖河堤防护林 4 万公顷（标准较高的江海湖河干堤防护林 1.3 万公顷），普通河渠防护林 4 万公顷。近期（2003~2010 年）新建生态防护林 3 万公顷，全省森林覆盖率净增 0.29 个百分点。重点建设融生态防护和森林景观于一体的长江护堤防浪林体系；以防沙治沙为重点的废黄河、大沙河沿线防风固沙林体系；以国家特殊保护林带为重点的沿海防护林体系建设；加快淮河流域水土保持林体系建设；加快太湖流域水源涵养林体系建设；加强南水北调东线工程大运河沿线环境保护林建设。主要技术指标见表 7-7，表 7-8。

表 7-7　江海河湖生态防护林工程主要技术指标（一）

河道等级	建设宽度标准（米）	绿化率指标（%）		
		目前水平	2005 年指标	2010 年指标
沿海长江淮河	每侧 50~100	89.2	95	100
流域性河道及湖泊	每侧（周边）50~100	80.5	90	100
区域性河道及水库	每侧（周边）50~100	54.7	85	95
一般河道	每侧 30~50	49.4	75	90

表 7-8　江海河湖生态防护林工程主要技术指标（二）

河道等级	总长度（公里）	单侧（周边）建设宽度（米）	已绿化面积（万公顷）	新绿化面积（万公顷）
合计	75373		5.59	9.49
沿海长江淮河	2203	50~100	2.36	1.17
流域性河道	4158	50~100	3.99	2.66
区域性河道	12410	50~100	5.09	7.32

（二）农田林网区域性配置

林网的设置要与沟、渠、路相结合。主林带间距应为 15~20H（即 150~200 米），可按已有的沟渠路确定位置，林带一般为 3~4 行，宽度 8~14 米，副林带一般 1~2 行，宽度 3~6 米。

林带结构应为疏透结构（疏透度 0.26~0.35），由乔灌草或乔灌组成，具体建设要求、任务和规划设计要点见表 7-9。

表 7-9　江苏省农田防护林类型区总体框架

序号	区名	所属范围	建设方针	主要任务	规划设计要点
1	徐淮平原农田防护林类型区	徐州市的全部，连云港市、淮阴市的大部分，盐城市的一部分	以防护效益为主，防护效益与经济效益相结合	提高抗御干热风的能力；保持水土，巩固农田水利建设成果；提高经济效益，促进农业结构调整	农田林网与梯级河网化相适应建设方田林网。林带有效防风范围为降低旷野风速 20%
2	里下河平原农田防护林类型区	扬州市的大部分，淮阴市、盐城市的一部分	防护效益与经济效益并重	降水防渍。防风减灾，护堤固圩，改善农业生态环境	农田林网形状因地制宜，方田林网与自然形状林网均可，林带有效防风范围为降低旷野风速 20%
3	沿海平原农田防护林类型区	盐城市的大部分，南通市、连云港市的一部分	以防护效益为主，防护效益与经济效益相结合	提高抗御台风灾害能力；护坡护堤，保证海堤安全	农田林网形状与条田耕作制相适应，建设方田林网。林带有效防风范围为降低旷野风速 30%
4	沿江平原农田防护林类型区	南通市的大部分，苏州、镇江、扬州和南京等市的沿江部分	防护效益与经济效益并重，注重传统林副业生产项目发展	保证堤防及农田水利工程安全；提高抗御台风灾害能力；发挥传统林副业生产优势	农田林网形状因地制宜，不强求一致，林带防风范围为降低旷野风速 20%
5	宁镇扬丘陵岗地农田防护林类型区	南京、镇江、常州市的大部分，无锡、扬州、淮阴市的一部分	生态效益与经济效益并重，农田林网建设与小流域治理相结合	保持水土，保护农田水利建设工程，改善农业生态环境	农田林网建设纳入小流域治理，做到农、林、水、交通、农业配套。林网形状因地制宜，不强求一致
6	太湖平原农田防护林类型区	苏州、无锡市的大部分，常州、镇江市的一部分	生态效益与社会效益并重，兼顾经济效益	提高农村环境质量，改善投资环境和农业生态环境	农田林网形状因地制宜，自然形状和方田林网均可

（三）中尺度农田林网复合配置

在海堤河岸上选择用材树种，营造基干林带，筑起大网格框架；在道路沟渠上立体配置林果树种，营造主林带和副林带，构建中网格；在脱盐排水沟上添加果树辅助林带，建立小网格，形成多树种多林种配置、大中小网格配套、多道防线联防、多产品多效益营建复合配置模式。

复合配置模式突破以往农田林网研究局限于单一林网和技术尺度评价的研究思路，以区域性农田林网化为对象，用技术经济学尺度衡量和择优农田林网建设的关键技术（图 7-3，图 7-4，表 7-10 至表 7-13）。①果林兼用型林网：农作物增收的等额利润值［NAB 为 651.56 元／（公顷·年）］最大，而且具有长短结合和收获多种产品等优点，在复合农林业经营中，增强了高大乔木抗御自然灾害的能力，注入了果树经济效益高的活力，规避了自然灾害和商品市场的经营风险。②造林树种：在江苏海岸带地区宜选择杨树、桃树和梨树，它的 NAB ［451.05~796.5 元／（公顷·年）］大，内部报酬率（109.34%~128.28%）和社会贡献率（SCR

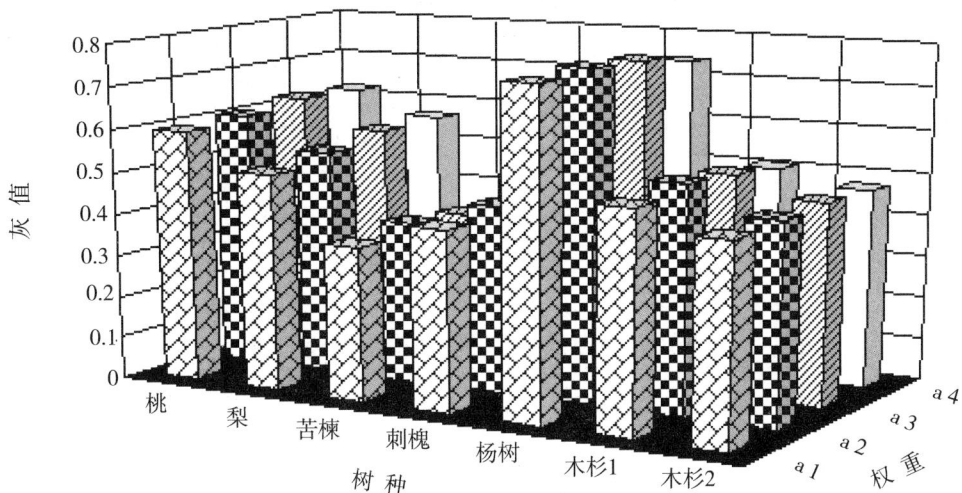

图 7-3 不同权重模拟林网 6 种树种的灰值

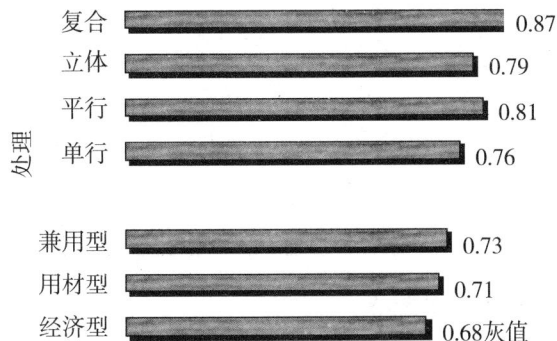

图 7-4 林网不同配置和经营模式的灰值

为 458.70%~1173.03%)高。③林网配置模式：林网复合配置模式的 NAB[777.81 元 /(公顷·年)] 最大，SAR（8.23%）最高，棉花皮棉在重风灾条件下的保产量（152.67 公斤 / 公顷）和保产率（35.06%）比单一农田林网的保产量（107.35 公斤 / 公顷）和保产率（24.65%）分别增加 45.32 公斤 / 公顷和 10.41%。

表 7-10 农田林网不同配置的 NPV 和 NAB

林网配置	NPV（元 / 公顷）			NAB［元 /（公顷·年）］		
	CY	FV	T.	CY	FY	T.
单一	780.00	617.99	1397.99	157.02	124.40	281.42
平行	803.79	2866.84	3670.63	161.81	577.10	738.91
立体	823.23	1300.36	2123.49	165.69	261.77	427.46
复合	800.81	3063.09	3863.90	161.20	616.61	777.81

表 7-11　农田林网不同配置的经济参数

林网配置	B/C1	B/C2	B/C	T（年）	IRR（%）	SCR（%）	SAR（%）
单一	11.88	14.56	6.54	4.09	71.67	683.71	4.33
平行	10.47	6.99	4.19	4.30	79.53	455.93	8.07
立体	11.94	8.86	5.09	4.40	83.11	544.62	6.60
复合	10.51	6.93	4.18	4.40	80.79	455.01	8.23

表 7-12　农田林网不同经营类型的 NPV 和 NAB

林网配置	NPV（元/公顷）			NAB［元/（公顷·年）］		
	CY	FV	T.	CY	FY	T.
经济型	218.32	3220.02	3438.34	43.95	648.20	692.15
用材型	785.48	501.69	1287.17	158.12	100.99	259.11
兼用型	809.21	2427.47	3236.68	162.90	488.66	651.56

表 7-13　农田林网不同经营类型的经济参数

林网配置	B/C1	B/C2	B/C	T（年）	IRR（%）	SCR（%）	SAR（%）
经济型	14.67	4.98	3.72	3.25	119.39	416.87	10.77
用材型	14.06	16.63	7.62	4.23	78.56	792.47	3.87
用型	10.77	7.29	4.35	4.38	80.88	480.18	7.83

（四）海岸防护林体系立地类型划分

造林地立地条件类型划分是防护林体系建设的基础。针对沿海和长江地区的具体特点，首先确定土壤全盐含量、生长季潜水埋深、土壤有机质、全氮、速效磷和土地容重为立地类型划分因子。

在野外调查和室内样品分析基础上，应用多因子分析方法，确定出能充分反映沿海平原沙土区造林地立地条件的三个主因子（土壤养分、土壤水分和土壤盐分因子）。分别求得三个主因子在各个样本点（73 个）上的函数值，最后采用系统聚类分析方法进行立地类型划分。其方法简单、结果准确，具有较高的应用价值。当取 d=0.89 时，研究区共分为 10 个立地类型。为正确指导林业生产，按立地质量高低合理规划造林树种，并提出相应的经营意见（表 7-14 和表 7-15）。

（五）功能多样的城市森林类型设计

城市高密度人口、快节奏生活与城市环境的特殊性和复杂性对城市森林的功能提出了多元化需求。基于这种需求，同时结合江苏省城市的具体情况，应建立以下相应的城市森林类型：

1. 生态安全型

环保型城市森林类型，是指主要用于涵养水源、净化水质、调节气候、减少空气污染、降低噪声和光污染、促进城市碳氧平衡以及物质资源保护等方面的城市森林。具体表现为水体沿岸的各类防护林、水质净化林，郊区丘岗的水源涵养林、水土保持林，土壤污染、大

表 7-14　造林地立地数值分类及适宜树种

立地类型 （d=0.89）	标准 地数	土壤 类型	潜水埋深 （米）	排水 状况	刺槐地 位指数	适生造林树种	现有植被状况	经营意见
1	3		>2.0	优	15.14	水杉成龄林、雀麦、刺耳菜、乌敛莓	银杏、杉林、泡桐、刚淡竹	培育大、中径材，防止沟坡冲刷
2	7		1.5~2.0	良	14.69	刺槐成龄林、蛇莓、益母草	I-69杨、I-72杨泡桐、刺槐	培育中、大径材，加强林下间作套种
3	13	轻度盐渍化土	1.0~1.5	中	13.76	水杉幼林、刺槐中龄林、白茅、节节草	水杉、柳杉、苹果、梨	培育中径材，加强林地复盖，防止返盐
4	1		0.5~1.0	差	12.74	水杉幼林（较差）白茅、萝摩	水杉、铅笔柏、榉树	培育中、小径材，加强沟道疏浚
5	11		1.0~1.5	中	12.17	刺槐林（较差）白茅、蛇莓	薄壳山核桃杜仲、杂交榆	培育中、小径材，加强土壤改良
6	16	中度盐渍化土	0.5~1.0	差	11.52	刺槐林（差）罗布麻、莎草	绒毛白蜡厚壳树	培育小径材，加强沟道疏浚
7	13		0.5~1.0	差	10.70	绿肥改土	白榆、旱柳石榴、侧柏	绿肥改土，田间配套工程建设
8	3	强度盐渍化土	<0.5	极差	9.09	紫穗槐灌丛，芦苇、莎草	柏木、侧柏椰榆、	培育薪材，加强开沟、排水
9	4	轻盐土	<0.5	极差		白茅、獐毛草柽柳	紫穗槐	种植灌木，消浪护堤
10	2	重盐土	<0.5	极差		盐蒿、碱蓬	柽柳、芦竹	种植灌木、草带消浪排淤

表 7-15　堤防造林地立地划分和树种规划

立地 亚级	立地组	立地亚组	立地 类型	树种规划	经营意见
一线 海堤	外坡	较深位潜水、轻度盐渍化土	低	水杉、柳杉、侧柏、柴穗槐、芦竹	造林穴要大、深；混交
			中	水杉、柳杉、侧柏、柴穗槐、芦竹	防止水土流失；混交
		深位潜水、轻度盐渍化土	低	刺槐、柴穗槐、芦竹	密植；施基肥
			中	I-69、I-72杨、水杉、柳杉、紫穗槐、芦竹	防止水土流失；混交
	堤顶	深位潜水、脱盐土	低	刺槐、榉树、紫穗槐	密植；施基肥

（续）

立地亚级	立地组	立地亚组	立地类型	树种规划	经营意见
	内坎	较深位潜水、脱盐土	高	水杉、柳杉、樟树、杜仲、铅笔柏	防止水土流失
		深位潜水、脱盐土	低	刺槐、紫穗槐	防止水土流失；施基肥
			中	水杉、柳杉、铅笔柏	防止水土流失
一线海堤	青坎	较深位潜水、脱盐土	高	乌桕、旱柳、侧柏、紫穗槐、杞柳	降低土壤潜水水位；以耕代抚
			中	乌桕、旱柳、侧柏、紫穗槐、杞柳	降低土壤潜水水位；改土；以耕代抚
			低	乌桕、旱柳、侧柏、紫穗槐、杞柳	降低土壤潜水位；改土；施基肥；以耕代抚
		中位潜水、轻度盐渍化土	高	银杏、杜仲、水杉、柳杉、铅笔柏、意杨	经济林要加强管理，降低潜水水位
		较深位潜水、轻度盐渍化土	低	刺槐、紫穗槐、杞柳、芦苇	青坎边防止水土流失
			中	水杉、柳杉、侧柏、铅笔柏	青坎边防止水土流失
		深位潜水、脱盐土	高	银杏、杜仲、水杉、柳杉、铅笔柏、意杨	经济林要加强管理

气污染、噪声污染等各类重点污染区的降污林，热岛地带的调温调湿林，以及自然保护区林分等，通过这些森林的建立，达到净化城市水、土、气，保护物种多样性，维持城市生态平衡，保护城市生态安全，改良城市生态环境的目的。

2. 生态风景型

景观生态型城市森林是指景观、生态功能兼优的城市森林类型。具体主要是指道路、水岸等林带所构成的绿色廊道，是城市森林的重要组成，对于城市生态环境的改善以及城市森林整体结构的形成，具有重要作用。

3. 生态健康型

无论是植物个体，还是森林群体，都具有色彩美、形态美、音韵美、空间美及其时空变化与生命特征。森林所制造的氧气、产生的负氧离子、挥发的有益人体健康成分以及缤纷的色彩与多样的树姿，对人类的生理、心理健康都有着良好效果，研究表明采用森林浴等疗法，能够产生降压、祛痰、消炎、利尿、杀菌等多种功效。因此，从生理心理学、环境心理学、生态美学等角度出发，将生态效应与视觉效应有机结合，选择休闲保健功能较好的树木，建立具有休闲保健功能的森林群落，形成生态健康型城市森林，为身心紧张的城市居民提供了良好的活动场所。健康型城市森林主要包括居住区及单位绿化、城市广场森林、市区的片林以及居民活动较多的河岸林带等，一般具有较好的可塑性。

4. 生态文化型

森林不仅具有固有的自然属性，而且富有很强的文化属性。森林文化是人类文明的重要内容，城市森林文化是城市文化与城市文明的重要组成部分。发展文化型城市森林是升华城市文化与城市文明水平的重要措施。文化型城市森林建设的途径之一是积极发展城市园林文化、森林旅游文化、花文化、竹文化、茶文化以及蚕桑文化等；其次是紧密结合城市历史文化遗产，充分发挥各种森林植物所具有的不同品格与风格，建立与之高度协调的城市森林。文化型城市森林的建设，有助于陶冶人们情操、丰富城市文化、提升城市文明。

5. 生态产业型

主要是指各类花木种苗生产基地、城郊经果林以及森林公园等。大面积的种苗生产圃为造林绿化提供大量种苗，城郊经果林可以生产大量的果品，森林公园所带来的大量森林旅游收入，已成为城市经济发展新的增长点，这些类型都具有较高的直接经济效益。生态产业型城市森林建设，是调整城郊产业结构、提高城市林业经济实力的重要途径。

（六）不同区域公路绿化配置技术

从苏南、苏中、苏东和苏北的地理、气候和植被等自然条件差异以及社会经济发展的不平衡性，提出了不同区域公路绿化的特点和技术要求。

1. 苏南地区公路绿化规划

根据气候、地形地貌、植物生态适应性，以及社会经济和历史文化等的差异，分成西部宁镇丘陵地区及东部沿江和太湖流域地区两部分进行规划。

（1）苏南西部宁镇丘陵地区：本区域是省会南京都市圈，是江苏政治、经济、文化中心和区域性水陆空交通枢纽，历史名城古都金陵和金山重镇文化底蕴丰厚。规划树种应充分体现北亚热带南部及丘陵山区植物景观特点，展示宁镇丘陵特有树种，反映现代经济、科技发展成就和历史文化特色。

（a）低湿地和中性土壤条件的绿化：以科研院所引种和培育成功的新树种为主体，展示科技发展成果。

乔木：中山柏、金丝垂柳、南方型杨、美国马褂木、杂交马褂木等。

灌木、小乔木：蜡梅、红花檵木、杂种连翘、金叶女贞等。

地被植物：酢浆草、诸葛菜、紫叶小檗等。

（b）宁镇及茅山丘陵地区：以自然植被中主要树种及本地区特有树种为主体，展示区域景观特色。

乔木：中国枫香、毛竹、刚竹、苦槠、石栎、青冈栎、大叶冬青、白栎、麻栎、槲栎、栓皮栎、黄连木、宝华玉兰、南京柳、尾叶樱、南京椴等。

小乔木、灌木：老鸦柿、乌饭树、女贞、冬青、构骨、石楠、称锤树、绣线菊等。

地被植物：诸葛菜、石蒜、凌霄、络石、沿阶草、铜钱草、石蒜等。

（c）服务站区绿化：以历史上诗词歌赋、文学作品中述及的植物种类为主体，展示悠久历史文化内涵。

种类：樱花、贴梗海棠、木瓜海棠、湖北海棠、垂柳、杏、丁香、蜡梅、枫香、三角枫、槭树、石榴、牡丹、芍药、芭蕉、梅花、芙蓉等。

（d）重要路段的绿化：以枝繁叶茂、四季常青的樟树，婀娜多姿、挺拔青翠的雪松，配以英国月季、笑靥花、迎春、美人蕉、连翘、结香、毛鹃、桃叶珊瑚、八角金盘、鸢尾等木本花卉和地被植物，反映江苏人民意气奋发，经济建设蓬勃发展，居住环境繁花似锦。

（2）苏南东部及太湖流域地区：本地区重点反映北亚热带向中亚热带过渡区域植被类型特点，反映桃红柳绿、姹紫嫣红的锦绣江南景观特色，同时体现苏州、无锡、常州经济大城市风光。

（a）以常绿树种为主体展示区域气候特点：

乔木：香樟、含笑、金合欢、杜英、光叶石楠、杨梅、琵琶、大叶冬青、紫柄冬青、桂花、天竺桂、木荷等。

小乔木、灌木：茶花、杜鹃、紫金牛、大叶黄杨、小叶黄杨、金叶女贞等。

地被植物：沿阶草、大叶麦冬、葱兰、酢浆草、连钱草等。

（b）以桃红柳绿、姹紫嫣红体现锦绣江南风光：

乔木：垂柳、碧桃、金钱松、樱花、梅花、栾树、合欢、马褂木等。

小乔木、灌木：月季、金丝桃、芙蓉、枸子等。

地被植物：石蒜、大叶麦冬、酢浆草、连钱草等。

（c）苏南地区适生的乔、灌木及地被：

落叶类：

①乔木：中山柏、杂交马褂木、水杉、南方型杨、杂交柳、七叶树、枫香、黄山栾树、梽木、樱花、南酸枣、重阳木、三角枫、元宝槭、厚朴、黄山木兰、二乔玉兰、白玉兰、宝华玉兰、湖北海棠、木瓜海棠、南京椴、黄金树、鸽子树、香港四照花、香果树、银雀树、金钱松、乌桕等。

②灌木：黄馨、杂种连翘、秤锤树、紫薇、紫叶李、木槿、木芙蓉、红花锦带、红花檵木、金叶女贞、紫玉兰、贴梗海棠、夏蜡梅、蜡梅、梅花、西府海棠、垂丝海棠、碧桃、毛鹃。

常绿类：

①乔木：樟树、雪松、杜英、女贞、天竺桂、红楠、交让木、虎皮楠、黑壳楠、华东楠、光叶石楠、深山含笑、新木姜子、醉香含笑、乐昌含笑、阔瓣含笑、木荷、桂花、苦槠、石栎、青冈栎、大叶冬青、紫柄冬青、广玉兰、日本冷杉、华东铁杉、白皮松、罗汉松、铅笔柏、红豆杉、法青、萝木、丛生竹、散生竹等；

②灌木：光叶石楠、桃叶石楠、桃叶珊瑚、胡颓子、八角金盘、佛顶珠桂花、金丝桃、夹竹桃、红茴香、厚皮香。

地被类：紫叶小檗、月季、美人蕉、紫罗兰、富贵草、花叶长春蔓、欧常春藤、石蒜、金叶绣钱菊、沿阶草、扶芳藤、葱兰、吉祥草、浆草、大叶麦冬、络石、铜钱草、诸葛菜、鸢尾。

藤本类：中华常春藤、中国凌霄、美国凌霄、常春油麻藤、爬山虎。

2. 苏东地区公路绿化

重点线路以常绿树种为主调（南通地区宜栽种香樟、雪松、广玉兰等常绿乔木，盐城地区可栽种女贞、广玉兰、雪松、铅笔柏、龙柏等常绿乔木），落叶树种为衬托，乔灌草立体配置；一般干线以耐盐、耐湿、抗风性强的落叶乔木为主，如中山柏、落羽杉、水杉、意杨、刺槐、南酸枣等落叶乔木。总体配置模式和布局应突出生态化，充分发挥公路林带对土壤、气候的调节功能和对自然灾害的防护作用。由于本区土地资源丰富，可结合农业产业结构的调整，大力开展公路用地以外的配套绿化，如意杨产业带、中草药产业带、花卉苗木产业带和果树产业带等，以进一步加强公路绿化的主导作用。

苏东地区的适生乔、灌木及地被：

乔木：香樟、雪松、广玉兰、女贞、铅笔柏、蜀桧、意杨、杂交垂柳、水杉、刺槐、银杏、泡桐、白玉兰、悬铃木、苦楝、白蜡、中山柏、墨西哥落羽杉、美国马褂木、美国山核桃、三倍体杨、南酸枣、美国落羽杉、乐东木兰、二乔木兰、喜树、黄山栾树、刺槐、楝树、日本柳杉。

灌木：木槿、紫薇、红叶李、小叶黄杨、海桐、红花檵木、小叶女贞、大叶黄杨、金边黄杨、桂花、连翘、凤尾兰、栀子花、碧桃、紫玉兰、龙柏球、光叶石楠、桃叶珊瑚、夹竹桃、八角金盘、金丝桃、金叶女贞、垂丝海棠、丰花月季、杂种连翘、大叶冬青。

草本：鸢尾、美人蕉、狗牙根、白三叶、马蹄金、黑麦草、诸葛菜、沿阶草、萱草、红花酢酱草、常春藤、石蒜、鸢尾。

3. 苏中地区公路绿化规划

根据公路所在的区域和不同路段选择与之相适应的树种和配置模式：

（1）苏中里下河地区，主要选择池杉、墨西哥杉、落羽杉等耐水湿树种，采用行列式种植，公路绿化和农田林网相结合。

（2）三泰地区，银杏产业发达，可大量种植骨干树种银杏，以银杏为主景突出地方特色。

（3）在城市出入口、服务区等重点地段，植物选择珍贵的地方树种，如扬州的琼花、山茱萸、芍药，兴化的月季等，借鉴传统造园手法进行重点设计，表现本地区特有的文化品位。

苏中地区的适生乔、灌木及地被：

乔木：银杏、垂柳、槐树、香樟、广玉兰、女贞、水杉、池杉、落羽杉、中山柏、桧柏、白皮松等。

小乔木、灌木：琼花、山茱萸、梅花、碧桃、紫薇、蜡梅、桂花、夹竹桃、黄杨、火棘、小叶女贞、红叶小檗、紫竹、刚竹、淡竹等

地被：麦冬、葱兰、白三叶、马蹄金、天堂草等。

4. 苏北地区公路绿化

根据苏北地区的气候特征，以及不同地域地形、土壤质地的差异性和树种的生态适应性，并紧密结合社会经济现代化发展的需要，将其分成几个主要立地类型的公路绿化树种配置方案

（1）东北部低山丘陵地区公路绿化树种配置：

本地区处在江苏省重要港口和闻名中外的旅游城市——连云港外围，是连徐、宁连等高速公路在连云港的交汇处。在云台山及赣榆丘陵地带，棕壤的土质条件较好，pH值为5.5~6.2，适合多种落叶阔叶树种生长；在东海至新沂一带的缓坡阶地，棕壤的土质条件较差，

在薄层的洪积物中有铁锰结核的白浆土层，底为黏土不透水层，许多阔叶树种生长表现不良。因此前者公路绿化树种配置水准应高于后者。

方案一：

乔木：雪松、赤松、五角枫、楸树、麻栎、栾树、白玉兰、樱花、桂花、女贞、龙柏等。

灌木：红叶李、紫薇、碧桃、红花木槿、火棘、紫荆、小叶女贞等。

地被植物：红花酢浆草、爬行卫矛、吉祥草、沿阶草、阔叶麦冬、龙爪花等。

本方案采用常绿和落叶树种混交配置方式，主体树种观赏价值较高，适用于与连云港市郊连接的连徐、宁连等高速公路绿化林带的树木配置系统。还可依主体成分设若干组，如雪松 + 樱花（或桂花）、枫香 + 广玉兰（或白玉兰）、楸树 + 女贞（或栾树）等，加上边行花灌木的有序点缀，使其三季有花（或果），季相色彩多样。

方案二：

乔木：意杨、泡桐、楸树、白榆、臭椿、女贞、塔柏、圆柏等。

灌木：紫穗槐、白蜡树、小叶女贞、大叶黄杨、红花木槿等。

地被植物：爬行卫矛、沿阶草、小冠花、紫花苜蓿、野决明等。

本方案以落叶乔木为主，适量配置些小型常绿乔灌木，适用于东海至新沂、灌云一带缓坡阶地一般公路段的绿化配置，布局形式多样又可分组，如意杨 + 女贞、泡桐 + 圆柏、楸树 + 塔柏等。为改善土壤条件，地被设置以豆科植物为主，在绿化实施时，栽植穴应打穿不透水层，再填入熟土，以促进树木发育良好。

（2）西北部邳州、铜山丘陵之间丘陵岗地公路绿化树种配置：

该地域土壤为淋溶褐土，质地重壤至黏土，pH 值为 8 左右。在此类土层浅薄的石灰残丘上，大面积的人工侧柏林，生长表现良好。因此，该地域一般公路段的绿化宜采用以柏树为主体的配置形式。

方案三：

乔木：铅笔柏、侧柏、塔柏、河南桧、龙柏、雪松、槐树、白玉兰、樱花等。

灌木：紫薇、花石榴、红叶李、山桃、小叶女贞、洒金柏等。

地被植物：爬行卫矛、络石、红花酢浆草、结缕草、龙爪花等。

本方案采用常绿针叶树种为主的混合配置形式。鉴于西部与古城徐州市相连接，宁徐和连徐等高速公路在徐州交汇等因素，因此从中优化组合，如铅笔柏 + 樱花、雪松 + 槐树、塔柏 + 白玉兰等，加上边行的花灌木适当点缀，使徐州市郊高速公路绿化的季相色彩丰富多样。

（3）黄淮平原地区公路绿化树种配置：

苏北地区的黄淮平原近 130 万公顷，占全省土壤总面积 21.66%。由沂沭河冲积物并经历年耕作形成的棕潮土，质地砂壤至壤质黏土，呈微酸性至中性，主要分布于新沂、邳州和沭阳一带；黄潮土是由黄河南徙夺淮冲积经长期旱作发育的耕作土壤，主要分布在徐州、铜山、睢宁、泗阳、淮安、涟水一线的黄河故道两侧和丰县、沛县大砂河沿岸，pH 值为 7~8之间，蓄水保肥性差。这两类性质不同的土壤类型，前者优于后者，因而宜分别确定公路绿化树种配置方案。

方案四：

乔木：银杏、水杉、毛白杨、雪松、龙柏、广玉兰、榉树等。

灌木：火棘、紫薇、老鸦柿、海桐、白蜡树等。

地被植物：红花酢浆草、吉祥草、沿阶草、阔叶土麦冬、爬行卫矛等。

本方案以银杏、毛白杨和水杉等高大落叶乔木为主体，适量配置一些常绿乔灌木，用以增加季相色彩，主要适用于新沂、邳州和沭阳等棕潮土地域一般公路的绿化树种配置。鉴于沂淮高速公路北与连徐高速公路交汇于新沂市、南又与淮安市郊连接的因素，新沂和淮安市郊的路域绿化带树种配置形式可优化为雪松＋水杉、银杏＋广玉兰、毛白杨＋龙柏等，加上边行的花灌草有致点缀，可使路域景观多样而协调。

方案五：

乔木：意杨、泡桐、柳树、槐树、刺槐（红花）、悬铃木、塔柏、河南桧、女贞等。

灌木：紫穗槐、白蜡树、花石榴、小叶女贞等。

地被植物：紫花苜蓿、小冠花、野决明、沿阶草、结缕草等。

本方案采用以意杨、泡桐等落叶阔叶乔木为主体的配置形式，用适量的常绿小乔木点缀而成，可广泛应用于黄河故道两侧和丰县、沛县大砂河沿岸黄潮土地域的绿化布局，也可从中优化组合，如意杨＋女贞、泡桐＋塔柏及槐树＋河南桧等。因该地域土质一般较差，故地被植物的设置宜以多年生豆科植物为主，并在树木建植时，注意做好肥水管理和排水设施。

苏北地区适生乔灌木及地被植物名单：

落叶树种：

①乔木：意杨、毛白杨、楸树、泡桐、槐树、枫香、麻栎、栓皮栎、南京椴、糠椴、黄连木、白榆、榔榆、朴树、青檀、榉树、山槐、刺槐（白花和红花）、野鸦椿、棠梨、臭椿、梧桐、悬铃木、旱柳、垂柳、黄山栾树、桑树、皂荚、三角枫、水杉、白玉兰、樱花、香椿。

②灌木：白蜡树、紫穗槐、杞柳、丝棉木、牛奶子、卫矛、花石榴、红花木槿、芫花、老鸦柿、碧桃、山桃、鸡爪槭、红叶李、紫薇、迎春、酸枣、枳壳。

常绿树种：

①乔木：雪松、黑松、龙柏、塔柏、铅笔柏、侧柏、河南桧、柏木、圆柏、广玉兰、桂花、女贞、石楠、青冈栎。

②灌木：小叶女贞、火棘、日本女贞、海桐、大叶黄杨、瓜子黄杨、洒金柏、胡颓子。

地被植物：沿阶草、红花酢浆草、阔叶土麦冬、爬行卫矛、吉祥草、石蒜、诸葛菜、紫花苜蓿、小冠花、野决明、富贵草、结缕草。

藤本植物：爬山虎、美国凌霄、中国凌霄、洋常春藤、中华常春藤。

（七）丘陵岗地区域性植被恢复

江苏省地处过渡性气候带，境内丘陵山区的生境条件、植被及农业结构差异较大。区域布局大致可以划分为北部暖温带南部丘陵山区，西部及西南部北亚热带丘陵山区，以及西南及西南部亚热带、北亚热带过渡带丘陵山区三个板块。

1. 北部暖温带南部丘陵山区

包括东北部云台山及黄淮局部丘陵岗地。本区内植被以暖温带地带性树种落叶阔叶树及针叶树为主。东部云台山植物资源较丰富，木本植物约 75 科，166 属，311 种。森林覆盖率 15.9%。已经建成花果山风景名胜区，后云台山自然保护区，以及墟沟林场国家级森林公园和锦屏林场省级森林公园。 这一地区正在逐步形成以意杨速生丰产用材林、经济林果、苗木花卉及森林旅游业等为主的综合林业产业体系。西部丘陵岗地开发基础良好，徐州市是全国造林绿化先进单位，1998 年被林业部列为全国林业技术开发试验区。徐州又是江苏省内重要的干鲜果生产基地，果品产量占全省总产的 1/2 左右。银杏产业是干果的主体。

水土涵养林：麻栎、栓皮栎、蒙古栎等多种栎类植物是本区的地带性落叶阔叶树种，选用栎类树种与黑松、湿地松、火炬松建立针阔叶混交的水土涵养林。在瘠薄的岗坡地可以营造榆树、刺槐等耐瘠薄、适应性强的防护林。土层较深厚的坡地及丘岗坡麓，除上述树种外，还可采用意杨、果林兼用的薄壳山核桃和银杏等建立防护林。

用材林：本区域具有发展用材林的优越自然条件，以防护林、成片林等形式，建成江苏省速生丰产用材林基地。适宜发展的品种为 I-72 杨、I-69 杨、I-891 杨和苏桐 1 号泡桐等。此外，适当发展铅笔柏、薄壳山核桃、银杏、香椿等材质优良、果材兼用、菜材兼用、经济效益高的硬木树种。

特色干果：邳州的银杏，新沂、东海的板栗，是"七五"期间建立的干果基地。迄今，邳州的银杏叶产量居全国的首位，银杏果产量位居全国第三。已经形成银杏产业。新沂、东海的板栗亦以成为产区乡的主导产业。今后应在巩固基地的基础上优化品种结构，开发精细加工品，发展无公害食品，打品牌，扩大国内外市场。

优质果品生产：重点发展苹果、梨。主要发展品种，苹果以新一代红富士苹果为主，配套发展早、中熟品种及制汁专用品种。梨以日本梨为主。此外，因地制宜，适当发展桃、猕猴桃、葡萄、大樱桃、石榴等。

中药材：巩固、提高现有铜山玫瑰花生产基地和东海中药材 GAP 栽培示范基地。结合林药复合经营栽植适销对路品种。

生态旅游业：本区历史文化悠久，充分利用区域内历史文化底蕴深厚的旅游资源，结合退耕还林、绿化造林，营造景观林，发展生态旅游、绿色科普游、农趣游等。

2. 西部及西南部北亚热带丘陵山区

本区包括西部盱、六丘陵和西南部宁镇及茅山山区。属北亚热带气候区。盱、六丘陵与宁镇及茅山山区由于区位的差异，山区的开发与保护水平有较大的不同。盱、六丘陵地貌、土壤及气候有向暖温带过渡的特征，同时由于社会经济发展相对滞后，山区水土流失严重，土壤贫瘠。20 世纪 80 年代以来，尤其"七五"开始，宁镇扬丘陵山区作为江苏省六大农区之一，加大了开发力度，取得了明显的成效。宁镇及茅山山区地处经济发达的金三角，是江苏的政治、经济、文化中心，具有区位优势，以及丘陵山区保护与开发的重要性和特殊性。规划内容以建成现代化大都市绿色生态屏障和提供现代化物质生活所需的高档绿色产品的生产基地为目标。

　　绿色屏障建设：重点应营造针阔叶混交的水土涵养林和防护林，在城郊丘陵以色叶树种营造景观林，建成融生态、社会、经济效益于一体的绿色屏障。

　　经济林果：重点发展茶、板栗、柿、桑、中药材等。以早园竹为主的笋竹两用林不仅生态效益显著，而且还可开发成鲜笋和多种竹制品，经济效益十分显著。本区是重要的茶叶生产基地，生产如南京雨花茶等一批名茶。茶叶生产重点发展优质有机茶；通过生态茶园建设，提升茶叶品质，增加优质茶比率；加大品牌建设，通过品牌效应，扩展市场空间。

　　优质果品：以溧水为中心的黑莓、青梅等果品生产和加工基地也已形成，发展势头良好。本区果品生产定位应以区域内大中城市为市场依托，以出口创汇为市场延伸，重点发展应时鲜果和无公害优质果品。主要种类和品种为高档水蜜桃（霞晖1号、新白花、安农水蜜桃等）、油桃（金山早红、曙光、华光等）、葡萄（藤稔、高妻、美人指）、李（布朗李）、杏（凯特杏）、石榴。同时发展黑莓、青梅等加工果品。

　　生态旅游：本区内一江飞驰，横贯东西，两岸古城名山林立，历史文化底蕴极其深厚。充分利用旅游资源，结合丘陵山区保护与开发，大力营造旅游景点，将给丘陵山区带来更多的商机。与此同时也将进一步促进山区建设。

　　用材林：结合水土涵养林和防护林提供木材来源，以及利用退耕土地建立速生用材片林。材用树种目前以速生杨为主，因地制宜发展杜仲、香椿、薄壳山核桃等多功能优质硬木经济树种。

3. 西南及南部亚热带、北亚热带过渡带丘陵山区

　　本区范围主要包括宜溧山区和太湖丘陵。本区气候资源较上述两个区域优越，山区开发速度较快，区域内有苏州吴中区洞庭西山国家级农业现代化开发示范基地，溧阳市全国丘陵山区开发示范县，宜兴的省级农业现代化开发示范基地。改革开放以来，林业有了长足的发展，已经形成了日趋合理的资源布局，区域化特色基本形成。本区是全省重要的茶叶产区，也是最具影响的品牌茶产区；是全省主要毛竹、刚竹生产和加工基地。本区是全国著名、历史悠久的板栗产区，太湖沿岸丘陵是全省唯一的常绿果区。

　　生态林建设：重点改造低产林，调整林种结构，加强对荒山、矿山、采石山的植树造林和封山育林。在坡上及山顶土层条件稍好的地区与其他树种配制种植耐瘠薄、根系发达的杨梅、枇杷以及其他常绿阔叶树，作水土涵养林、防护林和景观林。

　　竹产业在本区有良好的基础和发展前景，要进一步扩大笋用竹、材用竹和观赏竹生产基地，加强培育竹产业的龙头企业，扩大竹子加工，提升产品质量，扩大销售市场。

　　结合退耕还林，逐步调整林种的垂直布局。根据所在地的社会、经济、土地等具体情况，将板栗、茶叶等经济林果的分布高度，逐渐下移到土层较厚、立地条件较好的坡下和山麓。

　　调整茶叶品种结构，发展无性茶。进行茶叶加工技术改造，提高茶叶品质，提升品牌效应。改造低产茶园，除加强管理和改善林相外，着重茶园生态建设，有计划地改造为生态茶园。

　　特色水果无锡水蜜桃、吴中洞庭山杨梅、枇杷、宜兴青梅等的生产，着重加强优质果品基地生产建设，大力发展无公害优质果品生产，发展深加工。

　　巩固提高板栗、银杏、桑的生产基地，建立无公害生产基地，培育板栗品牌，引进加工技术，扩大国内外市场。

发挥资源优势，绿化美化丘陵山区，使本区既是绿色家园又是都市人回归自然的胜地。

二、现代林业生态工程高效配置技术

（一）林带模式择优技术

农田防护林体系具有明显的区域性气候效应和减灾效能。在 10 米高度上削弱风速 19%~62%，平均减低 30% 以上；在陆风环流时，削弱风速的高度 12H，海风环流时，削弱高度 7~10H。春季减少地表温度日较差 3~10 ℃，月平均降温 0.04~0.27 ℃，温度效应与林木覆盖率相关，覆盖率达 12% 后，开始产生效应，其效应强度随覆盖率增加而加强。16 米宽、3 米高的林带使空气中的 CI‾ 减少 18.4 微克 / 立方米，为无林地的 4 倍。有林区月平均蒸发量减少 13.6%，月平均相对湿度增加 0.13%~1.55%，当防护林面积超过 30% 和活木蓄积量超过 5.6 立方米 / 公顷时，减少的蒸发量趋于一个定值：12.5%。因此，合理确定防护林体系的建设规模、主栽树种，可使防护林体系的防灾效益明显增大（农田防护林不同树种防风效果及经济参数见表 7-16，表 7-17）。

表 7-16　10 种林网的基本情况及其防风效果

林网	林带高度（米）	林带宽度（米）	主林带长度（米）	副林带长度（米）	地面粗糙度（米）	疏透度	设计高度处防风（%）	10 米高度处防风(%)
桃	2.40	1.5	120	200	0.03	0.25	34.26	18.61
梨	3.00	1.5	120	200	0.03	0.25	40.82	21.08
苦楝	5.90	4.0	200	400	0.03	0.49	28.63	23.35
刺槐	6.20	2.5	120	550	0.03	0.46	26.92	21.26I-69
I-69 杨	13.00	12.0	480	250	0.03	0.21	49.10	61.64
如东水杉	5.90	1.5	180	200	0.03	0.43	27.71	29.64
东台水杉	6.24	8.0	180	200	0.03	0.38	37.21	34.04
水杉 + 柿	6.35	40.0	240	200	0.05	0.19	36.18	35.97
水杉 × 柿	6.09	13.0	600	180	0.03	0.31	33.17	33.18
水杉 支 柿	6.42	36.0	240	200	0.05	0.27	35.33	34.17

表 7-17　农田林网不同树种的经济参数

树种	NPV（元 / 公顷）			NAB［元 /（公顷·年）］			B/C1	B/C2	B/C	T（年）	IRR（%）	SCR（%）	SAR（%）
	CY	FV	T.	CY	FY	T.							
桃树（Ap）	167.07	3789.71	3956.78	33.63	762.88	796.51	16.61	5.47	4.11	3.31	128.23	458.70	10.32
梨树（Pp）	269.56	2650.39	2919.95	54.26	533.53	587.79	12.80	4.48	3.32	3.18	109.73	374.61	11.33
苦楝（Ma）	439.56	123.43	562.99	88.49	24.84	113.33	10.71	14.72	6.20	5.51	64.34	637.67	2.77
刺槐（Rp）	600.92	235.10	836.02	120.97	47.32	168.29	11.68	16.81	6.89	4.08	69.97	711.61	3.12
杨树（Pd）	1326.91	913.44	2240.35	267.11	183.94	451.05	23.88	21.38	11.28	4.50	109.34	1173.03	3.84
水杉 1（Mp1）	753.98	391.71	1145.69	151.78	78.85	230.63	14.98	18.30	8.24	4.31	82.33	853.47	3.51
水杉 2（Mp2）	806.03	844.25	1650.28	162.26	169.95	332.21	10.46	12.85	5.77	5.43	66.11	606.08	4.85

（二）小网格农田林网复合配置

农田林网模式采用小网格（网格面积5~8公顷）、窄林带（2~3行）的方式，林带疏透度以0.25~0.3为宜。农田林网（带）在非重灾条件下具有抗御干热风、寒露风等，增加农作物产量的作用；重灾条件下具有抗御强热带风暴和台风，保护农作物产量的作用。据测定，在非重灾的年份，农田林网（带）使小麦增产5.06%~13.52%，油菜增产5.87%，水稻增产6.21%~12.80%，皮棉增产10.33%~17.52%。重灾年份，一次强热带风暴时，水稻倒伏减产率减轻2/3，皮棉保产28%~11%。二次强热带风暴，皮棉保产52%~69%。

（三）特困立地育林

针对海岸区域内风灾盐害、土旱肥缺、地广人稀、造林特别困难的立地条件，安排新海堤、荒沟、荒路3种立地，进行2种插条来源、3种插穗长度、6种扦插深度和4个扦插时期、不同化学物质处理的造林对比试验，研究生根剂、吸水剂、降盐剂及施肥等措施，对扦插成活率的影响。将杨树新无性系，高规格、降盐分、促生根、抗干旱、增营养等多项技术物化在同一根插穗上，再辅以棒肥缓释技术，初步形成了特困地简化育林新技术。结果表明造林成活率在80%以上，林木生长量相当于植苗造林的生长量。

（四）城市森林构建模式

结构决定功能。城市森林的模式同样也决定着城市森林的功能。建立优化模式，达到功能高效，是城市森林建设追求的目标。城市森林的具体模式构建应综合不同地类特征、城市森林类型等方面情况加以确定。模式构建的基本思路确定为：建立以乔木为主，乔灌草相结合的复合配置模式，建立以地带性植被为主，近自然的植物群落模式，建立以主导功能为主，其他功能兼顾的配置模式。

1. 城市道路林网

江苏省城市道路系统十分发达，道路林网是江苏城市森林生态网络的重要组成框架。要求有利于道路交通的功能，具有连接、隔离作用以及净化污染物等生态功能，具有绿化、美化等景观功能。快速干道（含铁路）林带单侧总宽度50~100米，其中保护林带宽20~30米，利用林带30~80米；主要道路单侧最小宽度为12~24米；次要道路单侧最小宽度为6~12米。

（1）快速干道：以3~5排高大乔木为背景或上层，以中小乔木或大灌木为中景或中层，以较低矮的花灌、草坪为前景或下层，形成宽约20~30米的保护林带。

背景或上层：水杉、雪松、香樟、榉树、栾树、杨树、广玉兰、喜树、落羽杉、臭椿、鹅掌楸、银杏等。

中景或中层：红枫、海棠、紫薇、夹竹桃、蜡梅、紫叶李、石楠、棕榈、木槿、桂花等。

前景或下层：金叶女贞、小叶黄杨、瓜子黄杨、铺地柏、红花檵木、紫叶小檗、海桐、蜀桧、丝兰、凤尾兰、小叶女贞、丰花月季、火棘、杜鹃、龙柏球、洒金桃叶珊瑚、狭叶十大功劳等。

根据道路的具体情况（主导功能、立地条件等），选择适宜的树种进行多种混交配置，同时注重大色块、大尺度的节奏变化，形成一定的景观序列，满足道路景观功能要求。

利用带选择杨树、水杉、银杏等高大树种，构成30~80米宽林带，林带为单一树种或不同树种之间大块状混交。

（2）主要道路：以 2~3 排大乔木形成背景或上层，小乔木或大型花灌形成中景或中层，由较低矮的花灌、草坪、花卉形成前景或外层，构成宽 12~24 米林带。根据道路具体情况选择适宜树种，注意色相、季相搭配以及层次节奏的配置。

背景或上层：白玉兰、二乔玉兰、乌桕、银杏、女贞、合欢、悬铃木、含笑、槐树、水杉、雪松、香樟、榉树、栾树、广玉兰、喜树、臭椿、落羽杉、鹅掌楸以及适宜的松柏类植物等。

中景或中层：樱花、冬青、枇杷、红枫、海棠、紫薇、夹竹桃、蜡梅、紫叶李、石楠、棕榈、木槿、桂花等。

前景或下层：金叶女贞、小叶黄杨、瓜子黄杨、铺地柏、洒金柏、红花檵木、紫叶小檗、海桐、蜀桧、丝兰、凤尾兰、小叶女贞、丰花月季、火棘、杜鹃、龙柏球、洒金桃叶珊瑚、狭叶十大功劳、金丝桃、南天竹、葱兰、马蹄金、红花酢浆草、麦冬、沿阶草、白三叶等。

（3）次要道路：以具有一定生态景观功能的乔木为主体，作为上层植物层，在乔木下配植灌木及花草，将常绿与落叶，乔、灌与花草配植成高低错落、层次参差的复合植物景观，带宽 6~12 米。

上层：鹅掌楸、银杏、白玉兰、紫玉兰、乌桕、雪松、臭椿、喜树、五角枫、三角枫、女贞、合欢、悬铃木、槐树、含笑、香樟、榉树、栾树、广玉兰、樱花、适宜的松柏类植物等。

中层：冬青、红枫、海棠、紫薇、夹竹桃、蜡梅、紫叶李、桂花、石楠、棕榈等。

下层：金叶女贞、小叶黄杨、瓜子黄杨、铺地柏、洒金柏、海桐、蜀桧、丝兰、凤尾兰、小叶女贞、丰花月季、火棘、杜鹃、龙柏球、洒金桃叶珊瑚、狭叶十大功劳、金丝桃、紫叶小檗、红花檵木、南天竹、葱兰、红花酢浆草、麦冬、沿阶草、白三叶、马蹄金等。

2. 水系林网

江苏境内河川交错、水网密布。沿水系建立林网是实现城市"林网化、水网化"的重要举措。功能要求为：①具有优良的固土护堤、水源涵养等生态功能。②具有良好的景观及休闲保健效果。③利用带具有较高的经济效益。一级水岸林带单侧总宽度 50~100 米，其中保护林带宽 20~30 米，利用林带宽 30~80 米；二级水岸单侧宽度 12~24 米；次要河岸单侧宽度 6~12 米。

（1）一级水岸：这里是指沿大型江、河、湖泊等水系周围的滩地。在保护带内有效保存或建立水边的芦苇、莎草等水生植物群落，近水岸栽植耐水湿的杨、柳、枫杨、乌桕、池杉等树种。利用带中主要选择各种优良的柳树和杨树品系以及池杉、落羽杉等速生用材树种，根据水岸地势土壤等具体条件，营造杨树、柳树等优良品系混交林或多树种块状混交林，建立工业原料林基地；同时，在适宜的地方，可于林下间种农作物或其他经济植物，建立林农复合经营模式。从而构建起宽阔的水岸生态经济景观廊道。

（2）二级水岸：二级水岸林带多是城市居民最重要的休闲保健场所。沿水岸由近至远，水边栽植芦、荻、灯芯草、蒲草、茭白等挺水植物，杞柳、紫穗槐、垂柳等树种作为近水岸前景，后景栽植较耐水湿的旱柳、杂交柳等优良乔木柳品系，以及杨树优良品系、池杉、落羽杉、桑树、榔榆、重阳木、枫杨、水蜡树、白蜡树、水杉、水松、白榆、黄连木、榉树、柿树、丝棉木、棠梨、大叶黄杨、紫薇、月季、栀子花、龙爪柳、石榴、黄荆条、扶芳藤、络石、紫藤等植物，同时适当配置能够产生芳香气味的桂花等植物以及能够挥发有益成分并具杀菌功能的松柏类植物，构成常绿落叶混交、针阔混交、乔灌藤混交以及生物多样、配置自然的水岸森林群落，为城市居民提供良好的保健空间。

（3）次要水岸：这种水岸林带设计，以栽植柳树、杨树、重阳木、枫杨、白蜡树、水杉、乌桕等乔木为主，林下适当配置一些小乔或灌木，在远离水岸的林缘可少量点缀雪松等具有一定观赏价值的树种，形成良好的生态和景观效果。

3. 居住区与单位绿化

居住区与单位是人们生活、工作于其中时间最长的场所，与城市居民的生活工作质量密切相关，居住区与单位绿地系统是城市森林的重要组成成分。功能要求为具有良好的休闲保健功能，具有特定的降低污染功能。根据居住区以及单位的大小、性质、周围环境等具体情况，确定具体的数量指标。

（1）公共绿地：是人们休闲、保健、游玩、娱乐的重要场所，森林系统的建设，强调生态、保健、景观的有机结合。可选择鹅掌楸、银杏、乌桕、香樟、女贞、枫香、五角枫、三角枫、合欢、七叶树、白蜡树、重阳木、榉树、栾树、喜树、白玉兰、紫玉兰、广玉兰、雪松、圆柏、桂花、海棠、紫叶李、石楠、棕榈、油茶、紫薇、紫荆、木槿、海桐、杜鹃、樱花、鸡爪槭、八仙花、金叶女贞、小叶黄杨、瓜子黄杨、石榴、枇杷、栀子、金丝桃、南天竹、紫叶小檗、孝顺竹、刚竹、淡竹、菲黄竹、菲白竹等植物，构建以乔木为主的立体森林群落。

（2）专用绿地：是指居住区里公共建筑和公用设施用地内的专用绿地，绿化布置应结合周围环境要求布置，考虑景观、遮阴、分隔、防护的要求，建立物种相对较少、疏透度适宜的乔灌草配置。

（3）道路绿地：应考虑行人遮阴、美化、防尘、吸污等要求，具体参考次要道路，选择不同层次植物，构建合理模式。

（4）宅旁绿地：应结合住宅建筑的间距大小、平面关系、层数高低等因素进行配置，根据江苏城市地区光热的季节性变换特点，近宅处定植高大落叶阔叶树种，如银杏、鹅掌楸、重阳木等，下层配置红叶李、桃、柿、梅、樱花、枫、竹、海棠、小叶女贞、栀子、紫薇、山茶、海桐、八角金盘、南天竹、火棘、金叶女贞、小叶黄杨等，在远处适当栽植常绿植物如桂花、女贞、香樟、棕榈等。另外可采用紫藤、凌霄、爬山虎、常春藤、木香、金银木、络石等藤本植物对各类墙体进行适当垂直绿化。

当然，针对不同使用者的要求，模式的配置有所侧重。例如幼儿园等儿童活动场所周围，应选用色彩鲜艳活泼、无毒、无刺的植物，景观应较为开敞，视线通透；老年人活动区域附近则需营造一个清静、雅致的环境，注重休憩、遮阴要求，空间相对较为封闭；医院区域内，重点选择具有杀菌功能的松柏类植物；而工厂重点污染区，则应根据污染类型有针对性地选择适宜的抗污染植物（具体植物参见前面的树种选择部分），建立合理的植被群落。

4. 广场绿化

广场是市民活动较为频繁的一个公共空间，目前在城市广场建设的热潮中，普遍存在着水泥砖石的堆砌以及草坪花灌的铺装，缺林少乔现象十分严重，广场绿地是当今最需要我们高度重视的一个城市森林建设空间。功能要求为注重遮阴效果、景观特征等，满足市民的休闲活动需求。具有森林功能的林分,面积最少4公顷,广场森林的面积最好应在此以上。

上层选择乔木:香樟、银杏、雪松、榉树、栾树、女贞、广玉兰、白玉兰、合欢、水杉、鹅掌楸、枫香、桂花、重阳木、乌桕、樱花等。

下层选择灌木或草本为:冬青、红枫、海棠、紫薇、夹竹桃、蜡梅、棕榈、紫叶李、石楠、木槿、金叶女贞、小叶黄杨、瓜子黄杨、铺地柏、洒金柏、红花檵木、丁香、海桐、蜀桧、丝兰、凤尾兰、小叶女贞、鸡爪槭、丰花月季、紫叶小檗、火棘、杜鹃、龙柏球、洒金桃叶珊瑚、狭叶十大功劳、金丝桃、卫矛、南天竹、葱兰、红花酢浆草、麦冬、沿阶草、白三叶、马蹄金等。

通过选择较多的高大乔木,适当配置灌木或草本,形成开闭相宜、疏透适中的城市广场森林。

5. 城市公园

公园是市民进行休闲娱乐活动的重要场所,通常绿地面积较大,是城市的重要森林环境,为城市生态设施的主体成分之一。具有休闲保健功能、生态功能、科教功能。公园的面积一般较大,多超过4公顷。

(1)生态林模式:多由槐树、刺槐、水杉、枫香、麻栎、青冈栎等栎类以及松柏类绿化树种或乡土树种构成具有一定野趣的近自然林分。

(2)景观林模式:由具有一定观赏价值的乔木及花灌木所构成的乔灌草植物群落,空间相对开敞,林相景色丰富。如鹅掌楸、香樟+红枫+杜鹃,银杏、女贞+山茶+海棠等模式。

(3)科教等特用林模式:结合城市文化历史所营建的具有特定氛围的城市科教林,如在革命烈士墓地或纪念碑周围营造的大片松柏林分;以及选择具有特殊功能和价值的植物造景,如建立药用植物园、水生植物园、竹类植物园、盆景园、珍稀植物园等。

6. 建成区核心片林

建成区核心片林是城市森林的重要组成,是改善建城区生态环境的重要林分。具有减缓热岛效应、净化城市空气等生态功能以及良好的休闲保健功能。理论上也是面积不小于4公顷,具体应根据热岛效应强度等情况确定较为适宜的片林面积。

选择雪松、圆柏、刺柏、龙柏、马尾松、国外松、水杉、合欢、香樟、槐树以及枫香、麻栎、栓皮栎、化香、黄连木、苦槠、青冈栎、紫楠、华东楠、红楠等地带性树种,在城市的适宜地区(如热岛地带),建立面积大而集中的近自然的植物群落,改良城区生态,形成城市之"肺"。

7. 城郊森林

城郊森林是城市森林不可或缺的有机部分,是城区生态安全的重要保障,是城市森林经济的重要生长点。具有生态安全功能、经济高效功能和旅游休闲功能。根据具体情况而定,没有一定的数量指标,不过一般面积较大。

(1)低丘岗地低产林分的恢复与改造:江苏城郊的低丘岗地目前多为低产松林,效益低下,恢复与改造的重要途径之一就是师法自然,应用恢复生态学原理、生态位及生态演替等理论,针对不同地区,选择地带性植被、乡土树种,如枫香、麻栎、栓皮栎、槲树、白栎、黄檀、化香、黄连木、苦槠、青冈栎、紫楠、华东楠、红楠等,在现有的松林内引进这些阔叶树种,建立针阔混交林,通过逐步更新改造,最终趋向于形成接近地带性顶级植物群落;

另外，一些条件较好的林分，可在林下间作茶叶等经济植物，建立复合经营体系。通过上述措施，从而达到改善生态、改良林相、提高经济等多重效果。

（2）城郊生态产业林的营建：在城郊因地制宜地营建银杏林、枇杷园、板栗林、桃园、梨园等，能够收获果实，同时也是游人观园、采果的好去处，具有良好的经济效益。

营建林木苗圃，根据圃地的自然条件以及地区的林业状况与发展趋势，生产、繁育绿化苗木、用材树种苗木以及花木盆景等，其中要重视繁育乡土树种苗木以及其他特色苗木，为林业建设提供良好的苗木资源，创立种苗产业，发展种苗经济。

（五）公路绿化带宽度、结构模式

由于公路绿化具有显著的多功能性，使之在我国城乡绿化中的地位十分突出。公路绿化也是实行《绿色江苏现代林业发展规划》的重要组成部分。通过扩大公路绿化的规模，不仅可以改善道路景观，而且也是提高江苏省总体森林覆盖率和城乡绿化率的有效手段。据《绿色江苏现代林业发展规划》测算，至 2010 年前江苏省高速公路和国省道路的绿化带宽度将达到 50~100 米，省道每侧建设林带宽度 30~50 米，市县级干道林带宽度 20~30 米，这将使江苏省森林覆盖率提高 0.5%（表 7-18）。由于林带拓宽后占用的土地面积较多，要实施这项工程，必须解决两个关键问题：

表 7-18　各等级公路绿化主景观带宽度的划分

道路等级	通行能力（车/日）	参考系数	林带宽度（米）
中心连接线	25000 PCU	7.5	10~22.5，37.5
高速公路	19500 PCU	5.9	10~17.7，29.5
一级公路	15000 PCU	4.5	5，10~13.5，22.5
二级公路	5660 MTE	1.7	3，5~5.1，8.5
三、四级公路	3330 MTE	1	3

（1）土地产出的比较效益问题，即通过公路绿化造林所占用的土地必须在效益上有所提高，而要提高效益就必须营造效益高的用材林或经济林。

（2）如何处理好公路景观林与产业林之间的关系和矛盾。公路绿化效益主要是社会效益，即景观效益，因此公路绿化造林直接经济效益的提高必须以确保景观生态效益为前提。

为解决好上面两个关键性问题，建议将拓宽后的公路绿色通道划分为主景观带和副景观带两个部分，主景观带的宽度可依据《国务院关于进一步推广全国绿色通道的通知》和交通量比较法所划分的绿色通道范围进行。主景观带以观景和生态效益为主，在树种选择上要求景观效果好、无病虫害、寿命较长的常绿或落叶树种；在设计上，主景观带可采用乔灌草相结合，观叶和观花相结合的方法，提高景观的审美价值，同时力求树种多样，具有地方特色的乡土树种、建群树种或优良的外来树种更佳。主景观带是江苏生态林框架的组成部分，应保持相对稳定，几十年甚至上百年不变，最终形成具有地方特色和自然特性、生物多样性丰富的植被群落、景观廊道或绿色屏障。次景观带由于处于公路景观区的背面，可以从提高效益的角度出发，栽种速生用材或经济林树种等，以提高土地的比较效益，各地可根据实际情况加以利用。

根据以上设想，可以划定各级公路主景观区的范围，超出主景观区的范围为次景观区，主要栽种经济效益高的树种，经济条件好的地区或根据生态建设的需要也可营造生态林或都市型景观林（图 7-5）。

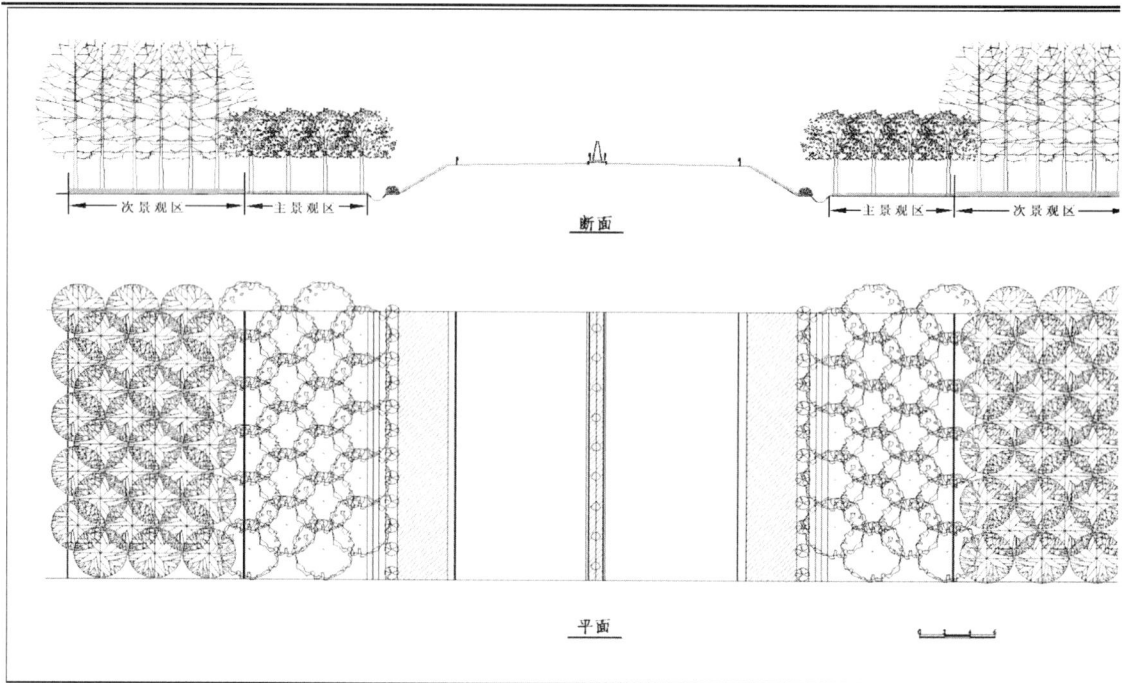

图 7-5 绿色通道公路绿化主、次景观带的规划 1

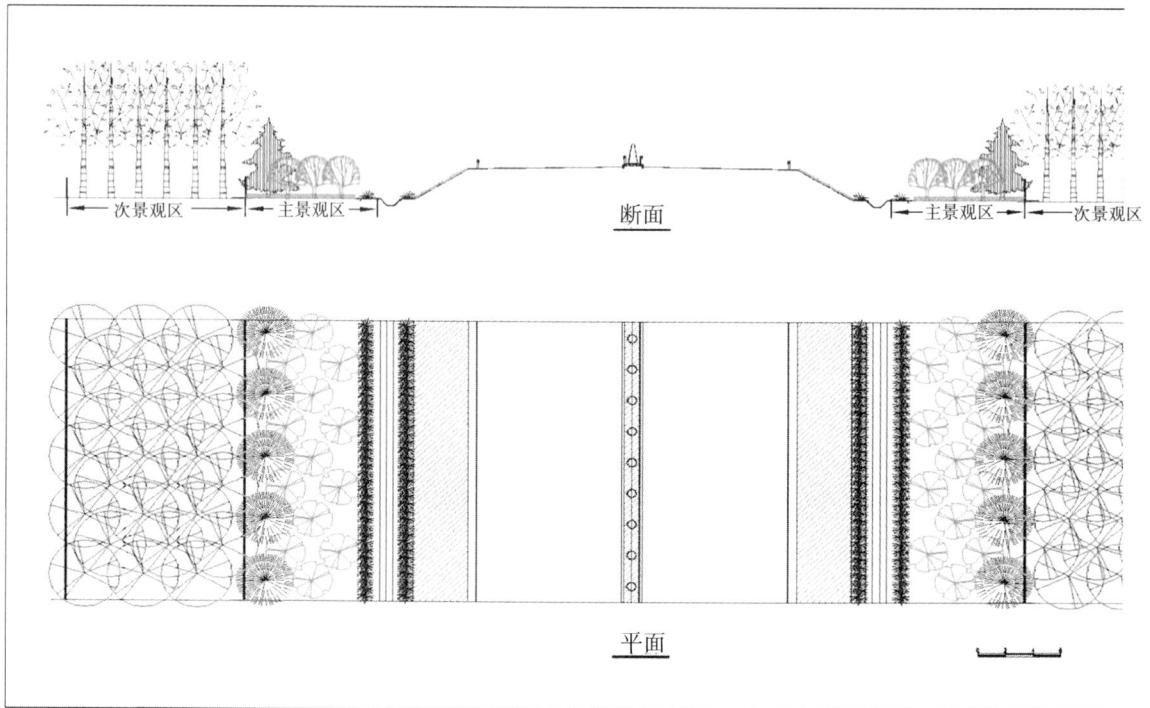

图 7-5 绿色通道公路绿化主、次景观带的规划 2

（六）丘陵山区植被恢复立体配置

丘陵山区地貌复杂，立地条件的垂直变化大，合理规划垂直布局是获得山区生态、经济两个效益统一，最终实现山区可持续发展的关键。垂直布局可以划分为：坡下劳动密集型林果带；中层经济林果带；丘岗顶部水土涵养林、防护林、用材林带。

1. 坡下劳动密集型林果带

劳动密集型林果带主要是指对立地条件要求高、不耐瘠薄、投入高、单位面积效益高的茶、果、中药材、桑、苗木生产，以及当前市场需求大、要求土层深厚的材用树种。江苏东北及北部丘陵地区，重点发展梨、桃、苹果、樱桃、枣、柿、李、葡萄等。西南丘陵重点发展应时鲜果桃、李、葡萄、石榴、猕猴桃、杏等，以及加工果青梅、黑莓、果桑、无花果等。局部地区可以发展茶叶，根据市场需要，可发展桑林、适销对路的中药材。果树生产要加快优质无公害果品生产的发展速度，以便与国际市场接轨。

2. 中层经济林果带

中层适宜北部山区可以发展意杨、泡桐、银杏、板栗、花椒、山茱萸等；西南丘陵主要发展毛竹、刚竹、早园竹、茶、板栗、柿等。此外，根据市场需求，发展杜仲、七叶树、山茱萸等木本中药材。在太湖沿岸丘陵地区适宜发展耐瘠薄的杨梅、枇杷等名特果品。杨梅既是应时鲜果，还可以通过速冻及精细加工，延长供应期和出口外销。

3. 丘岗顶部水土涵养林、防护林、用材林带

现有丘陵山区林种单调，而且主要是针叶林，不利于水土保持和涵养水源，也不利于控制病虫危害。无论从生态学或经济学观点，必须调整林种结构，重视阔叶乡土树种的利用，建立水土涵养林，增加落叶树种在用材林中的林分比重。适宜发展的北亚热带地带性树种有栓皮栎、麻栎、榉树、楸树、枫香、香椿等，在宜溧山区可以适当发展香樟、青冈栎、苦槠等常绿阔叶树种，以提高涵养水土的功能，其中榉树、香椿、香樟等又是优良硬木树种。

（七）丘陵山区植被恢复综合配套技术

江苏丘陵山区气候、地貌、土壤类型较为复杂，适地适树是持续高效生产的科学原则和基本保证。必须根据林种功能、类别，以及丘陵山区区域气候、地貌、土壤及社会生产条件状况，进行合理的空间布局。依据江苏省低山丘陵具体情况，就空间布局提出如下建议：

1. 因地制宜合理配置适生品种

林业生产周期长，正确选择品种是持续高效生产的基础。生产中，由于品种不当而造成经济损失的例子已经屡见不鲜。近年来，江苏省大规模发展速生意杨，目前在徐淮地区已经发生杨小舟蛾等虫害的大面积危害，显示了品种间抗性的差异性。因此，新品种的引进必须进行严格的区域实验和生产应用试验，在此基础上选择适生品种。

2. 运用复合经营技术，大力开发非木质林产品

复合经营与非木质林产品生产是利用有限的土地资源和森林环境开发林、果、茶、药、菜等多种林副产品，通过多途径提高森林资源的培育和经营效益。林农复合经营是当前林业产业发展的一个趋势。复合经营的内涵在于提高土地生产率的同时，建立地域良性生态系统，实现持续高效生产。生产中较普遍应用的模式是林茶、林果、林药、林菌等复合经营模式。

这些模式，在江苏省民间已有悠久的历史。近年来，在此基础上进行合理配置、规范化管理。金坛茅东林场的栗茶间作，取得了提高春茶一级茶 11% 的成效。原江苏省植物研究所对茅东林场栗茶间作园调查分析证明，栗茶间作有效地改造茶园光照条件，变直射光为散射光，提高了空气湿度，改善了茶树根部微生物群落及土壤环境，并且充分发挥肥料的作用，取得栗、茶双收益。南京林业大学句容下蜀林场利用湿地松与茶叶间作，显著改善湿地松林内的小气候条件，提高了林内的湿度和散射光比例，显著提高了复合经营茶园内一级茶的产量，提高了单位面积的经济效益。该林场还在相对湿度较高的竹林内建立了竹笋培育基地。由于竹林内较高的相对湿度和深厚的腐殖质和枯枝落叶层为竹笋的生产提高了良好的生长环境，是进行高附加值食用菌培养的一条良好的途径。

3. 沟植开园技术

江苏省丘陵山区土质黏重，尤其有黏盘层的存在，是丘岗地小老树形成的主要原因。改传统的穴植为开沟定植是丘陵山区开发中的关键技术。1986 年原江苏省植物研究所在六合区泉水开发区采用开沟定植，建立板栗示范园，开沟定植有效地改善土壤的通透性，在促进幼树生长、提早结果、早期丰产以及增强抗病力等方面取得显著成效。在操作中，沟底铺垫稻麦秸秆或枯枝落叶，以及充分风化挖出的黏质土是技术的关键。

4. 灌溉与节水技术

长期以来丘陵山区农业生产靠"望天收"，不仅产量低，而且遇到灾害性气候甚至颗粒无收。对于劳动密集型、高产出的产业，必须建立灌溉系统。海拔相对较高的经济林应建立节水灌溉系统，包括在坡腰及岗顶建蓄水池，蓄积雨水及浅表水。

5. 地面覆盖与生草栽培技术

地面覆盖对于抵御伏旱、秋旱十分重要。地面覆盖既可减少土壤蒸发，同时也起到抑制杂草生长和增加土壤有机质的作用。在国外，一般采用在行内覆盖用机械打碎的木片，行间种植牧草的方式。江苏省一些果园在栽植当年，用黑色地膜覆盖定植行。行间种植草本经济作物，既有土壤覆盖作用，又有合理利用空间、提高单位面积土地生产效益的作用。纵观丘陵山区的特点及开发现状，必须加大投入力度，以生态环境改良为突破口，以高标准、高起点建园，通过营造水土涵养林、防护林、改良土壤理化性状，以及建立灌溉系统等措施，方能获得持续高效的经济发展。

第四节　现代林业生态工程可持续经营技术

一、林带疏透度模型及调控

根据林带结构与防护效应的相关原理，采用定性分析与近代回归分析相结合的方法，建立起了林带疏透度与林带防护特征因子的最优化回归方程：

$$Y_{疏透度} = 0.39546687 - 0.03304352 X_{林龄} + 0.01605580 X_{株距} + 0.005635957 X_{带高}$$
$$- 0.05976669 X_{冠高} - 0.00537218 X_{冠幅}$$

以海岸带农田林网林带最优疏透度 0.25~0.30 为标准，该模型可用于林带规划设计、林带结构调控、疏透度预报、林带防护特征因子的多目标选择等。在进行林带结构调控时，首先实地调查现存林带防护特征各因子的数据，按上述模型求出林带的疏透度。如果现存林带疏透度大于最适林带疏透度，可在林带下层补植灌木和草本植物等来降低现存林带疏透度；若现存林带疏透度小，则可采用修枝或间伐技术来调节。

二、农作物倒伏模型及主林带修复

对林网保护条件下棉花、水稻遭受强热带风暴危害时的倒伏状况及产、质量影响的研究表明（表 7-19 至表 7-22，图 7-6）：林带背风面 27H 范围内，林网具有不同程度减轻棉株倒伏及产量损失的功能，有效防护范围为 0.42~23H，最大籽棉产量和衣分率效果区为 10~13H。与受灾区相比，保护区的籽棉产量增加 45.01%，皮棉产量增加 52.69%。整个林网内的籽棉产量增加 29.94%，皮棉产量增加 35.06%。

表 7-19　二次三项式模拟棉花倒伏的结果

（强）热带风暴次数	指标	a	b	c	R	最大防护效果点	
						米	H
1 次强热带风暴	倒伏率	71.339297	−0.176445	0.001737	0.76**	50.8	7.3
	倒伏程度	1.097294	−0.004219	0.000043	0.82**	49.1	7.0
	平均拥挤度	0.730314	−0.001993	0.000034	0.67*	32.1	4.6
2 次强热带风暴	倒伏率	89.957985	−1.116843	0.000906	0.59*	65.6	9.4
	倒伏程度	1.482714	−0.003165	0.000029	0.77**	54.6	7.8
	平均拥挤度	0.876948	−0.002450	0.000031	0.68**	39.5	5.6

表 7-20　2 种对照的棉花各指标的保护率（%）

主林带背风面距离（H）	27H 为对照				受灾区为对照			
	倒伏率	倒伏程度	平均拥挤度	籽棉量	倒伏率	倒伏程度	平均拥挤度	籽棉量
1	−30.76	−42.77	−54.54	38.38	−21.55	−33.73	−47.36	22.06
2	−31.74	−44.02	−55.12	41.93	−22.41	−35.16	−48.00	25.19
4	−33.17	−45.84	−55.63	47.84	−23.67	−37.29	−48.50	30.40
6	−33.92	−46.72	−55.28	52.13	−24.33	−38.31	−47.95	34.19
8	−33.97	−46.68	−54.08	54.81	−24.37	−38.26	−46.35	36.55
10	−33.33	−45.71	−52.03	55.88	−23.81	−37.14	−43.70	37.50
12	−32.00	−43.81	−49.11	55.35	−22.64	−34.94	−40.01	37.02
14	−29.98	−40.99	−45.34	53.20	−20.87	−31.67	−35.26	35.13
16	−27.27	−37.23	−40.72	49.44	−18.48	−27.32	−29.46	31.82
18	−23.87	−32.55	−35.24	44.08	−15.49	−21.90	−22.61	27.08
20	−19.77	−26.94	−28.91	37.10	−11.90	−15.41	−14.71	20.93
22	−14.99	−20.40	−21.72	28.51	−7.69	−7.84	−7.77	13.35
24	−9.59	−13.05	−13.79	18.47				
26	−4.56	−4.80	−4.77	6.51				

表 7-21   2 类林网棉花产量防护效果

林网类型	指标	区域	样本		林网			
			平均保护量	百分率（%）	面积（平方米）	百分率（%）	总保护量（公斤/公顷）	总保护率（%）
单一林网	籽棉	保护区	179.465	45.01	21330	44.44	260.56	21.05
		受灾区	123.762	–	24270	50.56	–	–
	皮棉	保护区	66.501	52.69	21330	44.44	107.35	24.65
		受灾区	43.552	–	24270	50.56	–	–
复合林网	籽棉	保护区	179.465	45.01	30336	63.20	370.57	29.94
		受灾区	123.762	–	15264	31.80	–	–
	皮棉	保护区	66.501	52.69	30336	63.20	152.67	36.06
		受灾区	43.552	–	15264	31.80	–	–

表 7-22   有无农田林网水稻倒伏减产对比

类型	编号	不倒产量（公斤/公顷）	倒伏产量（公斤/公顷）	减产量（公斤/公顷）	减产率（%）
有林网地	1	9136.05	9014.93	121.12	1.33
	2	9218.10	8945.65	272.45	2.96
	3	8780.10	8604.96	175.14	1.99
	4	9104.10	8960.43	143.67	1.58
	5	9320.10	9256.17	63.93	0.69
	6	9252.00	9062.94	189.06	2.04
	7	9110.10	9011.61	98.49	1.08
	8	9440.10	9263.82	176.28	1.87
	9	9904.05	9166.55	737.50	7.45
	10	9678.00	9452.10	225.90	2.33
	平均	9294.27	9073.92	220.35	2.37
无林网地	11	9130.05	8075.61	1054.44	11.55
	12	8902.05	8425.67	476.38	5.35
	13	8850.00	8262.72	587.28	6.64
	14	8790.00	7881.95	908.05	10.33
	15	9414.00	8458.75	955.25	10.15
	16	9482.10	8611.86	870.24	9.18
	17	9410.10	9070.25	339.85	3.61
	18	9852.00	9416.48	433.52	4.42
	19	8330.10	7782.33	547.77	6.58
	20	8114.10	7837.56	276.54	3.41
	平均	9027.45	8382.32	645.13	7.15

三、林冠遮阴调控

为了排除林带树木根系的胁地影响，本试验选择了近农田边行林木外 1.0~1.5 米处开挖断根沟的 4 条典型林带，分析不同走向林带对小麦产量的影响情况。由表 7-23 可以看出，

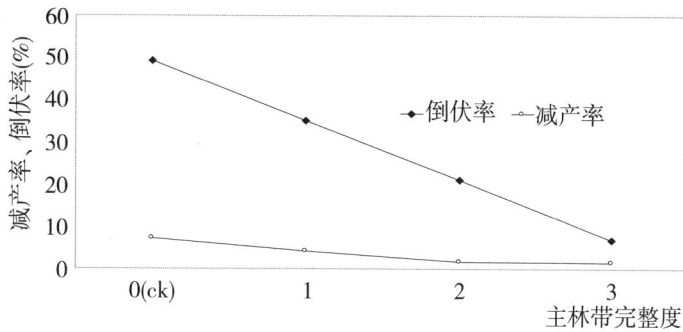

图 7-6   强热带风暴下不同主林带完整度的水稻减产率、倒伏率

林带对北侧和西侧农田小麦的遮阴胁地影响较为严重，影响范围也较大，均在 1.0H 以上。而在林带南侧和东侧的小麦所受胁地影响较轻，在 1.0H 处小麦的产量已经高于对照区的产量。离林带愈近，其影响就愈大，以林带北侧最重，南侧和东侧较轻，西侧居中。距离林带 0.2H 处，北、西、东、南侧小麦产量分别比对照区减产 26.9%、24.19%、21.7% 和 19.04%；0.5H 处分别减产 14.01%、8.51%、7.14% 和 3.49%；在 1.0H 处，除林带北侧和西侧小麦产量较对照区低（约为 7.58% 和 2.98%），东、南两侧小麦产量均高于对照区。要从根本上克服林带树冠的遮阴胁地影响，就必须从造林规划时抓起，遵从林带胁北不胁南，胁西不胁东的原则合理规划造林树种。

表 7-23   不同走向林带侧小麦产量变化

地点	树种组成	林带平均高（米）	农田位置	产量（公斤/亩）				
				0.3H	0.5H	1.0H	3.0H	对照区
候集Ⅱ	3 杨 4 灌	16.5	带北	$\dfrac{275.02}{0.73}$	$\dfrac{323.68}{0.86}$	$\dfrac{347.86}{0.92}$	$\dfrac{393.60}{1.04}$	$\dfrac{367.4}{1.00}$
李井Ⅲ	3 杨 2 灌	16.1	带西	$\dfrac{283.07}{0.75}$	$\dfrac{344.17}{0.91}$	$\dfrac{365.18}{0.97}$	$\dfrac{397.43}{1.06}$	$\dfrac{367.4}{1.00}$
李井Ⅰ	2 杨 2 灌	15.8	带东	$\dfrac{294.72}{0.78}$	$\dfrac{349.52}{0.93}$	$\dfrac{368.0}{1.00}$	$\dfrac{388.4}{1.03}$	$\dfrac{367.4}{1.00}$
前姚Ⅱ	3 杨 2 灌	16.7	带南	$\dfrac{304.74}{0.81}$	$\dfrac{363.26}{0.96}$	$\dfrac{387.98}{1.03}$	$\dfrac{398.03}{1.06}$	$\dfrac{367.4}{1.00}$

四、林带树木根系管理

林带的胁地不仅表现在树冠遮阴影响，还表现在根系从农田中吸收水分和养分。表 7-24 列出有无断根沟影响处，不同带侧小麦产量的空间变化。

由表 7-24 可看出，在林带遮阴和穿根胁地综合影响下，小麦产量将会大幅度降低。在林带南、东、北侧，0.3H 处，小麦产量分别比对照区减产 51.5%、57.1% 和 70.1%；在 1.0H 处，除林带北侧小麦产量低于对照区外，林带东、南侧均略高于对照区；而在 3.0H 处，各侧点均高于对照区的产量，约 3% 左右。另一方面，由于断根沟的阻挡，林木根系无法穿入农田，能有效地防止根系从农田土壤内吸收水分和养分，在一定程度上降低了根系的胁地

表 7-24　断根沟措施对小麦产量影响

地点	树种组成	林带平均高（米）	农田位置	有无断根沟	小麦产量（公斤/亩）			
					0.3H	0.5H	1.0H	3.0H
候集Ⅰ 候集Ⅱ	3杨2灌	15.5	带北	无	112.28	213.33	315.73	387.57
				有	275.02	323.68	345.86	393.60
				差值	162.71	110.25	32.13	6.03
李井Ⅰ 李井Ⅱ	3杨2灌	15.1	带南	无	182.46	278.41	369.68	401.13
				有	304.74	363.26	387.98	398.03
				差值	122.28	84.85	18.3	−3.1
前姚Ⅰ 前姚Ⅱ	2杨2灌	15.7	带东	无	161.52	255.97	343.78	384.02
				有	294.72	349.52	370.91	388.4
				差值	133.2	93.55	27.13	4.18

注：对照区产量为367.4克/亩

影响。在0.3H处南、东、北侧小麦的减产率仅分别为40.1%、45.2%和59.1%；在0.5H处，仅分别减产23.3%、26.8%、34.01%；在1.0H处，有断根沟处小麦产量有所增产，而在3.0H处有无断根沟对小麦产量影响不大，表明实施林带树木根系管理，合理调控根系发展方向，可以有效减低林带根系的胁地影响。

五、防护林更新改造

间伐时间的确定要考虑到林带密度、林带宽度、林带高度、经营目的材种、地位级等多种因素。同时要兼顾到林带防护作用的发挥和间伐材的用途等。

根据立地条件、林龄、经营目的材种和林带生长状况确定间伐时间和间伐强度，在生产实践中有很大的实用性。对I-69杨林带，如地位级较高，以经营工业加工用大径材种为目的，初植密度如较大，行距和株距的乘积在15平方米以下，则当林带高度达到15米时，理论最大营养面积为21平方米，这时一般林龄4年生左右，就必须进行间伐。间伐强度可采用强、弱度间伐两种，如主伐前不进行第二次间伐，则间伐强度要大，根据洪岩等（1992）I-69杨收获表，第一地位级的林分，以8米×8米的株行距时，大径材收获量较大，考虑到林带有一定的营养面积扩展余地，我们提出这样的强度间伐应使间伐后的林带平均单株占地面积，也即保留木的行株距乘积，达到45~55平方米之间，间伐强度约在70%左右。若考虑二次间伐，第一次可进行弱度间伐，间伐强度约在30%~40%左右。第二次间伐可在林带高度25米左右时进行，这时林龄一般在7年生左右，使第二次间伐的保留木行株距乘积达到45~55平方米之间，间伐强度在40%~50%之间。如果初植密度较小，行株距乘积达到25平方米以上，则可考虑在林带高度20米左右一次性间伐，这时一般林龄5生年左右，间伐强度约为50%以下。如果初植密度介于15~25平方米之间，则可分别根据具体情况确定采用一次间伐还是采用二次间伐。地位级差的林带一般以培养中径材为目的，可在林带高度达16~20米左右时一次性间伐，初植密度大的间伐强度可大些，初植密度小的间伐强度可小些。使保留木的行株距乘积达到 30 平方米左右。

（一）抚育采伐年龄

1. 数量成熟龄和工艺成熟龄

平原农区木材资源紧张，数量成熟龄和工艺成熟龄是木材或目的材种收获最多的年龄，从利用木材的角度出发，伐期龄应大于数量成熟龄和工艺成熟龄。

2. 防护成熟龄

农田防护林的主要功能是改善生态环境，保护农作物，提高粮食产量，防护林的经营应努力使其防护效益最高，因而伐期龄不应小于防护成熟龄。

3. 经济成熟龄

经济成熟龄反映了经济活动的目的，即获取最大的经济效益。在生产实践中，可取上述 4 种成熟龄的上限作为主伐年龄。在伐期龄不能采伐时，宁可推迟也不要提前采伐，因为伐期龄后各种收获量仍可稳定一段时间。

（二）抚育采伐技术

1. 森林成熟龄的可变性

农田防护林从不同角度出发可以有多种成熟龄。在经济成熟龄中，由于利率（可贴现率）不同，有若干个经济成熟龄；立地条件好差，经营水平高低，直接影响林木生长速度，对种种成熟龄都有很大影响。因此，农田防护林的成熟既是自然现象，又是经济、社会现象；同时还是一个动态的概念，随着自然和社会经济条件的变化而变化。

2. 成熟龄的表示方法

一般说来，森林收获量在其最大值左右相对平缓，农田防护林在伐期龄前后若干时间采伐收获量影响较小，因此成熟龄和伐期龄适应性和选择性较大，与其用时刻还不如用幅度来表示。实际上，用时刻表示的成熟龄和伐期龄不能反应其本质意义，最好确定一个时间范围，这样也便于安排农林业生产。

3. 林带本身对森林成熟的影响

防护林的成熟还与林带本身的一些参数有关，如林带宽度、密度对数量成熟龄、工艺成熟龄和经济成熟龄影响较大，而林带结构、密度对防护林成熟龄有很大影响。即使立地条件和树种（品种）相同，林带参数不同也可使各种成熟龄及伐期龄产生很大差异。因此，在确定农田防护林成熟龄和伐期龄时，应在林带合理规划设计的基础上进行研究，这样得到的结论才具有普遍指导意义，另外，林带若以经济树种为主时，伐期龄的确定应以防护成熟龄和经济成熟龄为主。

4. 伐期龄的应用

在林业生产中，某些因素在确定伐期龄时可能反映不出来，例如随着年龄的增长、病虫害感染以及风折、风倒等使林木生产衰退。因此，伐期龄是农田防护林经营的有力工具，是防护林采伐的重要依据，但不是永久不变的，应用时不能生搬硬套。

第八章　江苏现代林业产业发展技术体系

第一节　林业产业现状

一、江苏省林业产业现状

江苏省政府制订的《江苏省国民经济和社会发展第十个五年计划》明确提出，要以市场需求为导向，以农业增效、农民增收为目标，依靠科技进步，全面调整产品结构、产业结构和区域布局结构，着力培育 15 个主导产业。就林业而言，重点是杨树产业和林木种苗产业，并以此为契机，加强培育和壮大银杏产业，促进竹产业和森林旅游业的发展。《江苏省杨树产业发展规划》《江苏省林木种苗产业发展规划》《江苏省竹林基地建设发展规划》已经编制完成，其他产业发展规划正在制订之中，林业产业体系雏形初步形成。

（一）木材加工业

苏北地区以杨木为主要原料的木材加工业是江苏省林业产业的最大特色，全省杨树主产区内的杨树总面积达 32.7 万公顷，总蓄积 2361 万立方米，分别占全省有林地面积、活立木蓄积量的 34.3% 和 58%。全省现有各类木材加工企业 6644 家，年总产值 124.6 亿元，出口创汇 3.2 亿美元，利税 15 亿元左右，其中产值 1 亿元以上的大中型企业 15 家。年加工杨木原料 300 万立方米，产量一跃排进全国第 3 位，使江苏省从一个缺山少林的省份变成了木材资源大省，杨树产业已成为苏北农村经济的支柱产业。

（二）林木种苗产业

据不完全统计，2002 年全省林业种苗面积为 4.5 万公顷，居全国第 2 位，仅次于河南省。年产苗量约 18 亿株，年总产值达 28.6 亿元，仅次于浙江省。全省已建立各类林木良种基地 19 处，总面积约 400 多公顷。全省有"林业种苗生产基地""花木之乡"22 个，其中国家级 11 个。涌现出了吴江市苗圃、武进华夏花木集团、如皋绿园、徐州市林木良种繁育中心、宜兴华盛杜鹃实验场等一大批国内外知名的林业种苗龙头企业。

（三）经济林产品生产加工业

全省现有经济林面积 36 万公顷，产品总量达 189 万吨，拥有果品贮存库 273 座，年贮藏保鲜能力 18.97 万吨；各类经济林产品加工企业 216 个，年加工能力 11.8 万吨；全省经济林实现产值 54.9 亿元。其中以泰兴、邳州等地的银杏产业最为发达。

（四）森林旅游业

全省共建有森林公园 34 个（其中国家森林公园 13 个），2002 年度全省森林公园共接待游客 217 万人次，旅游总收入 19869 万元。初步形成了苏锡常、宁镇扬、徐连淮三带及沿海一线的森林旅游格局。

二、林业产业存在的问题

林业产业建设总体水平与国民经济发展要求和增强林业自身发展的经济实力以及参与市场竞争的要求相比，还有相当大的差距，在发展中仍有一些深层次的矛盾和问题，这主要表现在：

（一）森林经营粗放，资源潜力未能充分发挥

由于森林培育主要采用传统的经营技术，经营管理粗放，导致森林质量不高。这主要表现在：一是森林资源总量较少，全省人均有林地面积、人均活立木蓄积量、森林覆盖率等指标均低于全国平均水平；二是树种、龄组结构不合理，杨树一个树种分别占全省有林地面积及林分蓄积量的 34.3% 和 58%；三是森林生物生产力较低，以江苏省的主栽杨树为例，全省杨树平均每亩生长量仅有 0.9 立方米，速生林基地也只有 1.2 立方米，而意大利杨平均 2 立方米以上，高的达到 5 立方米，林分的平均蓄积量为 39.9 立方米 / 公顷，低于全国平均数 89.2 立方米 / 公顷，更低于世界发达国家 197 立方米 / 公顷水平，林分的丰产潜能还远远未能充分发挥出来。

（二）木材加工技术落后，产品质量有待提高

木材加工企业是在 20 世纪 90 年代中后期因国内需求旺盛而迅速发展起来的，绝大多数是私营企业和个体加工户。规模小、层次低、效率差是全省木材加工行业的基本特征。表现在：①企业规模小、数量多、区域分布不合理；②产品品种单一、档次低、科技含量和附加值小；③产品质量不稳定，据检测部门抽测，苏北地区木材加工企业的产品质量波动较大，约有一半以上企业的产品质量达不到标准要求，绝大多数企业的环保指标不符合有关规定，限制了产品的销售和出口；④生产技术装备落后；⑤资源利用水平低。

（三）非木质资源开发力度不够，产品缺乏市场竞争力

除银杏系列产品开发具有一定特色外，从总体上看，江苏省经济林产品的贮藏、保鲜和加工还处于比较粗放的阶段，其手段比较落后，品种比较单一，整体水平不高。特别是加工处理的鲜果在其总量中所占的份额还少，缺乏名牌优势产品。

（四）林业产业体制不够健全，政府对企业的宏观调控不力

从生产经营体制上看，资源加工与资源培育分离脱节，营林和加工工业及二者与市场之间缺乏同产业的内在联系；从生产力布局看，重复建设现象严重，特别是小型加工企业遍地开花，这些企业大都设备简陋、工艺落后、缺乏检测手段，资源严重浪费，政府未能进行有效的调控。

第二节　林业产业发展的基本思路

一、指导思想与总体目标

以市场为导向，以科技为依托，以结构调整为主线，以信息化带动产业化，全面提升林业产业整体素质，以商品林的大发展促进林业产业的大发展，以林业产业的大发展带动资源培育业的大发展，以森林旅游业的大发展带动森林服务业的大发展。形成以杨树产业链为主线的林板（纸）一体化，以城市绿化和产业资源培育为主线的林木种苗业，以银杏高效综合利用为示范的优势特色林产资源综合利用，以结构复合竹材为主的竹建筑结构材工程，以突出江苏森林文化和人文特色为主体的森林旅游业等各具特色的五大产业体系。力争使林业总产值年增幅达 7%，到 2010 年实现林业总产值 550 亿元。

二、产业重点

（一）杨树产业链为主线的林板（纸）一体化产业

以现有杨树基地为基础，通过进一步调整和优化林种、树种结构，建立高效、优质工业原料林基地，发展定单林业生产；扩大木材加工企业规模，调整产品结构，采用先进技术、设备、工艺和现代管理技术，按市场需要不断开发高附加值、高质量、环保型新产品，稳定或减少锯材、胶合板材产量，重点提高产品质量和附加值，大力发展木材制浆造纸业，增加纤维板和刨花板的产量与品种，搞好产品更新换代。

（二）城市绿化和资源培育为主线的林木种苗产业

以引进和培育名优新品种为重点，以高档次、优质的景观绿化苗木为龙头，加强杨树、银杏、板栗、竹类、月季、兰花等我国传统优良树木种质资源保护；建立珍稀名优树种、丘陵山区生态型经济树种、沿海防护林树种、特用竹种等林木良种繁育基地的建设，建设种苗科技示范园区；建设省级示范苗圃和重点苗圃基地；建设种苗花卉市场及龙头企业，组建林木种苗产业集团。

（三）银杏为主体的优势特色林产品综合利用产业

重点发展银杏、板栗、小杂果等优势特色林产品生产基地，重点加速经济林产品更新和改造，提高经济林产品深加工比重，发展经济林产品精深加工，增加产品附加值。

（四）竹类资源综合利用为主体的竹产业

大力开展观赏竹、特种竹繁育基地建设，加大全省竹类资源特别是高效、优质的定向原料竹的培育力度；利用我国丰富杨木资源及现有竹类资源，采用复合材料的设计方法，开发新型竹木复合建筑结构材；优先发展竹木复合结构材、竹纸浆、竹纤维等竹产品的产加销一条龙、贸工林一体化的龙头企业；大力发展竹笋、竹沥、竹黄等保健品的加工制品龙头企业，全面提升竹产业的建设步伐。

（五）突出江苏森林文化和人文特色为主体的森林旅游产业

大力挖掘森林特有的游憩、保健和文化等公共服务功能，一方面积极开发和扩大森林公园的建设规模，增加服务项目，提高服务质量；另一方面要努力提高现有森林公园的经营管理水平，利用"假日"经济给旅游业带来的无限商机，促进森林旅游业的快速发展。编制全省森林旅游的总体规划。重点建设以山林风光为主，结合名胜古迹、城市园林的苏南沿江森林旅游带，建设以野生动植物及湿地保护为主的东部沿海森林生态旅游带，建设以丘陵山地森林景观为主，融合汉明文化特色的徐淮宿腹地森林旅游带及各市城郊森林旅游点。

三、产业区域布局

苏北要进一步优化结构，提升现有产业的档次。以黄河故道、黄淮海平原及沿海平原林板（纸）一体化速生丰产林基地建设为重点，努力建成全省和全国重要的速生丰产林基地；加快优化林种、树种结构，积极扶持、壮大木材及银杏等优势特色林产品加工企业，扩大企业规模，增加市场份额，提升产品质量，增强竞争能力；加快部省合建的杨树、银杏、耐盐树种及优良阔叶树等四大林木良种繁育基地的建设；进一步增加投入，提升以沭阳为中心的苏北种苗业板块的整体水平。

苏中主要以"三泰"地区银杏综合开发利用产业为龙头；做强如皋、江都花卉盆景传统特色产业；里下河地区应以湿地自然保护和湖泊周围的森林公园为依托，充分利用里下河湿地辽阔、林农复合经营、水生资源丰富等优势，开展生态观光旅游。

苏南要加速城乡一体化进程，以森林旅游产业为重点，建立以江南园林为特色，山水风光相结合的沿江森林旅游带；以吴江省级林木种苗高新技术园区为龙头，积极发展林木种苗高新技术主业；建设沿江木材加工高新技术产业带，建立高档板材生产基地、木质家具生产及流通集散基地；苏南丘陵山区大力发展经济林果及竹产业。

四、产业发展的技术

（一）森林资源培育的技术

要加快林业产业化进程，就必须抓好资源培育。目前江苏省森林资源经营管理粗放、科技含量不高。在产业化过程中，要解决好如下的关键技术。首先是定向培育技术，针对各类工业用材林，围绕定向、优质、稳定和高效的目标，系统深入地开展遗传控制（适地适树种、无性系）、立地控制、密度控制及经营措施对各类工业用材林产量和质量（材性）的影响的研究，为各类工业用材林定向培育模式的优化提供理论依据和技术体系。其次是复合经营技术，根据不同区域的自然资源特点和社会经济状况，依据可持续发展理论和生态经济学原理，选择适宜的生物种群，建立起以林为本，生物多种群共存、空间多层次配置、时间多序列组合、物质多量级利用的多种林农复合经营体，并对不同复合模式的种群结构特征、种群发展规律、生产力构成要素、光能利用与分配、养分积累与循环、生态环境改良效应及配套的综合经营技术进行系统研究，提高单位土地面积的经济效益及解决平原地区发展林业林农争地的矛盾。再次是人工林长期立地生产力维护技术。由于工业用材林周期短、地力消耗大、地力衰退现象严重，因此，开展经营措施（轮伐周期、采伐强度、造林密度、施肥、人工林组成等）对人工林长期立地生产力影响研究，以期为人工林的可持续经营提供一套有效的技术措施。

（二）木材加工的技术

根据市场需求及前景和资源的比较优势以及其他有利条件，以调整产品结构、提高产品质量为重点，进行高技术含量、高附加值产品生产技术的集成，为提高制浆造纸和人造板工业的产业层次，形成区域化、专业化的林业产业体系提供技术支撑。重点开发杨木密实化技术，提高杨木的抗压强度、抗弯强度、弹性模量、表面硬度和表面耐磨耗性能；研究与开发杨木密实化系列产品，包括地板和装饰材料等；继续开发高附加值的新型复合产品，如单板层积材（LVL）、定向结构板（OSB）、单板条平行成材（PSL）以及低甲醛绿色人造板和功能性人造板材等；以木结构建筑规范和各种工程木产品的生产和实验标准为依据，利用江苏省丰富的杨木和竹材资源及成熟的生产工艺，利用复合材料的设计方法，开发在建筑结构上使用的竹材及竹木复合材制造的新型建筑结构材。

（三）优势特色林产品综合利用技术

江苏省经济林资源的开发利用与其他地区及国外先进国家相比，还存在较大的差距。因此，首先充分利用现有的丘陵岗地大力发展一些有市场前景的优良高产品种（主要是小杂果），并加以大规模的繁育和推广；第二是经济林产品采摘后的保鲜、贮藏，保证质量方面的研究，只有延长产品的贮藏期，才能使经济林产品生产与国际接轨，获得好收益。第三是加大经济林产品深加工方面的科技投入，限制出售原材料，加深对经济林产品在医学、保健、营养等方面技术的开发，才能获得较好的效益。重点研究银杏果叶中活性成分的分离纯化机理，提出新工艺（如溶剂萃取和连续浸提、树脂吸附分离、超临界萃取、分子短程蒸馏等）；精制银杏叶中聚戊烯醇类化合物、银杏叶和外果皮及漆树叶中烷基酚类化合物等天然活性成分；杨树皮提取类脂及类脂制备不饱和脂肪酸乙酯与植物甾醇的关键技术。

（四）林木种苗培育的技术

加强科学研究及实用新技术的开发利用，进一步提高江苏省种苗产业的科技含量。目前要解决的关键问题有：优化树种结构，建立良种繁育基地；引进新品种，推广扩繁，广泛采用生根剂、全光照自动间歇喷雾、组织培养及体细胞胚培养等先进实用技术；选择乡土树种，开发推广；收集珍稀濒危树种，资源保护与开发利用；制订种苗质量标准，建立种苗质量检测体系。

第三节　林业产业发展对策

一、推进林业产业基地建设，加快资源培育步伐

各类生产基地是林业产业化发展的重要依托。建立规模化稳固的生产基地是实施林业

产业化的重要基础。基地建设要统一规划，合理布局，围绕主导产业的形成和建设，与资源特点相适应的区域经济格局相结合；高起点、高标准地推进基地建设，注重建设中心示范基地；发展基地的适度规模经营能力，提高经营管理水平和集约化经营程度。

二、依靠科技进步，提高产业科技含量

科学技术的发展是提高林业产业水平和产业组织效率的内在动力和物质基础，也是推动林业产业化的基本保证。因此，应积极利用最新的林业科技成果及时开发新产品，以满足市场需求，提高产业的市场竞争能力；大力推广实用技术和高新技术，引进并消化国内外先进技术；注重科技人才的培养和技术培训，努力提高劳动者素质；加强与林业院校及研究机构的横向联系，建立和完善科学研究、技术服务和科技推广网络体系。

三、培植龙头企业，创立知名品牌

实力雄厚、辐射面广、带动力强的林业企业、集团和公司是带动千家万户走向国内外市场的龙头。对符合林业产业政策，有发展潜力的企业，政府要在政策、资金、科技成果转让等方面予以倾斜和扶持，通过资产重组，培植龙头企业，形成具有国际竞争力的、跨地区的大型企业集团。要引导龙头企业创名牌，以品牌拓展市场、占领市场，以品牌塑造龙头企业形象。

四、制定产业政策，加强政府的宏观调控

林业产业的发展除了依靠市场的推动作用外，还要依靠政府的引导和扶持，应按市场经济的要求和林业产业发展的需要，制定和完善相应的林业产业政策，加强宏观调控和组织协调，解决林业产业发展进程中的主要问题，为林业产业体系建设提供政策保障。

第四节 林业产业资源培育技术

一、人工林定向培育

随着工业技术的发展，工业生产对木材和其他林产品提出了更高、更新的要求，要求各类用材林实行定向培育，这是世界人工林发展出现的战略变化。杨树具有生长快、成材早、产量高和易于更新的特点，为最适合的短轮伐期工业用材林经营树种。所谓定向培育，是指按最终用途所确定的对木材原料的要求，采用集约经营等科学管理措施，生产出种类、质量、规格都大致相同，价格具竞争力的大批木材原料。杨树产业的发展主要依赖于杨树定向培育技术的系统研究。主要包括遗传控制、立地控制、密度控制、经营措施、优化栽培模式等方面。

（一）遗传控制（无性系选择）

目前，营造杨树短轮伐期工业用材林主要采用无性系造林。据美国、加拿大对众多杨树无性系的观察研究表明，同一立地上不同的无性系，其生物量生产相差约40%左右，最

大的可相差4倍；比重和纤维长度变异可达60%。因此，做到适地适无性系是杨树定向培育中的关键技术之一。在同一地区，可能有几个或几十个杨树无性系或品种能够生长，但无性系间的遗传基础不同，则势必造成生长和产量上的差异。10多年的研究结果表明，无性系间无论在树高、胸径及材积生长上，均存在较大差异。在南方地区，以I-72杨、I-69杨及I-63杨3个无性系的生长速度较快，12年生树高可达30米，胸径在46~51厘米，单株材积达18~23立方米，每公顷年材积生长量高达25~30立方米，明显高于I-214杨的生长量。在无性系选择上，杨树胶合板材定向培育不仅要考虑生长快、产量高，其木材特性要达到胶合板材的要求。据对美洲黑杨无性系I-69、I-63及欧美杨无性系I-72和I-214的研究表明，从单板的光洁度、裂隙度、厚度变异以及干燥、胶合性能等方面综合比较结果看，以I-69杨和I-63杨两个无性系最优，I-72杨次之，I-214杨最差（张济生，1982）。李大纲从与胶合板质量有关的木材性状，如木材密度、胶质纤维出现机率、心边材在pH值、总缓冲容量及脲醛树脂胶固化时间的差异等，对4个杨树无性系进行了系统研究，结果认为，用作胶合板材适宜性的顺序是I-69>I-63>I-72>I-214，与张济生的研究结果一致。由此可知，南方地区建立杨树胶合板材基地时，I-69杨和I-63杨为首选无性系，I-72杨次之，I-214杨较差。随着杨树选育工作的广泛开展，新的杨树无性系不断涌现（如南京林业大学选育出的L-80351杨，就是一个适于在南方栽植的优良胶合板用材无性系），但必须从产量和木材材性两个方面来综合考虑，为本地区选出最优杨树无性系。

（二）立地控制

在相同或相似的气候范围内，胶合板材定向培育能否成功，取决于立地条件，特别是土壤条件。大量的调查材料表明，在众多的影响杨树生长的土壤因素中，土壤有效层厚度（即根系能够正常生长和可能生长的土层厚度）和土壤的水分状况是最重要的两个因子。土壤有效层厚度之所以对杨树生长具重要作用，其根本原因在于土壤有效层提供了杨树根系充分生长发育的条件，使根系能充分利用土壤中的肥水。研究和实践表明，最适宜杨树生长的立地条件，其土壤有效层厚度为80~100厘米；土壤有效层在60~80厘米厚度为中等立地条件；土壤有效层在40~60厘米的立地，尚能种植杨树；而土壤有效层在40厘米以下的立地不宜栽植杨树。影响根系生长发育的另一个土壤因子是土壤的水分状况，土壤水分过多或亏缺都会限制根系的生长。经回归分析表明，杨树的高生长和胸径生长与地下水位变化呈二次抛物曲线的相关关系，相关系数均在0.80以上，达显著程度。因此，可以认为，最好的立地条件，地下水位应在1.5~2.0米之间，如果地下水位长期在0.5米以下，又无供水措施，则不宜栽植杨树；如果地下水位稍高于2.0米，但土壤结构较好，尚能栽植杨树。否则，就不宜种植杨树。

（三）密度控制

林分密度是人们在培育森林过程中最易控制的因子。培育杨树胶合板用材林，轮伐期一般为10~15年，并要求培育的木材小头直径要达到24厘米。

1. 密度与胸径达到胶合板材标准的年限

在相同或相似的立地条件上，林分平均直径的大小实际上是决定胶合板材产量的最重要因素。从大量的密度试验得出，在一般的立地条件上（SI=18米），I-72杨在株行距为8米×8

米或 7 米 × 7 米的林分中，其林分平均直径达到 24 厘米的年限为 5~6 年；在 6 米 × 6 米的林分中约为 6~7 年；在 5 米 × 5 米的林分中为 7 年；而在 4 米 × 4 米的林分中需 10~15 年才有可能达到这个标准。I-69 杨的胸径生长较 I-72 杨稍慢，在株行距为 8 米 × 8 米、7 米 × 7 米、6 米 × 6 米和 5 米 × 5 米林分中，胸径达到 25 厘米的年限分别为 6.5 年、6.5 年、7 年和 8 年；而在 4 米 × 4 米的林分中，约在 12~15 年时才有可能达到 24 厘米。从这个角度看，杨树胶合板材林分的密度不宜大于 400 株 / 公顷。

2. 密度与林分产量

林分单位面积上的产量主要取决于两个因素，一是单株材积，另一个是单位面积上的株数。对大量的调查材料分析得出，无论在何种立地条件上，12 年生 I-69 杨林分的总蓄积量随林分密度的增大而增加，但在不同立地条件下增加的幅度不同。梁军、吕士行等对 I-69 杨密度及立地效应研究后认为，立地条件对林分产量的影响比密度效应要大（梁军等，1996）。据计算，当密度增加 1% 时，单株材积仅增加 0.2518%~0.6637%，可是当优势高增加 1% 时，单株材积生长可增加 1.8063%~2.4810%。当林分密度为 156 株 / 公顷（株行距 8 米 × 8 米）时，生长在 22 指数级立地条件上的 I-69 杨林分，其平均胸径达到 30 厘米径级的年限为 6~7 年，达到 40 厘米径级的年限为 8~9 年；而生长在 16 指数级立地条件上的 I-69 杨林分，其平均直径要达到 24 厘米就需要 10 年左右，并且在这类立地上，林分的平均胸径很难达到 40 厘米，总蓄积量仅为 22 指数级上的 1/3。

3. 密度与胶合板材产量及出材率

密度大小对胶合板材的产量和出材率有显著的影响，但在不同立地条件及不同年龄时作用方式不同。当立地指数 SI 为 16 时，I-69 杨林分的胶合板材产量及出材率都随密度的增大而减小；而当 SI 为 20 和 22 时，在一定密度范围内，胶合板产量随密度的增大而增加，出材率基本相近，约为 50%。由此可见，林分年龄对胶合板材的产量影响很大，说明选择适当的轮伐期也十分重要。

综上所述，合理的杨树造林密度不是常量，而是随培育目标、立地条件及轮伐期的变化而变化。培育杨树胶合板材，如轮伐期定为 10~12 年，立地指数为 22 指数级，则造林密度以 278~400 株 / 公顷为宜。

（四）栽植材料的选择

杨树造林可用植苗、扦插和插干 3 种方法，但在培育胶合板用材林时，必须注意栽植材料的选择。

1. 苗木的选择

大量研究表明，采用大苗和壮苗造林既可提高造林成活率，又有利于培育无节良材（吕士行等，1996）。因此，在培育杨树胶合板用材林时，用 4 米以上的 1/2 苗（2 年生根，1 年生干苗）或 2/2 苗（2 年生根，2 年生干苗）造林为宜，少用 1 年生小苗、弱苗造林，且在造林时必须按照"3 大 1 深"的技术规格进行。

2. 扦插材料的选择

扦插造林不需要经育苗、起苗和栽植等工序，成本较低。实践证明，扦插造林的杨树幼林在最初几年的生长比植苗造林要快，但不同部位的插穗，在高、径生长上存在差异，以基部和中部的插穗所形成的幼林生长较好。因此，在扦插造林时，必须选择健壮、芽饱满、无病虫害的1年生苗干中部或基部插穗作为扦插材料，穗长控制在40~60厘米之间。

3. 插干造林材料的选择

插干造林是用杨树的苗干直接扦插于造林地上的造林方法。此方法可在水肥条件较好的立地上采用，造林材料以1~2年生、苗高5~6米的苗木或1~6年生根桩上1~2年生的萌条为好，插干深度控制在80~100厘米之间。这种方法造林，苗干比较通直，扦插成活后，生长较快，可培育大径材。

（五）修枝技术

胶合板材的质量常因多枝节而严重下降，所以修枝是改善干材质量的重要措施之一。修枝工作量大，技术复杂，效果如何与无性系、林木年龄、修枝时间和修枝强度密切相关。

1. 修枝与杨树无性系的关系

大面积推广种植的杨树 I-69、I-63 和 I-72 这 3 个无性系，其分枝习性比较相似，有明显的轮生性，即每年基本上发生大侧枝 1 轮，约 5~6 根。这些大侧枝都是由主枝顶端分化的侧芽形成，侧枝的髓与主干的髓相连接，它随着主干的增大而加粗，形成活节。同时，这类无性系在主干上也会形成少量的由不定芽形成的小枝，与主干髓部不相连接，其随主干的加粗逐渐脱落。但有些无性系，如 I-214、鲁衣莎、阿凡左等欧美杨无性系及青杨派与黑杨派的杂交后代，如 NL-80105，NL-80106 等，每年也形成 1 轮大侧枝，但粗度远小于美洲黑杨的大侧枝，且在 2 轮大侧枝之间往往形成很多的小枝。以上两种不同分枝习性的杨树无性系，修枝的方法和修枝的强度就不相同。美洲黑杨在第 1 次修枝时只能修去第 1 轮侧枝，并尽可能保留小枝。此后每隔 2 年修去 1 轮大侧枝，修枝强度约控制在 1/3H，连续进行 3~4 次，即可使无节干材达 10 米以上；而欧美杨及青杨派 × 黑杨派杂种的修枝可较多地修去大侧枝，尽量保留小枝、修枝强度控制在 1/3~1/2H 之间。

2. 修枝的起始年龄与修枝季节

修枝的起始年龄取决于造林的方法、立地条件、造林密度及栽植后经营的集约度，很难有一个统一的年龄界限。修枝开始的时间应该在第 1 轮侧枝着生的树干达到旋切机不能再加工时的粗度为起始修枝时间，例如第 1 轮侧枝着生部位的树干直径达到 10~12 厘米时开始修枝，这样决定修枝的开始年龄更科学、更切合实际。前人的研究认为修枝应在林木的休眠季节进行（孙时轩，1992）。但我们的研究结果表明，杨树修枝以早夏或中夏为好，此时修枝，在伤口周围形成的不定芽不易发育成小枝；而在休眠期修枝，当伤口愈合后，产生的不定芽能形成大量小枝。这可能是由于在生长季修枝，树木已开始旺盛生长，体内激素大量集中到顶端，伤口处激素较少，从而使不定芽和小枝明显减少。

（六）优化栽培模式

模式化栽培是一项复杂的系统工程，可划分为林木、环境和栽培措施 3 个子系统，只有达到各个子系统之间的优化与协调，才能最大限度地提高林分生产力和经济效益。应用"双维系统法"对 I-69 杨胶合板用材林的栽培模式进行了系统研究（梁军等，1995），建立了立地质量评价模型、经营模型、胶合板材出材量模型；在此基础上，以各模式的平均净收益、单位面积蓄积量、造林密度、综合经营水平、间作年限、胶合板材出材量为目标，对各栽培模式进行优化，得出了 4 套 I-69 杨的优化栽培模式。4 套培育胶合板材的优化栽培模式中，其综合经营强度均为强，即选用 1 级苗（地径 >4 厘米）造林、穴植，穴大小为 1 米 ×1 米 ×1 米；施底肥（磷肥 0.5 公斤 / 穴）；第 4 年后开始修枝，修枝强度 1/3H；及时防治病虫害等。比较 4 个优化栽培模式认为，营造杨树胶合板用材林时，最好选择立地指数在 18 以上的造林地，密度为 204~278 株 / 公顷，并采用强度集约化经营才能充分发挥立地潜能和最大经济效益。

二、林农复合经营技术

根据不同区域的自然资源特点和社会经济状况，依据可持续发展理论和生态经济学原理，选择适宜的生物种群，建立以林为本，生物多种群共存、空间多层次配置、时间多序列组合、物质多量级利用的多种林农复合经营体，并对不同复合模式的种群结构特征、种群发展规律、生产力构成要素、光能利用与分配、养分积累与循环、生态环境改良效应及配套的综合经营技术进行系统研究，以提高单位土地面积的经济效益。江苏省林农复合经营研究已处于世界先进水平，针对沿海、湿地、丘陵山地等不同立地类型进行了较为系统的研究。

（一）海岸带林农复合系统的构建与可持续经营技术

紧紧抓住沿海地区风灾、盐害这两大特点和海岸带生态系统经营过程中存在着物种单一、结构简单、自我维持能力差和经济效益低这四大问题，应用生态经济学和复合农林业系统构建原理，以选育抗盐杨树新无性系和银杏抗盐品种为主要目的树种，组建以林为本，林 - 农、林 - 果、林 - 牧、林 - 渔相结合的复合经营模式，创立海岸带复合农林业系统构建的理论体系，研制出了复合农林业系统可持续经营的配套技术，构建具有海岸带特色的复合农林业系统。主要研究内容包括：

1. 林农复合配置及配套技术

（1）林农模式扩行缩株，宽窄行配置技术。海岸带杨树成片造林的株行距为 4~5 米 ×5~6 米，造林 1~3 年间种农作物，实行以耕代抚。充分发挥树木和农作物的边际优势，填充剩余生态位，提高土地利用率和经济效益，将杨树行距扩大到 12~16 米，株距缩小到 4 米，并采用宽行（12~16 米）连窄行（4 米）的双行配置方式。对林农复合经营模式的 6 种杨树栽植密度（4 米 ×4 米、5 米 ×8 米、4 米 ×12 米、4 米 ×16 米、5 米 ×20 米、6 米 ×24 米）林木生长量和农作物产量及其经济效益的系统研究表明：在林木栽植的 1~3 年内，林木栽植密度对林农复合经营的优劣影响不明显，3 年生后，林木栽植密度则成为制约林农复合经营综合经济效益的主导因子，6 种密度林农复合经营模式中以 157 株 / 公顷，株行距采用小株距、大行距（4 米 ×16 米）配置形式的综合经济效益最高，年净利润为 5914.05 元 / 公顷，投资效系数为 1.61，林业和农业土地当量分别为 1.13 和 1.27。

（2）海岸带林农复合系统降盐改土效果研究。植被是影响土壤水盐运动的重要环境因子。植被根系的活动可以改变土壤结构，促进团粒结构的形成，增加了土壤的通透性，使水盐运动方向发生改变，在雨水的作用下，盐分从表土层淋溶到深层土壤中，并随地下径流被带出林地外，可以降低林地的总盐量。同时，土壤团粒结构的增强，还可以增大土层的保水能力，减少地表蒸发，抑制深层盐分向上运动，使表层土壤盐渍化程度降低。不同植物具有不同发达程度的根系，对水分和盐分的吸收能力也不一样，因此其降盐改土效果存在明显的差别。农作物可以有效降低表层土壤盐分含量，通过对离子的选择性吸收，显著改变土壤中离子组成，减轻 Na^+ 的毒害。而林木相对农作物来说，叶/干比较小，相对养分需求小，而且根系在土壤中分布广泛，吸收面积大，所以它对养分需求量相对容易满足，林木较为适应低养分的土壤环境，其根系主动吸收能力较强，并能通过根系的生理活动改变根际土壤环境，促进根际土壤养分的转化，因此，林木对盐渍化土壤的改良效果更为显著。但在幼龄林分，因为郁闭度较低，土面蒸发量大，但没有降盐能力，反而会使表层土壤盐分增高，因此在林地幼年时应间作农作物，实行林农复合经营，以减少土面蒸发，抑制土壤返盐。

2. 林果复合种群增益及配套技术

在海岸带发展果树生产，必须解决风灾、盐害两大不利因子。以杨树、银杏、刺槐等抗盐性较强的树种建立起防护林网，在林网保护下发展果树生产是沿海地区发展果树的一条有效途径。这种林果复合系统，对环境资源的利用效率较高，有利于提高系统的总体功能和综合效益，其主要配套技术有：

（1）小网格景观型果园林网复合配置技术。为了提高土地资源利用率，在建立林果复合系统时宜采用小网格，林网规格应在 180 米 × 300 米左右，网格面积 4~6 公顷，营造主林带 2~3 行，副林带 2 行，林带疏透度 0.25~0.3；在林网树种选择上，为了增加防护效果和景观效益，宜采用乔灌草立体配置、落叶常绿树种合理搭配，建立复合型的景观林网。选用杨树、水杉、银杏等主要树种，林网内种植梨、桃、柿、银杏、无花果、猕猴桃等果树。根据对遭受 11 号强热带风暴侵害后，海岸带复合梨园林网的防护效益的研究结果表明：

①在沿海地区，营造果树林网可以减轻（强）热带风暴等自然灾害对果园造成的各种损失。与无林网梨园相比，有林网梨园在主林带背风面 0.5~16H 和 24~28H 处，梨的落果数减少了 10~46 个/株，减产量和减产率分别降低了 950~4350 公斤/公顷和 5~15 个百分点，经济损失量减轻了 10%~40%；整个梨园林网对梨的保护量为 194.42 公斤/公顷，保护率为 29.93%。

②在（强）热带风暴侵害下，梨园林网的防护距离效应的分布规律呈高-低-较高的曲线变化，且梨园林网存在着两个有效防护围：0.5~16H 和 24~28H，最佳防护效果区在主林带背风面 0.5~8H 处，但由于梨园自身具有抗御（强）热带风暴侵害的能力和相互保护的功能，因此出现了二次保护区（24~28H），该保护区无论在防护范围还是在防护效果上，均比第一次保护区弱。以二次三项式模拟林网对梨园的防护效果为海岸带果园林网的规划设计提供理论依据，如在沿海地区，为增加果园抗御自然灾害的能力，其林带间距应控制在主林带高度（成林后）的 16 倍范围内；在新种植区，宜先造防护林后种果树，或在林带长成前设置辅助林带；为扩大林网的有效防护范围，选择防护林主要造林树种时应选择高大乔木，并

通过合理修枝等管护措施，尽量降低果园的粗糙度。

（2）林网保护条件下复合梨园的密度调控技术。采用方格法和分层法相结合对海岸带林网保护区内 13 年生梨园的树冠结构特征和光能分布与利用规律进行的系统研究表明：梨树叶幕光能分布状况直接受叶面积系数、树冠结构、太阳位置及光强的影响。各层叶幕中的光合有效辐射（PAR）分布随自然光照条件的变化而改变，其日平均透光率大小和 PAR 日变化范围均从叶幕外围向内膛随累积叶面积系数（LAI）的增加而减弱；不同生长时期及不同天气条件下树冠光能分布存在明显的差异性；树冠结构与累积 LAI 对 PAR 的分布及利用率具有决定性的影响。在生产实践中，梨树宜采用 4 米 ×4 米或 4 米 ×5 米的株行距，通过整形修剪维持成年梨园盛果期高效光合生产的叶幕厚度在 2.5 米以上，有效 LAI 为 4 左右，是增强复合梨园光合生产能力、提高产量和品质的有效措施。复合梨园产量比对照梨园增产 3000 公斤 / 公顷左右，纯收益增加 3000~4500 元 / 公顷，与传统的农作物相比，收益翻了几番。

（3）沿海地区银杏复合经营技术研究。对江苏海岸带较具代表性的银杏采叶园（A）、银杏果—叶—农复合园（B）、银杏材—农复合园（C）等不同复合系统种群的结构特征、生物生产力、植物种群光环境、小气候特征及系统内的养分状况进行了系统的研究。

①不同复合模式的种群结构特征：从植物种群个体结构上考察，银杏和农作物复合经营早期，不同的季节选择不同的豆科农作物，具有较大的空间资源共享和种群共存增益的优势。就物种的组合尺度讲，银杏与豆科复合优于银杏与小麦复合，双季复合优于单季复合，主要生物学指标体现在受光叶面积指数和银杏根量的变化上。尽管银杏和农作物在地上部分的层次性明显，但地下根系之间尚有轻微的穿插交叉现象。在栽培技术上可以考虑深施基肥、深植银杏苗木，使银杏根系与农作物根系尽量分布于不同层次，以便于水分和养分的充分利用和整地、松土等作业管理，同时可以熟化底层土壤。在银农复合系统内，不同科的农作物的相对生长率（RGR）和生长率（CGR）有极显著差异（$P<0.01$），同科而不同生长季的农作物间达显著差异（$P<0.05$）。复合强度较大的模式，具有较大的生物量和生物量还田率，进行银农间作，加强农作物秸秆循环利用，对维持系统稳定性、持续性是非常必要的。

②不同复合模式的小气候效应：各模式的种群结构的不同造成小气候特征的明显差别。在银农复合的早期，复合强度较大、层次较多的模式具有适宜而稳定的温、湿度，因而具有较高的光能截获效率（β）和转化效率（ξ）。PAR 在各模式中的截获量以 B 模式为最好，其光能截获率可达 92%。相对 PAR 在植冠层的削弱遵循 Beer-Lamber 定律，银杏的消光系数为最小，适宜作为复合经营的上层树种。经分析可知，增加种群的叶面积，能显著增加对光的吸收量，银杏位于复合层次的上层，有较好的光环境，但农作物有相对较大的叶面积，能增强对光的截获能力，因而银杏农作物复合经营，能较充分地利用光能资源。从光照强度的角度考察，以果用和材用经营方向的银杏有很好的透光性，且其树冠下，光点的百分比都较高，在考虑复合经营的垂直结构设计时，最适宜作为复合经营的最上层树种，而叶用银杏宜作为中间层次的树木，豆科农作物只宜作为最下层植物。B 模式太阳辐射的吸收率、空气相对湿度、防风效应都高于其他两模式，而太阳辐射、气温、地温的日变化振幅及水

面蒸发量都低于其他两模式。相比而言，有更适宜而又稳定的植物小气候特征。B 模式在不同季节有 4~5 个活动层面，即果用银杏表面、叶用银杏表面、农作物表面、土壤表面，而 A、C 模式最多时才为 3 个层面，且植被盖度也低于 B 模式，这种差异导致了辐射、热量平衡各分量及温度、湿度、风速等小气候要素的变化。由此认为，人为调整各模式内植被活动层面的高度、厚度及面积比例，就可合理调节小气候发生利于植物生长的变化。

③不同复合模式的养分利用规律：在三种农林复合模式中，来自土壤的养分主要被模式中的农作物吸收，例如 P 素在 A、B、C 三模式中，农作物吸收量分别是银杏吸收量的 3.12 倍、6.60 倍、139.57 倍，这些被吸收的养分大量分布于农作物的可食部分，并且持续地从系统中输出。对输出养分的补偿主要来源于土壤的现有贮量和植物枯落物、根茬残留物。长期看来，系统养分就会发生亏缺，因而通过添加有机和无机肥料，对维持各模式植物的持续生产力和土壤肥力就非常必要。从研究结果看，豆科农作物间作强度最大的 B 模式，土壤 N 素及总 N 贮量都较高，但 P 素和 K 素贮量，B、C 模式都明显低于 A 模式。实施银杏和豆科农作物的高强度复合模式，对系统的 N 平衡和降 K 作用是非常明显的，再同时辅之以秸秆堆沤、泥封、牲畜过腹腐熟还田，增施 P 肥等技术措施，对实现系统环境、经济、社会的可持续性，提高共存植物的共生能力和自生活动能力是可行的。

④不同复合模式的生物量与生物生产力：在银农间作条件下，银杏各器官生物量与地径或年龄之间的相对关系可用 $W=aXb$ 数学模型描述，据此可以分析银杏的个体生长规律，预测系统动态变化。间作系统内，不同科的农作物的相对生长率（RGR）和生长率（CGR）有极显著差异（$P<0.01$），同科而不同生长季的农作物间达显著差异（$P<0.05$）；生物量在植物器官中的积累量都以茎（干）最大，但银杏以叶的生物量最小，作物以根最小。复合模式下，农作物生物量都大于银杏生物量，且复合强度较大的模式，具有较大的生物量和生物量还田率，进行银农间作，加强作物秸秆循环利用，对维持系统稳定性、持续性是非常必要的；复合模式内，作物生产力高于银杏生产力，复合强度较大的模式具有较大的生产力。植物各器官的生产力与生物量的分布规律基本一致，但在同样条件下，银杏较作物有较高的收获指数。

综上所述，A、B、C 三种复合经营模式中，果用银杏（密度为 4 米 ×8 米）、叶用银杏（密度为 0.5 米 ×0.6 米）与农作物（春季小麦，夏季黄豆）复合模式（B 模式）具有更为合理的种群结构形式、较高的生物生产力、最适宜而又稳定的小气候特征和较好的复合光效益，而且土壤 N 素及总 N 贮量都较高，N 平衡和降 K 作用也最为明显，因而可以作为沿海地带实施农果林复合经营优先考虑的一种经营模式，生物生产力达 14864.783 公斤 /（公顷·年），分别比银杏纯林及农作物系统提高 10% 和 20%，年收入近 60000 元 / 公顷，分别比相同结构的银杏纯林及农作物系统提高 20% 和 50%。

（二）低湿地林农复合经营模式及可持续经营技术

针对南方湿地的特点，选用复合经营模式是科学合理开发湿地资源的重要途径之一。林农复合生态经济系统研究，以长江中下游各省的低湿地为研究对象，以江苏里下河地区为试验点，利用耐水树种（落羽杉、落羽杉和水杉）的耐水特性，在低湿地上，根据生态经济学原理和方法，探索以林业为主体，林、农、牧、渔等多种产业结合，多生物种群共存，空间上多层次，时间上多序列，物质多级循环利用的多维、高效、持续稳定的复合生产系统。通过高技术和劳动密集投入来提高系统的总体功能，并通过协调人工复合系统与自然生态系统之间的关系，调控物质和能量循环，充分利用各级生产的副产物投入复合系统的再循环，取得自然再生产和经济再生产的最大效益。研究成果包括系统组建、系统设计、系统功能和系统效益评价方法等。

1. 复合经营模式建立

林农复合生态经济系统主要由六部分组成：林—渔、林—农、林—牧、林—工、农—林及庭院林业系统。所开发利用的土地资源有三类：自然状态下的湖滩地、农田、宅旁园地。通过生态、经济、社会等综合调节组成复合体系。在生态调节中尤其重视发挥水利的效益，使之既达到蓄洪排涝的要求，又利于资源的合理开发利用。经济调节注重经济承受能力和受益效果，因地制宜开发资源。社会调节强调更新观念，提高认识，引导全社会积极参与。在此基础上，通过调节系统综合协调建立起开发体系，并按工程开发设计付诸实施。

（1）林—渔系统：该系统是江苏里下河地区最富特色的开发工程。适用于地势低洼、地下水位较高的湖滩地。采用框圩与台田工程相结合的方式，开沟筑垛。垛田造林、垛池养鱼、林下间种作物形成以林为主体，林、渔、农有机结合的开发体系。由于地势低、水位高，水网系统是工程的设计重点。通常在框圩时设立主渠道，并根据汛期水位安排排灌设施。主渠道与外河相通，内连支渠或垛沟，形成有一定排灌功能的水网体系。台田工程实际是开沟筑垛，即按一定的距离和规格开沟，取土堆垫于两侧地面，形成特殊台田。

（2）林—农系统：以林为主，林下间种农作物的类型。适用于地下水位不高的地区。同样需要设置与外河相通的水网系统，以利于排灌及降低地下水位，防止内涝。该系统利用的土地是自然滩地和退耕还林的圩区。前者在造林前要设计一定规格的沟渠，把准备开发的滩地分割成若干方形田块，平整土地、灭草、熟化土壤，再造林并间作作物。

（3）林—牧系统：在林间或在林－渔结合的水面上养殖禽畜。林牧结合主要在林—农类型中，由于林分已达到郁闭或其他经营的限制因素不再种植农作物，而在林间育草放养畜禽。林渔牧结合是在林—渔类型的基础上为进一步利用水面和地面饲养畜禽，形成林、渔、牧有机结合的高产出类型，物质循环率更高。

（4）林—工系统：主要利用这一系统提供的大量间伐材及部分主伐材建立木材加工企业。加工成建筑材、家具材、造船材、文化用品材、包装材及木碳等。达到以工促林、以工养林的目的。

（5）农—林系统：以专项农业生产为主的土地采用农林结合的方式。系统由四个部分组成：一是渔池与林带结合，在不妨碍鱼池光照、溶氧等生态因子及有助于增加收益的原则下，在鱼池周围配置林带。改变了以往鱼池周围不能植树的传统观念，采用生态协调的方法组建复合系统。二是水生作物与林带结合。河藕、慈菇等水生作物常因夏季风灾造成折倒和病害，在田内配置林带，能有效控制风害，增加收益。三是农田—林网系统，主要有两类：①以粮食生产为主的农田中配置林木，如落羽杉、杨树、泡桐与粮食作物间作；②农田基本建设中配套的林网体系，包括低产田改造，中、高产田林网及路、渠等防护体系。

（6）庭院林业系统：利用宅旁园地兼营林业。植树与种植业、养殖业结合，具有见效快、综合效益高等特点。

2. 系统设计

组建林农复合生态经济系统的过程中，工程和生态设计是研究的重点，要根据生态经济学的原则，制定出适合于林、农、牧、副、渔相结合的技术体系，建立具有我国特色的农区林业发展模式。

（1）工程设计的程序和方法。工程开发是在滩地建成高效的林农复合生态经济系统的先导，按照下列程序进行：一是确定开发方针；二是资源、经济和社会考察，主要是考察生态资源、经济状况和社会环境；三是要进行可行性论证；四是要建立目标体系，包括总体目标和阶段性目标；五是工程设计，包括总体设计和子系统设计两部分，其中总体设计的内容包括产业结构组合、管理系统和土地利用系统等；六是工程实施；七是系统管理，主要包括运行过程调控和及时更新改造；八是生态位设计，包括各物种的空间关系、营养关系和潜在生态位资源开发三个方面；九是物种结构设计，主要是种群组合优化、种群时空结构优化；十是物质循环利用，运用食物链的原理实现物质循环利用。

（2）复合系统中的种群关系。生物物种的多样性是林农复合生态经济系统最主要的特征，也是最大限度地发挥土地潜在生产力和持续性合理利用环境资源的物质基础。在复合系统中，要尽量将互利互补的物种组合在一起，既能达到种群多样性的目的，又能实现生态结构稳定性的要求。同时通过一定的技术措施，使种群之间的竞争得以缓解。因此，在设计中种群关系应考虑到种群相互作用和种群共同增益两方面。

3. 系统效益评价方法

作为特定的人工控制系统，所寻求的主要目标是为了获得最佳的经济效益、生态效益和社会效益，这三大效益成为评价林农复合生态经济系统优劣的主要指标。合理的评价不仅要反映系统总体效益的大小，同时也要反映主效益发挥的高低，因为系统内各效益对于总效益的发挥所起的作用有所不同，或者说权重不同，因此评价时两者必须兼顾。

（1）生态效益：生态效益主要表现在对自然资源的多级循环利用、立地性能改良和地力的持久维护、小气候的调节和对自然灾害的抗御等方面。

①自然资源的多级循环利用。自然资源的利用，包括对物质、能量、空间和时间的利用。其中物质利用是指系统对水分、矿质营养等的利用；能量利用主要指系统的光能利用率；空间利用是指系统内生物种群占据环境空间的程度；时间利用则是指在年生长周期中生物种群在时间序列上的饱和度。研究表明，林农复合生态经济系统能有效地提高光能利用率和生态空间利用效率，有利于对水分和矿质营养以及时间等的高效利用，还能显著改善立地性能、持久维护地力。

②小气候的调节。林农复合系统具有明显的小气候调节的作用，主要表现在对温度、湿度和风速的调节。温度变化主要表现在日温差降低，早春能提高地温、盛夏能降低气温；湿度变化表现在林内湿度有所提高，特别是在干热的 5~8 月；风速变化表现在能降低风速。

这些变化均有利于林木和农作物的生长。

③对自然灾害的的抗御。里下河地区由于原有的生态系统遭受到很大的破坏,滩地荒芜,经济收入下降,自然灾害如风、雹、冰、冻等频繁发生,采用复合生态经济系统,大大降低了危害的程度。

（2）经济效益:林农复合生态经济系统的经济效益是系统功能的综合表现指标,反映了新建系统利用环境资源的能力。根据系统的结构功能特点,经济效益可分为直接经济效益和间接经济效益。直接经济效益是指可以从系统输出中直接收益的部分;间接经济效益指系统总体功能发挥后,除了直接经济效益外,还带动其他效益的发挥而间接产生经济效益。

①直接经济效益。应从林木收益、间作物收益、水产养殖收益和食用菌收益等方面进行分析评价。

②工程投资效益。这是林农复合生态经济系统经济效益评价的重要指标,是工程类型优化选择的重要依据。分析指标包括工程投资回收期、产出投入比值、工程投资回收率、工程效益投资比值和内部回收率等。

（3）社会效益:林农复合生态经济系统在取得显著的生态和经济效益的同时,也带来了巨大的社会效益,突出表现在:合理调整了产业结构,使工、农、林、牧、副、渔等产业结构的比例更趋合理,保证了地区经济的协调稳固发展;为社会提供了多种商品,包括大量木材、优质商品粮、水产品和副业产品,促进了加工业的发展和人民生活水平的提高;拓宽了就业门路,增加了农民收入;为科学、合理利用自然资源提供了新途径。

4. 林农复合生态经济系统的综合效益

本项目自在江苏里下河地区开展以来,通过林农复合生态经济系统的研究和应用,经济效益十分显著。在滩地成片造林 6100 公顷,营造圩堤林 1.22 万公顷,农田林网 14.85 万公顷,四旁植树 4500 万株,使全地区的林木覆盖率从 6% 提高到 10%。复合系统各种类型,每年新增产值 1.98 亿元,其中林业占 42.9%,农牧副渔业占 57.1%。林农复合生态经济系统的推行,还为整个地区的农业稳产高产、繁衍野生动物、提高水利投资的效益、抗洪救灾产生了良好的生态效益。同时增强了各级领导发展林业的自觉性,使林业逐步成为农村经济的重要产业。为农业经济调整、农村剩余劳动力的转移、提高农民经济收入开辟了新的途径。

（三）丘陵山区高效林农复合经营及产业化开发技术

丘陵山区发展林业的主要不利因子是干旱和土壤贫瘠。针对丘陵山区的自然资源特点和社会经济状况,依据可持续发展理论和生态经济学原理,选择耐干旱的造林树种,建立以银杏为主体的林农复合经营体系,对不同复合模式的种群结构特征、种群发展规律、生产力构成要素、光能利用与分配、养分积累与循环、生态环境改良效应及配套的综合经营技术进行系统研究。在充分发挥丘陵山区森林的生态效益的基础上,研究单位面积土地上林农复合经营的物种、空间、时间的最优配置方式,重点攻克丘陵山区林农复合经营模式的复合配置技术和持续经营技术,取得了丘陵山区林农复合模式的组建与优化、林农复合系统种群互作机理、林农复合系统种群调控技术等实用科技成果。

1. 林农复合模式的组建与优化

在进行实地调查的基础上，根据丘陵山区的自然资源特点，以提高经济效益为中心，通过对现有低产林分的改造和岗坡地的综合开发，选择了主要用材树种杉木，主要经济林树种银杏、茶叶、笋用竹，主要果树桃树、葡萄，适生中药材贯叶连翘、薄荷及农作物花生、黄豆等作为在丘陵山区建立林农复合系统的主要植物种群。建立生物多种群共存、空间多层次配置、时间多序列组合、物质多级循环利用的林农复合模式。

2. 种群互作机理研究

复合系统种群互作主要表现在不同种群对光、水、养分等环境资源需求与利用的差异性，研究主要集中在光、水、养分三个方面，已进行的工作主要有：

（1）银杏光合作用特性研究。主要研究银杏对光能的需求特点；不同天气条件下银杏光合速率的日变化规律；野外条件下影响银杏光合作用的主要环境因子。主要目的是探索银杏在复合系统中的适应性及生长潜力。

（2）林农复合系统光能分布与利用规律研究。主要在银杏—农作物间作系统内进行，从辐射能量的角度研究这种复合系统的光能微气候特征，以 Sinoquet 光能分配模型为基础，建立起不同密度银杏—黄豆（花生）复合系统不同组分间的光能分配及其空间变异的动态模型，分析林分结构特征（叶面积指数、叶倾角、叶方位角等）与冠层辐射分布的相关性，探索冠层反射率和透射率随太阳高度角的变化规律，将数值模型的计算结果与实测辐射资料进行比较，形成较完整的林农复合系统光能截获与分配的理论体系。

（3）林农复合系统水份利用规律研究。这部分内容主要在银杏—农作物复合系统内进行，通过对复合系统银杏、黄豆、花生、香椿等不同植物蒸腾作用强度的测定，研究不同植物蒸腾作用的日、季节变化规律，分析植物蒸腾强度与环境因子的相关性，比较不同植物组分的蒸腾耗水量，探索复合系统水分循环与利用的特点。

（4）丘陵山区林农复合系统小气候特征研究。主要在普通茶园、杉—茶复合园、银—茶复合园、低产林—茶叶复合系统内进行。对不同复合系统内光照、温度、相对湿度、风速、辐射强度的梯度测定分析表明：林—茶复合经营可调节茶园的小气候，使之适合茶树正常生长代谢，尤其是夏秋季节，这有利于茶叶优质稳产。林—茶复合是丘陵山地茶叶生产的一种较好的经营模式。

（5）复合系统种群调控技术。对四种不同密度果用银杏林农复合系统群体结构特征及光能分布规律的系统研究表明，银杏林农复合系统宜采用 4 米 × 4 米或 4 米 × 5 米的株行距，通过整形修剪维持成年银杏园高效光合生产的叶幕厚度宜在 2.0 米以上，有效 LAI 在 5~6 左右，是增强银杏复合园光合生产能力、提高产量和品质的有效措施。

3. 丘陵山区林农复合经营的综合效益评价

对丘陵山区林农复合生态系统、传统种植方式、空旷地的比较研究表明：林农复合系统的下垫面反射率减少 11%，有效辐射减少 6%，全生长季可增加辐射差额 14.442 千卡／平方厘米。上述三种系统中，下垫面的潜热能量以复合系统最大［316 卡／（平方厘米·天）］，传统种植方式次之［256316 卡／（平方厘米·天）］，空旷地最小［166316 卡／（平方厘米·天）］。

对传统茶园与林农间作茶园的对比研究表明：间作茶园中的相对湿度增加 5% 左右，中午和下午尤为明显；气温降低 1~2℃；光照减弱 50% 左右，随着季节变化而有所不同，为栽培高产优质茶叶创造了适宜的生态环境。间作茶树春梢生长速度明显提高，最大值高出传统茶园一倍以上。林茶间作不仅改善了生态环境，也提高了经济和社会效益。间作茶园生产的茶叶档次高、质量好、无污染、无公害，是一种值得推广的生产经营模式。

三、人工林立地生产力维持技术

工业用材林周期短、地力消耗大，地力衰退现象严重，因此，开展经营措施（轮伐周期、采伐强度、造林密度、施肥、人工林组成等）对人工林长期立地生产力影响研究已成为江苏省以杨树为代表的林业产业发展的关键，有关这方面的研究主要是针对杨树人工林来展开，为杨树人工林的可持续经营提供一套有效的技术措施。

（一）杨树树冠结构与生长的相关性

在 I-72 杨、I-63 杨、I-214 杨等不同杨树无性系树冠结构进行的定量动态分析的基础上，采用多元分析方法对南方型杨树树冠类型的划分、树冠类型与生长的关系进行了综合研究。双重筛选回归表明，分枝角、冠长、冠幅、单株叶面积、侧枝数、树冠疏密度和 He 系数等 7 个树冠结构因子对净光合速率和单株生长影响显著。根据主成分分析，不同杨树无性系的树冠可分为竞争型和共生型两大类。竞争型树冠的单株林木生长快，产量高；共生型树冠的单株林木生长较慢，产量低。

（二）杨树密度作用规律

造林密度对杨树的直径生长、单株材积、林分蓄积量、木材性质等均存在一定的影响。木材相对结晶度随着林分密度的增大而增大；林分密度对 S2 层微纤丝角有显著影响，S2 层微纤丝角随林分密度的增大而减少；随着林分密度的增大，木材的冲击韧性降低，而气干密度逐渐增大；在 4 米 ×4 米，5 米 ×5 米，6 米 ×6 米，7 米 ×7 米株行距林分中，随着林分密度增加其抗变强度和弹性模量增大，而对木材的抗压强度影响不明显。

（三）影响南方型杨树生长的主导环境因子分析

应用逐步回归的方法分析不同杨树无性系的树高和胸径生长与 21 个组合气象因子的相关性。结果表明，引起生长差异的主导生态因子为年平均温度，极端最低温度，寒冷指数，日均温 ≥ 10℃积温，年降水量和无霜期。运用模糊数学的方法，结合杨树的生态学特性，划分出了杨树的适宜引种区。对影响杨树生长发育的主导土壤因子的分析表明：在两湖地区和南方湖区影响杨树高生长的主要因素是地下水位、土壤质地和土壤有效层厚度；沿海地区影响高生长的主导土壤因子是土壤含盐量、土壤有效层厚度；苏北、鲁南、晋南和汉中平原影响生长的主导土壤因子是土壤质地、土壤有效层厚度和土壤有机质含量。

（四）杨树超短轮伐期经营

对 I-69 杨和 NL-80351 两个杨树无性系、3 种密度（10000、5000 和 2500 株 / 公顷）和 3 种轮伐期（1、2 和 3 年）的系统研究，在 3 种密度和 3 种轮伐期的组合中，两无性系均以造林密度为 10000 株 / 公顷、轮伐期为 3 年的林分生物生产力最高，I-69 杨为 10.52 吨 /

（公顷·年），NL-80351 杨约为 12.00 吨 /（公顷·年）；造林密度为 2500 株 / 公顷、轮伐期为 1 年的林分生物生产力最低，仅约为密度为 10000 株 / 公顷、轮伐期为 3 年林分的 36.5%。3 年内经济生物量以造林密度为 10000 株 / 公顷、轮伐期为 3 年的林分最高，I-69 杨为 21.4211 吨 / 公顷，NL-80351 杨达 25.4099 吨 / 公顷；密度为 2500 株 / 公顷、轮伐期为 1 年的林分最低，仅为密度为 10000 株 / 公顷、轮伐期为 3 年林分的 20.0% 左右。从 7 年生林分的研究结果看，对于 10000 株 / 公顷的林分，其最优轮伐期为 3 年；5000 株 / 公顷的林分，最优轮伐期为 4 年；而 2500 株 / 公顷的林分则为 5 年左右。

杨树超短轮伐期经营中，N、P、K 的输出量主要来自于干和枝，其与林分地上部分生物量生产和分配模式密切相关。3 年内以造林密度为 10000 株 / 公顷、轮伐期为 3 年的林分 N、P、K 的输出量最高，I-69 杨为 101.9 公斤 / 公顷、NL-80351 杨为 115.5 公斤 / 公顷，其中 N>K>P；从每生产 1 吨经济生物量所需输出的 N、P、K 总量看，不同无性系、密度及轮伐期的林分也存在较大差异。随造林密度及轮伐期增大，输出量降低。NL-80351 杨每生产 1 吨经济生物量所输出的 N、P、K 总量略低于 I-69 杨。

（五）杨树中短轮伐期经营

对 I-69、I-72 和 NL-80351 三个杨树无性系，4 种密度（1111、833、625 和 500 株 / 公顷），3 种轮伐期（4、5 和 6 年）的系统研究表明：造林密度对 DBH 生长的影响可以划分为两个生长阶段。第一阶段（林分郁闭前阶段）的时间在 3~5 年间，造林密度越稀，则达到林分郁闭时的时间越长。方差分析表明，3 个无性系的 DBH 和树高生长存在显著差异（$p > 0.05$）。6 年生时，NL-80351 杨的平均胸径为 18.2 厘米，平均树高为 18.05 米；I-69 杨的平均胸径为 17.4 厘米，平均树高为 18.08 米；I-72 杨的平均胸径为 17.0 厘米，平均树高为 16.6 米。从第 2 年到第 6 年，美洲黑杨（I-69 和 NL-80351）的胸径和树高平均连年生长量比欧美杨无性系 I-72 杨分别高出 5.0% 和 9.0%。

在 4 种造林密度中，3 个无性系的林分叶面积指数（LAI）都随林龄的增大而增大。方差分析表明，3 个无性系间及 4 种密度间的林分叶面积指数从第 1 年到第 6 年都存在显著差异（$p > 0.05$）。将 3 个无性系在 4 种密度中的 LAI 进行平均后得出，NL-80351 为 2.56 平方米 / 平方米；I-69 为 2.45 平方米 / 平方米，I-72 为 2.24 平方米 / 平方米。LAI 随造林密度的增大而增大，1111 株 / 公顷林分为 2.91 平方米 / 平方米；833 株 / 公顷林分为 2.62 平方米 / 平方米；625 株 / 公顷林分为 2.16 平方米 / 平方米；500 株 / 公顷林分为 1.98 平方米 / 平方米（LAI 值为 3 个无性系 6 年间的平均值）。本研究中，最大 LAI 值超过了 4.0 平方米 / 平方米（6 年生的 1111 株 / 公顷林分），但无迹象表明 3 个无性系在 1111 株 / 公顷林分中已达最大值。回归分析的结果表明，二次抛物线能较好地描述杨树无性系 LAI 和林分生物量年增量之间的关系。当最大的林分生物量年增量 [17 吨 /（公顷·年）] 出现时，LAI 的值约 4.0 平方米 / 平方米。在 LAI 达到 4.0 平方米 / 平方米之前，3 个杨树无性系的 LAI 与林分生物量年增量成明显正相关（$R^2 = 0.52$，$n = 36$）。但当 LAI 超过 4.0 平方米 / 平方米时，林分生物量年增量呈下降趋势。

3 个杨树无性系在 4 种造林密度和 3 个轮伐期下的养分积累趋势与生物量的积累趋势基本一致。在 3 个杨树无性系间，NL-80351 的养分积累量平均比 I-69 杨高 4.1%，而 I-72 杨比 I-69

杨平均约低 16.3%。从林分生物量中各元素的积累量看，为 Ca>N>K>Mg>P，与 5 年生辐射松人工林的积累模式略有不同，即为 N>K>Ca>Mg>P。从 3 个无性系在 4 种密度下 4~6 年生的各元素积累量平均值看，Ca 为 171.6 公斤 / 公顷；N 为 123.5 公斤 / 公顷；K 为 110.5 公斤 / 公顷；Mg 为 21.2 公斤 / 公顷；P 为 14.1 公斤 / 公顷。Ca 在林分地上部分的年积累量分别约为 N、K、Mg 和 P 的 1.4、1.6、8.1 和 12.2 倍。地上部分生物量中养分在各生物量组分中的分配模式，3 个无性系间具有相似性，N、P 和 Mg 在叶中的积累量最高，Ca 在枝条中积累量最高。P 在各生物量组分中的积累量随造林密度的不同而变化，当造林密度大于或等于 833 株 / 公顷时，P 积累量在树干木质部最高，否则就在叶中积累量最高。养分在各生物组分中积累的多少是该组分生物量与其养分浓度共同作用的结果，因此在不同密度林分中会产生不同的积累模式。总的来看，随着林龄的增大，养分在树干中的积累呈指数函数关系，而在树冠各组分（枝、叶）中的积累呈线性关系。

（六）经营措施与杨树立地生产力的维护

轮伐期为 5 年和轮伐期为 6 年的年均树干生物量和木质生物量（干 + 枝）很接近，但比轮伐期为 4 年的林分分别高出 12.9% 和 10.7%。不论是收获木质生物量还是仅收获树干，轮伐期为 5 年和 6 年间的年均养分输出量差异不大，但比轮伐期为 4 年的林分分别高出 10.0% 和 9.3%。与收获木质生物量的利用方式相比，仅收获树干生物量，其 N、P、K、Ca 和 Mg 的输出量分别比输出木质生物量少 89.0%、67.8%、60.0%、93.0% 和 75.0%。与超短轮伐期经营的 I-69 杨相比，中短轮伐期经营的 I-69 杨林分，养分输出量要高一些。

收获强度的大小显著影响养分从立地上的移出量。全树利用从立地上移出的生物量和养分均最多，而比较保守的利用方式（如仅利用树干），则从立地上移出的养分也较少。收获整个树干约移出地上部分总生物量的 2/3，但仅移出地上部分生物量中总 N 量的 31.3% 和总养分量的 37.5%；如果树干和枝条一起收获，约移出地上部分总生物量的 92%，N 和总养分的输出率分别为地上部分生物量中总 N 量和总养分含量的 60% 和 68%；如果在落叶前全树收获，虽然叶子在地上部分生物量中仅占不到 10%，但 N 从立地上的输出量约提高 40%。

四、银杏丰产栽培技术

（一）银杏叶用园丰产栽培技术

1. 截干萌芽对叶产量的影响

田间对银杏叶用园进行截干萌芽试验结果表明：①1 年生苗第 1 次截干后，留桩高度为 5 厘米和 10 厘米的处理，当年叶产量分别超过对照的 25% 和 43%，第 2 年分别超过对照的 19.3% 和 53.5%。截干后第 3 年施行 2 次截干后，留桩高度为 20 厘米和 30 厘米的处理银杏当年叶产量分别超过对照的 12.2% 和 5.5%，第 2 年，留桩高度为 30 厘米、20 厘米和 10 厘米的处理，叶产量分别超过对照的 10%、6.1% 和 1.5%。②2 年生苗截干后，20 厘米截干高度和抹顶芽的处理，当年叶产量分别超过对照的 16.7% 和 34.5%，第 2 年，分别超过对照的 48.4%、34.6%。2 年生苗截干后，留桩高度为 30 厘米、20 厘米和 10 厘米的处理时，截干后的第 2 年，银杏单株叶产量分别超过对照的 21%、28.8% 和 12.1%。

2. 截干对黄酮含量的影响

截干后，银杏叶中黄酮含量显著高于对照，3 年生苗经 30 厘米、20 厘米和 10 厘米留桩高度截干处理后，叶中黄酮含量分别高于对照的 49.8%、50.5% 和 54.3%；银杏叶中黄酮含量随留桩高度的增加而下降，但由于叶产量较高，故总黄酮产量增加。

3. 苗龄及留桩高度对萌芽能力的影响

截干后，银杏萌芽能力随留桩高度的增加而增加；苗龄增大时，萌芽能力也增强，如 3 年生苗的萌芽能力大于 2 年生苗，而 2 年生苗的萌芽能力超过 1 年生苗。

（二）银杏果用园优质丰产栽培技术

1. 银杏早期丰产技术

银杏实生树达到正常结果年龄长达 18~25 年，通过采用合理施肥、低干嫁接、环割等技术手段，使定植的成片园第 4 年部分挂果，第 6 年亩产量达 78 公斤，亩产干叶 216 公斤，第 7 年亩产银杏果 356 公斤，平均株产 6.5 公斤，亩产干叶 250 公斤，亩产值 1.8 万元。

2. 果用林配方施肥

银杏果用林田间配方施肥试验结果表明：合理施肥，可提前 2~3 年结果，在泰兴地区果用树最佳施肥组合为 $N_1P_3K_4$（分别折合每株施尿素 109 克，过磷酸钙 1429 克，氯化钾 333 克较为合适）。

3. 黄腐酸叶面肥对银杏生长和白果产量的影响

喷施黄腐酸叶面肥，对银杏生长和白果产量有显著的影响。结果表明：银杏嫁接苗幼苗生长量可提高 12.25%~25.69%；初果树主枝增长可提高 8.54%~24.42%，白果单粒重增加 0.025~0.295 克，出核率提高 0.3%~2.06%，1~2 级果率增加 18.6%~56%，单株产量提高 40% 左右；喷施浓度以 50 毫克 / 升为好，喷施时间以银杏营养和生殖生长旺盛期的 5~6 月为佳。

4. 人工授粉的预测预报及其影响因子

课题组先后对影响银杏人工授粉的气象因子及银杏人工授粉期的预测预报进行了研究。结果表明：影响银杏人工授粉最佳期的气象因子是积温、日照时数和降水量。根据三个主要气象因子，可确定适宜的人工授粉期。

5. 银杏高接雄枝增产技术

用雄枝高接于雌树，5~7 年生雄枝开花解决雌树授粉问题，成本低，效益大，并可减轻或避免不良天气影响，达到高产稳产的目的。反之，也可于雄树嫁接雌枝开花结果。

第五节　银杏资源加工利用技术

一、银杏活性成分提取技术

（一）GBE 的提取

（1）水浸提法：水浸提法成本低、产品安全、无环境污染，但是浸出率低、糖类和鞣质等水溶性杂质增加，使 GBE 的进一步精制困难。

（2）有机溶剂提取法：有机溶剂提取法是国内外最常用的方法。此法分为初提和精制两个阶段。国内一般采用 60%~70% 的乙醇水溶液，经多次回流萃取获得初提物。精制路线有液 - 液萃取、吸附—洗脱等方法。液—液萃取在国外已经有了很成熟的工艺，国内也有采用此分离方法的。液—液萃取方法主要有醇（酮）浸提—卤代烃脱脂（或硅藻土过滤）—酮 /铵盐萃取法、酮类提取—氨水沉淀—混合酮萃取法、酮类提取—铅盐沉淀—酮类萃取以及酮（醇）浸提—丁醇 / 甲苯萃取法。液—液萃取选择性高、收率高、设备简单，但成本较高、有机溶剂残留、污染环境。

（3）吸附—洗脱法：吸附—洗脱法相对液—液萃取操作简单、溶剂损耗少、污染小。所用到的吸附剂包括大孔吸附树脂、硅胶、聚酰胺、活性炭或纤维素等。硅胶、活性炭是分离水溶性物质的主要填料之一。活性炭吸附选择性不好，且拖尾严重，不适宜植物活性成分的提取，硅胶的选择性也不好。聚酰胺对酚性化合物银杏黄酮类有着很好的选择吸附性能，是基于吸附剂与吸附质之间较强的氢键作用，但一般的聚酰胺是颗粒微小的凝胶，存在透水性差、单位质量吸附量小的问题。将聚酰胺涂装在硅藻土上，再用于银杏黄酮的分离，得到高含量的黄酮，但性能不稳定，对内酯的吸附结果未作出检测。在用 HPLC 分离检测银杏内酯之前，聚酰胺能够脱掉酚性化合物，可见聚酰胺用于黄酮类的分离提取比较适宜，但用于 GBE 分离精制时，萜内酯含量难以达到要求的标准。采用大孔吸附树脂（HP20）和聚酰胺混合分离精制 GBE，所得浸膏的总黄酮 ≥ 44%（其中黄酮苷 ≥ 24%）、内酯 ≥ 6%、银杏酸 ≤ 10mg/L。吸附树脂的化学和物理结构（主要指孔径、比表面、孔容）是影响吸附性能的重要因素，因此最方便的是直接选取一种高效的大孔吸附树脂用于精制 GBE。国内对吸附树脂用于 GBE 提取的研究较多，这些非极性、中极性的吸附树脂按照常规的方法都会吸附内酯。南开大学合成了用于银杏活性成分提取的 3 个系列的吸附树脂。其中两个系列是 MA-DVB 经氨基修饰的吸附剂，在用于 GBE 精制时，所得黄酮和内酯的含量均达到或超过国际标准。另一种是大孔脲醛树脂，用于银杏提取，黄酮含量达 40% 以上，萜内酯含量达到 10% 以上，而且工艺简单，只需要一步洗脱。该方法居国内领先水平。

（4）超临界流体萃取法（SFE）：随着超临界流体技术的发展，SFE 法在天然产物活性成分提取中的应用日益广泛。超临界流体萃取法与溶剂提取法相比具有提取效率高、无溶剂残留、无毒性，活性成分和热不稳定成分不易被分解破坏等优点。同时还可通过控制临界温度和压力的变化来达到选择性提取和分离纯化的目的。该法可直接用于银杏叶的萃取，也可用于银杏初提物的精制。用超临界 CO_2 提取分离了黄酮苷，用超临界流体色谱法测定了银杏叶提取物中黄酮类化合物。采用超临界 CO_2 萃取的银杏初提物，在提高活性成分含量的同时，大大降低了有害物质的存在（从 2.0% 降至 0.04%）。用极性改性剂（乙醇 70%，水 30%）的超临界 CO_2 萃取银杏叶，再经大孔树脂浓缩，所得黄酮 37%，内酯 8%，酚酸 <4mg/L，萃取率达 85%。常规溶剂提取法和 SFE 法对银杏活性成分的提取对比研究表明，SFE 法的回收率几乎高出常规溶剂提取法的一倍。超临界流体在天然产物活性成分提取中有

着无法比拟的优势，但是也有其不足。该法不能用于处理大体积样品，且设备昂贵，在工业应用上受到一定的限制。但随着 SFE 技术的不断完善和进一步发展，SFE 将是提取分离 GBE 的一种较为理想的方法。

（二）银杏内酯类的分离提取

银杏叶中的活性成分种类很多，主要的是黄酮类（flavonoids）和内酯类。银杏总黄酮的含量较高，但银杏黄酮类化合物已发现有 36 种，各黄酮成分的含量非常低，且尚未明确哪一种黄酮成分是关键性的有效成分，目前尚未见报道如何提取制备单一银杏黄酮成分的相关研究。这主要由于银杏黄酮易与原花色素、单宁、银杏萜内酯等混杂在一起而不易分开，所以就连提高银杏总黄酮的含量也相当困难。银杏内酯的复杂化学结构决定了化学合成的困难性，因此天然提取工艺将是生产银杏内酯的主要发展方向。银杏内酯含量很低（0.001%~0.8% 干叶重），且结构独特，提取分离步骤繁琐，得率低。国外一般采用有机溶剂多级萃取与硅藻土、硅胶吸附 - 洗脱或活性炭吸附 - 洗脱与醋酸沉淀法相结合的提取方法。张迪清等将甲醇浸提的初提物经氧化铝、硅胶柱、活性炭三柱分离与乙酸己酯萃取相结合的办法，最终得到 90% 的内酯产品，可见工艺之复杂。根据内酯的性质，用含 0.1%Na_2HPO_4、pH=8 的沸水分别从银杏初提物和银杏叶中浸提内酯，所得水相再被调到 pH=5，用氯仿萃取，可获得高浓度的内酯混合物。

二、聚戊烯醇纯化技术

聚戊烯醇（polyprenols，1）广泛存在于绿色针叶植物和银杏等植物中，由不同链长且具有一定排列顺序的异戊烯基单元组成，其中桦木醇型的聚戊烯醇与人体内的多萜醇（dolichols）结构相似，异戊烯基单元数也相近，已成为药物和保健食品的开发热点。

（一）工艺流程

银杏叶→清洗→石油醚 / 溶剂油→水解→萃取→轻相→浓缩→软膏→精制 70% 以上聚戊烯醇→柱层析→ 95% 以上聚戊烯醇。

（二）浸提和水解

选用 300 g 银杏苗叶（3~5 年），用石油醚浸提，采用索氏提取、热回流和室温浸泡三种方式对比，实验表明，室温冷浸软膏中聚戊烯醇的纯度高（27%~34%），但耗时太长；热回流浸出率为 55.7%，纯度仅有 15% 左右；索氏提取，浸膏得率为 6.0%，浸出率为 77.5%，纯度也较高（16%~20%）。浸提方式采用索氏提取，浸提时间 4~6 小时，65~80℃温度。水解条件：石油醚提取物约 20 克经溶剂沉降去杂后，用 NaOH·H_2O 或 KOH·H_2O 溶液水解，浓度为 20%~40%，反应温度为 55~70℃，时间 2~4 小时。

（三）精制

水解产物冷却后用混合溶剂萃取 3~5 次，萃取液用水反洗至中性，进行精制。采用极性介质树脂（氧化铝或聚酰胺等）吸收，溶剂萃取和结晶，得到黄色油状物约 35 克，经 HPLC 分析，聚戊烯醇的纯度为 70%~75%，得率为 1.0% 左右。此工艺经扩试实验，结果与小试基本相似。95% 以上聚戊烯醇产品的精制采用硅胶柱层析，洗脱剂为石油醚和乙醚的混合溶剂，产品为黄色油状物。

（四）应　用

1. 合成多萜醇

最早由 Pennock 等从猪肝中分离得到。由于动物体内多萜醇的含量极低，且分离纯化成本昂贵，所以难以大量制备，限制了多萜醇的开发和应用。天然提取的多萜醇在 cis（α）终端单元的 C-3 位是 S 构型，具有旋光性。由于全合成工艺路线长，技术难度大，因而半合成成为目前研究的重点。Imperiali 和 Suzuki 等从植物中寻找异戊烯基结构单元数和顺反式排列都与多萜醇相似的 1 配对物，进行选择性氢化或格氏加成反应制得多萜醇，其构型与天然提取的多萜醇一致。选择性氢化用二价钌铬合物，仅有少于 2% 的其他烯属部位被氢化，产物 95% 以上为 S- 多萜醇；格氏加成从聚戊烯乙醇酯开始，在 0.1 摩尔 / 升 Li_2CuCl_4 的 THF 溶液中加入格氏剂（R）-BrMgCH$_2$（CH$_3$）CH（CH$_2$）$_2$OTHP，制得 S- 多萜醇，得率 85%。而 Mankowski 采用直接催化加氢制备的多萜醇在 cis（α）终端单元的 C-3 位是 S 和 R 构型的混合物，为外消旋体，得率 60%。

2. 合成磷酸酯

聚戊烯醇磷酸酯在体内可直接参与糖蛋白的生物合成，是维持正常新陈代谢的重要类脂化合物。俄罗斯列宁格勒有机化学所 Danila 等对针叶中得到的聚戊烯醇进行了磷酸酯化的研究。在三氯乙腈和氢化钠存在下，用三氯乙酰亚氨酸酯（trichloroacetimi-doates）将聚戊烯醇转化为磷酸铵盐，反应简单，收率达 70% 以上；用双 - 三乙胺磷酸酯（bis［triethylammo-nium］phosphate）进行磷酯化，收率仅 20%，且产生焦性磷酸酯副产物。合成的聚戊烯醇磷酸酯已作为兽药上市，主要用于抗 TBEV 病毒。

3. 药物和保健品的开发

拉脱维亚和俄罗斯在聚戊烯醇的精制和应用方面进行了大量工作。拉脱维亚林业研究所长期进行针叶聚戊烯醇加工技术研究，建立了日产 11 公斤的生产装置。拉脱维亚医科院和 Biolat 公司对聚戊烯醇毒理、药理进行了深入研究，研究表明聚戊烯醇对人体安全（LD50 大于 10 克 / 公斤），无致突变、致畸及致癌作用，其制剂 "RO-PREN" 对多发性硬化症小鼠的药效学实验结果表明，治愈率可达 80%，目前经拉脱维亚卫生部批准已进入临床试验，用于肝炎和乳腺癌的治疗及由免疫功能低下引起的多发性硬化症，已批准作为保健功能食品和化妆品添加剂上市。俄罗斯对聚戊烯醇抗病毒，尤其抗 A/Aichi/2/68influenaza 病毒进行了深入研究，开发了喷雾剂。在抗癌方面，日本 Curaray 公司开了聚戊烯醇乳剂及软胶囊，对其防止癌细胞转移进行了研究，结果表明其抑瘤率为 60%~85%。

三、银杏烷基酚制备技术

银杏酸是烷基酚类化合物。对烷基酚类化合物的生物活性研究工作国外开展得较早。主要是研究腰果壳中的烷基酚类化合物（银杏叶中的大部分烷基酚化合物与腰果壳中的相同），并发现它们具有多种生物活性。除了可能导致接触性（过敏性）皮炎外，还是某些重要的酶的抑制剂，还具有抗菌、抗肿瘤和杀虫等生物活性。如烷基酚是酪氨酸酶、15- 脂肪氧合酶、磷脂酶 Cγ1、丙三醇 -3- 磷酸盐脱氢酶等酶的抑制剂。对酵母菌、链球菌、金黄色葡萄球菌等革兰氏阳性的细菌生长有抑制作用，尤其对 S.mutans、S.aureus 等细菌的抑制效果明显。另外，烷基酚对小鼠肉瘤 S180 细胞、乳腺 BT20 细胞及子宫癌细胞生长具有抑制作用。此外，烷基酚还可以代替农药防止蚜虫、菜青虫、红蜘蛛等昆虫，减少化学农药的污染。烷基酚还可能被开发成新的功能性产品。

分离与制备：烷基酚为脂溶性长链酚类化合物。银杏酸、白果酚及白果二酚类化合物的极性因苯环所接极性官能团的种类和数量不同而有所不同，本研究用甲醇提取银杏叶，再以氯仿萃取、硅胶柱分离的方式将它们分开。硅胶柱分离时采用甲醇与氯仿混合溶剂梯度洗脱，得到相应于上述 3 类化合物的 3 个主要级分，再经薄层制备，得到烷基侧链不同的同类化合物的混合物。最后经 HPLC 多次重复制备得到 6 种纯度在 90% 以上的烷基酚单体化合物。

四、高含量银杏萜内酯富集技术

银杏萜内酯包括银杏内酯（ginkgolidesA.B.C.J.M，属二萜类化合物）和白果内酯 bilobalide，倍半萜类化合物），这是一类少见的银杏（Ginkgo biloba L.）植物所独有的天然化合物，是银杏叶提取物（GBE）的主要活性成分之一。

国外学者对银杏萜内酯的药理研究发现，萜内酯尤其是银杏内酯 B（BN52021）是一类高效的血小板活化因子（PAF）受体拮抗剂。血小板活化因子是由血小板和多种炎症组织分泌产生的一种内源性磷脂，是迄今发现的最有效的血小板聚集诱导剂，它与许多疾病的产生、发展密切相关。银杏内酯目前被认为是最有临床应用前景的天然ＰＡＦ受体拮抗剂。药理研究表明，银杏内酯对血栓、心脑血管疾病、心律失常、哮喘、支气管炎、老年性痴呆症、过敏反应等的预防和治疗具有一定作用。基于国内外学者对银杏萜内酯药理、生理作用研究的深入，人们对萜内酯获取途径尤为关注。1987 年 Pierre 等用化学方法成功地合成了银杏内酯 B;1993 年 Crimins 等在实验室合成了白果内酯。因工艺十分复杂，产品价格昂贵。从 1987 年起，瑞士的 J. P. 巴尔兹采用生物技术获取萜内酯，经多年努力也获得成功，但成本高，没有推广价值。较为经济可行的方法是筛选萜内酯含量高的银杏叶品种，建立药用银杏叶基地，寻求一种从优质银杏叶中富集萜内酯的简易方法。本研究介绍了从萜内酯含量中等的银杏叶或市场上购买的银杏叶提取物中采用树脂吸附和溶剂萃取等组合新工艺，可把萜内酯含量提高到 70% 以上的研究结果。

（一）银杏叶质量对萜内酯提取的影响

选用不同含量萜内酯的银杏叶采用本工艺进行提取实验，结果列于表 8-1。从表 8-1 的实验数据看出，选用不同质量的银杏叶，用本工艺提取所得粗提物得率基本相同，约 22.0%~23.0%，但粗提物萜内酯含量差异却很大，低的仅 0.30%，高的达 1.96%，相差 6.5 倍。同时得出，银杏叶质量越好，萜内酯的回收率越高，一般可达 80% 以上。

表 8-1　银杏叶质量对萜内酯提取的影响

酯含量（%）	银杏叶粗提物 A（%）		
	对叶得率	萜内酯含量	萜内酯回收率
0.10	22.0	0.30	66.0
0.21	22.5	0.70	75.0
0.30	23.0	1.05	80.5
0.40	22.0	1.50	82.5
0.54	22.8	1.96	83.6

（二）精制工艺对银杏萜内酯富集的影响

采用萜内酯含量为 1.50% 的银杏叶粗提物进行精制试验，精制每步所得中间产品均计量并用 HPLC 分析总内酯含量，结果列于表 8-2。表 8-2 显示，精制工艺中有三步可使萜内酯含量提高幅度较大。第一步是由粗提物 A 到萃取物 B，萜内酯含量提高了 16.45%。乙酸乙酯是萃取银杏萜内酯最好的溶剂之一，直接用乙酸乙酯萃取，可使粗提物 A 萜内酯含量由 1.5% 提高至萃取物 B 萜内酯含量 15% 左右，若在水相中加入适量的无机盐后萃取，则萃取物 B 萜内酯含量可提高到 18% 左右。在水相中加入适量的盐，增大了水相的密度和极性，从而减少了银杏萜内酯在水相中的溶解度，有利于溶剂的萃取；第二步是由 130 柱精制品 C 到聚酰胺柱精制品 D，萜内酯含量提高了 18.15%，这一步主要是利用聚酰胺树脂只吸附杂质不吸附萜内酯的特性而使萜内酯得到进一步精制；第三步是由聚酰胺柱精制品 D 到萃取物 E，萜内酯含量提高的幅度更大，达 34.0%，这一步采用了水相中加适量的盐，用乙酸乙酯和正己烷混合溶剂萃取的新工艺。溶剂的混合比例恰当时，对银杏萜内酯的萃取效果更佳。

表 8-2　各步精制工艺对银杏萜内酯富集的影响

中间产品名称	萜内酯含量（%）	萜内酯回收率（%）
粗提物 A	1.50	82.5
萃取物 B	17.95	98.1
130 柱精制品 C	23.95	95.6
聚酰胺柱精制品 D	42.1	96.7
萃取物 E	76.1	91.8

经过对每步精制工艺的精心设计和五步精制工艺的组合，可使银杏叶中萜内酯含量的 0.40% 富集到 76.1%，萜内酯的总回收率高达 68%。

（三）精制工艺试验的稳定性

以萜内酯含量 1.50% 的粗提物 A 原料，用本精制工艺进行了 6 次精制试验，结果列于表 8-3。6 次平行试验，其产品萜内酯含量均在 70% 以上，对原料叶而言，萜内酯总回收率平均为 68.2%，稳定性好，而且工艺中的每一步均易工业化。

表 8-3 精制工艺试验的稳定性

试验次数	萜内酯含量（%）	萜内酯总回收率（%）
1	71.63	68.5
2	72.14	67.2
3	75.91	68.1
4	72.18	68.1
5	75.14	69.0
6	76.83	68.6

五、银杏叶中黄酮苷含量变化规律

自 20 世纪 60 年代以来，德国、法国、日本等国对银杏叶化学成分、药理作用及其应用一直进行着广泛深入的研究，阐明了银杏叶的有效成分主要为黄酮苷和萜内酯，开发了以治疗心脑血管疾病为主的各种银杏叶制剂，年销售额达 20 亿美元。我国是银杏的故乡，资源极为丰富，20 世纪 90 年代以来，对银杏叶提取物（简称 GBE）的开发利用发展很快，生产 GBE 厂有近百家，年生产能力超过 100 吨，但在产品质量和效益上与发达国家相比，差距很大，在市场竞争中导致大多数生产 GBE 厂停产。影响产品质量和成本的主要因素，一是原料银杏叶，二是生产工艺。如能选用含有效成分高的优质银杏叶原料和先进生产工艺生产则能使企业在激烈的市场竞争中立于不败之地。

对我国主要银杏产区 200 多个银杏叶样品，用 HPLC 法检测其有效成分含量，研究我国银杏叶中黄酮苷和萜内酯含量变化的一些规律，对不同产区、不同树龄、不同生长期及不同繁殖方式等因素对银杏叶黄酮苷含量变化的影响进行探索，取得了初步结果。

（一）不同产地银杏叶的黄酮苷含量

将江苏、浙江、山东、贵州、湖北、湖南、广西、安徽、北京等地银杏叶样，用 HPLC 紫外检测其黄酮苷含量，部分结果列于表 8-4。

表 8-4 不同产地的银杏叶中黄酮苷含

样号	产地	树龄（年）	采期（月，日）	黄酮苷含量（%）	槲皮素（Q）	山奈酚（K）	异鼠李素（I）
28	江苏	3	8.3	1.39	（0.85	0.38	0.16）
1	江苏	3	8.15	0.61	（0.31	0.19	0.11）
5	江苏	4	8.15	1.04	（0.60	0.35	0.09）
6	江苏	14	8.15	0.49	（0.23	0.14	0.12）
47	江苏	>50	8.15	0.57	（0.22	0.21	0.14）
26	浙江	2	9.15	0.92	（0.52	0.30	0.10）
58	浙江	2	8.15	1.44	（0.75	0.51	0.18）
68	浙江	2	8.15	0.51	（0.17	0.20	0.14）
9	浙江	>50	9.17	0.43	（0.20	0.14	0.09）
11	山东	3	8.15	1.29	（0.75	0.42	0.12）

（续）

样号	产地	树龄（年）	采期（月，日）	黄酮苷含量（%）	槲皮素（Q）	山柰酚（K）	异鼠李素（I）
12	山东	6	8.15	0.67	（0.37	0.25	0.05）
14	贵州	3	9.10	1.16	（0.67	0.38	0.11）
17	贵州	>40	7.20	0.53	（0.23	0.17	0.13）
43	湖北	2	9.10	2.01	（1.16	0.72	0.13）
31	湖北	>20	9.10	0.61	（0.26	0.16	0.18）
21	北京	4	8.9	1.02	（0.53	0.40	0.09）
22	北京	500	8.9	0.33	（0.16	0.11	0.06）
24	湖南	1	9.15	1.51	（0.80	0.57	0.14）
25	安徽	1	9.10	1.38	（0.88	0.42	008）
27	广西	2	9.15	0.66	（0.33	0.15	0.17）

从表8-4数据看出，不同产地对银杏叶黄酮苷含量变化影响不大，我国主要银杏产区都有黄酮苷含量>1.20%的优质银杏叶。

（二）不同树龄银杏叶的黄酮苷含量

将我国各地不同树龄的银杏叶黄酮含量检测结果列于表8-5。表8-1、表8-5数据表明：①在同一产地，相同采叶时间，不同树龄的银杏叶黄酮苷含量差异较大，幼树（1~5年）实生苗叶黄酮苷含量较高，一般在1.0%左右，如样地5、11、14、9、21、24、25、32、43、52等，而大树叶黄酮苷含量较低，一般≤0.60%，如样地6、9、17、22、31、37、46、56、57、60等；②在黄酮苷含量高的银杏叶中，槲皮素糖苷含量最高，占50%~60%，山柰酚糖苷含量第二，占25%~35%，异鼠李素糖苷含量最低，一般在10%左右；③当树龄、采期相同时，幼树叶黄酮苷含量也有很大差异，如2年生的43号，黄酮苷含量高达2.01%，而68号仅为0.51%，3年生的11号黄酮苷含量为1.29%，而1号仅为0.61%，这是品系不同所至，品系相同其差异很小，如样地52~55号，品系、产地、采期均相同，树龄分别差1年，但黄酮苷含量仅相差0.06%。

表8-5　不同树龄的银杏叶黄酮苷含量

样号	树龄（年）	产地	采期（月，日）	黄酮苷含量（%）	槲皮素（Q）	山柰酚（K）	异鼠李素（I）
32	3	江苏	8.15	0.97	（0.50	0.24	0.23）
34	11	江苏	8.15	0.57	（0.23	0.19	0.15）
37	42	江苏	8.15	0.55	（0.18	0.24	0.13）
48	5	浙江	7.20	0.78	（0.42	0.27	0.09）
49	50	浙江	7.20	0.41	（0.08	0.21	0.12）
60	>100	浙江	8.16	0.41	（0.16	0.16	0.09）
11	3	山东	8.15	1.29	（0.75	0.42	0.12）
12	6	山东	8.15	0.67	（0.37	0.25	0.05）
46	>20	山东	7.15	0.58	（0.27	0.19	0.12）
14	3	贵州	9.10	1.16	（0.67	0.38	0.11）
17	>40	贵州	7.20	0.53	（0.23	0.17	0.13）

（续）

样号	树龄（年）	产地	采期（月，日）	黄酮苷含量（%）	槲皮素（Q）	山柰酚（K）	异鼠李素（I）
43	2	湖北	9.10	2.01	（1.16	0.72	0.13）
19	5	湖北	9.10	0.96	（0.45	0.47	0.04）
31	>20	湖北	9.10	0.61	（0.26	0.16	0.18）
52	2	江苏	9.15	1.00	（0.61	0.21	0.18）
53	3	江苏	9.15	0.94	（0.52	0.27	0.15）
54	4	江苏	9.15	0.88	（0.54	0.22	0.12）
55	5	江苏	9.15	0.88	（0.49	0.22	0.17）
56	9	江苏	9.15	0.44	（0.14	0.15	0.15）
57	15	江苏	9.15	0.42	（0.10	0.20	0.12）

（三）不同生长期银杏叶中黄酮苷含量变化

季节变化对银杏叶中黄酮苷含量的影响，法国 A.Lobstein 等进行过研究，国内也有人做过这方面的工作。现将贵州、江苏、山东三地分别采样的分析结果列于表8-6。从表8-6数据看出，①银杏叶中黄酮苷含量变化5月份最高，江苏、山东的实生苗叶，6、7月份下降，8、9月份又缓慢上升，10月份又下降至落叶。江苏、山东最佳采叶期宜在8、9月份。贵州4年嫁接苗叶，7月份下降较快，8、9月份变化不大，按黄酮苷含量高低言，对嫁接苗贵州宜在6月份采叶。②不同生长期的黄酮苷的主要成分比例变化不明显，槲皮素糖苷占第一，约为50%~60%，三奈酚糖苷居中，约20%~30%，异鼠李素糖苷最少，约10%~20%。

表8-6　不同生长期银杏叶中黄酮苷含量变化

采叶时间（月份）	样品编号	黄酮苷含量（%）	三苷元配比（%）		
			槲皮素（Q）	山柰酚（K）	异鼠李素（I）
5	黔-71-1*	1.02	54.9	27.5	17.6
5	苏-72-1	1.46	50.7	30.1	19.2
5	鲁-73-1	1.74	55.7	33.3	10.9
6	黔-71-2	1.01	52.4	24.8	17.8
6	苏-72-2	1.13	54.0	25.7	20.3
6	鲁-73-2	0.87	57.5	33.3	9.20
7	黔-71-3	0.68	58.8	22.1	19.1
7	苏-72-3	1.18	53.4	26.3	20.3
7	鲁-73-3	1.15	65.2	22.6	12.2
8	黔-71-4	0.66	56.0	25.8	18.2
8	苏-72-4	0.94	52.1	27.7	20.2
8	鲁-73-4	1.29	58.1	32.6	9.30
9	黔-71-5	0.64	56.3	25.0	18.7
9	苏-72-5	1.30	60.8	18.5	20.7
9	鲁-73-5	1.14	55.3	33.3	6.9
10	苏-72-6	0.74	52.7	27.0	20.3
10	鲁-73-6	0.86	62.8	25.6	11.6

（四）嫁接苗叶中黄酮苷含量

将各地部分嫁接银杏苗叶黄酮苷含量的分析结果列于表8-7。可见，嫁接苗叶（1~5年）黄酮苷含量不高，一般在0.60%左右，与大树叶的黄酮苷含量接近。

表8-7 银杏嫁接苗叶中黄酮苷含量

样号	树龄（年）	采地	采期（月，日）	黄酮苷含量(%)	槲皮素（Q）	山奈酚（K）	异鼠李素（I）
102	1	浙江	8.18	0.46	（0.29	0.11	0.06）
112	2	浙江	8.18	0.42	（0.26	0.11	0.05）
109	4	浙江	8.18	0.32	（0.16	0.11	0.05）
15	4	贵州	8.20	0.68	（0.40	0.15	0.13）
59	5	贵州	9.10	0.66	（0.38	0.15	0.13）
61	3	山东	8.15	0.62	（0.32	0.19	0.11）

第六节 结构用胶合竹材技术

用于木结构建筑的结构用胶合竹材（竹木复合）的技术与产品开发的基本条件已成熟，其标志是：

（1）国外木结构建筑有关标准完善和工程木产品大量使用为我国发展提供了借鉴。

（2）我国的木结构建筑有关标准逐步颁布。

（3）我国非结构用竹胶合板技术成熟。

（4）在现有的竹胶合板技术基础上，解决结构胶合竹材及竹木复合材关键技术。

一、轻型木结构建筑

现代木结构建筑可分为木杆结构、原木结构、重木结构、梁柱结构、轻木结构和木结构桥梁等类型。

（1）木杆结构建筑是利用一些中杆，直接埋入地基而成。木杆结构的墙体是由木柱和木墙板组成，木杆作为建筑的柱，一般外形尺寸不很规则，可将木杆局部加工成平面，将木条固定在木杆平面上，形成规则立面，再将木墙板固定在木条上。以原竹杆替代木杆的"竹竿结构"是我国南方农村及南亚、南美等不发达产竹区常用的建筑形式。这类建筑成本低，结构简单，是一些低档和临时房屋建筑采用的主要形式。

（2）原木建筑指的是用直径较大、尖削度小、树干通直的去皮原木，采用交叉方法连接而成。这种木结构建筑加工量小，简单方便，迅速可靠，但是木材用量大，只适合于木材产量高而加工运输能力差的林区。

（3）重木建筑是指大尺寸的结构材，柱径在200毫米以上，梁的宽度在150毫米以上的木结构建筑，这类建筑一般用于跨度、高度较大的厂房，仓库的建筑；也可用于住宅、商店及办公用房。

（4）在梁柱结构建筑中，垂直的柱和水平的梁是主要的承载结构，屋顶可有斜梁。柱之间的间距为 2.4~3.6 米之间，水平梁的间距为 1.2~2.4 米之间。地板和墙体载荷均由这些梁、柱支撑。欧式梁柱或木结构建筑无论是在屋顶还是在梁柱结构上，为了保证建筑的稳定性，大量使用三角支撑结构。与重木结构相比，建筑使用的木材相对较少。

（5）轻木结构是目前欧美民用建筑中普遍使用的一种新型建筑结构。其特点是使用尺寸较小的木板（一般厚度为 38 毫米左右），采用小间距排架结构（间距小于 0.8 米）而成。这种结构的优点是载荷分散，连接时节点强度要求低，同时对墙面的强度要求也大幅度降低。可以使用纸面石膏板做内墙，定向刨花板（OSB）做外墙面，将其固定在排架结构上，组成空心墙体，保温材料可填充在框架的墙板之间（图 8-1）。

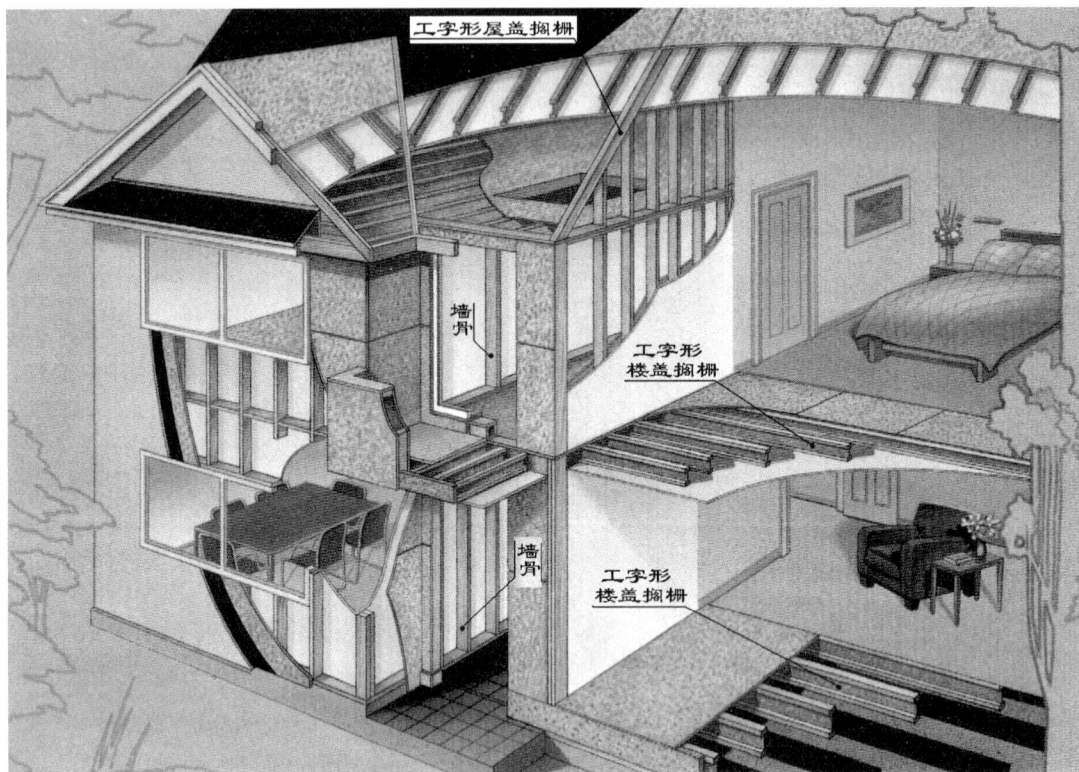

图 8-1　轻木结构建筑

轻木结构的建造方式极为简单方便：首先在地面打一屋混凝土基础；铺一层地面龙骨；竖立及固定木柱及木墙骨架，安装木墙板、木屋架、门窗，铺设防水层、屋面瓦和外墙装饰材料。轻木结构建设速度快，节省木材，适合于产业化生产方式，是目前欧美现代民用建筑中使用最普遍的一种方式。轻木结构建筑主要的结构材料有两种：一是木工字梁，也称木工字搁栅，用作建筑的楼盖和屋盖承载结构，在搁栅的一侧，多采用抗弯的结构板材组成屋盖和楼盖；二是墙骨，墙骨与抗剪的木基结构板材组成的剪力墙，承担垂直和水平方向上的载荷。

二、结构胶合竹材技术

结构胶合竹材指的是使用竹帘胶合方法生产的可用于结构的材料，其主要的工艺与竹帘胶合方法相同，但在原料、竹材的加工等方面有着不同的要求。主要的不同之处如下：一是分材，在原料竹材方面，需要对竹子分级、分等；二是分段，根据需要分段的竹管有着不同的分法，分段后的竹管也需分等；三是分条，竹管破成篾条的方法有着规定，且篾条的等级也有区别；四是分区，将篾条分为外层、中层和内层三个区域；五是分级：根据篾条的分区，将竹篾分为不同的等级，使同等级的竹篾性能差异小；六是将合格的竹篾制成的竹帘，为了避免竹帘的间隙集中，采用斜缝竹帘和错缝组坯。经过这六个层次上的分级分等，制成的竹帘在稳定性、均匀性方面有着很大的改观，为制成结构用的竹帘胶合材提供保障。

要使结构使用的胶合竹材和竹木复合材能够成批生产，需要建立完整的原材料质量检测标准、生产工艺方法和规范、产品检验和检测标准。为此我们针对结构要求的特点，对结构胶合竹材的生产工艺提出了具体的要求和改进，在中试的基础上，建立了必要的有关工艺流程，使结构胶合竹材的质量得到保证。

（一）竹材的采集

竹材属天然材料，随着立地条件等的不同，性能有所差异。我国对建筑手脚架、棚架、加工用竹制成品和半制成品的毛竹有国家标准（GB/T 2690—2000）判定其质量。另外竹材的物理力学性质试验方法由国标 GB/T 15780—1995 规定。测试的项目主要有：含水率、干缩型、密度、顺纹抗压强度、抗弯强度、抗弯模量、抗剪强度、顺纹抗拉强度等。

在国际标准方面，ISO-N314、N315 也规定了竹材的采集、物理和力学性能实验的方法和项目，结合结构材的要求，对于竹材和竹段提出如下要求：

1. 尺　寸（表 8-8）

表 8-8　工用竹材尺寸

径级（厘米）	长级（米）	梢径（厘米）
8	5.5	5
9	6	5
10	6.5	5
11	7	5

2. 弯　曲

竹材不得有局部弯曲。局部弯曲除去后仍可使用。弯曲小于 8%。

3. 材质指标（表 8-9）

表 8-9　工用竹材材质要求

缺陷名称	计算方法	允许限度
干枯	检尺长范围内	不许有
霉变	检尺长范围内	不许有
虫蛀	检尺长范围内	不许有
虫眼	检尺长范围内最小直径超过 5 毫米的虫孔	不许有
缩节	检尺长范围内不得超过	3 个

（续）

缺陷名称	计算方法	允许限度
破裂	检尺长范围内两端各不超过	2 节
外伤	弧长宽度不得超过所在圆周长的	30%
	纵向最大处长度不得超过检尺长的	10%
	深度不得超过	3 毫米

4. 采集数量

同径级同批数量不得小于 100 根。

（二）竹材的分段

采集的毛竹长度一般大于 6 米，竹材的加工首先要分段，将毛竹分成长度不同的竹管。竹段的长度有两种：一是 1.33 米的短竹帘；二是 2.54 米的长竹帘。分法有四种（表 8-10）。

表 8-10　竹材的分段

竹段	I	II	III	VI	V
全短（米）	1.3	1.3	1.3	1.3	1.3
短法（米）	1.3	2.5	1.3	1.3	
长法（米）	2.5	1.3	1.3	1.3	
两长法（米）	2.5	2.5	1.3		

竹材的分段以罗马数字表示，竹材的底部为 I，依次为 II、III、VI、V 等。

全短法是将竹子均分为 1.3 米的短竹管。短法是将竹根部的第一段制成短竹管，第二段为长竹管，其余为短管。长法是将第二段分为长管，其余为短管。两长法是将第一和第二段分为长管，其余为短管。

竹子的底部（约 80 厘米）竹节节距小，厚度变化大，且常有较大的弯曲。竹子的第二段竹节节距均匀，厚度均匀，直度好。因此短底法可以避开竹子底部的缺陷，在竹子的第二段制成性能优良的长竹篾。

在竹子底部直度好的情况下可以采用长法，可以得到较多的长篾。竹子的围径较大、直度好时，可以采用两长法，制成数量多的长竹篾。竹管的几何形状是一个椭圆，有长轴、短轴和壁厚，其大小端的尺寸如图 8-2 所示。

其中 D_1 为竹管大端的长径，D_2 为短径，t_1 为竹壁厚度；D_3 为竹管小端的长径，D_4 为短径，t_2 为竹壁厚度。根据这些数据，可以得到竹管的大小端的平均直径 D_{12} 和 D_{34}、圆度 CL 和 CS、竹管的尖削度 S_b 和竹壁的尖削度 S_w。

$$D_{12}=（D_1+D_2）/2$$
$$D_{34}=（D_3+D_4）/2$$
$$CL=D_2/D_1$$
$$CS=D_4/D_3$$
$$S_b=（1-DS/DL）/L$$
$$S_w=（1-t_2/t_1）/L$$

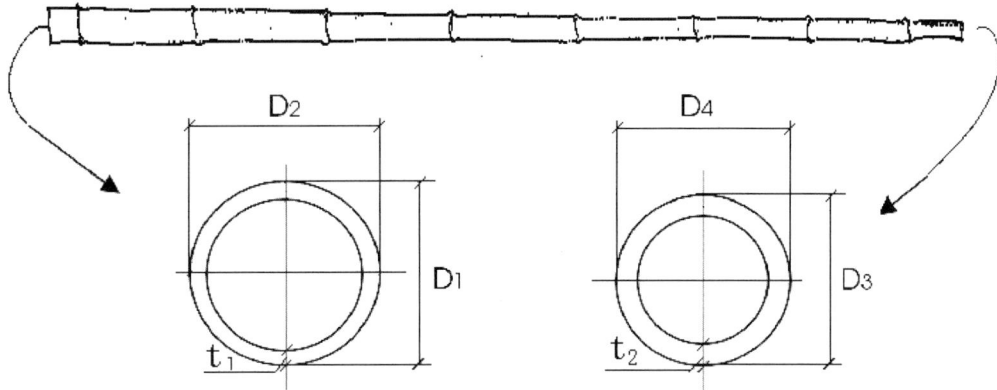

图 8-2　竹管的主要尺寸

竹管的圆度为竹管短长径之比，如为 1 时，竹管为圆管，小于 1 则为椭圆。竹管和竹壁的尖削度表示了竹管和竹壁之径和厚度的变化。这些参数表征了竹管自身的差异。表 8-11 至表 8-14 是径级为 80~90 毫米，按短法分段的竹管有关参数：

表 8-11　80~90 毫米径级，短法第一段（1.3 米）竹管参数

N	D_1	D_2	D_{12}	CL	t_1	D_3	D_4	D_{34}	CS	t_2	S_b	S_w
1	105.5	97.3	101.4	0.922	15.2	91.5	84.4	87.95	0.92	10	0.102	0.263
2	113.5	99	106.3	0.872	17	90	88.5	89.25	0.98	11.2	0.123	0.262
3	102	81	91.5	0.794	13.5	87.5	77	82.25	0.88	10	0.078	0.199
4	105	99	102	0.943	13	85	81	83	0.95	8.2	0.143	0.284
5	107	99	103	0.925	16.2	86	80	83	0.93	9.7	0.149	0.309
6	101	90	95.5	0.891	18.8	89	83	86	0.93	11	0.077	0.319
7	101	98	99.5	0.97	15.6	87	83	85	0.95	9	0.112	0.325
8	103	93	98	0.903	14.5	80	80	80	1	9.6	0.141	0.26
9	105	100	102.5	0.952	17	91	88	89.5	0.97	10.5	0.098	0.294
10	110	100	105	0.909	13.5	92	85	88.5	0.92	9.8	0.121	0.211
11	98	90	94	0.918	13.3	81	80	80.5	0.99	8.5	0.11	0.278

表 8-12　80~90 毫米径级，短法第二段（2.5 米）竹管参数

N	D_1	D_2	D_{12}	CL	t_1	D_3	D_4	D_{34}	CS	t_2	S_b	S_w
1	91	84	87.5	0.923	9.5	78	74	76	0.95	7	0.053	0.105
2	90	89	89.5	0.989	11	73	73	73	1	8	0.074	0.109
3	87	77	82	0.885	9.7	67	64	65.5	0.96	7.5	0.08	0.091
4	85.5	81	83.25	0.947	9	64	64	64	1	7.3	0.092	0.076
5	86	81	83.5	0.942	9.1	67	65	66	0.97	7.5	0.084	0.07
6	90	83	86.5	0.922	10	75	72	73.5	0.96	8	0.06	0.08
7	87	82	84.5	0.943	9.4	70	68	69	0.97	7	0.073	0.102
8	80	80	80	1	8.5	66	63	64.5	0.95	7	0.078	0.071
9	92.5	85.5	89	0.924	8.8	74	70	72	0.95	6.2	0.076	0.118
10	93	86	89.5	0.925	9.6	75	70	72.5	0.93	8	0.076	0.067
11	81	78	79.5	0.963	10	63	62	62.5	0.98	6.8	0.086	0.128

表 8-13　80~90 毫米径级，短法第三段（1.3 米）竹管参数

N	D_1	D_2	D_{12}	CL	t_1	D_3	D_4	D_{34}	CS	t_2	S_b	S_w
1	77	73	75	0.948	6.8	69	66	67.5	0.96	6.2	0.077	0.068
2	73	72.5	72.75	0.993	8.1	64	63	63.5	0.98	7	0.098	0.104
3	71	69	70	0.972	6.8	62	61	61.5	0.98	6.2	0.093	0.068
4	64.5	64	64.25	0.992	7	56	55	55.5	0.98	6.5	0.105	0.055
5	69	71	70	1.029	7.2	60	61	60.5	0.98	5.9	0.104	0.139
6	75	71	73	0.947	7.8	65	62.5	63.75	0.96	7.3	0.097	0.049
7	71	69	70	0.972	7	62	61	61.5	0.98	6.1	0.093	0.099
8	66	63	64.5	0.955	7.2	55	54	54.5	0.98	6	0.119	0.128
9	74	69	71.5	0.932	6.5	63	62	62.5	0.98	6.2	0.097	0.036
10	75	70	72.5	0.933	7.5	64	63	63.5	0.98	6.5	0.095	0.103
11	63	62	62.5	0.984	6.3	56	54	55	0.96	5.5	0.092	0.098

表 8-14　80~90 毫米径级，短法第四段（1.3 米）竹管参数

N	D_1	D_2	D_{12}	CL	t_1	D_3	D_4	D_{34}	CS	t_2	S_b	S_w
1	68	66	67	0.971	6.2	57	58	57.5	1.02	6	0.109	0.025
2	69	68	68.5	0.99	6	58	56	57	0.97	5.8	0.129	0.026
3	62	60	61	0.968	6	53	50	51.5	0.94	5.6	0.12	0.051
4	63	63	63	1	7	53	53	53	1	5.6	0.122	0.154
5	66.5	63	64.75	0.947	7.8	54	51	52.5	0.94	5.8	0.146	0.197
6	57	56	56.5	0.982	6.3	47	46	46.5	0.98	5.8	0.136	0.061
7	58	56	57	0.966	5.2	46	43	44.5	0.93	4.5	0.169	0.104

* 第四段数量的减少是因为梢径小于 45 毫米。

短法的第一段为竹材的底段，竹节间距小，厚度的尖削度大，竹壁厚。而其他各段的圆度均大于 0.9，其差异对竹材的影响不大。除第一段外，其他各段的竹管和竹壁尖削度小于 0.15，有利于加工合格的结构用竹篾。因此竹管的圆度规定为大于 0.9、尖削度小于 0.15 为合格。

竹篾的弯曲主要由分段后的竹管弯曲控制，要求竹管的弯曲小于 0.5%。

（三）篾条与分区

竹子与竹管保留了竹子的基本形态，而篾条则在形态上发生了变化。篾条是一种圆弧形截面、长条状材料。篾条的弧度、宽度、厚度沿长度方向均有变化，而且沿篾条的径向（厚度方向）材料的性能发生明显的变化。篾条外层（竹青层）力学性能高、变化大，中间层性能稳定，内层（竹黄）性能较低。图 8-3 是竹材沿径向不同高度下的密度分布，1、2、3、4、5、6 分别为高度为 1、2、3、4、5、6 米处的分布曲线。

从竹材径向的密度分布来看，在竹青部（0~30%）内的密度以大斜率变化，性能变化大。竹中部（30%~70%）竹材的密度变化变缓，而竹内层（70%~100%）性能变化不大。

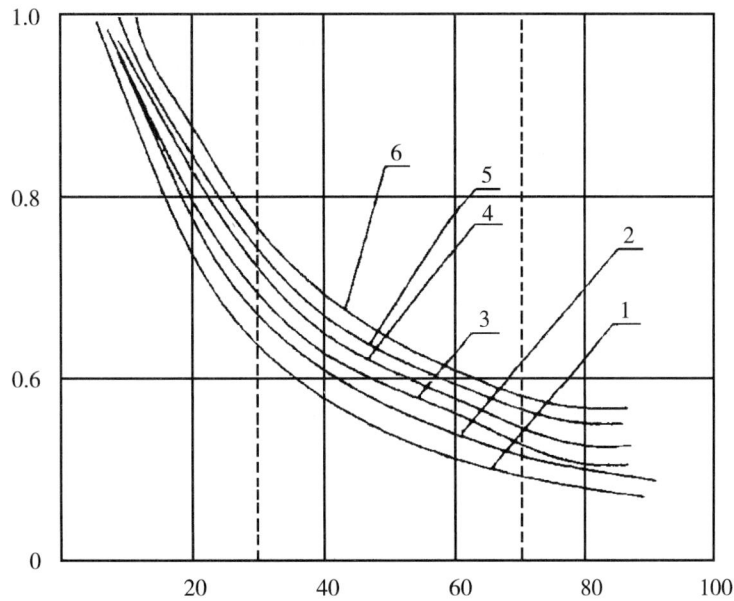

图 8-3 竹材径向密度分布曲线

由于沿径向篾条的性能差异大，密度相差 1 倍，强度相差数倍。因此材料的均匀性得不到保证，需要以分级方法减少差异。但分级需要有一个统一的标准，因此需要对篾条进行定量性分区，即对外层、中间层和内层进行定量的划分。

首先假定篾条沿径向性能的差异是相似的，即篾条的厚度、曲率不同，而维管束的分布与性能不同的分布相同。篾条的外层、中间层和内层区域的范围相对厚度相同，如图 8-4 所示。

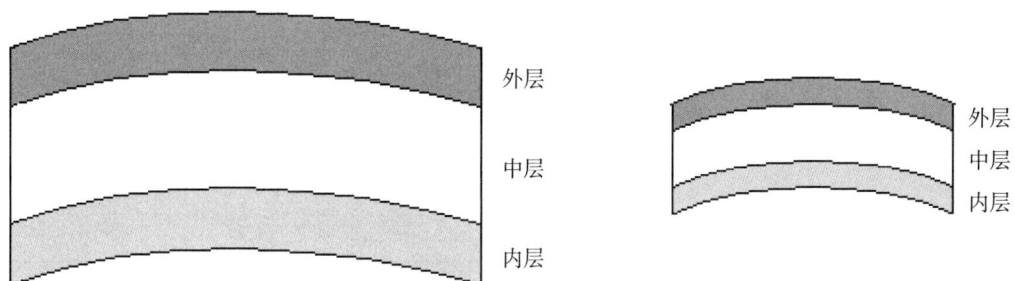

图 8-4 篾条的相似性

图 8-6 是两个曲率和厚度不同的篾条，但它们的外层、中间层和内层沿径向的区域相似。根据篾条的实际状况，中间层应占最大的份额，同时保证内外层的有必要的厚度。划分法的比例是 3∶4∶3。外层占 30%，中间层占 40%，内层占 30%。这种划分的优点是各层相对均匀，保证内外层有一定的厚度。

篾条需要去掉竹青和竹黄，这一过程使竹外层的厚度发生了变化，如图 8-5 所示。

图 8-7 中 Ha、Hb、Hc 为原篾条的分区厚度，ha、hb、hc 为加工后的篾条三区的厚度、hg 和 hy 为去掉的竹青和竹黄的厚度。竹外层的厚度发生了变化，竹中间层和内层的厚度未

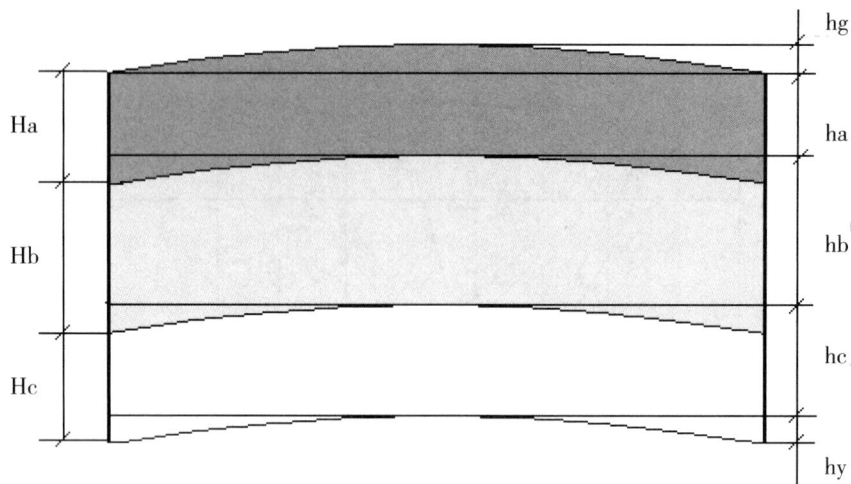

图 8-5　篾条的分区

变（表 8-15）。

表 8-15　篾条的分区

N	D	t	L	1/15	w	Ha	Hb	Hc	hg	h	ha
1	94.7	12.6	297	19.83	19.67	3.78	5.04	3.78	1.033	11.57	2.747
2	97.8	14.1	307	20.47	20.31	4.23	5.64	4.23	1.067	13.03	3.163
3	86.9	11.8	273	18.2	18.05	3.525	4.7	3.53	0.948	10.8	2.577
4	92.5	10.6	291	19.37	19.22	3.18	4.24	3.18	1.01	9.59	2.17
5	95.8	11.7	301	20.05	19.9	3.495	4.66	3.5	1.045	10.6	2.45
6	96.4	12.3	303	20.18	20.03	3.675	4.9	3.68	1.052	11.2	2.623
7	90.8	14.9	285	19.01	18.86	4.47	5.96	4.47	0.991	13.91	3.479
8	92.3	12.3	290	19.32	19.17	3.69	4.92	3.69	1.007	11.29	2.683
9	89	12.1	280	18.64	18.49	3.615	4.82	3.62	0.971	11.08	2.644
10	96	13.8	302	20.11	19.95	4.125	5.5	4.13	1.048	12.7	3.077
11	96.8	11.7	304	20.26	20.11	3.495	4.66	3.5	1.056	10.59	2.439

　　篾条的宽度也需要有一定的标准，否则宽度相差大，均匀性受到影响。一般以 15~20 毫米为宜。宽度大，加工简便，但出材率低，宽度小，加工量多，出材率高。

　　篾条应采用机械的方法制成，手工方法的质量难以保证。篾条的宽度和弧度对竹篾的性能有影响，因此需要对此加以限制。

　　篾条的侧向弯曲不得大于长度的 0.5%。

　　篾条的厚度以中部厚度为基准测量。

　　篾条厚度测量应采用千分尺。

（四）竹篾的分级

　　应去竹青的厚度根据表 8-15 的计算，竹黄的厚度与竹青相同。竹篾分为 A、B、C、D 级。

竹篾的厚度为 1.2 毫米，厚度精度为 0.2 毫米。

去竹青后、且与竹青相邻的第一层为 A 级。其他在 A 区内的竹篾为 B 级。A 和 B 过渡区的竹篾为 C 级，B 区的竹篾为 C 级。B 和 C 过渡区的竹篾为 D 级，C 区竹篾为 D 级。

与分区相比较，主要是增加了最外层的竹篾为一级，这级竹篾的性能达到了竹材的最高级。

最内层的竹篾性能最低，但考虑到单列一级会增加加工的成本，又得不到经济和性能方面好处，因此与其他 D 区的竹篾分为同级，如图 8-6。

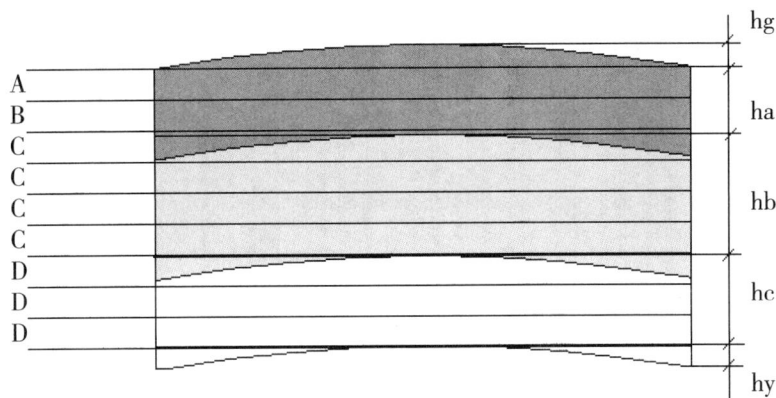

图 8-6　竹篾的分级

竹篾的级别、厚度、篾面的方向应有明显、清楚的标记。

篾条和竹篾的储存应放置干燥、避雨，离地面 0.5 米的架子上。

（五）竹帘的缝隙与空隙

竹帘是将有一定尖削度的竹篾用混纺线编成方向一致的竹帘，竹帘有纵向的长帘和横向的短帘两种。竹帘的主要问题是竹篾间的缝隙与空隙，竹篾除尖削度外还有侧向弯曲等缺陷，从而引起竹帘间存在大小不一、位置不定的空隙。如果竹篾的侧向弯曲度不加以限制，空隙可超过竹篾的宽度，竹帘的均匀性就会受到破坏。

竹帘缝隙指的是竹篾间正常的间隙，由于竹篾的尖削度，竹篾的方向（大小头）未有规定，但大体保持平衡。缝隙有直缝和斜缝两种，如图 8-7 所示。竹帘间正常的缝隙受到混纺线松紧度的影响，需要确定混纺线的牌号与规格，以保证质量。另外编帘时也需注意各个环节，包括竹篾的推紧，混纺线的扭紧等。竹帘的主要要求如下：

（1）竹篾之间的缝隙长帘不得超过 0.5 毫米，短帘不得超过 3 毫米。

（2）混纺线的间距为 0.3 米，端距为 0.2 米。混纺线的牌号的厂家应固定。

（3）竹帘的级别、厚度、面层和产品编号应有明显清楚的标记。

（4）竹帘储存应放置干燥、避雨，离地面 0.5 米的架子上。

工艺生产的竹帘，组坯时难以避免出现缝隙的集中，而集中的缝隙将影响到材料的均匀性和力学性能，结构材料应当加以限制，将缝隙错开是结构材料所必需。

竹篾沿长度方向上的尖削度是基本相似的，大约在 9%~15% 之间。如采用机械方法加工篾条，则可保证竹篾沿长度方向上的尖削度。因此利用这一特性可制成斜帘，方法很简单，

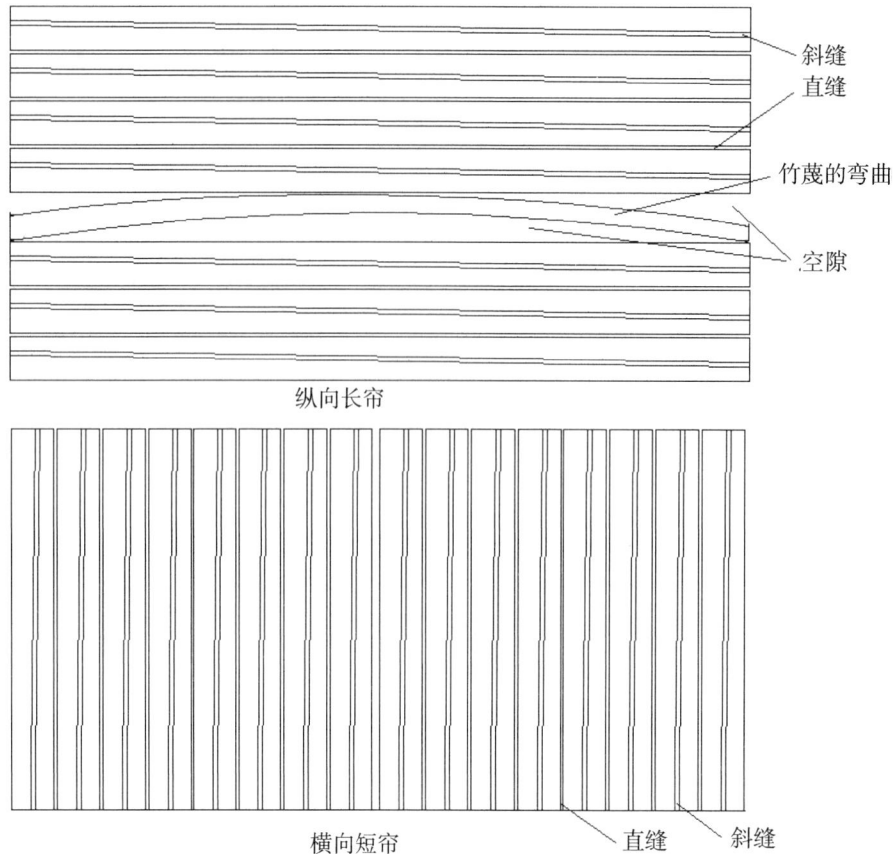

图 8-7　竹帘的缝隙与空隙

只需要将竹篾大小头有规律地集中置放,则可制出斜缝竹帘。竹帘分为左斜和右斜两种方向,如图 8-8 所示。

斜缝竹帘组坯时将左斜和右斜竹帘交错组坯,形成斜缝相错,避免了缝隙的集中,解决了缝隙集中的问题。

（六）结构胶合竹材的主要产品与性能

利用结构胶合竹材的生产工艺可以生产的主要产品包括：竹工字梁的翼缘板（LSL）、竹工字梁的腹板（PLYWOODS）、竹墙骨（LSL）、竹抗弯结构板（LSL）、竹抗剪结构板（PLYWOOD）、竹边板和顶梁（LSL）。

结构胶合竹材具有优良的力学性能, A 和 B 级的单向结构材的模量和强度高于 200 季帕（千兆帕）和 200 兆帕。C 级达到 140 季帕和 150 兆帕。即使最低的 D 级材料,也达到 9 季帕和 100 季帕。超过一般的结构针叶木材,有相当大的余地与性能低的杨木复合,制成成本低、性能达到要求的结构材。

（七）竹木复合材技术

国外使用黄杨制作建筑结构材,成形方法是层状组坯胶合材（LSL）,产品有两种：一是模量为 1.3E,密度为 675 公斤 / 立方米的板材；二是模量为 1.5E,密度为 705 公斤 / 立方米的板材。力学性见表 8-16。

右斜竹帘

左斜竹帘

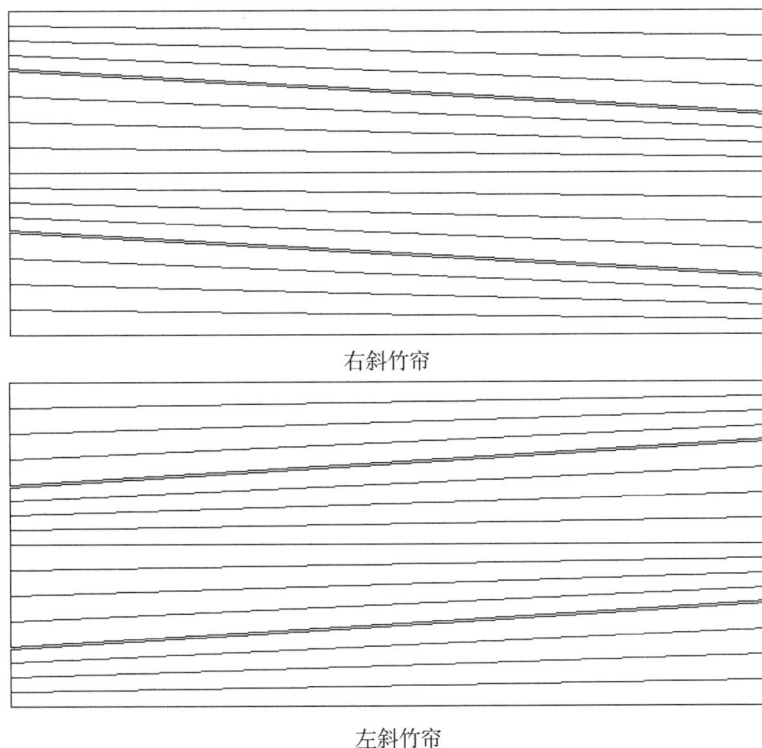

图 8-8 斜缝竹帘

表 8-16 美国黄杨 LSL、针叶材 LVL 和 PSL 的力学性能

	LSL 1.3E	LSL 1.5E	LVL 1.9E	PSL 2.0E
剪切模量（季帕）	560.34	646.55	818.97	862.07
弯曲模量（季帕）	8965.52	10344.83	13103.45	13793.10
弯曲强度（兆帕）	11.72	15.52	17.93	20.00
压缩强度（横纹）（兆帕）	4.69	5.17	5.17	5.17
压缩强度（顺纹）（兆帕）	9.66	13.45	14.83	20.00
剪切强度（兆帕）	2.76	2.76	1.97	2.00
密度（公斤／立方米）	675	705	670	723

杨木制作结构材主要是其密度的控制，一般杨木的初始密度在 400 公斤／立方米，而经过压缩达到 675 公斤／立方米时则可用于结构。单纯杨木制作的 LSL 力学性能并不高，低于用针叶木材制作的 LVL 和 PLS。见表 8-16 所示。

结构胶合竹材的优点是力学性能好，但存在问题主要有密度大、需要较高的成型压力、成本高、均匀性差以及缝隙等。而杨木则是与之相反的材料，力学性能低、成本低、密度低、成型压力小、均匀是其特性。

两种性能差异大的材料相结合，则可互相弥补各自的不足。在力学性能方面，强度和模量高的竹材可起到主要的承载作用，而性能低的杨木则起到传递载荷，并承担次要的载荷。杨木的密度低，可以填充到竹材的间隙内，形成内部无缺陷的结构材。竹木复合材料的成型压力降低，可以降低材料的密度、减轻材料的重量以及降低成本。

从成型方法上看，竹木复合材料中竹篾以层状组坯（LSL），木材以旋切板方式组坯。

第七节　杨树林板（纸）一体化产业工程技术

一、杨树木材密实化生产技术

（一）酚醛树脂处理密实化木材密度检测

用 X- 射线衍射仪改装成的木材密度计对不同压缩率的酚醛树脂树脂浸渍处理的表面压密材的密度值及密度分布进行测量，结果如图 8-9、图 8-10 所示。

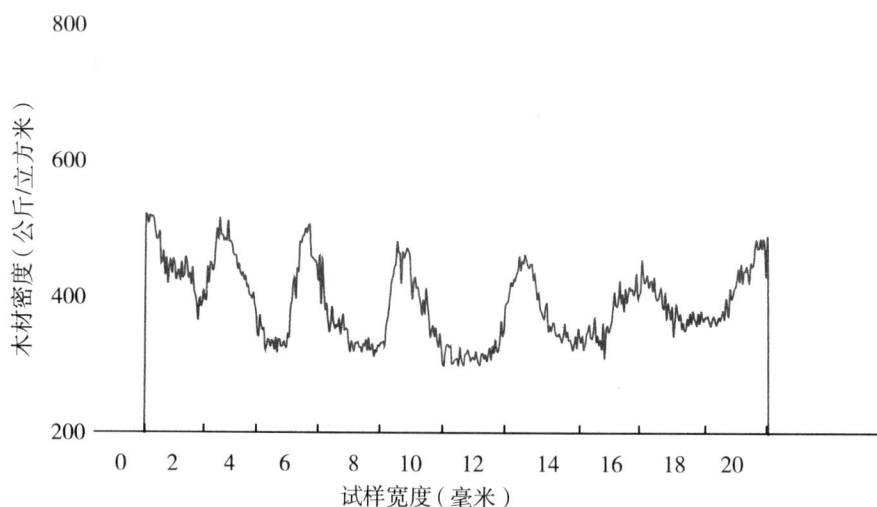

图 8-9　杨木素材密度及密度分布

从图 8-9 中可以看出杨木素材的最高密度为 520 公斤 / 立方米，最低密度为 310 公斤 / 立方米，平均密度为 415 公斤 / 立方米。该密度值与烘干法测得的密度值相近。从图 8-10 中可以看出，当木材的压缩率为 11% 时，表层 1 毫米处密度值较高，约为 570 公斤 / 立方米，从表层向内层密度逐渐减小。其平均值为 462 公斤 / 立方米。当压缩率为 20% 时，表层 3 毫米之内，木材的最高密度值较高，约为 589 公斤 / 立方米，整个宽度上密度分布较均匀，最低密度约为 376 公斤 / 立方米，平均密度为 463 公斤 / 立方米，同素材相比提高 17.5%。当压缩率为 33% 时，6~8 毫米处压缩比较均匀，密度值在 800~1000 公斤 / 立方米。当压缩率为 50% 时，最高密度为 1420 公斤 / 立方米，最低密度为 720 公斤 / 立方米，平均密度为 1180 公斤 / 立方米。因此，随着压缩率的增加，木材密度明显增大，当压缩率为 50% 时，同素材相比，木材密度提高近 2 倍。

（二）酚醛树脂处理密实化木材材色分析

物质表面的颜色是反映表面视觉和心理感觉最为重要的特征。长期以来人们主要依靠经验来确认和辨别物体的颜色。随着科学技术的发展，对物体颜色变化规律的研究越来越深入。从定性描述过程发展到定量化研究阶段，并形成了不同的物体颜色表色系统。如国

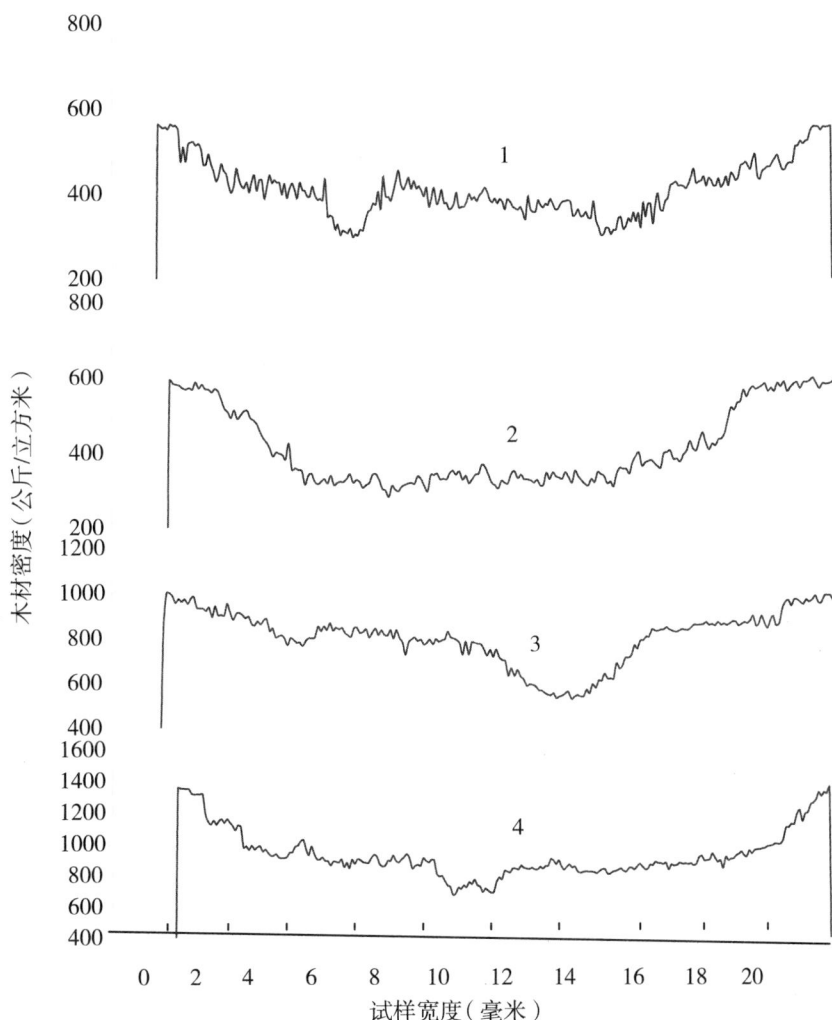

图 8-10　杨木不同压缩率的表面密实化木材密度及密度分布
1，压缩率为 11%；2，压缩率为 20%；3，压缩率为 33%；4，压缩率为 50%

际照明委员会的 1976 CIE（L*a*b*）标准色度学表色系统，孟塞尔系统等（叶鸿盘，1988；汤顺素，1990）。本实验采用 YQ-Z-48A 白度·颜色测定仪测出 L*a*b* 标准色度学表色系统参量。然后采用佐道健的方法进行 I 色空间测色值向孟塞尔色空间的转换，以便更直观地表示出颜色变化。

为了分析热压过程和酚醛树脂树脂浸渍处理对木材材色的影响，测量浸渍压缩处理后木材的材色，并同素材进行比较，每个样本取 10 个试件，每个试件测 3 次，取平均值作为该样本的测试值，具体颜色指标见表 8-17。

从表 8-17 可以看出，杨木素材孟塞尔色空间的色调标号值为 8.55YR，当压缩率为 20%，热压时间为 30 分钟时，随着树脂浓度的增加，孟塞尔色空间的色调标号值增加，其平均值为 9.73YR。当压缩率为 50%，热压时间为 60 分钟时，随着树脂浓度的增加，孟塞尔色空间的色调标号值增加，其平均值为 1.10Y。处理材同素材相比，黄蓝轴色品指数 b* 增大。总体来说，表面压密材材色向黄转变，但转变幅度不大。

表 8-17　杨木不同处理条件木材表面材色变化

编号	XYZ 色空间					L*a*b* 色空间					孟塞尔色空间		
	X	Y	Z	x	y	L*	a*	b*	Ag*	C*	V	C	H
1	56.5	62.4	34.3	0.37	0.41	79.67	4.32	14.9	72.3	20.4	7.51	4.93	8.55YR
1-1	36.6	36.8	22.1	0.38	0.38	67.1	3.76	25.2	67.1	17.8	6.57	4.03	9.33YR
1-2	45.3	24.8	32.6	0.4	0.25	56.9	3.25	25.2	53.8	15.8	6.58	3.23	9.44YR
1-3	34.5	31.8	30.4	0.36	0.33	63.2	1.58	14.6	74.8	20.4	7.25	4.36	9.85YR
1-4	50.1	52.1	38.3	0.36	0.37	77.3	2.90	19.1	84.3	19.2	6.59	2.78	9.93YR
1-5	50.0	51.1	38.0	0.36	0.37	76.7	4.22	18.4	77.1	18.9	6.55	2.89	9.96YR
2-1	43.1	44.2	28.4	0.37	0.38	72.4	3.58	23.9	81.5	24.2	6.09	3.63	0.39Y
2-2	62.7	35.6	34.7	0.47	0.27	67.8	3.71	24.87	52.1	13.2	7.34	6.23	0.7Y
2-3	52.5	54.8	45.0	0.34	0.36	78.9	1.42	13.7	84.2	14.1	6.75	2.02	0.75Y
2-4	54.0	57.6	42.5	0.35	0.37	80.5	1.56	19.5	94.6	19.6	6.91	2.49	1.70Y
2-5	20.4	21.1	12.6	0.38	0.39	53.1	1.95	21.1	84.7	21.2	4.16	3.07	1.97Y

注：a）热压温度相同，均为180℃。b）压缩率为20%，热压时间30min。1，素材；1-1，树脂浓度5%；1-2，树脂浓度10%；1-3，树脂浓度15%；1-4，树脂浓度20%；1-5，树脂浓度40%。c）压缩率为50%，热压时间60min。2-1，树脂浓度5%；2-2，树脂浓度10%；2-3，树脂浓度15%；2-4，树脂浓度20%；2-5，树脂浓度40%。

（三）酚醛树脂处理密实化木材力学性能指标检测

1. 顺纹抗压强度

根据国家标准 GB 1935—91，木材顺纹抗压强度测试要求进行检测。不同浓度、不同压缩率的杨木顺纹抗压强度如图 8-11。

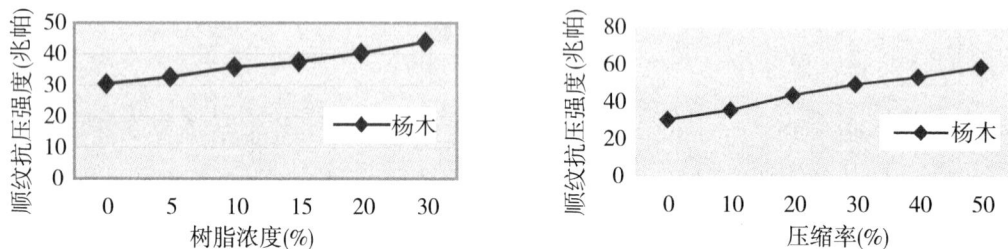

图 8-11　顺纹抗压强度与压缩率、树脂浓度之间的关系

从图 8-11 中可以看出，当压缩率为 0% 时，随着树脂浓度的增加，木材的顺纹抗压强度增加，当树脂浓度为 30% 时，其顺纹抗压强度增加 55.2%。随着压缩率的增加，木材顺纹抗压强度明显增大，当压缩率为 50% 时，其顺纹抗压强度几乎增加 1.5 倍。

2. 抗弯强度和抗弯弹性模量

按照国家标准 GB 1937—91 和 GB 1936.2—91 分别进行抗弯强度和抗弯弹性模量检测。结果表明，酚醛树脂处理后的木材不论树脂浓度高低，杨木的抗弯强度以及抗弯弹性模量均有些下降，下降幅度分别为 13.5% 和 11.3% 左右。但是随着压缩率的增加，无论是弹性模量还是抗弯强度明显增大，当压缩率为 20% 时，杨木的抗弯强度和弹性模量分别增加 30.5% 和 20.2%；当压缩率为 50% 时，杨木的抗弯强度和弹性模量分别增加 78.8% 和 33.8%，如图 8-12、图 8-13 所示。

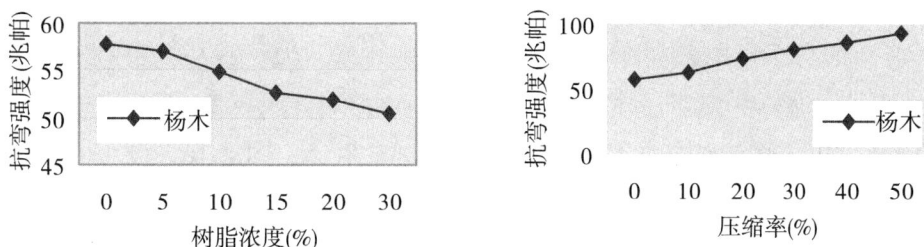

图 8-12 抗弯强度（MOR）与压缩率、树脂浓度之间的关系

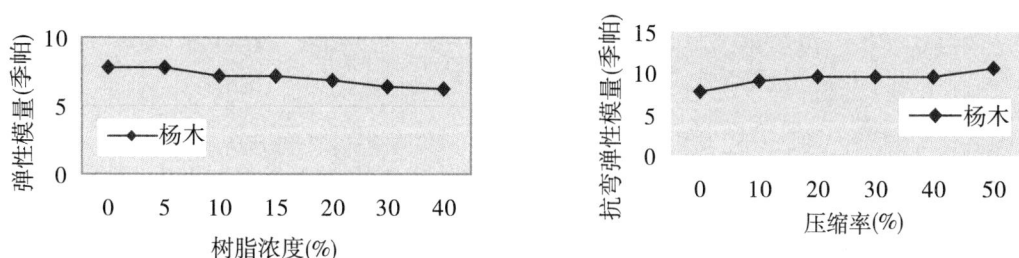

图 8-13 弹性模量与压缩率、树脂浓度之间的关系

3. 硬　度

表面硬度实验所用试件规格为 20（R）× 20（T）× 30（L）毫米。非标准压头，压头直径为 4.0 毫米。采用布氏硬度计算方法，直径为 4.0 毫米的钢球压一半于木材中，测其所需要的力。压入深度由电接触式开关控制。当压痕深度达到预定深度时，电接触式开关控制的指示灯接通，此时停止加荷，迅速读取数值。

结果表明，随着压缩率的增加，表面硬度明显增大，当压缩率为 10% 时，杨木硬度增加 63.1%；当压缩率为 20% 时，杨木硬度增加 134.3%；当压缩率为 50% 时，杨木硬度增加 381.5%。树脂浓度的高低对硬度值影响不大，如图 8-14 所示。

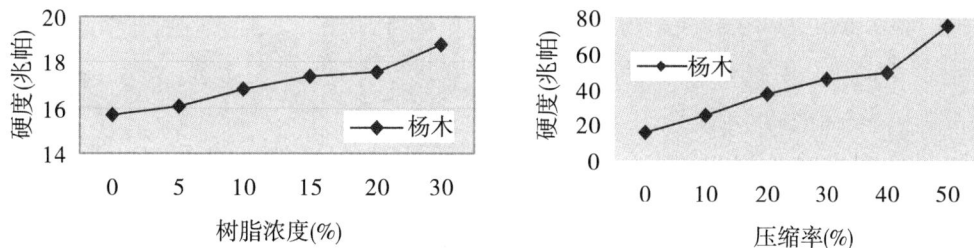

图 8-14 木材硬度与压缩率、树脂浓度之间的关系

（四）酚醛树脂处理木材尺寸稳定性分析

木材的干缩与湿胀以及干缩湿胀各向异性引起的尺寸变化不一致，导致木材的变形、开裂和内部应力是木材利用中的一个大难题。多年来，人们一直努力寻求提高木材尺寸稳

定性的方法。据资料介绍，树脂浸渍处理不但可以提高木材的尺寸稳定性，而且还提高了木材的某些力学强度（Ikuho Iida and Yuji Imamura，1995；Ikuho iida and Shigekazu Mori，1996；欧阳明八，1983）。

1. 酚醛树脂处理木材的分析

采用水溶性低分子量酚醛树脂对杨木进行浸渍处理。为了解析酚醛树脂处理对木材热压前后尺寸稳定性的作用，测定了木材的增重率（WPG），增容率（BE），抗胀（缩）率（ASE），阻湿率（MEE），弦、径向干缩率等指标，其结果如图 8-15、图 8-16、图 8-17。

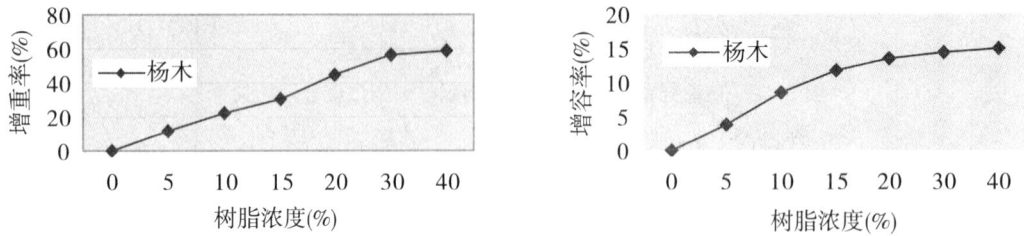

图 8-15 增重率（WPG）、增容率与树脂浓度之间的关系

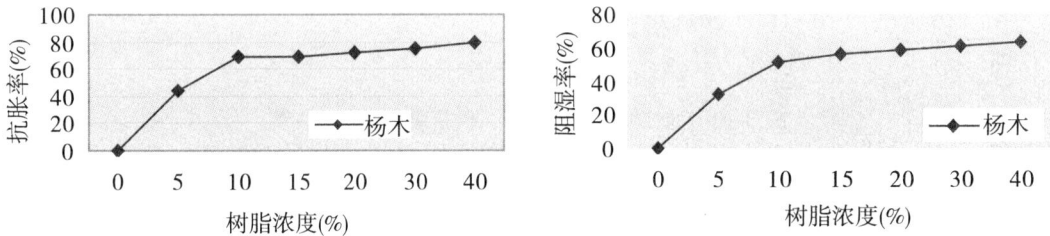

图 8-16 抗胀（缩）率（ASE）、阻湿率（MEE）和树脂浓度之间的关系

从图 8-15 可以看出，酚醛树脂处理木材的增重率（WPG）随酚醛树脂浓度的增加而成比例增大，当处理液浓度为 10% 时，杨木的增重率为 22.4%；处理液浓度为 20% 时，杨木增重率为 44.8%；当处理液浓度为 40% 时，杨木增重率达到了 58.4%。但是，增容率（体积膨胀率）与酚醛树脂浓度无线性关系，在低浓度时，体积膨胀率上升很快，当浓度超过 15% 时，上升速度缓慢，逐渐趋于稳定。当浓度为 10% 时，杨木

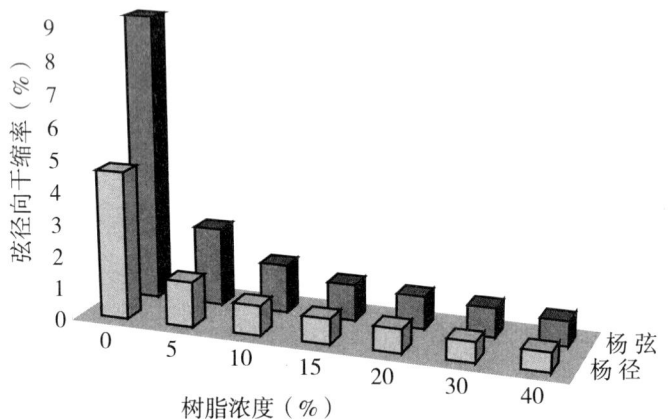

图 8-17 树脂浓度与处理材弦、径向干缩率之间的关系

增容率（BE）为 8.6%；当浓度为 20% 时，杨木增容率为 13.5%；当浓度为 40% 时，杨木的增容率仅为 15.1%。这说明，低浓度时，树脂进入细胞间隙中，很快占据了细胞空间，使木材体积增大，高浓度时，木材细胞空间吸收到一定量的树脂之后，体积膨胀达到极限，多余的树脂只能残留在细胞腔的内表面和细胞腔中，增容作用很小。

根据图 8-16，试件的抗胀率（ASE）和阻湿率（MEE），在处理液浓度较低时，随浓度增加而快速增大。在处理液浓度较低时，随浓度增加而快速增大。当浓度为 5% 时，杨木的 ASE 为 47.7%，MEE 为 31.8%；当浓度为 10% 时，杨木的 ASE 达到 69.7%，MEE 达到 50.8%；当浓度超过 10% 时曲线趋于平缓。当浓度为 20% 时，杨木的 ASE 为 71.5%，MEE 为 58.7%；当浓度为 40% 时，杨木的 ASE 为 78.8%，MEE 为 62.8%。实验结果表明，ASE 和 MEE 随树脂浓度的变化趋势同增容率（BE）相似。ASE 和 MEE 在酚醛树脂浓度较低时增加很快，达到一定浓度时变化趋于稳定。这说明木材细胞壁对酚醛树脂的吸收存在着一定的极限。过量的树脂填充于细胞腔内表面和细胞腔中，而赋予木材阻湿抗胀性能的主要是进入细胞壁内的树脂。

在同一相对湿度环境中，处理材的弦向和径向干缩率与处理液浓度之间的关系如图 8-17。经过树脂浸渍处理后的试样，抗胀（缩）能力大大提高。这是由于试样本身阻湿性能提高，弦向、径向干缩率降低所致。如杨木素材的径向、弦向干缩率分别为 4.62%、8.97% 和 3.43%、8.21%。浓度为 5% 的杨木径向、弦向干缩率分别为 1.42%、2.44% 和 1.12%、2.11%；浓度为 20% 的杨木径向、弦向干缩率分别为 0.75%、1.02% 和 0.73%、0.96%。

2. PF 预聚物处理木材的压缩变形恢复率

采用水溶性低分子量酚醛树脂对杨木进行浸渍处理，树脂浓度为 5%、10%、15%、20%、40%。浸完树脂后的木材试件充分气干，然后放入热压机中进行压缩压密、加热定型。压缩厚度由厚度规控制。压缩率选为 20% 和 50%。采用简单煮沸法进行压缩恢复率检测实验（Masafumi Inoue etal，1993）。实验过程：首先将样品浸泡在水中直到饱和（减压 30 分钟后常压浸泡 210 分钟），饱和后的试件放在沸水中（98℃），煮 30 分钟。然后放到烘箱中烘干，测量其厚度。不同浓度的木材试件厚度膨胀率测得结果如图 8-18。

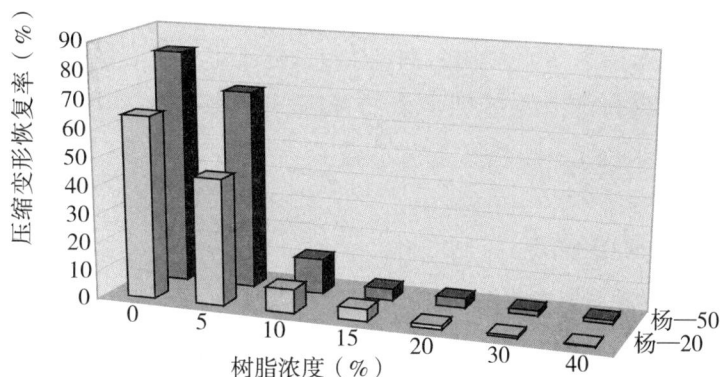

图 8-18　不同树脂浓度不同压缩率的木材恢复率

从图 8-18 中可以看出：随着树脂浓度的增加，压缩变形恢复率明显减小。当树脂浓度为 10% 时，杨木压缩率为 20% 和 50% 的压缩变形恢复率分别为 8.6% 和 12.4%；当树脂浓度为 15% 以上时，杨木压缩率为 20% 和 50% 的压缩变形恢复率分别为 4.3% 和 4.8%；当树脂浓度为 40% 时，杨木压缩率为 20% 和 50% 的压缩变形恢复率分别为 0.3% 和 1.3%；同样浓度下，压缩率高，其压缩变形恢复率大。从测试结果看，当树脂浓度超过 10%，压缩变形恢复率很小，说明压缩变形固定效果好。

图 8-19、图 8-20 说明，在压缩率为 20%、树脂浓度为 15% 的条件下，随着热压温度的升高，压缩变形恢复率减小（热压时间 20 分钟），当热压温度为 180℃时，杨木的压缩变形恢复率为 4.1%。同样，随着热压时间的延长，压缩变形恢复率减小（热压温度 180℃），当热压时间超过 10 分钟，杨木压缩变形恢复率不超过 5%；当热压时间为 15 分钟时，杨木的压缩变形恢复率为 2.5%，压缩变形几乎完全被固定。

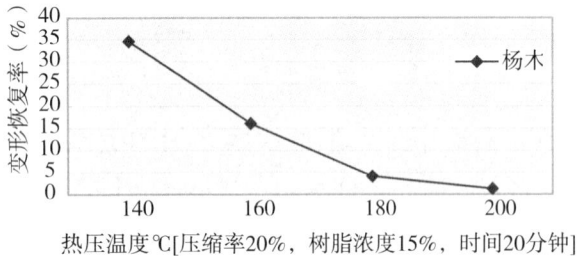

图 8-19　不同热压温度与压缩变形恢复率的关系

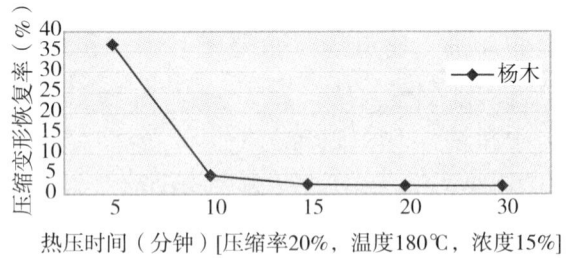

图 8-20　不同热压时间与压缩变形恢复率的关系

二、人造装饰薄木制造技术

人造装饰薄木制造技术的关键是杨木单板调色技术和花纹仿真技术。单板调色技术包括杨木单板的漂白和染色及性能检测。本研究采用凑试法并利用光电色差计，通过漂白液和染色液的配制，单板漂白和染色试验，以及对调色处理后的单板明度和色度指数的检测，经反复试验确定漂白剂和染料的品种与配比。通过正交试验和放大试验提出杨木单板调色的优化工艺参数。同时建立单板漂白、染色性能，包括材色指数、均染性和耐光性的检测与评价系统。花纹仿真制造技术包括花纹与模具设计、木方组坯与胶合成型技术。本研究人造装饰薄木的花纹仿真技术，是在对各种花纹形成原理、花纹的形状和尺寸与模具参数、单板组坯之间的关系等进行深入系统研究和技术开发的基础上，提出花纹设计方案和模具设计参数，以及胶合成型、薄木刨切等工艺参数。

三、香型胶合板制造技术

香型胶合板制造技术的关键是香精施加和提高胶合板留香时间的方法。根据环境效果选择适合杨树单板的香精，研究香精的施加方法和施加量，根据留香时间的要求，研究香精缓释剂及施加量，确定胶合工艺条件，检测胶合板胶合强度和考察留香时间。

四、室外型中密度纤维板工艺研究

用改性酚醛树脂（单宁胶）及酚醛树脂进行观察试验以确定使用的胶粘剂，用常规方法进行纤维分离，然后以施胶量、热压温度、热压时间、板材密度等工艺参数作变量因子进行正交试验，并测定板材的物理力学性能，最终得出板材性能符合室外使用要求的制板工艺参数。

五、低成本 E1 级胶合板用脲醛胶制胶压板技术

甲醛有害人体健康，人造板释放甲醛是室内的主要污染源，早在 20 世纪 60 年代联邦德国就制定穿孔法测定人造板甲醛放限量（E1~E3）。欧美、日本先后规定进口人造板甲醛放限量必须达到 E1 标准。我国 20 世纪 90 年代初规定刨花板、MDF 甲醛放限量 ≤ 50 毫克 /100 克，以后逐步降低人造板甲醛放限量。随着人民生活水平的提高、住房条件改善制订了 GB 18580—2001《室内装饰装修材料——人造板及其制品甲醛释放限量》的强制性国家标准，并与 2002 年 7 月 1 号起实施，使人造板甲醛释放量与欧美、日本等国家的标准接轨。

脲醛胶占人造板用胶量的 70% 以上，人造板甲醛释放量主要来源于脲醛胶。高甲醛 /尿素（F/U）摩尔比制得的 UF 胶，胶合强度高，甲醛释放量也高。降低摩尔比是减少 UF 树脂制品甲醛释放量的一种可行之法。Pizzi 在 20 世纪 90 年代的实验表明，当 F/U 摩比达 1.1 以下时所制得的刨花板甲醛释放量可以达到 E1 级。但需加入三聚氰胺或三聚氰脂 - 甲醛树脂来提高强度。为了达到降低人造板甲醛释放量的目的，也有在 UF 胶中添加尿素、三聚氰胺、膨润土等与甲醛反应的物质和吸附剂或用氨水和 Na_2SO_3 对人造板进行后处理。粉状脲醛树脂可以解决游离甲醛和储贮期的问题，但其价格是液态脲醛树脂胶的 6~8 倍，因此一般的人造板厂商无法接受。

20 世纪 80 年代末东北林学院采用三聚氰胺改性 UF 胶的办法制成 E1 级刨花板。胶合板用低甲醛释放量 UF 胶的研究国内还是空白，1998 年因有关企业要求并结合 GPC、13C-NMR、红外光谱等现代分析方法开始研究 E1 级胶合板用 UF 树脂胶，采用低 F/U 摩尔比，碱 - 酸 -碱制备工艺，减少 $-CH_2-O-CH_2-$ 键和 $-CH_2OH$ 基团，提高亚甲基化程度，减少热压固化和使用过程中释放的甲醛量。为控制 UF 胶的成本，采用不添加三聚氰胺的工艺路线，在调胶过程中加入适量自制的甲醛捕集剂和少量的固化促进剂。

UF 胶人造板的甲醛释放主要来源于三方面：① UF 胶中的游离甲醛；② UF 胶中的 $-CH_2-O-CH_2-$ 键和 $-CH_2OH$ 基团热压交联固化过程中释放的甲醛；③人造板贮运、使用过程中固化的 UF 胶水解释放甲醛。

甲醛 / 尿素（F/U）摩尔比高生成二羟甲基脲多，树脂固化后交联密度高、胶合性能好，但板材的甲醛释放量也大。降低摩尔比是减少 UF 树脂制品甲醛释放量的一种可行之法。Levendis 和 Pizzi 在 20 世纪 90 年代的实验表明，当 F/U 达到 1.1 时刨花板甲醛释放量可以低于 10 毫克 /100 克，但其内结合强度必须依靠加入三聚氰胺或三聚氰胺 - 甲醛树脂来保证。另外一种方法是在树脂中引入 Uron 结构，该结构引入可以大大降低甲醛释放量，但胶合性能低于相同 F/U 摩尔比传统碱 - 酸 - 碱法制备的 UF 树脂。UF 树脂中各种基团释放甲醛的难易程度顺序如下：

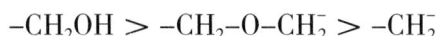

$$-CH_2OH > -CH_2-O-CH_2 > -CH_2$$

合成工艺对树脂结构和性能有着明显的影响，主要参数为：树脂的最终摩尔比、树脂的缩聚过程中的摩尔比、介质 pH 值、反应强度、反应物浓度。采用红外光谱研究对比合成

过程和树脂固化过程中各结构变化及脲醛树脂水解稳定性。利用 13C-NMR 脲醛树脂主要基团积分强度与同时结合胶合强度、甲醛释放量相联系的方法。建立树脂交联度、胶合强度、甲醛释放量与脲醛树脂主要基团的积分强度关系：

树脂交联度 = $(C+2E)/(A+C+E)+(urea)/(C_1+C_2)+Me/M_0$

胶合强度 $=a(C+2E)/(A+C+E)+b(urea)/(C_1+C_2)+Me/M_0$

甲醛释放量 = $Me/F+b(C+2E)/(A+C+E)+c(urea)/(C_1+C_2)+d(E_1+E_2)/(E_4+E_5)$
$$+eMe/M_0$$

式中：A 为 13C-NMR 图谱中 $-NHCH_2NH^-$ 积分强度；

C 为 $-NHCH_2N(CH_2^-)$ 积分强度；

E 为 $-N(CH_2^-)CH_2(CH_2^-)$ 积分强度；

C_1、C_2 为一取代、二取代脲的积分强度；

$Me=A+C+E$ 为总亚甲基积分强度；

M_0 为羟甲基积分强度；

E_1、E_2 为甲氧基积分强度；

E_4、E_5 为亚甲基醚键积分强度；

F 为游离甲醛积分强度；

$urea$ 为游离尿素积分强度；

a、b、c、d、e 为相关系数与合成工艺有关。

从而建立合成工艺到树脂微观结构和主要性能（胶合强度、甲醛释放量）的数学模型。

同时结合 GPC 追综脲醛树脂合成过程中分子量及其分布的变化。研究树脂的缩合度及合理配比具有交联性能的小分子和低甲醛释放的大分子配比的比率。为树脂的有效交联固化建立理论根据。

考虑到低摩尔比脲醛树脂推广难的另外一个重要因素——贮存期短。我们结合国外有关学者对脲醛树脂胶体理论的最新研究，采用 GPC 分析对比不同贮存期中的沉定相和清相分子量及其分布的变化，对沉定相熔点的测定并结合 X 衍射对其结晶结构的分析。研究沉降相发展的来源及动力学过程，建立贮存期长短和树脂结构及胶体物理性能的关系。同时这些分析结果也为研究提高低摩尔比脲醛树脂予压速度、缩短予压周期的方法建立理论指导。

从上述的实验和理论基础出发，我们采用低甲醛 / 尿素（F/U）摩尔比，碱 - 酸 - 碱不脱水制胶工艺，并使树脂在酸性缩聚反应阶段控制 pH 值和摩尔比充分反应，减少 $-CH_2-O-CH_2$ 键和 $-CH_2OH$ 基团，提高亚甲基化程度，以减少热压固化和使用过程中释放的甲醛量。为了控制 UF 胶的成本，不采用添加三聚氰胺的工艺路线。在调胶过程中加入适量自制的廉价黏土类甲醛捕集剂和少量的固化促进剂，使该 UF 胶压制的胶合板甲醛释放量达到 E1 级，胶合强度达到 II 类胶合板。制胶过程无三废排放和甲醛污染转移，压制胶合板时，热压机旁无甲醛味，有益工人健康，不污染环境。设计低摩尔比 UF 树脂有较快的固化时间的树脂结构，达到不影响人造板生产的效率。有效的调胶工艺，克服低摩尔比 UF 树脂予压期长的缺点。生产的 E1 级胶合板可以直接用于室内装修，同时该种胶粘剂可广泛应用于中密度纤维板、细木工板、竹材板、秸秆、人造板二次加工及木塑复合等加工方面，该技术有显著的环保、经济效益，同时也可提高我国人民的室内居住环境质量。其工艺技术路线如图 8-23 所示。

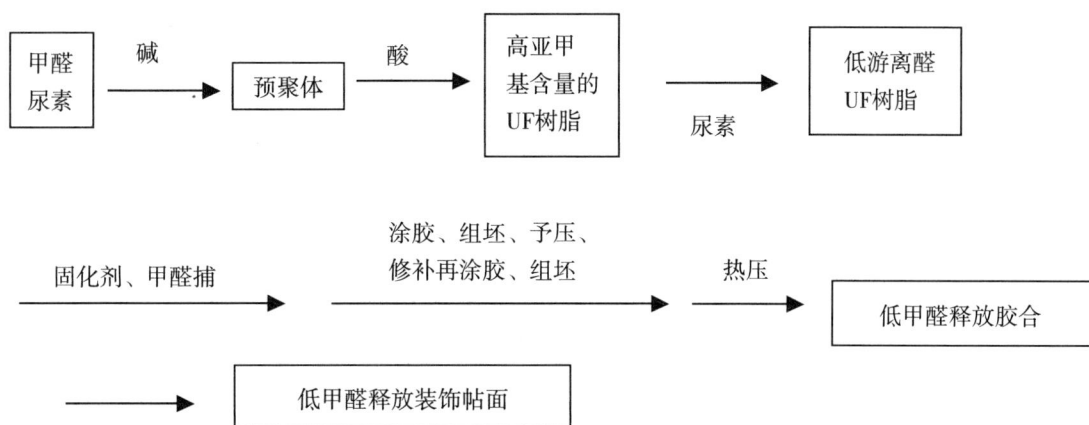

图 8-23　工艺路线图

六、杨树高得率制浆造纸技术

（一）用低质纤维原料改善纸浆性能的制浆技术

低质纤维原料指木材加工工业无法利用的小径材、异形材和缺陷材以及木材加工过程中的板皮、木芯和下脚料等，特点是材种较为混杂、材性差异较大、抽出物含量高、不同批次之间有较大的变化，只有采用强化预处理技术才能够保证化学预处理效果的稳定性和均一性，本技术核心拟采用预汽蒸结合高压缩比处理除去抽出物，打开木材物理结构，排除细胞中的空气，提高木材的比表面积利于药液浸透和高浓度下均匀吸收，保证化学处理的反应效果。重点研究预处理主要参数（汽蒸温度、时间和化学预处理条件）与处理效果的关系。

（二）制漂白纸浆技术

采用磨浆过程加药，利用盘磨机的强化机械搅拌作用和机械能转化成的热能，磨后纸浆在高浓度高温度状态下停留，由于漂白化学能的提前，可以大幅度地降低磨浆电耗和节约蒸汽，同时改善纸浆的白度的技术，重点研究加药量（碱、双氧水和其他助剂的比例）、浓度、停留温度、时间和后处理方式与节省能耗，改善纸浆白度和强度关系，优化出适合不同用途的制浆工艺技术条件。

（三）种组合和比例混合木片均一预浸技术

混合材种制浆，难以保证纸浆的质量，是当前急需解决的热点问题。主要是由于材性差异较大，化学处理效果和磨浆难以控制，本研究的核心是采用高温软化配合机械挤压撕裂原理，减少物料间的材性差异。研究不同处理组合对改善材性差异性能的影响关系（如松厚密度、吸液能力和比表面积的变化）。

化学预处理效果的研究，研究不同药液吸收能力和分布状态及反应动力学，为结合不同材性和不同目标纸浆，采取相应的改善预浸效果措施提供理论依据。

预浸效果均一性快速检测与考核方法的研究，为实现工业化系统实时监控和工艺条件的自动调整，确保预浸效果的稳定性提供数学模型。

（四）稳定浆质量的磨浆工艺控制技术

磨浆过程是制浆工序中十分重要的操作单元，根据混合材或小径幼年材的特征，必须采取对应的磨浆方式，本研究将对磨浆过程中主要控制参数与磨浆电耗、纸浆中未解纤维组分及纸浆滤水性能之间的关系进行分析探讨。

研究适宜的磨浆工艺（磨浆浓度、磨浆压力和磨浆强度）与纸浆质量内在的关系和规律，提出稳定纸浆质量的磨浆工艺控制技术。

总之，江苏省自然和社会经济条件优越，不仅具备生态产业的条件，而且已经有了一定的产业基础。要大力发展杨树、银杏、种苗花卉、桑茶果竹、森林旅游等绿色产业，加快人工林资源培育和林纸林板等高附加值林产加工业的发展，使产业化程度在更高水平上发展，不仅可以取得良好的经济效益，同时还可产生巨大的生态效益，推动生态与经济的协调发展。通过以上关键技术的集成化组装配套研究，为江苏绿色林业产业的迅速发展，产品结构调整，产业技术升级提供强有力的科技支撑。

第九章　江苏数字林业建设思路与框架

数字林业建设是绿色江苏现代林业行动的重要部分，同时也是林业信息化建设的重要内容。"数字林业"是现代信息技术在江苏林业中的全面推广和应用。在江苏数字林业建设中，必须坚持统筹规划，充分发挥整体推进优势，调动各单位和部门的积极性，保障林业信息资源和设施的高效建设和运行。在江苏省林业局的直接领导和统一部署下，积极全面推进"数字林业"系统工程建设。

第一节　数字林业的由来和内涵

一、现状与发展趋势

（一）国际相关发展现状

"数字地球"一词首先于 1998 年 1 月 31 日由美国副总统戈尔（Al Gore）在《数字地球：对 21 世纪人类星球的认识》的讲演中提出的，它的核心思想是用数字化的手段整体性地解决地球问题（与空间位置相关的问题）和最大限度地利用信息资源。他认为"数字地球是一种可以嵌入海量地理数据的、多分辨率的和三维的地球表示，可以在其上添加许多与我们所处的星球有关的数据，是对真实地球及其相关现象的统一数字化的认识，是以因特网为基础，以空间数据为依托，以虚拟现实技术为特征，具有三维界面和多种分辨率浏览器的面向公众的开放系统"。"数字地球"是以数字化数据为基础的。西方社会已经充分认识到数字化数据的重要性，世界发达国家在数据获取手段、数据共享、数据应用等方面已经做了大量的工作，取得了重大成就。例如，美国、加拿大等国把陆地卫星 MSS、TM、SPOT 等数据应用于森林资源和重大病虫害的动态监测上，先后将机载彩红外摄影、多光谱扫瞄仪、航空录像、航空勾绘等用于森林病虫害的监测。此外，这些国家还十分重视遥感技术与 GPS 和 GIS 的综合研究，并取得了很大的进展。美国的航空录像系统中已将 GPS、飞机姿态仪数据叠加到高分辨率的录像带上，正在实现着航空录像的自动镶嵌处理，这些系统都是在 GIS 的基础上，利用大量的遥感和地面监测信息、计算机模型和专家知识，进而进行辅助管理决策。

（二）国内相关技术发展现状

数字地球也得到了我国高层领导和科学家的积极响应。1998 年 6 月 1 日，江泽民主席在接见两院院士时提到"数字地球"这个词。国家科技部部长、中国科学院院士徐冠华分别作了迎接"数字地球"的挑战和全社会要高度关注"数字地球"的重要报告。从1998年10月开始，我国学者以及国家有关部门已经举行过多次咨询会和研讨会，对数字地球进行了充分讨论，并且开始着手准备数字地球的研究工作。随着数字地球的发展，现在已经形成了数值天气预报、气候数值模拟、数字地震学，数字电视、数字电话、电子商务等以数字技术为基础的家用电器、公共设施等与人们的生活越来越紧密。有人提出了精细农业、数字工业、数字经济、数字文化、数字北京、数字福建、数字浙江等。在数字北京中，林业是其建设内容之一；数字福建中，近三年时间将从"电子政府应用示范工程"省级宏观层次，"数字城市"层次和小范围"数字工程"层次建设个不同层次的示范工程。

从20世纪80年代以来，遥感等信息技术在森林调查、森林灾害监测和资源评价等方面得到了广泛的应用。"六五"期间，完成了"应用遥感技术进行森林资源动态监测"；"七五"开展的国家重点攻关项目"三北"防护林遥感综合调查，以航天影像为主要信息源，编制了"三北"重点造林区不同比例尺森林、草场、土地利用专题系列图，对各地区造林适宜性和管理状况作出了科学评价；"八五"期间，国家"863"计划设立了"星载 SAR 森林应用研究"，对林地、森林蓄积量进行了识别和估算；"九五"以来，开展了"3S"技术在森林资源的国家级连续清查、森林经理调查的应用研究，实现了森林资源数据的动态更新，并为我国的林业决策和所采取的经营措施提供了依据。

（三）发展趋势

利用先进的信息技术收集资源环境数据，结合当地的自然和社会经济发展状况，做出有目标、有重点、有步骤、有尺度的综合土地利用规划和专项规划；采用航天、航空遥感监测和地面监测相结合的技术，对再生资源的健康状况和火险状况进行监测，对不同尺度的资源环境监测项目和监测因子进行随时间变化的记录、整理、分析、综合，为早期预测预报、评价工程建设的实施效果、采取科学的经营决策提供依据；通过信息技术的集成对资源环境的动态及其对干扰的反应进行有效、及时和准确预测、分析和评价，建立具有多种信息源的数据库、模型库、森林资源预警、决策支持在内的计算机网络化管理信息系统，使监测、信息管理、评价、决策过程间相互协调。大量数据库与网络的结合，通过网络进行远程信息传递、信息查询、信息发布和网上培训等。

二、重要性和作用

"数字林业"的建设目的是从全局的角度，逐层深入到基层，为林业行业构造一个统一的立体的开放式信息集成系统。在这个系统内，以林业空间信息和属性信息为主线，通过各种信息相互关联、叠加和相互作用，将林业信息以数字化的形式一目了然地呈现在人们面前，为林业建设提供一个更加广泛、更加形象化的信息处理环境及其支撑工具，构造并提高各种林业应用项目求解方案的实时性、准确性、数量化和最优化程度，推动营林、森林保护、林业管理、林产工业等技术的信息化进程，为林业和全社会提供信息服务。在知识经济社会中，拥有信息资源的重要性远胜于在工业经济社会中拥有自然资源的重要性。拥有自己的"数字林业"等于占领了知识经济社会的一个制高点,必将对国家信息产业产生深远的、决定性的影响,有效地提高国家竞争力。

数字林业所涉及的内容十分广泛,国家将遵循需求牵引、全面规划、分步实施和有限目标的原则,结合国民经济和社会发展的需要,配合国家重大工程的实施,有重点地针对几个应用领域,突破数字林业建设中若干关键的共性技术问题,建立统一的标准、规范,通过系统的应用,形成我国数字林业建设的科学技术体系,并提供相关的技术实现手段。总体目标是:以林业生态环境建设工程为切入点,创建"数字林业"中心,将该中心作为技术支撑和服务基地,在已有成果的基础上,围绕生态环境保护和可持续发展等问题,结合实际需求,抽取其中的共性技术问题,构建数字林业技术体系框架,在此框架的基础上,充分挖掘现有数据,调动林业多级部门参与建设数字林业工程,通过三个五年计划时间的建设工作,形成整合集成的数字林业。"十五"期间,着重技术体系及国家林业局林业生态环境建设工程应用系统的建设;"十一五"和"十二五"期间,完善前期的建设内容,并全面展开林业行业的信息化建设工作,将我国林业行业及其生态环境建设信息逼真地展现在决策、管理、建设、科教、生产者及广大民众的面前,进而推动各相关应用技术及产业的发展,与此同时,将"数字林业"中心发展成为集我国林业信息的数据中心、技术服务中心和创新基地为一体的国家级重点实验室。"十五"期间国家数字林业建设的主要内容:

(一)公共技术体系与平台建设

(1)建立数字林业空间框架、数据词典、数据采集、数据管理和更新与维护、数据共享标准和规范。

(2)开发针对应用目标的林业数据处理和分析的方法库和知识库。

(3)以"数字林业"中心为依托,广泛联合国家林业局、其他行业及国外的力量,开发针对不同应用层次的信息系统平台。

(4)建立国家级(1∶1000000)、重点林业省级(1∶250000)、地区级(1∶100000)和生态工程建设重点示范县级(1∶50000或1∶25000、1∶10000)公共基础地理信息数据库、基础林业空间与属性数据库和多分辨率的遥感数据库。

(二)应用系统平台建设

(1)对天然林保护工程,通过工程行政管理手段,调动地方力量和资金,结合数字林业建设工程,实现国家、省、地市州、972个县(局)级建设单位信息管理系统的建立和网络系统初步联通;借助计算机网络系统,形成工程监测、管理年报制度。

(2)对退耕还林(草)、环北京地区防沙治沙、"三北"和长江中下游地区等重点防护林体系建设及野生动植物、湿地保护及自然保护区建设、重点地区以速生丰产用材林为主的林业产业基地建设工程,将依托各级工程建设部门采集数据,建立工程信息动态管理、监测、评价和辅助决策系统。

(3)建立重点林区森林灾害监测与评估、预测预警和灾害防御辅助决策系统。

(4)建立全国森林资源与林政管理业务信息网,制定数据、信息标准(类型、格式、交换等),开发业务管理信息系统,规范地方森林资源与林政的行政管理方式和信息系统建设模式,形成健全的、有规模的、国内外先进的全国森林资源与林政管理综合业务管理信息网。立足生产，服务管理，加强和完善中央和省级政府的森林资源监测、信息发布、宏观决策和宏观调控。

（5）开展对不同层次的领导干部、技术人员的培训工作。

（三）国家数字林业基本框架（如图9-1）

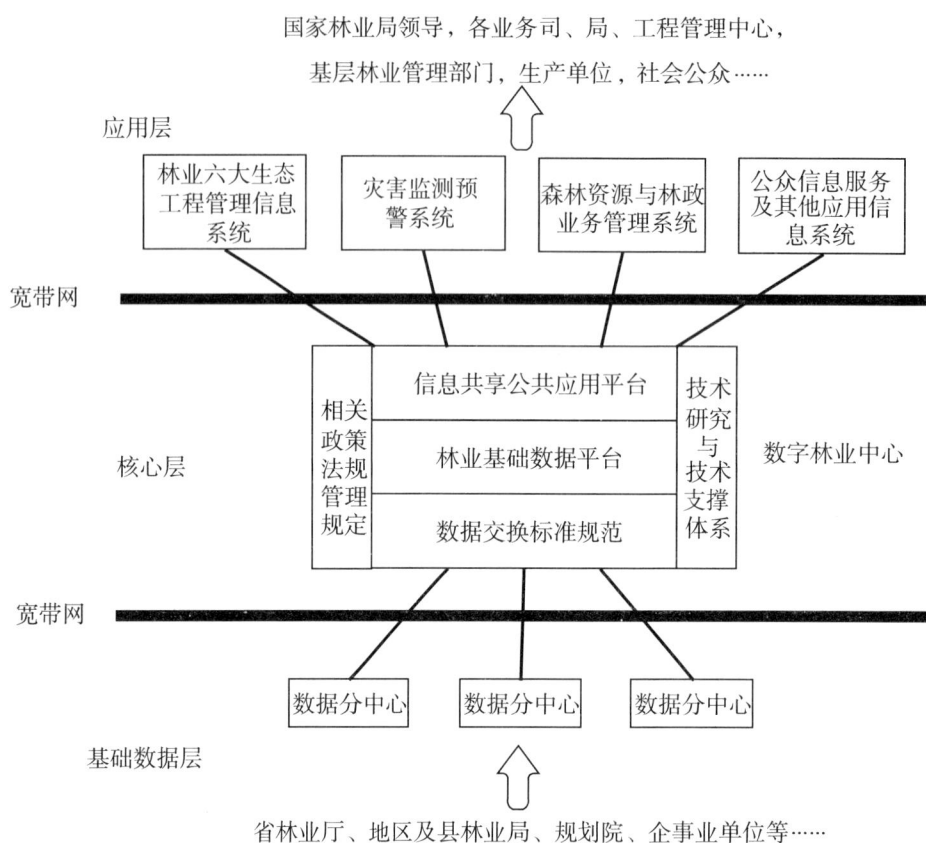

图9-1 国家数字林业基本

第二节 江苏林业信息化建设现状与形势

一、信息化建设现状

江苏是我国对外开放较早、经济发展速度较快的省份。随着经济的快速发展，林业以及生态环境建设的意识日益增强。但林业信息化发展的现状基础是"起步晚、基础弱、起点高"。

起步晚：林业管理体制正在逐步建立，林业信息化建设几乎空白。

基础弱：林业信息存在着数据陈旧、零散、数字化程度低的问题，且技术力量薄弱，基础设施不成规模。

起点高：根据江苏省现代林业发展的需要，要求在几乎空白的基础上尽快建立起完善的数字林业体系。

二、面临的形势

（一）信息化建设与发展的要求

在国民经济和社会发展第十个五年计划中已经明确，信息化是面向 21 世纪和信息社会最重要的发展战略之一，是经济与社会发展的新动力和新主题。"数字林业"主要以实现江苏林业政务、林业资源监测与管理为主要内容，是整个林业信息化建设的基础和重要组成部分。

（二）林业现代化建设的需要

根据党的十六大精神，江苏省委、省政府明确提出了深入实施可持续发展战略，推动整个社会走生产发展、生活富裕、生态良好的文明发展之路，在全国率先全面实现小康和率先基本实现现代化的宏伟目标。

充分应用先进的生产方式和科学高效的管理方式，保障林业持续协调发展是林业现代化发展的要求。"江苏数字林业"正是通过对林业资源、林业产业运营方式和工作方式的数字化描述，为制定科学的林业生态工程规划与建设、实施森林资源动态监测、提高森林经营水平、实现林业可持续发展提供现代化的科学手段。江苏作为经济强省，林业信息化建设理应走在全国的前列。

（三）林业"两个体系"建设的需要

森林是陆地生态系统的主体，林业是经济和社会可持续发展的重要基础，是生态建设最根本、最长期的措施，在生态环境建设中处于首要的地位。建设以森林植被为主体的国土生态安全体系、优化人居环境、改善城乡面貌、再现秀美山川，既是实施可持续发展战略赋予林业的历史使命，也是实现"两个率先"和生态省目标对林业的客观要求。

经过长期努力，江苏省林业有了长足发展。新中国成立后较长一段时间，江苏人民积极投身造林绿化工作，林业面貌逐步改善。20 世纪 80 年代后，江苏省委省政府确定了以平原林业建设为主，加强丘陵山区林业建设的方针，加快了造林绿化步伐，1996 年实现了"灭荒"和平原绿化省的目标。"九五"期间全省围绕建设高效生态林业的发展目标，实施了沿海防护林体系、淮河太湖流域防护林体系、苏锡城乡一体现代林业建设等一批重点林业生态工程，林业产业进一步发展。近年来，党和国家高度重视生态环境建设，省委省政府切实加强对造林绿化工作的领导，林业产权制度改革不断推进，全社会参与林业建设的积极性空前高涨，一批林业重点工程相继实施，造林绿化工作取得显著成效，部分地区的生态环境明显改善，林业在促进社会经济可持续发展中的地位日益突出。

但就整体而言，江苏省森林资源总量偏少，分布不均，质量不高。2000 年全省有林地面积占国土总面积的 7.54%，加上四旁树木折算面积，森林覆盖率为 10.56%，远低于全国平均水平，在 31 个省（自治区、直辖市）中列第 25 位，缺林少绿的局面还没有得到根本改变。林业建设本身存在结构不合理、基础设施薄弱、经营管理粗放、科技进步缓慢和产业规模小、资源利用率低、市场化程度低等诸多问题。林业仍然是国民经济发展中的一个薄弱环节，与社会经济发展和人民生活的需要不相适应，与其所肩负的维护国土生态安全、促进社会经济可持续发展、弘扬生态文明的重大使命不相适应。为此，省委、省政府决定实施"绿色江苏现代林业行动"，用 8~10 年时间，使全省森林资源在现有基础上翻一番，到 2010 年全省森林覆盖率达到 21%，初步建成资源丰富、布局合理、功能完备、结构稳定、优质高效的现代林业体系，基本满足社会经济可持续发展的需求。

根据江苏省现代林业发展规划，数字林业的主要服务领域是：①以林业为主的生态环境体系建设；②以木材加工、造纸、竹产品、银杏等经济林为主的林业产业体系发展；③林业现代化管理。其中，前两个领域的需求最为迫切，后一个领域也是今后发展的必然需要。

"江苏数字林业"通过数字信息技术手段对森林资源与生态环境变化进行实时监测，为林业生态工程建设及监督管理提供全过程、全方位的信息支撑和技术服务，同时通过广泛的信息交流促进林业产业的发展。

（四）政府决策需要

通过对数字林业信息的分析和模拟，可以突破传统政府决策的局限性，提高科学决策水平。同时，数字林业不仅为林业部门的决策提供信息支持，也为国家制定全国发展规划以及为林业相关部门、决策者及生产单位提供信息与技术支持。

（五）林业科技创新的需要

"江苏数字林业"的建设，将为林业科学技术的跨越式发展提供强有力的信息技术支撑。同时,科学技术的发展也将不断丰富"江苏数字林业"的内容和提高数字信息技术的服务能力。

三、存在的问题

"九五"以前，林业信息化建设发展较为缓慢，与全国同行业的先进水平和江苏省其他行业相比，存在较大差距，具体表现在以下几个方面：

（1）认识不到位，部门分治，制约了林业信息化的发展。各类林业信息资源不能实现共建共享，而部门信息化建设和开发力量薄弱,信息化建设的基础投入没有形成规模和合力，导致投入分散，低效建设。

（2）信息化建设投入少，设施不完备。

（3）信息化总体水平较低。全省林业信息资源建设中大多数应用系统停留在单机版本，数据库数量少且规模小，几乎没有网络环境下的应用系统和数据库，信息化总体水平较低。

（4）缺乏统一规划和标准。信息化建设过程中，由于没有严格遵循统一的规划和统一标准，在信息系统开发和信息资源建设中，各部门各自为政、缺乏沟通与协调，存在低水平甚至重复建设情况。

第三节　江苏数字林业建设的目标、指导思想与发展策略

一、概　述

江苏在中小城市信息化建设方面处于国内比较领先的位置，但在林业信息化方面则还

比较落后，全省林业政务指挥系统基本是建立在人工传递信息的基础上，还没有建立林业管理数据库，也缺乏相关的软件，不能适应当前林业飞速发展的需要，极大地妨碍了林业管理和决策的准确性与科学性。作为数字江苏不可或缺的一部分重要内容，数字林业工程显得尤为迫切，以便实现林业资源数据库网络化，并将林业数据库内容转化到共享信息元数据库，为全省林业的科学管理和决策提供完整的解决方案。

整个林业信息系统应由物理上分离的两个计算机网络组成。一个是外网，直接与因特网相连，用于与外界交流，称为江苏林业公众信息网。它可分为两部分：一部分用于向公众发布林业信息；另一部分用于网上办公，如网上办证、网上审批、网上招商引资等。另一个是内网，是上下级、部门之间传递内部和保密信息、协同工作的渠道，称为全省林业政务管理信息系统。它可分为两部分：一部分用于政务信息处理，即办公自动化、无纸化；另一部分用于信息管理、查询与决策支持，如可建立林业地理信息系统和决策支持系统，包括资源林政管理信息子系统、森林病虫害监测预警与管理森林火灾监测信息管理子系统、动植物及生物多样性保护信息管理子系统、造林绿化信息管理子系统等。

二、总体目标

在数字江苏总体框架的指导下，建立江苏省数字林业工程，实现林业生产管理的高度信息化和林业资源信息的网络共享与发布。建立电子政务管理系统，实现林业政务信息处理办公自动化、无纸化；建立林业公众信息网，向社会发布林业信息，以便公众能及时了解森林资源的变化情况和正在实施的各种林业工程，从而培养人们保护森林的意识，贡献自己的力量；建立省级、县级基于GIS的森林资源管理系统，实现省、县（区）二级系统的森林资源地图和表格数据的综合查询、检索、统计，实现森林资源空间数据的自动更新和地图制作的计算机化，为林业其他生产和管理（病虫害防治、造林规划、森林防火、资源清查、伐区设计等）的现代化奠定基础；与国家林业局进行数据交换和信息共享，并可与江苏省其他相关行业进行数据交换和信息共享。具体目标如下：

（1）建立起不同级别的林业信息管理体系和运行平台，为林业生产管理、资源调查、开发利用，规划设计、自动办公等提供良好的辅助工具和计算机信息平台。

（2）培养和锻炼一支高素质的森林资源管理技术队伍，为林业信息化建设和林业跨跃式发展奠定基础。

（3）建立起省级和县级森林资源地理信息的标准体系和技术规范。

（4）实现全省范围内森林资源清查内业整理、林相图制图、统计报表、森林资源地图和表格制作、资源数据动态更新等工作的计算机化。

（5）在管理决策层（林业管理机构的主管领导）中普及使用和掌握现代化的信息技术。

通过江苏省数字林业工程建设，可提供规范、科学的管理模式，提高林业信息管理的能力，对森林资源的现状、动态、发展趋势及其生态效益进行综合分析和评价，为各级林业管理部门监督林业生产与管理、控制管理质量、评价林业工程效益、调整林业生产力布局和投资结构提供依据。在计算机网络环境下建立的分布式省级和县级林业资源数据库系统，可实现信息内容、信息存储和信息传递的数字化、规范化和系统化。各级管理部门之间的信息能够上传下达，实现工程管理的超级汇总、月报、季报和年报，为各级工程管理部门提供及时准确的信息（现状、进展、动态）。采用以地理信息系统为核心的 3S 技术，建立管理信息系统，可实现不同工程的空间地理分布管理，将工程规划、设计、施工、统计分析、检查评估和工程评价等工序的信息管理微观上落实到地块，宏观上监控工程总体布局，且微观信息和宏观信息协调一致。

三、指导思想

以党中央、国务院关于信息化发展的重要战略部署和党的十六大精神为指针，全面落实江苏省政府实现电子政务的各项任务，充分发挥现代信息技术全面、及时、准确、客观的重要作用，从江苏林业的实际出发，以江苏林业综合信息平台建设、电子政务、生态建设工程管理信息系统以及林业资源管理数字化为切入点，全面满足江苏林业事业在生产、管理、科学研究等方面对各种空间和属性信息的需求，促进和提高林业建设中的管理、决策和经营水平，推动江苏林业建设跨越式发展。

四、发展策略

"江苏数字林业"建设应该着重把握的发展策略：

（1）以政府为主导，统筹规划，统一标准，按照统一规划和标准，实施林业信息化建设，提高投资效益，避免重复建设和低效投资。

（2）采取联合共建、市场运作的建设原则，鼓励科研单位和企业积极参与，以专业化和产业化推动林业信息化的建设。

（3）以网络为基础、应用为重点、信息资源开发利用为核心，突出重点，面向应用，快速全面提高行业信息化水平。

（4）坚持主动推进原则，加大宣传培训力度，并通过必要的行政手段，积极主动推进信息化进程，促进管理和工作方式的革新，提高工作效率。

（5）通过技术创新，实现跨越式发展，力争江苏林业信息化建设走在全省以及全国林业同行业前列。

第四节　"江苏数字林业"基本框架和建设任务

"江苏数字林业"建设要坚持以网络建设为基础，数据库开发为核心，应用信息系统建设为重点，统筹规划，协同建设，快速提高林业信息化水平。

林业信息化建设主要包括三个方面：①江苏林业信息化基础设施及网络建设；②江苏林业综合数据库建设；③江苏林业各类应用信息系统开发建设。

一、网络基础设施建设

局机关和各基层单位局域网的建设，坚持高标准，把主干建成林业信息中心和若干个信息重点位置构造成网状的核心结构，构成一个高速、可靠的网络核心层。信息中心网络主干 INTERNET 接入采用 100Mb 宽带接入江苏公共信息平台，下属单位通过所在地区骨干宽带网络，实现全系统宽带相联和信息的快速交换。在各下级单位建立信息节点，设计结构如图 9-2。

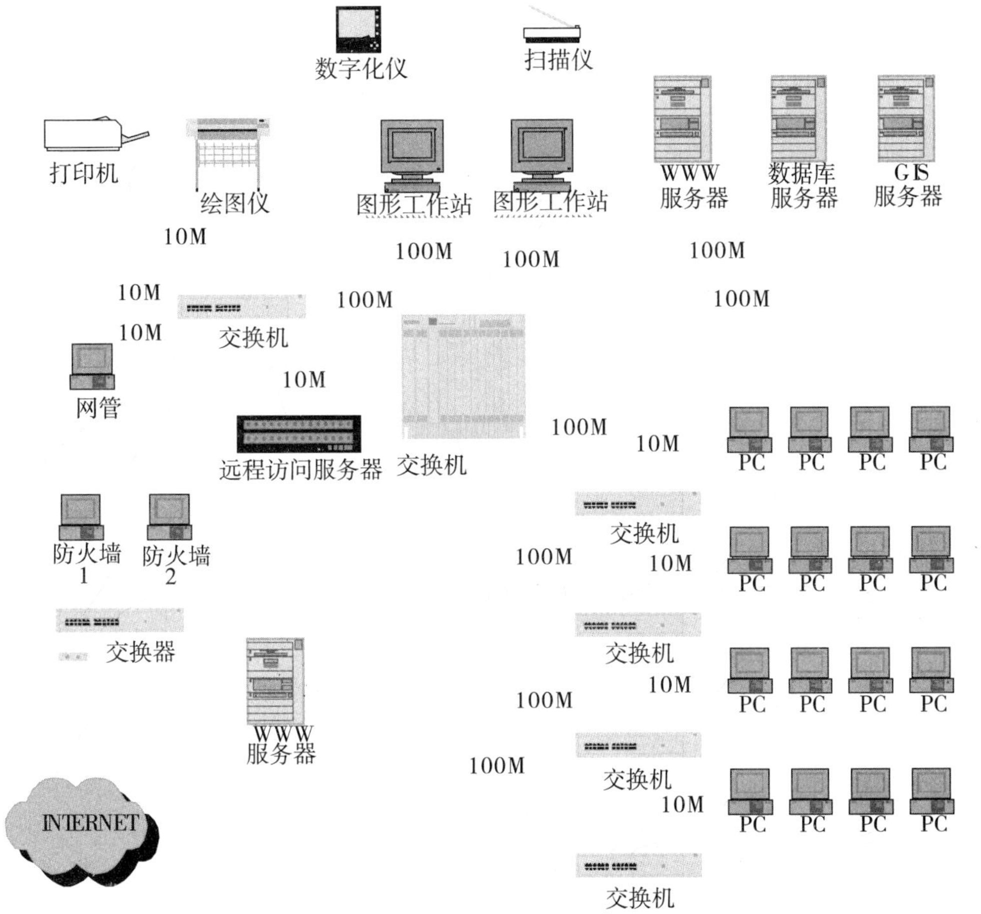

图 9-2 网络基础设施建设设计结构

（一）林业信息中心建设

主要目标：建设高标准的林业信息中心，为"江苏数字林业"提供可靠的物质和技术保障前提，担负林业系统数据处理和维护的任务，维护林业信息系统的安全、高效和稳定运行，保障与市级政府数据交换中心的无缝联接和信息共享。

具体任务：信息中心办公条件建设、网络服务器配备、网络布线、设备安装、服务器基础软件安装、系统集成、调试。

（二）局机关大楼局域网建设

主要目标：严格按照信息化标准化指南和信息化标准体系要求，做到内、外网之间严格的物理隔离，建成局内部计算机局域网，建成局机关内部处室之间的安全高效办公网络。实现局内部计算机局域网的升级与维护，为林业信息化和办公自动化奠定基础。

具体任务：网络布线、各部门机器设备更新升级、系统集成和维护。

（三）专网建设

主要目标：完成林业信息中心与 Internet 宽带联接，实现局机关与各下级单位之间网络互连，建设江苏林业虚拟专网。局机关与下级单位通过江苏政务网干线互连，完成网络建设目标，实现所有应用系统稳定和安全运行。

具体任务：Internet 接入、局属各单位局域网建设、各单位接入所在地区宽带网、虚拟专网建设。

二、数据库服务系统

建立起全面系统、实时准确的江苏林业综合数据处理中心，实现与省政府政务网及国家林业数据中心相联接。

（一）森林资源基础空间数据库

主要目标：完成全省基础地理和专题空间数据的收集、加工和处理，建立标准数据库，为林业局信息管理及办公自动化奠定良好基础。

具体任务：加工满足林业管理需求和生产应用的多尺度基础地理空间数据和专题空间数据。

（二）林业管理信息基础数据库

主要目标：完成林业局内部信息资料，包括林政管理、人事管理、组织机构等内部数据库标准化与数据库构建，为林业局信息管理及办公自动化进行信息储备。

具体任务：林政管理数据、组织与人事管理数据、财务数据、档案管理、林业产业与商务数据、其他内部专用数据。

（三）资源、环境信息基础平台

主要目标：利用商品化地理信息系统软件进行二次开发，形成适合授权全市森林资源动态管理业务流程的专门化软件；作为后台集中化图件、数据的处理平台。实现以 WEB-GIS 为基础的森林资源与环境标准信息库构建，为资源环境数据应用系统提供公用数据平台与基础资源数据。

具体任务：1：10000 林相图、森林资源数据库、卫星遥感图像、示范林场 1：10000 的资源变化图和资源变化数据、样地数据、历年生产经营统计报表、历次二类调查报告、森林经营方案、森林经营标准与指标。

三、系统开发

现代网络应用系统是以 Web 为中心，采用 TCP/IP、HTTP 为传输协议，客户端通过 Browser 访问 Web 以及与 Web 相连的后台 Database，这被称为 BWD 模式是一种多层次的 Client/Server 模式，它突破了传统的文件共享模式，因而具有很高的信息共享度。

应用软件采用 Internet 技术的 B/W/D 三层结构模式。它由网络运行环境、基础软件平台（包括网络操系统、桌面操作系统、关系型数据库管理系统、群件系统 Notes 等）、中央数据库和各个应用系统构成。

（一）监测与管理系统

主要目标：实现资源数据图、表一体化的动态管理与资源数据检索、查询、分类、统计、报表与分析功能。由 GIS 支持的资源管理系统使得图面资料和资源数据能够同步更新，每年都能得到新的资源数据，用于决策和调整。实现资源数据的可视化显示（饼图、柱状图等）。实现资源档案的连续性、实时性，通过 3S 技术的综合应用，提高林业资源管理水平。

（二）重大森林病虫害监测、预警和管理系统

主要目标：建立起江苏省、市、县级的重大森林病虫害预警、监测、控制和高效管理体系，及时掌握森林病虫害的发生情况，真正担负起指导基层森防部门生产作业的职责；实现地区及国家级重点测报县以上森防部门的全国联网和信息共享及传输；建立起有效的森林病虫害数字化信息系统，以全面提高管理水平，有效控制和抑制森林病虫害带来的损失。

具体任务：重大森林病虫害的监测与预测预报系统；基于网络的森林病虫害检疫信息管理系统；基于 GIS 的森林病虫害防治信息管理系统；江苏省重大森林病虫害远程诊断系统；江苏省森林病虫害数据处理分中心。

（三）森林火灾的监测、预警和指挥系统

主要目标：建立起江苏省、市、县级的森林火灾预警、监测和控制体系，及时掌握森林火灾的发生发展情况；实现地区及县以上林火管理部门的全省联网和信息共享及传输；建立起有效的森林火灾数字化信息系统，以全面提高管理水平，有效控制和抑制森林火灾的发生与损失。

具体任务：重点林区森林火灾的远程监控系统；森林火灾预警预报及扑救指挥系统。

（四）野生动、植物资源保护与管理系统

主要目标：实现本区野生动植物资源的计算机管理，掌握指示性动植物资源地理分布及主要保护物种资源的数量消长变化情况。

具体任务：主要动植物资源档案管理、自然保护区野生动植物资源消长变化，本地区生物多样性指标变化分析系统、动植物培育基地及引进物种管理、主要自然景观，古树名木资源图、库管理（采用 GPS 定位，以 WEB-GIS 为基础）等。

（五）重大生态工程监测与管理信息系统

主要目标：建立生态工程监测与管理信息系统，对重大生态环境建设工程的工程规划、实施进度进行监测与管理，对其实施效果进行分析评价。这些重大工程主要包括：江海河湖生态防护林工程；绿色通道工程；退耕还林工程；城郊森林工程；野生动植物资源和湿地保护工程。

对林业生态工程区域实施同步监测，通过多源数据的处理，应用计算机自动提取技术发现变化信息，结合地面样地调查数据进行人 - 机交互的后处理，最终确定森林及树木状态变化的类型、位置、范围和数量等信息。包括：资源的动态监测、经济发展的监测、工程效益的监测、工程环境影响监测等。利用海量历史数据和高速模型运算的特征使决策者可以具体地预测到未来发展的趋势，并对某些工程措施进行模拟实验，以减少失误并提高决策的水平。

（六）重大产业工程管理与信息服务系统

主要目标：建立产业工程管理与信息服务系统，对重大产业工程的工程规划、实施进行监测与管理，通过系统及时面向社会发布政府宏观指导政策、措施、市场信息等相关信息，以全面、权威、及时、广泛的信息服务促进林业产业的发展。

这些重大产业工程主要包括：林板（纸）一体化工程；林业种苗产业工程；优势林产品综合利用工程；竹业工程；森林旅游工程。

围绕服务于江苏林业高效益的产业体系建设，突出抓好果品、种苗、速生丰产林、森林旅游、花卉和蜂业等林业支柱产业管理信息系统建设。建立林业产业信息网，向社会发布各相关产业产品信息，包含企业的产品介绍及服务项目介绍等。

在部分支柱产业试行推广电子商务，在网络建立后，基础设施基本齐全，可以开拓更多的应用，例如林业局下属企业的网上业务，特别是 B-TO-B（企业 - 企业）的网上订货、网上旅游项目预定等。B2B 能加快企业与客户的联系与反馈，这些 B2B 应用与 MIS 系统结合起来，能更快、更广泛地拓展多方面业务。

（七）林业政务管理系统

基于因特网的内部政务运行系统和对外发布、政务公开运行系统。实现面向社会和公众的网上审批、管理和服务业务，政府内部实现电子化和网络化办公系统；实现高速宽带、互联互通电子政务网络系统，附有相关信息查询、林业科普知识宣传、江苏生态环境介绍等功能。

因特网政务事项公开（包括公开事项名称、审批办事程序、审批办事时限、审批结果）、林业政策、法规、规定、条例、行政收费项目及标准、招商引资项目、招投标项目信息发布、林业工作动态信息发布（包括政务信息、重大林业工程建设进展、林业公安和林政稽查情况）等，结合各部门的办事程序，实现网上办公，包括局机关内部办公网络、对外网络办公业务及移动办公系统，各区（县）林业局及局直属单位的远程访问和联接，实现全系统的网络无纸化办公。

（八）林业专家决策支持系统

主要目标：根据特定地区立地条件、气候因子及专家知识库内容，通过多因子的数字化决策模型，实现林业生产及管理决策的科学化、智能化。

具体任务：立地等生态因子库建设；各树种及生理特征因子数据库建设；专家知识系统建设；利用虚拟实现技术，实现数字化分析决策模型；林业专家数据库建设。

第十章　江苏省现代林业发展保障体系

第一节　现代林业发展保障体系的系统分析

一、江苏现代林业系统的结构分析

现代林业是利用先进的技术和管理手段，从事培育、利用和保护森林资源，发挥森林生态效益、社会效益和经济效益的企业和事业，是国民经济的重要生产部门，其任务是培育、采伐和利用森林，并发挥森林的多种效益，其目的是实现国土的整治、修复与利用，保障农业高产，改善人民生活条件，提高人民生活水平。林业横跨第一、二、三产业，涉及生物科学、环境科学、工程技术、经济学、管理科学等诸多学科，是一个复杂的大系统，只有通过系统的分析和整体的研究才能正确、全面地认识林业发展的规律，从而为林业的发展制定正确有效的方针、战略。

同样，林业发展的保障体系也是一个结构复杂、涉及内容广泛的大系统，对林业发展起重要的保障作用。只有通过系统的分析和研究，才能建立起完善、有效的林业发展保障体系。

（一）林业系统总体结构与机理分析

现代林业产业贯通一、二、三产业，并与林业生态子系统相互关联、相互协调、相互促进。通过大力培育森林资源，发展木材加工业，活跃木材及林产品流通渠道，可以促进农村劳动力向二、三产业转移，协调一、二、三产业的比例，从而在提升林业产业整体水平的同时，促进区域经济的全面、快速和健康发展。因此，发展林业产业必须注重与其环境系统 林业生态子系统和社会经济系统的关联。只有协调好三者之间的关系，才能形成相互促进的良性循环（图 10-1）。

（二）林业系统的进一步分解

1. 林业生态系统分解

江苏现代林业系统主要包括生态林业和林业产业两个部分。生态林业是以发挥森林生态环境服务、自然环境保护功能为主要目的的森林培育和利用。生态林业包括海岸线和大江、大河、大湖沿线上的防护林；风沙灾害严重地区的固沙林；太湖流域等地区的水源涵养林、

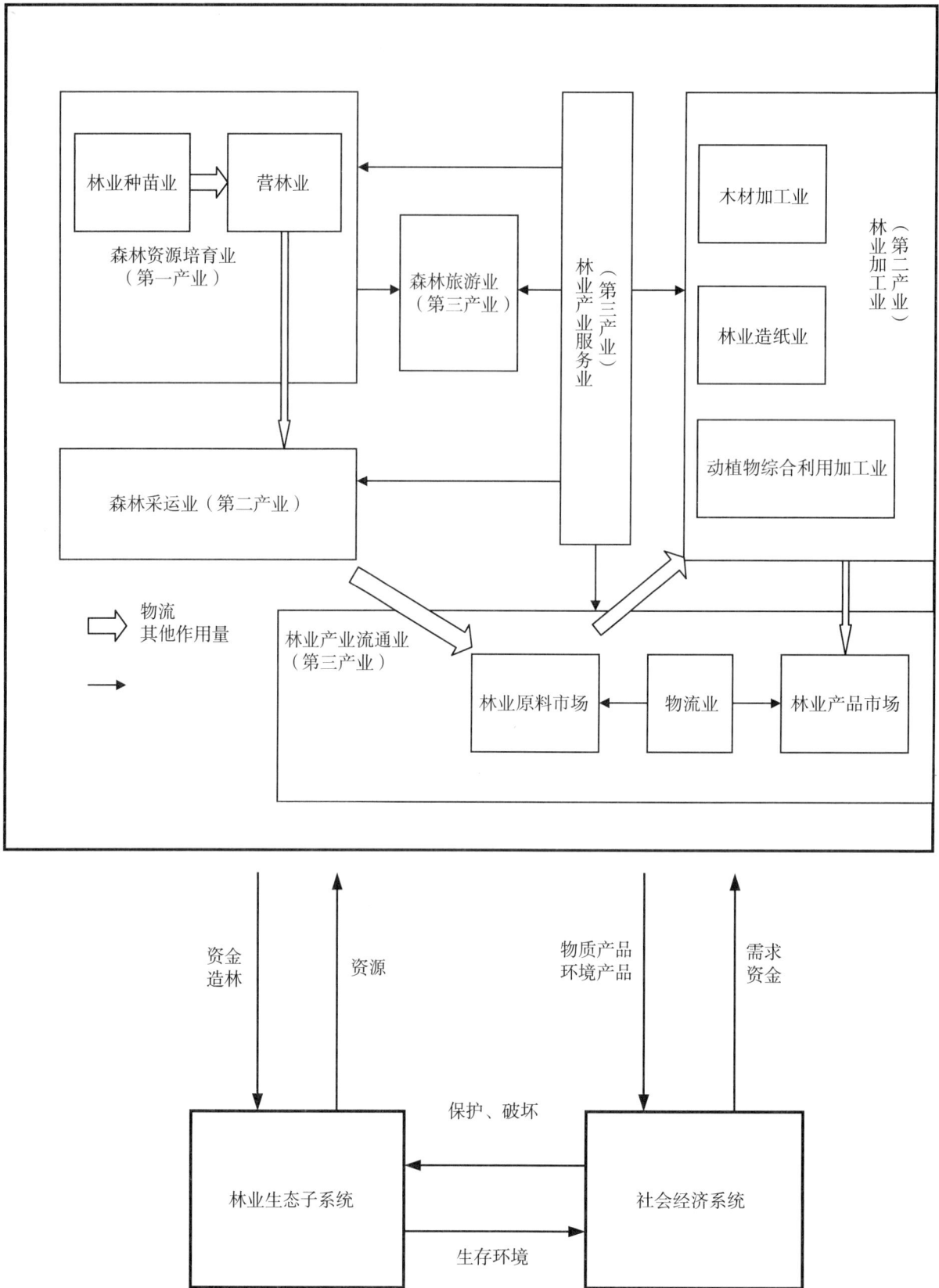

图 10-1　江苏现代林业相互作用机理

水土保持林；多个湿地、森林保护区；多个森林公园、疗养区；城市环境森林；高效农林复合生态经济、立体林业等。生态林业是江苏林业的优先发展部分。

2. 林业产业系统分解

江苏林业产业系统可分为林业第一产业、林业第二产业和林业第三产业三个子系统。

林业第一产业主要包括森林植物系统种植业（营林业）、森林养殖业、森林微生物业、林种种苗业、森林收获更新业、森林防护业等。森林植物系统种植业是指通过种植植物系统来取得森林植物产品，在江苏主要有经济林系统种植业、用材林植物系统种植业、能源林系统种植业、特用林系统种植业、景观林系统种植业、多用林系统种植业、各种专用林系统种植业、样板林系统种植业等。其中，用材林和经济林的种植业是江苏省森林植物系统种植业的主要部分。江苏的森林养殖业目前主要有以林蜂为主的森林放养业，以及在林中空地或林中水面饲养鸡、鸭、鱼的森林饲养业。江苏的森林微生物业主要包括对森林食用菌、森林药用菌、森林土壤微生物的经营利用。林种种苗业是对林业树种培育改良的产业，江苏已有多个种苗基地，并将在种苗产业方面继续加大投资力度。森林收获更新业是指通过组织森林产品收获更新过程中各种类型的生产活动，谋取在经营森林产品收获更新的过程中可能取得的最优化整体效益，保障森林的永续利用，主要包括森林植物系统的收获更新业、森林动物系统的收获更新业、森林微生物系统的收获更新业、系统森林生物类产品的收获更新业等。森林防护业主要包括森林防火和病虫害防治等方面。

江苏的第二产业主要有林产食品工业、林产化学工业、林产品简易加工和机械加工工业、林业机械制造业、林产材料工业等。林产食品工业包括林产油料加工业、林产山珍罐头加工业、林产食用菌加工业、林产饮料加工业、林产各种调料加工业、林产水果加工业、酿酒工业、林产畜产品加工业等。林产化学工业主要包括林产香料、涂料、人造纤维、林产饲料、木材制浆造纸、糠醛、水解酒精、酵母、木材化学加工改性、林产纤维、活性炭等加工工业。林产品简易加工和机械加工工业是江苏林业产业的最主要部分，包括林产编制品加工业、林产药材加工业、林产工艺品加工业、林产螺丝工业、木材家具工业、竹木琴类、木制体育用品、竹材加工业、林产旅游用品加工业、胶合板、纤维板、刨花板、木丝板及简易制材工业等。林业机械制造业是指林业生产全过程中各生产环节涉及的各种生产工具、机械、机器等作业机械及工作母机的制造业。林产材料工业包括简易制材加工工业和现代化林产材料工程工业。

江苏林业第三产业包括林业交通运输业、林业商品流通业、林业资源监测业和林业配套服务业。其中林业交通运输业包括林业水运业、林业陆运业、林业空运业。林业商品流通业包括林业商业、林业供销业、林业对外贸易业等。林业配套服务业包括林业金融业、林业保险业、森林旅游业、森林卫生疗养业、林业物资供应业、林业路网养护业、林业设备维修业、林业综合服务业等。

二、江苏现代林业发展保障体系的系统分析

（一）现代林业战略目标体系

制定和完善江苏现代林业发展保障体系首先要从明确江苏现代林业发展战略目标入手。

在发展经济的同时如何保护好森林生态环境是人类社会当前和未来所关注的重大课题。为此，林业必须走可持续发展的道路；必须肩负起优化生态环境和促进国民经济发展的双重使命；必须综合考虑林业的生态效益、社会效益和经济效益；必须既关注当前利益，又兼顾长远发展。

根据江苏省的具体情况，构造出江苏林业产业发展的战略目标体系，将"提高林业综合效益，保证社会经济的可持续发展"作为江苏林业产业发展的总体战略目标。为实现这一总目标，对于林业产业系统本身，以建立"发达的林业产业体系"为目标；同时，又必须与相关联的森林生态系统协调发展，以实现"促成完备的森林生态体系"目标（图10-2）。

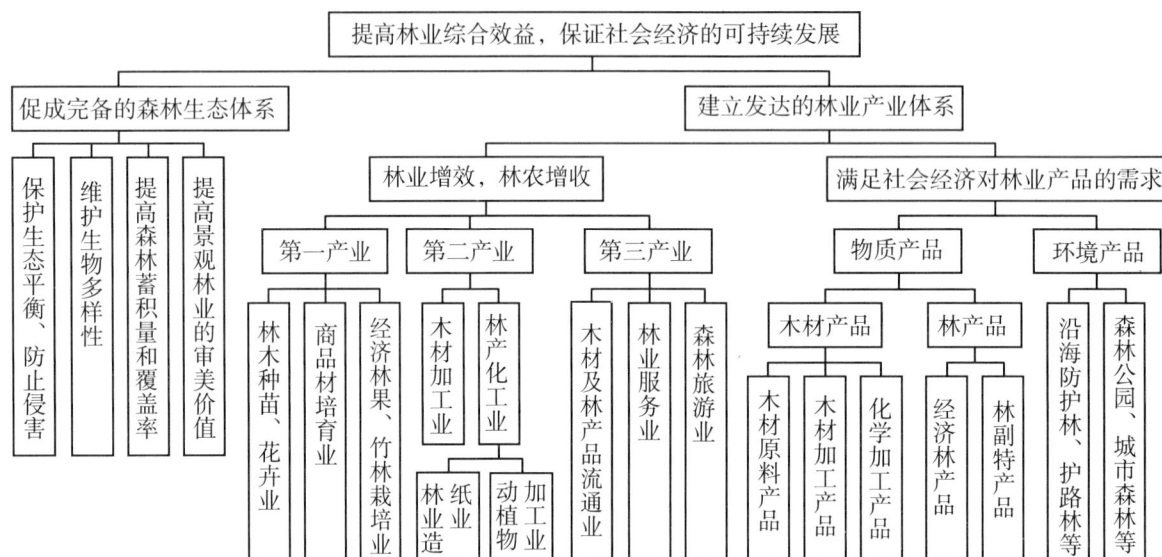

图 10-2　江苏现代林业发展战略目标体系

1. 促成完备的森林生态体系

可持续发展战略是人类对自然资源的过度开发利用和对环境破坏的反思。它提倡人与自然的和谐，主张在维持生态系统平衡的基础上对资源进行适度的开发利用，使之既能满足当代人类的需求，又能持续地满足后代的需要。因此，在发展林业产业的同时，必须注意与森林生态系统的协调，为促进建立完备的森林生态体系做出贡献。而且，完备的森林生态体系同时又能够为林业产业的发展提供持续稳定的资源供给。具体来说，在发展林业产业的同时，必须将保护生态平衡、防止对森林资源的各种侵害、维护生物多样性、提高林木蓄积和森林覆盖率以及提高景观林业的审美价值等作为第三层战略目标。

2. 建立发达的林业产业体系

建立发达的林业产业体系包含实现林业内部经济效益（即林业增效，林农增收）和满足林业消费系统的需求（即满足社会、经济对林业产品的需求）两项目标。

在第一产业方面，应当重视和加强种苗产业的发展，着重建设和改造省级林木良种繁育基地和省级林业苗圃；使全省林木种苗生产向优质化、规模化、特色化和产业化方向发展。

在发展以杨树为主的商品材培育方面，要按照布局基地化、林工一体化、培育定向化、经营集约化、效益综合化和市场目标化的原则，以现有徐淮地区杨树速生丰产林基地为中心向外辐射至整个苏北、苏中和苏南部分地区，在全省33个重点县营造以杨树、水杉为主的速生丰产工业原料林基地。在花卉业方面，要重视江苏名特优品种的培育、丰产、保鲜和加工等方面高新技术的使用和推广，重点建设省、市级鲜切花、盆花、盆景和观赏竹示范基地，不断提高生产能力和产品质量，力争实现花卉盆景出口创汇跻身全国"三强"的目标。另外，积极发展有特色有优势的经济林和竹林，继续扩大银杏、板栗、杨梅等经济效益显著的名特优新林果的种植面积，改造低产林园，以实现增产、增效。

此外，针对江苏"两头在外"（原料供应和销售市场大部分在省外）的情况，尤其要大力发展商业、外贸、物流、金融、保险及有关的经济协作团体和林业服务行业等第三产业，发挥其沟通联络、协调供需、活跃经济、联系原料产地和国内外商品市场、引导林业产业发展等重要作用，这对于支撑整个江苏林业产业经济的健康运行具有特殊的意义。同时，要积极发展森林旅游业，使苏南、苏中、苏北"三块"和沿海"一线"为主要特色的丰富的森林景观资源在发挥生态效应的同时，实现良好的经济效益和社会效益。

林业三次产业的发展不仅会提高林业本身的经济效益，同时还可满足全社会和整个经济系统对林业产品的需求，促进国民经济和人民生活水平的提高。江苏林业产业的发展不仅要为社会经济提供丰富、优质、稳定供应的物质产品，而且还要提供维护生态平衡的环境产品。前者包括木材产品和林产品（这里指狭义的林产品，广义的林产品本文称之为林业产品），后者包括沿海防护林、高等级公路护路林、森林公园和城市森林等等。木材产品又包含木材原料产品（原木、锯材、竹材等）、木材加工产品（人造板等）和木材化学加工产品（木浆、纸张、树木剩余物的加工利用等）；林产品包含经济林产品（银杏、板栗及其加工产品等）和林副特产品（蛇类制品、蜂皇浆、竹制品、花卉等）。

（二）现代林业发展保障体系

20世纪50年代以来，江苏林业取得了很大成就，但同时我们也要看到，江苏生态环境局部改善但整体恶化的趋势尚未根本改变，林业产业还处于发展的初级阶段，林业可持续发展的保障体系尚不够完善，这主要表现在林业产业规模小、结构不合理；林业管理体制、经营体制不适应林业发展的需要；林业的有效供给不足；林业法律法规还不十分健全；林业科技含量低；林业整体的管理水平有待提高等方面。为了加快江苏省林业可持续发展进程，努力实现新时期林业发展的战略目标，建立和健全完备有效的林业保障体系显得尤为重要和紧迫。

1. 林业产业结构优化保障

林业产业的发展是林业实现现代化的主要内容。江苏省林业产业问题表现在林业的基础地位薄弱、三次产业的结构不协调、技术水平不高，经济效益低。为了彻底改善江苏省林业自身落后的面貌，缩小和林业发达国家的差距，必须将林业和社会主义市场经济接轨，建立以市场为导向、以生态效益和经济效益为中心的现代林业，实现林产品生产的可持续性和森林生态系统的自我维持，改变依赖国家财政、赤字经营、产业规模小、科技含量低、结构不合理、供需矛盾突出、林业职工和农林收入增长缓慢的状况。江苏林业产业结构优化保障主要包括林业可持续发展保障、林业资源保障、林业工业保障和林业服务保障四个方面的内容（图10-3）。

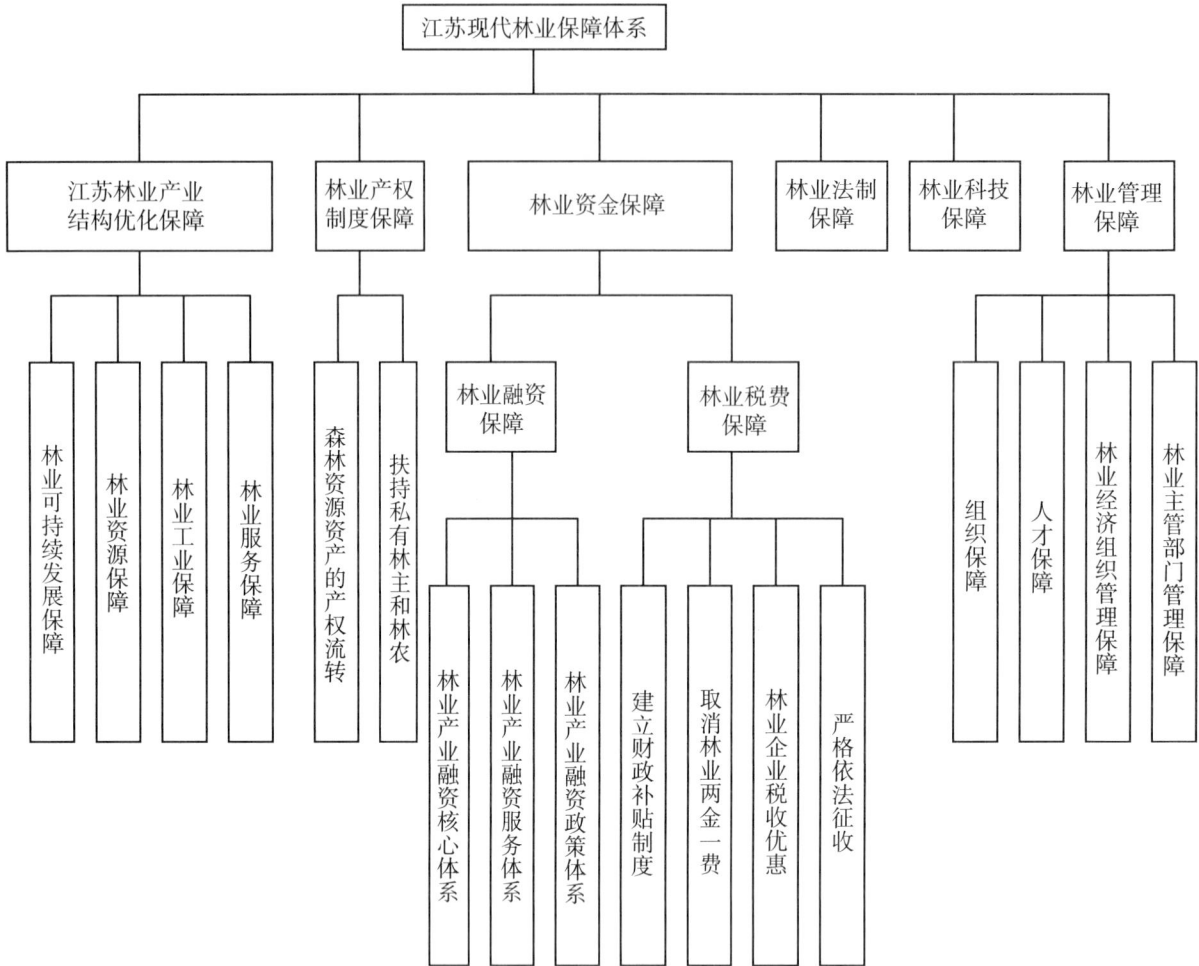

图 10-3 江苏现代林业发展保障体系框架

（1）林业可持续发展保障。将林业系统经营作为林业发展的出发点，优化组成林业大系统的三个子系统（三个产业），对三个产业内部优化调整，改善他们之间的关联，使之协调发展。三个产业实行一体化战略，形成协调发展的产业链。并培育主导产业,带动其他产业,形成合理的产业空间布局结构，同时改良林业发展的外部环境，实行区域化布局、专业化生产、一体化经营、社会化服务，把产供销、农工贸紧密结合起来，形成一条龙的经营体制。

（2）林业资源保障。从林业第一产业角度出发，优化江苏林业资源结构，对林业经营模式进行结构调整，完善分类经营、多种经营等经营方式；调整森林结构，优化江苏森林资源的林龄结构、树种结构和林种结构，实现江苏林业资源的可持续经营。

（3）林业工业保障。从林业第二产业角度出发，优化江苏林业加工工业结构。通过宏观调控、市场调节对林产加工企业规模结构和林产加工企业产品结构优化调整。增强江苏林产加工企业的竞争力，形成江苏林产加工企业的整体优势。

（4）林业服务保障。大力发展林产品流通业、林业服务业、森林旅游业，为江苏林业的发展提供有力的支撑。

2. 林业产权制度保障

产权的明确是林业产业健康发展的前提。受计划经济的影响，江苏省林业发展中产权不明确的现象影响了广大林农和各种林业经营单位的生产积极性和创新热情，也使林业法制工作失去了立足点。江苏省林业建设面对的迫切任务是深化林业体制改革，建立既适应社会主义市场经济体制要求，又符合林业自身特点的管理体制和运行机制。具体来说，要使森林、林木和林地的所有者，依法享有所有权、使用权、经营权、收益权和处置权，充分调动全社会发展林业的积极性和创造性；要实行分类经营，建立林业行政主管部门、国有森林资源经营机构、林业企业"三权分立"的运作机制；从完善森林资源资产的产权运转制度和保护私有林主以及林农利益、扶持私有林发展这两方面入手，为江苏林业发展提供体制和政策上的保障。

3. 林业资金保障

林业的发展、重点工程的建设，离不开资金的投入。江苏林业要实现跨越式发展，必须对林业重点工程提供充足的资金投入。江苏省林业投入方面存在的问题主要表现在投入总量难以满足林业生态建设需要、投入渠道结构不合理和不稳定、林业信贷扶持政策不符合林业特点、林业投资体制改革步伐跟不上林业发展的需要等方面。

社会主义市场经济要求林业税收改革要符合市场经济发展规律，吸引社会投资、调整农业结构、安置农村剩余劳动力也提出对低林业税费的要求，对林业实行轻税政策是中国加入世贸以后林业扶持政策调整的必然选择。林业承担着重大的生态环境建设任务，总体来说，林业税收政策应该坚持轻税、合理负担和征收合法的原则。在融资体系上，利用外资参与我国林业发展，目前正面临着十分良好的历史机遇，我国加入世贸组织将进一步扩大林业外资投入的规模。社会资金的投入对于江苏省林业建设也具有重要的意义，社会筹资渠道的建立是在林业投资渠道潜力不大的情况下为江苏省林业建设探索出的新路子。根据林业发展的自然规律和经济规律，江苏应建立以公共财政投入为主，多渠道融资并重的林业投入保障体系，利用绿色 GDP 评价战略目标，客观评价林业投资效益；要确立林业产业融资的核心体系、建立林业产业融资的服务体系、完善林业产业融资的相关政策体系；而林业资金管理和林业信贷的完善也是目前江苏省林业融资保障的重要内容。

4. 林业法制保障

只有加强江苏省林业法制建设工作，才能保证林业建设战略得以顺利实施。江苏省森林资源总量不足、质量不高、分布不均以及生态恶化的趋势尚未彻底改变，与市场经济相适应的管理体制和运行机制尚未完全建立起来。在这种情况下，林业发展往往会受发展经济的影响而偏离可持续发展的轨道，这就需要加强林业的法制保障，以真正实现可持续发展。江苏要完善森林资源保护、野生动植物保护、林地保护等方面的法制建设，同时要提高林业法制教育水平，规范和加强林业执法工作。

5. 林业科技保障

实现江苏省林业跨越式发展必须实现林业科技的快速发展。以科技创新提高林业建设的质量和水平，实现科技兴林、科技富林、科技强林。五大林业生态工程和五大产业工程必须依靠科技进步和创新。因此，林业科技保障是江苏省改变林业落后面貌的必要保障。根据江苏实际情况，本专题提出了强化科技意识、完善科技推广网络、确保科技投入、强化质量监督、建立和完善林业科技中介机构以及深化科技体制改革等具体措施。

6. 林业管理保障

江苏林业发展战略的圆满完成离不开先进有效的管理，有高效的林业管理才能有高效的林业建设。现代化的管理理论、方法和手段是江苏现代林业建设中必不可少的重要保障。通过对江苏林业产业的发展现状的分析，可以看出，林业产业存在着比较严重的管理落后问题。林业的发展和重点工程的实施都需要建立和完善符合市场经济的各种林业组织，培训大量的林业合格工作者和培养大量的林业人才。林业产业的发展也要求各个林业经济组织适应时代的要求，实行现代化的管理。当前生态林业的建设和林业产业的发展对林业主管部门提出了新的要求，林业必须转变政府职能，提高管理水平，以保障林业发展战略的顺利进行。

第二节　林业三次产业协调发展

可持续发展的重要标志是自然资源的永续利用和良好的生态环境。自然资源的永续利用和良好的生态环境是实现社会和经济可持续发展的物质基础和条件，在这种基础和条件下进行的经济建设和社会建设，才能保持发展的可持续性，做到经济与人口、资源和环境协调发展，最终实现经济持续、环境持续和社会持续发展。

森林是自然资源的重要组成部分，是陆地最大的生态系统，同时也是自然界中最为完善的保护体系，是人类赖以生产和生活的基础之一。林业可持续发展的核心是森林的可持续经营。森林的可持续经营是在实现森林经营目标的过程中，在不造成森林价值和未来生产力不合理减少的情况下，在自然环境和社会环境和谐发展的同时，持续不断地得到林产品和提供服务。林业可持续发展，除考虑森林资源的可持续性和不断改善的生态环境外，还应该包括林业生产的经济效益和社会效益。

林业产业从产业构成来看，它横跨第一、第二、第三产业的整个层面；林业产业从产业系统来看，它包括营林业、林产品加工业，以及与林业有关的服务业等产业；林业产业从目标结构来看，林业产业除提供林产品外，还需兼顾生态效益和社会效益。林业产业结构的可持续发展主要包括林业产业结构的不断升级和林业产业结构不断向对林业资源的有效利用和集约利用的方面发展。从林业产业不断升级的角度来看，林业产业结构调整的目标是维持林业经济的可持续发展，充分发挥林业的生态效益、社会效益和经济效益，从而保证当地经济的可持续增长。在市场经济条件下，林业产业结构调整的实质是根据不同的市场需求，通过政府的宏观调控，对资源进行有效的配置。林业产业不断升级的过程是一种把林业资源等生产要素配置到生产效率高的有市场竞争力的产业过程，也是一种使资源由不可持续产业领域向可持续发展的产业领域流动的过程。从林业资源的有效利用和集约利用的方面来看林业产业结构的可持续调整，就是建立对林业资源的有效利用和集约利用的产业结构，以有限的资源，生产出较多的经济产品，同时生态环境受到最小的损害。对林业资源的利用一般分为两种典型的阶段，即粗放利用和集约利用阶段。对林业产业结构的调整，要采用先进的技术，通过技术创新，综合利用森林资源，通过逐步建立滋养节约和综合利用的林业产业结构，这是林业产业由粗放利用向集约利用森林资源的关键，也是可持续发展的关键。

一、林业产业结构的调整

（一）林业产业的结构调整应以可持续发展为目标

林业产业是整个林业的重要组成部分，同时也是森林资源经济价值的主要方面，发达林业的主要标志之一是发达的林业产业。林业产业结构的调整是一切有利于可持续发展的结构调整的一部分，调整的目标是通过合理的林业产业结构，来推动林业产业向高度化发展，促进森林资源在区域和空间的优化配置，更好地保护和合理利用森林资源，缓解我国木材和林产品供应的压力，进而实现林业的生态、经济和社会三大效益的统一。

在市场经济条件下，林业产业结构调整的实质是林业的新老产业能够不断适应市场的需求，在不同的市场需求状况下，通过政府宏观调控，进行以市场为基础的合理的资源配置，把各种生产要素集中在可以带动经济可持续增长、有市场竞争力的新的经济增长点上，大力发展林业的基础产业，相应地压缩和淘汰已经失去市场竞争力的产品，提升第二产业，大力发展第三产业，并保持新老经济增长点的协调和顺畅，保持林业产业的协调发展。

从长远来看，江苏林业产业结构调整是在传统林业向市场林业和现代林业转变过程中的战略性调整。针对林业产业结构的现状和问题，产业结构调整要以"提高林业综合效益，保证林业的生态、经济和社会的可持续发展"为总体目标，着力于林业产业各类比例的优化，推进林业产业素质的提高和产业的升级，把各种能动的生产要素配置到生产效率高的有市场竞争力的产品和劳务上，以实现江苏林业产业经济的良性循环和持续发展。在林业产业结构的调整过程中，要根据市场需求和竞争形势，依靠科技进步，着重调整和优化林业产业链结构、规模结构、布局结构、经营模式结构、森林结构、产品结构等内容，以达到调控总量、调优结构、调高效益的目的。

（二）林业产业结构调整的内容

产业结构是国民经济体系和工业体系中的三大产业、行业的比例组合。它包括两重含义：一是第一、二、三产业以及基础产业和非基础产业、主导产业和非主导产业、不同行业之间、不同产业内部各部门之间的关系组成；二是一定产业内部作为组织载体的大型、中型和小型企业之间的关系组合。合理化的产业结构的建立，应该充分考虑市场导向，自然资源条件，林业多种经营的目标，林业主导产业之间，林产品之间，不同类型企业之间的协调发展。为此，有效的林业产业调整方案体系的建立是非常必要的。

林业产业和其他产业一样，产业结构是动态的。林业产业的协调发展，不仅是三次产业之间的协调，而且包括产业内的协调，产业与人、资源、自然环境之间的协调。江苏林业产业在其演进过程中，必须从大力营造林业产业的软环境入手，一方面加强区域内制度的创新，如产权制度、财政、金融、税收等方面的制度调节，从而降低区域内林业产业成长的成本，提高林业产业的竞争能力。另一方面，要加强技术创新，因为技术和技术变化是林业产业发展的根本动力，新产品和新的生产过程是否能够产生，取决于该产业的技术创新能力，技术变化也影响到生产成本和产品的价格，并直接影响产业在国民经济的地位。因此，制度创新与技术创新是互动的关系，江苏林业产业应结合我国林业产业的现状和林业产业发展的战略重点，特别是加入 WTO 以后，我国林业产业的管理体制和企业经营机制不适应新形势要求的情况，通过制度创新、技术创新，实行一体化战略，通过培育主导产业，来带动其他产业的发展，使林业产业得到进一步的提升，使江苏的林业产业布局更加合理、科学，使林业产业的结构、产业布局、产业经营模式等方面既符合林业可持续发展的要求，又能通过优化其生产来增加产业的竞争优势，使森林的生产功能与其保护功能、环境价值和社会效益协调一致。

（三）实行一体化战略，形成协调发展的产业链

江苏林业的产业链和一体化经营还没有形成，为此，应当实施林业产业的一体化战略。其主要作用有：①营林业效益比较低，其后续的木材加工和销售等环节所占的附加值较高，通过一体化经营，可以使农民从加工、销售环节分享利益，有利于林业产业的持续发展。②通过农民、营林组织、加工企业等联合、协作进入市场，可以克服单一层次面对市场的盲目性，提高驾驭市场的能力，从而形成"市场牵龙头（龙头企业）、龙头带基地（人工林基地和种苗基地等）、基地联农户"一体化经营模式。③各环节相互协作、相互支撑，可以摆脱社会化服务体系不健全的制约。④有利于产业链各环节的平衡发展，实现物质资源流、资金流、信息流、人才流的合理配置。

因此，江苏省林业产业应当以市场为导向，实行区域化布局、专业化生产、企业化管理、一体化经营、社会化服务，把产加销、林工商、经科教紧密结合起来，形成一条龙的经营体制。一方面要继续发挥原有的优势产业；另一方面要不断寻找新的经济增长点，例如经济林果、野生动植物和树木加工剩余物的加工利用。努力开发科技先导型产业，进一步向两头延伸产业链，并不断修整链节。

实现林业产业一体化战略有多种方式（图10-4），各林业企业应当根据具体情况选择最合适的方式。就目前江苏林业产业的状况来看，一般来说选择纵向联盟战略是比较合适的。

（四）营林业是林业协调发展的保障

营林业是林业产业中的基础产业，它直接或间接地构成了江苏省其他林业产业发展的动力和支持系统，也是维护生态平衡，改善环境的重要手段。虽然一般认为，加工企业的总体实力从根本上反映了林业产业发展的层次，但是这种发展是在基础产业（资源）能够足够保证的前提下实现的。如果营林业处于"瓶颈"状态，就会极大地制约林产加工业的发展。

林业产业一体化战略 {
纵向（垂直）一体化战略（一个公司的战略扩张） {
部分一体化 {
后向一体化（向上游森林资源供应等环节扩张）
前向一体化（向下游林业产品销售等环节扩张）
}
全线一体化（种苗、营林、加工、销售等环节的一体化）
}
横向（水平）一体化战略——合作战略（多个公司的战略联盟） {
纵向（垂直）联盟：林业产业价值链中不同环节的公司的联盟
横向（水平）联盟：林业产业价值链中相同环节的公司的联盟
二维（混合）联盟：既有纵向联盟，又有横向联盟
}
}

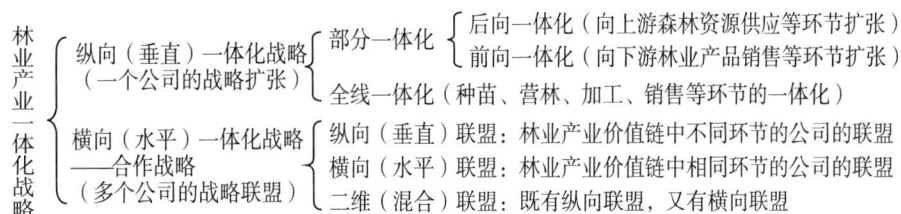

图 10-4　林业产业一体化战略的不同类型

当然，林木资源可以从其他地区和其他国家购入，但是，我国和全球森林资源总体供给不足已成为不争的事实，而且各国、各地区生态环境保护意识都在不断加强。所以，依靠外购来解决木材资源供应问题是非常困难的，而且还将增加企业的经营成本和经营风险。因此，面对江苏蓬勃发展的木材加工产业，应当加强对营林业的投入和科学管理，合理调整林业第一产业的各种结构，从而在总量和结构上保障林木资源的供给，并为建立完备的江苏森林生态体系做出贡献。

二、林业主导产业的培育与发展

（一）林业主导产业的特征与选择标准

产业选择包括主导产业、支柱产业和瓶颈产业的选择。主导产业强调的是其区域经济的带动效应（例如其前瞻效应、旁侧效应和后顾效应），支柱产业强调当地经济的支撑作用，而瓶颈产业则是强调其对地区经济发展的限制和阻碍作用。林业主导产业影响林业产业结构的演化，在林业产业结构中居于主要地位，决定了整个林业产业的发展方向和模式。主导产业具有引入技术创新和制度创新的能力，并迅速有效地吸收创新成果，创造新的市场需求，对整个产业起引导作用，同时能够带动其他产业的发展。因此，林业主导产业的选择和确定，应该在充分了解整个国家的经济走向和国家林业的发展方向的基础上，分析国家经济发展结构和基本状况，结合地方经济状况和发展方向，作出科学的选择。

林业主导产业的选择，应该从两个层次来考虑，第一层次是按林业的 5 次产业的划分方式，根据林业产业的特殊性和地方经济发展的水平，选择适当的林业产业种类作为某一地区的主导产业种类；第二层次是在第一层次的基础上，在主导产业种类中选择适合地区现有产业结构状况的一些产业部门作为重点发展的战略部门。然而，不管何种层次主导产业的选择，都应当有选择的基准。国际上一般有以下几种选择的基准：

（1）需求收入弹性基准。需求收入弹性基准是日本学者筱原三代平在日本经济高速增长时期提出的选择主导产业的标准之一。该基准是需求增长率与收入增长率之比，表示需求增长对收入增长的依赖关系。在人均收入水平逐步提高的情况下，以需求弹性高的产业作为主导产业，并逐步提高其在产业结构中的比例。

（2）生产率上升率基准。生产率上升率基准也是日本学者筱原三代平提出的，该基准是从供应角度，将那些具有生产率潜力，而且由于生产率的提高能够成为具有最大相对优势的产业作为主导产业。

（3）关联度基准。关联度基准是赫希曼在 1958 年提出的。赫希曼根据发展中国家的经验指出，在产业关联链中必然存在一个与前后向产业在投入 - 产出关系中关联系数最高的产业，这个产业具有带动其他产业的作用。

（4）过密环境基准和劳动内容基准。这两个基准是日本产业结构审议会在 20 世纪 70 年代提出的。过密环境基准要求选择能满足提高能源的利用效率、强化防止和改善公害的能力，并具有扩充社会资本能力的产业作为主导产业。劳动内容基准是强调从考虑能够为劳动者提供舒服安全和稳定的劳动场所方面选择主导产业。

（5）短替代弹性基准、增长后劲基准和瓶颈效应基准。中国学者根据中国的实际情况，提出了短替代弹性基准、增长后劲基准和瓶颈效应基准。即重点扶植无法替代的，又能满足最迫切需求的短缺性的产业，作为主导产业的短替代弹性基准。重点支持对整个产业体系的发展有重大深远影响的产业，以保证经济可持续发展的增长后劲基准。重点发展瓶颈效应大的产业，以减少因为瓶颈而造成摩擦效应的瓶颈效应基准。

（二）选择林业主导产业应正确处理的几个关系

1. 林业产业发展与江苏经济综合发展的关系

林业发展和林业主导产业的选择，要以经济综合发展的总体思路为主线展开，在充分了解总体经济发展规划的基础上，制定一套相对独立的林业产业综合发展规划和发展措施，选择具有高速增长，能够直接或者间接带动林业产业或者其他产业发展的主导产业，把有限的财力和人力用于扶持附价值高，对林业产业发展具有先导和联动作用的林业主导产业，保障江苏林业的可持续发展。

2. 森林资源与市场经济的关系

国际经济的发展证明，森林资源较为丰富的国家和地区，对森林资源的综合利用并不理想，而森林资源相对匮乏的国家和地区反而注重森林资源的综合利用，因此丰富的森林资源只有通过市场进行配置，才能发挥其经济、生态和社会效益。江苏森林资源相对贫乏，要在不断加强基础产业的同时，充分利用江苏的经济条件，各种生产要素通过市场进行配置和组合，要使市场的建立和完善将大大弥补森林资源的不足。

3. 林业主导产业和地区经济发展政策的关系

林业主导产业是林业产业结构中的制高点，一个地区能否建立合理的林业产业结构，形成一个或者数个主导产业，与该地区经济政策的作用密切相关。充分发挥经济政策的宏观调控作用，不仅能够形成特色经济，而且可以带动地区经济的发展。林业主导产业的建立和发展是一项长期的工作，要想林业主导产业获得可持续发展，就必须发挥各地区经济政策的宏观调控和导向作用，引导资金、技术和人才等资源向这些产业合理流动。

4. 林业三次产业之间的关系

林业主导产业对其他产业的发展具有强烈的前后关联性，能够将林业的产前、产中、产后各环节连接整合为一个完整的产业链系统，实现产品的多次增值，并将自身的产业优势辐射和传递到产业链上各个相关产业中去，最终起到"经济发展驱动轮"的作用，带动整个地区经济的全面发展。

（三）选择和构建林业主导产业应注意的问题

1. 宏观调控和市场调节相结合

既要加强各级政府的宏观调控和指导作用，避免盲目发展；又不能由政府大包大揽，走计划经济的老路。必须遵循客观经济规律，进行市场化运作。

2. 地区经济发展的差异性

各地的自然资源、经济资源与社会资源都存在一定的甚至是极大的地方差异性，选择林业主导产业应当以地方优势资源为基础，实行差异化竞争战略，避免出现省内各地区或与省外主导产业雷同的现象。此外，应考虑序列的更替性：江苏省各地区经济发展的水平参差不齐，不能背离本地区经济发展的阶段去选择过高或过低的产业作为该地区的主导产业。例如，对于经济相对落后的苏北地区，由于资金投入的有限性，在选择主导产业时就必须从本地的实际出发，努力发展投资少、见效快的速生丰产林（如杨树）以及与此相关的加工业（如人造板加工业和造纸工业）；而在苏南地区，由于经济比较发达，资金充足，在选择主导产业时可适当考虑投资大、效益高的林业种苗培植基地、深加工龙头企业和观赏花木业。

3. 产业的可持续发展

主导产业的可持续性，要求我们：第一，在主导产业结构的布局上要有科学合理的长、中、短规划，既要避免仅从短期或眼前利益考虑问题，而不着眼于地方经济的长远发展战略；又要避免脱离当前发展水平，好高骛远，制定和实施不切实际的发展主导产业的战略规划。第二，在主导产业的发展上，制定优惠的政策，创造优良的环境，应当有效利用有限的资金、资源和技术，有目的、有重点地将其投向能带动地区经济发展的重点项目，并做好项目管理工作，从而按照长远规划，有步骤地、扎扎实实地发展主导产业。第三，必须选择技术先进、科技含量和附加值高、具有发展前途和增长潜力的产业作为林业主导产业。第四，在主导产业的稳定性方面，要建立和健全全方位的服务体系，确保林业主导产业的可持续发展。

三、形成合理的产业空间布局结构

产业布局是产业在一个国家或者一个地区范围内的空间组合和布局。其理论主要研究资源的空间配置。空间战略和产业发展战略紧密结合，科学、合理的空间布局，是形成合理产业结构的基础。林业空间布局的目的在于正确处理经济、资源、环境、人口之间的内在关系，促进经济效益、社会效益和生态效益的协调发展。

（一）影响林业产业布局的因素

调整林业产业的布局，应该考虑到影响林业产业布局的主要因素。

1. 自然因素

自然因素包括自然条件和自然资源两方面。自然条件是人类赖以生存的自然环境。自然资源按联合国环境规划署的界定是在一定空间和一定条件下，能产生经济效益以提高人类当前和将来福利的自然因素和条件。自然因素是产业布局的物质基础和先决条件，同时对劳动生产率、产品具有直接和间接的影响，特别是在市场经济和竞争的条件下，参与活动必然向最优的分布区聚集，形成具有特色的产业。

江苏省地处长江下游，是一个"一山二水七分田"的平原农业省，自然条件优越，年平均气温和年降雨量均适宜树木生长，但资源状况，特别是森林资源相对匮乏，林业用地面积有限。如何加快林业建设，使林业与经济发展相协调就显得十分重要。经过多年的努力，江苏特别是苏北地区的林业已经成为农村经济的重要组成部分。发展林业产业，要在目前国家投入相对不足的情况下，坚持以林养林，通过林业产业化的发展，增强江苏林业的自我发展能力，努力实现森林系统本身的可持续性。为此，必须加快林业产业的协调发展，把森林资源的培育保护和资源的开发利用结合起来，使林业产业发展走上良性循环的道路。

2. 技术因素

林业产业结构的高度化和产业升级的核心是知识创新和技术进步。技术进步依赖于技术创新，技术创新是经济增长的源泉。技术创新的环节是新技术的应用过程。从微观层面看，创新的主体是企业，同时，企业也是产业结构升级的主体，企业的竞争力是产业结构升级的重要标志。林业产业的发展关键是林业企业如何通过技术开发和研究，通过引进新技术来提高自己的竞争力。从林业的三次产业来看，江苏林业的基础产业较为薄弱，第二产业数量多，但生产技术落后，规模小，第三产业不发达。因此发展林业产业必须从技术创新、产品创新、组织创新和管理创新等方面，建立适合林业产业发展的创新体系。

（二）林业产业布局的调整

调整林业产业的布局结构，要着重培育符合当地情况的优势产业、特色产品和商品生产基地，避免结构雷同和低水平重复。根据江苏省各地区的经济发展状况和自然资源的分布情况，表10-1给出了江苏省林业产业空间布局结构战略性调整方案的主要内容。对于苏南、沿江等经济发达地区和大中城市郊区，要充分发挥资金、人才、技术、工业经济基础等优势，发展高效林业和创汇林业。因此，苏南地区应重点发展种苗培育，形成大规模的种苗繁育基地；宁、镇、扬丘陵地区，要发挥生物资源多样化优势和紧靠中心城市的区位优势，着力于岗坡地的开发利用，大力发展为城市居民服务的花卉、观赏苗木生产，以及经济林培育产业；银杏具有较高的药用价值，应该扶持几家深加工龙头企业，提高银杏的附加值。苏北具有土地、气候和劳动力资源优势，且有着良好的林木生长环境，应当建立大规模的杨树等速生丰产林、工业原料林种植基地以及银杏等经济林培育基地；同时大力发展林产品加工业，扶持几家木材加工和制浆造纸龙头企业，带动当地林业产业链的全面发展；沿海地区要发挥滩涂优势，建设果树生产与加工基地。洪泽湖、高邮湖等环湖地区，可以大力发展耐水林木的生产。

表 10-1　江苏省林业产业空间布局结构战略方案概要

地区	种苗培育	杨树等商品材培育	银杏等经济林培育 （八大经济林产业区）	观赏植物种植	林产加工
苏北	（非重点）	大规模速生丰产林培育基地；洪泽湖、高邮湖等环湖地区的耐水林木生产	陇海线丘陵山地；沂沭河冲积平原；黄河故道地区；沿海滩涂；"三泰"地区	（非重点）	木材加工和制浆造纸龙头企业；沿海果树加工基地
苏南	大规模种苗繁育基地	（非重点）	宁、镇、扬丘陵山区；宜溧地区；环太湖地区	宁、镇、扬丘陵地区的花卉；观赏苗木生产	科技含量高的木材加工和制浆造纸龙头企业；银杏深加工龙头企业

第三节 江苏森林资源结构优化

一、生物多样性和生态稳定性的保障

生态环境建设和自然资源保护是江苏省实施可持续发展战略的一项重要任务，也是江苏省社会经济可持续发展的重要保障。野生动植物及其栖息地的保护、建设和发展，是全省生态环境保护和建设的一个重要组成部分。加强野生动植物资源及湿地的保护和管理，建立具有重要意义的自然保护区、湿地保护示范区，保护好全省野生动植物资源，做好病虫害防治工作也是实施绿色江苏林业行动，保护生物多样性的一个重要方面。

（一）生物多样性及生态稳定性的现状

1. 自然条件优越，植物资源种类丰富

江苏省地处长江、淮河下游，东濒黄海，北、西连山东省、安徽省，东、南与上海市、浙江省毗邻。地理坐标为东经 116° 18′ ~121° 57′，北纬 30° 45′ ~35° 20′。江苏省地跨暖温带、北亚热带和中亚热带，地貌以平原辽阔、地势低平、河网稠密、湖荡众多为特征，自然条件优越。

树种资源比较丰富，土壤类型和自然植被呈地带性分布。灌溉总渠以北为暖温带，自然土壤类型为棕壤和淋溶褐土，典型地带性植被为黄叶阔叶林；从灌溉总渠至江苏省南缘是北亚热带自然土壤类型的黄棕壤，典型地带性植被为落叶阔叶 - 常绿阔叶混交林；在此以南为中亚热带，典型自然土壤类型为黄壤，典型地带性植被类型为常绿阔叶林。

2. 湿地资源比例大，野生动物种类多

江苏共有湿地 434.9 万公顷，占全省国土面积的 42.4%。国家重点保护野生植物共有 14 科 19 属 21 种。野生动物资源有两栖类 21 种，爬行类 56 种，鸟类 428 种，兽类 79 种。全省共有动物园 19 家，到 2002 年底已建自然保护区 23 处，其中国家级 2 处。全省保护区总面积 61.9 万公顷，约占全省国土面积的 6.03%。

（二）生态环境存在的问题

1. 生态安全建设手段和设备落后

首先，森林防火、森林病虫害防治等方面的基本建设薄弱，装备落后。其次，全省地方级森林资源监测体系尚未正常运行，造成资源"家底"不清，数据不一致，信息系统建设滞后。此外，灾情调查监测覆盖面不广，信息传递不及时，测报结果不准确，不能真正达到为防治工作提供可靠依据的要求。

2. 生物多样性的保护及病虫害防治形势严峻

除经济林外，成片林多为人工纯林。苏南丘陵地区多为松、杉纯林，约占有林地的80%；而苏北的人工林树种基本上是南方型杨树无性系（俗称意大利杨树），有些地区已占95% 以上，不少县市仅 I-69、I-72 和 I-35 等杨树品种就占 80%~90%。大片的人工纯林系统稳定性较差，造成苏南地区的松毛虫、松梢螟、松干蚧、松材线虫以及松杉的枯梢病、赤

枯病等时有发生；苏北地区的杨树病虫害也呈上升趋势。

（三）生物多样性和生态稳定性的保障对策

1. 生态公益林的动态管理

根据分类经营原则，结合现有森林实际状况，生态稳定性保护应采取不同的战略与策略。在政策上要给地方林业部门一定的经营性采伐自主权，在采伐限额中应单列病虫枯死木的清理砍伐指标，由资源林政部门和森防部门共同核准审批后进行一些必要的经营性抚育。通过及时抚育，既可有计划地改变纯林的生态环境，增加森林对病虫害的调控能力，又可调动林主经营管护的积极性。同时，要结合低效林改造，有计划地改造现有纯林，开展封山育林，逐步调整林分结构，构建有利于自我保健的生态环境。要把病虫害预防和生物多样性的维护工作与公益林的适时更新、合理利用结合起来，实现生态公益林的动态管理。

2. 合理获得商品用材林的最高生产力

商品用材林主要是确保其最大限度地发挥木材生产力。现阶段我们森林保护工作者面对的是大面积的以下两种类型的商品用材林。一是不具有生态系统性的人工林，如农田防护林、"四旁"树木及林粮间作的树木等，这些人工林实际上是个体树木的简单集合，因而不具备调控病虫灾害的能力。二是具有一定生态系统性的人工林，这些人工林以高产为单一目标，树种单一，森林生态系统结构简单，这一方面造成对病虫害的自我调控能力差，造成病虫灾害的频繁发生；另一方面短轮伐期的连续操作后，土地的正常循坏被破坏，造成土壤的贫瘠。对于前者，应以生物工程技术为主，培育抗性强、适应性好并且速生丰产的林木新品种，逐步更替现有的抗性差的品种；对于后者，应从提高其自我调控病虫害的能力上着手，综合运用对环境和有益生物无害或影响较小的多种措施，通过采用混种、间种、施肥、改全垦为带垦，达到持续保持土壤的养分。

3. 建立协同生态稳定性机制

建立生态稳定性和多样性的保障机制要根据森林保健思想和可持续的森林有害生物综合管理策略，建立森防机构与林业其他相关单位之间、林业部门与其他相关部门之间、森防学科与其他学科之间紧密合作的协同生态稳定性机制。相关的工作人员应与栽培专家、遗传育种专家密切配合，主动提出本地域的想法和意见；育种专家应认识到病虫害是抗性育种的不可缺少的重要指标，加强抗性品种选育，提供优质健康种苗要充分利用基因工程、抗性育种等先进技术，加大抗病虫育种工作力度，大力选育和推广抗性品种，特别是要把抗御病虫害的能力，作为衡量优良品种的一项重要指标，并注意培育抗逆性强的乡土树种。栽培专家同样应该认识到良种壮苗自然应包括抗病虫害方面的指标和如何在栽培中达到地力不衰退的要求。要通过建立生态稳定性机制和大力推进由重除治向重预防，由重治标向重治本，由被动救灾向主动御灾，由一般性防治向逐步以生物、生态调控措施为主的转变，把生态稳定性工作贯彻于林业生产的全过程。

4. 防范外来有害生物入侵和危害

江苏省生态环境多样，生物多样性丰富，外来有害生物很容易找到适宜的栖息地而扩散。外来有害生物一旦入侵成功，用于控制其危害、扩散蔓延的代价极大，费用极为昂贵，要彻底根除极为困难。因此，防范外来有害生物入侵和危害将是一项长期而艰巨的任务，要增强防范外来有害生物入侵和危害的紧迫感。

随着经济全球化进程加快，通过木质包装箱等多种比较隐蔽的形式传入森林有害生物的危险性在不断加大，给防范工作带来了极大困难。针对外来有害生物入侵和危害的严峻形势，应建立一套较为严格的引种审批程序，制定外来有害生物检疫技术规定，开展国外疫情分析和有害生物风险性评估，采取多种防范措施，防范林业外来有害生物入侵和危害。

5. 野生动植物及湿地自然保护区建设原则

生态环境建设和自然资源保护是江苏省实施可持续发展战略的一项重要任务，也是社会经济可持续发展的重要保障。在加强江河湖海防护林和绿色通道建设，构筑森林生态网络的同时，要加强野生动植物及湿地自然保护区建设，这是全省生态多样性保护和建设的一个重要组成部分。要实现到 2020 年，使全省自然保护区数量达到 80 个，总面积达 1.6 万平方公里，就必须加强野生动植物资源、湿地的保护和管理，在建立自然保护区、湿地保护示范区时要兼顾遗传多样性、物种多样性、生态系统与景观多样性三个层次的原则，保护好全省野生动植物资源。在划定自然保护区中要以岛屿生态理论为指导，在对个别物种的保护中，要考虑最小生存种群和最小生存面积，并对珍稀物种做好种群生存能力的分析。

二、"绿色江苏"用地保障问题

作为森林资源的重要组成部分，林地是林业生产最基本的生产资料，是不可再生和不可缺少的生产要素。在"绿色江苏现代林业工程"建设项目中，要想实现"倍增森林资源总量，健全森林生态网络，优化林业产业结构，丰富森林文化内涵"的总体目标，工程的用地保障问题就显得举足轻重。

土地在人类经济发展中具有总量不可变的约束性，但林地资源可随着社会经济的发展和人类需求的变化而不断地进行调整。由于林地本身的这种可变动性，"绿色江苏现代林业工程"的用地保障问题就会涉及各类林地之间、林地与非林地之间的相互转化以及现有和规划林地的保护问题。

（一）林地资源现状与存在问题

1. 林地资源现状分析

江苏省林业用地面积为 100 万公顷，占全省土地总面积的 9.73%；有林地面积 77.41 万公顷（其中林分 44.35 万公顷，经济林 29.33 万公顷，竹林 3.73 万公顷），占林业用地面积的 77.5%；疏林地 0.6 万公顷，占 0.6%；灌木林地 1.8 万公顷，占 1.8%；未成林地 5.53 万公顷，占 5.5%；苗圃地 1.8 万公顷，占 1.8%；无林地 12.74 万公顷，占 12.8%。

林地按其主要功能可分为生态公益林地和商品林地。生态公益林地又分为防护林地和特种用途林地。商品林地包括用材林地、经济林地、薪炭林地、苗圃地。目前，全省生态公益林面积 37 万公顷，占林业用地面积的 37%；商品林 63 万公顷，占林业用地面积的 63%。

2. 林地资源存在问题分析

（1）林地资源贫乏。我国属于林地资源贫乏的国家，而江苏更是林地资源贫乏的省份。

虽然我国林业用地面积占国土面积的27%，但我国人均林地面积仅为0.11公顷，蓄积8.6立方米，分别为世界人均水平的1/6和1/8。全省林业用地面积和有林地面积仅占国土面积的9.7%和7.54%，人均林地106平方米，人均活立木总蓄积0.55立方米，大大低于世界和全国的平均水平。

（2）林地生产力低。以在苏北地区大面积推广的杨树为例，尽管苏北杨树资源的面积已形成一定的规模，但活立木总蓄积偏低。根据2001年二类调查最新统计数据，全省杨树平均每亩蓄积仅为8.7立方米，可利用资源平均每亩蓄积也仅有7.9立方米。这说明现有的经营技术措施与高度集约化经营的目标有一定差距，人工林的林地生产力有待进一步提高。

（3）林地逆转现象仍然存在。一方面是由于一些地方政府及有关部门违反林地管理的规定，造成林地管理的失控；另一方面是各地区的林业主管部门对占用、征用林地的管理力度还有待加强。此外，超限额采伐、滥伐的现象也时有发生，致使造林绿化成果难以巩固，森林资源总量和森林覆盖率增加缓慢，影响了林业的可持续发展。

（4）林业产权制度还需进一步深化和完善。江苏林业产权制度改革已取得了明显的成效，但还处于起步阶段，在改制进程中还存在着改制的范围有待扩展、农民的参与程度有待提高、林权改制的程序需进一步规范以及资金管理有待加强等问题，林业产权改革尚需进一步深化和完善。

（二）"绿色江苏现代林业工程"用地保障措施

江苏当前的形势是，一方面现有林地资源贫乏，需要增加林地面积；另一方面江苏人口稠密，扩大有林地面积将受到一定限制。这就要求我们采取有效的措施保障"绿色江苏现代林业工程"的用地问题。具体来说，应强化以下几方面的工作：

1. 加强领导，明确各级政府的责任

要把"绿色江苏现代林业工程"作为各级党政领导的主要工作目标予以定期检查和考核；政府要实现对林地的宏观调控，建立最佳的用地结构，保证林地充分合理利用，坚决制止乱占滥用林地。同时，在全民义务植树运动持久开展的基础上，鼓励全社会参与保护林地、积极参加绿色江苏现代林业工程建设。政府应尽量通过优惠税率、贷款、保险及合同等方式给林农以间接的援助，以增加农民参与的积极性，提高林地的经营水平。

2. 在保证林地林权稳定的基础上，深化林权制度改革

江苏目前正在进行的林业产权制度改革是整个农村改革的一部分，林地改革是林业产权制度改革的核心。因此，林权制度改革的核心就是要在稳定林地所有权的基础上，放活使用权和经营权，保证受益权，坚持物质利益原则。针对江苏林业产权制度改革中的问题，当前必须加大宣传力度，进一步明确林地使用权的物权性质；保证联产承包责任制的连续性、加强各部门的合作、进一步规范合同；加强对土地流转资金的管理；加强对流转后林地的使用管理和林地保护；同时，灵活选择改制形式，在坚持土地所有权不变的前提下，对土地使用权、经营权、收益权、部分处分权通过拍卖、承包、租赁、联营等方式进行产权改革，促进农民从事林业生产的积极性，保障林农利益，进而解决江苏省林业产业中营林业滞后的问题。

3. 妥善解决非林地向林地的转化

土地问题已成为农村社会的主要矛盾之一。而在农村土地承包、土地流转和土地征用等容易出现土地问题的现象中，土地征用又是目前农村土地矛盾中最突出也最令人头疼的问题，尤其是农村土地征用中的不规范和不公平现象已经严重侵害了农民利益，应引起强烈关注。

江苏省"绿色通道工程"规划内的原有土地用途并非全部是林业用地（比如耕地、宅基地、商业用地等），因此这些土地经统一规划变为林地后，政府应根据改变土地用途的土地使用者的实际情况，研究制定一个科学合理、公正公平的土地补偿办法，制定出切实可行的补偿措施。

4. 建立和完善征用、占用林地的补偿制度

凡征用、占用林地的单位，除必须履行《中华人民共和国土地管理法》有关报批规定外，还要按规定支付林地和林木补偿费、森林植被恢复费以及安置补助费；凡临时使用林地的单位，按《土地复垦条例》支付林地损失补偿费。

5. 加强林业立法执法，加强林业和土地管理部门的协调

要认真执行《中华人民共和国森林法》，进一步抓紧修订《林地管理条例》和制定各项配套的相关法规，使林地资源的保护和开发利用有法可依。与此同时，加强执法队伍建设，加强执法监督，积极探索林地管理综合执法途径，逐步推行林地保护综合执法，真正做到有法必依、违法必究、执法必严，杜绝林地资源的流失。各级政府及林业和土地管理部门应严格按法定权限和程序各负其责、互相制约、互相配合，共同实施林地保护制度。

三、森林资源经营模式的调整

林业肩负着保护生态环境和发展经济的双重使命，而实行森林分类经营则是协调林业的生态环境效益和社会经济效益的重要手段，也是调整林业产业结构的重要内容。江苏森林资源比较贫乏，而环境和经济的发展都对森林资源提出了很高的要求，因此森林的分类经营势在必行。

（一）森林资源经营模式的问题

1. 生态公益林补偿资金不到位，相关政策未建立

实现分类经营须将森林分为生态公益林、商品林和兼用林等不同类型，从而实现不同类型森林的不同效益目标。其中，生态公益林和以公益为主的兼用林应以生态及环境效益为主，是以发挥森林的生态效益和社会效益为主的森林植被，包括防护林、水源涵养林、水土保持林、风景观赏林和野生动物自然保护区、自然保护小区等。生态公益林是维持陆地生态系统平衡、保障人类基本生存条件和实现社会经济持续发展的基础。

到目前为止尚无相关的生态公益林补偿资金收取及管理的法规，生态公益林的生态功能价值和投入者的林地预期收益相距甚远，难以调动起农民保护生态公益林的积极性，也同样很难保证生态公益林，尤其是山区生态公益林不受人为破坏。林农的投资得不到合理补偿，补偿资金不到位，政府与林农签订的合约成了一纸空文，给实施森林生态合理的分

类经营带来很大困难，不利于生态公益林的管理。

2. 生态公益林投资和经营主体不明确

现有各类生态公益林多数是用贴息贷款和国债基金建立起来的，投资主体和经营主体不是很明确，势必影响到生态公益林长期建设，会使投资者不愿投资生态公益林，林业发展后续乏力。

3. 商品林难以市场化运作

商品林以生产各类林木来满足社会对木材的需求，现有林业体制下，商品林的采伐量要受当年森林采伐量的限制，往往是上半年制定的计划，要下半年才下达到商品林的经营业者或林农，这一方面造成了生产的无序，使林农利益或商品林的经营者的生产经营决策权无法市场化运作，另一方面这就极有可能在木材价格很好，而且森林也近成熟期，但如果当年森林采伐量已到限额，木材就无法进入市场，提高了商品林经营的风险性，这样会损伤投资者的积极性。

（二）森林资源分类经营对策

1. 生态公益林经营对策

（1）生态公益林补偿金的来源。《中华人民共和国森林法》中明确规定"国家设立森林生态效益补偿基金"，这为生态林的建设提供了强有力的法律保障。目前重要的是尽快保证这一制度的真正建立和实施。按照"谁受益，谁补偿"的原则，江苏省可建立多层次的公益林补偿来源。

第一，财政投入。公益林的主导利用是发挥生态功能，受益的是全社会，由国家、省拨付公益林补偿基金，各级人民政府作为社会利益的总代表理应来承担公益林建设与管理单位的人员经费以及基础设施建设费用。由财政支付公益林的价值补偿。财政投入应是森林生态效益补偿基金的主要资金来源。

第二，征收生态补偿费。可建立向相关的工业用水和城镇居民生活用水，木材加工、贩运，征占用林地，狩猎，野生动物养殖、经营，森林旅游，在风景区从事商业活动的单位和个人，以及林业部门依法收取的环保补偿罚款等，这样较好地体现了谁受益谁补偿的原则，确保及时、稳定地收取，这部分的收费可由税务部门征收。采用收支两条线，由各级林业主管部门除预留公益林的病虫害防治、护林防火、科学研究费用后，按当地生态公益林的立地、林种等相关情况评估后予以发放。

第三，社会公众补偿。鉴于生态公益林生态效应的公用性和不具排他性的特点。可考虑从现有的从业人员收入中收取一定的费用，如收取基本工资总额的 0.5%~1% 作为生态公益林的补偿费的来源，或也可通过种植相当数量树木来抵扣实施。

（2）生态公益林补偿分类的原则。确定补偿方式要实行分类补偿，应根据目前生态公益林的状况进行分类，制定不同的补偿标准。可考虑对处在江河源头、水库、河流两岸、坡度大的地块的生态公益林给予较多的补偿，普通的生态公益林或处在中幼林阶段的公益林可酌情降低补偿标准，并针对以江海河堤防护林带和长江、淮河、沂（沭、泗）河三大水系汇水区重点工程生态林以一定程度的倾斜。

（3）生态公益林的动态规划。要保障森林生态系统持续稳定地运作，必须使新陈代谢过程不断保持平衡，这需要在生产者（绿色植物）、消费者和分解者这三者之间保持一定的相互关系；生物量蓄积保持一定的水平；生物量索取要有一定的限量，皆伐要禁止。不允许全树利用，要保留树枝、树叶和伐根；以保持小生境；加速微生物的分解活动，保持适当的微生物食物供求关系；保障微生物适宜的小气候。

（4）生态公益林的演替。要使森林生态系统，从低级组织，经过中间阶段，达到构建高级组织的稳定平衡状态。在森林经营上要应用以下几点：森林更新应尽量用天然更新；在老龄林的庇护下培育耐荫幼龄林木；对老龄林施肥、抚育；促进森林顺向演替，调控混交林；改善先锋树种的发育条件；遏制逆行演替。

（5）生态公益林的培育。通过立地调查，以潜在的自然森林群落的调查来确定生态育林的具体规则；通过现有蓄积量的调查，及其对今后育林的影响程度来确定经营强度；通过确定森林的物质生产、防护效益、生态景观等诸多功效来实施调节森林生态系统的结构，以达到森林的生态功能目的；从森林目前的潜在的自然因素、主要功效、实现目标的费用及年限来规划林分的树种结构、空间结构、龄级结构。从经营技术角度来看，要注意以下几点：自然与景观保护；近自然的老龄林只在近自然的幼树生长得以保证时，才能实现更新；改造背离生态平衡的中龄林为生态平衡林；抚育幼龄林、中龄林，使之成为稳定性和多样性森林；对不再发挥作用的防护林开展抚育复壮工作。

2. 商品林经营对策

（1）完善商品林基地的规划。根据江苏省各地区的气候条件、立地条件、市场发展前景，结合淮北平原和沿海地区土地资源相对充裕的优势，营造集中连片的速丰林、名特优经济林、黄河故道和黄淮海平原林板（纸）一体化速生丰产林基地重点建设项目，做好商品林的基地规划，建成全省和全国重要的速丰林基地。只要商品林的经营者在林业主管部门的评估下未采用退化方式经营林地，就要保障其林地经营的合法性和长期性。

（2）给予优惠政策，发展股份制林业。投资者的资金总是以利润高、风险性较低作为投资决策的准则，如果给予投资者以优惠，社会资金就会更多地流入到商品林的生产中，这样能提高商品林的生产经营水平，而且有利于对林地的统一经营和管理，提高林地经营管理水平。

（3）放宽对采伐量的限额管理。森林分类经营的目地是商品林利用以经济效益为主要核心，在不降低林地生产力水平的情况下，从数量和质量、总量和结构上保证社会经济对木材的需求。因而商品林应有"商品"的待遇，放宽对采伐量的限额管理，让市场来调节商品林的采伐。林业主管部门可以通过商品林经营方案的审核，从宏观上控制约束其生产量及其作业方式，杜绝商品林经营者的短期行为。

（4）及时进行密度调控。调控所采用的密度，要因地制宜，立地条件好的林地密度可大一点；林龄越大，密度应越小。在具体调控的时候，要注意"栽培方式"和"技术系列组合"两方面。栽培方式的确定，要从宏观和全局角度，对群落进行设计，构筑生产框架，决定人工林生态系统的发展方向、生产力和稳定性，既要考虑当代林分的生长效果，又要考虑下一代的经营方式、作业安排（更新方式、轮栽或连栽等）及地方的维护。"技术系列组合"

是在"栽培方式"确定的培育目标和生产框架前提下，优化栽培技术措施组合，组装成配套的技术系列。如整地、种植点配置、林地土壤管理、间伐等的优化组合，发挥技术措施的整体效应。

（5）适当延长轮伐期。过去轮伐期多考虑数量成熟、工艺成熟和经济成熟，忽视了养分的利用效率和林地地力的维护。生物量研究表明，不同年龄阶段的生物量积累和分配规律有明显差异，如随着年龄阶段增加，很多林木的枝、叶、根、边材及林冠的生物量所占的比例逐年下降，而干、皮和心材所占比例则逐年增加。

（6）改善育种策略。改变过去单纯追求生长量指标的选优标准，选育目标多元化，如分别选育适应不同用途、不同立地条件的无性系，特别是能耐瘠、耐旱和抗性强的无性系。

3. 森林资源监测系统和信息网络的建设

森林相关资源的数据是森林分类经营的基础，是森林经理工作的关键，森林相关资源的数据不完整和失真如同人的神经系统的失灵，建立森林相关资源的监测，加强信息的网络化建设可将资源信息的变化迅速反映到林业发展规划和森林经营方案中去，以提升森林分类经营的决策和管理水平。

（三）森林资源多种经营对策

林业第一产业经营模式调整的另一个方面是实施多种经营战略，其目的就是通过拓展林业经营门类，在市场需求的引导下，对当地现有资源进行合理配置，对林业产业进行结构的调整，从而实现经济效益的最大化，并提高生产经营的抗风险能力。

林业多种经营可以从以下三个层次加以实现：第一，多品种经营。在建立资源保护库的基础上，不断从地域资源中开发出具有市场潜力的物种加以利用，形成该地区森林资源的多种特色和品种。第二，系列化经营。对某一资源品种，应用多种技术手段，进行不同深度的开发利用，形成系列化品种。这种开发利用可以在林业第一产业范围内进行，也可以延伸到林业第二产业，形成工业化的系列产品。例如，江苏的银杏、茶叶、花卉等产品就可以进行系列化经营，形成具有地方特色的系列化林业产品和林产工业产品。第三，多产业复合经营。多种经营不能只局限于林业自身，还可以拓展到与林业相关的养殖业、食用菌育培、畜牧业、药材生产等产业，进行多产业的复合经营，如"林 - 农 - 养殖 - 畜牧业复合经营模式"等。

四、森林结构的调整

（一）森林结构存在的主要问题

1. 林龄结构不合理

江苏现有森林中，幼龄林、中龄林的面积及蓄积占绝对优势，面积占 84.3%，蓄积量占 81.5%。以杨树产业项目区内的林龄结构为例，杨树总面积为 178442 公顷，总蓄积为 2361 万立方米，其中林分面积 127138 公顷，林分蓄积 808 万立方米。在林分中，幼林龄面积 49151 公顷，蓄积 165 万立方米；中林龄面积 58172 公顷，蓄积 408 万立方米；近成熟林面积 19815 公顷，蓄积 235 万立方米（如图 10-5）。

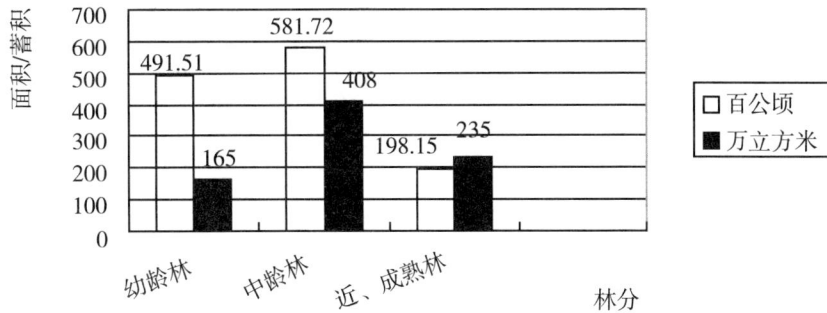

图 10-5　江苏杨树人工林龄级结构

从图 10-5 中可以看出，杨树产业项目区的杨树人工林龄级结构很不合理：杨树林分中的幼、中龄林面积占到项目区杨树总面积的 84.4%，蓄积也占到项目区杨树总蓄积量的 70.9%。杨树林分中的幼、中龄林占项目区杨树资源的大多数，而作为可利用资源的近成熟林只占很小部分的这种状况，使得江苏杨树资源现阶段年采伐量有限，森林涵养水源和保持水土功能也难以实现。

2. 树种结构不合理

江苏的树种资源比较丰富，全省约有乔、灌木和木质藤本植物 86 科 213 属 568 种（包括部分变种），不仅有主要的地带性落叶阔叶树种，而且还有不少常绿阔叶树种，但大面积人工林的树种却主要以单一的杨树为主（占林分面积的 54.2%）、松类（占 11.8%）、杉类（占 10.8%）、杂阔（占 17.6%）几类。

林业资源持续稳定的发展、增长，需要稳定的森林和林相结构，在人工林经营中，要保持资源稳定，也应进行复合混交。苏北地区森林树种就只有杨树，不少县市的 I-69、I-72、I-35 等杨树品种约占 80%~90%，在四旁、农田林网、山地、湖区等林带、林网均是由杨树组成，而许多珍贵的硬材阔叶树种，如榉树、香椿、榆树、青冈栎、苦槠、锥栗、麻栎等树种，几乎没有育苗造林，这样就造成了树种单一，而树种单一往往引起森林结构不稳定和森林病虫害的大规模发生，这不但影响林木的速生丰产，加大营林成本，而且化学防治也易造成环境污染，降低生态效益。

以现有公路树种结构为例，从表 10-2 中可看出，公路树种结构因子中平均树种种类、平均灌乔比显然偏低，其中全省公路树种仅 22 种，这与江苏省植物多样性的现实很不相称，而且苏南、苏中、苏北各市之间发展极不平衡，急需进行结构性调整。

（二）森林结构的调整

1. 调整林龄结构

（1）按法正林理论调整林龄结构。从市场需求来看，为提高人造板的产品质量，木材加工业对大径材的需求量越来越大；从提高林农收入来看，通过合理抚育间伐和科学经营管理，逐步提高中大径材的比例，从长远来说将大幅度提高林农的经济收益。按照法正林的理论，森林中幼龄林、中龄林和成熟林的面积配置以各占 1/3 为宜，蓄积量以 1∶3∶6 为合理，才有可能实现森林的永续利用。当前江苏森林各龄组的结构，如不严格控制采伐限额，

表 10-2　江苏公路绿地系统的树种结构

名称	树木种类	常绿比	灌乔比	常绿乔木比
南京	13	67	1.67	31
镇江	15	61	0.07	59
常州	14	62	0.21	31
无锡	15	71	2.50	26
苏州	12	62	0.27	59
盐城	14	24	0.64	22
南通	12	50	0.45	37
泰州	7	38	0.31	19
扬州	13	42	0.31	26
连云港	6	15	0.85	15
徐州	22	29	0.22	23
宿迁	7	17	0	7
淮安	10	26	0.14	15
平均	12.3	43.4	0.6	28.5

必将造成过多地采伐中龄林，而成熟林的比例将越来越小，森林资源的合理利用将受到制约，森林的永续利用难以实现。

（2）消除木材加工企业对资源的无序竞争。据统计，截至 2000 年底，淮北五市共有木材加工企业 6837 家，占全省木材加工企业的 74%。其中大部分企业的产销规模在百万元以下，目前还没有走出资源型和粗加工的发展轨道，很难与世界先进国家相比。规模小、技术含量低、附加值小的大批个体、私营加工者一方面活跃了木材加工市场，促进了农村市场经济的发展，但另一方面，大量的无证经营抢夺了优质木材，破坏了市场的正常运行。尽管近年来各地均加大了植树造林力度，但目前可利用材较前几年有较大幅度的减少。随着资源短缺的出现，乱砍滥伐较为严重，砍伐小径材现象也时有发生。木材加工企业的激增，在江苏现阶段木材资源短缺的情况下，引发了企业的恶性、无序竞争，造成资源的过度消耗。因此，林龄结构的调整也有赖于对目前众多小、散、乱的木材加工企业进行清理整顿，以保持林木资源消耗的合理、有序。

2. 加强混交林建设

人工纯林由于树种单一、层次结构简单和生物多样性差而导致地方林分衰退、病虫害严重、生产力下降，严重影响了社会和经济的可持续发展。相比而言，混交林在生长、生境、抗性和经济等多种效益上表现出明显优势。

在生长效益上，混交林的木材材积、生长量、光能利用率、收获量均高于纯林，木材性质也优于纯林。从国内外研究的材料看，一个合理的混交林，其单位面积蓄积量一般比纯林能提高 20%~70%。在生境效益上，混交林的小气候，具有林内气温和土温低、湿度大、光照小、蒸发少等特点；林分内枯落物丰富，土壤固氮菌、纤维分解菌、过氧化氢酶等均高于纯林，对主要树种的生长有利。例如，贫瘠的沙地通过营造杨树、刺槐混交林，土壤有机质能从 0.4%~1.3%

提高到 0.7%~1.6%。在抗性效益和防护效益上，树种混交能增强造林效果，提高抗灾能力。混交林的抗性，可分为对不良生物因子的抗性和不良大气因子的抗性。前者是对病虫害的抗性，后者是指其抗风、雪和大气污染以及防火的能力。混交林抑制病虫害的机理是缘于混交林比纯林具有较为复杂的生态系统，营养结构复杂，有利于鸟兽栖息和寄生性菌、虫繁殖，众多的生物种类相克。在经济效益上，混交林的生产成本低于纯林，而纯收入则高于纯林。

因此，混交林因其显著的综合效益而成为当代营林发展的主要趋势。加强混交林的研究和建设，对于江苏调整和优化森林结构，增加林木资源，实现森林可持续利用具有重要的现实意义。具体来看，建议现阶段从以下几方面着手：

（1）加强杨树与刺槐混交林建设。正确的树种选择和搭配是保证混交林成功的首要条件。混交树种的选择，需同时考虑树种林学特性的协调、立地条件的适应以及经营树种的目的。不同林种造林的树种选择和搭配原则虽然不同，但也有共同的要求。一般认为，应选择喜光和耐阴、速生与慢生、针叶与阔叶、常绿与落叶、深根与浅根、吸收根密集型与吸收根分散型以及冠型不同的树种相互搭配，并且伴生树种与主要树种矛盾小，且无共同病虫害。实际上，同时满足这些条件是不可能的，只能根据适地适树原则和生产目的进行大量的试验研究来解决。其中，杨树与刺槐的混交就是在树种选择方面获得成功的实例之一。

杨树是速生树种，在淮北地区，由南京林业大学经过几代基因改良培育出的 I-69 和 I-72 等优良杨树品种 6~8 年即可成材，10 年生胸径可达 35 厘米，12 年就可培育成胸径 40 厘米，材积达 1.25 立方米的大径材。而且杨树材质软，密度为 0.2~0.4 千克/立方米，易于旋切和各种切削加工，具有良好的胶合性能，是一种理想的人造板生产原料。苏北平原处于亚热带和暖温带的过渡地带，气候温暖，四季分明，雨量充足，年均温度 11.8~15.8℃，极端最低温度 0~18℃，全年无霜期 200~261 天，年均降雨量 910~1128 毫米，境内地势平坦，自然条件十分适宜杨树生长。因此，建议将杨树与刺槐混交林的营造列为重点，以满足蓬勃发展的江苏木材加工业对木材资源的需求，彻底改变江苏缺材少林的状况。

（2）选择合适的混交方式和混交比例。混交林的建设，除了选择合适的树种以外，混交方式和混交比例的选择也至关重要。同样的树种组合在基本条件相同的立地条件下，常因混交方式和混交比例不同出现成功或失败。混交方式实质上就是混交树种的空间配置方式，它是调节混交树种种间矛盾的措施之一。不同的混交方式可产生不同的混交效益。根据不同的种间关系特点及林分生长状况，树种混交大致有星状（点状）混交、株间混交、行间混交、带状混交、块状混交等方式。一般来说，种间关系协调的树种以株间及行状混交效果最佳。乔灌混交常采用株间混交方式，营造用材林和防护林则应常采用不规则的块状混交。

此外，混交比例对混交林能否获得成功起着决定性的作用。混交比例的大小主要取决于造林的立地条件、备选乔木树种的生态习性和经营目的。具体来讲，立地条件好的造林地混交比例可高些，反之应低些。根据实践经验，混交林内主要树种的比例一般不宜少于60%，但不同林种，其混交比例应有所差异：对于经济林，其主、次树种的混交比例可为 1:1；防护林主次树种混交比应为 7:3 或 6:4；速生丰产用材林或工业原料林的主次树种混交比应为 8:2 或 7:3，而珍贵速生用材林主要树种在混交林中应占到 70% 以上。

从群落学的角度来说，群落的生态效益不仅取决于绿化的覆盖面积，而且取决于它的空间结构和组成材料。研究表明，三维绿量（单位绿地面积的叶面积指数或植物绿色器官所占据的营养空间）不同，其环境效益显著不同：混交乔木林的平均相对绿量最高，乔灌草复层的绿量次之，三维量最低的为地被，高低相差35倍。就产投比而言，草坪绿地的养护管理与植物群落的养护投入比是3：1，而由乔灌草组成的群落生态效益是草坪绿地的4~5倍，因此复合群落的产投比是草坪的10倍以上。江苏的绿化用地极为有限，而巨大的乔木可以利用广阔的地上空间，产生庞大的绿色量，因此乔木应是江苏林地和绿色通道建设中绿化的主体，且公路等级越低，绿化用地越少，越要重视大乔木的运用。确定合理的乔灌木比例是提高绿地绿量、生态效益和景观效益的重要途径。比如，将全省公路绿地系统平均灌乔比由5：1提高到2：1以上。对于国道、干道、高速公路还可以高于这一水平。

（3）注重混交林的抚育间伐。混交林的营造即使采取了科学的技术，在郁闭后的成长过程中，种间关系仍会经常发生变化，除一部分例外，大部还需采用抚育间伐等调控措施。混交林抚育包括平茬、修枝、间伐、截顶、水肥管理等措施，其中最主要最复杂的是间伐。比如，在杨树、刺槐混交林培育中，当主要树种受压时，应及时采用修枝、截顶和间伐，或这几种方法相结合，以保证合理的种间关系。

（4）加大混交林试验研究。植物的任何一部分都能排放生物化学物质，对相邻植物有抑制或促进作用，即他感作用（ALLELOPATAHY、MOLISH1937）。众多试验表明，共同生长的植物之间除了对光照、水分、养分、生存空间等因子的竞争外，供体植物会通过分泌生化活性物质对受体植物产生影响。比如，有研究发现：槭、黄栌、白蜡是榆树的促进树种，而接骨木、胡颓子、杨树是榆树的抑制树种。此外，植物间还存在着生物物理的相互作用，植物周围会形成特殊的生物场，如辐射场、电磁场和热场等对其他植物产生影响。在具体的混交林试验研究中，既要注重混交林的营造技术，也要注重树种间的生物化学、物理作用等混交机理的研究。

由于对树种林学和生物特性认识上的不足，目前还难以对林木生长作较准确的预测。因此，目前对于混交效果尚不明确的其他不同树种的搭配，建议通过大量营造混交试验林进行试验研究，以取得更多成功的混合组合，待取得一定的成果后，再因地制宜，加以推广。

第四节 林业产权制度改革

一、林业产权制度的地位和作用

产权问题一直是困扰我国多方面建设的关键性问题，更是我国多次林业改革而未能跨越的难点。然而，随着我国经济体制改革的深入，政府和社会对产权作用的认识也逐渐加深，十六届三中全会审议通过了《中共中央关于完善社会主义市场经济体制若干问题的决定》，对产权作用的理解和认识高度是史无前例的，其主要突破在于第一次提出建立健全现代产权制度——归属清晰、权责明确、保护严格、流转顺畅的产权制度。中共中央、国务院出台的《关于加快林业发展的决定》在肯定和维持历次林业改革成果的基础上，提出完善我国林业产权制度的政策要求。

在全国产权改革，包括林业产权改革进入攻坚阶段的背景下，江苏省省委省政府提出的"绿色江苏"战略决策以及省林业局据此制定的《绿色江苏林业行动纲要》中也强调了产权改革的保障作用。回顾江苏省林业产业改革的历史经验教训，结合林业产业、林业发展特点，应进一步明确林业产业制度在此次"绿色江苏"建设中的重要地位。

1. 林业产业的"双重性"决定了产权制度的重要性

森林是陆地生态系统的主体，林业是经济社会可持续发展的重要公益事业和基础产业，承担着生态建设和林产品供给的双重任务。而每一项任务的实现都有赖于产权制度的合理性。

对于生态建设而言，林业生态效益的外部经济性决定了其生态产品的公共品特征，对于公共品，产权规则和政府手段一直被视为外部性内化的重要途径。而在市场经济社会里，产权规则是最基本的游戏规则。因此，明确、稳定的产权及其规则是减少未来不确定性和可持续发展的根本保证。其他政府手段都应建立在尊重这一基本经济规律之上，否则，其效果甚微或适得其反。

就林产品供给而论，外部经济性不能合理内化的产权安排，必然导致生产者与经营者采取短期行为，获得及时收益，从而选择经济效益高的非林产品或单一经济林产品，从而不仅削减林产品的供给，而且不利于生态效益的实现。

2. "绿色江苏"战略加大了林业产权制度改革的需求

江苏属平原为主的林业省份，林业肩负着实现社会经济可持续发展、改善生态环境、改革农村产业结构和增加农民收入的多重任务。而"绿色江苏"战略对林业提出了"建设以森林植被为主体的国土生态安全体系，优化人居环境，改善城乡面貌，再现秀美山川"要求。江苏林业的定位和"绿色江苏"战略突出了江苏林业生态效益的重要战略地位，必然对林业产权制度提出更为彻底、合理的改革要求。

3. 林业产权改革的经验教训对林业产权制度提出实质性改革的要求

随着市场经济和以家庭经营为基础的农村经济体制改革的深入，林地集体所有、统一经营的传统模式成为实现上述目标的制度障碍。正式启动于 2000 年的林业产权制度改革创建了以利益机制为驱动，投资与产权主体多元化的新型平原林业产权模式，为实现"绿色江苏"的战略目标打下了制度基础。但改革中存在的问题，特别是农民参与、利益协调、林权证发放、合同管理等可能带来的潜在产权冲突给进一步推进林业产权制度改革提出了实质性的要求，要求从所有权与其他产权主体、产权内容确认方面、产权流转（包括林地一、二级市场）方面给予更为明确、更具激励机制的规定。

二、我国现行森林资源产权制度的主要弊端

1. 森林资源所有权主体的单一与模糊

根据联合国大会 1962 年通过的《自然资源的永久主权》决议中资源物权源于国家主权

的提法，林权的第一层是国家主权。在我国，"一切权利属于人民"的政治理念将这种国家主权演绎成国家森林资源所有权和集体森林资源所有权。这在理念上似乎符合逻辑，但国家与农民集体的抽象概念往往将经营管理主体等同于所有权主体，地方林业部门与村委会便成为农民心目中的所有权主体。调研中，几乎没有一个农民将自己与所有权人相连。

随着农村联产承包责任制的推行，市场机制的引入，这种只承认两种森林资源的所有权形式显然阻碍了森林资源对我国社会发展的贡献，于是，法律在坚持土地公有制的基础上将林地所有权和林木所有权分离，林地所有权仍只属于国家和集体所有，个人和其他社会组织只享有建立在林地使用权基础上的林木和林产品的所有权。我国森林资源所有权结构导致实际经营者林地所有权的缺乏，而实际上的"地方公有制"使经营者的林地使用权处于一种摇曳不定的状态，这是非公有制主体不热心投资林业或采取短期行为的最根本原因，林业生产的低效也就在所难免。

2. 其他产权的随意性和排他性

为了鼓励林业经营者的积极性，我国森林资源产权政策和法律制度阶段性地衍生出一系列的产权：林地使用权；林木采伐权；生态补偿权；森林、林木和林地使用权的转让权以及植树造林权、狩猎权、林内植物采摘权等。问题是这些产权常常落空或被任意侵犯而无法得到法律的及时保护，产权的排他性无从谈起。

3. 生态补偿权难以实现

生态补偿权是一种无形产权，其实现不仅依靠技术进步，更依赖于有效的制度安排与运行。目前，对森林生态效益的量化评估在全世界都是难题，那么，制度安排与运行的有效性便是最关键的。至今，我国法律对此只是原则性的规定，而无系统和可操作的理论和方法。部分补偿政策也常常应体制和部门利益的原因而使真正产权者的利益落空。

4. 产权流转机制不健全

排他性和流转性是产权的本质特征，流转性是产权得以最优配置的保证，没有流转性的产权是不完全的产权，产权主体的利益无法真正实现。在现行的法律制度和政策中，除《农村土地承包法》和《关于加快林业发展的决定》外，均没有对林地流转作相应的规定。《农村土地承包法》主要根据耕地的特点规定土地承包权的流转原则和程序，而《关于加快林业发展的决定》只是对森林、林木和林地使用权的流转做了原则性规定，至今还没有针对森林资源的特点建立的森林、林木和林地使用权的流转机制，从而造成林业产权改革不规范的普遍现象，而这一现象极易留下潜在的利益冲突。

三、林业产权制度改革成效与问题

（一）成 效

1. 调动了农民造林的积极性

改革方式的多样化（拍卖、招标、租赁、股份合作），特别是各种方式带来的利益机制，使农民从虚拟、模糊的集体所有、统一经营的传统模式中解放出来，积极造林，实现个人利益。

2. 缓解了林业发展中的资金短缺和林木管护问题

农区林业的投资问题一直是制约其林业发展的瓶颈，而林木管护是投资利益得以实现的关键。在林业产权制度改革前，国家或集体的投资往往因不与农民个人利益挂钩的方式运行而缺乏质量保障，而林业产权制度改革不仅积聚了较大数量的资金，而且农民在通过改革取得承包权后，靠自己出资购苗、出资栽植、出资管护，造林质量有了较大的保证。

然而，本次林业产权改革存在诸多深层次的问题，有改革过程中出现的问题，有制度安排的因素。这些问题若不能得以及时、彻底解决，改革的成效只能维持很短的时间，随之而来的新的、根本性的冲突将阻碍江苏省"绿色江苏"等一系列可持续发展战略的实现。

（二）问　题

1. 制度安排问题

现有的产权制度不能给农民长期规划的经济理由，产权的不稳定和随意性是农民获得及时收益的理想选择；有的在改革初期显露不出或不明显，承包者大多不会过多在意，而随着造林成果的出现，市场运行的需要，如采伐权与限额许可证之间的冲突、流转机制的缺乏等诸多问题都会摆在每一个承包者的面前，如果制度仍没有突破性的改变，新一轮的乱砍滥伐、抛荒现象又会出现。所以，我国林业产权制度根本性的改革是改革成果的保障。

2. 改革过程中的问题

（1）农民参与权没有得到全面实现。农村土地为农民集体所有，林业产权的有关事项都应该由农民全体同意或代表机构通过。但此次的林业产权制度改革是自上而下的政府行为，在运行中，有关改革事项很少征求村民意见，许多农民连起码的知情权都被剥夺。结果是参与竞价或最终取得林地使用权的普通农民极少。为此，我们访问了部分农民和村干部，答案几乎是一致的，即一次性所需数额太高，单个家庭无法承受。

（2）拍卖活动缺乏规范性。拍卖是苏北地区此次林地产权改革采取的主要方式。调查中，我们发现，有些地方的拍卖活动已完全走样：有因良好乡俗而私下平均分配地段再走"拍卖"过场的；有为了将所有林地使用权都能出让而故意降低价格的；有不符合拍卖程序的变相的协议方式；等等。这样的拍卖显然违背了公平、公开和公正的原则。

（3）所签合同问题较多。合同是记载发包方和承包方权利义务的重要法律凭证，调研中，我们随机抽取一些合同文本，发现存在以下问题：合同名称不规范，易产生误解；合同内容不具体、不明确，集中反映在：标的界定不清，出让金或使用费问题标准不一、交付时间与方式不清等；双方当事人权利义务缺乏平等性和可操作性，如"甲方协助乙方办理林权证和林地使用证"，而未规定期限；林权证和林地使用证核发工作尚未完全配套等。

此外，林业产权制度改革过程中还存在诸如合同管理方式原始粗放，极易散失；林地使用权出让金或使用费的使用与管理缺乏规范与监督等问题。

四、完善林业产权制度的对策

（一）出台有利于完善林业产权制度的地方性法规

地方性法规是我国法律体系中一个重要的法律渊源，它是全国性法律与省情相结合的最佳途径。目前，适应现代市场经济的林业产权法律制度仍然存在过于原则的问题，在这种情况下，制定地方性法规有两大益处：第一，可以解决一些国家法律中尚未明确的基本产权制度；第二，对完善全省林业产权制度具有建设性和法律效力。地方性法规的主要作用或内容是在全国性法律对林业产权制度原则规定基础上，细化林业产权制度体系。

1. 增加林地农民集体所有的可操作性

（1）农民集体所有是独立的所有权形式。在同一种法律关系中，不同主体之间的权利义务是平等的，那么，除法律禁止性规定外，国家、集体、个人对于法律规定由其所有的森林资源都享有充分的占有、使用、收益和处分的权利。这一性质是区别国有和农民集体所有的主要法律依据。

（2）"农民集体所有"应在法律上界定为共有，即成员身份确定（一定地域范围内）但不固定（因出生、死亡、迁入、迁出等原因而获得或失去成员身份），以团体名义行使所有权。也就是说，"农民集体"森林资源的所有权属于每一个成员，每一个成员平等地拥有对集体林的一份所有权，但不能以个人身份享有和行使集体所有权，而每个成员对集体林具有成员权。

（3）在村民集体所有和村民小组之间选择集体林地所有权主体。选择时应把握两点：一是从原则上，应当引进参与机制，由本地域内的农民根据当地的具体情况和历史习惯来确定，一旦确定，必须进行土地登记；二是倾向于村民小组作为集体林所有权主体；三是村民小组作为所有权主体，可以有效避免所有权最终落在掌握着行政管理权的村民委员会少数人的手中。

2. 强化集体林地承包权的用益物权性质

我国农村经济体制改革的成果可以归结为家庭联产承包责任制。从政策设计的内容，到具体运行状况，再到司法实践，土地（包括林地）承包的性质一直是债权而非物权，必然导致"排他性"的严重缺点，表现在：

（1）农民的权利来自于合同，而合同签订的草率常常无法确定具体权利的内容和界限；发包方常常单方面修改承包合同，更加剧了农民权利的不确定性和不稳定性；

（2）农民享有的土地使用权属于债权，不能有效抗拒来自发包方、乡村行政组织的干预甚至侵害。

（3）遇到国家征收土地（将农民承包的土地划为公益林也应属此列）时，作为承包人的农民利益得不到合理的补偿。

（4）农民所享有的土地使用权以承包期限为限。

为此，江苏省的地方性法规应赋予集体林地承包权人以下用益物权：

① 自主经营权。如《中华人民共和国农村土地承包法》规定的不得用于非农建设、不得给土地造成永久性损害。这一权利一旦被赋予物权的性质，在法律上可以排除任何第三人（包括从中央到地方的政府部门）强加给林地承包人的生产经营安排。这一权利若能真正实施，在实践中也会减少和分散因政策失误而带来的风险。

② 依法享有采伐权。收益是用益物权人占有使用他人财产的直接目的。林地承包人的收益权主要体现在林木的所有权和采伐权上。然而，在现行的法律框架内，这些权利并不

具有物权性：对于用材林和部分公益林，承包人的采伐权必须受到采伐许可证的约束，在实际操作中，采伐许可证的发放搀杂着大量的权力和人情因素，承包人的采伐权根本没有保障。就是房前屋后和自留山上的林木采伐权也常常因被地方政策纳入当年的采伐限额而落空。一直维持着整个林业体制运行的限额采伐制度在现实中带来的消极甚至反面作用远远大于其对森林资源的保护作用。因此，必须对采伐权进行物权改革，才能保证林地承包人的使用权、收益权，只有保证了承包人的收益权，才有保护森林资源的可能。

3. 依法享有林地承包权的流转权

流转是承包人实现其处分权最重要的途径。《中华人民共和国农村土地承包法》第 5 节共 12 条赋予承包人广泛的土地承包权的流转权：

（1）承包人享有是否流转和采取何种流转方式的权利，合法的流转方式很多，有转包、出租、互换、转让、入股或其他（第 34 条），从法律性质上可以分为两种：买断性（互换、转让）和非买断性（转包、出租）承包权流转。

（2）流转的收益归承包者所有，流转费由双方当事人协商确定，任何组织和个人不得干预和截留、扣缴（第 36 条）。

（3）流转的物权效力，第 38 条规定，对于买断性的承包权的流转，经过登记的具有物权效力，对抗第三人。

江苏省地方性法规可以在此基础上，建立森林、林木和林地使用权的流转体系，包括流转条件和程序，流转条件除不得用于非林业用途之外，尊重当事人之间的约定；针对林业产权改革中出现的拍卖活动的欠规范性，制定公平、公开和公正的拍卖程序，并制定统一的示范合同。该示范合同应根据林地使用权承包合同的法律要求，对合同的名称、标的、期限、出让金或使用费和林地保护等主要条款作具体、明确和对等的规定，并规定在具体签订时不允许对示范合同的条文进行任何修改，未尽事宜，可以由双方当事人补充约定。这样，既保证了合同的规范性、平等性和可操作性，又尊重了当事人的意见，也有利于合同的管理。未实行或今后实行的此类合同一律照此办理。

4. 知情权和获得补偿权

对于因公共利益而征、占林地的行为，承包人有知情权、获得补偿权和进行有利于或不侵害森林资源的经济活动（如挖野菜等）权。其中获得补偿权是承包权市场价值的体现。因此，补偿的方式和费用应由双方协商决定，协商不成，以弥补承包人实际损失为补偿底线。若以物权保护承包者的这一权利，有利于规范征、占林地的行为。

5. 林地承包权的优先权

承包期届满，林地承包人对原承包的林地享有优先承包权，即在同等条件下有权排除第三方取得承包合同的权利，同时也限制了发包人的另行处分权。这一优先权的确立，既保证了承包人永久使用权，充分实现其承包权的物权性能（无期限限制），又有利于处理森林资源保护和利用之间的冲突。

（二）清理、规范和管理现存的合同

为了尊重已签订的合同的法律效力和不增加社会成本，对现存的合同应根据合同内容

（特别是双方的权利义务的性质）分为出让和出租两类进行管理，对合同中涉及当事人主要权利义务而约定不清或没有约定的合同必须予以补充。其次，因农村村民甚至基层干部普遍不重视合同文本的管理，因此除当事人各备一份外，县级政府部门应将其输入电脑，进行管理，以备多年之后查实。

（三）规范林权证和林地使用证的核发

林地使用权市场一打开，今后"两证"的换发将是日常的工作，以前的突击式的做法已无法适应实际需要。应参照房地产市场"两证"的颁发方法，由专门职能部门统一负责，简化程序，建立日常性的权属变更登记制度。

第五节　林业税费改革分析

林业税收是对从事林业生产活动的单位和个人获得的林业收入征收的一种税费，属于农业税的范畴。同税收的普遍特点一样，林业税收具有强制性、固定性以及无偿性的特点。林业税费又称森林资源有偿使用费，是国家为了扩大森林资源，发展林业事业，采用强制手段，向开发使用森林资源的单位或个人征收的专项费用。包括育林基金、更改资金（后称为维简费）以及地方性的各项收费。林业税费具有法定性、政策性、单一目的性以及相对有偿性的特点。林业税费一方面具有相对于政府主体的非财政平衡性，另一方面具有相对于缴费义务人的有偿性。

一、现行的林业税费政策问题

林木、竹产品税费名目繁多，极大地影响了林业生产经营者和林农的造林积极性。江苏省也不例外，木材税费多，林农负担重，已成为制约林业改革与发展的主要问题，对绿色江苏建设影响深远，对江苏林业现代化、产业化影响深远。主要表现在：

（一）影响了木材生产的正常秩序

林业生产的一个显著特点是生产周期长，见效慢，从幼树到成林往往需要 20~30 年，甚至更长的时间。林农在这个漫长的过程中，付出了大量的劳动来进行各种经营管理活动，目的是换来丰产的林子，创造一定的效益。然而，由于林业税费负担过重，林农采伐木材销售后，所得利益与几十年辛勤劳动的付出相比，相差甚远，有的地方林农甚至无利可图。于是，严重挫伤了林农造林、护林、生产木材的积极性。一是林农不愿采伐林木，即使林子已过采伐林龄也不砍。林农的普遍心态是待价而沽，他们在等待木材价格上涨，期盼税费下调。现在砍了，等于白辛苦一场。留在山上，就还留存希望。二是林农主动造林的积极性严重受挫。"农民造林采伐木材的销售收入，50%要用来缴纳各种税费！这是影响广大群众投入林业生产积极性的最重要制约因素。"（中国绿化基金会主席王志宝语）。南方木材市场刚放开时，由于木材价格上涨，林农自主无偿造林的积极性很高，现在，除非政府出工钱出苗木，否则他们宁愿让山荒着也不愿去造林。林农不愿意生产木材，更不愿意去造林护林，因此，严重影响了正常的林业生产秩序。

（二）造成采伐作业设计脱离实际

目前，大多数地方，特别是南方集体林区，都没有建立专门的采伐设计队伍，作业设计都由各基层林业站工作人员进行。设计人员的专业水平和思想素质参差不齐，操作标准也难以统一，伐区作业设计质量低。基层林业站工作人员深知林业税费负担过重，农民生产木材获利太少，因此，在作业设计时往往有意降低各项主要调查因子，从而压低伐区的采伐量。有的地方将伐区内必须采伐的非目的树种，或目的树种中的小径材不计算在采伐量内，有意压低采伐量，使作业设计与实际不符，设计采伐量明显低于实际采伐量。

（三）超证采伐林木

实行凭证采伐是我国实行限额采伐制度的重要举措。《中华人民共和国森林法》规定，采伐林木必须申请林木采伐许可证，按许可证的规定进行采伐。但很多地方都是按发证量征收林业税费，且林业税费负担又过重，因此林农往往不能按照森林法的规定执行，而是通过超证采伐来弥补自己的获利不足，因为超证采伐部分林农可以少交部分税费，使获利增多。

林农超证采伐林木主要表现为两种形式：一是超面积采伐林木，二是超强度采伐林木。超证采伐尤为突出的是抚育间伐作业，由于林业税费的征收没有考虑间伐作业的特殊性，采用与主伐作业同样的税费标准，因此，导致大量的超证采伐现象。

（四）偷砍偷运现象屡禁不止

林业税费负担过重，诱发了农民盗伐林木现象。只要偷砍偷运获得成功，农民就可以免交各种林业税费。因此，各地乱砍滥伐林木、社会团伙哄抢国有林木、不法商贩偷运木材的现象屡禁不止，有的地方甚至还有愈演愈烈之势，导致大量的无证采伐。所以，他们不惜铤而走险。森林是陆地生态系统的主体，它关系到我们人类的生存环境，关系到人类社会经济可持续发展。没有了森林的庇护，洪涝、旱灾、沙尘暴等自然灾害就会频频向我们袭来，带给人们毁灭性打击。从这个意义上讲，林业税费过重问题绝不是什么小事，而是事关整个中华民族生存与发展的大事。从国家林业局华东森林资源监测中心对1998年森林采伐限额执行情况的核查结果来看，各地无证采伐量占总采伐消耗量的比例平均达52.1%。严重的无证采伐现象，增加了森林资源保护和管理的压力，不利于森林资源的培育和发展。

二、林业税费政策问题产生的原因

为什么林业税费如此之高，而且变本加厉、愈演愈烈？明知许多收费收税不合理，为什么还硬要往林业上按？林业税费过重表面上看是由于重复征税、税种过多和税率偏高造成的，但在这些现象的背后有着更深层次的原因：

（一）财政压力、转嫁负担

林业和林农的负担过重，与现行"分灶吃饭，分级包干"的财政体制密切相关。由于林业的发展后劲不足，二、三产业落后，乡镇企业效益不佳，分灶吃饭的县乡财政越来越吃紧。在县乡财政包袱越来越重的情况下，仍然要做到自求平衡、不出赤字，还要完成上级下达的指令性财政增长目标，生财之道的目光只好投向林业和林农。用转嫁负担的办法来保证财政的刚性收入，以维系财政逐年增长的势头。征收的育林基金没有真正返回到林业生产。苏北地区是欠发达地区，地方财政收入比较困难，有的地方不断减少当地林业主管部门的财政拨款，使得当地林业主管部门不得不用征收的育林基金支付日常行政事业费用。这就是林业税费名目越来越多、层层剥皮、程度有增无减的根本原因。

（二）部门争利，林农无奈

林业除了要承受前面所说的地方财政压力（块块）之外，还要承受来自各部门的"条条"的挤压。财政、税务、工商、物价、交通、农业部门都可以拿出"条条"的红头文件向林业收费，向林农争利，谁都理直气壮，谁也不肯让利于林、让利于民。大家都来争吃这块"肥肉"，林业又如何能不被咬得"遍体鳞伤"呢？

（三）僧多粥少，超前消费

县乡两级，机构臃肿、人员膨胀。吃"皇粮"的多，就得多提留、多摊派，林业和林农的负担也就重了起来。据调查，某县的林区乡镇财政收入 692 万元，其中来自林业提留就达 430.2 万元。在职干部职工平均每个乡镇 56 人，按农业人口计算，每 150 人就有一个吃"皇粮"的。其中，属县财政全额拨款的在编人员占 51.6%，部分补贴的 27%，其余人员的开支、福利基本上全靠林业收费来解决。这么多张嘴，要吃要喝要消费，最后都转嫁到了林业和林农身上。

（四）急功近利，短期行为

一些林区的基层干部，希望在任期内快速发展经济，尽快改变面貌，创造立竿见影的"政绩"。在林木资源受到严格控制不能超量采伐的情况下，不少干部便不顾林业和林农的承受能力，在木材收入分配上打主意，向林农伸手集资、摊派、提留，强行在出售木材时扣款，从而加重了林业和林农的负担。

三、林业税费政策改革的建议

针对目前江苏省的林业税收状况，我们还提出如下建议：

（一）取消林业"两金一费"

"两金"制度是从 20 世纪 60 年代开始建立并不断完善起来的。从理论上讲，"两金"是物质消耗的价值补偿。其资金性质，育林基金是用于恢复森林资源的主要资金来源，更改资金相当于工厂的折旧基金、大修理基金，用于生产设备的更新和生产条件的改善（主要是兴建、维修伐区公路）。理论上在国家取消林业拨款的情况下，林区建立了"两金"制度，恢复森林资源、维持木材生产才得以进行下去。"两金"对维持林业简单再生产，保护发展林业起了决定性作用。江苏省林农所采伐的人工林基本上是林农自己造林、抚育而成林的，不存在国家进行补偿的问题，同时"两金"也没有真正返回到林业生产。苏北绝大多数地区相对江苏其他地区来说是贫困地区，地方财政收入比较困难，有的地方不断减少当地林业主管部门的财政拨款，使得当地林业主管部门不得不用征收的育林基金支付日常行政事业费用，成为养人基金，很少返还到林业生产建设上，反而加重了农民的负担，挫伤了农民造林的积极性。

（二）对林业企业予以政策扶持

对重点龙头企业从事造林、营林和林产品初加工所得，免收企业所得税；对以"三剩物"和边角料为原料生产加工所得产品，实行增殖税即征即退。对开发新的林产品的各项费用，不受比例限制，计入管理成本。对投资林业的外商企业，经营期10年以上的，企业所得税前5年免征，后5年减半征收。

（三）严格依法征收

除税务、财政、林业部门外，其他任何单位和个人不得以任何借口进入林业企业收费；税务登记上门服务，费用优惠。坚决清理"搭车"收费乱收费。加强监督管理，避免巧立名目、乱征税收费现象发生，维护林业税费制度的严肃性。一些地方政府把林业部门当作经济部门，不仅对林业没有投入，还要求林业部门上缴管理费。一些森工企业为了生存的需要，降价收购木材。另外，也有一些地方政府为保证以木材为原材料的工业企业的利润，制定政策低价收购木材，以降低企业的生产成本。这种降低收购或低价收购木材的做法，加重了林农的负担。

（四）稳定农村的林业政策

要稳定山权林权，保护林农生产积极性，保护林业生产力。要维护林农合法权益，完善责任山承包经营合同，推广先进的技术和良种，防治林业"三害（森林病虫害、火灾、乱砍滥伐）"，为林农的致富增收服务。

（五）建立财政补贴制度

财政补贴是国家促进林业发展的主要手段之一。林业财政补贴的范围主要是第一和第二产业，补贴的种类主要有：直接补贴、贴息贷款、把政府收入的一部分直接或间接转让给农民和加工企业。具体来说，一是对小规模的家庭造林、荒山荒地造林进行补贴，对作为商品林建设的杨树资源培育应坚持市场调节为主，同时政府给予一定的政策扶持；二是地方财政应加强对杨木加工企业的财政政策支持，建议借用世界上发达国家的成功做法，由地方财政部门从财政预算中建立杨木加工企业风险准备金，或建立杨木加工企业信誉保证金，支持加工企业的发展；三是通过林业科技投入，推广新技术的投资风险财政补贴，鼓励农民和企业增加杨树资源保护和开发的资金，使杨树资源真正能够"永续利用"。

（六）公开收费项目与标准，并实行亮证收费

对涉及农民的合法收费项目，各征收单位应公布收取的项目、依据及标准，让农民交得明白，接受社会监督。坚决制止各种乱收费行为，对违反法规、政策的做法严肃查处，切实维护农民的合法权益，把农民负担减轻到最低限度。

第六节　江苏现代林业融资体系建设

绿色江苏现代林业建设是一项投资巨大的工程。按总体规划设计，仅生态工程资源培

育一项，总计投资 152.18 亿元，其中，营林建设投资 89.97 亿元，工程基础设施建设投资 14.68 亿元，其他配套设施投资 47.53 亿元。如此巨大的投资，仅靠政府财政的投入显然是不现实的，无论在理论上还是实践上都要求寻找一条超常规的融资渠道，深化改革，创新机制，拓宽渠道，因此，建立和健全江苏现代林业建设的科学融资体系，保证融资渠道的畅通成为江苏现代林业建设的关键所在。

一、融资的核心体系

实现林业跨越式发展，无论是高新技术的应用还是优势产业的崛起，或是启动影响全局的重大工程，都离不开巨大的资本支撑。没有一个比较发达的资本市场，是难以满足巨大的资金需求的，因此，要正确认识资本市场，并遵循市场运行规律，观察我国林业资本市场存在的缺陷，从而寻求一条超常规的发展道路，推动中国林业"资本市场的革命"，最终实现林业跨越式发展。

（一）政府财政

1. 国家财政拨款

分项规划江苏省现代林业建设工程，对关系国计民生、社会稳定的公益林体系工程，争取国家基本建设和林业专项经费拨款，同时可通过国家林业综合开发资金、国家科技推广项目资金及国债等途径争取国家财政支持。

2. 地方各级政府财政

地方各级政府财政是现代林业工程建设的重要经费来源，应切实加大财政的支持力度，设立工程建设专项经费，另外包括政府对林业的支持资金，中央财政资金配套的地方政府配套经费。

中央和地方各级财政对现代林业工程的投入占有主要地位，其重点是解决江苏生态核心林、林业基础设施的建设，社会服务体系、科技进步及市场体系的培育，确保林业在可持续发展战略中的重要地位，在生态建设中的首要地位。

（二）森林生态效益补偿

森林生态效益补偿费的收取可起到减轻政府对林业投入的财政压力，使其成为林业发展的最主要资金来源之一。森林在陆地生态环境中涵养水源、保持水土、美化环境等方面起着主导作用。因此，对以生态作用为主的森林进行生态效益补偿是维护生态环境，促使林业走上良性循环道路的当务之急，森林生态效益补偿制度建立的成败与否，对林业投资体制改善意义重大，对我国今后林业发展的命运将产生深远的影响。

森林生态效益补偿费用的收取可通过以下两种主要方式获取：一种为以国家法规的形式设立新税种或按一定比例依附于其他社会税种（如营业税、消费税、增值税等），这种方式能够借助税制权威性、强制性，确保森林生态效益补偿费稳定收取，且操作程序简单，易形成一种长期制度顺利实施，并体现全民对生态林发展的社会性贡献。另外一种为对森林生态效益进行科学权威的区域划分，明确生态林建设区及相应的生态林受益区，由受益区域的地方按其每年国民经济总产值或人均产值提取一定比例税金为生态林建设提供生态效益补偿费。

（三）林业内部投放资金

林业内部的资金主要包括育林基金、林权改革资金及留存利润。育林基金建议取消因此不作探讨。留存利润在林业单位一般很少，因过去林业经营资金缺乏，少有留存；林权改革资金是当前林业改革的一个亮点，在国家政策鼓励下，原有部分国有或集体商品林进行林权制度改革，极大促进非公有制林业发展，同时也积累部分林权改革资金，江苏省在林权改革上，极具特色，走在全国前列，应采取鼓励措施，吸收这部分资金用于现代林业工程建设。

（四）企业融资

企业投资主要以经济效益为目标。当前，江苏省一方面林业产业较发达，资源相对不足，资源市场具有较大的空间；另一方面社会经济的发展，人们环境意识的逐渐提高，发展森林、改善环境成为共识。因此，无论商品林还是公益林的建设，都具有一定的利润空间，政府采取一定的政策进行鼓励和引导，可使通过企业融资建设现代林业工程成为可能。

1. 林业企业商品林融资

鼓励林业企业建设基地，推进工业原料林的建设，实行林工贸一体化经营，已成为国外林业经营成功的经验。林业企业对森林资源具有明确的培育目标，且为了追求利润最大化，减少产品成本与原料风险，直接投资建立工业原料林培育基地或建立营林公司是当前林业企业发展的重要战略；江苏省林产业相当发达，具有一批设备先进、效益较好的大中型林产品加工企业，在市场经济条件下，政府应给予优惠政策，鼓励大、中型林业企业发展原料林，建立原料基地，推动商品林发展。

2. 其他企业商品林融资

随着我国经济的发展，市场竞争日趋激烈，许多行业获利的空间越来越小，一些企业正在寻找拓展投资的空间或转移投资方向，而当前我国林业政策的放松，尤其是商品林，使林业具有较大获利的可能。当前江苏省林产品加工业发展迅速，资源短缺现象严重，商品林发展具有很大的市场空间，只要继续完善鼓励政策，吸引其他企业投资商品林建设，将大大促进商品林的发展，顺利实施江苏省现代林业工程商品林建设。

3. 企业对公益林融资

随着人们生活水平的提高，对居住和投资环境改善的愿望也越来越强烈，小区和投资环境建设成为人们关注的焦点。因此，通过一定的优惠政策，吸引开发商对生态公益林融资，改善居住和投资环境，促使房产和地产增值。这一点在苏州已有成功的范例。

（五）个人和集体自筹资金

我国是一个农业大国，但传统农业经济效益低下，农民种粮食的积极性不高，在经济发达地区这种现象更为普遍。而林业产权制度的改革，商品林采伐政策的放宽及林产加工业的快速发展，使农民对林业投资产生了一定的积极性。并且随着经济的发展，农村个人和集体拥有较大量闲散资金，通过政策宣传和一定的组织形式，能较快吸引个人和集体资金投资到林业建设。这种融资是目前林业投资的主要来源，进一步加强引导，个人和集体自筹融资将有较大幅度的增长。

（六）绿色彩票融资

绿色彩票的发行一方面可以解决生态林业资金短缺问题，是多渠道融资的一个尝试，同时彩票的发行具有巨大的社会效应，对提高人们的环境保护意识，建设绿色家园具有重要意义。我国体育彩票和福利彩票的发行对体育和社会福利事业发展的巨大推动作用就证明了这一点。

生态林业是典型的基础性行业，直接影响到社会和经济的可持续发展，而生态林业本身具有周期长、直接经济效益差、投资风险大、市场竞争力弱、吸收投资能力差等特点，绿色彩票所筹集的资金是无偿资金，可以长期稳定的使用，且持续不断的巨额资金投入将有力地推动生态林业建设和发展。

（七）社会捐赠

社会捐赠有国际和国内两种形式。国际捐赠主要为国际组织或政府通过一定的形式募集资金用于支持我国的林业或环境保护事业的建设。如1999年决定成立中日民间绿化合作委员会，日本出资100亿日元建立合作基金；1999年12月15日世行中国首席代表伏格乐先生呼吁，为帮助中国政府及地方社区提供改革调整林业产业结构所需资金、技术及政策咨询，在地方政府、国际捐赠代理、非政府组织、个人及研究机构之间，建立一种新的伙伴关系，资助中国林业事业。江苏省可积极争取援助资金用于发展林业事业。国内捐赠可通过企业或以一定的形式发动社会认养森林，以解决一部分现代林业建设资金。

二、林业信用融资体系

绿色江苏现代林业工程耗资巨大，资金的短缺是制约林业发展的关键因素，有了融资的核心体系，尚需建立和健全融资的信贷体系，为融资提供畅通的渠道，创建良好的融资环境，合理地调节资金的供求关系，优化社会资金配置，为工程的顺利实施提供可靠的保障。

（一）银行信用融资

银行信用融资一直是林业融资服务体系最主要的组成部分，银行在国民经济综合部门中具有特殊的地位，其资金实力雄厚、点多面广、网点普遍。银行在资金的运营上，要因地制宜，长短结合，优先支持林业的基础项目和"瓶颈"项目，对短期贷款侧重支持效益好、周转快、产品占有率高的林业企业，促进林业的快速发展。

（二）合作信用融资

农村信用社的存贷活动是金融机构筹集和融通资金的一个重要组成部分，农村信用社的活动具有组织上的群众性、管理上的民主性和经营上的灵活性，同时还有活动的区域性。它对农村发展林业，尤其对农民个体造林解决资金不足具有重要的作用。

（三）证券信用融资

这是一种银行间接信用融资的有效补充。通过发行政府债券、企事业债券、股票等方式把社会上广泛存在的零散资金纳入资本的轨道，促进资本的集中，扩大资本的来源，增强其向社会筹集资金的能力，减轻对银行信贷资金的压力，同时可相应满足投资盈利目的。

（四）外币市场

随着国民经济和对外经济的发展，引进外资开拓多元化的融资是完善林业融资服务体系的一种重要途径，可通过争取外国政府贷款和世界银行贷款的方式发展林业生产。

（五）林业基金

林业基金是一项国家保护与扶持林业发展的投资政策，传统上我国现有"一金两费"的林业基金制度虽然是按这一目标收取的，但没有用于直接扶持林业发展，这主要是由于我国支持林业发展财力基础极为有限，远不能满足我国林业"跨越式"发展的要求。因此，仅仅建立本质上属于公共财政投资政策的林业"政府基金"，远不能满足我国林业"跨越式"发展的要求。建立一种超出政府基金之外、按市场机制运作的"森林投资基金"，具有非常现实的意义。林业基金的来源为每年征收的水源涵养费、企业排污费，国家拨款专项经费，大型林业工程自筹的资金，基金贷款利息，超期贷款罚息、滞纳金和挪用贷款罚息，扣除按国家规定支付的手续费外，其余部分的资金。林业基金以支持林业发展为目标，确保林业发展有稳定的资金来源和支持林业生产的基本建设，林业综合开发和林业重点工程建设等。

总之，在市场经济的运营轨道上，金融和投资体制与计划经济时代相比，发生了深刻变化，林业融资必须更新理念，创新机制，建立和健全多元化的林业融资核心体系和服务体系，为现代林业工程建设提供有力的资金保障。

三、林业融资政策保障机制

政策是经济工作的生命线，林业融资渠道的畅通必须以政策为保障。林业融资政策的制定要以林业行业的特点为出发点，保证生态环境不断改善，公益林业建设能持续稳定发展；保证商品林建设朝着高效、持续、稳定的方向发展，满足社会经济建设和人们生活水平不断提高的需求。

（一）融资政策制定的指导思想

林业是一项重要的社会公益事业，也是一个具有典型外部经济性的行业。由于这一特点，在江苏省现代林业建设中，应进一步区分林业产品的公益性和经济性，按社会发展需求规划及"谁受益、谁补偿"的原则，确立科学的融资机制。林业生产的所有产品中，木材及其林副产品有形实体效益归属问题较少引起争议。而作为森林环境效益，在实行生态效益补偿时，如何补偿及补偿多少，经常引起人们的争议，究其原因，是森林效益的归属问题没有完全解决。

从公共经济学角度看，森林效益所有财富和服务，根据其效益归属，可分为如下五类（铃木尚夫，1989）：①私有财富：它的效益只属于支付代价的人；②准私有财富：由多数人共同利用、消费，但利用与否任凭个人选择；③有差别的公共财富：每个人虽说都能从共同的公共财富中受益，但受益量因居住地的地理条件等不同而各异，但每个人却不能排除它；④地区化的公共财富：它不是纯粹的公共财富，但具有公共财富性质，某个人只要不居住在那个地区，他就不能享受那个地区的这种利益；⑤纯粹的公共财富：尽管每个人的主观评价有差异，但全体社会成员都能均等地消费。

森林环境效益具有消费的集体性，即同时被众多的人等量消费，通常某人的利用并不妨碍他人的利用，森林的环境效果具有类似"公共财富"和"集体财富"的性质。森林的环境效益虽说有多数人共同消费，但其效益种类不同使受益者的范围也不尽相同，同时，也并非每个人的受益在任何时间都相等；另外，森林的环境效益具有不排他性，它不能够象市场上的商品一样可用于交换，不能按照各自所享受的受益来分担费用，即在市场经济条件下，由于市场机制的不完善或市场失效的存在，必须发挥公共财政的重要作用。

因此，公共财富的森林生态效益部分应由各级财政承担，而不同用途的森林类型，根据江苏社会和经济发展的实际情况，政府在融资机制上所起的作用不同，政府补偿的方式及额度也不同。

（二）不同经营类型森林融资保障机制

林业产品的外部性与福利性带来的林业资金无法通过正常市场交换补偿的问题，以及林业商品性与公益性两者的关系问题，是林业可持续发展的关键。在市场经济条件下，林业发展的融资只能是一条政府与市场结合的道路。按森林经营分类确立林业建设融资保障机制，考虑到江苏省山地森林较少，除生态公益林和商品林外，增加一个兼用林。

1. 公益林融资机制

纯粹的公益林，如城市森林、长期性防护林（如护路林、护岸林、水源涵养林等）、特种用途林等，是一种纯粹的公共财富，其生态及景观效益没有排他性，经济外溢性小，其交换补偿属于市场失灵范畴。这一部分森林的建设应以政府计划为主导，财政无偿扶持，同时辅以相关的、享受林业效益的经济主体以货币的形式予以补偿。主要融资机制如下：

政府财政为主体：由于生态公益林的非市场性特征决定其在市场条件下融资能力差，主要依靠政府财政的直接扶持。但由于财政渠道的风险性，林业是一个基础性行业，在财政资金不足时优先被排挤，因此，应以立法或法规的形式明确每年财政支出用于生态公益林建设的比率。

社会补偿资金为辅：主要通过完善森林生态效益补偿机制，对涉及不同层次的防护林，如公路、河流、水库、城市等，明确各相关主体的权利和义务，以行政收费方式直接收取；另外，社会捐助资金主要用于公益林建设。同时，森林生态效益补偿是公益林持续发展的有力保证。森林生态效益补偿金目前虽已开始实施，但未形成系统稳定的建设资金，应以立法形式完善社会补偿的稳定与充足。

2. 商品林融资机制

商品林是指经济林、用材林、薪炭林等，虽然其具有一定的生态效益，但从公共经济学角度，它的使用具有排他性、经济有外溢性，同时在市场经济条件下，它具有竞争性。它属于私有财富，因此其建设遵循市场机制运行，主要以企业、个体、集体融资为主，实行自主经营；然而，由于森林经营周期长、风险大及效益多重性，政府应进行政策性支持和补偿，运用育林基金进行补助。另外，应疏通融资渠道，建立和完善融资体系，如在信用融资方面，以森林资源作为抵押进行信贷支持，同时应探索建立绿色银行或林业绿色基金等完善林业信用融资机制。

3. 兼用林融资机制

兼用林是指除划分为公益林和商品林外的所有森林，这一部分森林与传统林业经营方式相同，但从现代林业发展情况看，今后建设中占有一定的比例，因为江苏森林资源的发展主要依靠非林业用地，它具有许多不确定因素，政府应根据生态建设的需求和市场经济的变化，给予政策上扶持和财政上补助，因势利导，吸引公众投资。

（三）林业产业融资机制

林业产业是以追求经济利益最大化为目标的产业，具有市场融资的能力，完全遵循市场经济规律，其融资机制主要通过企业资本运作、股份制改造、信用融资等方式进行，政府主要是对其政策扶持，为其创造宽松的投资政策环境。

第七节　江苏现代林业建设法制保障体系

构建江苏现代林业法制体系，推进江苏林业各项活动依法进行，提高林业执法水平，确保各项林业法制公正、公平以及严格实施，是江苏实施"绿色江苏现代林业行动"、推进生态省建设和实现林业现代化战略目标的重要保障。

一、林业法制建设状况

（一）完善《江苏省实施〈中华人民共和国森林法〉办法》

《中华人民共和国森林法》颁布和实施以后，江苏省根据《中华人民共和国行政处罚法》和其他有关法律、行政法规，结合江苏省具体情况，于1992年10月27日制定和颁布了《江苏省实施〈中华人民共和国森林法〉办法》。此后根据社会发展和生态环境建设的需要，先后于1997年、2000年和2003年进行了3次修正。办法共包括森林、林木和林地权属管理、植树造林、森林经营管理、森林保护、森林采伐更新和法律责任等八章四十九条。明确规定了江苏省林业建设实行以营林为基础、普遍护林、大力造林、采育结合、永续利用的方针，发展平原绿化，加强丘陵山区林业建设，建立林业生态体系和林业产业体系的总体思路；指出植树造林、保护森林资源是公民应尽的义务，地方各级人民政府应当组织全民义务植树，开展植树造林活动；鼓励林业科学研究和技术推广，提高林业科技水平；加强森林资源管理，制止一切破坏森林资源的行为；对植树造林、保护森林资源、林业管理和林业科学研究有显著成绩的单位或者个人，由地方各级人民政府给予奖励；并对森林资源实行一系列保护性措施，如：对森林实行限额采伐，鼓励植树造林，封山育林，扩大森林覆盖面积；根据国家和江苏省人民政府有关规定，国有造林、育林列入基本建设计划；集体和个人造林、育林给予经济扶持或者长期贷款；征收育林费，专门用于造林、育林；煤炭、造纸等单位，按照煤炭和木竹浆纸张等产品的产量提取一定数额的资金，专门用于营造坑木、造纸等用材林；建立林业基金制度等。

（二）制定和颁布了《江苏省〈森林防火条例〉实施办法》

为有效预防和扑救森林火灾，保护森林资源，促进林业发展，维护自然生态平衡，江苏省根据《森林防火条例》和国家有关法律、法规，并结合江苏省实际，1991年12月14日颁布了《江苏省〈森林防火条例〉实施办法》。办法共有森林防火组织、森林火灾的预防、森林火灾的扑救、森林火灾的调查和统计、奖励和处罚等七章三十一条，明确规定了森林防火工作实行各级人民政府行政领导负责制，各级林业主管部门对森林防火工作负有重要责任。林区各单位都要在当地人民政府领导下，划定森林防火责任区，实行部门和单位领导负责制。

（三）制定和颁布了《江苏省全民义务植树条例》

为了推动江苏省全民义务植树活动的开展，加快国土的绿化进程，保护和改善生态环境，依据国家有关法律、法规，结合本省实际，江苏省于1996年8月16日颁布了《江苏省全民义务植树条例》。

（四）城市绿化等方面的地方性法规

江苏省在城市绿化、古树名木保护管理、园林保护和管理等方面建立了一系列地方性法规。1992年10月27日江苏省第七届人民代表大会常务委员会第三十次会议通过了《江苏省城市绿化管理条例》，此后根据社会发展的需要，先后于1997年和2003年进行了两次修改。此外，根据《江苏省城市绿化管理条例》及《建设部关于加强古树名木保护和管理的通知》的有关规定，江苏省各地依据《江苏省城市绿化管理条例》和《江苏省城市古树名木养护管理暂行规定》等法规，纷纷制定了一系列地、市级法规。

如南京市于1995年6月15日发布施行了《南京市城市绿化管理办法》，1999年8月1日制定并实施了《南京市城市绿化管理条例》，条例中详细规定了城市绿化的规划和建设、管理和保护以及法律责任等26条内容。

苏州市制定了《苏州市城市绿化条例》，以法规的形式明确了任何单位和个人不得擅自占用规划绿地、变更规划绿地的使用性质，增强了执行绿化规划的严肃性；同时，以法定的程序，严格控制规划绿地的变更，以法保护规划绿地，又提高了控制变更规划绿地的可操作性。无锡市为了加强古树名木的保护和管理，保护国家重要生物资源和历史文化遗产，根据《中华人民共和国森林法》和国务院《城市绿化条例》的规定，于1999年3月29日通过了《古树名木保护管理办法》，详细规定了古树名木保护管理的方方面面。

二、国外相关法律制度的经验和做法

进入20世纪90年代以后，有关森林与林业的政策法规一改过去传统的思想观念，从单纯把森林作为经济资源来保护监督和单一的政府管理行为，转为重视森林的环境效益和社会效益，尽可能最大限度地寻求广大国民的广泛参与。下面，通过对美国、加拿大、瑞典、芬兰、挪威、德国、法国等林业发达国家有关法律制度的分析，为我国林业法制建设提供借鉴。

（一）强调森林的多目的、多功能利用

世界林业发达国家在各自的林业法规中，逐步明确森林由单一的木材生产为主的经济利用转向强调森林的多目的、多功能利用。如 1960 年，美国的联邦林务局就制定了"森林多目的利用持续生长量法（MUSYA）"，并在 1992 年正式提出了国有林经营要向生态管理方向转换的方针。瑞典在 20 世纪 90 年代，制定了木材生产和环境保护同等重视的新的森林法。芬兰在 1997 年重新制定了以经济林为对象把木材生产和生物多样性保护放在同等重要位置的新森林法。挪威 1976 年的新森林法重视木材生产优先的同时，广泛注重游憩利用和环境保护机能，并在 1981 的森林法里导入了多目的利用等内容，1989 年农业部和环境省联合发表了有关林业的多目的利用的报告，使进入 20 世纪 90 年代以后林业的多目的利用的政策浸透到了全国。法国早在 1827 年制定的以生产、保护、游憩利用三方面对等处置的森林规则一直沿用至今。而且，从 1998 年开始着手制定的，旨在把所有的森林基本上都变为多目的利用为宗旨的新森林法自 2001 年起开始施行。

（二）限制森林采伐方式、强化采伐限额

世界林业发达国家在各自的林业法规中，逐渐明确对森林的皆伐作业进行限制，并强化采伐限额。如瑞典 1974 年提出的"林业共同环境政策纲要"中明确了皆伐申请制度，1983 年制定了特定重要阔叶树林法。加拿大的森林施业规则法（FPC）包含了世界上最为苛刻的限制内容，致使可能生产木材的面积和单位面积的木材收获量减少了 35%。芬兰到 1970 年前后对全国的皆伐作业也进行了不同程度的限制。挪威在 1976 年的新森林法中，强调了采取林道建设许可制和皆伐面积的限制措施等。法国从 1974 年开始对林业进行环境评价和起用环境保护派的国有林业局长，并强化采伐限额。

（三）最大限度地寻求国民广泛参与森林管理

世界林业发达国家在林业法规制定过程中，都体现出了广大国民广泛参与森林管理，并影响林业政策与法规的制定。如美国于 1976 年制定的国有林经营管理法，被称为是具有划时代意义的法律，因为它首次以法律的形式规定了将森林和林业发展的调查规划过程以及具体实施的有关详细情况导入公共参与的制度。加拿大在 1992 年首次制定了广泛吸收意见、有一般国民普遍参加讨论的联邦国家森林战略。法国 1976 年制定了自然保护法，1977 年导入了环境省参与国有林经营规划的过程。德国基本上是长期坚持了以木材生产为主导的政策，到了 20 世纪 80 年代，要求保护生态系统的呼声日益高涨，为了改变过去的木材生产为主的传统经营模式，提出了"近自然林业（CTNF）"的构想，到了 20 世纪 90 年代初，发展到了要求制定富有生态意义的森林法的地步。

三、完善江苏省和我国林业法制体系

我国林业法制建设的任务还相当繁重。尽管我们已经初步建立起了林业法律法规体系的基本框架和林业普法及林业执法的机制，但还仅仅是初步解决了有法可依的问题，林业立法的"空白"要添补，林业普法的死角要消灭，林业执法中有法不依、执法不严、违法不究的现象要消除，就必须进一步加强林业法制建设。完善林业法制体系，是促进江苏现代林业发展规划的顺利实施以及实现生态省建设和林业现代化战略目标的重要保障。

（一）加强林业立法

我国在森林资源保护方面初步形成了以《中华人民共和国森林法》为主体的林业法规体系。现行森林法对森林资源的保护管理、培育种植和合理利用都做出了相应的规定，在执法实践中也发挥了重要作用。为加强生态环境建设，保障国家生态安全，完善森林资源保护管理方面的立法，要以森林法为"母法"，在此基础上制定相应的行政法规、部门规章、地方性法规和地方政府规章，形成以森林法为"母法"的林业法律体系。

1. 修改和完善我国森林法规定的法律制度

现行森林法是 1998 年修订公布的，基本适应了当时市场经济条件下保护森林资源、发展林业的客观需要。但是，随着社会经济持续快速稳定的发展，林业在生态环境建设中的首要地位便日益显现出来，而现行的森林法在这方面的规定明显不足，已经不能完全适应实施可持续发展战略的客观需要，需进一步修改和完善。森林法的修改应侧重在以下方面：一是在《中华人民共和国森林法》的立法宗旨中更加明确体现林业在生态环境建设中的首要地位、要对立法目的、林业建设方针等进行修改。二是在章节结构上要体现林业"由以木材生产为主向生态环境建设为主"的战略性转变，按照"林业在生态环境建设处于首要地位"的要求，重新设计结构，使之更加适应实施可持续发展战略的客观需要。三是在主要法律制度的设计上要体现保护稳定有效的森林生态系统和适应六大工程建设及实现林业跨越式发展的需要，系统地完善森林资源保护、生态林建设、国有森林资源管理体制、森林公园建设管理等制度。四是适应由部门办林业向社会办林业转变，大力发展非公有制林业，完善森林采伐更新管理和森林、林木、林地流转方面的法律制度。五是适应由无偿使用森林生态效益向有偿使用森林生态效益转变的要求，完善森林生态效益补偿的法律制度，并进一步明确对防护林和特种用途林的划定、批准、监督的管理。六是针对森林法实施过程中出现的一些新问题、新情况，增加和补充相应的法律规定，如关于自然保护区的管理制度、自然保护区内的非国有林管理、人与自然的协调发展和树木移植管理等问题。

2. 完善森林、林木、林地流转方面的法律法规

近年来，江苏省一些地方的农村集体经济组织和个人将其经营或者承包的森林、林木或者林地使用权作价入股、联合经营，有的地方将森林、林木或者林地使用权以出租方式转让，吸引外商投资，营造速生丰产林。这些流转方式有利于森林资源的规模经营，调动了社会资金投资林业生产和生态环境建设。但是，由于森林法只对森林、林木、林地使用权的转让、作价入股或者作为合资、合作造林、经营林木的出资、合作条件等做了原则规定，实践中缺少执行的具体规定，也缺乏明确的法律规范以保障各方当事人的合法权益，既不利于森林、林木、林地的所有权或者使用权流转的健康发展，也严重影响了社会各界投资林业的积极性。因此，要根据江苏省的实际情况，制定适应市场经济条件的森林、林木、林地所有权或者使用权流转方面的法规。应包括以下主要内容：依法可以进行流转的森林、林木、林地所有权或者使用权的范围，商品林（用材林、经济林、薪炭林）应当属于鼓励流转的范围，公益林（防护林、特种用途林）应当属于限制流转的范围；森林、林木、林地所有权或者使用权流转的限制条件，即森林、林木、林地所有权或者使用权流转不得改变林地的性质和用途，以确保国家的林地不减少和森林覆盖率奋斗目标能够顺利实现；所有权或者使用权价值评估机构和评估程序；所有权或者使用权流转合同及主要条款、当事人的权利和义务、履行方式、违约责任；所有权或者使用权流转的监督管理及权属变更登记；非法进行所有权或者使用权流转应当承担的法律责任等。

3. 完善森林生态效益补偿的法律法规

森林法根据森林的主导功能不同将森林分为防护林、用材林、经济林、薪炭林和特种用途林五类。通常将防护林和特种用途林称为生态公益林，培育这部分森林的主要目的是发挥森林的生态效益和社会效益。由于生态公益林不得进行以单纯取材为目的的采伐，故不能像用材林一样通过采伐林木、出售而获得经济收益，弥补经营森林的支出和开支，因此，生态公益林的采伐将受到严格的限制，影响了这些森林所有者或者经营者从其所有或者经营的森林中获取经济收益的权利。森林法已规定国家设立森林生态效益补偿基金制度，对经营防护林、特种用途林的单位和个人给予补偿。因此，应根据我国生态公益林的具体情况和国家的有关规定，研究制定森林生态效益补偿法规，主要内容应当包括：生态公益林的划定和分类标准；补偿资金的来源或者筹集办法；补偿的标准、程序；获取补偿后森林保护管理的责任；获取补偿后有关主管部门对生态公益林的监督管理及法律责任等。

4. 完善森林采伐更新管理的法律法规

为了充分发挥森林的生态效益、社会效益和经济效益，按照事权划分的原则和根据森林的主导功能的不同将森林分为生态公益林和商品林，并实行不同的经营管理制度和管理措施，即林业上的分类经营。为此，要在总结现行管理经验的基础上，改革现行的森林采伐更新管理制度。修改后的森林采伐更新管理法规应当包括以下主要内容：森林采伐更新应当遵循的原则，即生态公益林只准进行抚育和更新性质的采伐，商品林则应当按照森林经营方案的规定由当事人自主选择法规规定允许的方式进行采伐；商品林采伐主要实行择伐或者渐伐的方式，严格控制皆伐；条件好不易造成水土流失区域的商品林可以实行一定面积的皆伐，但要保证当年或者次年更新；商品林的采伐年龄根据森林经营方案或者市场的需要由森林经营单位或者个人决定；林业行政主管部门负责对采伐活动的监督管理并提供有关服务；对采伐的林木实行标志或者标签管理；采伐后的更新和法律责任制度等。

5. 制定《自然保护区管理法》

在如何处理保护与当地群众的生产生活的关系上，需要在总结实践经验和教训的基础上，起草制定《自然保护区管理法》，将现行行政法规的规定上升为法律，并根据自然保护区管理的实际增加一些法律规定。

6. 将湿地的保护管理纳入法制的轨道

湿地是自然生态系统中的重要组成部分，目前我国还没有专门针对湿地进行保护管理的法律法规，这已经不能适应湿地保护管理的客观需要，因此需要制定《湿地保护法》。

7. 制定《森林公园管理法》

森林公园既是保护森林和野生动植物资源及森林景观的重要手段，也是为人们提供休憩、旅游的重要场所。要在总结森林公园建设和发展经验的基础上，研究制定《森林公园管理法》，保护和促进森林旅游事业的发展。

8. 修改和完善《中华人民共和国野生动物保护法》

1988年的《中华人民共和国野生动物保护法》与近年新颁布或新修改的法律如刑法、行政处罚法等，以及有关国际公约等的规定出现了一些衔接上的矛盾和问题。应尽快修改和完善，用法律手段确认和调节社会主义市场经济条件下野生动物保护管理活动中产生的各种关系。

9. 制定《中华人民共和国野生植物保护法》

为加强对珍贵、濒危野生植物的保护，需要在总结《中华人民共和国野生植物保护条例》实施经验的基础上，借鉴国外的保护管理经验，起草制定野生植物保护法律，以保护生物多样性和维护生态平衡。

10. 制定珍贵树木和古树名木保护管理方面的法规

珍贵树木是生物资源中重要的种质资源，古树名木则是我国重要的文化遗产和遗传资源，两者理应受到保护。但是国家尚没有这方面保护的专门法规，一些违法行为特别是毁坏古树名木的行为得不到依法处理。需要研究制定珍贵树木和古树名木保护管理方面的法规，用法律保护珍贵树木和古树名木资源。

11. 制定《植物新品种保护法》

我国已经加入《国际植物新品种保护公约》和世界贸易组织，植物新品种保护方面的有关情况与当初制定植物新品种保护制度的情况有了很大的变化，应当结合实施《中华人民共和国植物新品种保护条例》的经验和林业植物新品种保护工作的特点，研究起草植物新品种保护法。

12. 完善城市森林建设和管理方面的法规

城市森林是林业生态环境建设的重要组成部分，也是城市建设的重要内容，被视为现代化城市的一个重要标志。要加快城市森林建设的步伐，加强城市森林的管理，必须进一步完善城市森林建设和管理的政策法规，使之适应新形势的需要。一方面应对现有法律法规进行修改，明确城市森林建设的管理权属、资金来源及建设水平指标等内容；另一方面，应以《中共中央、国务院关于加快林业发展的决定》及中国可持续发展林业战略为指导，江苏省政府颁布实施细则，明确城市森林建设是林业发展的一个重要内容，确立城市森林在林业发展战略中的地位。

（二）加大林业执法力度

林业执法工作的发展方向是在依法加大打击破坏森林和野生动植物资源违法犯罪行为的同时，完善执法责任制度和执法监督检查制度，形成执法队伍纪律严明和执法程序合法高效的林业执法与监督机制。江苏省在加强林业执法工作方面取得了一定的成绩，切实保护了森林资源，维护了林区的社会稳定，为林业法律、法规的顺利执行提供了强有力的保障。

江苏省在林地保护工作中还存在一些值得注意的问题，有的地方没有把保护林地资源和发展森林资源摆在同等重要的位置，没有认真履行好保护森林资源的职责；有的地方对林地保护缺少有力的监管措施，对滥占乱用林地的违法行为打击不力；还有的对征占用林地的审核把关不严，恢复森林植被的措施落实不到位。

为加大林业执法力度，应采取以下措施。

1. 完善执法责任制度和执法监督检查制度

实行执法责任制度是提高执法质量、保障严格执法和加强执法监督的有效措施。各级林业行政主管部门应当依法建立健全执法责任制度，通过层层分解执法任务，明确执法权限和执法程序，做到责任到人，执法到位，严防越权执法和推诿扯皮。如实行错案追究和赔偿责任制度、林业行政案件报告制度、案件督办制度等。在建立和健全林业行政执法责任制的同时，要扩大社会监督，建立和完善林业执法监督检查制度。林业行政执法责任制度是林业行政执法的内部监督检查机制，实践中仅靠内部监督检查机制是不全面的。为了适应林业执法的实际情况和充分发挥林业行政执法的作用，还必须加强外部监督检查制约机制的建设。

2. 实行领导负责制

区县农林（林副业）局局长是森林资源保护的第一责任人，分管局长是森林资源保护的主要责任人。要把这项工作列入重要议事日程，做到认识到位，责任到位，工作到位，为执法人员依法办事创造良好的社会氛围和执法环境。

3. 精心组织，确保实效

林地执法行动要在地方各级党委、政府统一领导下开展。各区县林业主管部门要根据统一部署，抓紧制定工作方案，及时向党委、政府进行汇报，尽快启动这项工作。要抽调林政执法人员，成立工作小组，集中时间和精力抓好这项工作。对这次行动中查出的案件要做到件件有处理，案案有结果。要加强和公安、国土、民政、地矿等部门的沟通和配合，形成工作合力。督查小组对各区县林地执法行动进行集中督查，其结果予以通报。

4. 加强宣传，实行标本兼治

要坚决贯彻"打防结合，标本兼治，重在治本"的方针，充分利用电视、广播、报纸等形式进行宣传，增强广大干部群众的法制意识，从根本上提高广大干部群众保护林地的自觉性。对一些典型案件的查处，要主动接受新闻媒体监督，请他们进行跟踪报道，公开曝光，做到处理一个，教育一片。

5. 严格考核，严格奖惩

有关部门对林地执法要实行严格考核，对各项工作到位、执法成效显著的，年终考核加分奖励；对工作失职、消极应付的给予通报批评，并建议有关部门给予纪律处分；对严重渎职，造成森林资源破坏行为的，依法实施责任追究。对工作走过场、工作失职和严重渎职的地方，暂停征占用林地审核，年终考核扣分。

（三）加强林业的法制宣传

学法、知法，是自觉遵守法律和正确执行法律的基础。开展普法活动，通过各种形式向人们宣传林业法律、法规，使其了解和掌握法律、法规规定的内容，增强人们的法律意识，提高各级林业行政主管部门和林业执法人员的法律素质，增强其依法行政和严格执法的能力，形成良好的守法和执法环境，保障法律的贯彻实施。今后林业普法工作的发展方向是建立健全完善普法工作制度，消灭普法工作的死角，形成持续稳定、运作有序的林业普法工作机制。江苏省一直很重视林业法制的宣传教育工作，各地经常举行林业法制宣传贯彻月、开办法律学习培训班等活动，增强了广大干部群众的法制意识，提高了广大干部群众知法、学法和守法的自觉性。如淮安市在 2003 年一月份开展了《中华人民共和国森林法》、《中华人民共和国野生动物保护法》宣传贯彻月活动。各地利用报纸、电视、电台等新闻媒体和墙头标语、宣传横幅、宣传车等多种形式，宣传林业法规。

各级林业行政主管部门要根据全国法制宣传部门和国务院林业行政主管部门制定的普法规划制定本地方的普法规划，并根据普法规划和本地方、本部门的实际情况分解形成年度工作计划，层层落实工作任务和质量要求，不留工作死角。此外，要必须严格执行中央关于普法工作所需经费应列入各级人民政府财政预算的规定。各级林业行政主管部门在同级人民政府安排的工作经费中应当保证林业普法工作的经费，以确保持续稳定、运作有序的林业普法工作机制的正常运转。

第八节　林业科技现代化建设

《中国可持续发展林业战略研究·保障卷》明确提出：搞好生态建设，加快林业发展，要靠投入、靠政策、靠机制，最根本的还要靠科学技术。科学技术是第一生产力，林业要实现跨越式发展，首先要实现林业科技的跨越式发展。

一、国内外林业科技发展趋势

（一）林木育种

林木遗传改良是林木优质、丰产、高效培育森林资源的基础，也是当前森林培育最重要措施之一。林木育种从常规育种，如种源选择，家系选择，母树林、种子园、采穗圃等良种繁育基地建设及杂交育种方法，向多倍体育种上的细胞融合、分子遗传育种等生物技术领域方向发展，特别是近几年控制木素合成基因的识别、定位、分离、克隆和基因转移等方面取得重大进展，并且把分离和改造过的基因分别成功地导入到山杨、枫香、桉树、相思树、火炬松和辐射松等规模化培育的树种，树木基因育种体系正在逐步形成。

（二）繁殖技术

要保证一个良种（品系）在生产上得以迅速推广应用，首要的是解决快速繁殖和提高繁殖系数问题，而容器化和工厂化苗木生产方式的兴起，较好地突破了繁殖技术难关。组织培养、细胞技术的介入，容器育苗、工厂化育苗和自动滴、喷灌技术的结合，极大地提高了苗木繁殖技术水平，使繁殖技术进入了自动控制的生产过程。

（三）森林培育

在人工林培育技术方面，根据定向培育目标，通过适地适树、优化栽培措施，缩短培育周期取得良好的经济效益。在培育技术研究上，由过去单一因子研究向综合技术研究方向发展。在造林地清理、立地分类与选择、整地方式、栽植技术、密度管理、病虫控制、土壤改良、地力维护、抚育间伐、主伐利用等方面进行深化，配套研究，形成了一套完整而系统的技术体系，极大地提高森林培育的效果。

天然林培育方面，当前主要是把森林作为一个生态系统进行经营管理，同时对其可持续经营的定量评价与可持续森林经营技术进行研究。

（四）林产品加工

应用高新技术提高木材综合率、拓展应用领域和市场竞争力是当前的一个主要发展方面，主要表现在：加工剩余物的利用，大大地提高了木材综合利用，缓解了林产品工业原料的短缺问题；电子扫描及超声波自控在木材生产上的应用，大大地改善了产品结构，提高了产品质量和经济效益，减少了资源消耗，为全树、全林利用打下坚实基础；生物技术的介入，如脱脂墨酶、分解漂白酶工艺走向实用化，为充满困惑的造纸工业带来了新的曙光；新科技的应用，如木质材料通过改性处理，其耐磨性能优于陶瓷，进一步提高木材加工产品的质量，拓展木材的应用领域。

（五）森林生态环境

当代林业不再是以木材生产为单一目标的产业，林产品生产多样化，森林效益的多元化，代表了现代林业发展的主流。联合国粮农组织（FAO）和国际林联（IUFRO）号召林学家积极开展森林作用的基础研究和应用研究，加强有关大气污染对森林的影响、植树造林和毁林对气候的潜在影响、大气变暖对森林生态系统的影响等方面的研究。据此，美国、日本、法国等发达国家发展了快速工程绿化技术，致力于形成以森林为主的流域治理森林工程体系，把生态环境治理与水土资源的保护、改良、合理利用相结合。

综观当前林业的发展趋势，世界林业科技的发展在较长时间里，仍将继续面对和着力解决三个方面的问题：一是森林资源培育问题；二是森林生态环境保护问题；三是森林资源的高效利用问题。

二、林业科技成果

江苏省林业科技取得可喜成绩，主要体现在以下两个方面：

（一）林业科技发展战略

江苏省在分析过去林业发展的道路，针对当前生态环境建设相对滞后于社会经济发展需求的现实，提出：把林业作为生态环境建设的主体、区域经济发展的重要产业放在突出位置，制定现代林业发展规划，实施"双五"工程。在规划中，强化科技支撑，提出"科技先导"战略，组装配套先进实用技术和高新技术，全方位支撑林业两大体系建设，以求得林业的最大综合效益。

（二）林业科技成果

江苏省以南京林业大学、江苏省林业科学研究院、南京农业大学、南京大学等高校和科研单位为依托，针对平原林业发展的特点，开展多种复合经营、良种繁育、林果林经高效经营、林产品加工等方面技术的研究，取得了丰硕的成果，同时进行成果转化和推广。以 2002 年为例，仅 1 年就先后引进和培育林木新品种 20 多个，推广各类林业先进技术 8 项。全省积极推广 10 多种林农复合经营模式，较好地解决了林木生长周期长与群众短期收益之间的矛盾，为平原林业的大发展探索出良性循环之路。虽然江苏省林业科技进步贡献率达33%，高于全国水平，但仍低于全省农业科技贡献率 52.7% 的水平，更低于发达国家的 60%的水平。主要原因是：①林业推广体系不完善，尤其是林业基层技术推广人员严重不足，尚未形成体系，推广网络"断链"。②林业技术信息平台尚未建成。江苏省尚需努力建设林业技术信息平台，加强技术信息的传播速度和效率。③林业高新技术有待于进一步开发和推广。

三、江苏现代林业科技发展途径

（一）技术集成与推广

林业的发展，科技成果与技术的应用是当前林业科技工作迫切和首要的任务，同时也是科学技术是第一生产力的重要体现。近年来，林业科技快速发展，为林业发展提供了丰富的技术储备，这些技术和成果的转化将为林业的发展带来巨大的财富。一方面林业有大量的科技成果涌现，另一方面林业生产实践急需林业技术的指导和应用，其关键问题是科技推广渠道不畅通，成果转化率低，这中间原因很多，但其中的关键因素是大多数技术成果主要是针对生产上的某一环节进行研究，缺乏生产技术的集成配套，即缺乏"接口工程"，同时技术推广网络体系不健全，缺乏协调发展的有效运行机制。因此，加强技术集成配套和技术推广是当前林业技术跨越式发展的瓶颈。

（二）发展高新技术、提高林业科技含量

从当今世界科技发展趋势看，国际竞争的重点正在转向以人才、技术、信息等要素为主的高科技产业的竞争，高新技术已成为技术创新的基地。针对林业系统高新技术滞后的现实，在资源培育中，要在生物技术、信息技术、新材料、航天育种技术等高新技术上进一步研究，加强资源培育、资源保护和资源监测等林业建设关键技术的创新和推广；在林业产业发展上，根据市场需求，加强高新技术产品的研究，以技术创新推动产业发展，采用先进的生产技术和设备，生产高附加值和有竞争力的产品。

（三）林产品深精加工开发和利用能力

林产品加工技术直接影响森林资源培育，影响林业经济的发展。江苏省林产品加工在全国处于先进的行列，但总体上，林产品加工企业技术参差不齐，大量低水平、高资源消耗的企业大量存在，且加工技术水平与发达国家相比，尚有相当大的差距。因此，林产品精深加工技术的开发仍将是江苏省林产品发展的主要方向。从制材技术看，应进一步提高出材率和成材价值；人造板工业的主攻方向是提高原料的利用率，开发新原料品和扩大木基复合材料的应用范围，生产工艺向自动化、连续化、高效节能方向发展；在木材加工上，加

工机械向高度精密化、自动化、智能化和清洁化方向发展；在产品结构上，主攻方面朝耐用、耐腐、耐压、固化和阻燃方向发展；在制浆造纸工业方面，加强酶工艺技术应用于造纸生产。

（四）加强森林资源保护

加强森林火灾防御和控制方面的研究，把森林火灾降低到最低程度，建立起以林火微波监控为主要内容的森林防火预测预警体系、以森林资源管护大队为主体的林火扑救体系和以护林防火指挥部为中心的森林防火指挥体系。建立病虫害预测预报系统，加强森林病虫害的综合防治，加强无检疫苗圃建设、林木检疫和森林病虫害的预测预报及防治，重点抓好松材线虫病的预防和松树枯枝病、杨树食叶害虫等病虫害的防治，积极推广生物防治技术；积极开展森林资源保护策略和生物多样性研究，保护和繁殖珍稀濒危动植物；另外，充分调动社会各界参与森林资源发展和管护的积极性，加大封山育林力度，使森林资源得到有效保护。

四、科技发展保障措施

（一）强化科技意识

江苏省过去受传统"无山无林业"的思想束缚和林业生产周期长、获取科技成果难、科技成果难以形成商品价值等观念的影响，林业一直得不到重视，科技兴林的意识较为薄弱，严重阻碍林业的发展。随着现代林业工程建设的启动，科技必然要先行，才能迎来林业的快速、健康发展，而发展林业科技的前提必须首先强化科技兴林的意识。因此，要通过以下措施强化科技意识：首先应加强领导，提高认识。把科技进步纳入各级领导的任期目标和责任制，作为考核干部政绩的主要依据，同时，在研究和制定生产发展规划、计划和讨论重大林业工程项目时，实行科技决策制度，把"科学技术是第一生产力"的战略方针落实到实处；其次，加强林业科技培训。针对林业生产重点工程，充分发挥林业科研院所、高校及各级林业推广机构的优势和作用，进行层层培训，把技术真正落实到生产实践中；另外，强化林业科技的宣传和普及。利用电视、报纸、广播、网络、图书和各种报告会的方式，加强信息交流与沟通，普及林业科技知识。

（二）完善科技推广网络

林业科技推广网络的完善是科技推广应用的基础。由于资源相对缺乏，过去林业发展滞后，各地（市）、县和乡镇林业科技服务体系极不健全，基层林业科技队伍力量薄弱，林业科技推广渠道不畅通，难以实现林业科技有效、快速的推广应用。随着各级领导对林业的重视，现代林业工程的启动，必须健全和完善科技推广网络，各市、县、乡（镇）林业部门应有专人负责林业科技和技术推广工作，科研部门、科技推广单位与生产企业单位要采取多种形式紧密合作，使科研与生产、科技推广、技术开发与经济建设逐步做到更加有机的融合和协调，实现科研、生产、技术推广、经济发展一体化。

（三）确保科技投入

林业科技的发展必须以科技的投入为前提，加强林业技术的研究和推广。林业科技资金应充分调动各方的积极因素，逐步形成多元化的投入体系。首先，各级财政要切实加大科技投入。林业是一个公益性的基础行业，其性质决定林业科技主要依靠政府财政的投入，保证林业科技的持续发展；其次，推动企业对科技创新的投入。在市场经济条件下，充分利用市场机制，鼓励以经济效益为主的林业企业大幅度增加研究开发资金，发展林业产业高新技术；另外，采取积极措施，继续建立和完善新的投资融资机制和激励机制，特别是适合高新技术产业发展的风险投资机制、保险机制、科技信贷机制和信用评估机制，使资本市场成为科技发展的强有力支撑。

（四）促进林业科技推广

市场经济条件下林业科技的推广，一方面要加大经济扶持力度，促进科技推广，另一方面要运用技术手段突破技术推广难关。主要方法有：①建立科技示范基地，以点带面，促进科技推广。在摸索大面积推广技术措施的同时，建立示范基地，逐步强化社会对科学技术应用的热情，激发应用科学技术的自觉性，扩大科技成果覆盖面。②对新技术、新产品推广应通过各级推广网络和技术服务体系进行广泛的宣传、指导，促进新技术和新产品的应用。③建立技术信息平台，加快林业科技推广速度。知识经济时代，信息网络成为人们获取科技的重要手段，建立林业科技推广信息服务网络，提供技术信息及有关专家信息，可大大加快技术推广的速度和力度。④科技进入实体，利用科技部门的技术优势，鼓励科技推广人员和科研人员进行技术承包，实行责权利挂钩，支持各级科技部门或个人办技术实体或以技术入股的方式开办股份联合体，减少中间环节，避免科研与生产脱节。

（五）强化质量监管力度

质量就是生命。江苏现代林业建设不仅要实现资源数量的倍增，同时更为重要的是保证资源质量的提高，生态环境的明显改善，林产品质量和效益的大幅度提高，为此必须加大力度进行工程质量监管，确保林业工程按质按量地推进。具体措施主要有：①完善标准体系。制定和修订林业标准化体系，对现有标准应根据国际标准和现实情况进一步修订，同时抓紧制定花卉及绿化苗木的标准，完善标准化体系。②加强质量监督。对林业生态工程，围绕江苏现代林业工程指标体系，完善工程建设监理制度，加强生态建设质量监督；对林业产业工程，实施产品市场准入制，规范产品的质量。

（六）建立和完善林业科技中介机构

林业新技术的服务、推广与应用的经济效益在初期一般较差，仅依靠技术推动与市场拉动的自然发展，速度缓慢，难以达到预期效果。为解决这一问题，建立林业科技中介机构是其中一个重要举措，该机构主要面向社会开展技术扩散、成果转化、科技评估、创新资源配置、创新决策和管理咨询等内容的服务，其组成可由林业部门、产业界与科研院校联合组建，主要进行林业产业中关键技术和共性技术的系统集成和工程化研究、传统生产工艺的改造、国外先进适用绿色技术的消化吸收和创新及咨询服务、技术培训等。在市场经济体制下，林业科技中介机构以专业知识、专门技能为基础，与各类创新主体和要素市场建立紧密联系，为科技创新活动提供重要的支撑性服务，在有效降低创新创业风险、加速科技成果产业化进程中，发挥着不可替代的关键作用，对全面提高创新能力，促进产业结构优化升级和经济的健康发展，具有重要的意义。

（七）深化科技体制改革

林业科技的创新和跨越式发展，需要深化林业科技体制的改革，焕发林业的活力。围绕林业发展的新形势，林业科技体制应进行相应的改革，逐步形成具有林业特点的知识创新系统，建立林业科研新机制，使科技与生产紧密结合。深化林业科技体制改革，首先要调整林业科技结构，主要解决学科结构、科研结构布局和组织结构，通过结构调整和人才分流，引入竞争机制，实现林业科技资源的优化配置及合理布局，提高林业科技总体实力；其次是转换机制，形成社会化、网络化、国际化的科研新模式，开放、活动、竞争、协作的新机制，形成鼓励创新、尊重知识和敬业爱岗的新文化；另外要发挥科技资源的优势，加强企业、高校和生产单位的联合，利用市场机制推动科技与企业组织的结合，开发新产品、推广新技术，促进林业科技成果的转化，培育发展林业技术市场和信息市场，逐步使企业成为技术开发的主体，使科技在指导企业生产水平上有新的突破。

第九节　林业管理现代化建设

一、林业管理现状及问题

（一）林业管理现状

1. 领导重视

近几年，尤其是 1998 年特大洪水以来，江苏省高度重视林业的发展，为了加快林业的发展，2003 年成立江苏省林业局，加强了林业的组织管理。江苏省以"十六"大精神、《中共中央 国务院关于加快林业发展的决定》及中国可持续发展林业战略为指导，明确提出以"绿色江苏"统揽林业工作全局，全面实施"双五"林业工程，加快造林绿化和林业产业发展步伐，强化森林资源保护，推进林业科技和机制创新。各地、市领导统一了认识，做到主要领导亲自抓，分管领导具体抓，并通过层层签订年度绿化责任状形式，明确绿化工作的任务和标准要求。

2. 林权改革卓有成效

林业产权归谁所有是林业发展的核心。自 1998 年《中华人民共和国森林法》修改实施后，江苏省积极探索林业产权制度改革的方法和思路，放手发展非公有制林业，大力推行林地林木经营权拍卖，招标承包和股份合作等多种形式的营林机制改革，扩大投资渠道，为林业发展注入了新的活力，极大地调动了投资者、生产者和管理者植树造林积极性，加快了林业产业发展步伐，提高了林业整体地位。

（二）存在问题分析

1. 林业组织机构不完善

江苏省的地（市）、县、乡（镇）等基层林业组织机构在近几年虽然得到一定程度的加强，但还远不能适应现代林业发展的需求，人才资源远远不足，执法队伍不健全，组织管理机构还很不完善。随着江苏省现代林业工程的实施，人力资源的不足、组织机构不完善与林业建设任务繁重的矛盾将进一步突出，急待建立职能健全、运转高效、管理权威、协调有力的林业组织机构。

2. 质量监督体系尚不完善

质量监督体系不完善主要表现在林产品加工业和林业工程建设质量两个方面：

（1）林产品加工业。江苏省虽然有较发达的林业产业体系，但良莠不齐的现象突出，手工作坊的木材加工业大量存在，加工产品质量低劣，扰乱林产品的正常市场秩序，同时造成资源的浪费，加剧资源矛盾，这主要是林产品质量监督体系不够完善所造成的。

（2）林业工程质量。江苏省近几年森林面积和资源迅猛发展，但存在着不少质量问题，尤其突出的是森林资源的增加主要集中在杨树面积和资源的增加，单一的纯林化发展现象明显，忽视森林生态系统的稳定性，存在着病虫害和地力衰退的严重隐患。另外，城市森林的营造过分偏重于大树移栽和外来珍贵树种的引进，没有充分发挥城市森林的生态效益。

二、林业建设人才保障体系

（一）林业人力资源的状况

江苏省林业职工在全国来看虽然具有较高的素质，但远低于其他行业，总体素质尚普遍较低，全省林业系统各类专门人才比例较小，许多林业人才流失，技术人员相对短缺，结构也欠合理。同时，具有创新精神的林业干部不足，优秀林业人才更为缺乏，另外，职业教育跟不上林业发展的需求，大量初、高中毕业生离校后很少接受培训，直接上岗，造成现有在岗技术工人严重短缺和技术水平下降。

（二）林业人才的管理

1. 树立"以人为本"的观念

"以人为本"就是把人看作是可持续发展的出发点和归宿点，把人力资源看作是生产力发展过程中的决定性因素和第一资源。综观世界各国之间在经济、科技、国防实力为主要内容的综合国力竞争，归根到底都是人才的竞争，商品的生产、商品附加值的提高、企业市场竞争力的增强及至企业的发展都依赖于知识和掌握知识的人力资源。因此，未来社会、经济增长的主要潜力在于人力资源的开发利用。

2. 重视林业人才队伍的建设

林业人才队伍建设重点要在"稳、用、育、引"上下工夫，发现人才，用好人才，培育力量，引进智力，稳住队伍。

（1）发现人才。人力具有显人才和潜人才，需要人们，尤其是领导者去发现和挖掘。作为林业企业或林业主管部门的领导，应根据林业特点和现实的需求去认识和发现人才，不仅要在自己所管辖单位去发现人才，而且还要到单位外去发现、认识和挖掘。同时，发现人才过程中，要用"人无完人，金无足赤"这一观点去考察，即注意人才的差异性，技术人才，不一定是管理人才、营销人才，应取其所长，避其所短，优化人才结构，切不可对人才求全责备。

（2）培养人才。十年树木，百年树人。林业的发展，要依靠人才的创新和培养，创造各种机会让林业人才队伍补充新知识。我国加入ＷＴＯ，如何快速提升林业工作者的整体素质与核心竞争力，是当前林业面临的现实问题。对企业而言，不注意人才的培养和引进，企业人才资源将成为无源之水、无本之木，迟早会枯竭；对林业主管单位而言，培养人才就是要强化管理队伍理论素养、知识水平、业务本领和领导能力，优化科技队伍知识结构，引进优秀人才，同时，要加强政治思想教育、政策法律学习和业务培训，造就一支德才兼备的林业高素质管理队伍。

（3）用好人才。调动人的积极性和创造性是领导者用人的关键和核心问题。领导者要把人才用在能充分发挥其聪明才智的岗位上，要善于识别人才的最佳才能，即人才的最精华部分，做到"人尽其才，才尽其用"。实际上领导者"识才"就是为"用才"做准备，领导者看准的人才要大胆给予其施展才华的空间，让各方面人才的积极性和创造性得到充分发挥，保证企业各方面的运作达到最好的水平。

（4）激励人才。长期以来，林业企业缺乏长期有效的激励手段与科学的绩效评估手段，企业除了用奖金激励外，少有采取其他方式。并且企业缺乏规范化、定量化绩效考评体系，绝大部分企业沿用传统的、以经验判断为主体的绩效评估手段，难以起到真正激发人才积极性的作用。有效的激励机制包括物质和精神两个方面，其中，物质方面除了生活方面外，关键的是建立合理的报酬机制，入股分红机制和有效的考核机制，充分满足人才的物质需要；在精神方面，给予情感和荣誉上的需要，让员工感受到大家庭的温暖，以及自己对部门的重要性，同时，可在业余组织员工开展有益于身心的活动，使紧张工作后得到松弛和休息，以愉快的心情对待工作，成倍地提高工作效率。可以说，林业把握好人才的管理方法和措施，就等于拥有了财富，赢得了实力，也就为部门的可持续发展找到了金钥匙。

三、林业企业管理现代化

（一）确立企业战略管理体系

企业战略管理体系是企业持续发展的重要保障措施。在当今高度信息化、技术化、国际化的市场经济中，企业面临的不仅是国内产品的竞争，还要面对国际市场的竞争。林业企业发展总体水平较低，依赖性较强，受制约因素较多（如资源、政策、技术、人才等），且外部环境变化频繁，林业企业必须以长期生存和持续发展为出发点，对经济战略、经营组织、经营方式等方面进行全面革新与统筹，强化企业管理，制定战略规划，这是企业成功的关键。因此，企业应组织科学高效的战略规划机构，确定企业的发展战略。明确战略思想、方针、任务和战略目标体系，找准战略重点，制定战略措施，建立市场经济发展的战略计划体系，并制定企业的经营策略，为企业的管理和决策提供可靠的保障。

（二）建立企业信息化体系

信息化浪潮席卷全球，使经济系统在生产、流通、交易、服务等方面发生深刻的变化，引起一场划时代的产业革命，并改造一切传统产业。信息化对企业来说，则是企业经营管理信息化，它是21世纪企业的生存之本、发展之道，是企业迈入新经济时代的通行证。为了适应经营管理信息化，林业企业应建立起系统、完整、快捷的信息化体系，为企业的经营管理和决策提供信息平台。林业企业信息化体系要以现代信息技术与林业企业特点为切入点，选择林业企业生产、经营、管理与决策等关键环节，旨在大幅度提高林业企业生产、经营、管理和决策的效率，为提高林业企业国际竞争力提供高新技术支撑；同时研发一批实用系统，提高企业信息服务质量，从而全面提高企业信息化水平。

（三）完善质量管理体系

产品作为企业形象的代言人，质量就是企业的生命，因此，企业要树立牢固的质量观念，建立质量管理体系。林业质量管理体系的内容主要有：一是建立质量指标体系，把质量等级品率、质量损失率、新产品产值率等质量指标，纳入质量管理轨道；二要健全质量管理制度，包括严格的质量责任和监督制度，严把林业标准，提高林产品质量和产量，夯实质量管理基础；三要采取切实有效的质量保证措施，要完善和强化有关经济合同中质量的规定，依靠市场机制促进企业提高质量，做好售后服务和信息反馈工作。

（四）强化营销体系

企业生产的产品，最终必须销售出去，才能获得社会认可，才能维持企业的运转，取得经济效益。随着经济全球化、市场国际化程度的进一步提高，企业的市场区域日益扩大，企业面对的竞争也越来越多，这就需要企业做好营销创新工作，建立合适的、有效的营销体系，提高产品的变现能力。建立营销体系主要着力做好以下几方面工作：①做好产品宣传工作。建立产品销售的信息网络。利用媒体（电视、广播、网络和图书杂志等）、展览会等形式宣传可有效扩大产品的认可范围，起到良好的宣传作用。②培育高素质的营销队伍。营销队伍建设过程中，应注重营销人员的素质，严格技术业务培训，实行优胜劣汰制，同时，建立有效的经济责任制和激励机制，提高营销人员的积极性。③逐步建立营销网络。构筑完善的营销体系，根据林产品特点，建立集销售、维修和市场信息为一体的营销网络。④建立灵活的销售机制。在产品营销过程中，要坚持以经济效益为先导，推崇"高价位、短周期、保回收"的营销方针，建立良好的营销秩序，维持与客户之间的长期伙伴关系，发动全体职工群众参与营销，发挥大家的智慧和潜能搞好营销。

（五）营造企业文化

企业文化是林业企业在长期经营实践中逐步形成的，是全体员工衷心认同和共有的企业核心价值理念。企业文化如林业企业的灵魂，是林业企业成员之间相互理解的产物，是企业制度、企业精神、企业道德规范和价值取向的总和。营造良好的企业文化氛围的实质是增强林业企业内部凝聚力和外部竞争力。企业文化的营造主要包括建立以下几方面的内容：企业精神，企业价值观念体系，企业作风，企业形象，企业先进典型，环境的配套体系，自主管理活动等。通过企业文化这些方面内容的建设，使企业员工在精神上、心理上属于企业，为林业企业的兴盛而努力工作，为谋求林业企业的长远发展而奉献，形成人与企业之间的认同感，从心理上与企业融为一体。

四、林业主管部门管理现代化

林业发展至今已成为一个包含众多专业和部门的大系统，其管理内容有天然林发展、人工林发展、国土绿化、木材利用、自然保护区管理、湿地保护、野生动物保护与狩猎业管理、生物多样性保护、荒地开发与沙地治理、水土保持、山区整治、森林游憩、城市林业、森林保护、林业执法、林业科技与教育等方面。在这个大系统中，既有种植业，又有加工业，还有第三产业；既有综合管理特点，也有专业部门特点；既有产业性质，更具社会公益事业的属性。我国加入 WTO 后，在市场经济条件下，江苏作为省一级林业部门，如何协调、科学管理才能实现林业的跨越式发展，这是江苏省目前必须面对的问题。

（一）转变职能

1. 统一思想，明确转变方向

当前，林业主管部门尚不能真正适应市场体制的要求，主要表现在政府还没有实现政企关系的真正分开，政府过多干涉企业的行为；市场运行环境和秩序的监管体系不健全，缺乏现代管理观念，没有建立起新型的服务关系；林业部门之间的相互关系还没有完全理顺。因此，林业主管部门职能转变主要是彻底摆脱传统计划经济的束缚，把政府职能转到经济调节、市场监管、社会管理和公共服务上来。其转变的原则是按市场经济的要求，充分发挥市场调节和社会中介的作用。应重点在以下几个方面转变职能：由微观的直接管理转向宏观的间接管理转变，从主要运用行政手段转向主要依靠经济手段、法律手段和必要的行政手段；从指令性计划向指导性计划转变；公共事务服务由行政系统向全社会服务转变，由松散型向制度化、规范化转变。

2. 林业主管部门的主要职能

无论林业涉及的专业、行业和内容是多么复杂，概括起来，作为林业主管部门今后要做好的任务主要是两大体系建设，即建设比较完备的森林生态体系和比较发达的林业产业体系。

林业主管部门在森林生态体系建设的主要任务是做好林业建设的总体规划，制定林业发展的法规和政策，实施分类经营管理。公益林建设的主要职能是培育、管护和发展公益林资源，保护生物多样性、森林景观和森林文化遗产，优化生态环境，维护森林生态系统健康，充分发挥森林多功能效益；商品林建设的主要职能是组织商品林生产的科学研究，指导建设单位组织商品林生产，组织扑救森林火灾和防治森林病虫害。

林业主管部门在林业产业体系建设的主要职能是管理林业产业市场，充分发挥市场在资源配置中的基础性作用，建立市场机制，进行市场监管，积极培育和发展完善的市场体系。

（二）组织保障

林业作为一项利及全民的公益事业，是一项无可替代的基础产业，在可持续发展战略中具有"重要地位"，在生态建设中处于"首要地位"；同时，林业具有生产周期长、投资风险大的特点，相应地也要求林业主管部门机构的设置必须长期独立和相对稳定，才能保持林业的稳定发展，发挥林业的多种效益。国内外林业机构的变更与森林资源的发展充分证明这一点。如新中国成立 60 多年来，我国大部分时间单独设有林业部，全国的林业建设得以稳步发展，全国森林覆盖率由新中国成立初期的 8.6% 上升到 2001 年的 16.55%。而 1970~1978 年，林业部被撤销，合并为农林部，地方林业机构也随之撤销，并入农业厅（局），使林业工作受到严重削弱，森林资源遭到严重破坏，全国有林地面积减少了近 667 万公顷，成熟林蓄积量减少了 13 亿立方米；法国历史上曾一度取消林政机构，从而导致了对森林资源的一场大浩劫，教训极为惨痛；加拿大也是这样，林业行政管理职能曾划归"渔业与环境部""环境部"等管辖，而这些部门的主管往往对林业工作不重视，在同一部委中，林业只是处于次要位置，从而损害了林业发展。历史证明，凡是在机构改组中注意保持林政机构的独立与稳定，并在这个前提下进行机构扩大或改组的，林业发展都未受到削弱。

作为省及其地方各级林业机构如何设置，取决于它的目标职能或任务，而职能或任务的提出，又取决于当地的政治、经济、社会发展水平，以及林业规模、森林资源、林业经济或环境状况等具体情况而定，但必须确立林业机构设置的原则，按照精简、统一、效能、务实的原则，实行科学分工，实行权力和责任的统一。理顺政府部门职能分工，按照一件事一个部门办的原则，合理配置职能，减少职能交叉，提高工作效率。调整机构设置、解决层次过多、权责脱节、多头执法问题。

（三）管理现代化

1. 依法行政

市场经济条件下，尤其是我国作为 WTO 的成员国之一，林业行政部门必须遵守国际规则，坚持秉公执法，规范行政行为，打击破坏林业建设犯罪行为，保障各项林业行政法规政令畅通，提高政府依法行政的水平。建立廉洁高效、运转协调、行为规范的行政管理体制，关键是提高政府依法行政的水平。针对当前林业运转的实际，急待改革行政审批制度，简化手续，规范政府行为；打破行业垄断，促进竞争，降低成本，改善服务；打破地方行政保护、行政分割，打击各种破坏经济秩序的行为，建立一个宽松的林业投资环境，促进林业统一市场的形成。

2. 管理科学化

林业的管理除了要协调林业与其他行业部门的关系外，还必须强化林业各职能部门之间的关系，加强自身建设，提高管理水平。职能机构首先要明确职责，实现角色的准确定位，坚持和完善目标管理责任制，充分发挥职能部门的作用；其次是规范林业行政行为，建立公正透明的执法体系，统一政策法规，建立公平、公正、公开的社会环境，保持行政行为及经济政策具有较高的透明度和稳定性，提高政府决策的科学性、民主性，全面提高林业管理的能力；第三，进一步建立健全林业经济调控体系，强化对林业经济的宏观调控，加强对林业经济活动的引导，使其符合林业可持续发展的方向和目标；最后是优化人力资源配置，加强林业管理队伍建设，全面提高管理效率。

3. 管理信息化和现代化

在知识经济时代，林业管理的信息化已成为林业现代化管理的重要标志。目前林业行业信息化水平较低，林业管理信息系统尚未形成，已不同程度影响林业管理效率、水平和质量的进一步提高。林业信息化管理系统的建立主要通过健全林业信息网络体系，以林业管理和服务功能为中心，实现林业管理信息服务的现代化。因此，对林业管理事务而言，要建立林业政务管理系统，内容主要包括森林资源管理、林政管理、林业基金管理、木材运输检查等方面的信息化；对信息化服务来说，要建立信息服务管理系统，内容包括林业政策、科技、市场等信息，强化信息资源和信息发布功能，全方位开展信息服务，真正体现信息资源的巨大价值。通过林业管理信息化，可实现管理制度严密高效，反应快速，同时，改善林业政务，提高服务水平。

参考文献
REFERENCE

1. 中共中央 国务院关于加快林业发展的决定 .2003.

2. 中华人民共和国林业部林业区划办公室 . 中国林业区划 . 北京 : 中国林业出版社 .1987.

3. 中国可持续发展林业战略研究项目组 . 中国可持续发展林业战略研究总论 . 北京 : 中国林业出版社，2002.

4. 王大毫 . 丽江地区最佳森林覆盖率的探讨 . 广西林业科技 .1996.

5. 王成，彭镇华，陶康华 . 中国城市森林的特点及发展思考 . 生态学杂志，2004，23（3）.

6. 王成，蔡春菊，郄光发，等 . 城市绿化树木栽植与管理方式的几点反思——对 2003 年冬北京大雪造成"树灾"的调查，中国城市林业，2004，2（1）：29~33.

7. 王成，蔡春菊，陶康华 . 城市森林的概念、范围及其研究 . 世界林业研究，2004，17（2）：23~27.

8. 王成 . 城镇不同类型绿地生态功能的对比分析，东北林业大学学报，2002，3：111~114.

9. 邓炳生 . 因地制宜确定最佳森林覆盖率 . 国外林业动态 .1981.34.

10. 兰思仁 . 试论森林旅游业与社会林业的发展，林业经济问题，2000，20（3）：143~146.

11. 冯贤亮 . 明清江南地区的环境变动与社会控制 . 上海 : 上海人民出版社，2002，8.

12. 叶功富，万泉，林远 . 林业可持续发展中的科技创新及其对策 . 福建林业科技，2001，28（4）：5~8.

13. 刘君良，江泽慧 . 酚醛树脂处理杨树木材物理力学性能测试 . 林业科学，2002，38（4）：176~180.

14. 刘君良 . 高温水蒸气处理压缩整形木生产工艺研究 . 中国博士后管理委员会 .2000 年农林专业博士后论文集 .

15. 刘德弟，沈月琴，李兰英 . 市场经济下林业社会化服务体系建设研究 . 技术经济，2001，2：24~26.

16. 吕士行，方升佐等，杨树定向培育技术 . 北京 : 中国林业出版社，1997.

17. 江苏省统计局 . 江苏统计年鉴 . 北京 : 中国统计出版社，2003.

18. 江苏省植物研究所 . 江苏植物志 . 南京 : 江苏科学技术出版社，1982.

19. 江泽慧 . 世界竹藤 . 沈阳 : 辽宁科学技术出版社，2000.

20. 江泽慧 . 加快城市森林建设，走生态化城市发展道路 . 中国城市林业，2003，1（1）：4~11.

21. 江泽慧等 . 中国现代林业 . 北京 : 中国林业出版社，1995.

22. 余燕 . 建立和健全农村融资服务体系的探讨 . 福建农业科技，1995（增刊）：33~34.

23. 吴有昌 . 海南省林业科技发展战略与对策 . 热带林业，1995，23（2）：56~63.

24. 张建国等 . 现代林业论 . 北京 : 中国林业出版社，1996.

25. 李文治，江太新 . 清代漕运 . 中华书局 .1995.

26. 李坚，刘君良，刘一星 . 高温水蒸气处理固定木材压缩变形的研究 . 东北林业大学学报，2000，4：

　　11~15.

27. 李育材.面向21世纪的林业发展战略.北京：中国林业出版社，1996.

28. 杜彦坤.我国农林业企业管理创新的战略构想.调研世界，2001：21~24.

29. 杨一波.加入WTO后林业行政行为的思考.湖南林业，2000，9：13~14.

30. 沈国舫.对世界造林发展新趋势的几点看法.世界林业研究，1988，1（1）：21~27.

31. 沈照仁，人工造林与持续经营.世界林业研究，1994，7（4）：8~13.

32. 肖正泽.林业科技推广的保障机制与激励机制初探.湖南林业科技，2001，23（3）：83~84.

33. 陈火春.论林业税费与森林采伐.华东森林经理，2000，14（4）.

34. 陈幸良.国家机构改革的基本取向与林业行政体系的建立.林业经济，2003，2：49~51.

35. 陈晓倩.林业可持续发展中的资金运行机制.北京：中国林业出版社，2002.

36. 陈廉.揭开林业税费过重神秘面纱.中国林业，1999，5.

37. 国家林业局.林业经济统计资料汇编.北京：中国林业出版社，2003.

38. 范海燕，姚占辉.国有林业企业科学管理的思考.中国林业企业，2001，1：13~13.

39. 侯元兆.国外林业行政机构现状及演变趋势.世界林业研究，1998，1：1~6.

40. 姜东涛.城市森林与绿地面积的研究.东北林业大学学报.2001，29（1）：69~73.

41. 洪必恭.江苏省特、稀、濒危保护植物资源的生态学评价.资源开发与保护.1990，6（2）：13~18.

42. 洪岩，方升佐，徐锡增.I-69杨产量预测表的编制.南京林业大学学报（自然科学版），1992，16（3）：25~30.

43. 洪菊生，王豁然.世界林木遗传、育种和改良的研究进展和动向.世界林业研究，1991，4（3）：7~11.

44. 祝列克.解放思想，开拓创新，扎实有效地推进速丰林建设工程.林业经济，2002，8：11~15.

45. 胡慧璋.淳安新安江水库集水区最佳森林覆盖率的探讨.浙江林业科技.1988.2.

46. 徐益良，林雅秋，林宇，等.21世纪福建林业产业发展趋势与结构调整.林业经济问题，2001，21（4）：193~196.

47. 郭忠升，张宏民.森林覆盖率的理沦研究概况及存在的问题.陕西林业科技，1996（2）：30~33.

48. 郭养儒，葛新安.陕西森林覆盖率的研究.陕西林业科技，1992（1）：10~13.

49. 郭祥胜.国外短轮法期栽培方式研究的现状和趋势.林业科技通讯，1989，（6）：1~3.

50. 顾朝林等.中国城市地理.北京：商务印书馆.1999.

51. 黄枢.城市绿化的主要目标应是改善生态环境.中国花卉园艺.2002.（15）：14~16.

52. 黄晓驾，张国强，王书耕，等.城市生存环境绿色量值群的研究.中国园林，1998，（1~6）.

53. 黄鹤羽.我国林业科技的发展趋势与对策.世界林业研究，1997，（1）：43~51.

54. 黄鹤羽等，我国人工林地力衰退现状与对策.中国林业，1994（8）：35~36.

55. 彭镇华，王成.论城市森林的评价指标.中国城市林业，2003，1（3）：4~9.

56. 彭镇华.上海现代城市森林发展研究，北京：中国林业出版社，2003.

57. 彭镇华.中国城乡乔木.北京：中国林业出版社，2003.

58. 彭镇华.中国城市森林.北京：中国林业出版社，2003.

59. 彭镇华.中国森林生态网络系统工程.应用生态学报，1999.10.

60. 彭镇华.乔木在城市森林建设中的空间效益，中国城市林业，2004，2（3）：1~7.

61. 彭镇华.林网化与水网化——中国城市森林建设的核心理念，中国城市林业，2003，1（2）：4~12.

62. 曾华锋，王晓南.江苏省森林生态系统多元化融资渠道及政策研究.林业经济，2001，7~9.

63. 程鹏，马永春.林业产业经济结构调整重点的探讨.江苏林业科技，2002，1.

64. 董承德.用综合因素建模探讨合理森林覆盖率.陕西林勘设计.1989.4.

65. 翟丽红，杨艺.关于促进我国第三产业发展的战略思考.长春师范学院学报，2002，6.

66. Akbari, Huang J H, Taha H, Rosenfeld A. The potential of vegetation in reducing summer cooling loads in residential buildings. J. Climate Appl.Meteorol, 1987, 26（11）: 3~16.

67. Cellier K M, Boardman R, Boomsma D B, et al. Response of pinus radiataD. Don to various silvicultur altreatments on adjacent first-and second-rotation sites near Tantanoola, South Australia. Establishment and growth up to age 7 years. Australian Forest Research, 1985, 15 : 431~447.

68. Cook D I, Van Haverbeke D F.Suburban Noise Control with Plant Materials and Solid Barriers, Research Bulletin EM 100, U.S.Department of Agriculture, Forest Service, Rocky Mountain Forest and Range Experiment Station, Fort Collins, CO, 1977.

69. Daniel T W, Helms J B, Baker F S. Principle of silviculture.McGraw-Hill Book Company, 1979.

70. Dwyer J, McPherson E, Schroeder H, et al. Assessing the benefits and costs of the urbanforest.J.Arboricult, 1992, 18 : 227~34.

71. Dyck W J, Cole D W. Requirements for site productivity research.IEA/BET6/A6 ReportNo.2.Forest Research Institute, NewZealand, FRIBulletin, 1990, 159 : 125~137.

72. Evans J A. further report on second rotation productivity in the Usutu Forest, Swaziland-Results of the 1977 ass-esment.Commonwealth Forestry Review, 1978, 57 : 253~261.

73. Evans J. Long-term productivity of forest plantation-status in 1990, IUFRO, the 19th world congress proceeding, division1, Volume1.

74. Evans J. Productivity of second and third rotatins of pine in the Usutu Forest, Swaziland.Commonwealth Forestry Review, 1986, 65（3）: 205~214.

75. Gregory.E.Nowak, David.Heisler, Gordon.Grimmond, Sue.Souch, Catherine.Grant, Rich.Rowntree, Rowan. Quantifying urban forest structure, function and value.the Chicago urban forest Climate Project McPherson, Urban Ecosystems, 1997,1 : 49~61.

76. Hornsten L. Outdoor recreation in Swedish forests.Doctoral dissertation.Department of Forest Management and Products, Swedish University of Agricultural Sciences.Forest resource trends in Illinois, 2000, 13: 4~23.

77. Johnston M. A brief history of urban forestry in the United States.Arboricultural Journal, 1996, 20 : 257~278.

78. Johonson D W. The effects of harvesting intensity on nutrient depletion in forests// Ballard R, Gessel S P. IUFRO Symposium on Forest Site and Continuous Productivity. USDA Forest Service, Pacific Northwest Range Experiment Station, Portland, OR., General Technical Report PNW-163, 1983 : 157~166.

79. Kimmins J P. A strategy for research on the maintenance of long-term site productivity, IUFRO, the 19th world congress proceeding, division1, Volumel, 1990.

80. Konijnendijk C C. Urban Forestry in Europe : A Comparative Study of Concepts, Policies and Planning for Forest Conservation, Management and Development in and Around Major European Cities.Doctoral dissertation, 1999.Research Notes No.90.

81. Louis R I, Elizabeth A C. Urban forest cover of the Chicago region and its relation to household density and income Urban Ecosystems. 2000, 4 : 105~124.

82. Matthews J D. Silvicultural System.Oxford Science Publications, 1989.

83. McPherson E G, Simpson J R. Carbon dioxide Reductions through Urban Forestry : Guidelines, for Professional and Volunteer Tree Planters.General Technical Report USDA Forest Service, Pacific Southwest Research Station, Albany, CA, 1999.

Southwest Research Station, Albany, CA, 1999.

84. Messina M G, Dyck W J, Hunter I R. The nutritional consequences of forest harvesting with special reference to the exotic forests in New Zealand.IEA/FE Project CPC-10 Report No.1, 1985：57.

85. Miller R W. Urban Forestry：Planning and Managing Urban Green Spaces.second ed.Prentice Hall, New Jersey, 1997.

86. Morris A A. Long-term site productivity research in the U.S.Southeast：experience and futu redirections. IEA/BEA3 ReportNo.8.Forest Research Institute, NewZealand, FRIBulletin152, 1989：221~235.

87. Morris A R. Soil fertility and long-term productivity of Pinus patula plantations in Swaziland. PhDThesis, Dept of Soil Science, University of Reading, Oct, 1986：398.

88. NDS 美国木结构设计标准 -97.

89. PLYWOOD DESIGN SPECIFICATION, APA, 1997.

90. Reid R, Wilson G. Agroforestry in Australia and New Zealand.Capital Press Pty Ltd Bot Hill, Victiria, 1985.

91. Reinhard F Huttle, et al. Forest ecosystem degradation and rehabilitation strategies.IUFRO, the 20th world congress, 1995.

92. Rydberg D. Urban forestry in Sweden.Silvicultural aspects focusing on young forests.Doctoral hesis.Acta Universitatis Agriculturae Sueciae.Silvestria 73.Swedish University of gricultural Sciences, Umea, 1998.

93. Smethurst P J, Nambiar E K S. Effects of contrasting silvicultural practices on nitrogen supply to young radiata pine.IEA/BET6/A6 Report No.2.Forest Report No.2.Forest Research Institute, NewZealand, FRIBul-22.

94. Squire R O. Review of second rotation silviculture of P.Radiata plantations in southern Australia： establishment practice and expectations.Australian Forestry, 1983, 46（2）：83~90

附 件
APPENDIX

附件1 "绿色江苏现代林业发展研究"项目评审会情况

在"绿色江苏现代林业发展研究"
项目评审会开幕时的讲话

江苏省人民政府副省长　黄莉新

尊敬的各位院士、各位专家、各位领导、各位来宾：

下午好！由国家林业局和江苏省分别立项，江苏省人民政府和中国林业科学研究院共同组织进行的"绿色江苏现代林业发展研究"项目，在领导小组组长江泽慧院长的直接领导下，在项目组组长彭镇华教授的精心组织下，经中国林科院和江苏省有关科研院校、相关部门100余位专家学者和管理人员通力协作，刻苦攻关，历时近一年时间，取得了阶段性成果。为增强项目研究的科学性和可行性，加快促进成果应用于绿色江苏现代林业建设，今天，江苏省人民政府和中国林科院在这里联合举行"绿色江苏现代林业发展研究"项目评审会。在此，我代表江苏省人民政府向应邀参加这次项目评审的各位院士、专家和领导表示感谢，对在开展该项研究中付出辛勤劳动的同志们表示感谢，对关心支持项目研究的国家林业局等有关部门和领导表示感谢，并预祝项目评审取得圆满成功。

江苏是平原少林省份。新中国成立初期，全省森林覆盖率仅0.8%，生态环境极其脆弱。新中国成立后，特别是改革开放以来，省委、省政府高度重视林业和生态建设，进一步加快了造林绿化步伐，先后实施了平原绿化、沿海防护林、淮河太湖流域防护林、苏锡城乡一体现代林业等一批重点林业生态工程，有力地促进了林业的发展，林业产业结构逐步优化，综合效益不断提升，局部生态环境得到改善。2000年，全省森林覆盖率10.56%，活立木蓄积量4073万立方米。尽管如此，全省森林资源总量偏少的局面仍未得到根本扭转。林业内部结构不合理，资源利用率较低，经营管理粗放，科技贡献份额不高，林业队伍和基础设施薄弱等问题依然存在。林业建设现状与经济社会发展和人民生活需求不相适应，林业产业的潜能还没有得到充分释放，与我省沿海经济大省地位不相符合。党的十六大确定了全面建设小康社会的奋斗目标，并将实现人与自然的和谐作为全面建设小康社会的重要标志。省委、省政府提出了实现"两个率先"的发展目标，把2010年森林覆盖率达20%和城市绿化覆被率达40%作为全面建设小康社会的重要指标。增加森林资源总量，加快林业发展，建设绿色江苏，是改善城乡环境、保障国土生态安全的战略措施，是调整农业结构，实现农民增收、农业增效、农村稳定的重要途径，是绿化美化人居环境、提高人民生活质量、建设生态文明社会的客观要求。

绿色江苏现代林业建设目标已经确定，要实现这一目标，关键要靠高水平的科学规划为基础、先进的技术作支撑。为进一步提升绿色江苏现代林业建设的规划水平，今年年初，省委、省政府主要领导与江泽慧院长商定，由江苏省人民政府和中国林科院共同组织开展绿色江苏现代林业发展研究，国家林业局对此十分支持并予以立项，使这项惠及江苏当代、泽被千秋的宏伟事业有了良好的开端。

在我省开展绿色江苏现代林业发展研究，对于建立我国经济发达地区现代林业发展的理论体系，为全国的现代林业建设提供示范，以及保障江苏生态安全和经济社会可持续发展，都具有重要的理论意义和实践价值。我真诚地恳请在座的各位专家进言献策，提出宝贵意见，帮助我们进一步理清思路、明确重点、修订措施，把绿色江苏现代林业建设得更好。

2003 年 11 月 28 日

在"绿色江苏现代林业发展研究"
项目课题评审会上的讲话

中国林业科学研究院院长　江泽慧

尊敬的黄莉新副省长、各位院士、专家，同志们：

由国家林业局立项的"绿色江苏现代林业发展研究"课题，在江苏省人民政府的高度重视下，课题组专家经过一年时间的辛勤工作、共同努力，课题研究已取得重要进展。这一课题既是新时期江苏林业发展和生态建设的重要选题，同时也是我国现代林业研究的重要内容。今天，很高兴邀请到各位院士专家和主管部门领导参加课题成果审定会，听取各位专家和领导的宝贵意见。

近年来，江苏经济社会发展很快，城市化水平不断提高，以森林植被为主体的生态环境建设已成为人们普遍关注的问题，特别是江苏省委、省政府明确提出了在全国率先全面建成小康社会和率先基本实现现代化这一具有鲜明特色的"两个率先"宏伟目标，对新时期的全省生态环境建设提出了"打造绿色江苏、建设生态家园"的更高要求。这都使得建设现代林业成为新世纪江苏可持续发展的迫切需求。

在国家林业局和江苏省科委的大力支持下，该课题得以迅速立项。由中国林科院牵头，会同江苏省中国科学院植物研究所、江苏省林业科学研究院、南京大学、南京林业大学、江苏省森林资源监测中心等单位的专家共同组成了得力的项目研究组。在中国林科院首席科学家彭镇华研究员和江苏省中国科学院植物研究所贺善安研究员具体指导下，项目组全体成员全力投入，通力合作，协同攻关，圆满地完成了项目预期任务。

在时间紧、任务重的情况下，为了高水平地完成项目研究任务，在项目实施过程中，项目专家于 8 月 5~13 日历时 8 天，行程 6000 公里，考察了全省 13 个地市的林业建设和生态状况。在项目研究工程中，项目组先后召开了数十次由北京和江苏双方研究、管理层面人员参加的课题协调会、讨论会、研讨会，在项目研究阶段性成果基础上形成的《绿色江苏现代林业工程总体规划》文本，也广泛征询了江苏各级林业部门的意见和建议。

在江苏省人民政府和国家林业局的直接关心、指导下，在项目领导小组和项目专家领导小组的领导下，经过北京和江苏相关研究机构的 100 多位项目参研人员的攻关研究，在近 1 年的时间里，对绿色江苏现代林业发展进行了深入和系统的研究，取得了重要进展，形成了一个比较系统、科学、完整的研究报告，并在此基础上研究形成了《绿色江苏现代林业工程总体规划》，取得了重要的阶段性研究成果。在此，我向项目组研究人员辛勤而富有成效的研究工作表示感谢！同时，在项目实施过程中江苏省政府的有关部门给予了大力支持，特别是江苏省林业局的有关领导和同志，为本课题的组织、协调做了大量周到、细致的工作，保证了项目的顺利进行。在这里，我对他们卓有成效的组织、协调工作一并表示感谢！

"绿色江苏现代林业发展研究"项目经过近一年的研究，取得了重要的阶段性研究成果，在江苏现代林业发展理念、总体规划、生态工程与产业发展关键技术研发与集成、评价指标体系、政策保障机制等方面都有所创新、有所突破。同时还要看到，从项目研究的总体部署来说，目前取得的研究成果还只是阶段性的研究成果，下一阶段研究中还要对一些问题开展进一步的研究。今天，江苏省人民政府组织开展项目阶段性成果的评审，主要是基于以下三个方面的考虑：

第一，这是江苏省进一步贯彻落实《决定》的重要举措。《中共中央 国务院关于加快林业发展的决定》的发布，"生态建设、生态安全、生态文明"这一"三生态"林业战略思想的确立，全国林业工作会议的召开，使新时期的我国现代林业发展进入了一个全新的历史发展时期。对江苏而言，江苏作为经济发达省份，现代林业的发展不仅仅是江苏自身的问题，同时对全国其他省份的现代林业发展都有广泛、深刻的影响，江苏的现代林业搞好了，就可以发挥更大的示范和导向作用。在江苏现代林业建设中，如何处理好生态保护与经济发展、森林增长与粮食安全、平原林业与城市林业等关系问题，有许多问题需要深入研究。通过召开这次评审会，广泛听取各位领导、专家的意见，进一步完善江苏省现代林业发展研究和规划编制工作。

第二，这是江苏省加快实现"两个率先"的重要行动。当前，我国已进入了全面建设小康社会、加快推进社会主义现代化的新阶段，正在努力开创生产发展、生活富裕、生态良好的文明发展道路，生态需求已成为社会对林业的第一需求。江苏省委、省政府明确提出了在全国率先全面建成小康社会和率先基本实现现代化的宏伟目标，对全省林业发展提出了更高的要求。根据江苏省委、省政府的统一部署，成立了由我和黄莉新副省长为组长的"绿色江苏现代林业发展研究"领导小组，组织北京和江苏两方面的专家，围绕"两个率先"的发展目标，就绿色江苏现代林业发展开展专项研究。因此，这个项目不只是一个重大理论、政策研究项目，它同时还是一个与生产实际、与政府需求密切结合的研究项目。这个项目不仅要出研究成果，还要在研究成果基础上编制可实施的工程建设规划。项目实施的整个过程都有政府部门的参加，特别是江苏省林业局的同志，自始至终参加了项目研究和规划编制工作。江苏省政府把"绿色江苏现代林业发展研究"作为推进"两个率先"的重要工作，期望项目尽快出成果，出规划，以加快实施绿色江苏现代林业建设工程，打造绿色江苏，建设生态家园。作为推动"两个率先"的重要行动，亟待各位领导和专家对项目研究成果和编制的总体规划等内容进行先期评审，并提出宝贵的意见、建议。

第三，通过听取专家意见，进一步深化项目后续研究工作。通过这次阶段性研究成果的评审，广泛听取各位院士专家和相关部门领导的意见、建议，项目组将在阶段性研究成果的基础上，围绕项目的总体目标和要求，进一步深化现有研究成果，把后续研究工作做好，力争使项目研究取得更大的成果，对江苏现代林业发展发挥更大的决策支持作用。

各位院士、专家，各位领导，

"绿色江苏现代林业发展研究"作为一个把理论与实践紧密结合的探索性研究，涉及部门多、范围广，政策性强，研究难度较大。我相信，有国家发改委、国家科技部、国家林业局等部门和领导的支持和指导，有江苏省人民政府的鼎力支持，有项目组全体参研人员的通力合作，"绿色江苏现代林业发展研究"一定能够实现预期研究目标，为新时期江苏现代林业发展和生态环境建设做出积极贡献！

2003 年 11 月 28 日

"绿色江苏现代林业发展研究"
专家评审意见

　　2003年11月28日,江苏省人民政府、国家林业局邀请中国科学院、中国工程院有关院士、国务院参事室、国家发改委、国家农发办、财政部、科技部等国家有关部门和单位的专家、领导,以及国际竹藤中心、中国花协、北京林业大学、南京林业大学、安徽农业大学、江苏省中科院植物研究所等科研院所的专家学者,对绿色江苏现代林业发展研究项目和绿色江苏现代林业工程建设总体规划进行了评审。评审委员会听取了研究汇报并审阅了规划文本,经讨论形成评审意见如下:

　　一、项目立足江苏全省经济社会可持续发展全局,适应和满足江苏"两个率先"的发展目标,开展绿色江苏现代林业发展研究,实施绿色江苏现代林业行动,是贯彻党的十六大精神和《中共中央　国务院关于加快林业发展的决定》(以下简称《决定》)的重大部署,对建设以森林植被为主体的国土生态安全体系,优化人居环境,率先全面建成小康社会和率先基本实现现代化,对推动全国林业跨越式发展,在现代林业的理论政策上具有重要意义,在现代林业的实践上具有重要示范带动作用。

　　二、项目以《决定》确定的"三生态"思想为指导,结合江苏省情、林情和新时期经济社会可持续发展对林业的新需求,对江苏现代林业建设进行了具有探索性的创新研究,提出了"构筑绿色屏障,发展绿色产业,建设绿色文化"的"三绿色"江苏现代林业发展核心理念,突破了过去以单个城市为独立单元的城市林业发展模式,提出了与城市群发展相结合的新型城市林业建设思路,明确了江苏现代林业建设的六项基本定位,建立了江苏现代林业发展指标体系,并系统研究了江苏现代林业建设保障体系,在理论上具有创新性。

　　三、首次在省级层面上,按照《决定》精神和国家林业宏观发展战略思想,以江苏省域为对象,从区域景观背景出发,运用点、线、面相结合的森林生态网络体系建设理论和系统生态学与规划学原理提出了"二群三网四片一带多点"的绿色江苏现代林业工程建设布局,符合江苏省的省情林情和林业发展的需求,对江苏省未来林业资源的科学配置和林业可持续发展具有十分重要的指导意义,对其他省、自治区、直辖市的现代林业建设具有现实指导作用和示范价值。

　　四、项目针对江苏现代林业的发展目标,开展了江苏林业生态和林业产业工程关键技术研究。优选了主要树种、配置模式和持续经营等相关技术;研究了产品加工、制浆造纸、特色林产品综合利用等产业发展的关键技术,形成了一套从资源培育到加工利用的技术支撑体系和配套技术;构建了省、县二级的全省数字林业建设技术框架,并建立了多个示范系统。

　　五、在充分吸收绿色江苏现代林业发展研究成果的基础上,项目组编制了《绿色江苏现代林业工程总体规划》。《规划》科学地制定了江苏林业"三步走"的发展目标,明确了江苏林业的指导思想、建设原则和战略布局,并紧密结合江苏实际确定了十项重点林业工程及相应的保障措施，在理论、实践和方法等方面都有重要创新和突破，具有较强的科学性、前瞻性和可操作性，在全国同类规划中居领先水平。

评审委员会指出，绿色江苏现代林业发展研究是一项理论与实践相结合、宏观与微观相结合的多学科交叉、涉及面广的系统性、综合性的研究项目，该项目取得的阶段性成果，在理论与实践的结合方面有创新、有发展，达到了国际领先水平，在以省域为单元进行现代林业发展总体规划方面为国内首创。为进一步完善项目研究成果，更好完成后续研究任务，评审委员会建议：

（1）项目组对该项目做进一步的细化研究，尤其需要在现代林业生态与产业工程建设关键技术、良种选育推广、森林资源保护利用、森林灾害防治、森林生态效益补偿、高效林地管理和林业发展评价、林业税费政策及保障措施等方面，开展进一步深入研究。

（2）为保障绿色江苏现代林业工程的顺利实施，建议江苏省委、省政府进一步加强对林业工作的领导，尽快研究制定和颁布实施《江苏省委 省政府关于加快现代林业建设的决定》，进一步增加对林业的投入，进一步完善加快林业发展的政策机制，为全国现代林业的发展探索经验并做出示范。同时建议国家相关部门把绿色江苏现代林业建设纳入国家重点林业工程建设并作为现代林业建设示范区予以重点支持。

主任委员：李文华

2003 年 11 月 28 日

"绿色江苏现代林业发展研究"
项目评审会专家名单

一、评审委员会主任

李文华　中国工程院院士、中国生态学会理事长

二、评审委员会委员

1　江泽慧　中国林业科学研究院首席科学家、国际木材科学院院士、中国林业科学研究院院长、中国林学会理事长、国家林业专家咨询委员会常务副主任

2　冯宗炜　中国工程院院士、中国科学院生态研究中心研究员

3　蒋有绪　中国科学院院士、中国林业科学研究院首席科学家

4　唐守正　中国科学院院士、中国林业科学研究院首席科学家

5　张齐生　中国工程院院士、南京林业大学教授

6　段应碧　原中央财经领导小组办公室副主任、国家林业专家咨询委员会副主任

7　陈锡文　中央农村（财经）领导小组办公室主任

8　杨雍哲　中央政策研究室原副主任、中国农业经济学会会长

9　盛炜彤　国务院参事、中国林业科学研究院首席科学家

10　杜　鹰　国家发改委农经司司长、高级工程师

11　赵鸣骥　国家农业综合开发办公室常务副主任、高级经济师

12　吴晓松　国家发改委农经司林业处处长、高级工程师

13　丁学东　财政部农业司司长、高级经济师

14　张国明　财政部农业司林业处处长、高级经济师

15　王晓方　科技部农社司司长、高级工程师

16　王志学　科技部农村技术开发中心主任、高级工程师

17　张永利　国家林业局办公室主任、高级工程师

18　姚昌恬　国家林业局发展计划与资金管理司司长、高级工程师

19　李东升　国家林业局科学技术司司长、高级工程师

20　魏殿生　国家林业局植树造林司司长、高级工程师

21　林　进　国家林业局森林资源管理司巡视员、教授级高工

22　杜永胜　国家林业局森林公安局局长、高级工程师

23　卓榕生　国家林业局野生动物保护司司长、高级工程师

24　吴　斌　国家林业局长防办常务副主任、教授

25　黎云昆　国家林业局科技发展中心主任、高级工程师

26　陈建伟　国家林业局濒危物种进出口管理办公室主任、高级工程师

27　孙　健　国家林业局木材行业办公室主任

28　陈道东　国家林业局速生丰产林基地建设工程管理办公室总工程师

29　姜伟贤　中国花卉协会秘书长

30　岳永德　国际竹藤中心常务副主任、教授

31　尹伟伦　北京林业大学常务副校长、教授

32　施季森　南京林业大学副校长、教授

33　孟　平　中国林业科学研究院林业研究所所长、研究员

34　薛建辉　南京林业大学森林资源与环境学院院长、教授

35　夏　冰　中国科学院江苏植物研究所所长、研究员

36　吴泽民　安徽农业大学教授

37　阮锡根　南京林业大学教授

附件 2

"绿色江苏现代林业发展研究" 主要研究人员名单

课题负责人				
姓名	性别	年龄	职务职称	所在单位
彭镇华	男	72	教授、首席科学家	中国林业科学研究院
贺善安	男	61	研究员	中国科学院江苏省植物研究所
主要研究人员				
李智勇	男	42	博士，研究员	中国林业科学研究院
王　成	男	36	博士，副研究员	中国林业科学研究院
储富祥	男	40	博士，研究员	中国林业科学研究院
李增元	男	44	博士，研究员	中国林业科学研究院
崔丽娟	女	35	博士，副研究员	中国林业科学研究院
孙启祥	男	36	博士，副研究员	中国林业科学研究院
刘君良	男	41	博士，副研究员	中国林业科学研究院
孙正军	男	43	博士，副研究员	中国林业科学研究院
邱尔发	男	35	博士，副研究员	中国林业科学研究院
葛明宏	男	42	研究员	江苏省林业科学研究院
李荣锦	男	35	副研究员	江苏省林业科学研究院
殷云龙	男	39	博士，副研究员	中国科学院江苏省植物研究所
安树青	男	38	教授	南京大学生命科学院
张智光	男	43	教授	南京林业大学
彭方仁	男	37	教授	南京林业大学
钟伟宏	男	41	高级工程师	江苏省森林资源监测中心
刘　斌	男	36	高级工程师	江苏省森林资源监测中心
张纪林	男	45	副研	江苏省林业科学研究院

"绿色江苏现代林业发展研究"任务分工名单

一、领导组组长

江泽慧　国家林业局党组成员、中国林业科学研究院院长
黄莉新　江苏省人民政府副省长

二、专家组组长

彭镇华　中国林业科学研究院首席科学家、教授
贺善安　中国科学院江苏省植物研究所研究员

三、课题分工

课题一：江苏现代林业发展理念与定位研究

课题负责人：李智勇　葛明宏　张纪林
主要参加人：王登举　樊宝敏　黄　众

课题二：绿色江苏现代林业工程总体规划研究

课题负责人：王　成　李荣锦　刘　斌
主要参加人：贾宝全　陶康华　张纪林　张锡祺　盛效厚　蔡春菊　宋绪忠

课题三：现代林业生态工程建设关键技术

课题负责人：张纪林　孙启祥　殷云龙
主要参加人：于朝广　吕晓颖　徐建华　黄庆丰　柳　鎏

课题四：绿色江苏现代林业产业发展关键技术研究

课题负责人：储富祥　彭方仁
主要参加人：刘君良　孙正军　刘军利　王成章

课题五：江苏省数字林业建设总体方案

课题负责人：李增元　钟伟宏　武红敢
主要参加人：唐小明　王国洪　刘　斌　程小义　张　旭　田永林　倪健忠
　　　　　　　侯瑞霞　杨彦臣　徐克勤　崔　晓

课题六：江苏现代林业发展评价研究

课题负责人：安树青　崔丽娟　田兴军

主要参加人：赵欣胜　朱　静　杨昌林　高巾帼　陈　彬　郝杰杰

课题七：绿色江苏现代林业发展保障体系研究

课题负责人：张智光　邱尔发

主要参加人：张顺喜　杨加猛　林　群　贾卫国　任启芳　沈文星　王　彬
　　　　　　王　浩　王　妍　曾杰杰　张红霄

附件3

省政府办公厅关于绿色江苏
现代林业工程总体规划的函

苏政办函〔2004〕13号

省林业局：

你局《关于请求批转〈绿色江苏现代林业工程总体规划〉的请示》（苏林发〔2003〕42号）悉，经研究，现函复如下：

一、省人民政府原则同意你局和中国林业科学研究院编制的《绿色江苏现代林业工程总体规划》（以下简称"《总体规划》"）。

二、加强组织指导，加快《总体规划》的组织实施。你局要加大工作力度，组织技术力量，指导各地按照《总体规划》确定的建设原则、总体布局、发展目标、重点工程、基础设施建设等要求，结合各地实际，认真做好《总体规划》的贯彻实施工作，明确任务，落实措施，全力推动绿色江苏建设进程。

三、突出工作重点，确保《总体规划》的目标任务顺利完成。要按照《总体规划》提出的总体思路和要求，抓好各项关键措施的落实。突出抓好五大林业生态工程和五大林业产业工程，为绿色江苏建设打好基础。进一步加大林业产权制度改革和科技兴林力度，以科技和改革为动力，促进林业的快速发展。坚持依法治林，切实保护和管理好森林资源。制定完善扶持政策，不断提高管理和服务水平，为绿色江苏建设提供有力的保障体系。

四、加强与有关部门沟通，形成实施《总体规划》的合力。要按照《总体规划》要求，发挥各有关部门的积极性，加强协调，密切配合，整合聚集各种资源，共同做好规划的组织实施工作。

《总体规划》由你局另行印发各地有关部门。

二〇〇四年二月二十六日

附件 4

国家林业局关于支持实施
绿色江苏林业行动的复函

林函办字〔2003〕26 号

江苏省人民政府：

　　贵省"关于请求支持我省实施绿色江苏林业行动的函"收悉。经研究，现函复如下：

　　一、同意我局党组成员、中国林科院院长江泽慧担任实施绿色江苏林业行动总体规划工作领导小组组长；同意彭镇华教授担任总体规划专家组组长；同意中国林科院作为总体规划的主持单位。

　　二、赞成编制绿色江苏行动总体规划，该规划应与江苏省率先实现现代化和全面建设小康社会的目标、期限、内容等一致起来，以提高规划的指导性。同时，建议该规划采取由省政府审批，省人大通过的形式，以确保规划的顺利实施。

　　三、建议你省提出具体的科技支撑项目，由省林业局按国家林业科技项目立项报审程序办理。

　　四、关于《中国林业可持续发展战略研究》示范区问题需进一步探讨，特别是具体试验示范内容等要认真研究。

　　此复。

二〇〇三年三月十九日

附图1

江苏省行政区划图

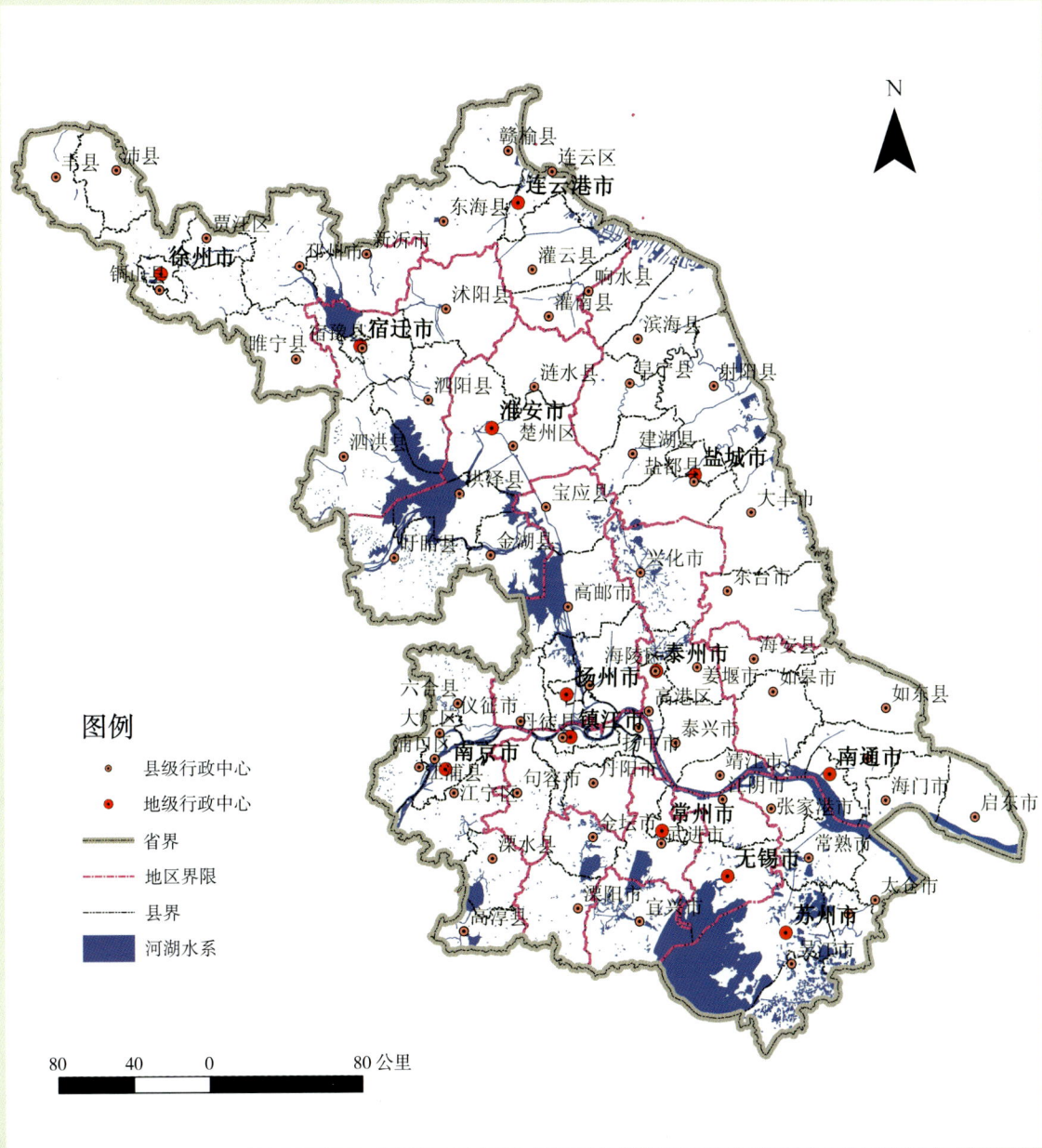

N

图例

- 县级行政中心
- 地级行政中心
- 省界
- 地区界限
- 县界
- 河湖水系

80 40 0 80公里

绘制单位：国家林业局城市林业研究中心

附图2

江苏省卫星影像图

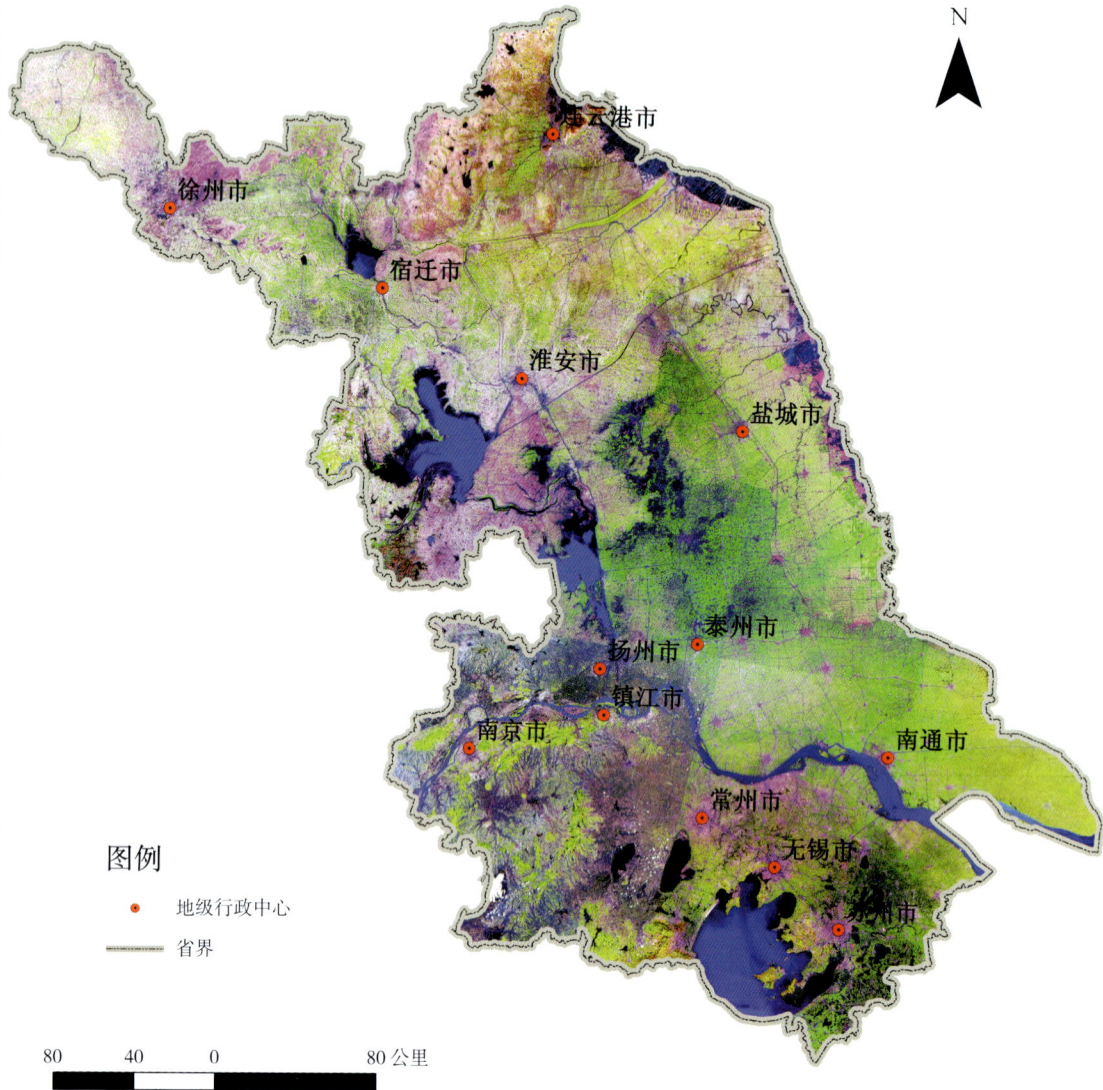

N

徐州市

连云港市

宿迁市

淮安市

盐城市

泰州市

扬州市

镇江市

南京市

南通市

常州市

无锡市

苏州市

图例

● 地级行政中心

—— 省界

80   40   0   80公里

绘制单位：国家林业局城市林业研究中心

附图3

江苏省地貌类型图

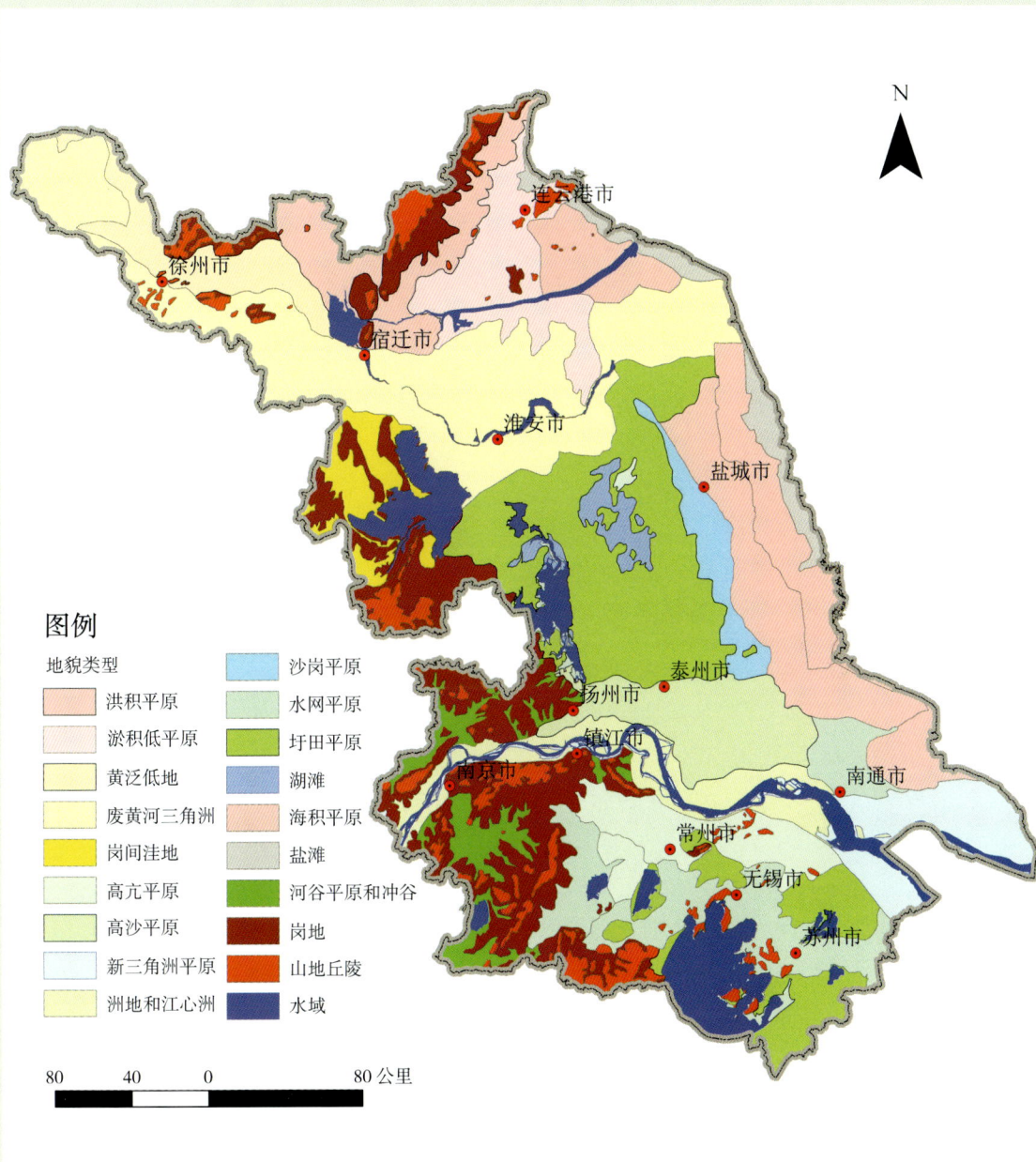

N

图例

地貌类型

洪积平原		沙岗平原	
淤积低平原		水网平原	
黄泛低地		圩田平原	
废黄河三角洲		湖滩	
岗间洼地		海积平原	
高亢平原		盐滩	
高沙平原		河谷平原和冲谷	
新三角洲平原		岗地	
洲地和江心洲		山地丘陵	
		水域	

连云港市
徐州市
宿迁市
淮安市
盐城市
泰州市
扬州市
镇江市
南京市
南通市
常州市
无锡市
苏州市

80 40 0 80公里

绘制单位：国家林业局城市林业研究中心

附图4

江苏省地势图

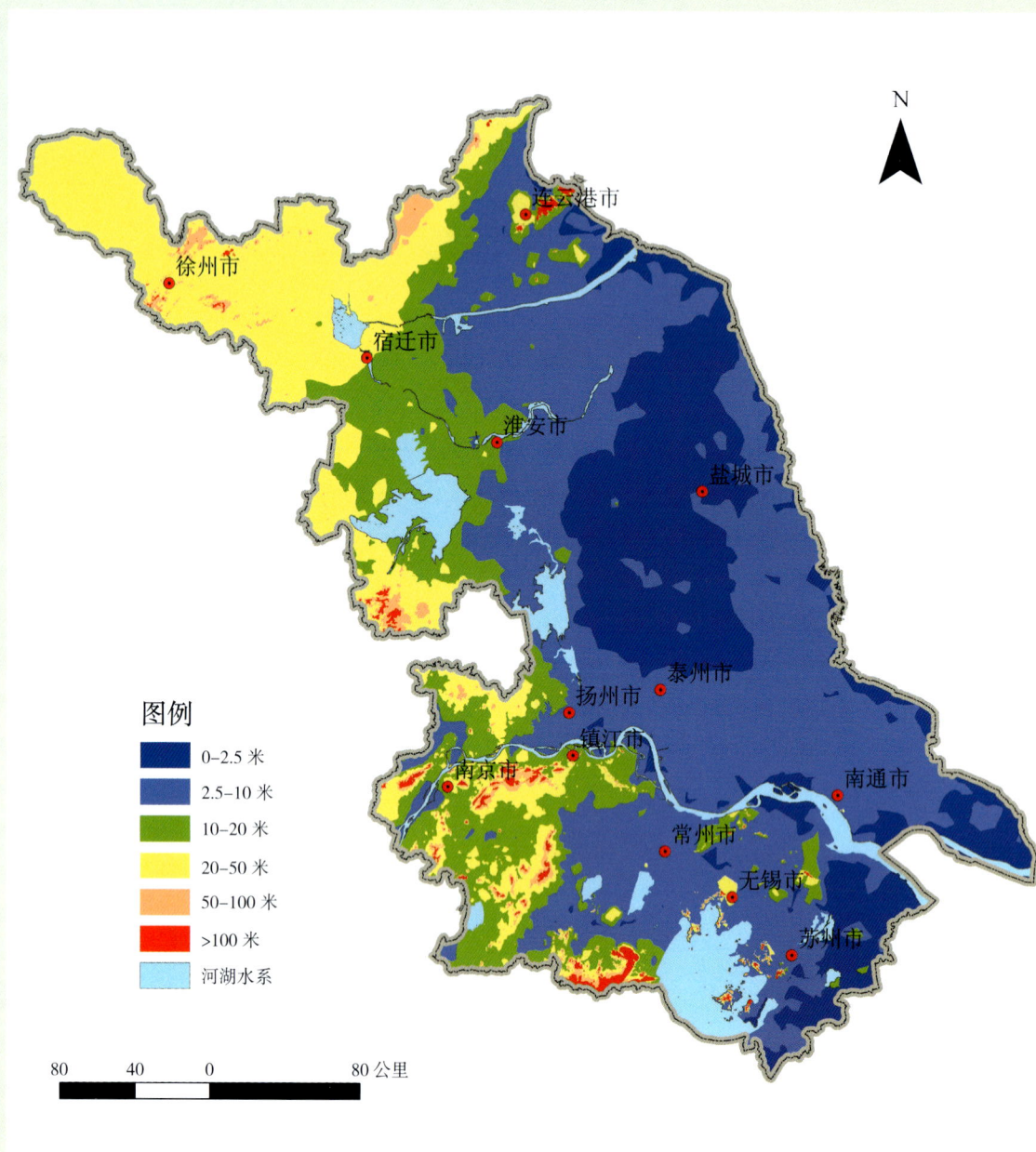

N

图例

■	0-2.5 米
■	2.5-10 米
■	10-20 米
■	20-50 米
■	50-100 米
■	>100 米
■	河湖水系

80　40　0　　　80公里

绘制单位：国家林业局城市林业研究中心

附图5

江苏省土壤类型图

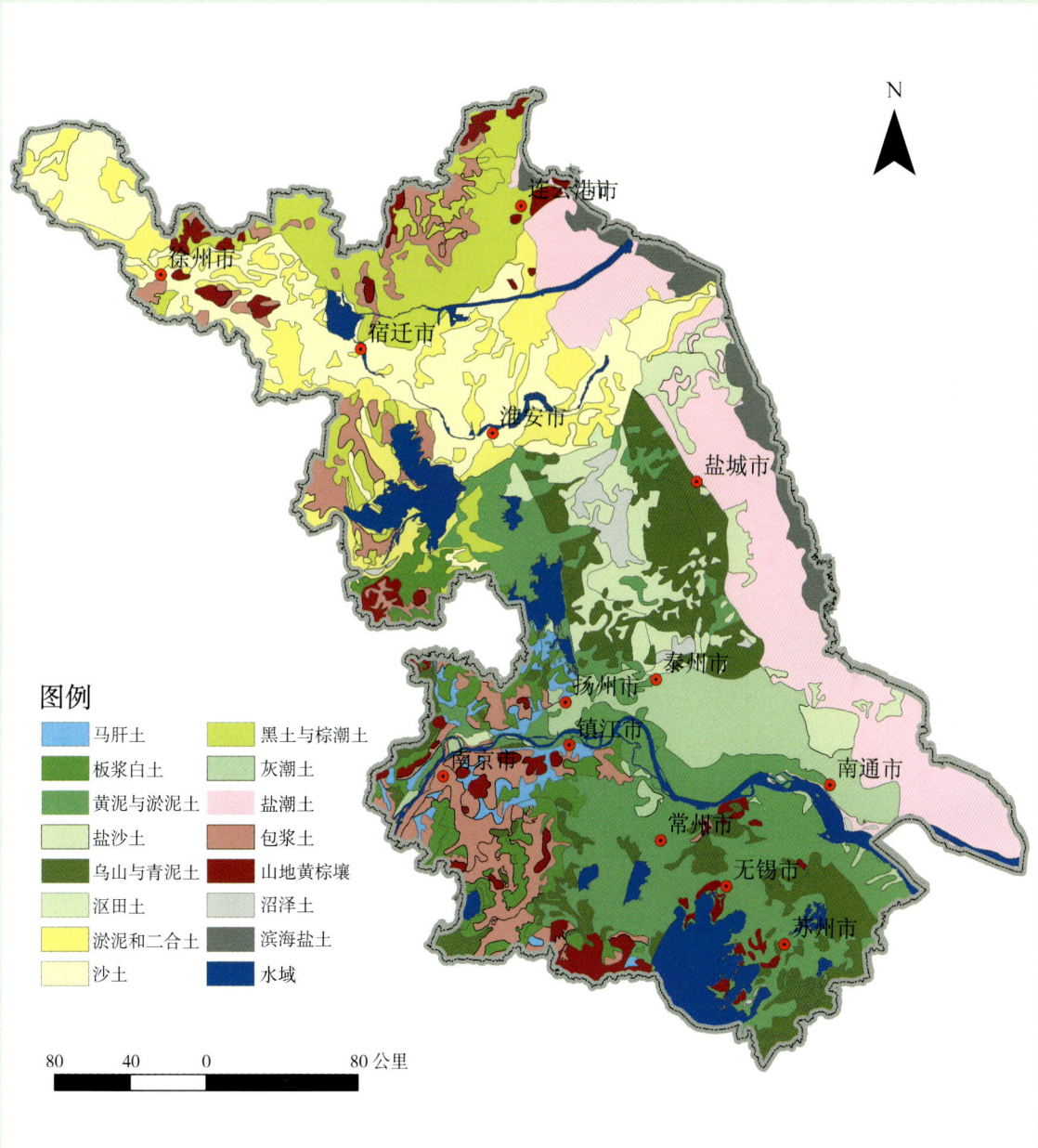

N

连云港市

徐州市

宿迁市

淮安市

盐城市

泰州市

扬州市

镇江市

南京市

南通市

常州市

无锡市

苏州市

图例

马肝土		黑土与棕潮土	
板浆白土		灰潮土	
黄泥与淤泥土		盐潮土	
盐沙土		包浆土	
乌山与青泥土		山地黄棕壤	
沤田土		沼泽土	
淤泥和二合土		滨海盐土	
沙土		水域	

80　　40　　0　　　　80公里

绘制单位：国家林业局城市林业研究中心

附图6

江苏省植被类型图

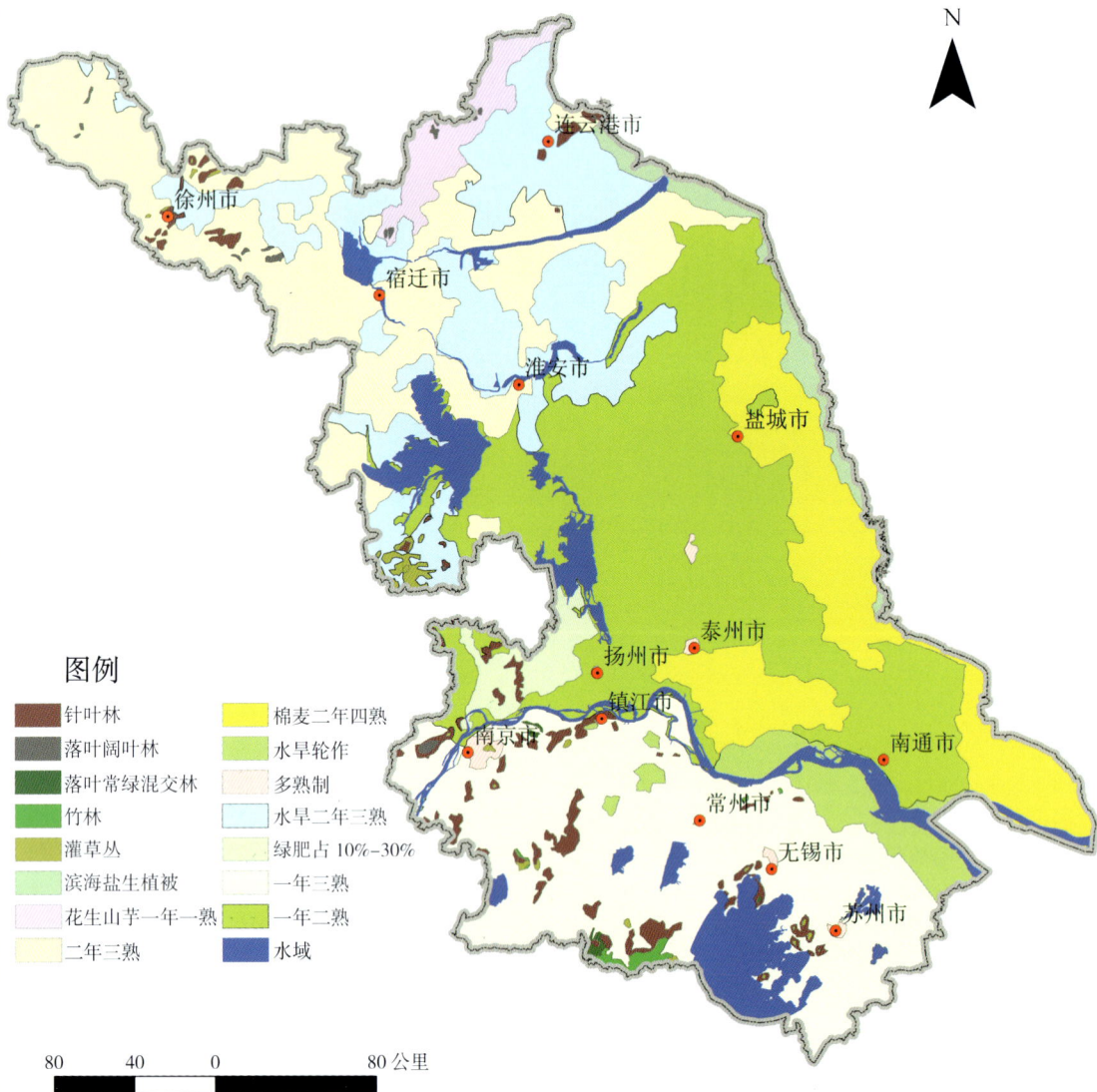

N

图例

- 针叶林
- 落叶阔叶林
- 落叶常绿混交林
- 竹林
- 灌草丛
- 滨海盐生植被
- 花生山芋一年一熟
- 二年三熟
- 棉麦二年四熟
- 水旱轮作
- 多熟制
- 水旱二年三熟
- 绿肥占10%~30%
- 一年三熟
- 一年二熟
- 水域

连云港市

徐州市

宿迁市

淮安市

盐城市

泰州市

扬州市

镇江市

南京市

南通市

常州市

无锡市

苏州市

80 40 0 80公里

绘制单位：国家林业局城市林业研究中心

附图7

绿色江苏——森林资源现状图

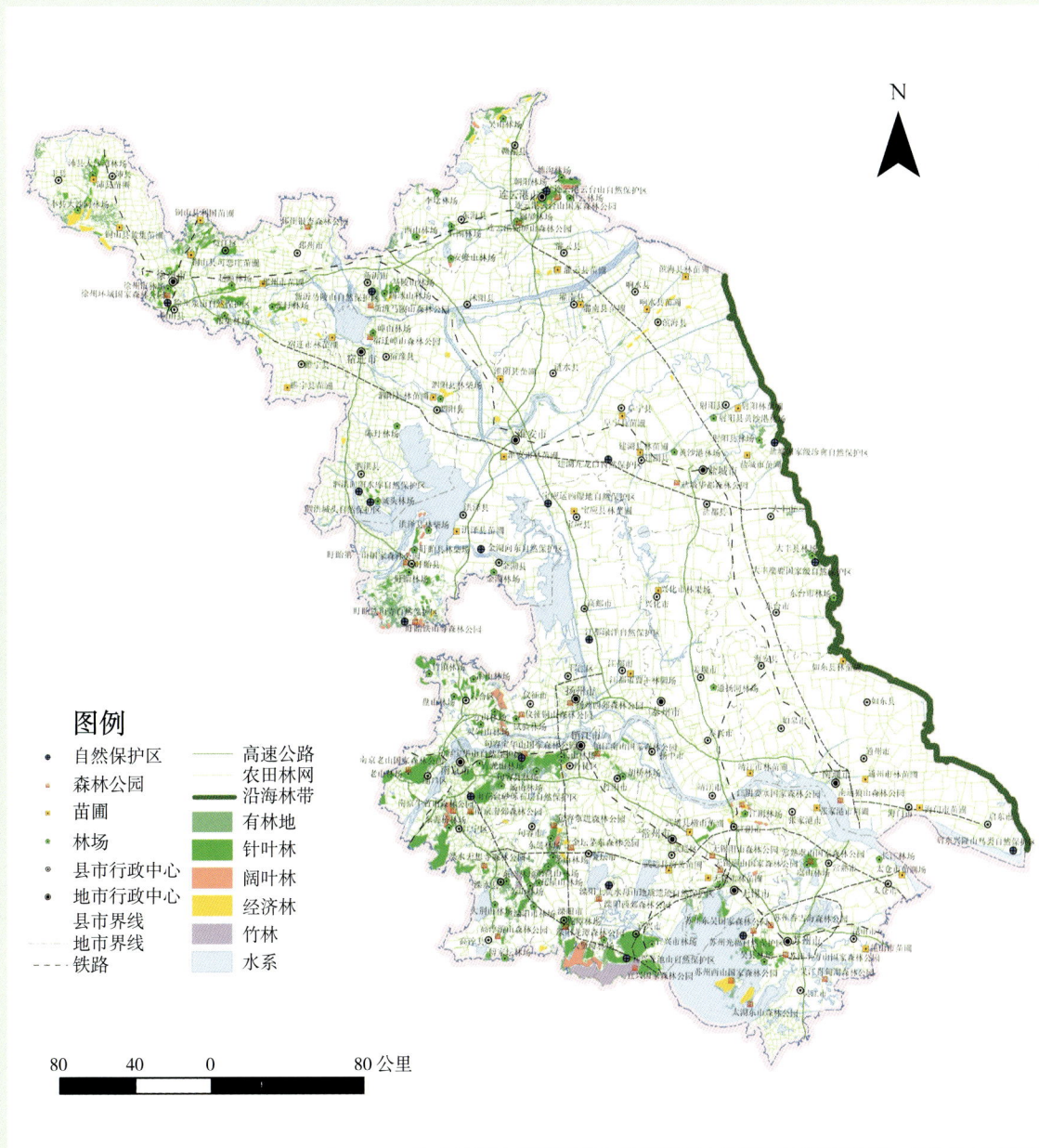

图例

- 自然保护区
- 森林公园
- 苗圃
- 林场
- 县市行政中心
- 地市行政中心
- 县市界线
- 地市界线
- 铁路

高速公路
农田林网
沿海林带
有林地
针叶林
阔叶林
经济林
竹林
水系

绘制单位：国家林业局城市林业研究中心

附图8

绿色江苏—现代林业工程总体布局图

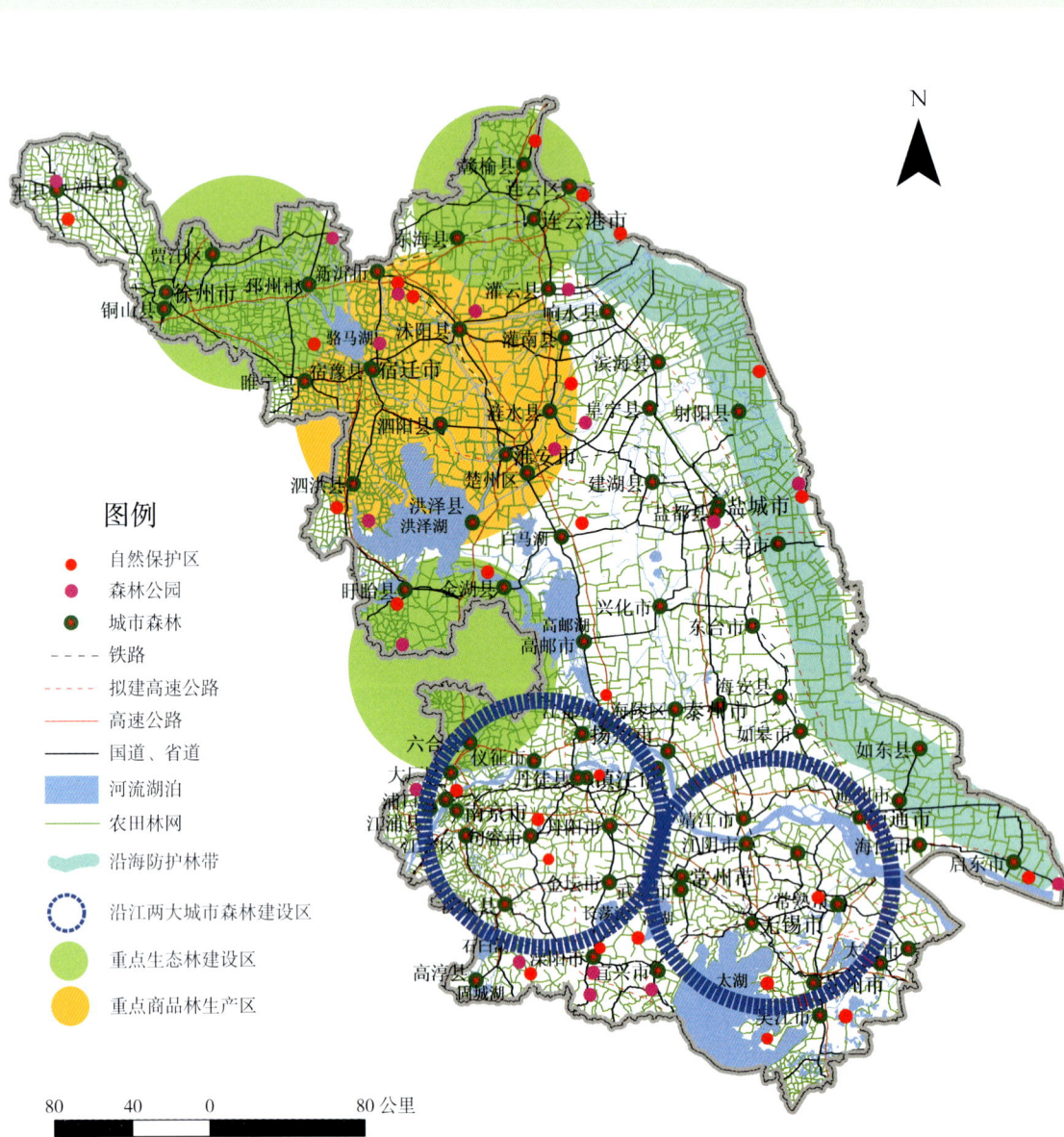

绘制单位：国家林业局城市林业研究中心

附图9

绿色江苏—江河湖海防护林工程规划示意图

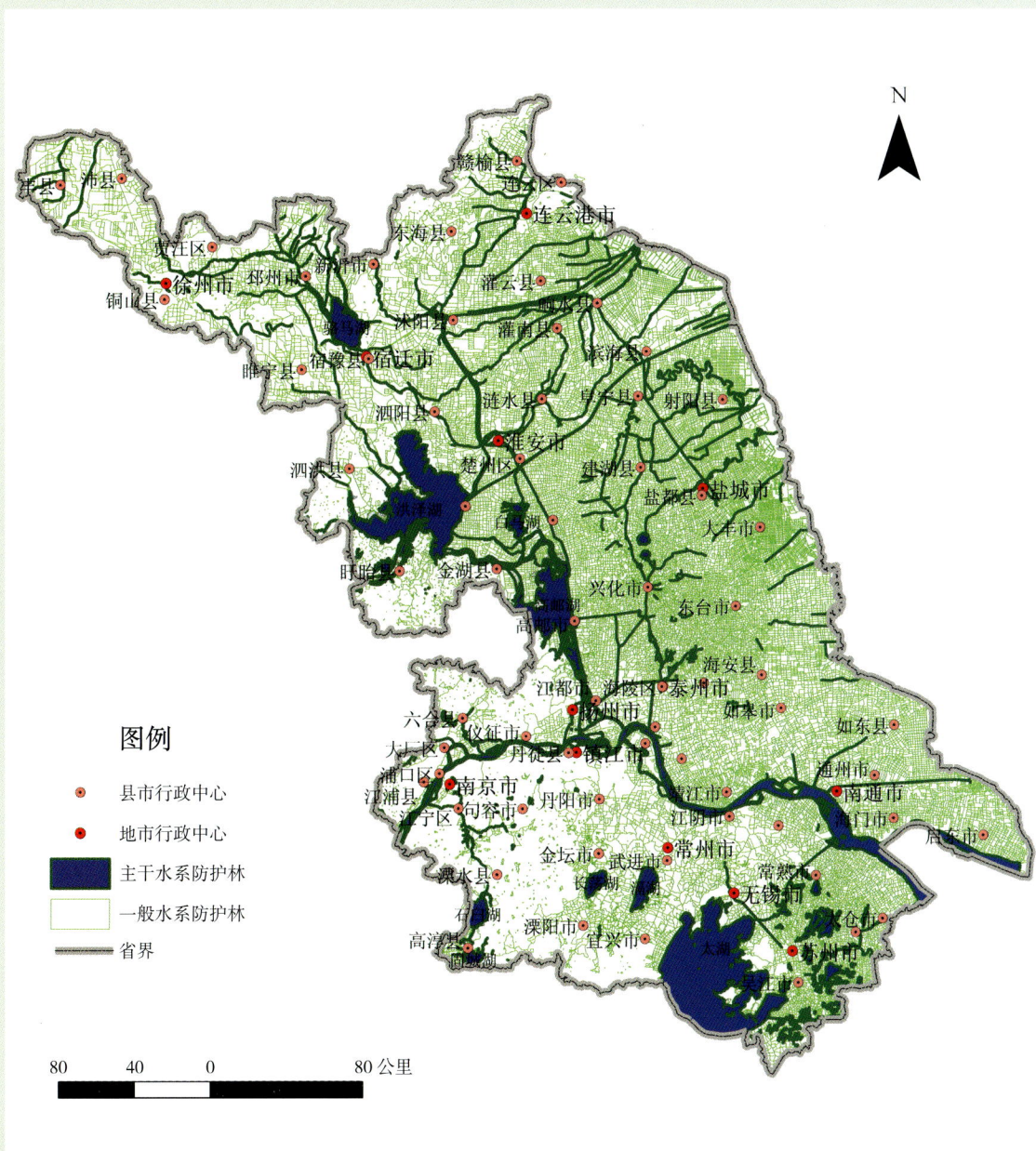

图例

- ⊙ 县市行政中心
- ● 地市行政中心
- 主干水系防护林
- 一般水系防护林
- 省界

80　40　0　　　　80公里

绘制单位：国家林业局城市林业研究中心

附图10

绿色江苏—丘陵岗地森林植被恢复工程规划示意图

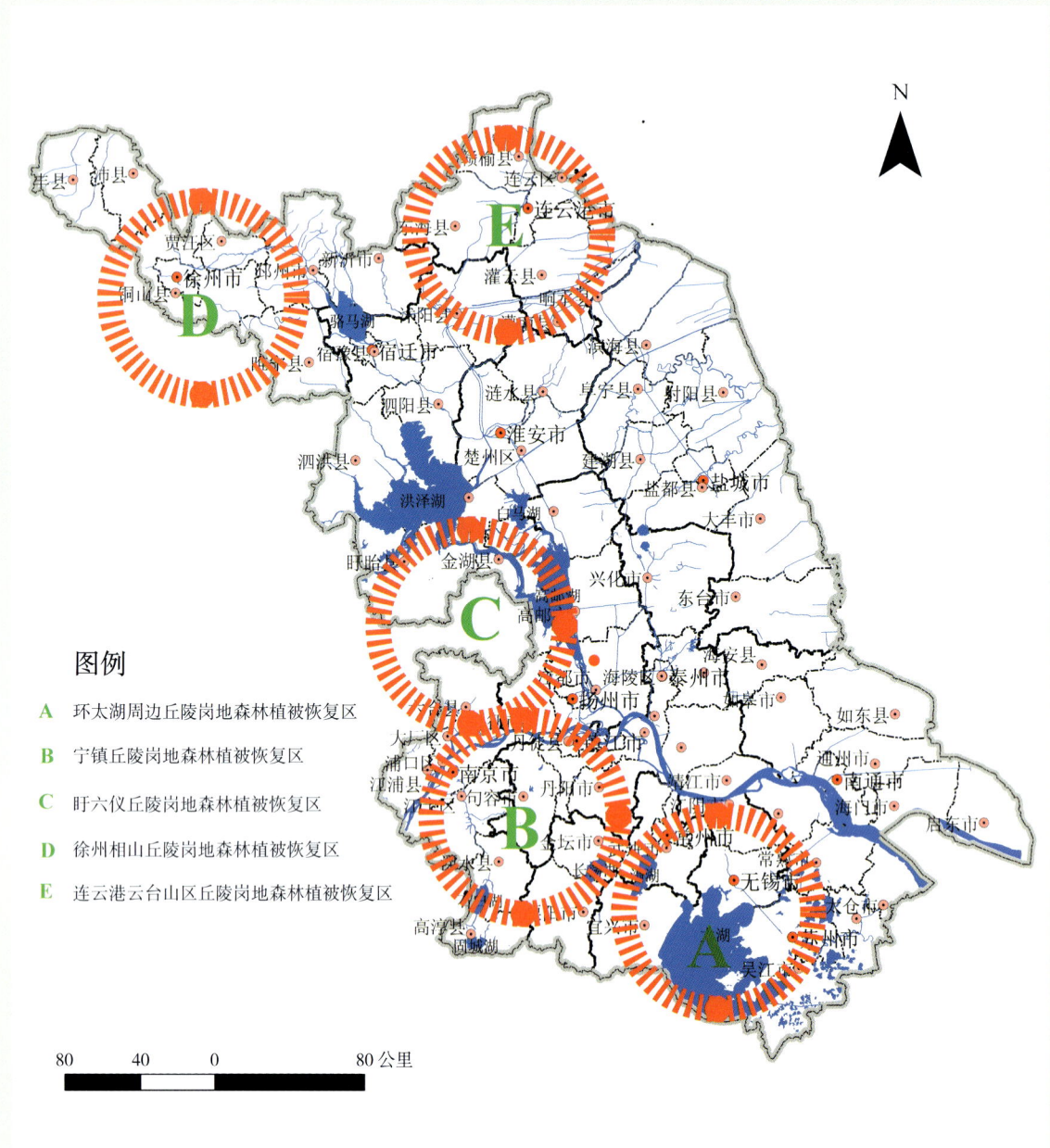

图例

A 环太湖周边丘陵岗地森林植被恢复区

B 宁镇丘陵岗地森林植被恢复区

C 盱六仪丘陵岗地森林植被恢复区

D 徐州相山丘陵岗地森林植被恢复区

E 连云港云台山区丘陵岗地森林植被恢复区

绘制单位：国家林业局城市林业研究中心

附图11

绿色江苏—绿色通道工程规划示意图

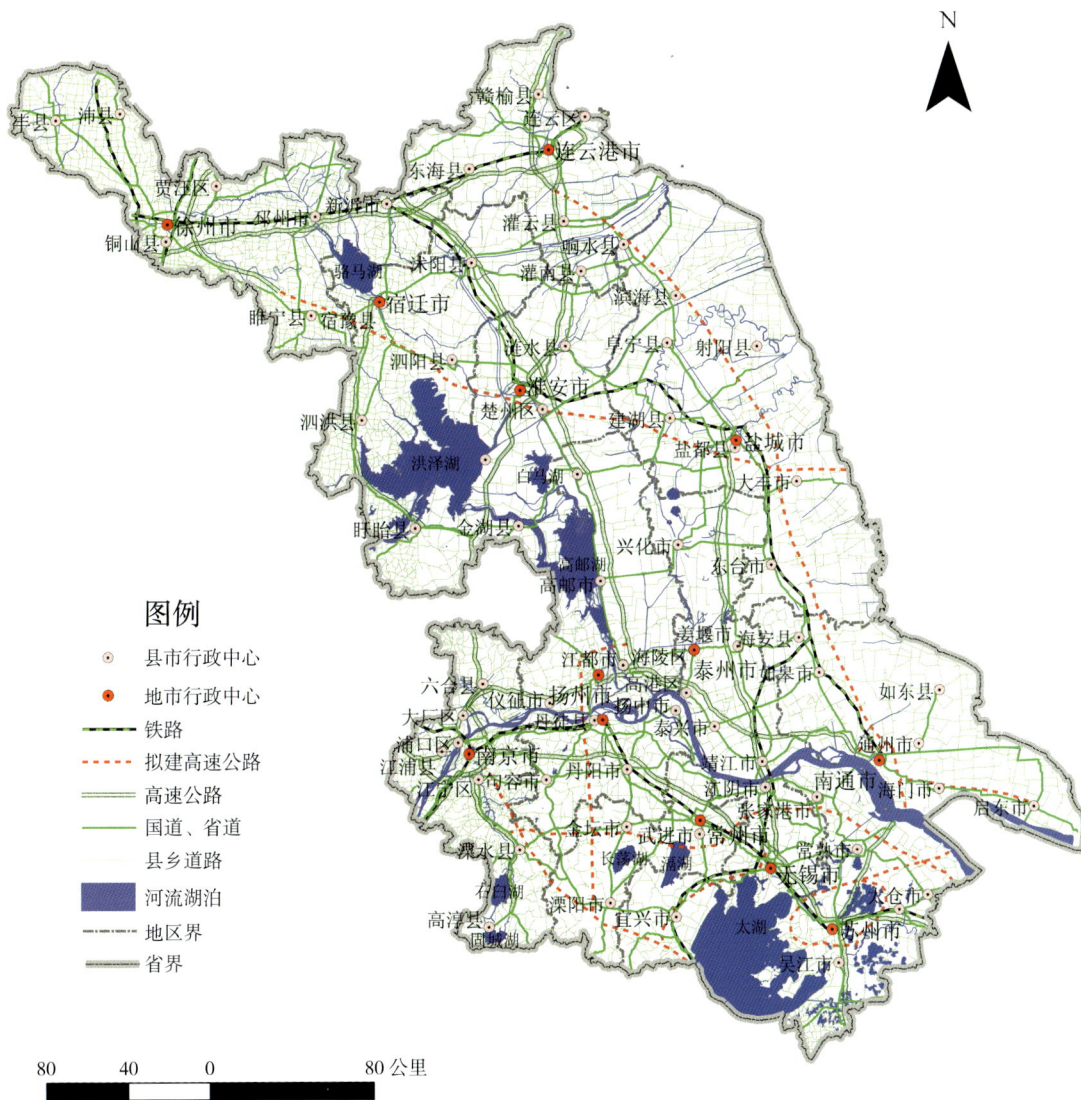

N

图例

⊙ 县市行政中心
● 地市行政中心
▬▬ 铁路
┈┈ 拟建高速公路
═══ 高速公路
─── 国道、省道
　　 县乡道路
▉ 河流湖泊
┅┅ 地区界
─── 省界

80　40　0　　　　80公里

绘制单位：国家林业局城市林业研究中心

附图12

绿色江苏—野生动植物及湿地保护工程规划示意图

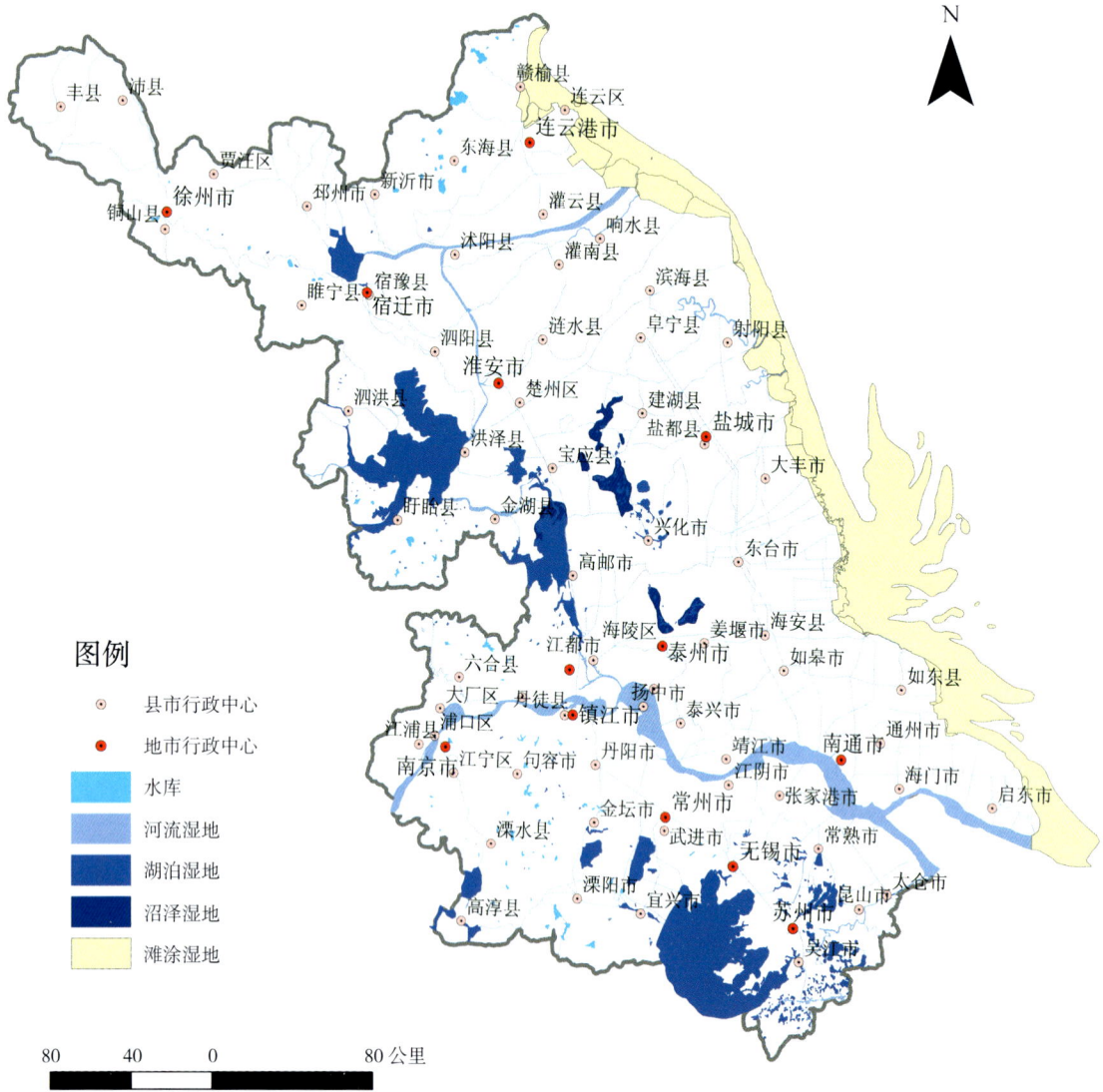

绘制单位：国家林业局城市林业研究中心

附图13

绿色江苏——杨树等板纸一体化工程规划示意图

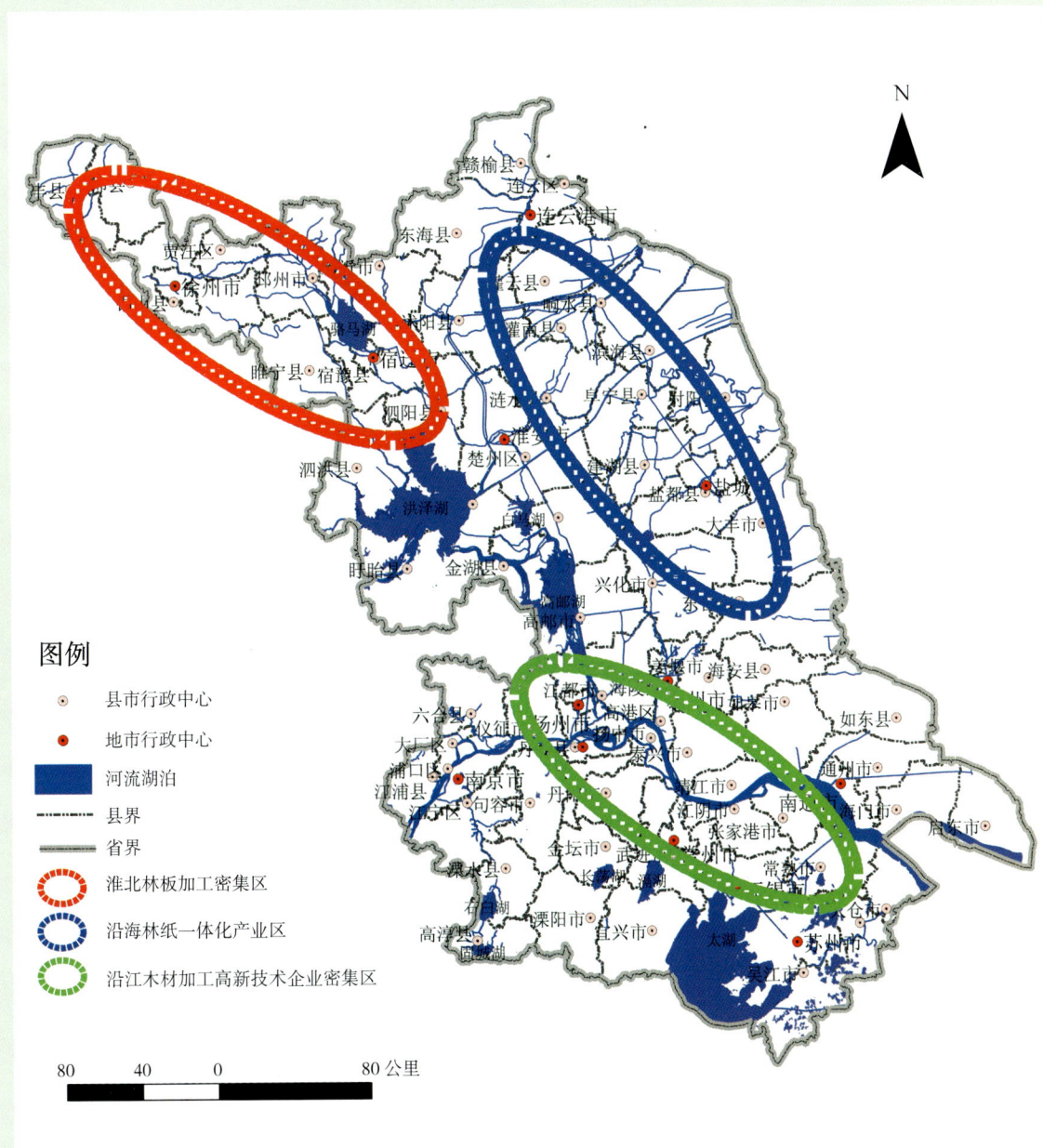

图例

- ⊙ 县市行政中心
- ● 地市行政中心
- 河流湖泊
- 县界
- 省界
- 淮北林板加工密集区
- 沿海林纸一体化产业区
- 沿江木材加工高新技术企业密集区

80　40　0　　　80公里

绘制单位：国家林业局城市林业研究中心

附图14

绿色江苏—银杏等特色林产品综合利用工程规划示意图

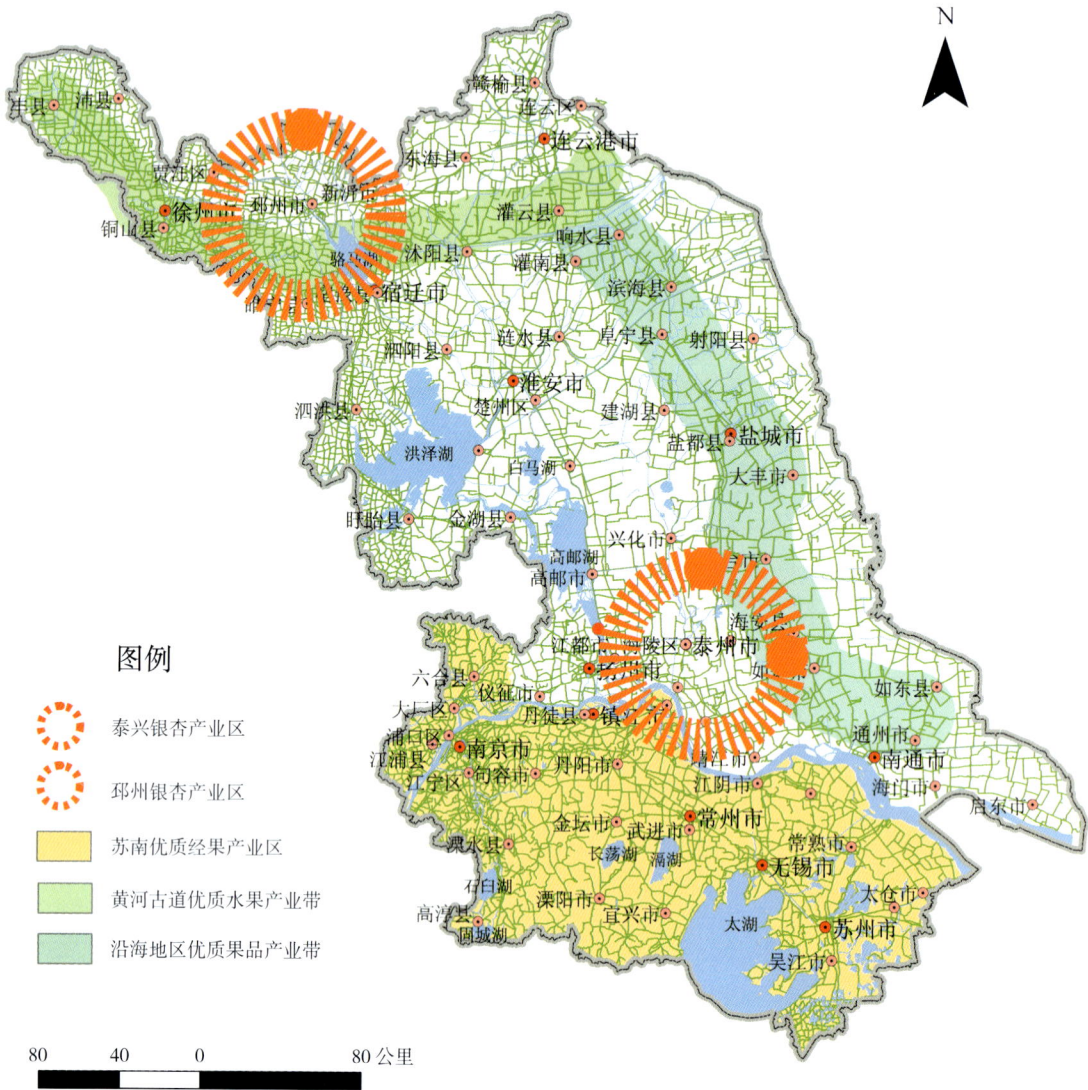

图例

- 泰兴银杏产业区
- 邳州银杏产业区
- 苏南优质经果产业区
- 黄河古道优质水果产业带
- 沿海地区优质果品产业带

80　40　0　　　80公里

绘制单位：国家林业局城市林业研究中心

附图15

绿色江苏—林木种苗花卉工程规划示意图

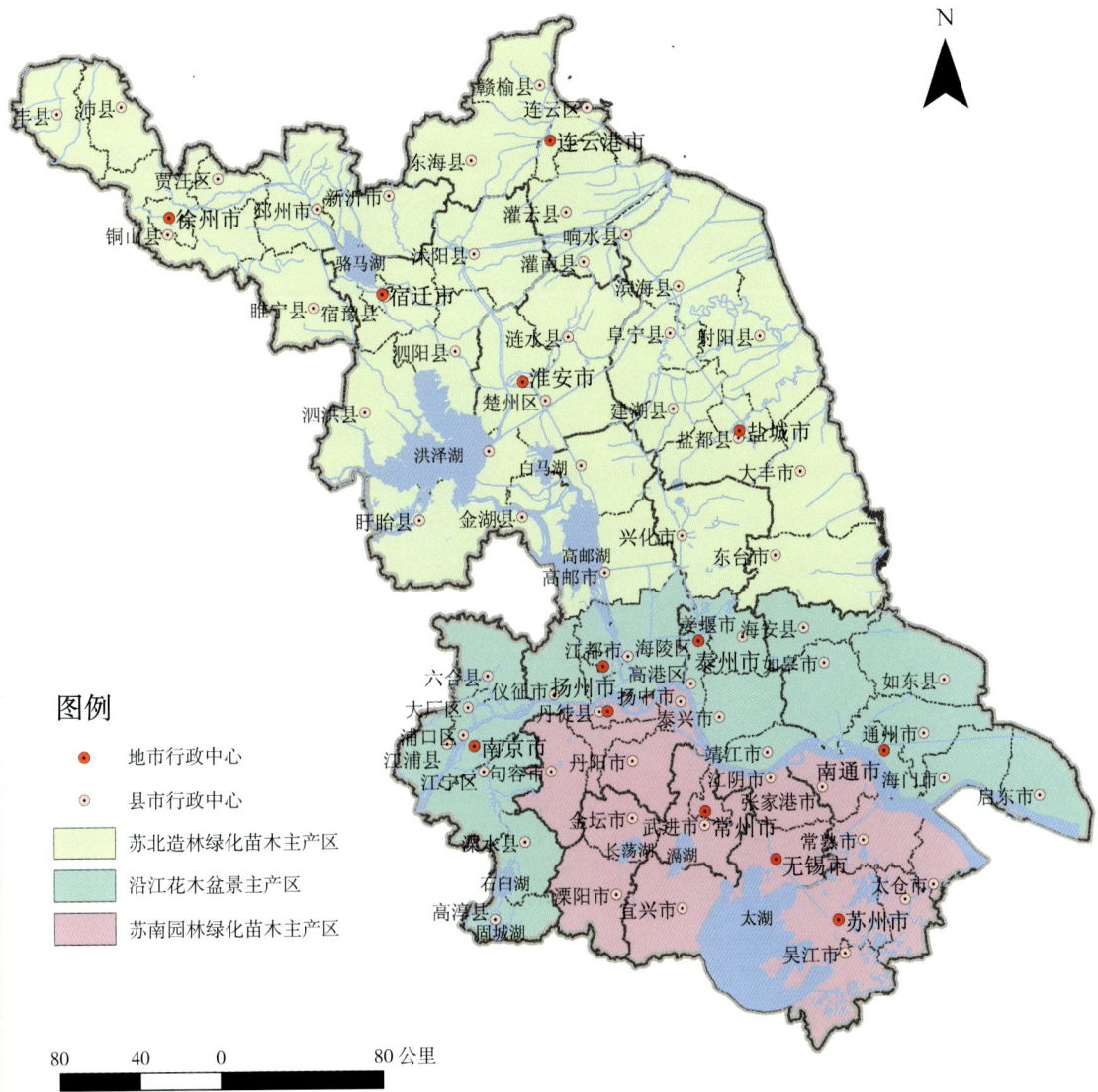

N

丰县　沛县

赣榆县

连云区
连云港市

贾汪区
徐州市　邳州市　新沂市
铜山县

东海县

灌云县

响水县

骆马湖　沭阳县
宿迁市
宿豫县

灌南县

滨海县

睢宁县

泗阳县

涟水县
阜宁县
射阳县

淮安市
楚州区

建湖县

泗洪县

盐都县
盐城市

洪泽湖　白马湖

大丰市

盱眙县　金湖县

兴化市

高邮湖
高邮市

东台市

姜堰市　海安县
江都市　海陵区
泰州市　如皋市
高港区

如东县

六合县
大厂区
浦口区
江浦县
江宁区

仪征市　扬州市
扬中市

通州市

泰兴市

丹徒区

南京市
句容市

丹阳市

靖江市
江阴市

南通市
海门市

启东市

金坛市
武进区
常州市

张家港市

常熟市

太仓市

溧水县
长荡湖　滆湖

无锡市

石臼湖

溧阳市　宜兴市

太湖

苏州市

高淳县
固城湖

吴江市

图例

- ⊙ 地市行政中心
- ⊙ 县市行政中心
- 苏北造林绿化苗木主产区
- 沿江花木盆景主产区
- 苏南园林绿化苗木主产区

80　40　0　　　80公里

绘制单位：国家林业局城市林业研究中心

附图16

绿色江苏—竹产业工程规划示意图

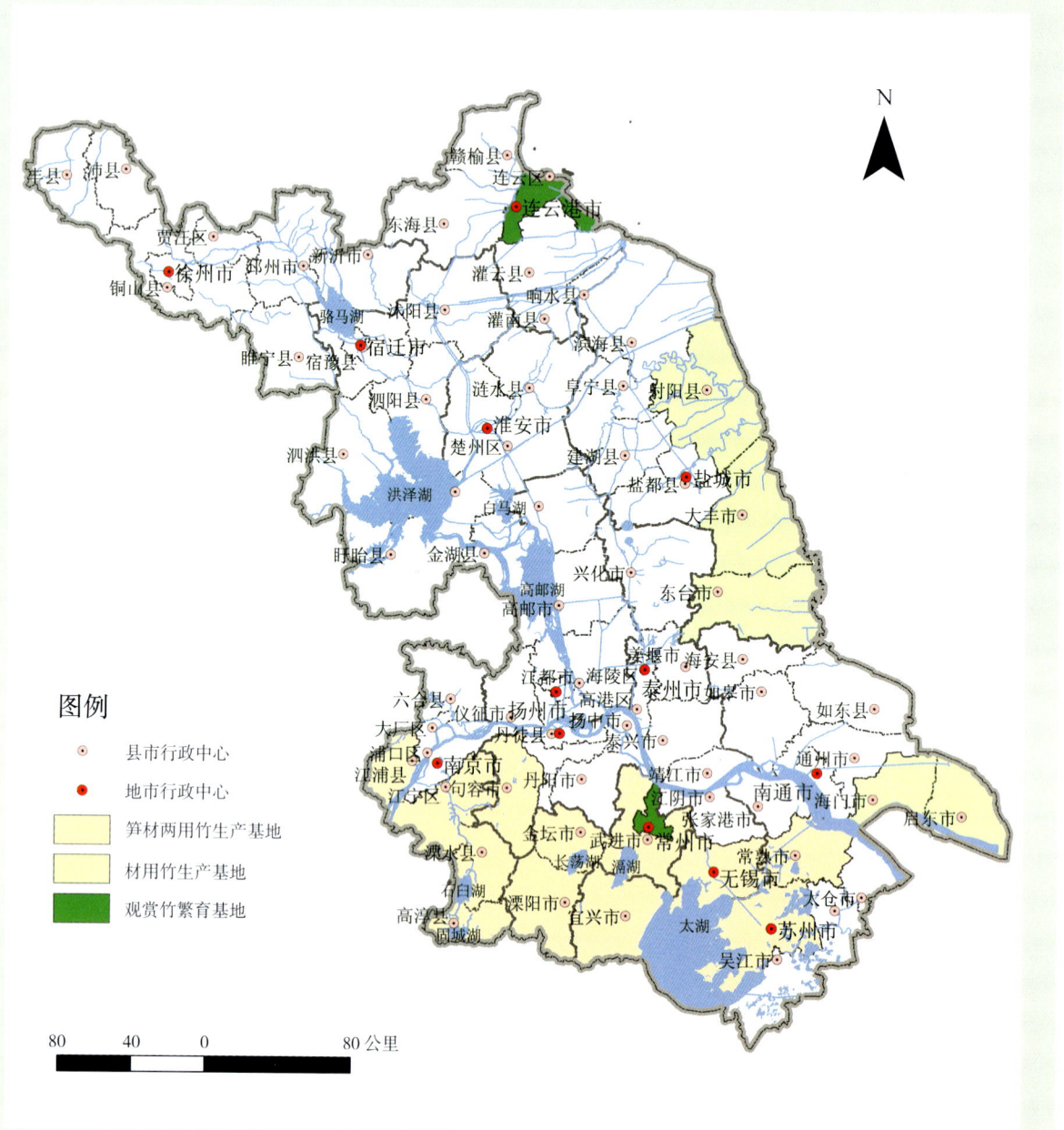

图例

- ◉ 县市行政中心
- ● 地市行政中心
- 笋材两用竹生产基地
- 材用竹生产基地
- 观赏竹繁育基地

绘制单位：国家林业局城市林业研究中心

附图17

绿色江苏—森林旅游工程规划示意图

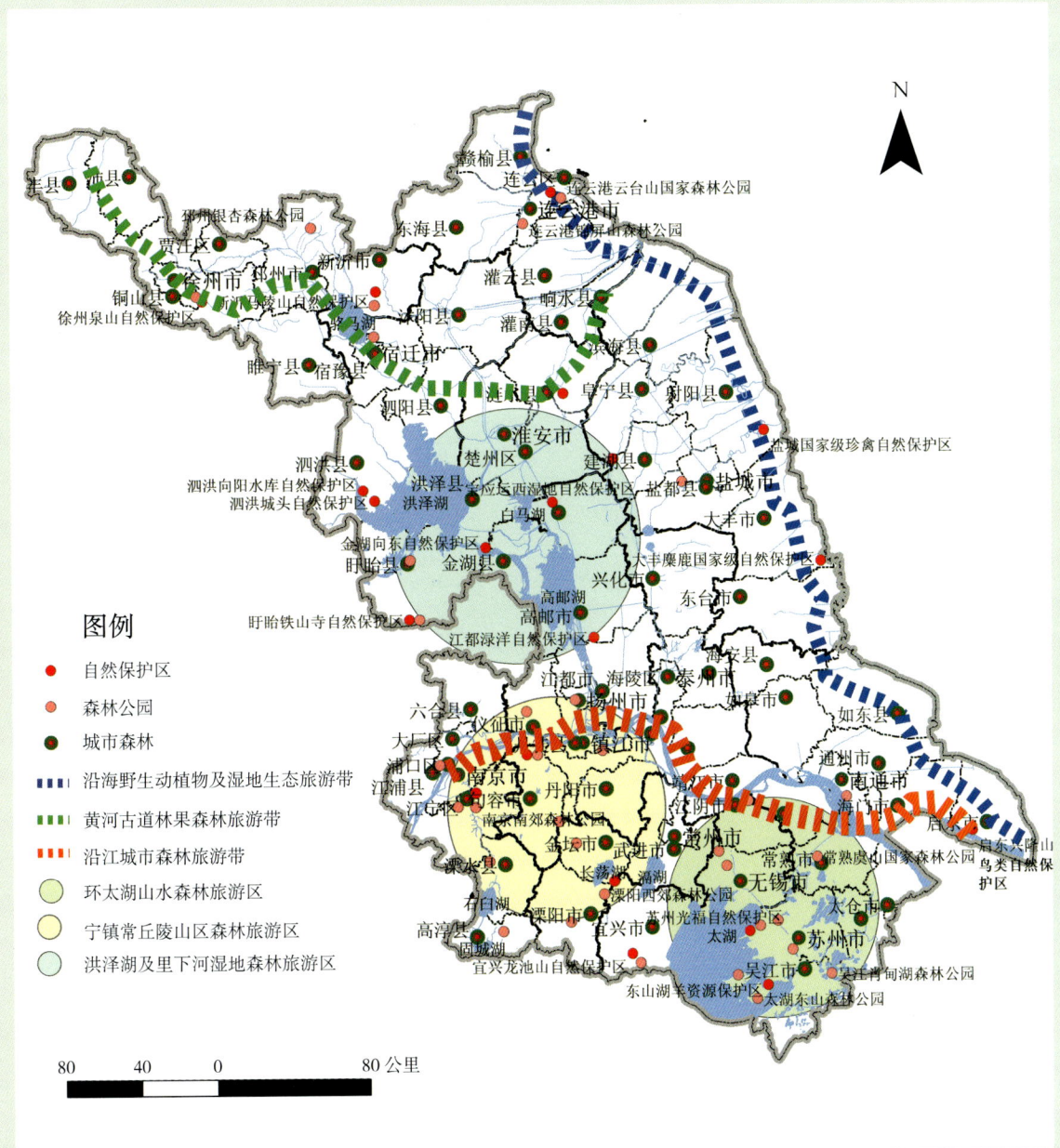

N

图例

- 自然保护区
- 森林公园
- 城市森林
- 沿海野生动植物及湿地生态旅游带
- 黄河古道林果森林旅游带
- 沿江城市森林旅游带
- 环太湖山水森林旅游区
- 宁镇常丘陵山区森林旅游区
- 洪泽湖及里下河湿地森林旅游区

80　40　0　　　　80公里

赣榆县
连云港云台山国家森林公园
东海县
连云港
连云港锦屏山森林公园
灌云县
新沂市
邳州银杏森林公园
响水县
邳州市
徐州市　新沂马陵山自然保护区
灌南县
贾江区
骆马湖
铜山县
沭阳县
滨海县
徐州泉山自然保护区
宿迁市
泗阳县
阜宁县
射阳县
睢宁县　宿豫县
泗洪县
泗阳县
盐城国家级珍禽自然保护区
楚州区
淮安市
泗洪向阳水库自然保护区
洪泽县　宝应县运西湿地自然保护区
盐城市
泗洪城头自然保护区
洪泽湖
建湖县　阜宁县
白马湖
金湖向东自然保护区
金湖县
大丰市
盱眙县
高邮湖
大丰麋鹿国家级自然保护区
高邮市
兴化市
盱眙铁山寺自然保护区
东台市
江都渌洋自然保护区
古都市　海陵区
泰州市
海安县
六合县　仪征市
扬州市
如东县
大厂区
镇江市
浦口区
南京市　句容市
丹阳市
通州市
江浦县
南通市
南京南郊森林公园
金坛市　武进市
常熟虞山国家森林公园
海门市
溧水县
长荡湖　滆湖
常熟市
启东长兴山鸟类自然保护区
溧阳西郊森林公园
无锡市
石臼湖
苏州光福自然保护区
太湖
太仓市
高淳县　溧阳市
苏州市
固城湖　宜兴市
东山湖羊资源保护区
吴江肖甸湖森林公园
宜兴龙池山自然保护区
吴江市
太湖东山森林公园

附图18

绿色江苏现代林业工程实施后森林覆被示意图（2010年）

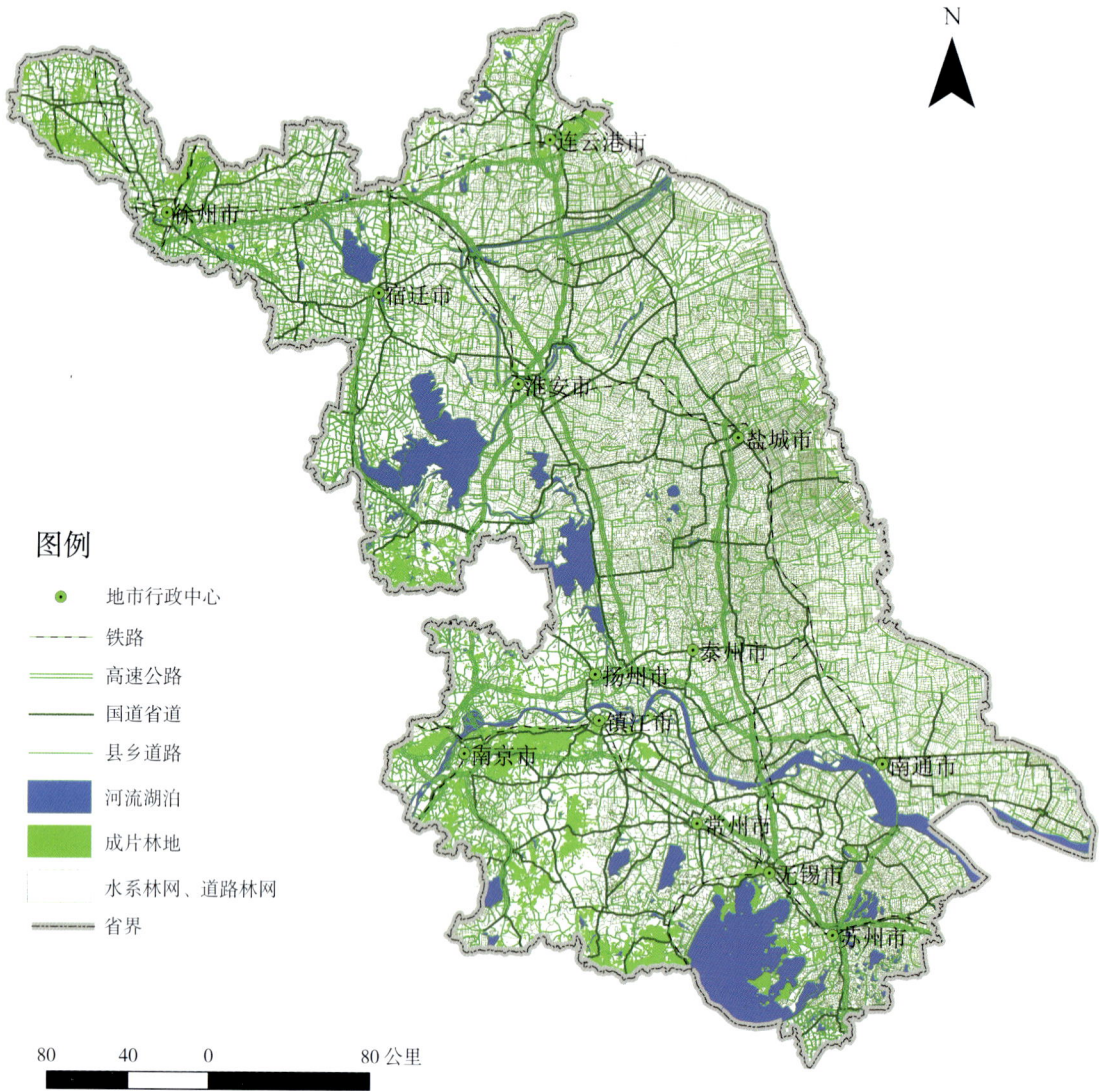

图例

- 地市行政中心
- ----- 铁路
- 高速公路
- 国道省道
- 县乡道路
- 河流湖泊
- 成片林地
- 水系林网、道路林网
- 省界

80　40　0　　　80公里

绘制单位：国家林业局城市林业研究中心

内容简介

党的十八大把生态文明建设放在突出地位，将生态文明建设提高到一个前所未有的高度，并提出建设美丽中国的目标，通过大力加强生态建设，实现中华疆域山川秀美，让我们的家园林荫气爽、鸟语花香，清水常流、鱼跃草茂。

2002 年，在中央和国务院领导亲自指导下，中国林业科学研究院院长江泽慧教授主持《中国可持续发展林业战略研究》，从国家整体的角度和发展要求提出生态安全、生态建设、生态文明的"三生态"指导思想，成为制定国家林业发展战略的重要内容。国家科技部、国家林业局等部委组织以彭镇华教授为首的专家们开展了"中国森林生态网络体系工程建设"研究工作，并先后在全国选择 25 个省（自治区、直辖市）的 46 个试验点开展了试验示范研究，按照"点"（北京、上海、广州、成都、南京、扬州、唐山、合肥等）"线"（青藏铁路沿线，长江、黄河中下游沿线，林业血防工程及蝗虫防治等）"面"（江苏、浙江、安徽、湖南、福建、江西等地区）理论大框架，面对整个国土合理布局，针对我国林业发展存在的问题，直接面向与群众生产、生活，乃至生命密切相关的问题；将开发与治理相结合，及科研与生产相结合，摸索出一套科学的技术支撑体系和健全的管理服务体系，为有效解决"林业惠农""既治病又扶贫"等民生问题，优化城乡人居环境，提升国土资源的整治与利用水平，促进我国社会、经济与生态的持续健康协调发展提供了有力的科技支撑和决策支持。

"中国森林生态网络体系建设出版工程"是"中国森林生态网络体系工程建设"等系列研究的成果集成。按国家精品图书出版的要求，以打造国家精品图书，为生态文明建设提供科学的理论与实践。其内容包括系列研究中的中国森林生态网络体系理论，我国森林生态网络体系科学布局的框架、建设技术和综合评价体系，新的经验，重要的研究成果等。包含各研究区域森林生态网络体系建设实践，森林生态网络体系建设的理念、环境变迁、林业发展历程、森林生态网络建设的意义、可持续发展的重要思想、森林生态网络建设的目标、森林生态网络分区建设；森林生态网络体系建设的背景、经济社会条件与评价、气候、土壤、植被条件、森林资源评价、生态安全问题；森林生态网络体系建设总体规划、林业主体工程规划等内容。这些内容紧密联系我国实际，是国内首次以全国国土区域为单位，按照点、线、面的框架，从理论探索和实验研究两个方面，对区域森林生态网络体系建设的规划布局、支撑技术、评价标准、保障措施等进行深入的系统研究；同时立足国情林情，从可持续发展的角度，对我国林业生产力布局进行科学规划，是我国森林生态网络体系建设的重要理论和技术支撑，为圆几代林业人"黄河流碧水，赤地变青山"梦想，实现中华民族的大复兴。

作者简介

彭镇华教授，1964 年 7 月获苏联列宁格勒林业技术大学生物学副博士学位。现任中国林业科学研究院首席科学家、博士生导师。国家林业血防专家指导组主任，《湿地科学与管理》《中国城市林业》主编，《应用生态学报》《林业科学研究》副主编等。主要研究方向为林业生态工程、林业血防、城市森林、林木遗传育种等。主持完成"长江中下游低丘滩地综合治理与开发研究"、"中国森林生态网络体系建设研究"、"上海现代城市森林发展研究"等国家和地方的重大及各类科研项目 30 余项，现主持"十二五"国家科技支撑项目"林业血防安全屏障体系建设示范"。获国家科技进步一等奖 1 项，国家科技进步二等奖 2 项，省部级科技进步奖 5 项等。出版专著 30 多部，在《Nature genetics》、《BMC Plant Biology》等杂志发表学术论文 100 余篇。荣获首届梁希科技一等奖，2001 年被授予九五国家重点攻关计划突出贡献者，2002 年被授予"全国杰出专业人才"称号。2004 年被授予"全国十大英才"称号。